인공지능, 자율주행차 등 4차 산업혁명의 물결 속에서 사람들은 대량 실업이 곧 닥치는 게 아닐까 하는 걱정 속에 살아가고 있다. 보편적 기본소득은 로봇과 인공지능이 인간 노동력을 대체할 신세계에서 인류를 구원할 유력한 해결책으로 거론되고 있다. 이 책은 기본소득의 최고 학자들이 쓴, 가히 결정판이라 할 수 있다. 기본소득 개념의 역사, 과거와 현재의 실험 사례, 유사 제도와의 비교, 기본소득에 대한 반론과 재반론, 이론적, 정책적 검토까지 기본소득의 알파에서 오메가까지 분석한 최고의 안내서다. 게다가 이 책은 우연하게도 문재인 정부에서 추진하는 임금 보조, 노동시간 단축, 아동 수당을 분석하면서 기본소득이 더 우월한 정책이라고 주장하고 있어서 한국 독자들은 반드시 읽어볼 필요가 있다. 이 책을 통해 우리 사회에서 기본소득에 대한 본격적인 공론화가 이루어지길 기대해본다. ●이정우, 경북대 명예교수, 헨리조지포럼 공동대표

보편적 기본소득이라는 아이디어가 등장한 지는 꽤 오래되었다. 하지만 오랫동안 공론화되지 못했다. 이제 드디어 기본소득이 실현될 날이 온 것일까? 이 책은 그렇다고 대답하면서, 기본소득의 실현가능성과 당위성을 탄탄하고도 뛰어난 논리로 입증한다. 저자들은 보편적 기본소득에 대한 호의적 입장을 결코 감추지 않지만, 객관적 근거와 논리를 잃지 않는다. 철학자로서의 조심스러운 태도로 윤리적 정당성을 입증하고, 역사가의 돋보기로 예전의 선례들을 찾아내 부각시키며, 경제학자들의 관심사에 맞게 경제 행위자들의 동기부여 문제를 살핀다. 또한 경험주의자들답게 현실의 증거들을 중시하고, 정책 집행가의 관심에 맞게 실현가능성을 검토한다. 훌륭하다.
●대니 로드릭, 프린스턴고등연구소·하버드대학 존 F. 케네디 행정대학원 교수

서구에서는 지금 억압적이고 불평등한 정치적 현안들을 가리는 표퓰리즘 운동이 넘쳐나고 있다. 걱정스러운 이때, 보편적 기본소득은 등불이 되어준다. 기본소득은 허황된 이상이 아니라 실행가능한 방안을 통해 모든 이를 위한 자유와 평등을 증진시키는, 인류의 내일을 위한 합리적인 대안이다. 보편적 기본소득에 대한 선구자적 운동과 연구를 펼치고 있는 저자들은 이 책에서 모든 이가 자신의 삶을 자유롭게 선택하도록 돕는 기본소득의 모든 것을 제시한다. 또한 기본소득의 실현에 필요한 도덕적, 실용적 정당성을 명확하게 입증한다.
●앤 앨스톳, 예일 로스쿨 교수

21세기 기본소득

자유로운 사회, 합리적인 경제를 향한 거대한 전환

BASIC INCOME

21세기 기본소득

필리프 판 파레이스·야니크 판데르보흐트 지음 | 홍기빈 옮김

흐름출판

일러두기

- 본문 중 숫자첨자는 각 장의 말미에 등장하는 후주 번호, ●는 각주를 표시한 것이다. 후주는 모두 지은이 주, 각주는 모두 옮긴이 주다.
- 원서에서는 권 마지막에 후주를 넣었으나 분량과 내용의 중요성, 편리성을 고려해 본 도서에서는 각 장의 후주로 배치하였다.
- 원서에서 이탤릭으로 강조한 부분은 고딕으로 표시하였다.
- 기본소득유럽네트워크(Basic Income European Network)와 기본소득지구네트워크(Basic Income Earth Network)의 약자는 'BIEN'으로 동일하다. 본문에서 BIEN은 두 네트워크 모두를 통칭할 때 사용되었고, 구분해야 할 경우에는 각각 한글로 밝혔다.
- 국내에 출간된 도서 제목의 띄어쓰기가 본 도서의 규칙과 다를 경우, 출간된 제목의 규칙을 따랐다.
- 본문 중 도서는 『 』, 잡지나 논문은 「 」, 영화 등은 〈 〉로 묶어 표시하였다.

그렇게 옛날 일도 아니다. 19세기만 해도 전 세계적 차원에서 노예제를 폐지하는 일은 완전히 황당한, 유토피아에서나 가능한 일이라고 여겨졌다. 보편적 선거권도 마찬가지다. 하지만 오늘날 우리는 이런 것들을 너무나 당연한 것으로 받아들이고 있다. 마찬가지로 무조건적 기본소득 또한 (가까운) 미래의 언젠가에는 너무나 당연한 것이 되어 있을 것이다. 하지만 지금은 그렇지 못하므로, 우리는 기본소득의 실현을 향해 달려가야 한다. 다른 곳에서도 그러하지만, 한국에서도 무조건적 기본소득을 실현하는 길에는 수많은 장애물이 가득할 것이다.

따라서 우선해야 할 중요한 일은, 기본소득을 모든 사람이 제대로 이해할 수 있도록 정확하게 알리는 것이다. 먼저 기본소득이 가난한 이들을 위해 공적으로 집행되는 지원 프로그램인 사회부조나 노동자끼리의 단결인 사회보험과는 근본적으로 다른 것임을 사람들이 명확히 인식하도록 해야 한다. 즉, 기본소득이 현존하는 복지제도 전체를 없애버릴 의도로 제안된 것이 아니라는 점을 널리 알릴 필요가 있다. 기본소득은 모든 사람에게 무조건적으로 전달되는, 그야말로 소득의 가장 기본적인 밑바탕이다. 따라서 무조건적 기본소득이 기본소득을 전제로 그 위에 여러 조건부 수당이 적당한 방식으로 재조정되어 더 해지고, 양질의 각종 서비스가 추가되는 방식으로 작동하는 것임을 사람들이 이해하도록 도와야 한다. 그리고 이를 통해 21세기에 들어와 생긴 여러 도전에 대응해 각국에 있는 기존의 복지제도를 구성하는 모든 요소를 더욱더 훌륭하게 만드는 것이다.

더 나아가, 가난한 이들뿐만 아니라 부자들에게도 돈을 나눠주는 일이 가난한 이들의 이익에 더욱 부합하는 일이라는 점도 널리 알려야 한다. 기본소득이 무조건적으로 지급되면 사람들이 여러 일자리 제안에 대해 거부하는 것도, 응낙하는 것도 더 쉬워진다는 것을 명확하게 이해시켜야만 한다. 이러한 이유에서 기본소득은 사람들이 갈수록 더 수동적이고 무기력해지는 현재의 상태를 대충 묻어두고 넘어가기 위한 편리한 도구로서 의도된 것이 아니며, 그런 상태를 장려하려는 것은 더더욱 아니라는 점 또한 널리 알려야 한다. 또 현재와 같은 고용 없는 성장의 시대에 불필요한 노동자들을 보이지 않는 곳으로 치워두려는 것도 아니다. 기본소득은 모든 남성과 여성이, 스스로의 삶에 지닌 열망과 계획에 부합하는 의미 있는 직업에 좀더 쉽게 접근할 수 있도록 해줄 필수적인 도구라는 점을 사람들에게 똑똑히 알려야만 한다.

하지만 무조건적 기본소득이라는 아이디어를 제대로 이해하고, 또 그 지지자들이 말하는 멋진 결과에 모든 사람이 공감한다고 해서, 곧바로 현실화가 가능한 것은 아니다. 비판자들의 이야기를 깊이 경청하고 그들이 반대하는 이유와 논리를 신중하게 고려하는 과정도 중요하다. 어떤 이들은 무조건적 기본소득은 그 수혜자들에게 아무 의무도 부과하지 않기 때문에 윤리적으로 용납할 수 없다고 믿는다. 또 어떤 이들은 이것이 사람의 노동과 투자에 대한 동기부여를 크게 줄일 것이므로 경제적으로 지속 불가능하다고 믿는다. 또 다른 이들은 이것이 권력을 가진 기득권 집단의 이해와 심하게 충돌하는 요구이므로 정치적으로 달성할 수 없을 것이라고 믿는다. 이런 여러 비판에 동조하지 않는 이들이라고 해도, 지구화라는 조건에 비추어볼 때 무조건적 기본소득 계획을 유의미한 액수로 시행할 수 있는 나라는 하나도 없을 것이라는 걱정을 내놓기도 한다.

이러한 이유에서 우리는 완전히 무조건적이고 후한 액수의 기본소득이 한 방에 곧바로 실현되는 것은 좋지 않다고 생각한다. 그 대신 우리는 실용주의적이고 점진적인 접근법을 채택하는 것이 바람직하며, 기존 복지제도의 보편주의적 성격을 확장할 수 있다면 다소 온건한 개혁일지라도 적극적으로 환영하는 태도가 반드시 필요하다고 주장하고자 한다. 무조건적 기본소득의 실현이라는 궁극적 목표를 생각해보면, 이러한 여러 단계를 우회하는 게 타협임은 분명하다. 하지만 정말로 기본소득을 반드시 실현하고야 말겠다는 결의가 굳건한 이들이라면, 이런 것들을 그냥 무시해버려서는 안 된다. 순수주의야말로 아무런 결과도 낳지 못하게 가로막는 장애물이기 때문이다.

오늘날 무조건적 기본소득의 아이디어는 인류 역사상 그 어느 때보다도 훨씬 더 널리 알려져 있고 또 정교한 논리로 옹호되고 있다. 이 아이디어는 전 세계에 영감을 줘 대담한 제안들을 낳고 있으며, 생기 있는 논쟁들을 촉발시키고 있다. 심지어 여러 실험이 실시되고 있기도 하다. 이런 까닭에 불가피하게 어느 정도의 혼동, 환상, 그리고 가짜 뉴스까지 생겨나고 있기도 하다. 따라서 기본소득 제안의 역사를 깊이 있게 다루면서 동시에 탄탄한 설명을 제시해, 기본소득으로 인해 생겨난 논쟁의 여러 측면을 두루두루 설명하는 학술적이면서도 대중적인 책이 한국을 비롯한 여러 나라에 응당 존재해야만 한다. 우리의 책은 영어판, 스페인어판, 중국어판, 이탈리아어판, 브라질어판, 프랑스어판으로 출간된 바 있으며, 이제 아주 높은 질의 한국어판도 나오게 돼 대단히 기쁘게 생각한다.

기본소득이 가장 먼저 도입될 나라가 어디일지는 예견할 수가 없다. 그 나라는 사상가들, 활동가들, 정책가들, 용기와 지성을 겸비한 정치가들 사이에 아주 효율적인 협업이 생겨날 수 있는 나라여야만 할 것이다. 대한민국이 과연 그런 나라가 될 수 있을 것인가?

2018년 봄,

벨기에서,

필리프 판 파레이스, 야니크 판데르보흐트

이 책은 구구한 설명이 필요 없는 책이다. 기본소득이라는 뜨거운 감자가 지구 곳곳을 굴러다니는 덕에 누구나 한 번쯤은 들어보았을 법하지만, 그것의 정확한 정체가 무엇인지에 대해서는 이제껏 추측만 난무했다. 그러다 만난 이 책은 그야말로 기본소득에 대한 최고의 책이라 할 만하다. 나는 기본소득이라는 아이디어에 대해 이만큼 처음부터 끝까지 소상하게 체계적으로 설명해주는 책을 아직 본 적이 없을뿐더러 기본소득에 대해 정치철학, 경제학, 사회정책, 사회사상사 등의 폭넓은 시야에서 종횡무진으로 논의를 펼치면서 풍부한 조감도를 그려낸 책도 본 적이 없다.

저자들이 말하듯이, 이 책에는 기본소득을 주장하는 이들과 반대하는 이들 모두 그리고 관심을 가지고 있는 이들과 관심이 없었던 이들 모두가 책상 위에 두고 수시로 참조할 만한 중요하고 다양한 정보가 담겨 있다. 또한 이 책을 통해 독자들은 사실 관계와 논리, 당위성과 실현가능성, 그리고 여러 찬반 주장에 관해 끊임없이 찾아보고 참조할 수 있다. 비록 어느 정도의 난이도가 있기는 하지만, 이를 감수할 준비가 되어 있는 이들에게는 기본소득에 대한 올바른 이해를 돕는 최고의 교과서라고 할 수 있을 것이다.

게다가 저자들이 보내온 한국어판 서문은 한국 사회의 맥락에서 꼭 필요한 점을 지적하고 있다. 주지하듯이, 우리나라에서는 2000년 대 말에 본격적으로 시작된 '보편적 복지국가 운동'과 그와 거의 동시에 나타난 '기본소득 운동'이 간혹 서로 상반되는 것으로 여겨진 때가 있었으며, 이 때문에 감정적으로 소모적인 논쟁이 간혹 벌어지기도 했다. 하지만 이 책에서 저자들이 권하는 기본소득 운동의 방법은 한꺼번에 큰 것을 쟁취하는 '혁명적' 방법이라기보다는 현실에서 수많은 토론과 논쟁을 거치고 또 여러 제도와 정책의 시행착오를 거치면서 한 발 한 발 나아가는 '점진적' 방법에 가깝다. 그런 의미에서 저자들은 현존하는 복지제도의 보편적 성격을 확장하기 위한 모든 노력이 소중하며, 기본소득 운동은 그러한 맥락의 연속선상에서 이루어져야 한다고 말하고 있다. 이러한 논점에서 나는 20세기 중반 스웨덴에서 새로운 형태의 복지국가를 건설했던 사회민주당의 이론가 비그포르스의 '잠정적 유토피아'라는 개념을 상기하게 된다.[*] 20세기 초중반의 노동자들에게 복지국가가 그랬듯이, 21세기의 불안정 노동자들에게는 이 기본소득이야말로 꿈과 같은, 하지만 결코 개꿈만은 아닌 '잠정적 유토피아'가 아닐까.

윌리엄 모리스의 『미래에서 온 편지』[**]를 흉내 내 이 생각을 조금 다르게 표현해보겠다. 기본소득은 '미래에서 온 도자기 파편'이라고 말이다. 고고학자들은 도자기 파편이 발견되었을 때, 눈앞에 보이는 그 물질적 형상만 보지 않는다. 그들은 그 작은 파편에서 시작해 과감한 상상력과 냉철한 비판적 추론을 동시에 동원해서 그 도자기를 사

---

[*] 홍기빈, 『비그포르스, 복지국가와 잠정적 유토피아』(책세상, 2011)
[**] 원제는 *News from Nowhere*이지만, 나는 이 한국어판 제목이 더 마음에 든다.

용했던 사회가 어떤 사회였는지를 그려낸다. 흙의 성분, 도자기 제작 온도, 그려진 문양의 성격, 담았던 것의 성격과 그 용도……. 이 모든 것은 한 번도 본 적 없고 기록도 남아 있지 않은 사회에 대해 우리에게 무수히 많은 것을 알려주는 소중한 정보다. 내가 기본소득이라는 아이디어에 매료되어 끊임없이 진지하게 고민하게 된 이유는, 바로 이러한 의미에서 기본소득이 미래 사회가 어떻게 만들어지고 설계되어야 하는지를 소상히 알려주는 소중한 실마리라고 보기 때문이다.

기본소득은 일, 노동, 여가, 소득, 가족, 사회, 국가 등등에 대해서 지난 몇천 년간 인류가 생각하고 믿어왔던 거의 모든 윤리적·과학적 통념에 근본적으로 모순된다. 그렇다면 응당 어림도 없는 개꿈으로 치부돼 조롱거리로 전락했어야 마땅할 이 생각은, 어째서 사라지지 않고 오히려 시간이 갈수록 더 많은 지역에서 더 많은 사람들의 말과 글에 오르내리고 있는 것일까? 아주 단순하면서도 중대한 이유가 있다. 우리의 기술적·산업적 조건이 변화했기 때문이다. 그리고 기존의 통념 안에서는 변화한 현실의 돌파구를 절대로 찾아낼 수 없다는 것을 갈수록 많은 이가 깨닫고 있기 때문이다.

기존의 모든 통념에 정면으로 배치되는 이 기본소득이라는 아이디어는 오히려 우리에게 일, 노동, 여가, 소득, 가족, 사회, 국가의 성격과 본질을 전면적으로 다시 생각해보도록 자극하고 유혹하고 또 강제한다. 이를 통해 몇천 년에 걸쳐 인류에 새겨진 기존의 통념을 벗어버리고, 모든 것을 새롭게 설계한 새로운 사회 전체를 상상하도록 만든다.

이 책을 번역한 사람으로서 소망하는 것이 있다면 장시간 노동과 열정페이, 경제성장의 신화, 그 밖에 20세기에 만들어진 옛날 경제학의 온갖 신화에 찌들대로 찌든 한국 사회에서 이 책이 기본소득이라는 새로운 제도를 견인할 마중물의 역할을 하는 것이다. 또한 기본소득이 한심한 열병처럼 하릴없이 왔다가 사라지는 유행어의 하나로 다루어지지 않기를 바란다. 하지만 기본소득이 아주 가까운 장래에 본격적으로 한국에 자리 잡을 수 있을 것이라는 희망은 아직 없다. 그저 이 책과 기본소득이라는 아이디어가 기술과 산업과 사회가 어디로 가고 있는지, 그리고 기존에 알고 있던 자본주의 모델이 무너져가고 있는 대한민국의 국민인 우리는 어떤 미래를 새롭게 설계해야 하는지, 이를 위해서 일과 여가와 소득과 사회와 가족과 국가에 대해 어떻게 새롭게 생각해야 하는지를 끊임없이 일깨우고 도발하는 열쇳말이 되기를 빈다.

기본소득이 이런 역할을 제대로 하기 위해서는, 이 책에서 어쩔 수 없이 미진하게 설명된 기본소득의 과거에 대해 더 많이 알 필요가 있다. 이와 관련해 글로벌정치경제연구소 부소장인 박형준 박사의 저서 『4차 산업혁명과 기본소득의 미래: 기본소득 사상의 역사』를 강력히 권하고 싶다. 이는 글로벌정치경제연구소에서 운영하는 '지식 공유 지대'에서 누구나 자유롭게 내려받을 수 있다.•

이 책의 번역 과정에서 박형준 박사는 조세제도와 사회정책에 어두운 나에게 친절한 여러 가르침을 주었을 뿐만 아니라, 결정적인 실수도 막아주었다. 깊이 감사드린다. 또한 이 책의 원고를 읽고 여러 충고와 조언을 통해 끔찍한 실수와 창피를 모면하게 해준 중앙대 사회복지학과 대학원의 주수정 선생님께도 감사드린다. 마찬가지로 주 선생님도 나의 여러 한심한 실수를 막아주는 역할을 해주었다. 그리고 기본소득과 사회혁신의 관계에 착목하고 계속 격려를 아끼지 않

• http://ecommons.or.kr/default/mall/mall1.php?idx=71&mode=goods_view& topmenu=p&cate_code=CA100007

은 서울시 협치자문관 김병권 선배님께도 감사드린다.

마지막으로, 번역에서 잘못된 부분이 발견된다면 모두 나의 책임이라는 것을 밝힌다.

이제 모두에게 실질적인 자유가 주어질 기본소득의 미래로 함께 가보자.

2018년 5월,
홍기빈

"수중에 있는 돈은 자유의 도구지만, 기를 써서 벌어야 하는 돈은
노예를 만드는 도구다."

⊙ 장-자크 루소, 『고백록』

우리 사회의 미래, 이 세상의 미래에 대한 희망과 자신감을 다시 찾기
위해서는 널리 퍼져 있는 잘못된 통념을 뒤집고, 우리가 가진 편견을
변화시키고, 급진적 아이디어들을 포용하는 법을 배워야 한다. 그중
에서도 정말 단순하면서도 결정적으로 중요한 아이디어가 바로 '무
조건적 기본소득'이라는 것이다. 이것은 재산 조사나 근로 의무 같은
조건 없이 모두에게, 개인 단위로, 정기적으로 지급되는 현금 소득을
말한다.

이는 요즘에 새로 나타난 생각이 아니다. 18세기 말 이래로 이러
한 생각을 가졌던 대담한 정신의 소유자들은 얼마든지 찾아볼 수 있
다. 하지만 오늘날 불평등의 증가, 새로운 자동화의 물결, 경제성장에
생태적 한계가 있다는 인식이 확산되면서 기본소득은 전 세계적인
관심의 대상이 되고 있으며 이는 유례가 없는 일이다. 세계 선진국인

복지국가들이 어떤 운명을 겪고 있는지를 본다면, 누구든 여기에서 기본소득 담론이 나타날 수밖에 없음을 예상할 것이다. 그리고 유한한 지구에서 개발이 덜된 지역의 기초적인 경제적 안전을 얻어낼 방법을 고민하는 이들 역시 기본소득이 필연임을 깨닫게 될 것이다. 또 내일의 세계가, 단지 형식적인 자유가 아닌 실질적 자유 그리고 운 좋은 소수만의 자유가 아닌 만인의 자유가 실현되는 세계가 될 것을 꿈꾸는 이들도 이 무조건적 기본소득이라는 생각에 강한 흥미를 느낄 뿐만 아니라 곧잘 흥분하기까지 한다.

제1장에서 우리는 무조건적 기본소득의 중심 논리를 제시할 것이다. 이를 통해서 기본소득이 빈곤과 실업, 나쁜 일자리, 고삐 풀린 경제성장 등의 문제에 어떻게 대처할 수 있는가 그리고 자유의 도구이자 지속가능하고 해방적인 제도적 틀의 필수요소를 어떻게 제공하는가를 설명할 것이다.

제2장에서는 기본소득 개념에 매력을 느끼는 많은 이(여기에는 저자들도 포함된다)가 공감하는 다양한 대안적 제안들을 논의하며, 어째서 이런 대안들보다 기본소득이 더 나은 선택인지를 제시할 것이다.

제3장에서는 사회보호의 확립된 두 모델인 공공부조와 사회보험이 16세기 이래 이론적, 사상적, 제도적으로 어떤 변화를 겪어왔는가를 개괄할 것이다.

제4장에서는 공공부조 및 사회보험 모델과는 근본적으로 구별되는 세 번째 모델인 기본소득이라는 아이디어가 18세기 말 이후 걸어온 흥미진진한 역사를 살펴볼 것이다.

제5장에서는 먼저 기본소득에 반대하는 도덕적 주장을 소개할 것이다. 그리고 이에 대한 대답으로서 우리가 기본소득의 근본적인 윤리적 정당성이라고 믿는 바를 제시할 것이며(이는 제1장에서도 논의되기

는 하지만 주된 논리적 요소들이 빠져 있는 상태로만 나온다) 이 문제에 대한 여러 철학적 접근도 논의할 것이다.

제6장에서는 실질적인 기본소득이 과연 재원 마련이라는 점에서 가능한가를 물을 것이며, 지금까지 제안된 재원 마련의 여러 방법을 논의할 것이다.

이를 배경으로 제7장에서는 전 세계에 걸쳐 여러 다양한 정치 및 사회 세력이 기본소득에 대해 어떤 입장을 취하고 있는지를 개괄하면서, 이에 대해 벌어질 반발을 회피할 수 있는 방법들을 탐구해볼 것이다. 그리고 이를 통하여 기본소득이 장차 어떠한 정치적 전망을 가지고 있는지를 평가해볼 것이다.

마지막으로 제8장에서는 기본소득이 지구화라는 맥락에서 직면하게 될 구체적인 도전들을 고찰해볼 것이다. 우리는 이 책 전반에 걸쳐서 주로 물질적으로 풍요한 사회들을 상정하여 기본소득을 제안하지만, 경제발전이 덜된 국가들에서도 기본소득은 갈수록 현실성이 커져가고 있다. 이 점 또한 이 책의 곳곳에서 논의할 것이다.

무조건적 기본소득이라는 아이디어를 세밀히 살펴본 후에는 이를 지지할 이들도 있을 것이며 거부할 이들도 있을 것이다. 이 책은 왜 우리가 기본소득을 지지해야 하는지를 설명하는 책이다. 하지만 그렇다고 해서 한쪽의 주장을 일방적으로 펴기 위한 팸플릿 같은 책은 아니다. 기본소득이라는 주제에 대해서는 여러 언어로 또 여러 학문 분야에서 많은 문헌들이 빠르게 쏟아져 나오고 있거니와, 이 책은 크게 볼 때 그렇게 빠르게 축적되고 있는 문헌들을 포괄적이고 비판적으로 종합한 것이다.

이 책이 정말로 바라는 것은, '무조건적 기본소득'이라는 주제에 대한 믿을 만한 정보 그리고 이해를 돕는 명쾌한 혜안들을 모아놓은 모종의 기록 보관소 같은 역할을 하는 것이다. 이는 기본소득을 찬성하는 쪽이나 반대하는 쪽 모두에서 기본적인 사실과 개념에 대해 자주 오류와 혼동을 일으키고 있으므로, 이를 바로잡는 데 양쪽 진영 모두에게 유용할 것이다.

이 책은 또한 기본소득이 바람직하고 타당성이 있는가에 대해 제기된 가장 주요한 반대 주장들을 정면으로 다루고자 한다. 시간이 한정되어 있는 TV 토론 등에서는 이러한 반대 주장들을 요리조리 피해가는 식으로 재주를 부려 논쟁에서 승리할 수 있을지 모르지만, 이는 정당하고 옳은 제안으로 현실에서 지속적인 승리를 확보해내는 올바른 방법이 될 수 없다. 더 좋은 세상은 분명코 가능하며, 그것을 이루기 위해서는 상상력과 열정이 반드시 필요하다. 이에 대해 불편한 사실들과 당혹스런 현실의 난점들을 결코 회피하지 않는, 지적으로 정직한 토론 역시 그와 똑같이 필수불가결하다. 이 책은 여러분도 이러한 다수의 노력에 동참하도록 권하는 초대장이다.

기본소득은 단지 급박한 현실 문제들의 통증을 완화해주는 반짝 아이디어 같은 것이 아니라, 자유로운 사회를 지탱해주는 중심 기둥이다. 누구에게나 일과 일 이외의 활동을 통해 자신의 인생을 꽃 피울 만큼의 진정한 자유가 공정하게 분배되어야 하며, 이런 자유로운 사회는 기본소득을 기둥으로 해서 만들어진다. 이는 과거의 성취를 지켜내거나 지구적 시장의 독재에 저항하는 정도를 훌쩍 넘어서서 과거의 사회주의와 신자유주의를 모두 근본적으로 대체할 수 있는 현실적 유토피아를 건설하기 위해 반드시 필요한 요소다. 위기를 기회로, 체념을 결심으로, 고통을 희망으로 바꾸기 위해서는 모종의 비전이 필요하다. 기본소득은 그러한 비전을 구성하는 결정적인 요소다.

차례 Contents

BASIC
INCOME

제1장

자유의 도구

무조건적 기본소득의 중심 논리

기본소득이란

한 사회의 모든 성원 개개인들에게

다른 소득 원천이 있든 없든

아무 조건도 내걸지 않고 현금의 형태로 정규적으로

소득을 지급하는 것이다.

BASIC INCOME

우리가 살고 있는 세상은 여러 가지 힘에 의해 다시 만들어지고 있다. 컴퓨터와 인터넷이 가져온 파괴적 기술 혁명, 무역과 이민 및 커뮤니케이션의 지구화, 전 세계적인 수요의 급증, 이에 따른 대기권의 포화 상태와 자연 자원의 고갈이 야기하는 여러 한계들, 가족에서부터 노동조합, 국가 독점체들 그리고 복지제도들에 이르기까지 다양한 전통적 보호 제도의 혼란, 그리고 이와 같은 다양한 경향이 뒤섞이며 빚어내는 폭발적인 여러 상호작용들.

이는 전례 없는 여러 위협을 낳고 있지만, 이는 또한 전례 없는 여러 기회가 찾아올 것임을 약속하는 것이기도 하다.

어떤 것이 위협이고 어떤 것이 기회인지를 제대로 평가하기 위해서는 규범적 기준이 필요하다. 이를 위해 이 책 전체에 걸쳐 우리가 기준으로 삼은 것은 '자유'다. 좀더 정확하게 말하자면, 단지 부자들만이 아닌 '만인의 실질적 자유'다. 이러한 규범적 관점에 대해서는 제5장에서 자세히 설명하고 논의할 것이다. 그 전까지는 방금 언급한 정도의 대략적인 성격 규정만으로도 충분하리라 생각한다.

그리고 우리는 이러한 규범을 실현하고자 하는 열망을 품고 있기에, 위에 열거한 여러 사태가 첨예한 갈등을 촉발하고 새로운 노예제를 낳는 일만큼은 반드시 막아야 한다는 강한 열정을 품게 된다. 그리고 문제를 낳고 있는 사태들을 오히려 해방의 지렛대로 사용하고자 하는 강한 욕구를 갖게 된다. 따라서 이러한 목적을 실현하기 위해, 수많은 현안에서 구체적 운동을 만들어나가는 것이 시급하다.

우리가 살고 있는 도시의 공적 공간들을 획기적으로 개선하는 작업에서부터, 교육을 전 일생에 걸쳐 이루어지는 활동이 되도록 변화시키고, 지적 소유권을 다시 정의하는 작업에 이르기까지, 수많은 현안이 우리의 활동을 기다리고 있다. 이 모든 현안 가운데서도 특히 절실한 것은 우리의 사회와 세계의 사람들이 스스로 경제안정을 추구하는 방식을 근본적이고 급진적으로 재구조화하는 활동이다. 우리 가슴속에 있는 여러 불안 요소들을 잠재우고 그 대신 희망을 갖도록 힘을 실어주기 위해서는, 오늘날 흔히 '기본소득(Basic Income)'이라고 불리는 것을 과감히 도입해야만 한다. 즉, 한 사회의 모든 성원 개개인들에게 그들이 다른 소득 원천이 있든 없든 아무 조건도 내걸지 않고 현금의 형태로 정규적으로 소득을 지급하는 것이다.

새로운 세계

그러한 급진적이고 근본적인 개혁이 오늘날 그 어느 때보다도 현실성과 급박성을 띠게 되는 이유는 무엇인가? 기본소득을 공개적으로 지지하고 나선 이들의 수는 기록적으로 늘어나고 있지만, 그중 다수는 이미 진행되고 있으며 앞으로 계속 팽창될 것으로 예견되는 새로운 자동화의 물결을 이야기한다. 그것은 바로 로봇, 자율주행 자동차, 컴퓨터를 통한 정신노동자들의 대규모 대체 등으로 나타나고 있다.[1]

이를 통해 자동화 전 과정의 통제와 설계를 담당하고 이 새로운 기술을 활용할 최상의 위치에 있는 일부 사람의 부와 소득 창출 능력은 전례 없는 수준으로 올라가는 반면, 대다수 사람의 부와 소득은 지금보다 현저히 낮아질 것이라고 말한다. 하지만 최근, 또 앞으로 일어날 것으로 거론되는 기술 변화는 각국에서 진행되고 있는 소득 창출 능력의 양극화를 불러오는 여러 요인 중 하나에 불과하다.[2] 기술 변화는 여타 요인들과 상호작용을 맺으며 나타나지만 그 상호작용의 정도는 시대와 장소마다 다양하게 나타나므로, 그 여러 요인 중 정확히 어떤 것이 어느 정도의 비중을 가지는지를 확인하기는 어렵다.

게다가 지구화로 인하여 희소한 기술과 가치 있는 자산을 가진 사람에게는 세계적 규모의 시장이 제공되는 반면, 자격증 취득을 통해 기술을 익힌 많은 사람은 무역과 이민 등 전 세계적 차원의 경쟁으로 내몰리고 있어 이런 양극화는 더욱 심화하고 있다. 공공이든 민간이든 독점체들이 약화되거나 축소되고 심지어 해체되고 있으므로, 기업 내부의 암묵적인 보조금들을 통해 생산성이 낮은 노동자들의 소득 창출 능력을 키워줄 여지도 줄어들고 있다. 이와 동시에, 기업의 가장 소중한 자산인 노동자들의 회사에 대한 충성도가 낮아지고 있으며, 임금 또한 직원들 사이의 생산성 격차에 따라 더욱 크게 벌어지고 있다. 게다가 저축 능력과 상속권을 갖춘 이들은 자본소득까지 얻을 수 있어서 사람들 사이의 소득 불평등은 더욱 크게 벌어질 것이다.[3]

이렇게 다양한 여러 추세들이 어떤 귀결을 가져오는지는 이미 소득 분배에서 뚜렷이 나타나고 있다. 소득 분배를 나타내기 위해 사람들이 한 줄로 서서 행진하고 있다고 가정해보자. 소득이 높은 이는 키를 크게 그려 뒤로 보내고 소득이 낮은 이는 키를 작게 그려 앞에 세워보자. 맨 뒤에서 행진하는 거인들은 10년 단위로 키가 껑충 늘어나며, 평균 신장을 가진 이도 갈수록 대열에서 점점 뒤로 밀리게 되지만, 맨 앞의 난쟁이들은 갈수록 수가 늘어나며, 그들의 소득은 괜찮은 수준에 미달하거나 아예 한참 모자라는 위험에 몰려 있다.[4] 이러한 소득 창출 능력의 양극화는 각 사회의 제도가 기능하는 맥락에 따라 여러 다른 방식으로 모습을 드러낸다. 노동에 대한 보상의 수준이 최저임금법, 단체 협상, 풍족한 실업 보험 등에 의해 여전히 굳건히 보호되고 있는 국가에서는 그 결과가 대규모의 일자리 소멸로 나타나는 경향이 있다. 또한 보호 장치들이 취약한 국가에서는 한심한 임금 수준의 불안정한 일자리를 가지고 근근이 살아가는 사람들의 수가 극적으로 늘어나는 경향이 나타난다.[5] 이러한 추세들은 이미 뚜렷이 나타나고 있지만, 만약 새로운 자동화의 물결로 인해 일반적으로 우려하는 일들이 정말로 실현된다면 상황은 훨씬 더 악화될 것이다.

어떤 이들은 자동화가 불러올 문제들이 단기적인 것에 불과하다고 주장한다. 따지고 보면, 자동화가 임박했으니 모종의 소득보장 제도의 도입이 시급하다는 위기감이 사람들 사이에 퍼졌던 것도 이번이 처음은 아니라는 것이다.[6] 하지만 과거의 경험을 보면 없어지는 일자리도 있지만 새롭게 생겨나는 일자리도 분명히 있다고 그들은 말한다. 재화 생산에 들어가는 노동력이 줄어드는 대신, 생산되는 재화의 양이 늘어나 이를 상쇄한다는 것이다. 예를 들어 어떤 자동차 회사가 그전의 4분의 1의 노동력만으로 같은 양의 자동차를 생산하는 방법을 찾아내면 그냥 생산량을 4배로 늘렸다. 노동을 절감하는 기술 발전은, 만약 그 생산성의 증대가 경제성장으로 나타나기만 한다면 재앙이 아니라 축복이라는 게 이들의 주장이다. 생산 수준이 올라가므로 이를 기반으로 좋은 일자리들을 계속 공급할 수 있고, 이에 따라 인구의 다수에게(임금이라는 직접적인 방식으로든, 그 임금에 수반되는 각종 사회수당이라는 간접적인 방식으로든) 괜찮은 소득을 안겨준다는 것이다. 이렇게 지금까지는 좌파든 우파든 경제성장을 지속하면 실업과 고용의 불안정성을 억제할 수 있다는 데 폭넓은 합의가 존재했다. 하지만 이러한 합의는 이제 끝났다. 오늘날 비교적 잘사는 선진국들 사이에서 기본소득에 대한 관심이 전례 없이 증가하고 있다는 사실이 바로 그 증거다.

경제성장이 만병통치약이라는 믿음은 세 가지 측면에서 잠식당하고 있다.

첫째, 경제성장을 더 이루는 것이 과연 바람직한 일인가에 대해 의문이 제기되고 있다. 성장이 지닌 여러 생태적 한계에 대한 염려는 이미 1970년대부터 제기된 바 있다. 게다가 오늘날에는 경제성장이 지구의 기후에 끼치는 충격을 돌이킬 수 없으며 또 거의 예측 불능이라는 점이 널리 알려지게 되면서 이러한 염려는 더욱 증폭되고 있다.

둘째, 지속적인 경제성장이 바람직하다고 확신하는 이들 사이에서조차도 그것이 과연 가능한 일인가에 대해 여러 의문이 제기되고 있다. 특히 유럽과 북미 지역에서는 래리 서머스(Larry Summers)가 '장기적 침체(secular stagnation)'라고 진단한 증상이 나타나리라고 예견하고 있다.

셋째, 경제성장이 바람직할 뿐만 아니라 얼마든지 가능하다고 믿는 이들조차도 과연 그것이 실업과 노동의 불안정성에 대해 구조적인 해결책을 제시하는가에 대한 믿음이 흔들리고 있다.

물론 경제성장과 실업률 사이에는 순수한 음의 상관관계가 나타나는 게 사실이다. 하지만 1960년대의 황금 시대가 시작된 이래로 일인당 GDP(국내총생산)는 두세 배까지 늘어났지만, 실업과 고용의 불안정성은 종식되지 않았다.[7] 여기에 자동화까지 심화하고 있으니 과

연 경제성장이 실업과 고용의 불안정성에 대한 해법이 될 수 있느냐에 대해 여러 의문이 제기되고 있는 것이다. 물론 이러한 의문들 하나하나에 대해 다양한 방식으로 재반론 역시 가능할 것이다. 어쨌든 이러한 여러 의심을 합쳐보면, 지금 임박한 도전에 대해 좀더 믿음직한 대응 방식이 필요하다는 목소리가 높아질 수밖에 없고 또 그것이 정당하다는 것을 충분히 설명할 수 있을 것이다.

심지어 미 국가안보국(NSA)의 내부고발자인 에드워드 스노든(Edward Snowden)조차 이러한 결론에 도달했다. 그는 2014년 「더 네이션(The Nation)」과의 인터뷰에서 이렇게 말했다. "기술자로서 저도 여러 추세들을 살펴보고 있습니다만, 자동화는 필연적으로 일자리를 계속 줄여나갈 것입니다. 일자리가 없거나 변변치 않은 이들에게 기본소득을 제공할 방법을 찾아야 합니다. 그러지 않는다면 사회적 불안과 소요가 극심해져서 죽어나가는 사람들이 생길 수 있습니다."[8]

기본소득

유의미한 일자리가 부족해질 것이라는 예측은, 갈수록 일자리가 없는 사람이 늘어날 테니 이들에게 어떤 식으로든 생계수단을 공급해야만 한다는 확신으로 쉽게 연결된다. 이러한 확신을 실현하는 데는 두 가지 아주 다른 방식이 있으며, 그중 하나는 아주 매력 없는 것이다. 이는 16세기에 생겨난 과거의 공공부조 모델을 확장한 것으로, 예를 들어 조건부 최저소득 보장제도(guaranteed-minimum-income scheme) 같은 것이다. 이런 프로그램들은 가난한 가구에서 노동을 통해 직접 혹은 간접으로 얻는 소득을 보충해줌으로써, 가난한 이들이 사회가 규정한 일정한 문턱에 다다를 수 있도록 도움을 주는 것이다.

이러한 최저소득 보장제도는 포괄적인 것이든 가난한 일부 계층에 제한된 것이든, 극도의 빈곤을 해소하는 데 크게 기여한다. 하지만 이러한 제도에는 제한 조건이 붙기 때문에 그 수혜자들을 영구적인 복지수당 청구자 계급으로 만들어버리는 경향이 있다. 사람들은 자신이 극빈 상태에 빠져 있고 그것이 비자발적인 것임을 증명할 수 있다는 조건만 충족하면, 정부가 공짜로 나누어주는 지원금을 계속해서 받을 자격을 얻는다. 그 대신 이들은 상당히 간섭이 심하고 모욕적인 절차를 거쳐야만 한다. 노동과 연관된 사회보험 시스템이 잘 발달된 국가에서는(이 경우 사람들이 연금이나 기타 주기적인 형태의 지불을 받을 자격이 있으려면 일정 기간 동안 피고용자 혹은 자영업자[self-employed]로서 일한 실적이 있어야 한다), 이렇게 사람들이 영구적인 복지수당 청구자로 눌러앉게 되는 효과가 비교적 적은 수의 사람들로 국한되어 나타났다.

　하지만 앞에서 언급한 여러 추세가 지속되면서 그러한 효과가 나타나는 인구의 범위도 점점 더 넓어지게 됐다. 실제로 불안정한 위치에 처한 사람들의 수는 계속해서 늘어날 것이다. 사람들 사이의 개인적 유대에 기초한 수많은 비공식적 안전 장치들이 계속 약해지고 있기 때문이다. 가정경제가 해체되는 비율이 갈수록 증가하고 핵가족의 크기도 계속 줄어들고 있다. 또한 노동자들이 일자리를 찾아 이동하는 경향이 증가하면서 확대가족은 지리적으로 더 넓은 지역으로 흩어지게 되고 지역 공동체들도 잠식당하게 된다.

　이렇게 유의미한 일자리가 없어지는 게 미래의 추세인데, 여기에 대처할 수 있는 유일한 방법이 조건부 최저소득 제도뿐이란 말인가? 만약 그렇다면, 본래 우리를 노동에서 해방시키도록 고안된 기술의 진보라는 것이 오히려 갈수록 더 많은 인구를 노예로 만들어버릴 것이다.

그렇다면 다른 선택지가 없을까? 오늘날 우리는 전례 없는 도전에 직면해 있는 동시에 전례 없는 기회를 품고 있기도 하다. 만인의 자유를 스스로의 사명으로 여기는 사람들은, 이 도전들에 대응하면서 그 기회를 십분 활용할 수 있는 적절한 방법으로 최저소득 제도를 명시적으로 요구하고 있지만 이는 무조건적인 종류의 최저소득 제도라는 점에 주목해야 한다. 브라질의 최저소득 운동가인 에두아르도 수플리시(Eduardo Suplicy)는 "밖으로 나갈 때는 문으로 나가면 된다(the way out is through the door)"●라는 유명한 문구를 널리 알렸다. 이 말이 뜻한 바는, 기본소득의 공급이야말로 빈곤에서 빠져나오는 가장 자연스럽고도 좋은 방법이라는 것이다. 마치 누구의 집에서 빠져나오는 가장 자연스럽고 좋은 방법이 그 집 문을 통해 나오는 것인 것처럼 말이다.

하지만 이 제도에서 결정적 핵심은 '무조건적'으로 주어져야 한다는 것이며, 이 무조건적이라는 형용사의 의미는 절대적인 것이 되어야만 한다.[9] 기존 제도들 중에도 이미 '무조건적'이라고 부를 수 있는 것들이 있지만, 이는 그 형용사의 약한 의미에서만 그러할 때가 많다. 먼저 이러한 제도들은 사회보험이 아니라 공공부조의 한 형태이므로 사회보험 수당의 자격이 될 만큼 납부금(contribution)을 지불한 이들로만 제한되지 않는다. 또 그것을 제공하는 국가의 시민들로만 제한되는 것이 아니라 기타 법적 지위를 가진 거주자들에게도 주어지는 것이 보통이며, 현물이 아닌 **현금**으로 지불된다. 하지만 기본소득이라고 한다면 이 '무조건적'이라는 형용사에 몇 가지 의미가 더 추가

● 이는 본래 『논어』에 나오는 "밖으로 나갈 때는 문으로 나가면 된다. 사람들은 어째서 이렇게 하지 않는가?"라는 공자의 말로 알려져 있다.

된다. 이는 가구의 경제 상황과 연계되지 않고 각 개인에게 주어진다는 점에서 **개인적** 수급권이며, 소득 조사 혹은 재산 조사가 필요 없다는 점에서 **보편적**이다. 또한 일을 할 의무와 연계되거나 일을 할 의사를 증명할 필요가 없다는 점에서 **아무 의무도 부과되지 않는** 것이다. 이 책 전체에 걸쳐서 우리가 '기본소득'이라는 말을 쓸 때는 곧 무조건적으로 주어지는 소득을 말하는 것이며, 여기에는 이러한 세 가지의 추가적인 의미가 함축되어 있다.

'기본소득'이라는 표현을 처음으로 쓴 것은 우리가 아니다. 이러한 방식으로 이해할 수 있는 표현은 옥스퍼드대학의 정치경제학자였던 조지 콜(George D. H. Cole, 1889~1959)이 1953년에 출간한 저서에서 사회주의에 대한 존 스튜어트 밀의 논의를 설명하는 가운데 처음으로 등장한다. 또 경제정책을 다룬 네덜란드의 경제학자 얀 틴베르헨(Jan Tinbergen)의 1956년 교과서에서도 나온다. 1986년에 창립된 기본소득유럽네트워크(Basic Income European Network, BIEN)가 (영국과 네덜란드의 영향으로) 이와 비슷한 정의를 채택하였고, 기본소득유럽네트워크가 2004년 기본소득지구네트워크(Basic Income Earth Network, BIEN)로 확장되었을 때에도 그 정의는 그대로 이어졌다.[10] 이후 미국기본소득보장(United States Basic Income Gurantee, USBIG)을 포함해 몇몇 국가에서 생겨난 네트워크들도 자신들의 명칭에서 동일한 표현을 채택하였고, 그 과정에서 이 표현의 사용이 확산된 것이다.

미국의 경우 1960년대 말 이후에 '기본소득'이라는 표현이 이따금씩 쓰이기는 했지만, 오랜 기간 동안 가장 흔하게 사용된 표현은 '데모그란트(demogrant, 대중 교부금)'라는 말이었다.[11] 이와 동일한 개념을 지칭하는 데 쓰였거나 지금도 쓰이고 있는 다른 표현을 보면, 국가 보너스, 사회 배당금, 보편 배당금, 보편 교부금, 보편 소득, 시민

소득, 시민권 소득, 시민 임금, 존재 소득 등이 있고, 이 각각에 상응하는 외국어 표현들이 있다.

좀더 명확하게 하자면, 기본소득이 위에서 언급한 다양한 의미에서 무조건적이기는 하지만 한 가지 중요한 의미에서는 조건부라는 점에 주목해야 한다. 즉, 수령인은 구체적인 영토로 규정되는 특정한 공동체의 성원이어야만 한다는 것이다. 우리는 이 조건이 의미하는 바가 영주권이나 시민권이 아니라 어느 정부에 세금을 내느냐는 차원에서의 거주지(fiscal residence)를 의미하는 것이라고 해석하고 있다. 즉, 이에 따르면 관광객이나 여타 여행객, 불법 이민자, 외교관, 초국적 기구의 직원들 등은 현지에서 개인 소득세를 내야 할 의무가 없으므로 기본소득에서 제외된다. 감옥에서 수형 생활을 하는 이들도 그들을 부양하는 비용이 기본소득보다 더 많이 들게 되므로 기본소득의 대상에서 제외된다. 하지만 감옥을 나오는 순간부터는 기본소득 수급권을 가지게 된다.

기본소득의 양은 정의상 획일적이어야 할까? 반드시 그런 것은 아니다. 첫째, 연령에 따라 다를 수 있다. 어떤 기본소득 제안은 명시적으로 성인들로만 제한되는데, 그러면 논리적으로 볼 때 보편적 아동수당 제도라는 보조물을 수반하게 된다. 하지만 통상적으로 기본소득이란 보통 태어나는 순간부터 얻게 되는 수급권의 개념으로 여겨지고 있다. 모든 제안에서 그런 것은 아니지만, 이 경우 그 양은 보통 미성년자들에게는 더 낮은 수준으로 정해진다.[12]

둘째, 지역에 따라 다를 수 있다. 여러 국가에서 지역마다 생활비(특히 주거비용)에 분명한 차이가 있지만, 이와 무관하게 기본소득은 획일적인 것으로 여겨진다. 이렇게 되면 기본소득은 '주변부 지역'에 유리한 강력한 재분배 도구로 기능하게 된다. 하지만 지역적 차이를 감안하도록 조정할 수도 있으며, 특히 초국적 수준에서 기본소득을 운영할 때(이 가능성은 제8장에서 논의한다)에는 그렇게 해야 할 것이다. 이렇게 되면 가난한 지역에 유리하게 작동하는 재분배 효과는 없어지지는 않더라도 줄어들게 된다.

셋째, 기본소득의 양을 지역에 따라 바꿀 수는 없어도 시간에 따라서는 변경이 가능하다. 기본소득이 그 의도에 맞게 작동하려면 한 번 주고 말거나 예측 불가능한 간격으로 주어서는 안 되며, 분명히 정기적으로 지급될 필요가 있다. 제4장에서 살펴보겠지만, 최초의 기본소득 제안자인 토머스 스펜스(Thomas Spence, 1797년에 제안)와 조제프 샤를리에(Joseph Charlier, 1848년에 제안)는 3개월에 한 번씩 지급할 것을 요구했다. 메이블 밀너(Mabel Milner)와 데니스 밀너(Dennis Milner)가 1918년에 착상했던 국가 보너스 제도 또한 1주일에 한 번 지급되는 것을 내용으로 한다. 다른 쪽 극단에 있는 알래스카의 배당금은 1년에 한 번 지급된다. 하지만 샤를리에가 내놓은 제안의 마지막 버전 이후로는 대부분의 기본소득 제안이 한 달에 한 번 지급되는 것을 골자로 하고 있다.[13]

기본소득에서는 지급의 정기성만 중요한 것이 아니다. 지급액은 충분히 안정적이어야 하며, 특히 급작스럽게 줄어드는 일이 없어야만 한다. 그렇다고 액수가 고정되어야 한다는 뜻은 아니다. 기본소득 제도가 일단 자리를 잡고 나면 물가지수와 연동하는 것도 의미가 있으며, 1인당 GDP와 연동하는 것은 더욱 큰 의미가 있을 것이다. 특히 후자는 1920년대에 데니스 밀너가 영국에서 처음으로 기본소득 계획을 전개했을 당시에 옹호한 것이며, 최근에 노동운동 지도자 앤디 스턴(Andy Stern)도 이를 옹호하면서 그 이유를 "사회 전체가 얻은 이익이 소수에게만이 아니라 모든 미국 시민에게 더 광범위하게 돌아가게 할 수 있기 때문"이라고 말한 바 있다.[14] 하지만 1인당 GDP가 급감하면 기본소득도 함께 급감할 수도 있으므로 이를 보완하기 위해서는 기본소득의 지급액수를 단지 해당 연도만이 아니라 몇 년에 걸친 평균 지수와 연동하는 편이 더 현명할 것이다.

마지막으로, 기본소득으로 담보대출을 받을 수 있는가? 그리고 이것은 과세의 대상인가? 기본소득은 대출의 담보로 삼을 수 없도록 규칙을 정하는 것이 가장 합리적이다. 기본소득의 수혜자가 장래에 받을 것으로 기대하는 기본소득의 흐름을 대출 담보로 사용하게 두어서는 안 된다는 것이다. 이는 기본소득을 다른 여러 소득에 추가적으로 주어지는 돈이 아니라, 모든 이의 소득 하한선으로 보는 관점에서는 필연적으로 도출되는 결론이다. 그러한 관점에 선다면 현행법상 몰수되는 일이 없도록 보호받아야만 한다.

또 기본소득에 소득세를 붙이지 않는 것이 가장 좋다고 생각하는 사람도 있지만, 이는 분명히 논쟁의 여지가 있다. 국가마다 조세 시스템이 다르고 그에 따라 차이가 나기 때문이다. 예를 들어 개인 소득세의 단위가 가구라서 모든 가구에 대해 그 각각의 총소득에 누진제를 적용하는 식이라면, 과세 표준에 기본소득까지 포함시킬 경우 가족이 많은 가구의 성원들에게는 기본소득을 적게 주는 결과가 나올 것이다. 개인 소득세가 정률세(flat tax)의 형태를 띠며 철저하게 개인을 단위로 부과될 경우에도 기본소득을 소득세 과세 대상으로 삼는다면 이는 고정된 액수만큼 기본소득을 줄이는 것에 해당한다. 그리고 이 경우에는 아예 기본소득의 액수를 줄이고 과세 대상에서 빼는 쪽이 행정적으로 훨씬 더 간단하다.

이렇게 다양한 방면에서 보충 설명을 했으니, 이제는 기본소득의 '기본'이라는 말이 뜻하는 바가 분명해졌을 것이라고 믿는다. 즉, 기본이란 무조건적으로 주어지는 소득이기에 그것을 받는 사람이 어려움을 딛고 일어설 수 있는 밑거름이 된다는 의미인 것이다. 사람들은 기본소득을 기초로 삼아 다양한 방식으로 삶을 구축해나갈 수 있게 되며, 다른 원천으로부터의 소득을 추가적으로 얻는 일도 당연히 가능하다. 다만 기본소득이라는 말의 정의에는 구체적인 액수가 전혀 함축되어 있지 않다. 예를 들어 기본소득이란 기본적 필요욕구라고 간주할 수 있는 것들을 구매하는 데 충분한 액수로서 정의되는 것이 아니라는 것이다. 물론 기본소득의 수준은 어떤 특정한 기본소득 제안을 평가함에 있어서 아주 중요한 요소이며, '기본소득'이라는 이름을 붙이려면 일정하게 최소한의 수준이 보장되어야 한다고 주장한 사람도 많기는 하다.

하지만 우리는 관용에 따라 앞에서 제시한 기본소득의 정의를 채택하고자 한다. 이렇게 할 경우 편리한 점은 기본소득이라고 칭할 만큼 충분히 무조건적인가와 그 지급액이 적정한 수준인가의 문제를 별개로 분리할 수 있다는 점이다. 따라서 우리는 이 정의를 고수할 것이지만, 때로는 이 정의에서 벗어나는 것이 전략적으로 더욱 합리적인 상황도 있다는 것 또한 충분히 감안할 것이다.

그렇지만 특정 국가의 맥락에서 기본소득을 옹호하는 논리를 전개할 때는, 사람들이 지속가능하다고 기대할 만큼 너무 높지 않은 수준이면서 동시에 사람들의 삶에 분명히 큰 차이를 만들어낼 수 있을 정도에는 해당하는 수준의 액수를 염두에 두는 것이 편리하다. 우리는 일단 어느 국가에서나 현행 1인당 GDP의 4분의 1 정도 액수를 선택하자고 제안할 것이다. 물론 연령과 지역에 따라 지급 액수를 조정하는 곳에서는 이것이 획일적인 액수가 아니라 평균 액수가 될 것이다. 이를 미국 달러로 환산(이 책에서는 달러를 기준으로 함)하여 개괄해보도록 하자. 월 단위로 보면 미국에서는 2015년 현재 1163달러, 스위스에서는 1670달러, 영국에서는 910달러, 브라질에서는 180달러, 인도에서는 33달러, 콩고민주공화국에서는 9.5달러가 된다. 이를 다시 구매력평가지수(purchasing power parity)에 따라 조정하면 스위스에서는 1260달러, 영국에서는 860달러, 브라질에서는 320달러, 인도에서는 130달러, 콩고민주공화국에서는 16달러가 된다. 전 세계 GDP의 4분의 1로써 세계적 규모에서 기본소득을 실시할 경우에는 명목치로 볼 때 월 210달러 혹은 일 7달러가 된다.[15] 이 책 전체에 걸쳐 이 수치들은 어떤 구체적 제도와 제안들을 가늠해볼 때 유용한 기준점으로 쓰일 것이다.[16]

우리가 1인당 GDP의 4분의 1을 개인에게 기본소득으로 지급하면 모든 가구를 빈곤으로부터 탈출시킬 수 있다는 주장을 하려는 것은 결코 아니다. 실제로 그렇게 할 수 있을지는 빈곤의 기준과 국가에 따라 다르고, 가구의 구성 그리고 그 가구가 해당국의 어느 지역에 사느냐에 따라 각각 달라진다. 예를 들어 미국에서 1인당 GDP의 25퍼센트에 해당하는 기본소득은 월 1163달러이며, 2015년 현재 공식적인 빈곤선은 독신자는 1028달러이고 함께 사는 성인이 있을 경우 661달러가 추가된다.[17] 전부는 아니지만 대부분의 국가에서 1인당 GDP의 25퍼센트를 개인에게 지급할 경우 세계은행이 제시하는 절대적 빈곤선인 월 38달러(혹은 일 1.25달러)보다는 높지만, 최소한 독신자들의 경우에는 해당국 가처분 소득 중간값의 60퍼센트를 기준으로 삼는 유럽연합의 '빈곤 위험(risk of poverty)' 수준에 미치지 못한다.[18]

따라서 이 1인당 GDP의 25퍼센트라는 기준은 신성불가침의 것이 아님은 물론이며 무슨 심오한 의미가 있는 것도 아니다. 아마도 이는 기본소득이라는 아이디어의 '후한(generous)' 버전과 '박한(modest)'

버전의 중간 어딘가에 있다고 보는 게 맞을 듯싶다. 따라서 지금 단계에서는 특정 액수에 큰 중요성을 부여해서는 안 된다.

이미 이야기했고 앞으로 제4장에서 더 이야기하겠지만, 기본소득 주창자들끼리도 액수에 있어서는 대단히 큰 차이를 보인다. 우리의 주장은 윤리적인 정당성으로 보자면 더 높아야 하고(제5장을 보라), 정치적인 용이성을 감안하면 수준을 낮춰야 한다는 것(제7장을 보라)이다. 정치적으로 쉽게 받아들여질 수 있는 수준은 복지가 발달된 국가의 경우 기존 공공부조 및 사회보험 체제 아래에서 가구들이 수급하는 최저 액수에도 미치지 못할 경우가 많을 것이다. 기본소득이 기존의 각종 사회수당을 대체하는 일은 오직 각종 사회수당이 기본소득에 미치지 못하는 경우로만 한정되어야 한다. 현재 받고 있는 각종 사회수당의 수급액이 더 많은 개인의 경우, 기본소득은 든든한 발판을 마련해주는 무조건적인 최저한도이며 그 위로 여러 조건이 달린 수당이 추가되는 것이라고 생각해야 한다. 이 각종 수당의 세후 수준은 하향 조정될 것이며 수급 자격에 필요한 여러 조건은 그대로 유지될 것이지만, 가난한 가구의 가처분 소득 총액이 더 낮아지지는 않을 것이다. 흔히 오해하는 것과는 정반대다.

정의상 기본소득을 기존의 모든 이전소득(transfer income)을 완전히 대체하는 것으로 이해해서는 안 되며, 질 좋은 교육과 의료 서비스, 기타 사회 서비스 등에 대한 공공지원을 대체하는 것으로 보아서는 더더욱 안 된다. 물론 기본소득이 이런 식으로 묘사될 때도 많고, 또 기본소득 옹호자들 가운데는 더 많은 사람의 지지를 끌어내기 위해 기본소득을 그저 기존의 여러 복잡한 사회수당 체계를 급진적으로 단순화한 것처럼 선전하는 이들도 있다. 이들은 우리의 기본소득 정의에 대해 화를 내고 짜증을 부리겠지만, 어쩔 수 없다.[19]

우리의 주장은 이렇다. 앞에서 정의했듯이 21세기의 새로운 상황에서 무조건적 기본소득과 기존의 조건부 최저소득 제도 같은 공공부조 제도 사이에는 근본적인 차이가 있다는 것이다. 양쪽 모두 빈곤 문제를 해소하자는 의미가 담겨 있지만, 무조건적 기본소득은 그보다 훨씬 더 많은 의미를 지니고 있다. 이는 사회의 주변부에서 작동하는 것이 아니라 핵심 권력 관계에 직접 영향을 미친다. 그 목적은 그저 빈곤의 참상을 완화시키는 것이 아니라 우리 모두를 다 함께 해방시키는 데 있다.

기본소득은 단지 궁핍한 이들이 이 세상에서의 삶을 견딜 수 있게 해주는 임시방편에 불과한 것이 아니다. 우리 모두가 동경할 만한 세상 그리고 그렇게 바뀐 세상의 핵심적인 구성 요소인 것이다. 그 이유를 설명하기 위해서 우리는 앞에서 설명했던 세 가지 무조건성(개인에게 지급한다, 보편적으로 지급한다, 아무 의무도 부과되지 않는다)을 하나씩 살펴보면서, 기본소득이 기존의 여러 최저소득 제도와 어떻게 구별되는지를 알아볼 것이다. 하지만 그 전에 기본소득 제도와 대부분의 최저소득 제도들의 공통점 하나를 짧게 논의할 것이다. 물론 이 또한 여전히 논란이 많은 지점이다.

현금 소득

기본소득 개념에서 기본 전제가 되는 것 중 하나는 현금 지급이다. 즉, 기본소득은 식료품, 주거, 의복, 여타 소비재의 형태로 지급되어서는 안 된다는 것이다. 이는 16세기 이후 유럽에서 제도화되어 이어진 초기 형태의 최저소득 보장제도뿐만 아니라, 아직 선진국 대열에 들어오지 못한 국가들에서 최근에 시행되고 있는 각종 식료품 배급 프로그램들과도 첨예하게 대조되는 지점이다. 현물 지급을 옹호하는 쪽의 주된 논리는, 현금으로 지급하면 그 돈이 사치품, 심지어 술이나 마약 등에 낭비될 수 있지만 현물로 지급하면 가구의 모든 성원에게 기본 생필품이 전달될 가능성이 커진다는 것이다. 푸드스탬프나, 용도가 미리 지정되어 있는 다양한 바우처 등 최저소득을 지급할 때 자주 쓰이는 특별한 형태의 통화들도 이와 동일한 논리가 기본으로 깔려 있다.[20] 무엇이든 살 수 있는 수표를 지급하는 것보다 의료 및 생필품에 초점을 두는 현물로써의 빈곤 구호 쪽이 공공 여론의 더 많은 지지를 받는 것이 사실이며, 이는 현금을 줄 경우 무책임하게 써버릴 가능성이 크다는 걱정이 사람들 사이에 널리 퍼져 있다는 현실을 반영한다.

그런데 이 논쟁의 반대 진영에도 명확한 논리가 있다. 첫 번째는 결제, 특히 지급결제가 대부분 전산망으로 이루어지는 오늘날, 식료품과 주거를 공정하고 효율적으로 분배하기보다 현금을 공정하고 효율적으로 분배하는 쪽이 훨씬 수월하며 공공기관의 업무 부담도 크게 줄일 수 있다는 것이다. 두 번째는 현금을 지급하게 되면 여러 후견주의적* 압력, 모든 유형의 로비, 자원을 잘못 배분하여 벌어지는 낭비 등도 줄어든다는 것이다.[21] 더 나아가, 식료품이 아니라 현금을 분배하면 이 돈이 가난한 사람들이 사는 지역의 구매력을 창출해 지역 경제를 일으키는 데 도움이 되는 반면, 그냥 무료로 식료품을 나눠

---

* 후견주의(clientelism)란 권력을 가진 후견인(patron)이 특별한 관계를 맺은 피후견인(client)의 뒤를 봐주는 것으로, 피후견인이 그 대가로 후견인에게 충성을 바치는 관계를 말한다. 주의할 것은 이것이 일방적인 선물이나 공납이 아니라 쌍방 간의 주고받기라는 점이다. 피후견인은 충성의 표시로 후견인에게 뇌물 공여 및 금전 상납 등 유무형의 것을 바쳐야 하며, 그 대가로 필요한 보호를 요구할 수 있다. 이는 본래 로마 귀족과 평민 사이에서 시작된 개념이지만, 현대 정치에서는 특정 이해집단과 권력집단 사이의 부패 등을 뜻하는 어감이 강하다.

주면 되레 지역 경제가 침체되는 경향이 나타난다는 주장도 만만치 않다.[22]

이러한 문제점이 더욱 두드러지는 상황이 있다. 각종 현물 이전은 빠르게 그 현물이 매매되는 2차 시장을 만들어내며, 그렇게 되면 실질적인 생필품을 우선적으로 공급한다는 목적에서 현실적으로 멀어지게 된다는 것이다. 그리고 가장 근본적인 논점은 바로 이것이다. 만인이 더 큰 자유를 성취하는 것에 우선성을 부여한다면, 일반적으로 현금 분배가 더 낫다는 전제가 따라오게 된다. 지출의 시점이나 구매 대상 등에 대한 제약이 적기 때문이다. 현금을 받으면 수급자는 그것을 어떻게 사용할지를 자유롭게 결정할 수 있으므로, 적은 예산 안에서도 본인의 선호에 따라 다양한 선택지들을 조정할 수 있게 된다.[23] 현물로 지급되는 최저소득의 가장 명확하고도 일반적인 형태를 감옥에서 찾을 수 있다는 사실은 결코 우연이 아니다.

하지만 자유라는 명분을 근거로 현금 지급을 선호하는 주장을 교조적으로 받아들여서는 안 된다. 첫째, 자유라는 이점이 작동하려면 충분히 개방되고 투명한 시장이 존재해야만 한다. 현금 소득이 생긴다고 해도 만약 차별이 존재한다면 그 희생자들의 구매력은 삭감되거나 아예 없어질 수도 있다. 둘째, 위급 상황이나 일시적인 상황 등에서는 시장이 발달하기를 기다릴 시간이 없고, 이때는 사람들이 굶어죽는 것을 막기 위해서 식료품과 거처를 무조건 직접 공급하는 수밖에 없다.[24] 셋째, 앞에서 말했듯이 기본소득은 국가가 제공하고 자금을 대는 모든 사회 서비스를 대체하기 위해 필요한 것이 아니다. 기초적인 건강보험과 보육·초등교육·중등교육 등과 같은 특정한 재화의 경우에는 긍정적 및 부정적인 외부성들(externalities)에 대한 인식, 제대로 된 시민권이라는 전제 조건에 대한 걱정, 부드러운 형태의 가

부장적 온정주의 등이 겹치면서 나타나는 여러 문제들 때문에 현금 지급이 갖는 장점이 금방 사라지고 만다. 이러한 경우에는 개개인의 장기적 이익이라는 관점에서 볼 때도, 또 건강하고 잘 교육받은 노동력과 시민 집단(이는 경제와 민주주의의 순조로운 작동에 결정적인 요소다)을 유지한다는 사회적 이익의 관점에서 볼 때도, 현물 지급이 더 낫다고 볼 수 있다.

안전하고 쾌적한 각종 공공 공간 그리고 여타 공공재 및 공공 서비스 등의 공급에 대해서도 비슷한 주장을 할 수 있다.[25] 이 모든 이유들로 볼 때, 현금으로 지급되는 기본소득을 강력하게 주장하는 것은 다양한 종류의 현물 서비스의 공공조달을 지지하는 것과 아무런 모순이 없다.

개인 소득

조건부 형태의 최저소득 제도가 대부분 그렇듯 기본소득 또한 현금으로 지급된다. 하지만 기본소득은 엄격히 개인에게 해당된다는 의미로 무조건적이라는 점에서 여타의 최저소득 제도와 차이가 난다. '엄격히 개인에게 해당된다'는 말은 두 가지 뜻을 갖는데, 이 둘은 논리적으로 서로 독립적인 것이다. 첫째는 각 개개인에게 지급된다는 뜻이고, 둘째는 지급되는 액수가 그 개인의 가정경제 상황과 무관하다는 뜻이다.[26] 하나씩 살펴보도록 하자.

기본소득은 가구 구성원 전체에게 돌아가는 수당을 '가장'인 한 개인에게 몰아서 지급하는 게 아니다. 이는 그 가구를 이루는 성인 개개인 모두에게 각각 주어진다. 만약 미성년자에게도 기본소득을 지급하도록 되어 있다면 이들의 기본소득은 아마 약간 적은 액수로 가구의 성인 한 사람, 보통 어머니에게 줄 필요가 있을 것이다.[27] 개개인에게 따로 지급하는 것보다 가장 한 사람에게 가구 전체의 수당을 몰아서 지급하는 게 낫다는 논리의 주된 근거는 후자가 갖는 단순성에 기대고 있다. 특히 기본소득이 세액공제의 형태를 띠는 것이 허용되는 경우, 즉 어느 가구의 납세 채무액에서 그 가구의 기본소득 지급 대상자의 수에 기본소득 지급액을 곱한 만큼을 빼주는 경우, 그러한 단순성은 더욱 유리하게 작용한다.

이렇게 되면 생계비를 벌어오는 이가 단 한 사람인 가구의 경우에는 아예 기본소득 지급액을 송금할 필요도 없어지게 된다. 그냥 생계비를 벌어오는 이의 세금을 해당하는 액수만큼 깎아주면 그에 따라 순소득이 증가하기 때문이다.

하지만 만인의 자유라는 목적을 추구하는 이들이라면 다르게 볼 수밖에 없다. 가구 내에 기본소득 수급권이 있는 개인 각각의 통장으로 직접 돈을 지급하여 이것이 가구 내의 권력 배분 상태에 영향을 준다면, 가장 한 사람에게 몰아서 주는 것과 개개인에게 따로 주는 것에는 큰 차이가 발생하게 된다. 가령 소득이 낮거나 혹은 전혀 없는 여성이 있다고 하자. 만약 그녀와 그녀의 아이들 개개인에게 정기적으로 소득이 지급된다면, 그녀와 그녀의 아이들의 존재로 인해 그저 동거남의 순소득만 증가하게 되는 경우보다 가계 지출에 대한 그녀의 통제력은 훨씬 더 커질 것이다. 또 아예 그 가구에서 빠져나오는 선택지 또한 그렇게 꿈도 못 꿀 일은 아니게 될 것이다.

기본소득이 엄격하게 개인에게 적용된다는 말의 두 번째 의미는 좀더 논란의 여지가 많다.[28] 기존의 조건부 최저소득 제도에서는 한 개인이 얼마만큼의 보조금을 얻을 권리가 있는지가 가구의 구성에 따라 좌우된다. 일반적으로 성인은 한 명 이상의 성인을 포함하는 가구에 소속되어 살고 있을 때보다 혼자 살고 있을 때 더 많은 수당을 받을 권리가 생긴다.[29] 이러한 특징이 광범위하게 나타나는 배경에는 아주 단순한 논리가 있다. 빈곤 문제에 대처할 때는 소비에서의 규모의 경제라는 문제에 주의해야 한다는 것이다. 기본적 필요를 충족하는 데 소요되는 1인당 비용을 볼 때, 주거를 공유하는 이들의 경우에는 그에 결부된 난방, 가구, 주방 및 세탁 장비 등의 비용도 서로 공유하게 되므로 그 비용이 더 낮아지게 된다. 따라서 혼자 사는 사람이 빈곤에서 빠져나오려면 더 많은 비용이 들어가게 되므로, 가구 구성에 따라서 수급액에 차별을 두는 것이 합리적이라고 주장한다.

이러한 규모의 경제라는 문제에도 불구하고, 이 두 번째 의미에서도 엄밀히 개인에게 기본소득을 적용해야 한다는 강력한 논리가 있다. 한 개인이 갖는 수급 액수의 크기가 그가 소속된 가구의 규모와 무관하게 결정되어야 할 이유가 두 가지 있다. 첫째 이유는 동거 여부를 확인하기가 어렵다는 것이다. 옛날에는 동거가 결혼과 거의 동의어였던 시절이 있었고, 그때는 동거 여부를 확인하기도 쉬웠다. 어떤 두 사람의 혼인관계를 확인하는 것은 단순한 일이며, 과거에는 이것이 곧 두 사람의 동거 여부를 확인하는 일을 뜻했다. 그런데 오늘날에는 결혼관계가 그다지 오래 가지도 않으며, 또 법적으로 혼인이 끝나는 시점보다 훨씬 이전에 사실상 헤어진 상태에 있는 경우도 많다. 무엇보다도, 혼인신고를 하지 않은 동거가 옛날에 비해 훨씬 더 지배적인 형태가 됐다.

이러한 여러 변화들 때문에, 동거 여부를 확인하는 것은 예전에 비해 훨씬 더 골치 아픈 일일 뿐만 아니라 개인의 사생활을 침범하는 일이 되어버렸다. 단순히 지역 주민센터에 가서 가족증명서를 확인하는 것으로는 안 되고, 이제는 집에 일일이 찾아가서 세면대를 정말 함께 쓰는지 또 전기 및 수도 요금의 변동이 어떠한지를 확인해야 하는 판이니, 통제에 들어가는 비용뿐만 아니라 사생활 침해의 위험도 더 높아졌다.[30] 가정경제의 형성과 해체, 재구성에 있어서의 비공식성과 급격한 변동성이 이처럼 갈수록 일반적 경향으로 자리 잡게 될 경우, 책임 있는 당국이라면 한편으로는 자의성과 불공정성, 다른 한편으로는 사생활 침해와 높은 감시 비용 사이에서 이러지도 저러지도 못하는 딜레마에 갇히게 될 것이다. 따라서 결국 두 번째 의미에서도 엄격하게 개인에게 적용되는 소득 이전을 지지하는 논리가 힘을 얻게 될 것이다.

둘째 이유는 더 근본적인 것으로, 가구 구성에 따라 차별을 두게 되면 사람들을 따로 살도록 장려하는 결과를 낳는다는 것이다. 역설적으로 들리겠지만, 좀더 철저하게 개인에게 적용되는 조세나 수당 쪽이 오히려 더 공동체 친화적인 제도다. 가구를 기본 단위로 삼는 제도는 누감적(degressive)인 모습을 띠고 있어서 고독의 악순환 함정(lonliness trap), 즉 사람들이 함께 살기로 할 경우 그에 따라 각종 수당이 감소하도록 제도가 설계되어 있기 때문에 실제 가족마저도 울며 겨자 먹기로 따로 살아야 할 경우가 많다는 것이다.[31] 이렇게 수급액을 늘리기 위해 뿔뿔이 흩어져 살게 되면 다른 부정적 효과들도 따라온다. 다른 사람들과 동거함으로써 생겨나는 정보와 네트워크의 공유 및 상호부조 등이 약화되는 것이다. 공간, 에너지, 냉장고, 세탁기 등의 희소한 물질 자원들도 충분히 활용되지 못한다. 그리고 일정 인구 대비 주택의 단위 수도 증가하며, 그 결과 주거지의 밀도도 낮아지고 이동성의 문제도 더 커진다.

사회적 유대의 강화와 물적 자원의 절약에 대한 관심이 높아지면서, 가구별 차등 지급에 반대하는 주장이 갈수록 힘을 얻고 있다. 만인을 위한 지속가능한 자유를 추구한다면, 사람들이 함께 모여 사는 것을 장려해야 하며 거기에 불이익을 주는 일이 있어서는 안 된다.

이렇게 기본소득은 개인 단위로 지급된다는 점에서 조건부 최저 소득 제도와 차이를 보인다. 또한 이 '무조건적'이라는 말에는 두 가지 다른 의미가 더 있으며, 이 두 의미는 기본소득의 도입이 시급하다는 우리의 주장에서 더욱 중심적인 위치를 차지한다. 첫째, 기본소득은 재산 조사가 필요 없다는 의미에서 **보편적**이다. 부자들도 가난한 사람들과 똑같이 수급권이 있다. 둘째, 기본소득은 **아무 의무도 부과되지 않는다**는 의미에서, 또 노동할 의사가 있는지 조사를 받을 필요가 없다는 의미에서 **무조건적**이다. 자발적으로 실업을 선택한 사람도 고용되어 있는 사람이나 비자발적 실업자와 똑같은 수급권을 갖는다.

앞으로 더 살펴보겠지만, 이러한 두 가지 무조건성이 결합되는 것이 결정적으로 중요하다. 전자는 사람들을 실업의 함정에서 건져내며, 후자는 고용의 함정에서 건져낸다. 전자는 일자리가 들어왔을 때 사람들이 이를 받아들이는 것을 쉽게 만들어주며, 후자는 거절하는 것을 쉽게 만들어준다. 전자는 여러 가능성을 만들어주며, 후자는 여러 의무를 덜어줌으로써 새로운 가능성들을 열어준다. 전자가 없이 후자만 있다면 이는 배제를 조장할 위험이 아주 크다. 반대로 후자가 없이 전자만 있다면 이는 착취를 조장할 위험이 아주 크다. 따라서 이 두 가지 특징을 함께 작동시킬 때 비로소 기본소득은 최고의 자유의 도구가 될 수 있다.

보편적 소득

기존의 최저소득 제도는 모두 재산 조사를 거치게 되어 있다. 어떤 가구가 받게 되는 수당의 액수는 그 가구가 수당 이외의 소득 원천들(근로소득, 이자소득, 각종 사회연금 등)로부터 얻는 총소득과 그 가구가 속하는 특정 범주에 적용된 최저소득과의 차액으로 결정되는 것이 보통이다. 결과적으로 수당의 수준은 다른 원천으로부터 들어오는 소득이 0일 때 가장 높으며, 다른 원천의 소득이 한 단위씩 늘어날 때마다 그에 해당하는 만큼 줄어들게 된다. 일부 제도 중에는 근로소득이 생기는 경우에도 그에 수반되는 수급액 감소가 일정 범위 혹은 일정 기간을 넘지 않도록 개혁된 경우도 있다. 하지만 이런 경우에도, 소득이 생겨나면 지금까지 할인, 혹은 아예 면제받았던 건강보험 등 각종 사회 서비스 부담금을 물어야 하므로, 이를 모두 합산해보면 결국 소득이 불어난 만큼에 거의 정비례하여 각종 수당과 혜택이 줄어드는 경향이 있다. (특히 이처럼 제도가 자주 바뀌고 복잡해지면 그에 따라 분산된 정보를 모으고 처리하는 일도 어려워지므로, 그럴 만한 능력이 부족한 이들은 상황이 더 나빠지거나 최소한 더 힘들어졌다고 느끼게 될 때가 많다.)

소득과 별도로, 개인이 소유한 모든 재산의 가치라든가 그 개인의 가정경제에 속하지 않는 가까운 친척이 소유한 자원의 가치 같은 다른 '재산들(means)'까지 고려하는 제도도 있다. 이 경우 재산 조사의 대상으로 여겨지는 각종 재산이 수급자의 소득에 비추어 과하든 과하지 않든, 그러한 제도는 모두 사후적(ex post)으로 작동할 수밖에 없다. 즉, 믿을 수 있든 없든 간에 수급자의 물적 자원을 먼저 평가해야 하며, 그러한 평가에 기초해 수급 액수가 결정되게 되어 있다.

이와 반대로 기본소득은 아무런 재산 조사 없이 사전적(ex ante)으로 작동한다. 이는 부자와 가난한 자 모두에게 선불로 지급되며, 이들에게 다른 소득 원천이 있는지, 어떤 재산을 소유하고 있는지, 친척들의 소득이 어떠한지 등은 따지지 않는다. 그 결과 기본소득의 재원이 만약 외생적으로, 예컨대 공공이 소유한 천연자원의 수입이나 지리적으로 다른 지역에서 이전된 수입으로 마련된다면, 기본소득의 도입은 곧 그 액수만큼 모든 이의 소득이 증가한다는 것을 뜻하게 된다. 한편 그 재원이 내생적으로, 즉 해당 주민들이 납부하는 소득세나 소비세로 조달된다면, 고소득자들과 소비 지출이 많은 이들은 자기들이 받는 수당을 (그리고 그 이상을) 자기 돈으로 내게 된다. 따라서 소득 조사를 전제로 한 제도와 기본소득의 핵심적 차이점은 기본소득이 모든 이를 더 부자로 만들어준다는 것이 아니며, 부자들에게 유리한 것은 더욱 아니다. 역설적으로 들리겠지만, 그 핵심적 차이는 기본소득이 오히려 가난한 이들에게 더 유리하다는 것에 있다.

이는 분명히 직관에 어긋나는 주장으로 들린다. 가난한 자와 부자에게 똑같이 돈을 나누어주면서 이렇게 주장하는 것이 과연 합리적으로 설명할 수 있는 일일까? 만약 기본소득의 목적이 빈곤의 근절이라면, 보편적 성격을 띠는 데다 개인에게 적용되는 성격을 가진 이 제도는 참으로 한심한 자원 낭비로 보일 수도 있다. 이러한 기본소득 비판의 강점을 이해하기 위해서, 가난한 가구의 소득을 빈곤선까지 끌어올리는 데 필요한 이전소득의 양을 '빈곤 격차(poverty gap)'라고 정의해보자. 어떤 빈곤 퇴치 프로그램의 '목표 효율성(target efficiency)'은 보통 그 프로그램의 전체 지출에서 빈곤 격차를 줄이는 데 기여한 지출의 비율로 측정된다. 이러한 의미에서라면, 가장 가난한 이들만을 엄격하게 대상으로 삼아 그들의 소득과 빈곤선의 격차를 메꾸어주는 조건부 최저소득 제도가 기본소득 제도보다 더 효율적일 수밖에 없다. 기본소득은 빈곤선을 넘는 소득을 벌어들이는 많은 가구에도 자원을 배분하는 것이므로, 값진 자원을 낭비하는 것으로 보일 수밖에 없기 때문이다. 하지만 그럼에도 보편적 소득을 선호해야 할 세

가지의 서로 다른 이유들이 존재한다.[32]

첫 번째 이유는 보편성 자체, 즉 가난하다고 확인된 이들뿐만 아니라 모두에게 지급된다는 사실과 관련된다. '사회의 가장 가난한 구성원들까지 지급받을 수 있도록 한다'는 목표를 달성하기 위한 여러 방법을 비교한 다양한 연구로 볼 때, 엄격하게 대상을 규정해 지급하는 수당과 보편적으로 모두에게 지급하는 수당 중 후자가 훨씬 우월한 것으로 나타나고 있다.[33]

엄격하게 가난한 이들로만 대상이 정해진 수당을 받기 위해서는 밟아야 하는 절차들이 있게 마련인데, 이를 마땅히 받아야 할 사람들 가운데는 무지, 수줍음, 모욕감 등의 여러 이유로 이 절차를 밟지 않거나 아예 시도조차 못 하는 이들이 많다. 보편적 수당 제도를 실시했을 때 달성할 수 있는 수급률 수준을 재산 조사에 의존한 수당 제도를 통해 달성하기 위해서는 엄청난 정보 캠페인이 필요하며, 이에 따라 상당한 인건비와 행정 비용이 발생하게 된다. 심지어 수급 자격의 기준을 오로지 소득 수준 하나만으로 삼는다고 해도 어떤 특정인을 수급자에 포함시킬지 말지를 결정하는 것에 임의성과 후견주의가 끼어들 여지가 대단히 많다.

하지만 모든 합법적 영주권자들에게 자동적으로 지급되는 기본소득을 채택한다면 별개의 행정적 절차가 필요하지 않다. 게다가 오늘날에는 사회를 더 이상 가난한 이들과 그렇지 않은 이들, 즉 도움이 필요한 이들과 스스로 살아갈 수 있는 이들로 확연하게 구별할 수 없게 됐다. 사회의 모든 성원에게 주어지는 기본소득이라면 이를 수급하는 것에서 조금도 창피함을 느낄 이유가 없다. 따라서 보편적 수당 제도는 단지 사람들의 존엄성을 향상시키기 위해서만이 아니라 빈곤을 경감시키는 효과를 높여준다는 점에서도 중요한 제도다.[34] 결국 보편적 수당 제도는 더 낮은 정보비용으로 더 높은 수급률을 달성할 수 있게 해준다.

하지만 다음과 같은 반론이 나올 수 있다. 기본소득이 정보 제공, 모니터링, 허가 및 제재 등에 따르는 운영비용(administrative cost)을 줄여준다는 것은 인정할 수 있지만, 수당을 나누어주고 또 그 재원을 마련하는 데 들어갈 운영비용이 훨씬 더 크다는 것이다. 모두에게 돈을 지급하게 되면 이전소득의 총량이 훨씬 늘어나는 것은 당연할 테니 말이다. 하지만 지금 우리는 집배원들이 매달 집집마다 일일이 돌아다니며 수표를 나누어주는 시스템을 이야기하는 게 아니다. 근로소득에 대해 원천과세가 이루어지고 자동이체가 보편화된 시대인 오늘날 그 정도의 운영비용은 무시할 만한 것이며, 재산 조사를 충족시킨 사람들만 정확하게 솎아내 그들이 한 명도 빠짐없이 수당을 받아갈 수 있도록 보장하는 데 들어가는 비용에 비하면 더욱 무시할 만한 수준이다.

적어도 지하경제를 충분히 최소화하여 조세 체계가 웬만큼 제대로 작동하는 국가에서라면, 어떤 수준이든 일정한 수급률을 달성하는 데 필요한 전반적인 운영비용은 보편적 수당 제도 쪽이 재산 조사 제도 쪽보다 덜 들어갈 것이라고 예상하는 것이 합리적이다. 따라서 결핍으로부터 자유를 달성하는 데 드는 비용은 조건부 수당 제도보다는 기본소득 쪽이 싸게 먹힌다고 봐도 무방하다.

두 번째 이유는, 보편성이라는 것의 중요성이 사람들을 돈이 없는 상태에서 벗어나게 해준다는 것만을 의미하는 것이 아니라는 데 있다. 스스로 벌어들이는 소득과 무관하게 누구나 기본소득의 수급권을 갖는 것이 현실화된다면, 이는 사람들을 노동에서 배제되는 상황으로부터 벗어나게 해준다는 점에서도 중요하다는 얘기다. 재산 조사에 기초한 수당 제도에서는 누군가가 일자리를 찾아 소득을 벌어들이게 되면 설령 그 일자리와 소득이 언제 어떻게 될지 모르는 불안한 것이라고 해도, 그 사람은 수당의 일부분, 심지어 전부에 대해 수급 자격을 잃게 된다. 불확실성을 회피하는 것은 합리적인 행위이며, 실업을 당한 사람들이 공연히 불안한 일자리를 얻느니 계속 복지수당을 타는 쪽이 안전하다고 생각하는 것도 그런 불확실성을 회피하려는 행동이다. 결국 이것이 복지 수급자들을 복지 함정(welfare trap)에 빠뜨리는 데 일조하게 된다.

게다가 가난한 이들일수록 얻을 수 있는 일자리라는 것이 대부분 아주 불안정한 성격을 가지고 있어서 그 위험이 갑절로 늘어나게 되어 있다. 계약 자체가 아주 불안정할 수도 있고, 고용주가 비양심적인 자일 수도 있고, 소득이 예측 불가능한 수준일 수도 있다. 이들이 일을 시작할 때 앞으로 얼마나 벌 수 있을지, 과연 그 일을 자기가 감당할 수 있을지, 얼마나 빨리 잘리게 될지, 그리고 잘린다면 수당을 탈자격을 회복하기 위해 얼마나 복잡한 행정 절차를 거쳐야만 할지를 확신할 수 없다면, 재산 조사에 기초한 복지수당을 스스로 포기하겠다는 생각이 들 리가 없다.

토마 피케티(Thomas Piketty)가 말했듯이, 수당의 수급 자격을 확보하는 데는 개인의 경제 상황에 따라서 몇 개월이 걸릴 수도 있으며, "매일매일 입에 풀칠하기도 힘든 가구의 경우에는 그 몇 개월이 너무나 중요할 수 있다". 그는 계속해서 당연히 나와야 할 질문을 던진다. "어차피 몇 달 일하다가 그만두게 될 텐데 그것 때문에 그 기간 동안 받을 수 있는 최저소득 수당을 잃게 된다면, 그런 리스크를 감수해야 할 이유가 도대체 무엇인가?"[35] 설령 그런 문제가 벌어질 확률이 상대적으로 낮다고 해도, 이러한 처지에 있는 이들에게 수당의 박탈로 인해 부채가 계속 늘어나는 악순환이 촉발될 가능성은 엄청난 위협으로 다가오게 마련이다. 이들은 규칙을 이해하기 힘들어하는 경우가 많기 때문에 가뜩이나 이해하기도 어려운 이 규칙들이 또 자주 바뀌기까지 할 경우 그에 대해 항의할 능력도 더 저하된다. 반면 보편적인 기본소득을 채택하게 되면, 사람들은 일자리를 잡거나 자기 스스로 일자리를 만들어나가는 일에 더 용감해질 수 있다. 보편적 수당은 고용에 대한 접근성에 있어서 이러한 이점을 가진다.

그리고 보편적 수당을 선호해야 할 세 번째 이유가 있다. 이는 앞서 말한 이유와 긴밀히 연결되어 있으며, 이 둘이 결합된다면, 고용 문제에 있어서 보편적 수당 제도의 이점이 더욱 강화된다. 그 세 번째 이유란, 사람들이 생산하는 모든 소득이 곧바로 이들의 순소득을 증가시키게 된다는 사실이다. 이론상으로는 100퍼센트의 소득세 같은 것도 있을 수 있으므로, 이를 보편적 수당 제도에서 필연적으로 도출되는 논리적 귀결이라고 할 수는 없을 것이다. 하지만 현실적으로는 자연스런 귀결이라고 볼 수 있다. 왜냐하면 저소득층에게 그렇게 몰수적 성격의 소득세를 노골적으로 부과는 것은 상상하기 어려운 일이기 때문이다. (이렇게 소득이 생기면 순소득도 늘어난다는 특징이 보편적 수당 제도에만 결부되어 있는 것도 아니라는 점에 주목하라. 제2장에서 설명하겠지만, 이러한 특징은 보편적인 수당 지불을 포함하지 않는 이른바 '마이너스 소득세' 제도에서도 나타난다.)

이 특징들이 중요한 이유는 무엇인가? 보통의 전형적인 공공부조 제도를 생각해보라. 이는 목표 효율성을 최대한 끌어올리기 위해서, 가난한 가구들이 여러 원천에서 얻는 소득의 총액과 공공부조 제도가 특정 유형에 속하는 모든 가구에 보장하고자 하는 소득 수준과의 차액을 메꾸는 데만 가용 자금을 사용할 뿐이다. 앞에서 말했듯이,

이로 인해 가난한 이들이 스스로의 노력으로 소득을 올릴 때마다 그 1단위에 해당하는 만큼의 수당이 줄어들게 된다. 가난한 이들 이외의 다른 이들에게도 수당을 줌으로써 돈이 낭비되는 일이 벌어져서는 안 된다는 우려 때문에, 결국 가난한 이들이 노동으로 벌어들인 소득이 100퍼센트의 잠재적 한계 세율로 귀결되는 것이다. 이러한 상황은 흔히 빈곤 함정(poverty trap) 혹은 실업 함정(unemployment trap)이라고 불린다. 재산 조사에 기초한 수당 제도에서는 수당을 받던 이들이 저임금 일자리를 얻어 소득을 늘려봐야 늘어난 만큼의 돈이 삭감 혹은 억제되어 상쇄되며, 때로는 그 일자리와 관련해 새로 생겨나는 비용까지 감안하면 상쇄를 넘어서 원래보다 소득이 더 줄어들기까지 한다는 것이다.[36]

명시적 세율이 100퍼센트에 달하는 일이 절대로 없다고 가정한다면, 기본소득은 재산 조사에 의거하지 않으므로 위에 언급한 함정이 발생하는 상황을 막을 수 있다. 기본소득은 설령 사람들이 적은 소득을 벌어들인다고 해도 취소되거나 줄어드는 일이 없이 원래 지급되던 액수를 그대로 계속 지급하게 되어 있다. 기본소득이 저임금 일자리에 대한 접근을 용이하게 하는 효과가 최저임금이 법제화되어 있을 때에도 나타난다는 사실에 주목하라. 최저임금이 적용되지 않는 자유업이나 협동조합 일자리의 경우는 물론, 일자리가 시간제로 되어 있거나 불연속적인 경우, 또 수습이나 인턴의 형태를 띠고 있는 경우에도 기본소득이 도움이 되기 때문이다. 여하튼 수습이나 인턴 같은 불안정한 여러 고용 형태가 지닌 잠재적 중요성이 갈수록 커지고 있으므로, 엄격한 최저임금법이 시행되고 있다고 해도 재산 조사에 의거한 수당 제도가 빈곤 함정을 만들 가능성도 더욱 높아지고 있다.[37]

이러한 세 가지 사항들을 고려해보면 재산 조사에 기초한 최저소득 제도와 기본소득 제도의 대조점이 명확해질 것이다. 최저소득 제도가 제공하는 안전망은 마땅히 지키고 보호해야 할 많은 이들을 놓치고 있으며, 게다가 그 속에서 보호받는 이들 중 다수가 함정에 빠져 헤어나오지 못하고 있다. 반면 기본소득 제도는 그들 모두에게 안전하게 설 수 있는 발판을 제공한다.

만약 그 함정에 빠져 있는 사람들이 다양한 장애를 안고 있는 소수의 사람들로만 국한된다면 이러한 차이점도 크게 중요한 것은 아닐 것이다. 하지만 오늘날에는 앞에서 개략적으로 설명한 여러 이유로 인해 갈수록 더 많은 인구가 함정에 빠지게 될 위험에 노출되고 있으므로, 이 문제는 핵심적인 중요성을 가지게 된다.

재산 조사에 기초한 수당의 액수를 올려서는 안 된다는 이유로 자주 등장하는 논리 중 하나가 바로 더 많은 이들이 실업 함정에 빠지게 될 것이라는 주장이다. 물론 보편적 수당을 시행하려면 공공지출의 수준이 훨씬 더 높아야 한다는 것은 사실이며 실제로 당연한 일이다. 일정한 액수의 돈을 모두에게 지급하게 되면 가난한 이들에게만 지급할 때보다 훨씬 더 비용이 많이 든다. 하지만 비용도 비용 나름이다. 만약 이러한 제도를 운영할 자금을 조세로 조달한다면, 기본소득의 많은 부분은 똑같은 가정경제가 세금을 내고 이를 다시 기본소득으로 돌려받는 과정에 불과하다. 그를 넘는 액수는 그저 인구 중 잘사는 범주의 사람들과 못사는 범주의 사람들 사이에서 벌어지는 가계 부문 내부에서의 재분배일 뿐이다. 이는 기간 시설을 세운다든가 공무원을 고용하는 것과 같이 실물 자원의 사용이 들어가며 그렇기 때문에 모종의 기회비용을 품고 있는 (공공의 돈을 써서 동원한 물적, 인적 자원들은 다른 일에 사용될 수도 있는 것이기 때문이다) 종류의 예산 비용과는 전혀 다른 것이다.

이러한 제도를 채택한다면 행정과 운영상 얻는 것도 있고 잃는 것도 있을 것이며, 또 사람들의 반응에도 긍정적인 면과 부정적인 면이 있을 것이다. 하지만 이런 것들을 모두 배제하고 생각해본다면, 재산 조사에 기초한 수당 제도에서 보편적 수당 제도로 넘어가는 것은 인구 전체를 더 부유하게도 더 가난하게도 만들지 않는다. 이러한 의미에서 볼 때, 이 제도는 비용이 따르지 않는 것이다.

당연한 이야기지만, 이러한 결론은 오로지 정태적 관점에서만 성립하는 것이다. 즉, 기본소득을 도입한다고 해도 경제 행위자들의 행태가 바뀌지 않는다고 가정할 때만 성립한다. 하지만 이러한 가정은 완전히 비현실적인 것이다. 오히려 기본소득 제안의 핵심은 바로 사람들의 행태에 변화를 가져오는 것이라 할 것이다. 우리가 방금 주장했듯이, 보편적인 기본소득이 주어지게 되면 현재 실업 함정에 빠져 있는 사람들도 일자리를 찾고자 하는 동기가 더 커지게 될 것이며, 고용주들 또한 그들을 고용할 동기가 더 커지게 될 것이다.

하지만 소득 분포의 낮은 계층에 있는 이들의 행태에 미칠 영향만을 보아서는 안 된다. 보편적인 수당 제도로 넘어갈 경우 이는 소득 분포에서 더 높은 위치에 있는 이들의 행동 동기에도 큰 영향을 미치게 될 것이며, 이는 분명히 진짜 비용 문제를 야기한다. 이 문제에 대해 우리는 먼저 독특하고도 가장 논란이 많은 기본소득의 세 번째 특징을 논한 뒤, 다시 좀더 이야기할 것이다.

아무 의무도 부과되지 않는 소득

앞에서 논의했듯이, 기본소득이란 개인에게 적용되며 보편적으로 주어지는 정기적인 현금 소득이다. 그리고 기본소득 제도와 조건부 최저소득 제도 사이의 차이점이 또 하나 있으니, 아무 의무도 부과되지 않는다는 것이다. 수당을 받을 이들이 일을 해야 한다거나 노동시장에 들어가야 한다거나 하는 의무가 전혀 없는 것이다. 바로 이러한 의미에서 우리는 "기본소득에는 아무 의무도 부과되지 않는다(obligation-free)"라고 말할 것이다.[38] 현존하는 조건부 수당 제도에서는 물론 나라 혹은 지역마다 그 정도는 다르지만, 일자리를 찾으러 다녀야 한다는 의무가 강제되어 있다.[39] 일반적으로 일자리를 스스로 찾아다니기를 포기한 이들, 스스로 열심히 일자리를 찾아다니고 있음을 입증할 수 없는 이들, 지역 당국의 지원 센터가 내용, 위치, 일정 등을 고려할 때 적절하다고 여기는 여러 형태의 '개입(insertion)'이나 일자리를 거부하는 이들은 수당을 받을 권리를 빼앗기게 되는 것이다.

조건부 수당 제도의 시스템이 어떤 결과를 낳는지는 사회학자 빌 조던(Bill Jordan)의 『영세민들: 새로운 청구 계급의 형성(Paupers: The Making of the New Claiming Class)』에 생생하게 묘사되어 있다. 그는 복지수당을 청구하는 이들 집단을 관찰하다 보면 무조건적 기본소득을 납득할 수밖에 없다고 주장하면서 그러한 사회적 맥락을 다음과 같이 묘사한다. "이 시스템은 국가의 수당을 주는 경우와 뺏어가는 경우를 정해놓은 규정들을 그 기초로 삼는다. 그런데 고용주들은 바로 이러한 규정들 때문에 권력을 쥐게 된다. 당국자들은 그러한 규정들로 인해 한 사람을 아주 끔찍하고 보수도 형편없는 일자리에 억지로 밀어넣게 되기 때문이다." 이러한 규정들 때문에 "신체 건강한 실업자가 한 사람이라도 남아 있는 한, 지독하게 치사한 고용주가 지독하게 지저분한 일자리에 지독하게 낮은 임금을 주는 일이 사라지지 않게 된다."[40]

이와 대조적으로, 기본소득은 여타의 조건을 충족하지 않아도 지급된다. 전업주부, 학생, 부랑자 등도 임금을 받는 노동자 및 자영업자와 똑같이 수급권을 가지며, 지금 하는 일을 그만두기로 스스로 결심한 이나 타의로 파면당한 이도 똑같이 수급권을 갖는다. 그 수급자가 정말로 일자리를 찾으려 애쓰고 있는지 아니면 농땡이나 피우고 있는지를 가려낼 필요도 없다.

이렇게 기본소득은 그 보편적 성격에 힘입어 실업 함정의 문제에도 대응할 수 있으며, 또 아무 의무도 부과되지 않는다는 성격에 힘입어 고용 함정(employment trap)의 문제에도 대응할 수 있게 된다. 그러나 만약 이러한 보편적 성격 없이 아무 의무도 부과되지 않는다는 특징만 있다면, 기본소득은 사람들을 배제로 몰아넣는 지름길로 전락할 것이다. 즉, 재산 조사를 통과한 이들에 한해서만 아무 조건 없는 수당을 준다면, 이는 사람들을 절망적인 실업 함정에 몰아넣고서 그냥 잠자코 있으라며 무마하기 위해 주는 돈이 되어버리는 것이다. 하지만 반대로 보편성의 성격만 있고 아무 의무도 부과되지 않는다는 성격이 없다면 그러한 보편성은 고용주의 착취를 조장하는 특효약이 되어버릴 것이다.

노동시장에 참여할 것을 조건으로 내건 보편적 수당이란 곧 고용주들에 대한 보조금에 해당하기 때문이다. 노동자들은 수당을 받기 위해서는 어떤 일자리든 받아들여야 하고 또 붙어 있어야 하므로, 고용주들은 노동자들의 이러한 처지를 이용하여 낮은 임금을 주고도 무사히 빠져나갈 수 있게 된다. 반면 보편적 기본소득은 직접적인 경제적 의미에서 보면 생산성이 없는 일자리에 대한 잠재적인 보조금의 성격을 띨 수밖에 없지만, 아무 의무도 부과되지 않는다는 특징이 있으므로 형편없는 혹은 저질의 일자리를 보조하지는 않게 된다. 이러한 두 가지 무조건성을 겹쳐서 본다면, 왜 기본소득이 임금을 낮추게 될 것이라는 주장과 기본소득 때문에 임금이 올라가게 될 것이라는 정반대의 주장이 모두 적실성을 갖는지를 이해할 수 있을 것이다.

기본소득의 보편적 성격으로 인해 사람들은 자주 적은 임금의 일자리도 다 받아들이려 할 것이며, 이 때문에 일자리의 임금 수준과 안정성은 현재보다 훨씬 더 악화할 수 있다. 재산 조사에 기초한 최저소득 제도에서는 사람들이 일정 수준 이하의 임금을 주는 일자리를 거부하지만, 기본소득 제도에서는 그러한 하한선이 사라지게 된다. 직접적인 소득 창출 능력이 낮은 이들도 이제는 아주 낮은 임금의 일자리를 받아들일 수 있게 된다. 이러한 이유에서 평균 근로소득은 감소할 수도 있다.[41]

하지만 또한 기본소득은 아무 의무도 부과되지 않는 것이기에, 사람들이 일자리를 받아들이는 기준이 돈보다 그 일자리가 충분히 매력적인가의 여부로 바뀔 가능성이 크다. 즉, 설령 임금이 아주 낮더라도 그 일 자체가 매력이 있거나 유용한 훈련의 기회가 되거나 좋은 네트워크를 갖게 되거나 승진 전망이 밝거나 하는 조건이 충족되면 쉽게 그 일자리를 수락하게 될 것이라는 뜻이다. 또한 아무 의무가 부과되지 않는 수당을 이미 받고 있는 상태이므로, 사람들은 임금도 적고 매력도 없는 일자리라면 쉽게 거절해버릴 수 있다. 만약 이렇게 일자리를 거절할 자유가 증진되어 형편없는 일자리들이 지원자를 찾을 수 없고 또 원래 있던 노동자들도 떠나버린다면, 고용주들은 이 일자리를 자동화하는 쪽을 선택할 수도 있다. 그런데 만약 기계로의 대체가 불가능하거나 그렇게 하는 데 너무 많은 비용이 든다면 고용주들도 일자리를 좀더 매력적으로 만들 수밖에 없을 것이다. 그런데 이것조차 불가능하거나 너무 많은 비용이 든다면, 임금을 올려야만 할 것이다. 그렇다. 사람들이 꿈에 나올까 무서워할 정도의 형편없는 저임금 일자리들은 임금을 올려야만 한다. 아마도 당신의, 그리고 우리의 임금보다 더 많이 받아야 할 것이며, 이는 좋은 일이다.[42] 따라서 이렇게 보면 평균 근로소득은 증가할 수도 있다.

이렇게 노동에 주어지는 보상의 평균 수준에 대해서는 두 가지 반대되는 힘이 작용하므로, 그 최종 결과로 보상이 올라가게 될지 내려가게 될지 그리고 이것이 전체적인 고용률에 어떤 영향을 주게 될지는 미리 예측할 수가 없다.[43] 그 결과는 시장을 움직이는 여러 힘과 사회의 여러 규범 사이의 균형에도 영향을 받겠지만, 시간제 노동과 자유업에 대한 규제 같은 제도적 요인들 그리고 최저임금 제도의 존재와 범위 및 최저임금이 법적 강제 사항인지 사회적 파트너들 사이의 협상 대상인지의 여부 등에도 영향을 받게 된다.

하지만 한 가지 분명한 것이 있다. 방금 말한 두 가지의 무조건성, 즉 누구에게나 보편적으로 지급한다는 것과 아무 의무도 부과되지 않는다는 것을 결합하면, 현재 상태에서 가장 선택지가 적은 사람들이 더 많은 선택지를 얻게 된다는 것이다. 기본소득은 값진 재능, 교육, 경력을 지닌 이들의 협상력을 올려주는 데는 별 도움이 되지 못한다. 강력한 내부자로서의 위치, 영향력 있는 연줄, 강력한 노조의 배경 등을 가진 이들에게도 마찬가지다. 또한 가족 관계로 인한 제약이 거의 없는 이들에게도 별로 도움이 되지 않는다. 하지만 그러한 강점들을 갖지 못한 이들은 기본소득을 통해 직업 선택의 가능성에서 큰 힘을 얻게 될 것이다.

직업마다 다른 고유의 특징들을 가장 잘 판단할 수 있는 것은 전문가, 입법가, 관료 등이 아니라 그 일을 하는 당사자들이다. 이들은 자기들이 하고 싶은 일, 배울 필요가 있는 것들, 함께 일해야 할 사람들, 살고 싶은 지역 등을 모두 충분히 고려하여 직업을 선택하고 싶어

한다.[44]

이들이 실제로 그렇게 할 수 있는지는 기본소득의 수준이 얼마나 높은가에 달려 있음은 당연하다. 하지만 어떤 사람이 마음이 끌리는 직업을 일시적으로 혹은 영구적으로 선택할 수 있도록 하기 위해서 (즉, 모두가 꺼리는 저임금 일자리의 임금을 끌어올리는 기능을 하기 위해서) 꼭 기본소득이 아무 일도 하지 않아도 괜찮게 살 수 있는 수준이 되어야 할 필요는 없다. 기존 일자리들의 질은 개선되고 있으며, 또 지금은 존재하지 않지만 많은 새로운 일자리들이 생겨날 것이다. 그 결과 일자리의 질은 크게 개선될 것이라고 기대할 수 있다. 특히 가장 취약한 처지에 있는 이들이 행하는 노동의 평균 질은 더 올라갈 것이라고 예상해도 좋다.[45] 만인의 자유를 외치는 이들 중 그렇게 많은 다수가 보편성과 아무 의무도 부과되지 않는다는 성격을 결합한 수당을 선호하는 이유가 바로 여기에 있다. 그리고 이것이 우리가 기본소득을 원하는 이유다.

역동적인 복지국가

앞에서 말한 것을 전제로 한다면, 기본소득은 여러 차원에서 무조건적 성격을 가지고 있기 때문에 자유를 증진하는 강력한 도구가 된다는 점은 분명하다. 하지만 과연 이것이 지속가능한 것일까? 앤서니 앳킨슨(Anthony Atkinson)과 조지프 스티글리츠(Joseph Stiglitz)의 용어를 사용한다면, 기본소득에서 예상할 수 있는 효과는 (그리고 의도한 바의 효과는) '기업 내에서의 생산'을 '가계 내에서의 생산(즉, 가정과 공동체 내에서 행해지는 생산적이지만 아무런 금전적 대가도 받지 못하는 활동들)'으로 또 '기업 내에서의 소비(노동의 질이 더 높아짐을 뜻한다)'로 대체하는 것이다.[46] 하지만 기본소득에 필요한 조세 기반을 제공하는 것은 오직 기업 내에서의 생산(즉 민간 및 공공 부문 내에서 화폐로 대가를 지불받는 활동으로서, GDP에 포함되는 활동)뿐이다.

우리는 기본소득에 필요한 재원을 마련하는 여러 다양한 방법들, 이를 통해 경제 행위자들의 행태에 나타날 것으로 기대되는 충격들, 또 그렇게 생겨날 이 제도의 지속가능성 등에 대해서는 제6장에서 자세히 논할 것이다. 특히 우리는 이러한 문제들을 해명하기 위해 고안된 수많은 실험들과 계량 경제학의 논의를 고찰할 것이다. 여기에서는 그저 기본소득의 경제적 지속가능성과 그것이 가져올 경제적 충격에 대한 논의에서 너무나 자주 간과되는 몇 가지 점들만을 지적하고자 한다.

아주 일반적인 염려 가운데 하나는 이것이다. 아무 의무도 부과되지 않는 최저소득 제도를 시행하면서 그 재원 조달을 위해 각종 경제 활동에 대한 증세까지 벌어진다면, 노동 공급에 나쁜 결과가 나타날 것이라는 점이다. 우선 지적해둘 것이 있다. 사람들에게 적은 소득이나마 공급하는 일의 중요한 기능이 바로 그들로 하여금 일할 수 있도록 만드는 것에 있다는 사실이다. 나미비아의 주교이자 기본소득 옹호론자인 제파니아 카미타(Zephania Kameeta)가 지적했듯이, "이스라엘 사람들은 이집트의 노예 상태에서 벗어나 오랜 여행에 시달리던 끝에 마침내 하늘에서 내리는 만나(manna)를 받아먹을 수 있었다. 하지만 그렇다고 이들이 게을러진 것은 아니었다. 오히려 이들은 여기에서 힘을 얻어 더 앞으로 나아갈 수 있었다".[47] 이러한 주장은 어떤 형태의 최저소득 보호 장치도 존재하지 않아 자국민의 생계를 보호하기 위해 기본소득을 사용할 수밖에 없는 저개발 국가들의 맥락에서 보자면 충분히 정당화될 수 있다. 하지만 재산 조사에 기초한 수당 제도가 이미 존재하는 국가라고 해도, 기본소득으로 가난한 이들의 수급률을 올려서 극빈층을 줄이는 효과를 거둘 수 있다면 이는 충분히 의미 있는 이야기가 된다.

물질적 동기부여에 있어서 기본소득이 어떤 충격을 가져올지를 논하기 전에 먼저 눈여겨볼 사실이 있다. 첫째, 많은 노동자의 경우 근로소득에 대한 한계 세율이 많이 오른다고 해도, 노동에 대한 한계 수확은 그저 실질 임금이 상승했다는 이유만으로도 한계 세율이 훨씬 낮았던 10년 전보다 훨씬 더 높은 상태를 유지할 수 있다.[48]

둘째, 사회적인 위신을 높여주는 종류의 소비라든가 사회 내에서 어떤 이의 위계 서열을 결정하는 것은 보상의 절대적 수준이 아니라 상대적 수준이므로, 한계 이득의 절대적 수준이 줄어든다고 해서 노동자들의 경제 상태 개선에 대한 관심이 줄어드는 것은 아닐 것이다. 학계에서 기본소득을 옹호한 최초의 인물 중 한 명인 조지 콜은 "생산 활동을 하도록 만드는 동기부여는 주로 제공되는 보상의 절대적 크기가 아니라 다른 이들에 대한 상대적 크기에 의해 결정된다"고 말한다. 따라서 "어떤 공동체가 사회적 평등 상태에 가까이 갈수록, 사람들은 점점 더 적은 양의 소득만 얻게 된다고 해도 열심히 일하려는 강력한 동기부여를 얻게 될 것이다".[49]

셋째, 절대적이거나 상대적인 근로소득 말고도 사람으로 하여금 일을 하고 또 일을 잘하고 싶도록 만드는 동기는 다양하고 많으며, 그것들 모두는 기본소득 시스템 아래에서 더 큰 견인력을 가질 수 있다. 피터 타운센드(Peter Townsend)는 소득 보장제도의 여러 제안에 대해 논의하는 가운데 다음과 같이 말했다. "인간은 자신의 아내, 아이들, 친구들, 이웃들로부터 존경을 받기 위해서 일을 하며, 인생을 살아가는 동안 여러 관습과 기대로 유발되는 심리적 필요를 충족시키기 위해 일을 하며, (…) 사회적 네트워크를 유지하는 데 필요한 정보, 조심해야 할 이야기들, 재미있는 이야깃거리 등을 계속 충전하기 위해서도 일을 한다."[50]

하지만 기본소득이 경제에 가져올 충격을 노동시장의 공급 측면에 대한 직접적 충격으로만 환원하는 것은 잘못이다. 기본소득은 사람들에게 무조건적인 최저소득을 제공하기 때문에 자영업자들, 노동자 협동조합, 자본-노동 동업체(capital-labor partnership, 이윤을 공유하는 사업체들) 등에게 불확실성과 소득 불안정의 위험에 맞설 수 있는 완충 장치가 되어줌으로써 이들이 과감하고도 혁신적인 기업가정신을 발휘하는 데 도움을 줄 수 있다.[51] 이보다 더욱 중요한 것은 인적 자본 측면에서 기대되는 좀더 장기적인 효과다. 한계 세율이 오르면 교육과 훈련에 투자할 동기가 줄어들며, 기본소득으로 안정된 삶을 즐기게 된 젊은이들이 교육에 소홀해져 훗날 가족을 먹여 살릴 능력을 갖추지 못하게 될 수 있다고 우려하는 이들이 간혹 있다.[52] 이러한 역효과가 나타날 가능성을 배제할 수는 없지만, 대개는 기본소득이 한 사회의 인적 자본에 영향을 줄 것이라고 기대되는 여러 다른 방식으로 상쇄될 것이다.

첫째, 모종의 안전망 같은 것이 아니라 단단한 발판을 제공함으로써 실업 함정을 제거하는 것은, 직접적 생산성이 낮은 일부 사람을 노동으로 끌어들이는 것 이상의 의미가 있다. 일자리를 잃은 노동자들은 한편으로 자기들이 가진 기술이 낡은 것이 되어가는 상황에 처하게 되며 또 다른 한편으로는 스스로의 직업적 열망까지 사라지는 것을 경험하게 된다. 그리고 이 둘이 서로 얽혀 악순환 고리를 형성하면서 그 노동자를 더욱더 고용 불가능의 늪으로 깊게 몰아넣을 때가 많다. 기본소득은 이러한 일을 막아주는 데도 도움이 된다.

둘째, 보편성 그리고 아무 의무도 부과되지 않는다는 두 가지 무조건성을 결합하게 되면, 높은 숙련도를 가진 일자리들이 창출되고 또 살아남는 쪽으로 시스템 전체가 나아가게 된다. 그런 측면에서 기본소득은 모든 젊은이들에게 보수가 낮거나 아예 무급인 인턴 일자리에도 두려움 없이 접근할 수 있도록 해준다. 기본소득이 없다면 이런 일자리들은 부모가 돈이 있어서 개인적으로 기본소득을 제공받을 수 있는 특권적 위치의 젊은이들이 독점하게 될 것이다. 이러한 경향은 수습이나 인턴 일자리가 정부 혹은 노조와 경영자 연맹의 협약에 의해서 큰 보조를 받지 못하는 국가들에서 강하게 나타난다. 이러한 국가들에서는 결국 수습과 인턴의 보수를 개별 고용주가 챙겨주는 수밖에 없지만, 고용주들은 그렇게 해서 훈련시킨 인턴 중 다수가 그냥 다른 곳으로 가버릴 수 있기 때문에 인적 자본에 많은 돈을 투자하기를 두려워한다.

셋째, 기본소득이 있으면 누구든 시간제로 일하거나 일을 쉴 수도 있다. 이를 통해서 더 나은 기술을 획득하고, 자기에게 더 맞는 일자리를 찾고, 자원봉사 활동에 참여하거나, 휴식이 절실한 이들은 그냥 푹 쉴 수도 있다. 이렇게 되면 숙련된 노동자가 은퇴 연령이 한참 남은 상태에서 돌이킬 수 없을 정도로 완전히 '소진'되거나, 그가 지닌 기술이 퇴물이 되는 위험을 줄여주게 된다. 교육 시스템을 평생 교육의 방향으로 재정립한다면, 좀더 탄력적이고 느긋한 노동시장이 젊은 학생들과 경력직 노동자들을 칼같이 구별하는 노동시장보다 훨씬 더 21세기에 걸맞은 인적 자본 개발이다.

마지막으로, 이러한 긍정적인 영향은 현재 노동 인구의 인적 자본뿐만 아니라 그 자녀들의 인적 자본과도 관련되어 있다. 가구 소득을 좀더 안정적으로 만들어주는 다른 방법들과 마찬가지로, 기본소득 또한 아이들의 건강과 교육에 좋은 효과를 가져올 것으로 예상할 수 있다.[53] 기본소득이 실업 함정의 문제에 제대로 대응할 수 있다면, 어려서부터 집안에 일하는 사람이라고는 아무도 없는 가정에서 자라나는 탓에 노동 의욕에 부정적 영향을 받는 아동들의 수도 줄어들게 될 것이다. 무엇보다도 기본소득이 있으면 부모들도 시간제 직업 선택을 덜 두려워하게 되고, 한결 수월하게 일과 가정생활을 양립할 수 있다. 따라서 아이들이 부모의 관심을 크게 필요로 할 때 좀더 신경을 쓸 수 있게 된다.

기본소득의 근저를 이루는 보편적인 관점이 있다면, 경제를 효율적으로 운영하기 위해서 반드시 노동 공급을 근시안적 방식으로 극대화하여 고용률을 끌어올려야 하는 것은 아니라는 생각이다. 경제를 지속가능한 방식으로 좀더 생산적으로(합리적으로 해석된 의미로) 만든다는 목표에서 보자면, 사람들을 악착같이 몰아붙여서 하기도 싫고 배우는 것도 없는 일자리에 묶어두는 것은 결코 좋은 방법이 아니다.

시인 칼릴 지브란이 1923년에 노래한 바 있듯이, "애정이 아니라 혐오심만 가득한 채 일을 한다면, 그 일은 그만두는 게 낫습니다. (…) 아무렇게나 빵을 굽는다면 그 빵은 써서 먹을 수가 없을 것이고, 배고픈 사람의 허기를 절반밖에 채우지 못할 것이기 때문입니다". 시인들만 이렇게 믿는 것이 아니다. 2000명 이상의 직원을 거느린 기업의 총수인 괴츠 베르너(Götz Werner) 또한 무조건적 기본소득이 주어져서 자기 직원들 전원이 일하지 않아도 되는 현실적 선택지가 생긴다면 자신의 사업이 나빠지기는커녕 더 좋아질 것이라고 주장한다. (우리는 제7장에서 그를 다시 만날 것이다.)

이러한 이유에서 볼 때, 일자리, 교육, 돌봄, 자원봉사 등의 여러 활동 사이를 쉽게 이동하는 자유를, 더 많은 자원을 가진 이들만이 아니라 모든 이가 누릴 수 있도록 하는 것이 공정한 일일 뿐만 아니라 경제적으로도 더 현명한 일이다. 이렇게 기본소득이 제공하는 더 큰 경제적 안전과 바람직한 형태의 탄력성 확장은 서로 긴밀한 관계에 있기 때문에, 기본소득은 비용이 아니라 투자인 것이다.[54]

이는 또한 어째서 기본소득을 해방적 형태의 '적극적 복지국가'의 근간으로 볼 수 있는지를 설명해준다. '적극적 복지국가'란 일반적으로 이른바 '적극적인 노동시장 정책들'과 보통 그 말과 결부된 다소간 간섭적인 노동시장 활성화 장치들을 일컫는 말로 쓰였다. 이러한 억압적인 방식으로 이해한다면, 적극적인 (혹은 노동시장을 활성화시키는) 복지국가의 임무는 기존 수당 제도의 수급자들을 추적하여 이들이 정말로 일할 수 없는 이들인지 또는 정말로 구직활동을 하고 있는지를 확인하는 것이 된다. 이 경우 수당의 수준은 높을 수 없고, 수급 자격 조건도 제한적이며, 집행 과정 또한 매우 엄격해진다. 20세기가 끝나던 무렵 영국의 토니 블레어와 독일의 게르하르트 슈뢰더 정권이 개혁을 시작하였고 이를 그 뒤에 들어선 보수당 정권들도 이어 나갔다. 이런 개혁들은 엄격한 조건을 내세우는 복지국가가 현실에서 어떤 모습으로 귀결되는지를 잘 보여준다. 북미 지역의 이른바 노동 연계복지(workfare)도 그러한 예다.

하지만 적극적 복지국가가 무엇인가에 대해서 이러한 억압적 해석과는 대조되는 해방적인 해석 또한 있을 수 있다. 해방적 해석에서는 노동시장의 활성화란 실업 함정과 고립 함정 등과 같은 장애물들을 제거하는 문제가 되며, 사람들에게 교육과 훈련에 좀더 쉽게 접근할 수 있도록 힘을 불어넣어 그들에게 유급이든 무급이든 다양한 활동들의 스펙트럼을 선택지로 제시하는 것이다. 이는 사람들을 강제함으로써 노동하게 만드는 것이 아니라, 자유롭게 함으로써 노동하도록 만드는 것을 내용으로 한다. 이는 해방적 형태의 적극적 복지국가의 핵심을 이루며, 수동적인 수급자들에 대한 소득 이전에만 초점을 둬 그들을 또다시 수동적으로 만드는 '수동적' 복지국가에 전형적으로 나타나는, 재산 조사에 기초한 최저소득 제도와 대조를 이룬다. 누군 가는 기본소득 제도가 아무 의무도 부과되지 않는 소득을 제공하기 때문에 임금 노동의 존엄을 훼손하는 것이라고 할 수도 있다. 일을 하지 않아도 모두가 돈을 지급받는 것을 정당화하기 때문이다. 장애가 있어서 일을 원래부터 할 수 없는 이들이나 부동산 혹은 증권에서 나오는 소득으로 살아가는 금리 생활자들 말고도, 모든 이가 일을 하지 않고도 돈을 지급받을 것을 정당화하는 것이다. 하지만 기본소득은 소득의 맨 밑바닥이 될 뿐 그 위에 다른 원천들로부터 벌어들인 소득을 쌓아올릴 수 있으므로, 이는 또한 사람들을 능동적으로 만드는 도구로 볼 수도 있다. 그리하여 재훈련이나 사회적 노동과 같은 다른 도구들이 그 목적한 바를 더 잘 수행할 수 있도록 도와주는 것이다.

기본소득에는 아무 의무도 부과되지 않으므로, 인간 노동을 '탈상품화'하는 데 도움을 줄 수 있다. 하지만 이는 모두에게 보편적으로 지급되므로, 노동시장에서 배제되었던 사람들의 노동을 '상품화'하는 데도 도움을 준다.[55] 따라서 적극적 복지국가의 이름 아래 행해지는 모든 수사학과 정책들을 기본소득 지지자들이 원칙적으로 거부할 하등의 이유가 없다. 흔히들 말하는 대로 일자리가 앞으로 계속 줄어들기 때문에 수동적 복지국가가 필연적이라는 논리로 기본소득을 설득하는 것은 더욱 불필요한 짓이다.

특히 기본소득은, 인정도 받고 좋은 평판도 얻으려면 자기 하고 싶은 대로 아무렇게나 사는 게 아니라 다른 사람들에게 도움이 될 만한 일을 해야 한다는 생각과 전혀 모순되지 않는다. 기본소득은 우리 개개인이 정말로 좋아하고 또 잘하는 게 무엇인지를 탐색해볼 수 있도록 촉진하기 위해 구상된 것이다. 그것은 금전적 보상이 따르는 고용 형태와는 무관하다. 우리 중 다수는 인생의 일정한 단계에서, 예를 들어 어린이집 자원봉사자에서부터 위키피디아 기고에 이르기까지 다양한 무급 활동을 통해 주변 사람이나 인간 공동체 전체에 훌륭하게 기여할 수 있다. 하지만 인생 주기에서 '노동 연령'에 있는 대부분의 사람은 기업 안에서든 밖에서든, 또 시간제든 전일제든 유급 노동을 통해서 기여하는 것이 가장 좋을 것이다. 기본소득은 이 유급 노동을 가치 있게 보는 사회적 규범(이러한 의미에서는 하나의 노동 윤리이기도 하다)과 전혀 모순되지 않을 뿐만 아니라, 그 규범이 지속가능하도록 도와준다. 그 규범을 충족시킬 방법의 범위를 확장하는 데서 오는 해방적 효과를 없애지 않으면서도 말이다.[56]

건전한 정신의 경제를 위하여

앞의 이야기들을 통해서 상당한 액수의 기본소득을 채택하면 치명적인 붕괴가 일어나지 않을까 하는 의구심은 충분히 가라앉았을 것이라고 본다. 하지만 경제성장에 대해서는 어떨까? 앞의 이야기들이 기본소득이 경제성장의 극대화에도 꼭 필요하다는 것을 충분히 설명했을까? 단연코 아니다. 그리고 그래서 다행이다.

비자발적 실업은 만인의 자유를 실현하고자 애쓰는 사람들에게 있어서 중대한 문제다. 그리고 지금까지 실업 문제의 해법은 말할 것도 없이 경제성장이라는 대답이 일상적으로 반복되어왔다. 하지만 앞에서 말했듯이, 부유한 국가에서는 지속적인 경제성장이 가능할 것인가, 이것은 바람직한 일인가, 그리고 이것이 실업 문제에 대한 해법이 될 수 있는가 등에 대해 강력한 여러 의문이 제기된 바 있다. 이에 반하여 기본소득은 생산성의 성장과 보조를 맞추기 위해 미친 듯이 달려가는 정신 나간 질주에 의지하지 않는 대안적 해법을 제시한다.

존 메이너드 케인스가 말했듯이, 이제 경제성장이라는 경로에서 벗어날 때가 된 것이며, "노동의 사용을 절약할 수 있는 수단을 우리가 찾아내는 것"이 "노동의 새로운 용도를 찾아내는 속도를 앞지르는" 순간이 온 것이다. 그렇다면 "우리는 얼마 되지 않는 양의 버터를 빵 전체에 묻히기 위해 얇게 펴발라야 하듯이, 남아 있는 얼마 안 되는 일자리를 가급적이면 광범위하게 나눠 여러 사람이 참여해 수행할 수 있도록 노력해야 할 것이다."[57]

기본소득은 이러한 방향으로 모두가 순조롭게, 또 지혜롭게 나아가는 한 방법이 된다. 이는 모두의 노동시간에 최대한의 한도를 강제하지는 않지만, 개인이 스스로의 노동시간을 쉽게 줄일 수 있도록 해준다. 기본소득이 노동시간을 줄이는 바람에 잃게 되는 손해를 줄여주기 때문이며, 또 굳게 믿고 의지할 수 있는 소득을 주기 때문이다.

과중한 업무로 병이 난 이들이나 일자리를 찾을 수 없어서 병에 걸린 이들이나 그 원인은 동일한 것이기 때문에, 이 문제를 기본소득을 통해 공략하자는 것이다.[58] 이를 합리적으로 설명하자면, 완전 고용이라는 목표를 포기하는 게 아님을 명심해야 한다. 완전 고용이란 두 가지 다른 것을 의미할 수 있다. 노동 연령에 있는 모든 신체 건강한 인구에게 전일제 유급 일자리를 준다는 것을 뜻할 수도 있고, 의미있는 유급 노동을 원하는 모든 이들에게 그러한 일자리를 가져다줄 현실적 가능성을 의미할 수도 있다. 기본소득은 그 목표로서 전자는 버리고 후자를 받아들인다.[59] 그리고 그것을 추구하기 위해 생산성이 낮은 일자리의 저임금에 직접 보조금을 지급하는 방법과, 개인이 자기 인생의 어느 시점에서 일을 덜할 것인가를 선택하는 일을 좀더 쉽게 만들어주는 방법을 동시에 사용한다.

그런데 일을 덜하게 되면 그만큼 물질적 소비도 줄일 수밖에 없지 않은가? 선진국에서는 분명히 그렇게 될 것이다. 그리고 그게 바로 기본소득이 노리는 바이기도 하다. 왜냐하면 경제에는 효율성만 필요한 것이 아니기 때문이다. 우리의 경제는 정신의 건전성도 되찾아야만 한다.[60] 그리고 건전한 정신의 경제는 사람들이 병들지 않도록 경제를 조직하는 방법뿐만 아니라 지속적으로 일반화할 수 있는 삶의 방식을 찾아낼 것을 요구한다. 무조건적 기본소득은 바로 그 두 가지 모두를 충족하기 위한 전제 조건이다.

1 Brynjolfsson and McAfee(2014), Frey and Osborne(2014)이 영향력이 있는 예측을 내놓은 바 있다. 이들처럼 '제2의 기계 시대(second machine age)'가 다가온다는 주장은 아주 극적이고 웅변적인 방식으로 제시될 때가 많으므로, 기본소득의 아이디어를 진지하게 받아들일 필요가 있음을 추동하는 데 큰 역할을 하기도 했다. 특히 다음을 보라. Santens(2014), Huff(2015), Srnicek and Williams(2015), Mason(2015: 284-286), Reich(2015: chapters 22-23), Stern(2016: chapter 3), Bregman(2016: chapter 4), Walker(2016: chapter 5), Thornhill and Atkins(2016), Wenger(2016), Reed and Lansley(2016), Reeves(2016), Murray(2016).

2 전 세계적 차원과 무관하게 한 나라(부자 나라든 가난한 나라든) 안에서 평균 임금이 꾸준히 증가한 결과, 불평등의 증대 혹은 양극화가 초래될 수 있다. 중국과 인도처럼 아주 크고 비교적 가난한 나라가 그 예가 될 것이다. 이 문제의 개괄로는 다음을 보라. Milanovic(2016).

3 이 여러 요인들과 그 상호작용에 대해서는 Wood(1994)에서 Milanovic(2016)에 이르는 방대한 문헌이 있다. 여러 사회적 규범이─추정된(putative)─임금 생산성의 추적에 미치는 영향은 좀더 간과되는 경향이 있거니와, 이에 대한 혜안이 있는 분석으로는 다음을 보라. Frank and Cook(1995: chapter 3).

4 Jan Pen(1971: 48-59)에 보면, 소득의 분배를 나타내는 방법으로 모든 개개인의 소득을 키로 치환해 키가 작은 사람은 앞에, 키가 큰 사람은 뒤에 세워 행진을 시키는 방법을 제안한 바 있다. 이 행진이 1시간 안에 이루어진다고 가정하고, 당신이 평균 소득자이며 따라서 평균 신장을 가진 이라고 하자. 그리고 18~59세의 일하고 있거나 열심히 구직 활동을 하고 있는 미국 영주권자들의 행진을 구경한다고 하자. 먼저 1980년 행진이 지나가고 그다음에 2014년의 행진이 지나간다. 두 경우 모두 마지막 몇 분 동안은 엄청난 거인들이 지나가게 되므로 목을 길게 빼고 보아야겠지만, 1980년보다 2014년의 행진을 보려면 목을 훨씬 더 길게 빼야 할 것이다. 1980년의 행진에는 34분만 기다리면 당신 키의 사람들이 지나가는 것을 보게 되지만, 2014년에는 그보다 5분을 더 기다려야 당신

눈높이의 사람들이 지나가는 것을 보게 될 것이다. 달리 말해, 중간값의 키를 가지고 행진하는 사람, 즉 행진 시작 후 30분 시점에 나타나는 사람은 평균 키를 가지고 행진하는 사람보다 훨씬 작아보이게 된 것이다.[*] 그렇다면 총소득이 빈곤선에 (여기서 기준이 되는 빈곤선은 2014년 기준인 월 1000달러로 잡고, 이와 동일한 평균 소득 대비 백분율을 1980년에도 적용했다) 미치지 못하는 이들은 어떻게 되는가? 이 사람들은 워낙 키가 작아서 당신의 무릎에도 미치지 못한다. 1980년에는 이 키 작은 이들의 무리가 행진의 처음 9분간을 채웠지만, 2014년에는 그 시간이 3분 더 길어졌다. 우리는 IPUMS-CPS(현재의 인구 조사), INCWAGE(임금 및 봉급 소득), INCBUS(비농업 사업 소득), INCFARM(농장 소득)에 기초해 이러한 추산치를 내준 앙드레 데코스터(André Decoster), 케빈 스피리터스(Kevin Spiritus), 툰 밴헤르켈롬(Toon Vanheukelom)에게 감사한다. 여기서 정부 프로그램에서의 소득, 자본 소득, 가계 간 이전소득은 제외되었다. 빈곤선은 2014년 조사에서 월 1000달러, 1999년 물가에서는 연 8580달러로 산출되었는데, 이는 평균 임금의 26.7퍼센트에 해당한다. 1980년 데이터에도 동일한 백분율이 적용되었다.

5 영국에서는 이러한 경향의 극단적인 형태로서 '0시간 계약제(zero-hour contracts)'가 나타났다. 즉 직원에게 전일제 고용과 마찬가지로 다른 직업을 갖지 않고 언제든 일할 수 있는 상태에 있을 것을 요구하면서도, 구체적으로 몇 시간의 노동을 하게 될지를 미리 보장하지 않는 것이다. 이러한 경향의 또 다른 형태는 저임금 자유업(low-paid self-employment)의 발흥이다. 영국에서는 2010년에서 2014년 사이에 생겨난 일자리의 40퍼센트가 자유업이었다. 이 기간의 끝 무렵이 되면, 노동자 7명 중 한 사람은 자유업자였고, 평균 소득은 2006년보다 20퍼센트가 낮았다(Roberts[2014] and Cohen[2014]). Guy Standing(2011/2014a)은 무조건적 기본소득의 도입이 시급하다고 호소하면서 그 논리적 근거로 '프레카리아트(precariat, 불안정 노동자, 제7장 후주 45번 참조)'의 발흥을 핵심 요소로 꼽는다.

6 자동화로 인한 일자리 소멸은 20세기 전반에 걸쳐서 보장소득(guaranteed income)을 호소하는 주장에서 반복되는 주제였다. Douglas(1924), Duboin(1932; 1945), Theobald(1963), Cook(1979: 4), Voedingsbond(1981: 1-4), Roberts(1982), Gerhardt and Weber(1983: 72-5), Meyer(1986), Brittan(1988) 등을 살펴보라.

7 교육이 미치는 효과에 대해서도 비슷한 이야기를 할 수 있다. 교육 수준과 고용될 확률

---

[*] 여기서 중간값은 전체를 줄 세워 정확히 중간에 해당하는 사람의 관련 수치를 말한다. 평균은 그야말로 산출적인 개념이므로 중간값과 일치할 이유가 없다. 이들이 벗어난 정도는 전체가 한쪽으로 편중된 정도를 나타낸다. 예를 들어 불평등지수인 지니계수는 평균 소득과 소득 중간값이 괴리하는 정도로 측정된다.

사이에 강력한 연관관계가 있다는 사실을 잘못 이해하면 교육이야말로 완전 고용으로 가는 해법이라고 볼 위험이 있다. 하지만 오늘날 현실을 보면 평균 교육 수준이 그 전에 비해 훨씬 높아졌지만, 실업의 위험이 그에 따라 낮아진 것은 아니라는 게 분명히 드러난다.

8 van den Heuvel and Cohen(2014).

9 수플리시가 인용하는 공자님의 말씀은 노동 지도자 Andy Stern(2016: 185)의 다음과 같은 확신과도 궤를 같이한다. "내가 무조건적 기본소득을 지지하게 된 것은, 빈곤을 공격하려면 빈곤의 결과로 나타나는 주변적인 여러 증상을 치료할 것이 아니라 그 핵심인 소득의 결핍을 바로 공략하는 게 옳다고 믿기 때문이다." 하지만 최저소득을 보장하는 현행 방식에 대한 분개 또한 그를 무조건적 기본소득으로 이끌게 한 요인이었다고 한다. "나는 또한 복지 시스템이 가난한 사람들을 어떻게 모욕하고 실업자들에게 어떤 벌을 세우는지를 보았다. 실업자들로 하여금 떼로 모여 길게 한 줄로 서서 몇 시간 동안 기다리게 하는 것이 얼마나 끔찍한 수모인지 생각해보라. 그 다음에는 또 한 달에 최소한 다섯 번 이상 구직활동을 했음을 증명해야만 한다. 일자리가 없다고 해도 말이다"(Stern[2016: 187]). 이렇게 기존 제도가 자유라는 가치에 그다지 친화적이지 않다는 점 때문에 밀턴 프리드먼 또한 대안을 찾고자 했던 것이 분명하다(이 책의 제2장을 보라). 그는 뉴욕의 할렘에서 행해지던 복지 프로그램들에 대해 어느 젊은이가 "복지를 타 먹고 있는 저 불쌍한, 하지만 한심한 바보들"이라고 묘사했던 내용을 인용한다. "이들의 자유는 사실상 정부 공직자들에 의해 간섭당하고 있다. 이들은 자신을 담당하는 사회복지사의 허락이 없으면 사는 곳을 옮기지도 못한다. 이들은 구매 허락서(purchase order)를 얻지 못하면 부엌에 둘 접시조차 살 수가 없다. 이들의 삶 전체가 사회복지사들에게 통제당하고 있는 것이다." Friedman(1973a: 27).

10 기본소득유럽네트워크의 본래 문서(1988년)를 보면 기본소득의 정의는 다음과 같았다. "재산 조사나 일해야 한다는 조건이 없고 무조건적으로 개인 차원에서 만인에게 주어지는 소득." 하지만 이는 기본소득지구네트워크의 서울 회의(2016년)에서 약간 수정되었다. "재산 조사나 일해야 한다는 조건이 없고 무조건적으로 개인 차원에서 모두에게 주기적으로 지급되는 현금." 기본소득지구네트워크에 대해서는 이 책의 제4장을 보라. 또 www.basicincome.org도 참고하길 바란다.

11 한 예로 미국의 소득 유지 프로그램 위원회(US Commission on Income Maintenance Programs)는 1969년에 제출한 최종 보고서(Heinemann[1969: 57])와 뉴저지의 마이너스 소득세(negative-income-tax) 실험에 참여한 가정들에게 나눠준 소책자에서 '기본소득 지원 프로그램(basic income support program)'을 제안하면서 이 말을 쓴 바 있다. 이 책

의 제4장과 제6장을 참조하라.

12 예를 들어 기본소득 채택을 놓고 벌어진 스위스의 2016년 국민투표 운동(제7장을 보라)을 처음 시작했던 이들의 제안을 보면 미성년자는 성인의 4분의 1에 해당하는 기본소득을 받게 되어 있으며, 벨기에를 대상으로 한 Philippe Defeyt(2016)의 세밀한 기본소득 제안에서도 아이들은 성인들의 절반을 받는 것으로 되어 있다. 하지만 현존하는 알래스카의 소득 배당제(Dividened Scheme, 제4장을 보라)와 좀더 후한 액수의 지급을 담고 있는 일부 제안(Miller[1983])에서는 연령에 상관없이 기본소득 지급액이 동일하다. 보편적인 아동수당 제도는 이미 일부 국가들에서는 시행되고 있는바, 이는 진정한 기본소득으로 다가가는 중요한 디딤돌이라고 볼 수 있다(제6장을 보라).

13 비교적 소액을 지급하는 경우라고 해도 그 지급액을 얼마나 잘게 나누어서 주어야 하는가는 뜨거운 논쟁거리다. 2005년 알래스카 하원에서는 알래스카 사람들에게 배당금을 1년에 한 번 받는 대신 분기별로 나눠 받는 선택지를 허용하는 법안을 논의한바 있다. 이 법은 결국 부결되었다. 이를 부당한 가부장적 온정주의의 표출이라고 본 이들이 있었기 때문이었다. 한 의원은 이렇게 말했다. "자기의 배당금을 잘못 지출한 사람들은 '자신들의 무책임성을 뒤집어쓰도록' 허용되어야 한다."(*Anchorage Daily News*, March 30, 2005).

14 Stern(2016: 215).

15 이 액수는 2015년 1인당 GDP에 대한 세계은행의 추산치를 바탕으로 계산했다. http://data.worldbank.org/indicator/NY.GDP.PCAP.CD와 http://data.worldbank.org/indicator/NY.GDP.PCAP.PP.CD. 여기에서도 그리고 다른 특정한 제도 및 제안들을 설명할 때도 우리는 1인당 GNP(국민총생산)나 (이는 전 세계 다른 나라로부터의 순수취를 포함한다) 1인당 국민소득(이는 정부와 가계의 고정자본 소비를 배제한다)이 아니라 1인당 GDP(국내총생산)를 사용할 것이다. 주된 이유는 관련 데이터를 구하기가 쉽기 때문이다. 대부분의 경우 이 중 어떤 것을 택할지는 중요한 문제가 아니다. 하지만 일부 경우, 특히 고찰하는 대상이 작은 나라인 경우에 그 나라의 영주권자들이 벌어들인 소득(GNP)이 그 영토 내에서 발생한 소득(GDP)과 크게 차이가 날 수 있다. 예를 들어 룩셈부르크의 GNP는 GDP의 3분의 2밖에 되지 않는다. 지구화가 세상을 더욱 세계 조여가면서 그러한 차이는 더욱 잦아지고 또 더 깊어지고 있다. Milanovic(2016: 237).

16 상원의원 조지 맥거번(George McGovern)이 제안했던 연간 1000달러의 데모그란트 제안이 하나의 예다. 이는 당시 1인당 GDP의 16퍼센트에 해당하는 액수였다. 찰스 머레이(Charles Murray)가 2016년에 제안한 연간 1만 달러는 18퍼센트에 해당하며, 노동 지도자인 앤디 스턴의 연간 1만2000달러(제7장을 보라) 제안은 21.5퍼센트에 해당한다

(Stern[2016: 201]). 하지만 알래스카 배당금(제4장을 보라)은 알래스카의 1인당 GDP의 4 퍼센트에 도달한 적이 전혀 없고, 2016년 스위스 국민투표에 붙여졌던 기본소득의 최초 제안은 스위스 1인당 국민소득의 40퍼센트에 가까웠다(제7장을 보라).

17 미국 인구조사국이 발표한 기준 및 수치(US Census Bureau[2015])에 따르면, 빈곤선을 규정하는 세전 화폐 소득의 가중 평균은 65세 이하 '연고가 없는 성인(unrelated adult)' 의 경우 연 1만2331달러, 부양할 자녀가 없고 가장이 65세 미만인 성인 2명으로 구성된 가구는 연간 1만5817달러다. 미국 인구조사국은 기본 식료품 구입 여력이 없는 미국인들의 수를 파악하기 위해 가족 구성에 따라 48개 범주의 하한선(threshold)을 사용해 절 대치로 빈곤선을 규정한다. 이 공식적인 빈곤 하한선들은 지역에 따라 변하지 않는다. 미국의 경우 적절한 수준의 기본소득에 대한 논의로는 Walker(2016: 3 - 7)를 보라. 그는 연간 1만 달러의 기본소득을 옹호한다.

18 유럽연합은 '빈곤 위험에 처한 상태(being at risk of poverty)'를 정의함에 있어서, 각국의 세후소득 및 이전소득을 '동치화(equivalize)'해 그 중간값의 60퍼센트를 하한선으로 정의한다. 동치화가 뜻하는 바는, 가구 구성원 개개인의 소득을 계산함에 있어서 성인에게는 가중치 1, 14세 이상의 모든 구성원에게는 가중치 0.5, 14세 이하의 모든 구성원에게는 가중치 0.3을 부여해 총 가계소득을 그 가구의 크기로 나누어서 그 가구의 각 개별 구성원의 소득을 계산하는 것이다. 룩셈부르크 소득 연구 데이터베이스(Luxembourg Income Study Database)에 따르면, 미국의 동치화 소득 중간값은 2013년 기준 31,955달러다. 이것의 60퍼센트를 월 소득으로 잡으면 1600달러 정도에 가까워진다. 즉 1인당 GDP의 25퍼센트를 상당히 넘는 것이다.

19 사회학자 Richard Sennett(2003: 140 - 141)은 기본소득을 논하면서 이것으로 모든 다른 수당들을 대체할 것을 당연시하고 있다.

20 1964년 미국에 도입된 '푸드스탬프' 프로그램을 보라. (이는 2008년에 보충 영양 지원 프로그램[Supplemental Nutrition Assistance Program, SNAP]으로 이름을 바꾸었다.) 2003년 브라질의 룰라 대통령이 펼쳤던 '기아퇴치캠페인(Zero Hunger)'의 실행 프로그램 또한 이러한 형태를 띠고 있었지만, 곧 종합적 현금 지원 프로그램인 '보우사 파밀리아(Bolsa Familia)'로 통합되었다.

21 특히 인도와 관련된 주장들에 대해서는 Gupta(2014)를 보라. 통제된 실험을 기초로 한 멕시코 사례로는 Matthews(2014)와 Cunha(2014), 이란의 현금 이전(cash transfer) 프로그램에 관해서는 Salemi-Isfahani(2014: 9), 그리고 여러 사례의 폭넓은 개괄에 기초한 강력한 주장으로는 Hanlon et al.(2010)을 살펴보라.

22 지역 경제에서 비공식 경제가 큰 비중을 차지하고 있는 경우에는 정부로부터 용도가 지

정된 바우처를 받을 수급자로 인정받는 것이 오히려 수급자 본인에게 불리하게 작용하게 되며, 이에 따라 심지어 식료품 바우처조차도 지역 경제를 침체시키는 결과를 낳을 수 있다.●

23 Rutger Bregman(2016: 58)은 이렇게 말했다. "화폐 지급이 좋은 점은, 스스로를 전문가라고 임명한 자들이 사람들에게 필요한 것들을 이것저것을 사라고 명령하는 꼴을 보는 대신, 사람들이 스스로에게 필요한 것들을 살 수 있다는 점이다." 이와 대조적으로 Paul and Percival Goodman(1947/1960: 200)은 똑같이 자유의 가치를 논리적 기초로 두면서도 현물 공급을 주장한다. 이들은 모든 시민들이 '식량, 정해진 의복, 도심 지역 밖에서의 집단적 숙박, 의료 서비스, 교통' 등을 무상으로 취할 권리가 있어야 한다고 주장하면서, "만약 자유가 목표라면 최소한을 넘는 것들은 설령 그것을 공급하는 비용이 극히 적더라도 모두 배제되어야 한다. 왜냐면 생활수준을 올리는 것보다 더 중요한 일은 정치적 개입에 제한을 가하는 것이기 때문이다."

24 어떤 경우에는 일시적 상황이 영원히 지속되기도 한다. 그래서 이슬람 지역의 적십자사에 맞먹는 적신월사(Red Crescent)는 1975년 이후 알제리에서 거주해온 사라위(Sahrawi) 난민들(지금은 15만 명이 넘는다)에게 지금까지 현물로 기본소득을 지급해왔다. 유럽연합 집행위원(European Commission)의 경제발전부(Development Department)와 UN의 세계 식량 프로그램(World Food Program)이 마련한 식량, 의복, 그 밖의 생필품들은 난민 캠프 거주자 모두에게 무조건적으로 분배되고 있다.

25 현물이냐 현금이냐 하는 문제에 대한 광범위한 논의는 다음을 살펴보라. Myrdal(1945), Thurow(1974/1977), Rothstein(1998), Currie and Gahvari(2008).

26 이 둘 중 하나의 의미에서는 개인적이지만 다른 의미에서는 그렇지 않은 제도들이 있을 수 있다. 예를 들어 벨기에의 최저소득 제도는 결혼한 부부 각자가 받는 액수는 독신자에 비해 적지만, 부부 개개인에게 동일하게 지급하도록 되어 있다. 반대로, 이란에서 2010년에 제정된 '목표 보조금 법(targeted subsidies law)'은 모든 이란 시민 개개인에게 동일한 액수의 수급권을 부여했지만, 그 지불은 가구의 수장(보통 남성)이 받도록 정해놓았다. Tabatabai(2011).

27 이러한 가정의 근거는, 어머니들의 구매 행태가 아버지들의 그것보다 더 자식들의 복지에 대한 근심을 보여주고 있다는 연구(Ringen[1997], Woolley[2004])와, 평균적으로 볼 때 부부 중 여성 쪽이 신체적으로나 금전적으로나 더 취약하므로 더 많은 보호를 필요

● 바우처 제도란 정부가 특정한 용도의 재화 및 서비스에 대한 구매를 보장하는 일종의 전표로서, 이를 넘겨받은 공급자는 바우처를 정부에 제시해 현금으로 환급받게 된다. 이때 수입이 드러나 일정한 세금을 납부하게 되니 비공식 경제의 행위자들은 반길 리가 없다.

로 한다는 사실에 기초한다. 그리고 어떤 특정한 상황에서는 기본소득에 대한 수급권에 부모가 자녀들을 학교에 보내고 정기적으로 의료 검진을 받도록 보장하는 것을 조건으로 내거는 것이 합리적일 수 있다. 하지만 이러한 조건 또한 적절한 완급을 두면서 실행해야 한다. 이를 통해 모든 가구가 자녀들이 이런 중요한 서비스의 혜택을 받게 만들도록 유도하는 것이 중요하지, 그들 중 가장 취약한 이들 일부의 수급권을 빼앗는 결과가 나와서는 안 되기 때문이다.

28 '기본소득'이라는 이름 아래 나온 모든 제안이 이 조건을 충족시키고 있는 것은 아니라는 점에 주목하라. 예를 들어 Joachim Mitschke(1985; 2004)이 제안한 '시민 소득 (Bürgergeld)'은 결혼한 두 개인보다 독신자에게 더 많은 액수를 지급하도록 되어 있으며, Murphy and Reed(2013: 31)의 '기본소득 지급(basic income payments)' 또한 그러하다.

29 대부분의 나라에서 동거 관계에 있는 성인들은 삭감된 비율(reduced rate)로 수당을 받을 때가 많으며, 어떨 때는 전적으로 그러하다. 예를 들어 프랑스의 '저임금 노동자 생계 보조(Revenu de Solidarité Active)'에서는 독신자 성인이 받는 금액의 75퍼센트를 받게 되어 있으며, 스위스의 '사회부조(Sozialhilfe)'에서는 77퍼센트, 네덜란드의 '사회부조 (Bijstand)'에서는 72퍼센트, 벨기에의 '사회통합소득(Revenu d'intégration)'에서는 67퍼센트로 되어 있다(모든 데이터는 2015년 현재 기준). 또한 일부 나라(가령 프랑스, 스위스, 영국)에서 이는 별개의 주택 수당의 형태를 띤다. 그 수준은 가구의 규모에 따라 증가하지만, 그 증가율은 성원의 숫자 증가에 비해 낮다.

30 4월 15일, 벨기에 연방 정부는 혼자 사는 척하면서 사회 수당을 요구하는 이들을 잡아내기 위해 가스요금과 수도요금을 감시하기로 결정했다. 'Te lage energiefactuur verraadt fraude'(De Morgen, 9 April 2015)

31 이러한 일반적인 주장은 미국에서 '부양아동가족부조(Aid to the Families with Dependent Children, AFDC)'―이는 1996년 '빈곤가구임시지원(Temporary Assistance to Needy Families)'으로 대체되었다―의 소멸로 이어진 좀더 구체적인 비판을 반영한 것이다. 혼자 아이를 기르는 어머니가 집에 노동이 가능한 남성을 들이는 경우에 지급받는 수당을 몰수당하게 된다는 것이다(e.g. Goodin[1982: 162]). James Tobin(1966: 34)의 말처럼, "아버지가 자녀를 부양하는 유일한 방법이 자녀와 자녀의 엄마를 모두 버리고 떠나는 것일 때가 너무나 많다".

32 어떤 이들은 보편성을 선호하는 네 번째 이유로, 모두가 기본소득을 받게 된다면 그 액수를 유지하고 올리는 일이 정치적으로 좀더 탄력을 받게 될 것임을 들기도 한다. 하지만 여기에서는 논하지 않겠다(제7장을 보라).

33 예를 들어 France Stratégie(2014b: 85)의 보고에 따르면 프랑스의 재산 조사에 기반한 최저소득 제도(Revenu de Solidarité Active)의 수급률은 약 50퍼센트 정도로, 이를 80퍼센트까지 끌어올리는 일은 아주 야심찬 목표라고 보고 있다. 더 많은 예로는 다음을 보라. Skocpol(1991), Atkinson(1993a), Korpi and Palme(1998), Bradshaw(2012), Warin(2012), Brady and Bostic(2015), Edin and Shaefer(2015). 또한 재산 조사에 반대하는 각별히 강력한 호소로는 Brian Barry(2005: 210 – 11)을 참조하라. 여기에서 그는 수당을 받도록 되어 있는 이들의 다수가 "인구 전체에서 가장 교육을 덜 받은 이들에 해당할 것이다(아예 글자를 읽지 못해 이를 숨기고 싶어하는 이들까지 있다). 이들 다수가 아이들을 기르면서 동시에 두 가지 이상의 일자리를 오가는 줄타기를 하며 살고 있는 이들이다. 따라서 이들 중 여러 다양한 수당에 맞춰 정보를 찾아보고 또 그 복잡한 서식을 다 갖추어 낼 수 있는 이들이 거의 없다"는 사실을 강조한다. 나아가서 Anthony Atkinson(2015: 211 – 12)은 갈수록 컴퓨터를 다룰 줄 알아야 신청이 가능하도록 지원 절차가 바뀌고 있는 데다, 일반 매체에서도 갈수록 이런 돈을 타가는 자들에게 부정적인 이미지를 씌우고 있으므로, 절차의 복잡성 측면(complication aspect)과 낙인 효과 측면(stigmatization aspect) 모두가 증가하고 있다는 사실에 주목한다.

34 낙인 효과(stimatization)가 수급률에 가져오는 부정적인 영향에 대해 바람직하다고 생각하는 이들도 있다는 점에 주목하라. Peter T. Bauer(1981: 20)에 따르면, 생산성이 떨어지는 이들에게 재분배를 행하는 것은 "한 사회의 미래에 손상을 가져온다. 특히 생산성이 떨어지는 이들이 아무런 낙인도 없이 그야말로 권리로서 생활 지원을 받을 경우 특히 그런 결과가 나오게 된다". 낙인 효과는 또한 간혹 '사람들 스스로가 알아서 자제하도록 하는(self-targeting)' 필터 장치로 권장되기도 한다. 수당의 지급을 모욕적인 재산 조사와 연계시키게 되면 정말로 수당을 받을 필요가 있는 이들만 나오게 될 것이라는 것이다(Lang and Weiss[1990]). 말할 필요도 없이, 이러한 권고는 우리가 가진 윤리적 전제들과는 전혀 다른 기초 위에 서 있는 것들이다.

35 Piketty(1999: 28)를 보라. Bill Jordan(1991: 6)은 재산 조사 소득 제도와 관련해 "그로 인해 실업 함정이 강하게 작동하게 되는 이유는, 일자리를 얻어봐야 그 소득이 충분하지도 못하고 또 불안정하기 때문이며, 다시 수당을 신청하는 것과 연관된 시간 지체와 비효율성 등 때문이다"라고 말하고 있다. 이에 대한 경험적 증거로는 다음을 보라. Delvaux and Cappi(1990), Jordan et al.(1992).

36 재산 조사에 기반한 제도가 이러한 함정을 만들어낸다고 주장한다고 해서, 이것이 꼭 사람들이 지급되는 수당보다 더 보수가 좋지 않은 일자리는 절대로 잡지 않을 것이라고 주장하는 것은 아니다. 어떤 경우에는 그러한 일자리라고 해도 잡는 것이 합리적일 때

가 있다. 시간이 지날수록 수당이 줄어들 수도 있고, 또는 그 일자리가 미래의 전망을 제시할 수도 있기 때문이다. 하지만 그렇다고 해서 자유를 제약하는 함정이 없다거나 실업자들이 일자리를 잡지 못하게 만드는 건 아무것도 없다는 주장이 도출되는 것은 아니다. 첫째, 그들에게 주어지는 여러 일자리에 연결된 각종 비용과 리스크를 생각해볼 때 도저히 그 일자리를 잡는 것이 합리적이라고 할 수 없어서 실업 상태에 남아 있는 이들을 '자발적' 실업이라고 규정하기는 어려운 일이다. 둘째, 사회복지 수당만큼도 안 되는 보수의 일자리들은 생산성이라는 관점에서 볼 때도 정말로 너무나 전망이 없는 것들이라서, 설령 최저임금 제도가 강제되지 않아 아주 저임금으로 고용을 하는 것이 가능한 상황이라고 해도 고용주들 스스로가 굳이 그런 일자리에 사람을 고용하려 하지 않을 때가 많다.

37 따라서 보편적 기본소득을 도입하는 일이 최저임금 제도의 철폐를 의미하는 게 아니라는 결론이 나온다. 이 점에 관해 제7장에서 여러 기본소득 안에 대한 노동조합들의 입장을 다시 살펴보겠다.

38 이러한 의미로 볼 때, 아무 의무도 부과되지 않는다고 해서 기본소득의 도입이 사회적 생산에 기여해야 한다는 도덕적 의무와 모순을 일으키게 되는 것은 아니다. 이는 매우 중요한 점으로서, 제5장과 제7장에서 다시 논의하도록 하겠다.

39 유럽 국가들의 개괄로는 다음을 보라. Saraceno(2010).

40 Jordan(1973: 17).

41 유럽에서는 기본소득 논의가 시작될 때부터, 지지자들은 기본소득을 도입하면 고용에 긍정적인 효과를 가져오기 때문에 임금을 떨어뜨릴 가능성이 있다는 논리로 기본소득을 찬양해왔다. 예를 들어 Cook(1979: 6-7)은 노동을 절약하는 기술 변화의 속도가 줄어들 것에 주목하였고, Ashby(1984: 17)는 고용주들이 "더 이상 생계비 이상의 소득을 지불해야 할 필요가 없게 된다"는 것에 주목했다. 하지만 이는 또한 "충분한 임금을 지불하지 않으려는 고용주들에게 주는 일종의 보조금"이라고 비판하면서 기본소득을 거부해야 할 강력한 이유로 거론될 때도 많다(Workers Party[1985: 17, 34]).

42 형편없는 일자리들의 보수에 의도적으로 영향을 끼치겠다는 생각은 옛날에 무조건적 기본소득을 주장했던 Joseph Charlier(1848: 37)의 논리에서도 두드러지게 나타난다(제4장을 보라).

43 Atkinson(1984: 29)은 이렇게 말한다. 기본소득이 임금에 끼치는 영향이 "고용주들이 임금을 낮출 수 있게 된다는 것으로 표현될 때가 있지만, 이러한 결론을 끌어내는 결정적인 요소는 노동시장의 작동에 대해 어떤 전제들을 취하느냐다. 예를 들어 만약 기본소득 지급으로 인해 노동 공급이 줄어든다면 근로소득은 줄어들겠지만 임금에는 상승

압박이 나타날 것이다." 우리는 이 문제를 제6장과 제7장에서 다시 다룰 것이다.

44 Hayek(1945: 522)는 "사실상 모든 개인은 저마다 자신의 이익에 도움이 되는 특수한 정보를 가지고 있기 때문에 다른 이들에 대해 일정한 우위를 점하고 있지만, 그렇게 그 정보를 사용하려면 거기에 기반한 결정권을 스스로 쥐고 있거나 최소한 스스로가 능동적으로 참여하는 협동에 의해 결정 과정이 이루어져야만 한다"고 강조하고 있다. 기본소득은 가장 권력이 적은 이들도 오직 자기만이 소유한 값진 지식을 가장 잘 활용할 수 있도록 돕는 방식으로 힘을 불어넣는다.

45 이미 오래 전에 Charles Fourier(1836: 49)는 소득 보장이 (그의 제안에서는 아무 의무도 부과되지 않지만 보편적인 것은 아니었다) 일자리의 질 개선과 밀접한 관계를 맺으며 전개될 것이라는 생각을 훌륭하게 표현한 바 있다. "그다음으로 대중들이 일단 풍요의 최소한을 보장받게 되면 아주 조금만 일하려 들 것이며 혹은 전혀 일하려 들지 않게 될 것이다. 따라서 사람들이 잘살고 있음에도 불구하고 계속 일을 하게끔 만들도록 하려면 모종의 매력적인 산업 체제를 발견하고 조직해야만 할 것이다." 이는 무조건적 소득 보장을 호소하는 주장에서 반복해 나타나는 주제다. 예를 들어 20세기 북미라는 전혀 다른 맥락에서 Galbraith(1973: 1)는 이렇게 주장한다. "또한 모종의 대안적 소득 개념에 대한 반대 논리로서, 소득 보장이 이루어질 경우 어떤 경제적 과제들은 더 이상 수행되지 않을 것이라는 주장을 들이대는 경우가 있지만, 그래서는 안 된다. 멸시받는 종류의 직업들은 보수까지 형편없는 경우가 무수히 많다. (⋯) 현재 이러한 직업들을 수행하는 이들은 아무런 대안적 소득 원천이 없는 사람들이거나, 사람이 평판을 지키려면 쓸모없고 천한 일이라도 가리지 않고 해야 한다는 참으로 편리한 사회적 미덕에 속아 넘어간 사람들이다. 하지만 대안적 소득 원천이 주어진다면, 그런 이유들로 일을 하던 사람들 중 일부는 손을 놓아버릴 것이다. 그리고 이들이 내놓던 서비스들은 사라지게 될 것이다. 이를 손실로 보아서는 안 된다. 오히려 문명의 전반적 상태에 약간의 진보가 벌어진 것으로 보아야 한다."

46 Atkinson and Stiglitz(1980: 22).

47 Kameeta(2009: vii).

48 예를 들어 미국 중년 남성들의 시간당 실질 임금은 인플레이션을 제하고 보면 1975년의 약 8달러에서 2013년의 약 16달러로 두 배 상승하였다(http://blogs.ft.com/ftdata/2014/07/04/wages-over-the-long-run). 이 범주에 속한 노동자들의 한계 세율이 1975년에 25퍼센트였다고 하자. 이에 따라 계산하면 이들의 순 한계임금(marginal net wage)은 6달러가 된다. 2013년에 만약 한계 세율을 62.5퍼센트로(!) 올린다고 해도 이 순한계임금의 액수는 똑같이 6달러일 것이며, 노동자가 더 일을 하도록 할 물질적 인센

티브 또한 마찬가지로 그대로일 것으로 예상할 수 있다.

49 Cole(1949: 147).

50 Townsend(1968: 108). 최근 들어 David Graeber(2014a)도 다음처럼 똑같은 주장을 내놓았다. "나는 항상 감옥의 예를 든다. 여기서는 죄수들에게 의식주가 자동으로 보장되므로 이들은 아무 일도 하지 않고 종일 빈둥거릴 수도 있다. 하지만 실상을 보면 감옥에서는 노동을 죄수들에게 주는 일종의 보상으로 사용한다. 가령 간수들의 말을 제대로 듣지 않으면 감옥 세탁소에서 일을 못하게 만들겠다고 으름장을 놓는 것이다. 내 말의 요점은, 사람들은 일하기를 원한다는 것이다. 그냥 빈둥거리고 싶어하는 사람은 아무도 없다. 세상에 그렇게 지루한 일이 없기 때문이다." Joseph Carens(1981) 또한 그의 대단히 매력적인 『유토피아 정치-경제 이론 논고(essay in utopian politico-economic theory)』에서 한걸음 더 나아간 주장을 펼친다. 심지어 근로소득에 100퍼센트의 세금을 매긴다고 해도 이것이 경제적 효율성과 본질적으로 모순될 것이 없다는 것이다. 설령 근로소득을 몽땅 세금으로 낸다고 해도, 사람이 일을 하는 데는 비물질적 인센티브가 있으니 이것으로 얼마든지 대체할 수가 있다는 것이다.

51 이런 형태의 사업체들이 발전하는 데 있어서 기본소득이 각별히 의미가 있으며, 이것이 기본소득을 옹호하는 경제적 논리에서 중요한 위치를 차지한다. 예를 들어 자영업에 대해서는 Brittan(1973/2001)과 Nooteboom(1986)을 보라. 노동자 협동조합과의 관련에 있어서는 Casassas(2016), Wright(2015: 436), Stern(2016: 190)을 보라. 자본-노동 동업체에 대해서는 Meade(1989/1995), '대안적 혁신 기업가정신(alternative entrepreneurship)'에 대해서는 Obinger(2014)를 보라.

52 예를 들어 Bovenberg and van der Ploeg(1995), Krause-Junk(1996).

53 이러한 주장을 지지하는 근거로는, 1970년대 캐나다 도핀(Dauphin)에서 행해졌던 보장소득(guaranteed income) 실험의 결과를 분석한 Evelyn Forget(2011)의 분석이 자주 인용된다. 하지만 항상 그렇듯이 여러 실험으로부터 결론들을 끌어내려고 할 때는 (제6장을 보라) 실험되었던 제도가 어떤 것인지(기본소득은 아니었다)와 그것으로 대체했던 상황이 어떤 것이었는지(일부 가구의 경우 전혀 아무런 소득 지원도 없는 상태였다)를 세심하게 밝히고 확인하는 것이 중요하다.

54 이러한 안정성과 탄력성의 결합이야말로 유럽에서 기본소득을 놓고 논쟁이 시작된 이래로 그것을 지지하는 경제적 논리의 핵심에 있었다. Standing(1986/1999), Van Parijs(1990).

55 만약 사람들이 생존을 위해 자기 노동력을 판매해야만 하는 상황에서 벗어난다면 이들은 이제 상품이 아니다. 이것이 그러한 표현(인간의 탈상품화[decommodification] - 옮긴이)

을 개발해냈던 Gosta Esping-Andersen(1990: 47)이 "사회 임금(social wage) (…) 즉, 이유를 불문하고 시민들에게 지급되는 임금(기본소득)"을 탈상품화가 "고도로 진행된 경우"라고 보았던 이유다. 기본소득이 아주 좋은 제안인 근본적인 이유를 명쾌하게 정식화하는 한 방법이 바로 이것이다. 이는 사람들의 탈상품화에 기여하는 동시에, 현재 고용에서 배제되어 있는 사람들로 하여금 고용 함정에서 빠져나올 수 있게 해준다는 의미에서 상품화에 기여하기도 한다는 점을 강조하는 것이다.

56 Simon Birnbaum(2012: chapter 6)은 기본소득의 지속가능성과 노동 윤리의 관계에 대해 깊이 있는 논의를 제공한다. 그는 사회에 기여해야 한다는(이것이 반드시 유급 고용의 형태인 것은 아니다) 도덕적 의무를 그저 상찬할 만한 미덕으로 여겨 도덕적으로만 떠받들 것이 아니라, 지속가능한 기본소득과 결합시켜야 한다고 생각한다. 그 둘은 전혀 모순을 일으키지 않을 뿐만 아니라 상호보완적 관계에 있다는 것이다.

57 Keynes(1930a/1972: 325, 328-9). 이 문장이 등장한 두 페이지 뒤에 보면 다음과 같은 문장이 나온다. "우리는 다시 한번 수단보다는 목적에, 유용한 것들보다는 좋은 것들에 더욱 가치를 두게 될 것이다. 우리는 우리의 삶에 주어진 모든 순간순간을 마치 아름다운 꽃을 꺾듯이 훌륭하게 또 고결하게 보낼 줄 아는 사람들, 여러 사물에서 직접 기쁨을 얻고 향유할 줄 알며 즐겁게 사는 사람들을 명예롭게 여길 것이다. 땀 흘려 일을 하지도 물레를 돌려 실을 잣지도 않지만 그토록 아름다운 들판에 핀 백합꽃들처럼 말이다. 하지만 기억하라! 그런 때는 아직 오지 않았다. 최소한 앞으로 200년 동안은 우리 스스로에게나 또 다른 모두에게나 이렇게 거짓말을 할 수밖에 없을 것이다. 흉한 것은 아름다우며 아름다운 것은 흉하다고. 왜냐하면 흉한 것은 유용하지만 아름다운 것은 유용하지 않으니까. 탐욕과 고리대금업과 예방 조치 등은 아직은 좀더 우리들의 신 노릇을 해야만 할 것이다. 왜냐면 우리가 이 경제적 필요라는 터널을 빠져나와 빛의 세계로 가려면 오로지 이런 것들의 인도를 받는 수밖에 없기 때문이다"(Keynes[1930a/1972: 331]). 하지만 하지만 경제성장은 케인스가 예상한 것보다 훨씬 빨리 이루어졌고(아마도 제2차 세계대전 이후의 성장률을 그가 과소평가했던 것도 원인이었을 것이다), 결국 그가 말한 진지하고 근본적인 사고의 전환을 위한 시점은 그가 예견한 것보다 훨씬 일찍 찾아오고 있다.

58 이는 유럽에서 기본소득을 가장 일찍 옹호했던 이들 중 하나인 네덜란드의 공중의학과 교수 Jan Pieter Kuiper(1976)의 간명한 진단을 다시 풀어 쓴 문장이다. Juliet Schor(1993)의 연구에 잘 나와 있듯이, 일부 미국인은 너무 많이 버느라 과로를 하고 있으며(이들이 1주일에 1시간씩 일을 줄일 경우 뒤뜰에 수영장 하나를 새로 지을 기회를 포기해야 한다), 어떤 미국인은 너무 적게 벌어서 과로를 하고 있다(이들이 1주일에 1시간씩 일을 줄일 경우 아이들에게 정크푸드만 먹여야 한다).

59 기본소득은 완전 고용에 대한 대안으로서 옹호될 때가 많지만, 여기서 말한 완전 고용의 두 가지 다른 해석 중 어떤 뜻인지를 사람들이 항상 명확히 구별하는 것은 아니다. 예를 들어 다음을 보라. Robert Theobald(1967), Claus Offe(1992/1996a), Fritz Scharpf(1993), James Meade(1995), Jean-Marc Ferry(1995), André Gorz(1997), Yoland Bresson(1999). 기본소득, 임금 보조금, 노동시간 단축 등의 관계에 대해서는 이 책의 제2장을 보라. (좋은 의미에서든 나쁜 의미에서든) 완전 고용을 추구하는 다른 두 개의 (더 나쁜) 방법들로는 기술 변화에 대한 저항, 자원봉사 활동의 금지 등이 있다. 이에 대한 대안이 기본소득이다.

60 부자 나라에서 소비를 덜 한다고 해서 반드시 그 나라의 생산이 함께 줄어드는 것은 아니다. 지구적 차원에서 정의를 실현하고자 하면 지속적으로 가난한 나라들에 각종 이전을 제공할 필요가 있기 때문이다(제8장을 보라).

제 2 장

기본소득과 그 사촌들

기본재산부터 임금 보조금까지

우리 사회가

빈곤과 실업에서 만인을 해방시키기 위해

갖추어야 할 것은 무엇인가?

만인의 자유를 사명으로 여기는 이들이

쟁취해야 할 목표는 무엇인가?

독자 중에는 굳이 이 장을 읽을 필요가 없는 사람도 있을 것이다. 하지만 제2장의 여러 절 중 최소한 하나 이상은 반드시 읽어야 할 사람이 꽤 있을 것이라고 확신한다. 앞장에서 제시한 진단에 설득력이 있다고 생각하는 독자 중에도 기본소득보다 훨씬 더 뛰어난 해법이 몇 개쯤은 더 있을 거라고 생각하는 사람이 분명 있을 것이기 때문이다. 이 장에서 우리는 무조건적 기본소득에 대한 대안으로 제안된 몇몇 제도를 짤막하게나마 제시하고 논의해보고자 한다. 이러한 대안 중 대부분은 우리도 상당 부분 공감하는 내용을 담고 있다.

대안 가운데 어떤 것은 부분적으로나마 기본소득과 잘 배합하면 유용한 결과를 낳을 만하다. 또한 기본소득이 전무한 경우에는 이런 제도들 가운데 상당수가 실행하기만 하면 현 상황을 크게 개선하는 데 도움이 된다는 데도 우리는 기꺼이 동의한다. 하지만 우리는 분명코 이러한 대안들보다 무조건적 기본소득이 자유로운 사회와 건전한 정신의 경제를 가능케 할 제도적 조건들을 창출하는 데(물론 다른 영역에서의 개혁도 필요하겠지만 이 책에서는 다룰 수 없는 것들이다) 가장 뛰어난 제도라고 확신한다.[1] 다음에서 그 이유를 간략하게 설명할 것이다.

기본소득이냐 기본재산이냐

기본소득은 정기적인 소득으로 일정한 간격으로 지급되며, 그 간격은 기본소득안마다 다양하다. 그런데 아예 성인으로서의 생활을 시작하는 시점에 한번에 몰아서 모두에게 기본재산(basic endowment)을 지급하는 것은 어떨까? 이에 대해 토머스 페인(Thomas Paine: 1796), 토머스 스키드모어(Thomas Skidmore: 1829), 프랑수아 휘에(François Huet: 1853)가 제안한 바 있다.[2] 이후 이와 동일한 생각이 여러 버전으로 이름만 바꿔 제기됐다. 토빈(James Tobin: 1968)은 '전국 청년재산(national youth endowment)'을 옹호하였고 클라인(William Klein: 1977)과 헤이브먼(Robert Haveman: 1988)은 '보편적 개인 자본계정(universal personal capital account)'을 제안했다. 이 가운데 가장 체계적이고 야심적인 방안으로는 애커먼과 앨스톳(Bruce Ackerman and Anne Alstott: 1999)이 제안한 '사회적 지분 급여(stakeholder grant)'를 들 수 있다.

기본소득과 기본재산 사이에는 많은 공통점이 있다. 둘 다 현금으로, 또 개인을 단위로 지급되며, 재산 조사나 직업 활동 조사 등을 전제하지 않는다. 게다가 기본재산은 아주 간단하게 기본소득으로 전환될 수 있다. 기본재산을 투자 원금으로 놓고 보험율표에 맞춰 그에 해당하는 액수의 연금을 수급자가 죽는 날까지 매년 지급하면 정기적인 소득 흐름이 창출되니 말이다. 반대로 만약 기본소득을 담보로 대출을 받을 수 있다면(자유를 중시하는 사람들은 이를 선호하는 것으로 보인다), 이 또한 그에 상응하는 재산으로 전환될 수 있다.[3] 이런 점을 고려하면, 기본소득과 기본재산 사이에 중대한 차이점은 없는 것으로 볼 수도 있다. 하지만 한 가지 중요한 차이점이 있으며, 우리의 생각에는 이 차이점 때문에 무조건적 기본소득이 단연코 더 나은 선택이 된다.

이것을 이해하기 위해서는 두 제안을 공정하게 비교할 수 있도록 각각의 제안을 구체화시킨 두 구상을 따져볼 필요가 있다. 현금으로 지급하는 보편적 기본재산 제도는 수많은 나라에 이미 존재하고 있거나 존재한 적이 있지만, 그 양의 측면에서는 정기적인 소득 이전 지급에 비해 아주 작은 규모다.[4] 기본재산에 대한 브루스 애커먼과 앤 앨스톳의 제안은 훨씬 더 후하다. 총액 8만 달러의 교부금을 2만 달러씩 네 번에 나누어주고, 65세부터는 무조건적 기본소득으로 전환한다는 것이다. 만약 이 교부금을 21세에서 65세까지 528개월간 매달 지급하는 것으로 나눈다면, 월 150달러 정도가 될 것이다. (단, 인플레이션을 감안해야 한다.)

하지만 다음의 두 가지 사실을 반드시 감안해야 한다. 첫째 어떤 이들은 65세 이전에 사망하며, 둘째 그 교부금이 이자를 낳을 수 있다는 것이다. 애커먼과 앨스톳은 21세에 8만 달러의 교부금을 주는 것은 대략 21세에서 65세까지 월 400달러의 기본소득을 주는 것에 맞먹는다고 계산했다. 하지만 이들은 실질 이자율을 5퍼센트로 잡는 상당히 낙관적인 전제를 두고 계산했으니, 우리는 좀더 현실적인 근사치로서 월 300달러로 잡도록 하자.[5]

이는 어디까지나 추산치로서 세부사항까지 논쟁할 필요는 없다. 대략적인 액수의 감을 잡기 위해 기본소득의 액수를 월 1000달러로 해보자. 이는 미국보다 약간 못사는 나라의 1인당 GDP의 25퍼센트 정도에 해당한다. 이에 '맞먹는' 기본재산은 1인당 약 25만 달러가 될 것이다. 공정한 비교를 위하여 다른 몇 가지 사항도 고려할 필요가 있다. 특히 각각의 제안과 자연스럽게 연결되며 자금을 조달하는 데 도움이 되는 유형의 저축이 어떤 것인가 등이 될 것이다.[6] 하지만 지금 논의의 목적에서는 이러한 복잡한 사항들을 제쳐둘 수 있으니, 대략 동일한 방식으로 자금을 조달해 동일한 액수로 두 개의 제도를 운영한다는 가정하에 비교해보자. 21세에서 65세까지 매달 1000달러씩 지급하는 기본소득과 21세에 25만 달러를 지급하는 기본재산 중 어느 것이 나을까? 21세 이하 연령의 사람들에 대해서는 애커먼-앨스톳의 제안에서 아무런 언급이 없으니 일단 제쳐두도록 하자. 그리고 65세 이상의 사람들 또한 노인들에게만 지급되는 기본소득을 제안하고 있으니 제쳐두자.

기본소득과 기본재산은 여러 비슷한 점이 있음에도 불구하고 규범적인 관점에서 보면 대단히 다른 종류에 속한다. 기본재산은 성인 생활의 출발선에서 가급적 기회의 균등을 실현해보자는 것에 목표가 있는 반면, 기본소득은 일생에 걸쳐서 경제적 안정성을 제공하자는 것이 목표다.

만인의 자유를 앞당기고자 하는 이들이라면 어느 쪽을 선호해야 할까?[7] 얼핏 보면 답은 자명한 듯하다. 기본재산은 연금으로 전환시킬 수 있으므로 기본소득이 제공하는 모든 가능성들까지 다 포함하고 있기 때문이다. 하지만 만약 기본소득으로 담보 대출을 받을 수 없다면 그 역은 성립하지 않으며, 또 대부분의 기본소득 옹호론자들은 기본소득을 담보로 잡지 못하도록 해야 한다고 주장한다. 또한 기본재산과 결부된 가능성 중에는 '판돈 날리기(stake blowing)'의 가능성도 있다. 이는 소비에 급급하여 의도적으로 그렇게 되는 경우도 있고, 잘못된 집을 산다든가 잘못된 교육 프로그램을 선택한다든가 창업을 했다가 실패하는 등 투자를 잘못해서 그렇게 될 수도 있다. 그러나 애커먼-앨스톳이 언급한 대로, 어떤 젊은 시민이 기본재산을 통해 돈을 손에 넣게 된다면 "본인이 알아서 쓰든가 투자하든가 해야 한다. 대학을 갈 수도 있고 안 갈 수도 있다. 집을 사는 대신 나중을 대비해서 저축을 할 수도 있다. 또 라스베이거스로 가서 도박으로 날려버릴 수도 있다".[8] 사실 자유란 여러 실수를 저지를 자유이기도 하기 때문이다.

그럼에도 불구하고, 만인의 자유를 고려하고 모두에게 현실적 기회를 제공하는 것이 우리의 주된 관심사라면, 매달 1000달러의 기본소득을 주는 쪽이 그에 '맞먹는 액수'인 한 번에 25만 달러의 목돈을 주는 것보다 훨씬 더 나은 선택이 된다는 것이 분명하다. 그 이유는 21세 때 받은 재산으로 인생의 여러 기회 중 어떤 것을 선택한다는 것에는 큰 제한이 따르기 때문이다. 여기에는 지적인 능력, 부모의 관심, 학업적 성취, 사회적 네트워크, 그 밖의 여러 요인들이 강력한 영향을 미친다. 평균적으로 볼 때, 이러한 다양한 차원에서 이미 유리한 위치를 점하고 있는 젊은이들은 자신의 재산을 최선의 방법으로 사용하게 될 가능성이 높다. 따라서 지적 능력, 현명한 지도, 교육, 사회적 네트워크 등이 결핍된 이들은 인생의 출발점에서 그 돈의 용처를 현명하게 선택할 능력이 떨어질 수밖에 없고, 결국 나중에 되돌아보면 전혀 최선이 아닌 선택을 하고 마는 경우가 많다. 이런 의미에서 똑같은 액수의 돈이라고 해도 이들에게는 사실상 더 적은 액수의 돈이 되고 마는 것이다.[9]

무조건적으로 일생에 걸쳐 기본적인 경제 안정을 보장한다면, 젊은 날의 자유 때문에 평생의 자유가 위협받는 일을 막을 수 있게 된다. 뿐만 아니라 이는 또한 자유를 여러 현실적 가능성의 형태로 훨씬 더 광범위하게 펼쳐낼 수 있게 해준다. 거기에는 인생에 걸쳐 투자하고 리스크를 감수할 가능성까지 포함된다. 따라서 어느 정도 의미 있는 수준의 기본소득 제도와 그와 '동일한 액수의' 기본재산 제도 사이에서 선택을 해야 한다면, 만인의 자유를 사명으로 여기는 사람들은 주저 없이 기본소득 제도를 선택할 것이다. 하지만 이런 선택을 한다고 해서 그를 보조하는 '자본재산(capital endowment)' 제도를 지지하는 것과 모순이 되는 것은 전혀 아니다. 기본재산 제도가 의미 있는 수준의 기본소득이 지속가능하도록 재원을 위태롭게 하지 않을 정도의 크기이기만 하다면 말이다.[10]

기본소득 vs. 마이너스 소득세

개념적으로 보자면 기본재산보다 기본소득과 더 거리가 멀지만 다른 여러 면에서 기본소득에 더 가까운 경쟁자가 있으니, 흔히 '마이너스 소득세(negative income tax)'라고 알려져 있는 제도다. 마이너스 소득세 개념은 수리경제학의 창시자 중 한 명인 오귀스탱 쿠르노(Augustin Cournot)까지 거슬러 올라간다. 그는 이렇게 말한다. "근대의 발명품인 상여금이라는 것은 소득세의 반대 개념이다. 대수(代數) 언어로 이야기하자면, 이는 마이너스 소득세(negative income tax)*인 것이다."[11] 이 생각은 훗날 아바 러너(Abba Lerner)와 조지 스티글러(George Stigler)의 저작들에서 다시 등장한다.[12] 그리고 이를 대중화시킨 것은 밀턴 프리드먼(Milton Friedman, 1912~2006)의 『자본주의와 자유(Capitalism and Freedom)』(1962)를 포함한 여타 저작과 인터뷰들이다.[13] 프리드먼을 포함해 많은 이들은 개인소득세를 재원으로 해 지급되는 기본소득과 마이너스 소득세는 동일한 것이라고 주장한 바 있다.[14] 더욱이 재산 조사에 기초한 최저소득 제도에 반대해 기본소득을 지지하는 논리의 다수가 마이너스 소득세 제안을 지지하는 데

● 이 말은 보통 지금까지 '음(陰)의 소득세' 혹은 '부(負)의 소득세'로 옮겨져왔지만, 한자에 익숙하지 않은 세대를 위해서 그냥 '마이너스 소득세'로 옮기기로 한다.

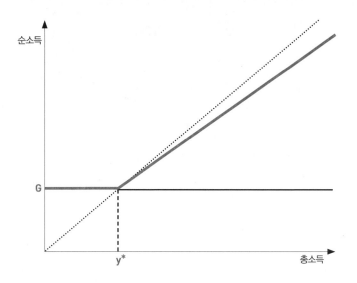

그림 2.1 재산 조사에 기초한 최저소득 제도에서의 순소득

순소득

G

y*   총소득

가로축은 조세와 이전소득 이전의 총소득을 나타낸다. 세로축은 조세와 이전소득 이후의 순소득을 나타낸다. 45도 점선은 세금이 전혀 없고 최저소득 보장도 없는 상태에서의 순소득을 나타낸다. 즉, 순소득과 총소득은 동일하다. G는 최저소득의 수준을 나타낸다.

표준적인 재산 조사 최저소득 제도에서는 수급자의 총소득과, 모든 가계에 소득 하한선으로 보장된 최저소득 수준(G)의 차이를 이전소득으로 메꾸어준다. 굵은 선이 순소득을 나타낸다. 이는 이전소득 그리고 그것의 자금을 마련하기 위해 필요한 조세를 모두 감안하고 있으며, 여기에서는 선형으로 그려져 있다. 총소득이 y*를 넘는 이들은 최저소득 제도의 자금을 조성하는 데 기여하는 이들이다. 총소득이 그 이하인 이들은 이 제도의 순수혜자들이다.

도 사용되고 있다. 하지만 기본소득과 마이너스 소득세는 결정적인 차이점이 있으며, 특히 이 차이점은 만인의 자유를 추구하는 이들에게는 커다란 중요성을 갖는다.

두 가지가 똑같은 것이라는 주장도 호소력이 없지 않다. 이를 이해하기 위해서는 재산 조사에 기초한 최저소득 제도(그림 2.1), 기본소

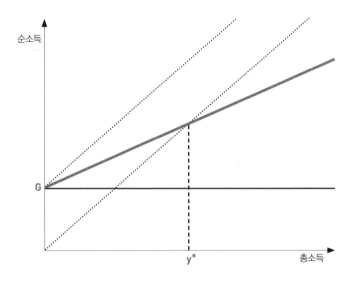

그림 2.2 기본소득에서의 순소득

순소득

G

y*   총소득

조세가 붙지 않는 기본소득 G가 모든 시민에게 각각의 총소득과 관계없이 무조건적으로 지급된다. G에서 시작하여 45도를 이루는 위쪽의 점선은 총소득과 기본소득의 합을 나타낸다. 굵은 선은 순소득을 나타내며, 여기에는 세금과 기본소득이 모두 감안되어 있다. 손익분기점인 y*는 순소득을 나타내는 굵은 선과 총소득에 조응하는 45도선이 교차하는 점이다. 총소득이 y*를 넘는 이들은 기본소득의 재원에 대한 순기여자들이다. 총소득이 그 아래인 이들은 이 제도의 순수혜자들이다.

득(그림 2.2), 마이너스 소득세(그림 2.3)를 각각 정형화된 형태로 나타내보는 것이 좋다(다른 공공지출은 없다고 가정한다).

간단한 수치의 예를 생각해보는 게 좀더 직관적으로 이해하기 쉬울 것이다. 우선 모든 성인 개개인에게 기본소득으로 매달 1000달러를 지급하고, 그 재원을 마련하기 위해 한계 소득세율을 25퍼센트로 정했다고 해보자. 이때 다른 모든 공공지출은 없다고 가정한다. 정부

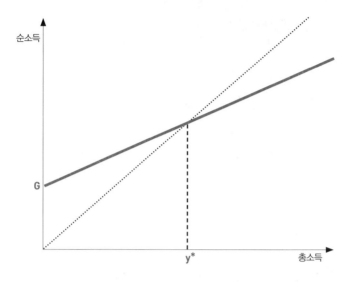

순소득

G

y*

총소득

굵은 선은 동일한 세율로 매겨지는 플러스 소득세와 마이너스 소득세 모두를 고려한 순소득을 나타낸다. 이렇게 선형을 이루는 경우 손익분기점(y*) 아래의 범위에서 수당, 즉 마이너스 소득세가 줄어드는 비율은 손익분기점 위의 범위에서 세금이 늘어나는 비율(총소득에 추가되는 매 1단위에 대한 백분율)과 동일하다. 한 가구에 지급되는 수당, 즉 마이너스 소득세는 소득이 늘어남에 따라 점차 줄어들며, 손익분기점 y*에서는 0이 된다. 그리고 이 수준의 총소득에서 마이너스 소득세는 플러스 소득세로 바뀌어 납세자는 재원에 기여하는 이가 된다.

가 모두에게 세금을 걷고 또 모두에게 기본소득을 지급하는 대신, 그 둘을 차감하여 잔여분만을 이전한다고 가정해보자. 즉, 어떤 이들은 급여를 받기만 하고 세금은 내지 않게 될 것이며, 또 어떤 이들은 세금만 내고 아무 급여도 받지 못하게 될 것이다. 이렇게 되면 월 1000달러의 기본소득은 모든 개인에게 획일적으로 적용되는 1000달러의 환급형 세액공제가 될 것이다. 이를 통해 실효 한계 세율에 있어서나 세금과 이전소득을 감안한 소득 분배에 있어서나 동일한 결과를 얻게 될 것이다.

- 소득이 없는 사람은 기본소득 제도든 마이너스 소득세 제도든 항상 1000달러의 수당을 받는다.
- 2000달러를 버는 사람은 최종적으로 2500달러를 얻게 된다. 기본소득 제도의 경우에는 1000달러의 기본소득과 순소득 1500달러(2000달러에서 25퍼센트의 세금을 제한 액수)를 얻게 되며, 마이너스 소득세 제도의 경우에는 2000달러의 총소득에 1000달러의 세액공제와 500달러의 납세액(2000달러의 25퍼센트)의 차액에 해당하는 500달러의 마이너스 소득세를 더한 액수를 얻게 된다.
- 4000달러를 버는 사람은 최종적으로 4000달러를 얻게 된다(이 사람의 소득 수준은 이른바 손익분기점에 해당한다). 첫 번째 경우에는 1000달러의 기본소득과 순소득 3000달러(4000달러에서 25퍼센트의 세금을 제한 액수)를 얻게 되며, 두 번째 경우에는 4000달러의 총소득만을 얻게 된다. 왜냐면 1000달러의 세액공제는 1000달러(4000달러의 25퍼센트)의 납세액과 같기 때문이다.
- 8000달러를 버는 사람은 최종적으로 7000달러를 얻게 된다. 첫 번째 경우에는 1000달러의 기본소득과 순소득 6000달러(8000달러에서 25퍼센트의 세금을 제한 액수)를 얻게 되며, 두 번째 경우에는 8000달러의 총소득에서 2000달러(8000달러의 25퍼센트)의 납세액과 1000달러의 세액공제의 차액인 1000달러의 플러스 소득세를 뺀 액수를 얻게 된다.[15]

이 예에서 볼 수 있듯이, 두 제도가 동일하다고 주장하려면 여러 제한을 둘 필요가 있다. 첫째, 앞의 예에서 볼 수 있듯이 세율이 선형적이어야 한다. 한계 세율이 모든 소득 수준에서 동일하게 되어 있는 것이다. 마이너스 소득세 개념은 기본소득 개념과 달리 이렇게 세율이 고정된 특별한 경우로 제한될 때가 많고, 또 이것이 프리드먼이 선호했던 것이기도 하다. 물론 마이너스 소득세의 의미를 확장하여 누진세 제도나 역진세 제도와 양립할 수 있게 만드는 것은 어려운 일이 아니다. 하지만 이 제도에서는 개인 소득세로 이전소득의 재원을 삼는다는 것이 전제되어 있다는 것만큼은 분명하다. 반면 제6장에서 보겠지만, 기본소득은 그 정의상 개인 소득세 말고도 다양한 재원을 가질 수 있다.

둘째, 앞의 예에서 볼 때 분배의 단위는 개인으로 상정된다. 이는 기본소득에 있어서 정의상 필연적인 일이다. 하지만 마이너스 소득세에서는 그렇지 않다. 실제로 마이너스 소득세를 제안하는 대부분의 계획과 모든 실험에서는 통상의 재정 관행에 맞추어 마이너스 소득세든 플러스 소득세든 그 부과 단위를 가구로 삼고 있으며, 이에 따라 개인화를 옹호하는 이들에게는 여러 어려움을 낳고 있다. 물론 마이너스 소득세 또한 원리상 수당에 대한 수급권에 있어서나 납세 의무에 있어서나 개인을 단위로 삼는 것도 얼마든지 가능하다. 기본소득과 마이너스 소득세가 동일한 것이라고 주장하기 위해서는 이것이 반드시 필요한 조건이다.

셋째, 앞의 예에서 소득의 기초는 마이너스 소득세와 플러스 소득세 어느 쪽이나 똑같이 정의됐다. 하지만 일부 마이너스 소득세 옹호자들은 마이너스 소득세의 경우 그 액수를 산정할 때 가정경제의 성원이 아닌 친척들의 소득도 포함하여 그 기초를 더 넓게 쓸 수 있는 게 장점이라고 주장하기도 한다. 예를 들어 독일 경제학자 한스-게오르크 페테르센(Hans-Georg Petersen)은 '가족 내에서의 자기책임의 중요한 역할'에 여지를 줄 수 있다는 점이 기본소득과 비교해 마이너스 소득세가 갖는 주요한 장점이라고 본다.[16] 따라서 마이너스 소득세를 기본소득과 동일한 것으로 보려면 반드시 소득 명세서(tax schedule)의 마이너스 부분과 플러스 부분에서 동일한 소득 자료(income base)를 채택해야만 하며, 사실 대부분의 마이너스 소득세 제안들이 그렇게 하고 있다.

넷째, 위의 예에서 마이너스 소득세에 대한 수급 자격은 기본소득에 대한 그것과 마찬가지로 구직활동을 조건으로 하지 않는다는 의미에서 무조건적이다. 이러한 조건은 프리드먼을 포함하여 보통 여러 마이너스 소득세 제안에서 충족되고 있지만, 다 그런 것은 아니다. 특히 이 마이너스 소득세라는 이름으로 자주 불리는 여러 제안들 중에서도 가장 유명한 닉슨 대통령의 가족지원계획(Family Assistance Plan)의 경우(이는 제4장에서 다시 다룰 것이다), 노동 능력이 있는 성인들에게는 오로지 일할 의사가 분명히 있을 때에만 이전소득이 주어졌다. 만약 환급형 세액공제인 마이너스 소득세가 아주 간단한 조건이라도 내걸게 된다면, 당연히 이를 기본소득과 동일한 것이라고 주장할 수는 없다.

이러한 점들을 해명하였으니, 이제 두 제도를 최대한 동일한 것으로 보는 경우를 상정하여 그 본질적인 차이점에 초점을 맞춰보자. 이 경우 단위는 개인이 되며, 노동할 의사에 대한 조사는 없고, 재원 조달은 똑같이 선형의 한계 세율로 과세되는 개인 소득세로 확보된다. 이 때문에 우리는 제1장에서 보편성이라는 제목 아래에서 논의했던 두 가지 특징들을 다시 꼼꼼히 살펴볼 수밖에 없다. 하나는 두 제도 모두에 나타나지만, 다른 하나는 핵심적인 차이점이 된다.

두 제도가 함께 공유하는 특징으로서 재산 조사에 기초한 표준적인 종류의 최저소득 제도와 구별되는 특징은, 가장 낮은 수준의 소득에 대해 100퍼센트의 실효 세율을 매겨서 사실상 노동을 막아버리는 일이 없도록 해준다는 것이다.[17] 두 제도 모두 동일한 한계 세율로 동일한 최저소득을 보장할 수 있다. 따라서 예산 제약은 동일하다고 간주할 수 있다. 노동자들이 직면하게 되는 소비와 여가의 여러 조합 사이에서의 선택도 동일하며, 만약 노동자가 합리적 경제행위자로서 행동한다는 전제를 받아들인다면 그들의 행태도 동일하게 나타날 것이다.

하지만 두 번째 특징에 주의를 기울이는 것이 중요하다. 그것은 보편성의 개념이다. 기본소득은 사람들이 여러 다양한 원천에서 어떤 소득을 얻고 있는지와 무관하게 모두 똑같은 수준으로 지급한다는 것이다. 얼핏 보면 이는 마이너스 소득세와 그저 행정적인 차이인 것으로만 여겨질 수도 있다. 그리고 똑같은 결과를 달성하면서도 마이너스 소득세는 납세자와 정부 사이에서 쓸데없이 돈이 오가는 것을 피할 수 있으니 당연히 더 우월한 것으로 보이게 될 것이다. 하지만 가난한 이들은 당장 굶주림을 면하는 것이 큰일이므로 마이너스 소득세의 이전소득이 나오는 연말까지 기다릴 수가 없으며, 따라서 마이너스 소득세 제도는 선급 절차를 포함해야 하는 것이 자명하다. (보장된 최저소득보다 총소득이 낮을 것으로 예상되는 이들뿐만 아니라) 손익분기점보다 소득이 낮을 것으로 예상되는 모든 이는 이러한 절차를 밟을 수 있어야만 한다.[18]

지금은 모든 수당이 전산 시스템을 통해 전달되며 또 원천징수가 이루어지는 시대이므로, 아무리 기본소득 제도 시행에 있어서 민간에서 정부 사이를 오가는 행정 비용이 든다고 해도, 마이너스 소득세 제도의 추가적 절차를 위해 정보를 모으고 통제하는 행정 비용이 이를 쉽게 초과하게 될 것이다. 동시에 절차의 복잡성과 낙인 효과라는 익숙한 여러 이유 때문에 수급자들 사이에서의 수급률 또한 보편적 기본소득 제도가 쉽게 달성할 수 있는 수급률보다 한참 아래에 머물게 될 것이다. 따라서 마이너스 소득세는 이론상 빈곤을 줄이는 도구로서 기본소득 제도와 동일한 것처럼 여겨질 수 있지만, 이러한 목적에서 보자면 분명한 결함을 안게 되어 있다. 그런 면에서 표준적인 재산 조사에 기초한 최저소득 보장제도에 대해 반대하는 논리가 여기에도 적용된다.

기본소득은 선불의 성격을 띠기 때문에 빈곤뿐만 아니라 실업과 싸우는 데도 효과적인 도구가 된다. 실업 함정이라는 것이 단순히 일을 할 때와 안 할 때의 소득 차이가 얼마인가(가설적으로 볼 때 그들의 차이가 없기 때문에 실업 함정이 생겨난다)의 문제만이 아니라, 위태로운 일자리와 그에 따르는 행정적 결과들에 결부된 각종 리스크를 어떻게 회피할 것이냐의 문제이기도 하다. 일부 옹호자들은 마이너스 소득세 제도가 현행 복지제도를 개선할 수 있다고 믿는다.[19] 하지만 이와 관련해서 볼 때, 마이너스 소득세 제도를 취할 경우에도 사람들은 행정적으로 소득을 올리는 고용 노동자의 신분과 일자리를 잃어 마이너스 소득세를 환급받는 신분 사이를 오가야 하는 처지로 남는 것은 똑같기 때문에, 표준적인 재산 조사 최저소득 제도와 동일한 내적 결함을 보여주게 된다.[20]

그 결과, 설령 마이너스 소득세 제도를 개인 단위로 운영되도록 하고 또 서면상 순소득 내역에 들어맞게 만든다고 해도 기본소득 제도와는 결코 동일한 것이 될 수는 없으며, 빈곤 문제와 실업 문제에 있어서 기본소득의 이점을 보여주지 못한다. 철학자 미셸 푸코가 마이너스 소득세를 논하면서 (그 내용은 제4장을 보라) 강조했던 점은 그것이 여전히 가난한 이들을 대상으로 삼는 정책이라는 점이다. 19세기 말 이래로 유럽에서 발전해온 복지국가는 모두 "경제적 개입을 통해 인구 전체가 가난한 이들과 덜 가난한 이들로 갈라지지 않도록 보장하고자 했다"고 한다. 그런데 푸코에 따르면 이와는 대조적으로 마이너스 소득세라는 것은 저 옛날 영국의 구빈법과 마찬가지로 "가난한 이들과 가난하지 않은 이들을 구별하고, 보조를 받는 이들과 받지 않는 이들로 나눠버린다"는 것이다.[21]

우리 사회가 빈곤과 실업에서 만인을 해방시키기 위해 갖추어야 할 것은 무엇인가? 만인의 자유를 사명으로 여기는 이들이 쟁취해야 할 목표는 무엇인가? 이는 가난한 이들을 대상으로 삼는 세련된 정책 하나를 또 만드는 것이 아니다. 모든 이들이 굳건히 자기 발로 설 수 있도록 튼튼한 발판을 모두에게 제공하는 것이다.

이렇게 원칙적으로 보면 기본소득이 우월하다는 것이 분명하지만, 과연 얼마나 큰 차이가 나는지는 부분적으로 경제적, 행정적 환경에 달린 문제다. 우선 기본소득을 선금으로 지급하는 것은 모두에게 강제되는 사항이 아니라 기본적인 선택 사항으로 만들 수도 있다. 실제로 제임스 토빈(James Tobin)은 자신의 '데모그란트'를 이런 식으로 운영하는 것이 가장 좋은 방식이라고 생각했다.[22] 고용이 안정되어 있는 이들은 1년에 한 번씩 세액공제의 형태로 기본소득을 수취할 수도 있으며, 만약 모두가 그런 입장을 선택한다면 기본소득과 마이너스 소득세의 차이점은 소멸하게 된다.

실제로, 한 사회의 모든 성인 구성원이 일자리를 갖고 있으며, 모두가 한 명의 고용주에게만 속해 있다고 상상해보라. 모든 고용주는 매달 임금 지급액의 일정 퍼센트를 정부에 세금으로 내는 한편 자신이 고용한 사람 수만큼의 기본소득을 정부로부터 받게 될 것이다. 모든 피고용자들이 매달 받는 순임금은 세금과 기본소득을 모두 감안한 액수일 것이며, 여기에는 자기들이 1차적인 보호자로 되어 있는 아이들의 기본소득 또한 포함되어 있을 것이다. 무급 휴가를 얻은 피고용자들 또한 여전히 고용주를 통하여 기본소득을 수령할 것이다. 이러한 상황에서는 마이너스 소득세가 획일적인 환급형 세액공제를 이룰 것이며, 이는 선금으로 지급되는 기본소득과 마찬가지로 소득의 튼튼한 밑바닥을 제공해줄 것이다.

하지만 사회의 성인 구성원 중 일부는 학생이거나 실업자일 수 있으며, 자영업자들처럼 고용주가 없는 경우도 있고, 몇 가지 직업을 동시에 가져서 고용주가 여러 명인 경우도 있다. 게다가 자신의 처지가 하나의 상황에 고정되지 않고 자주 바뀌어 방금 말한 여러 다양한 상황을 전전하는 경우도 있다. 현실은 이러한 상황에 훨씬 더 가까우며, 이렇게 되면 이야기는 아주 복잡해진다. 이때 만약 소득을 월 단위로 신고하는 것이 행정상 가능하다면, 자격이 되는 이들이 세액공제 환급을 받을 수 있는 시점을 앞당길 수 있으므로 마이너스 소득세의 불리함을 크게 줄일 수 있을 것이다. 하지만 그런 경우라고 해도 선금으로 지급되는 기본소득의 두 가지 유리함은 여전히 남게 된다. 물론 가구 소득 전체로 따졌을 때 괜찮은 정기 소득을 가진 이들보다는 그렇지 못한 이들에게 그 유리함이 더 클 것이다.

하지만 공정하게 말해, 정치적인 실현가능성의 관점에서 보자면 마이너스 소득세 제도 쪽이 중요한 이점을 가지고 있음을 인정하지 않을 수 없다.

첫째, 다양한 유형의 가구마다 똑같은 한계 세율과 순과세액이 적용된다고 해도, 마이너스 소득세 제도는 그에 상응하는 기본소득 제도와 비교해볼 때 조세와 지출의 총량이 훨씬 작을 수밖에 없다. 이는 마이너스 소득세 쪽이 훨씬 비용이 덜 드는 제도인 것처럼 보이게 만들어주며 따라서 사람들이 받아들이기도 쉬워진다. 공공 여론의 판단이라는 것은 환상에 빠지기 일쑤니까.[23]

둘째, 같은 양이라고 해도 세액공제는 기본소득과 달리 노동자의 순임금을 늘려주기 때문에 그렇게 늘어나는 소득 수급권의 원천이 노동자 스스로가 행한 노동에 있는 것 같은 인상을 계속 주게 된다. 이 때문에 노동조합 측에서는 세액공제 쪽을 더 마음에 들어하게 된다. 노동조합의 권력 기초는 정부가 아니라(정부가 지급하는 것은 수당이다), 기업에 있기 때문이다(기업이 지급하는 것은 임금이다).

셋째, 표준적인 조건부 최저소득 제도에서 마이너스 소득세 제도로 이행하는 쪽이 행정적으로 볼 때 더 순조롭다. 마이너스 소득세 제도에서는 모든 기존의 사회보험 이전액은 현행 그대로 유지하면서 단지 사람마다 세금이 마이너스인지 플러스인지만 결정하면 되는 반면, 기본소득을 도입하게 되면 다른 모든 수당의 순지급액을 하향 조정할 필요가 생기게 되기 때문이다.

상황에 따라서는 이러한 정치적 이점들로 인해 마이너스 소득세가 달성 가능한 최선의 결과라고, 혹은 기대를 걸 만한 미래의 이행 경로라고 받아들일 충분한 이유가 될 수 있다. (제6장과 제7장에서 이러한 여러 이행 경로들에 대해 좀더 이야기할 것이다.) 하지만 원칙상으로 보자면, 만인의 자유를 사명으로 여기는 이들은 누구나 무조건적 기본소득을 선호해야만 한다. 위와 같은 정치적인 편의점들 때문에 이 사실이 바뀌는 것은 전혀 아니다.

마이너스 소득세는 획일적인 환급형 세액공제라고 볼 수 있다. 그런데 다른 여러 형태의 환급형 세액공제가 제안된 바 있고 또 어떤 것들은 이미 시행되고 있으며, 혹자는 이런 것들이 마이너스 소득세보다 단연코 유리하다고 주장한다. 그중 가장 잘 알려져 있는 것이 현재 미국에서 시행되고 있는 근로소득 세액공제(Earned Income Tax Credit, 이하 EITC)로서, 이는 저임금 노동자들에 국한되는 환급형 세액공제의 일종이다. 이는 애초에 닉슨 대통령의 가족지원계획에 대한 대안으로 루이지애나 상원의원 러셀 롱(Russel B. Long)이 제안했으며, 1975년 포드 대통령 정권에서 법령화됐다.[24] 러셀 롱은 1930년대에 '우리의 부를 함께 나누자(Share Our Wealth)' 운동의 지도자였던 휴이 롱(Huey Long)과 마찬가지로 보수적 민주당원이었다. (이 운동에 대해서는 제4장에서 다시 살펴볼 것이다.) 이후 EITC는 1993년 클린턴 정부에서 큰 규모로 확장되어 미국의 빈곤 경감을 위한 주요 프로그램이 되었으며, 2013년에는 수령자 수가 거의 2700만 명에 달하게 된다. 대부분의 OECD 국가들은 1990년대 이후로 이와 비슷한 취업자(in-work) 세액공제 제도를 도입한 바 있다.

EITC는 마이너스 소득세와 마찬가지로 일부에게는 세금 감면의 형태를 띠며, 다른 이들에게는 조세 당국이 지급하는 수당의 형태를 띠기도 한다. 하지만 이 세액공제는 획일적인 것이 아니며, 총소득이 아니라 오로지 근로소득 액수에만 연계되어 있다. 근로소득이 늘어나면 EITC도 늘어나지만, 특정 영역에서는 일정하게 유지되며, 그 다음에는 점진적으로 줄어들어 없어진다.[25] 마이너스 소득세의 경우에는 가장 낮은 소득군에 속한 사람이 소득을 조금이라도 늘리게 되면 받

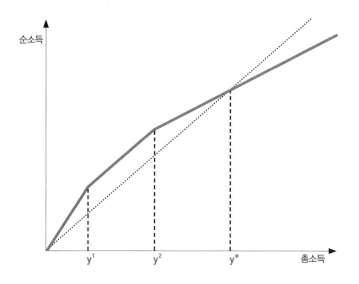

그림 2.4 EITC에서의 순소득

45도의 점선은 조세도 이전소득도 전혀 없을 때의 순소득을 나타낸다. 굵은 선은 EITC를 통해 순소득이 어떤 영향을 받는지를 보여준다. 소득 수준이 y^1에 이르기까지의 첫 번째 구간에서는 소득이 늘어나면 노동자가 얻게 되는 세액공제도 늘어나며(도입 구간), y^2까지의 두 번째 구간에서는 소득이 늘어나도 노동자가 얻게 되는 세액공제는 일정하고(정체 구간), 손익분기점인 y^*에 이르는 마지막 구간에서는 소득이 늘어남에 따라 노동자가 얻게 되는 세액공제가 줄어든다(철회 구간). 이 손익분기점은 세액공제를 받는 이들의 소득 수준과 세금을 내야 하는 이들의 소득 수준을 나누는 경계선이다.

을 수 있는 수당이 줄어들게 되며, 재산 조사 최저소득 제도에서는 더욱 크게 줄어들게 된다(그림 2.2와 2.3을 보라). 하지만 EITC에서는 최저소득 구간에 있는 사람이 일자리를 얻어 소득을 늘리게 되면 오히려 수당이 늘어나도록 되어 있다(그림 2.4).

대부분의 마이너스 소득세 제안과 마찬가지로 현재 미국에서 시행되고 있는 EITC 또한 이전소득의 액수를 계산하는 단위로 가정경제를 기준으로 삼고 있다. 예를 들어 기혼 상태의 납세자들은 양쪽 배우자 모두의 소득을 고려하여 환급공제의 자격과 수준을 결정하므로, 이 때문에 부부 중 두 번째 소득자는 일을 할 동기를 잃어버리게 된다. 하지만 이것이 반드시 근로소득 세액공제의 본질적 특징이 되는 것은 아니다. 영국근로세액공제(British Working Tax Credit)나 프랑스의 활동보험(Prime d'Activité) 등 비슷한 제도들이 도처에 있기는 하지만, 원리상으로는 세액공제의 자격을 각 개개인의 소득에 연계시켜 놓는 것이 가능하기 때문이다.

EITC의 장점이라고 사람들이 내세우는 것 가운데 하나는 그 수급률이 무려 80퍼센트에 달하므로, 빈곤가구임시지원(Temporary Assistance to Needy Families, TANF)과 푸드스탬프 등과 같은 (둘 모두 제3장에서 논의할 것이다) 재산 조사에 기초한 기존 제도들을 능가한다는 것이다. 하지만 이렇게 수급률이 높은 것은 수혜자들이 모두 세금 신고를 했기 때문인데, 그 과정에서 이들이 세금 신고 대리업자들에게 또 돈을 내야만 한다는 사실이 간과되고 있다. 그래서 막상 소득 수준이 이 제도의 도입 구간에 머무르는 가난한 노동자들과 몇몇 소수민족 집단에서는 수급률이 낮게 나온다.

게다가 취직을 해서 EITC를 받게 된다고 해도 그 직장을 그만둔 뒤 몇 달이 지나서야 EITC 수표를 받게 되는 일이 허다하다. 마이너스 소득세와 마찬가지로 EITC 또한 사후적으로 작동하기 때문이다. 한 연구에 따르면 이것이야말로 "빈곤 가정들이 소득이 끊어지는 충격에서 버틸 수 있게 해주는 세액공제의 능력에 중대한 제동장치가 될 수밖에 없다"고 한다.[26] 마이너스 소득세의 경우와 마찬가지로, 이에 대한 명확한 해결책은 이 제도에 선급 장치를 포함시키는 것이다.

1979년에서 2010년 사이에 수령자들이 자신이 받을 EITC의 일부를 수표의 형태로 미리 청구할 수 있도록 하는 장치가 도입되었지만, 그 수급률이 매우 낮아 결국 취소됐다. 먼저 받았다가 회계연도 말에 세액공제 환급은커녕 되레 세금을 내야 하는 위험을 떠안고 싶지 않은 이들이 많았기 때문이다.[27] 이런 맥락에서 보편적 기본소득 제도가 재산 조사 최저소득 보장제도에 대해 가지는 이점이 저소득 노동자들을 대상으로 하는 환급형 세액공제 제도와의 비교에서도 쉽게 적용된다고 할 수 있다.

하지만 기본소득 제도 혹은 마이너스 소득세와 EITC 사이의 주요한 차이점은, EITC가 오로지 일을 하는 빈민들에게만 초점을 맞춘다는 사실이다. 이 제도가 재산 조사 공공부조보다 사람들 사이에 훨씬 더 폭넓은 호소력을 가지게 되는 이유는 분명히 이 때문이다. 이러한 제도의 운용은 제니퍼 사이크스(Jennifer Sykes)와 그 동료들이 말했듯이, "부조를 받는 가족들이 낙인을 피하는 방법이 꼭 보편적 수당만 있는 게 아님을 보여주고 있으며, 노동과 같이 대부분의 미국인들이 긍정적으로 보는 행위와 결부되기만 한다면 된다"는 것이다.[28] 이러한 핵심적 차이점은 어째서 미국에서 EITC가 초당적 지지를 누리고 있는지도 설명해주며, 미국 복지제도의 여러 구성요소들 중에서 가장 논란이 적은 것으로 남아 있는지도 설명해주는 듯하다.

하지만 기본소득이나 마이너스 소득세와 비교해볼 때 EITC는 일자리가 없는 사람에게는 아무것도 해주는 게 없다는 명확한 단점을 지니고 있다. 그래서 앤디 스턴은 EITC에 대해 "저임금 노동자들에 대한 떡고물이 될 뿐"이라고 말한다. "이론적으로 따져볼 때 만약 EITC가 존재하지 않는다면 사람들은 저임금 일자리를 받아들일 의지가 줄어들 것이다."[29] 이렇게 EITC가 사람들에게 저임금 일자리를 감수하도록 만든다는 특성은 우리처럼 만인을 위한 자유를 사명으로 삼는 이들에게는 치명적인 단점이 된다. 하지만 만약 재산 조사에 기초한 최저소득 보장제도를 바탕으로 하고 그에 더해 EITC 같은 조치를 도입한다면, 이는 마이너스 소득세나 기본소득과 같은 방향으로 사람들의 순소득 분배를 끌어올리는 역할을 할 수 있게 된다(그림 2.5). 따라서 EITC를 재산 조사에 기초한 최저소득 보장제도의 대체물이 아니라 그 보완물로서 도입한다면 이는 기본소득으로의 일보 전진이라고 볼 수 있다.[30] 하지만 이는 두 개의 조건부 제도들을 병렬적으로 늘어놓은 것에 그치는 단점이 있다. 아주 못사는 이들은 통합된 제도에 비해서 이러한 제도를 이해하는 데 훨씬 더 큰 어려움을 겪을 수밖에 없다. 여기서 우리는 사람들의 자유를 결정하는 것이 단순히 그들에게 주어진 선택지의 조합이 아니라, 그러한 조합에 대해 그들 스스로가 얼마만큼이나 이해하고 있는가에 달려 있다는 사실을 상기해야 한다. 따라서 우리의 관점에서 볼 때, 그렇게 혼성적인 제도를 기본소득은 말할 것도 없고 심지어 마이너스 소득세보다 더 선호해야 할 이유는 전혀 없다.

기본소득 vs. 각종 임금 보조금

기본소득, 마이너스 소득세, 근로소득 세액공제 등은 모두 보수가 아주 적은 일자리의 임금을 보조하는 것이라고 할 수 있다. 보수가 적은 이유는 시간제 일자리이기 때문일 수도 있고, 또 직접적인 의미에서 생산성이 낮기 때문일 수도 있다. 어쨌든 위의 세 가지 제도는 모두 사람들로 하여금 실업 함정에서 빠져나와 더 많은 이들이 일자리를 갖도록 도울 수 있다. 하지만 만약 일자리의 보수를 개선하는 것이

그림 2.5 근로소득 세액공제와 재산 조사 최저소득 제도를 결합했을 때의 순소득

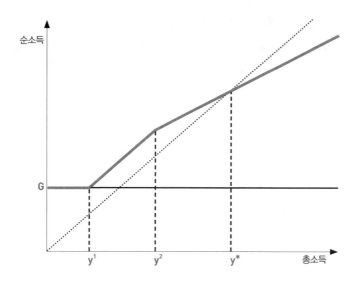

45도 점선은 조세도, 이전소득도 없을 때의 순소득을 나타낸다. 굵은 선은 근로소득 세액공제 (EITC) 제도(그림 2.4를 참조하라)와 재산 조사 최저소득 제도(그림 2.1을 보라)를 결합했을 때 순소득에 어떤 영향을 미치는지를 보여준다. 이 예에서 볼 때, 근로소득이 원점에서 y^1 사이의 구간에 있을 때 순소득은 최저소득 수준인 G로 끌어올려진다. 그리하여 이 구간에서는 근로소 득 세액공제의 효과가 나타나지 않는다. 하지만 총 근로소득이 G를 넘지 않는 수준에 있을 때 에도 순근로소득은 G를 넘는 일이 벌어질 수 있다. 그리고 세액공제가 가장 높은 수준에 있는 구간 전체(즉 y^2에 이르는 구간)에서는 한계 세율이 0이므로 일을 더 하고자 하는 동기가 높아 진다. 이는 세액공제 액수가 단계적으로 줄어들어 소멸하는 구간으로 들어오면서 떨어지게 된 다(y^*).

진정한 초점이라면, 좀더 직선적인 전략을 취하는 게 좋지 않을까? 저임금 노동자들에 대한 각종 임금 보조금이야말로 노동자들의 보수 를 증가시키거나 그 고용주들의 비용을 줄여주거나 혹은 둘 다를 이 루는 직접적인 공적 기여가 아닐까?

이러한 제도는 일시적이거나 영구적인 것일 수도 있고, 또 대상이 정해져 있거나 보편적인 것일 수도 있으며, 제안된 바도 많고 또 실행에 옮겨진 것들도 많다. 예를 들어 저임금 노동자들의 사회보험 납부금을 깎아주는 형태로도 나타난다. 특히 야심찬 임금 보조금 제도를 제안했던 이가 있으니, 바로 노벨을 기념하는 경제학상●의 과거 수상자였던 에드먼드 펠프스(Edmund Phelps)다. 그가 주창했던 것은 고용주에게 직접 지급하는 시간적으로 무제한의 고용 보조금이었다. 그것은 시간당 임금이 가장 낮은 고용주들에게 비용의 4분의 3을 메꿔주는 것으로 시간당 임금이 오를수록 보조금은 줄어들게 되어 있다. 그리고 민간 부문의 전일제 노동자들로만 제한되어 있다.[31]

보조금 지급 기간에 제한을 두지 않는 이유는 무엇인가? 그 기본적인 이유는, 지급 기간에 제한을 둘 경우 고용주나 노동자들이나 서로의 관계에 덜 투자하게 되고 그 결과 높은 이직률이 나타날 것이며, 그 비용은 보조금으로 벌충할 수 있는 수준을 넘어서게 될 뿐만 아니라 생산성에도 치명적인 악영향을 끼치게 될 것이기 때문이라는 것이다.

또 임금 수준과 무관하게 모두에게 동일한 고용 보조금을 주지 않는 이유는 무엇일까? 그렇게 될 경우 세율이 크게 올라야 하는데, 이는 정치적으로 성공할 가능성이 적을 뿐만 아니라 경제적으로도 바

● 흔히 '노벨경제학상'으로 알려져 있는 상은 실제로는 노벨 재단과 직접 관련이 없다. 1970년대 이후 스웨덴 중앙은행이 수여하는 상으로서, '노벨을 기념하는'이라는 수사를 붙였을 뿐이다. 이 상에는 당시 중앙은행의 독립성을 주장한 이들이 경제학을 정치와 무관한 하나의 '과학'으로 보이게 만들려는 의도가 담겨 있다고 알려져 있다. 경제학에서도 자연과학에서 최고의 권위를 갖는 노벨상처럼 보이는 상을 만들어 그 뜻을 실현하려고 했던 것이다. 이후 알프레드 노벨의 유족 일부는 이러한 '노벨경제학상'의 성격에 대해 비판하면서 이 상이 여타 노벨상과 철저하게 무관하다고 주장하기도 했다. 이러한 논란 때문에 요즘은 많은 학자가 이처럼 좀더 복잡한 표현을 사용하는 것이 일반화됐다.

람직하지 않은 결과들을 낳게 될 것이기 때문이다. 그럼 왜 펠프스는 전일제 노동자들에게만 이 제도를 국한시킨 것일까? 무엇보다도 그는 실업자들을 끌어내어 "전일제 일자리를 잡고 직업 경력을 쌓는 삶으로 이끌어서 경제적으로 자립하게 만들고 또 스스로 여러 능력을 실현할 기회를 제공하고자" 했기 때문이다. 그리고 어째서 민간 부문에 국한되는 것인가? "각종 임금 보조금의 목적은 여러 불리한 상태에 처한 노동자들을 최대한 폭넓게 지원해 다시 사회의 비즈니스로 통합할 수 있도록 하는 것으로, 사회의 비즈니스란 바로 민간 부문의 활동"이기 때문이라는 것이다.[32]

앞에서 논의한 바 있는 근로소득 세액공제는 어떠한가? 펠프스의 견해에 따르면, 그 제도의 가장 기본적인 결함은 연간 소득이 낮은 가계에만 초점을 두고 시간당 임금이 낮은 노동자들에게는 초점을 두지 않는다는 데 있다. 따라서 이 제도가 일부 노동자들이 오히려 노동시간을 줄이도록 유도하고 있다는 것이다.[33] 따라서 당연하게도 펠프스는 프리드먼의 '마이너스 소득세' 그리고 맥거번의 '데모그란트' 등과 같이 '현재의 취업 상태 혹은 취업 이력과 무관하게 국내의 모든 성인과 아동에게 지급되는 동일 액수의 일괄적 수급'에 대해서 부정적이었다. 펠프스는 "로버트 케네디 상원의원의 자문 집단의 일원으로 활동하던 당시 그 집단의 성원들, 즉 제임스 토빈부터 젊은 시절의 마틴 펠드스틴(Martin Feldstein)에 이르기까지 모두 다 데모그란트 등의 지지자들이었다. 그들 중 누구도 그러한 지원을 근로 여부와 결부시키는 것이 중요하다는 것을 이해하지 못했다"고 회상했다. 하지만 결국 자신은 그 두 가지를 결부시키지 않는다면 "너무나 많은 젊은이들이 인생의 비전을 갖지 못할 것이며, 인생의 여러 도전과 리스크에 뛰어드는 일을 한 해 한 해 자꾸 미루기만 할 것"이라고 믿게 됐다는 것이다.

펠프스 또한 표준적인 공공부조에 비교하면 마이너스 소득세 쪽이 "복지로 인해 사람들이 일자리에서 멀어지는 경향을 완화시킬" 것이라는 점을 인정하지만, 또한 이렇게 강하게 주장한다. "(마이너스 소득세는) 스스로를 부양하고, 개인적 인격적으로 성장시키는 도구이자, 어디엔가 소속되어 있고 누군가가 필요로 하는 존재라는 느낌을 가져다주는 것으로서의 일자리를 회복하는 데는 아무 도움이 되지 않는다."[34]

펠프스는 자신이 주장하는 제도가 "불리한 처지에 있는 이들을 전망 없는 직업에 영원히 숙명처럼 붙들려 있게 만든다"는 비판에 대해서, 그 제도가 채택되면 노동자들이 교육을 받아 더 좋은 일자리로 갈 때의 수익이 줄어들게 되므로 노동자들이 더 많은 교육을 받으려는 동기를 잃어버리게 되는 문제가 발생할 수 있음을 인정한다. 하지만 그의 주된 관심은 사람들로 하여금 일자리를 찾도록 하고 그 일자리에 남아 있도록 하는 동기부여에 있다. "부르주아들의 밥상을 더욱 달콤하게 만들고 또 더 많은 사람에게 먹을 기회를 제공할 수 있다면, 더욱더 많은 이들이 부르주아 같은 행태를 보이게 될 것이다."[35] 그는 또한 자신이 제안하는 제도를 운영한다고 해도 불평등 문제는 아주 조금밖에 줄어들지 않을 것임을 인정한다. 참으로 안된 일이기는 하지만, "인간 해방과 인간 발전의 기회를 확장하는 것을 최고의 목표로 삼는 사회에서는 평등이라는 가치가 뒤로 밀려나야 할 때가 많다."[36]

하지만 '인간 해방과 인간 발전의 기회를 확장하는 것'이 과연 펠프스가 제안한 고용 보조금 제도를 통해 추구하고 또 기대할 수 있는 결과인지는 참으로 의문스럽다. 그의 저서 『노동을 보상하기(Rewarding Work)』의 첫 장은 미국 대통령 캘빈 쿨리지(Calvin coolidge)가 주창한 유명한 명제인 "미국의 업무는 영리 사업이다(The business of America is business)"라는 문장으로 시작하며, 끝날 때도 이를 반복한다. "우리는 미국을 만든 이들의 사상으로 되돌아갈 필요가 있다. 스미스와 쿨리지의 표현을 빌리자면, 정부가 해야 할 업무는 근본적으로 영리 사업인 것이다."[37] 펠프스는 사회정책과 경제정책의 궁극적인 목적이 자유가 되어서는 안 되며, 한마디로 영리 사업이 되어야 한다고 강력하게 주장한다. 즉 자유로운 인간들이 아닌 바쁨 그 자체(busy-ness), 즉 바쁜 삶(busy lives)이 궁극적 목적이라는 것이다.

펠프스의 사실 진단은 우리의 진단과 큰 차이가 없다. 하지만 그러한 분석 뒤에 이어지는 그의 대답은 그의 독특한 여러 가지 규범적인 고려 사항에 의해 좌우되고 있다. 물론 그의 여러 고려 사항을 방금 말한 것으로 다 환원할 수는 없다고 해야 공정할 것이다.[38] 하지만 그것들은 우리의 규범적 관점 및 고려 사항과 결단코 다르다. 만약 바쁨 그 자체가 유일하게 중요한 것이라면, 각종 임금 보조금은 분명히 무조건적 기본소득보다 우월한 것이다. 하지만 만인의 자유를 사명으로 여기는 이들에게 있어서는 분명코 그 반대가 진리다.

기본소득 vs. 고용보장

기본소득에 대한 대안의 하나로 간혹 제기되는 것이 일자리를 얻을 권리를 법적으로 보장하는 것이다. 즉 소득보장이 아닌 고용보장으로서, 일하지 않고 소득을 얻을 권리가 아닌 소득을 벌 수 있는 일자리에 대한 권리인 것이다. 16세기부터 시행된 초기의 공공부조 제도들 중 다수가 이러한 유형의 조치로 설명될 수 있다. 노동 능력이 있는 이들 가운데서 노역소에 수용된 인원들에게만 혹은 최소한 지역 당국이 배당한 일자리에서 일하기로 동의한 자들에게만 공공부조가 주어졌기 때문이다.

오늘날에도 노동 능력이 있는 이들에게 소득보장의 대안으로서 고용보장을 제공하자는 제안에 찬성하는 사람들이 많다. 정부는 사람들이 일자리를 얻거나 잃을 때마다 끼어들어 돈을 나누어주는 역할을 할 것이 아니라, 알아서 소득을 벌 수 있는 일자리를 보장해주는 일종의 최종고용자 역할을 해야 한다는 것이다.

미국의 경우, 럿거스대학의 법학 교수인 필립 하비(Philip Harvey)가 이러한 제안을 상세하게 마련하여 강력하게 옹호해온 바 있다. 하비의 기본적인 생각은, 모든 영주권자에게는 응당 일자리에 대한 권리가 주어져야 한다는 것이다. 이러한 권리를 실현하기 위하여 연방, 주, 지역의 다양한 공공 당국은 일자리 창출 프로그램을 운영해야 한다. 이를 통해 제공되는 일자리들은 실업자 본인이 지닌 여러 자격 및 희망사항과 최대한 조응할 필요가 있으며, 임금 또한 공공 및 민간 부문의 유사한 일자리에 지급되는 것과 비슷한 수준으로 지급되어야 한다. 일자리는 주로 보육이나 공공시설 수리 및 보수 등과 같은 동네 서비스를 통해 창출된다. 그리고 재산 조사에 기반을 둔 소득 지원은 근로 능력이 없다고 간주되는 이들로만 제한되어야 한다.[39]

이러한 제안을 지지하는 설득력 있는 논리 중 하나는, 수혜자들이 일을 하면 소득을 얻을 수 있으므로, 일자리를 보장하는 데 필요한 순비용이 소득보장 제도보다 훨씬 적게 들 것이라는 주장이다. 하지만 근로 능력이 있는 실업자가 소득을 얻을 다른 방법이 없는 상태에서 이런 제도가 시행된다면 이는 강제 고용과 강제 노역의 결합물이나 마찬가지가 될 것이다. 장비, 훈련, 감독, 소송 등에 들어가는 비용은 말할 것도 없고, 설령 그렇게 해서 일자리를 준다고 해도 숙련도나 근로 의욕이 가장 떨어지는 이들을 강제로 징발하는 셈이니 그 순생산성을 따져보면 마이너스로 나올 확률이 너무나 높다.

빌 조던이 말했듯이, "강제 노역 제도에 대해 우리가 알고 있는 분명한 사실은, 그것이 실로 기괴하리만큼 비효율적이라는 점이다. 이는 양차 대전 기간에 존재했던 각종 수용소, 옛 소련의 강제 노동 수용소(Gulags), 교도소 노역, 대처 수상 시절 영국에서 확산되었던 여러 노동 분배 제도 등에서 모두 입증된 바 있다. 노동을 강제하는 데는 비용(감시, 테스트, 운영 인건비 등)이 어마어마하게 들어가지만 뽑아낼 수 있는 노동력은 실로 최저 수준이다".[40] 모든 이에게 소득을 제공하겠다고 공언하면서 그중 근로 능력이 있으면서도 일하지 않는 이들에게는 어떤 소득도 절대 주지 않는다는 어려운 과업을 정부가 얼마나 엄밀하게 수행할 수 있을지는 의문이다. 또한 이런 식의 노동 보상 체계를 유지하는 데 들어가는 순비용은 아마도 옥중의 기결수들을 먹여 살리는 비용과 아주 비슷할 것이다.

이 제도를 옹호하는 사람들 중에서도 논지가 분명한 이들은 비판자 다수와 마찬가지로 이 제도의 생산성에 대해서는 아무런 환상도 품고 있지 않다. 정말로 일을 시킬 만한 이들을 고용하는 데까지는 이 제도에서 큰 편익이 생겨나겠지만, 그 지점을 넘어 일반적으로 시행될 경우에는 사람들에게 소득을 안겨주기 위해 억지로 일을 시키는 제도로 전락하게 되며, 그 비용이 무척 클 것이기 때문이다.[41] 만약 그러한 책무를 정당화시킬 수 있다고 해도, 비용 억제에 대한 걱정이 끊이질 않을 것이다. 유일한 탈출구가 하나 있다. 제공되는 일자리가 너무나 끔찍한 것들이라서 일부 사람들이 그런 일을 하느니 차라리 구걸을 하거나 굶어 죽는 쪽을 선택하는 것이다. 그러면 수급률이 떨어져서 비용도 덜 들어가고 일정하게 돈도 비축될 테니까.

만약 일을 할 수 있는 사람들이 자신에게 제공된 일자리를 그다지 끔찍한 것으로 여기지 않는다면, 이 고용보장 제도는 일종의 강제 노동의 한 형태가 될 것이다. 이 경우, 만인의 자유를 사명으로 여기는 사람들이라면 과연 정부가 최종고용자가 되는 상황을 환영해야 할까? 옛날 나치 노동 수용소의 입구에 붙어 있던 '노동은 자유를 가져온다(Arbeit macht frei)'라는 식의 알량한 구호 하나로 이런 위험성을 간단히 떨쳐버리려 해서는 안 된다. 보수가 따라오는 일자리에 대한 실질적인 접근 가능성을 모든 이에게 보장한다는 것은 중요한 목표이며, 우리의 무조건적 기본소득 제안에서도 사실상 이는 핵심을 이루는 것이다. 하지만 그렇다 해도, 이 최종고용자 제도는 별로 전망이 밝지 않은데 이에 대해 두 가지 이유를 생각해볼 수 있다.

첫 번째 이유는 노동운동 지도자인 앤디 스턴이 훌륭하게 정식화한 바 있다. 그는 우리 삶의 목적을 부여하는 데 있어서 노동이 대단히 중요한 의미가 있음을 강조한다. 그렇기 때문에 스턴은 "다가오는 기술적 실업의 쓰나미에 대한 해결책으로 내 머리에 처음으로 떠오른 생각은 일자리를 원하는 모든 미국인들에게 일자리를 보장하는 방안이었다"고 말했다. 하지만 그는 조금 더 생각해본 후 생각을 바꾼다. "온 나라의 일자리에 대해 한 줌도 안 되는 정부 기관 공무원들이 나서서 범주를 정하고 구체적인 일자리 하나하나의 가치까지 결정하게 될 것이며, 개개인의 차이점과 선택의 자유는 희생당하고 말 것이다. 또한 일자리 보장 프로그램은 어마어마한 규모의 관료제를 필요로 하게 된다." 따라서 그의 결론은 이러하다. "그냥 사람들에게 현금을 주는 편이 훨씬 더 쉽고 더 효율적이다."[42]

두 번째 이유는 철학자 존 엘스터(Jon Elster)가 훌륭하게 표현한 바 있다. 사람들은 보수가 따라오는 일자리를 얻는다는 사실 자체를, 일자리에서 얻는 소득의 액수 이상으로 더 중요시하고 열망할 때가 많다. 그 중요한 이유(가장 주요한 이유일 때도 많다)는, 보수가 따라오는 일자리를 얻은 이는 사회적인 인정도 얻게 되기 때문이다.[43] 그런데 만약 사람들이 일자리를 얻는 문제가 그저 고용보장 제도의 틀 안에서 저절로 주어지는 법적인 권리에만 한정된다면 그러한 기능은 사라지고 만다. 따라서 정부를 최종고용자로 만드는 것은 절대로 문제의 해결책이 될 수 없으며, 오히려 문제를 더 키우게 된다. 하지만 사람들이 일자리를 잡는다고 해도 보편적 수당이 끊어지지 않고 계속 나온다면 사람들은 자기를 헐값으로 노동시장에 팔려고 하지 않을 것이며, 정말로 자신에게 충분히 의미 있는 일자리를 고를 힘을 얻게 될 것이다. 여기에는 고용보장 제도와 같이 문제를 더 키울 위험 같은 건 없다. 또한 무조건적 기본소득은 자발적인 노동시간 단축을 촉진시킴으로써 일자리 나누기 또한 장려하게 되지만, 여기에서도 문제를 더 키울 위험은 생겨나지 않는다.

따라서 에드먼드 펠프스의 임금 보조금 제안의 경우와 마찬가지로, 공공 고용보장 제도가 무조건적 기본소득보다 확실한 우월성을 가지기 위해서는 유급 고용처럼 이해되는 '바쁨 그 자체'가 본질적인 내재적 가치를 가진 것이라고 가정해야만 한다. 만인의 자유를 사명으로 여기는 이들이라면 어떤 차원에서 보든 무조건적 기본소득 쪽을 고수하는 것이 현명할 것이다. 하지만 비록 무조건적 기본소득을 대체하는 대안은 아니라고 해도, 고용보장 제도를 훈련보장 제도와 결합하여 무조건적 기본소득 제도를 보완하는 부수적 장치로서 사용할 가능성은 얼마든지 염두에 둘 필요가 있다.[44]

기본소득 vs. 노동시간 단축

일하고자 하는 모든 이에게 돌아갈 만큼 일자리가 충분치 않으며, 그 해결책인 경제성장에 대한 믿음 또한 어떤 이유에서든 포기 상태라고 가정해보자. 그렇다면 전일제(혹은 그 이상)로 일하는 이들의 노동시간을 크게 단축해 거기서 남는 노동시간을 실업자들에게 재분배하자는 주장이 설득력을 얻게 된다. 이러한 종류의 제안이 그동안 연이어 나온 바 있다. 1977년 '아드레(Adret)'라는 이름의 한 프랑스 단체가 하루 노동시간을 2시간으로 줄이자는 요구를 내놓은 적이 있고, 2010년에는 '새 경제학 재단(New Economics Foundation)'에서 주당 노동시간을 21시간으로 줄여야 한다는 주장을 내놓기도 했다.[45] 이러한 제안들과, 칼 마르크스[46]가 웅변적으로 묘사한 바 있는 일일 근무시간 및 주당 근무시간을 단축하고자 했던 과거의 투쟁은 비슷해 보인다. 하지만 그 둘의 연관성은 피상적인 것에 불과하다는 점에 주목하라. 옛날의 투쟁은 노동이라는 부담을 줄이자는 것이었지만, 오늘날 투쟁의 중심 동기는 노동이라는 특권을 함께 나누자는 것이기 때문이다.

주당 근무시간을 줄이자는 오늘날의 여러 제안은 비록 좋은 의도에서 출발하고, 얼핏 보면 현실성도 있는 듯하다. 하지만 사람들이 받아들이지 않을 가능성과 역효과를 낳을 가능성 사이에서 다음의 세 가지 심각한 딜레마에 직면하게 된다.

첫째, 만약 노동시간이 줄어드는 만큼 보수가 줄어든다면 가장 임금이 낮은 노동자들은 빈곤선 아래로 밀려날 가능성이 높으며, 이는 분명히 달갑지 않고 사실 용납해서는 안 될 일이다. 하지만 만약 노동시간이 줄어들었는데도 월급이 그대로 유지된다면, 시간당 노동비용은 상승하게 된다. 여기에 상응해 노동 생산성이 증가한다면 노동시간 자체가 줄어들어 재분배할 것도 없어지게 될 것이며, 생산성이 증가하지 않는다면 단위 노동비용이 더 높아져 노동에 대한 수요 자체가 줄어들게 된다. 그래서 희망했던 바와는 반대로 실업률이 줄어들기는커녕 오히려 늘어나게 된다.[47]

둘째, 만약 노동이 초과 공급되는 일자리에서만 노동시간을 줄인다면, 다른 일자리의 노동자들은 전과 마찬가지로 장시간 노동을 할 수 있으므로 용납할 수 없는 부당한 특권을 누리게 되는 셈이다. 만약 그러한 시간 단축이 산업 전반에서 벌어질 경우 실로 부담스러운 병목들이 생겨날 것이며, 희소한 재능과 일할 의지가 충만한 이들을 제대로 활용할 수도 없게 될 것이다. 또한 높은 비용으로 일껏 이루어놓은 노동력 훈련 또한 허사가 되고 말 것이다. 오로지 모든 노동자들을 모두 고용 상태에 두기 위한 목적으로 이러한 비용을 치른다는 것은 생각해볼 문제다.

셋째, 만약 노동시간의 강제적 단축이 임금노동자와 자유업자를 가리지 않고 모두에게 적용된다면, 그 제도를 공정하게 현실화하는 것은 너무나 어려운 일이 될 것이다. 따라서 엄청난 비용과 규모의 관료제라는 악몽이 벌어지고 말 것이다. 만약 이 조치를 임금노동자들로만 제한한다면 자유업자들(진짜든 가짜든)만 양산될 것이다. 고용주들 또한, 월급을 줘봐야 일을 시킬 수 있는 시간이 엄격히 제한된 직원들을 고용하는 것보다는 무제한으로 일을 시킬 수 있는 자유업자 노동자들(고숙련이건 아니건)의 서비스를 이용하는 쪽을 선택할 것이다. 그 결과 무늬만 자유업자일 뿐 실제로는 불안정 노동자에 불과한 이들이 양산될 것이며, 애초에 기대했던 일자리 나누기의 효과는 전혀 실현되지 않을 것이다.

이 세 가지 딜레마들이 결합된다면, 정부 명령으로 주당 노동시간을 큰 규모로 줄이는 것에 대해 무시할 수 없는 치명적인 반론이 성립된다.[48] 하지만 그렇다고 해서 평균적인 주당 노동시간을 줄여야 한다는 생각 자체를 완전히 포기해서는 안 된다. 오히려 우리는 이를 성취할 수 있는 더 소프트하고 탄력적이며, 더 효율적이고 자유 친화적인 아래로부터의 형태를 생각해내야 한다. 갈수록 다양해지고 빠르게 변하는 노동시장에 더 적합하며, 사람들이 자기 인생의 여러 다른 단계에서 갖게 되는 다양한 선호 사항들을 존중하면서도, 모든 남녀가 일생 동안 하나의 전일제 일자리에 묶여서 일하는 것을 이상화하는 사고방식에서 좀더 해방된 그러한 형식 말이다. 그 형식이 바로 무조건적 기본소득이다.

일자리를 잃게 된 것이 자발적이었느냐 비자발적이었느냐를 따지지 않고 모두에게 기본소득에 대한 권리를 준다면, 노동자들은 지금의 일자리를 스스로 그만둔다고 해도 무조건적 기본소득의 수급권을 계속 간직할 수 있게 된다. 그리고 한 가구의 성원들이 노동시간을 줄인다고 해도 그 가계소득의 구성에서 기본소득이 차지하는 수준이 변하지 않으므로 노동시간을 줄이는 데 따르는 비용도 줄어들 것이다. 따라서 그렇게 하려는 경향도 증가하게 된다. 그러면 기존 일자리에서도 일손을 필요로 하는 노동시간이 늘어나게 될 것이므로 사람을 더 고용할 여지도 증가해, 현재 실업 상태에 있는 사람들을 이 자리에 고용할 수 있을 것이다. 특히 기본소득은 보편성을 특징으로 하므로, 실업자들이 노동시장으로 진입할 때 시간제 일자리들도 부담없이 받아들여 시작할 수 있게 한다. 또한 상당한 숙련도를 필요로 하는 일자리의 경우에도 일단 적은 보수를 받으면서 시작하자는 제안을 받아들일 수 있게 된다.

제1장에서 논의한 바 있듯이, 기본소득은 일을 너무 많이 해서 병이 난 이들과 일자리를 찾을 수 없어서 병이 난 이들 모두를 더 쉽게 치유해주는 일자리 나누기 장치다. 모든 노동자들이 자신에게 가장 잘 맞는 일자리를 삶에서 더 오랜 기간 동안 유지하기가 쉬워지는 것이다.

기본소득은 주당 노동시간이나 직장생활에 더 많은 제약을 강제하여 노동자들을 비자발적인 여가로 몰아넣지 않는다. 그 대신 여가 시간이 가장 절실하게 필요한 이들이 자발적으로 여가를 선택할 수 있게 해준다. 이를 통해 일을 덜 하는 쪽을 선택하는 사람들을 늘려서 그 빈 일자리가 더 많이 일하고자 하는 사람들에게 돌아갈 수 있도록 한다.[49] 정부 명령으로 주당 노동시간의 상한선을 크게 줄이는 정책안이 나오고 설령 그것을 사람들이 받아들인다고 해도, 앞에서 말한 세 가지 딜레마 때문에 그 효과가 잠식당할 것이라는 점은 이미 이야기했다. 하지만 그것을 감안하지 않더라도, 만인의 자유를 사명으로 여기는 이들이라면 이 두 가지 공식 중 어느 쪽을 선택해야 할지에 대해서는 의문의 여지가 없을 것이다.

1 우리는 여기에서 존 롤스의 '재산 소유 민주주의(property-owning democracy)'와
  Rawls(1971: section 42; 2001: section 41)에서 언급한 좀더 포괄적인 '현실주의적 유토피
  아(realist utopias)'를 논하지는 않을 것이다. 하지만 우리는 롤스의 제도적 틀이 무조건
  적 기본소득과 조응한다고 믿는다(제5장을 보라). 또한 우리는 생산 수단의 집단적 소유
  로 정의되는 사회주의도 논하지 않을 것이다. 우리가 믿기로, 사회주의 또한 기본소득
  과 조응할 뿐만 아니라, 사실상 일부 논자들(Roland[1986], Wright[1986])은 이를 기본소
  득의 지속가능성을 위한 전제 조건이라고 주장하기도 한다(기본소득과 사회주의의 관계에
  대한 깊은 논의는 다음의 제6장을 보라. Van Parijs[1995]).

2 토머스 페인(Thomas Paine)은 21세에 기본재산을 주면서 이를 50세부터 지급되는 연
  금과 결합시키고자 했으며, 그 재원으로 토지세를 생각했다(제4장). 토머스 스키드모어
  (Thomas Skidmore, 1790~1832)는 자신의 저서 『소유에 대한 인간의 여러 권리(The Rights
  of Man to Property)』(1829: 218-9)에서 특정 해에 사망한 모든 이들의 재산 가치는 그해
  에 성년에 도달한 모든 이들에게 똑같이 분배되어야 한다고 주장했다. 젊은이들에게 기
  본재산을 주자는 생각은 그 후에도 간간이 제기된 바 있다. 프랑스 철학자 프랑수아 휘
  에(François Huet, 1814~1869)는 사람들이 가진 자산에서 그들 스스로의 노력으로 장만
  한 것과 상속받은 것을 구별할 것을 제안한 바 있다. 전자의 경우에는 자기들 마음대로
  처분해도 되지만, 후자의 경우에는 그들이 사망할 경우 100퍼센트의 세율로 거둬들여
  모든 사람에게 두 번에 나눠 기본재산을 지급(3분의 1은 14세 때 나머지는 25세 때)하는 재
  원으로 사용해야 한다고 주장하였다(Huet[1853: 262; 271-4]). 초기의 기본재산 제안들
  에 대한 문서상 근거를 꼼꼼히 제시한 개괄로서는 Cunliffe and Erreygers(2004)를, 그
  리고 기본재산 대 기본소득에 대한 깊은 논의로는 Dowding et al. eds.(2003), Wright
  ed.(2006)를 보라. 또한 White(2015)와 Wright(2015) 사이의 토론을 보라.

3 Stuart White(2015: 427-428)는 기본소득을 부분적으로라도 담보로 잡아 대출을 받을
  수 있도록 함으로써 '기본자본(basic capital)'으로의 '전환가능성(convertibility)'을 확보
  하자고 제안한다. 이를 통해 기본재산과 기본소득의 여러 이점을 결합시킬 수 있다는

것이다. Karl Widerquist(2012) 또한 기본재산과 기본소득의 결합을 옹호한다. 모든 미국 시민은 출생시에 '시민으로서의 자본 계정(citizen's capital account)'을 부여받으며 이는 5만 달러의 기본자산으로 구성된다는 것이다. 여기에서 수익이 나면 그 일부는 (부분적인) 기본소득으로 쓸 수 있도록 인출할 수 있으며 나머지는 모두 재투자된다는 것이 그의 주장이다. 따라서 계좌의 잔액이 늘어나게 되면 더 큰 수익을 인출할 가능성도 커지게 된다.

4 예를 들어 Julian Le Grand(2003)에서 영감을 받아 2005년에 영국 블레어 정부가 도입한 '아동신탁기금'은 모든 신생아에게 주는 250파운드로 이루어지며, 전체 가구 중 가난한 3분의 1의 아이들에게는 250파운드가 더 지급되게 되어 있다. 하지만 이는 2011년에 폐지되었다. 좀더 진지한 계획으로서 스페인은 2007년 7월 '보편적 출산상여금(prestación por nacimiento)'을 도입했다. 이는 인구 감소를 막기 위해 가정의 경제 조건과 무관하게 아이 한 명당 2500유로를 지급하는 것이었다. 그러나 이 또한 2008년 경제 위기의 여파로 2010년 폐지되었다. 하지만 스페인의 경우도, 다른 많은 나라에서 보편적 아동수당의 형태로 지금 분배되고 있는 액수에 견주어보면 그 규모가 초라하게 보인다. 예를 들어 벨기에의 경우 그 액수는 수급 기간 동안 아동 1명당 평균 5만5000달러를 상회한다. (선진국에서의 아동수당의 개괄로는 다음을 보라. www.oecd.org/els/family/database.html)

5 Ackerman and Alstott(2006: 45)는 또한 상이하고도 훨씬 더 인색한 해석을 내놓고 있다. "8만 달러를 받아 잘살다 가는 이들은 죽는 순간에 원금에 이자까지 더해 갚아야만 한다." 만약 돈을 주면서 생애 동안 안전한 투자를 통해 얻을 만큼의 이자까지 붙여 죽을 때 사회에 환원해야 한다고 가정하면, 의무감이 있는 수급자가 할 수 있는 최상의 선택은 그 돈을 안전한 곳에 투자하는 것이다. 이런 식의 해석에 따르자면 결국 이해관계자들에게 주어지는 교부금은 사실상 기본재산이라고 볼 수 없으며 그저 대출일 뿐이다. 또한 이를 매달 지급되는 기본소득으로 바꿔보면 300달러도 400달러도 아니라 0달러에 불과하다. 회수 조항에 대해 좀더 온화하고 합리적인 해석을 한다면, 사회에 환원해야 할 돈은 원금 더하기 이자가 아니라 원금뿐이다. 이 경우 그에 '맞먹는 액수의' 기본소득이란 그냥 한 사회의 자본 중 한 개인이 차지하는 몫에서 나오는 '사회배당금'이 될 것이다. 앞에서 나온 전제들에 근거한다면 그 액수는 150달러가 될 것이다.

6 애커먼과 앨스톳이 볼 때 기본재산의 재원은 부분적으로는 고등교육, 주택담보대출 구제 프로그램 등 공공지출의 삭감으로 마련해야 한다고 본다. 하지만 기본소득은 이런 일을 그렇게 당연한 것으로 여기지 않는다. 기본소득은 자연스럽게 조세 및 소득 이전 시스템의 재구조화와 결합된다. (그리고 재원도 대부분 이를 통해 마련된다.) 제6장을 보라.

7 기본재산을 채택하면 25세에 죽는 사람이나 85세에 죽는 사람이나 똑같은 액수를 받게
   되니 기본소득보다 더 평등한 것으로 보일 수도 있다. 하지만 이는 겉보기에만 그럴 뿐
   이다. 첫째, 사람의 수명은 예측할 수 없는 것이 일반적이기에 수명의 차이에서 비롯되
   는 '부당함'을 따지는 것은 별로 이치에 맞지 않는다. 25세에 죽는 사람이라고 해도 자
   신의 재산을 매년 지급되는 연금으로 전환시켜놓았다면 대부분을 쓰지 못하고 죽게 될
   것이며, 더 나쁜 경우로 이를 모두 투자에 넣었는데 죽는 시점까지 한 푼도 수익이 나지
   않을 수도 있는 것이다. 더욱이 여성과 남성의 기대수명에 차이가 있다는 점을 감안할
   때, 기본재산을 보험 통계에 맞추어 그에 해당하는 연금으로 바꿀 경우 여성이 받는 기
   본소득은 남성보다 더 적은 액수가 될 것이다.

8 Ackerman and Alstott(2006: 45).

9 애커먼과 앨스톳 또한 순수한 기본재산 제도가 지닌 이러한 단점을 잘 알고 있기에, 그
   들이 내놓는 제안은 사실상 기본재산과 기본소득 두 가지를 절충한 것이다. 첫째, 고등
   학교를 마치지 못한 이들은 의무적으로 자신들의 기본재산을 연금으로 전환시켜야 한
   다. 기본소득은 고교 중퇴자들에 대한 일종의 위로금이 되는 셈이다. 둘째, 노후에는 기
   본연금을 지급함으로써 젊은이들이 노후의 최저생계 유지에 필요한 돈까지 판돈으로
   걸었다가 날리는 일이 없도록 한다. 하지만 이렇게 65세 이후의 삶을 위한 기본재산을
   판돈으로 날리는 위험에서 젊은이들을 안전하게 떼어놓는다고 해도, 또 한 학년에서 고
   등학교를 졸업하지 못하는 20퍼센트의 사람들을 판돈을 잃을 위험에서 떼어놓는다고
   해도, 기본재산이 가져다주는 자유가 아주 불평등하게 분배될 여지는 여전히 크다.

10 예를 들어 앤서니 앳킨슨은 지속적으로 지급되는 기본소득과 모종의 자본 재산제도를
   결합시키는 아이디어를 지지한다(Atkinson[2015: 169-172]).

11 Cournot(1838/1980: chapter VI).

12 Lerner(1944), Stigler(1946).

13 Friedman(1962: chapter XII). Friedman(1947: 416)은 러너(Abba Lerner)의 『통제의 경제
   학(Economics of Control)』(1944)에 대해 쓴 서평에서 다음과 같은 결론을 내린다. "이 책
   에 나온 여러 제안은 상당한 시사점과 가치를 가지고 있으며, 다른 이들로 하여금 그 제
   안들을 더욱 발전시키는 유용하고도 중요한 작업에 뛰어들도록 자극제의 역할을 한다."
   하지만 특별히 마이너스 소득세를 언급하지는 않는다. 스티글러가 마이너스 소득세에
   대해 "개인 소득세를 가장 낮은 소득층에까지 확장하면서 이들에 대해서는 마이너스
   세율을 적용하자는 제안은 큰 매력을 가지고 있다. 이러한 제도를 시행한다면 (크기에 있
   어서) 최소한의 행정 기구만으로도 모두를 평등하게 대할 수 있게 될 것이다. 만약 마이
   너스 세율에 적절한 차등을 둔다면 가정경제가 소득을 늘리고 싶어하도록 일정 정도의

인센티브를 유지할 수 있다"(Stigler[1946: 365])라고 짧게 논한 부분에 대해서 프리드먼은 이렇게 대답한다. "우리는 워낙 가까운 사이인지라 아마 분명히 이 문제에 대해서도 함께 이야기했을 것이나 기억이 나지는 않는다. 이 아이디어에 대한 그의 언급이나 그보다 훗날에 내가 언급했던 내용 등으로 볼 때, 이 아이디어를 사방에서 많은 사람이 이미 생각하고 있었고 전혀 새로운 것이 아니었음이 분명하다"(Friedman[2000]).

14 Friedman(1973a/1975: 30)을 보라. 프리드먼은 "맥거번 상원의원은 선거운동 초기에 이 나라 모든 개개인에게 1000달러의 교부금을 주겠다는 제안을 들고 나왔다. 이는 사실 마이너스 소득세의 한 형태다"라고 말한다. 그리고 좀더 명시적으로 이렇게 말한다. "기본소득 혹은 시민소득이라는 것은 마이너스 소득세를 대체하는 다른 안이 아니다. 만약 그것에 면세 없는 플러스 소득세가 함께 따라온다면, 이는 마이너스 소득세를 도입하는 한 방법일 뿐이다. 예를 들어 1000단위의 기본소득을 지급하면서 20퍼센트의 근로소득세를 매기는 것은 5000단위의 소득을 면세점으로 삼아 그 위 아래로 각각 20퍼센트의 플러스 소득세와 마이너스 소득세를 매기는 것과 동일하다"(Friedman[2000]).

15 밀턴 프리드먼은 마이너스 소득세의 성격을 다르게 묘사하지만 그 본질적인 내용은 동일하다(Friedman[1962: 192]; 좀더 명시적으로는 [1968: 111–12]). 그의 출발점은 **손익분기점**, 즉 어느 쪽으로든 소득이 이전되지 않는 수준의 소득이다. 만약 어느 가정경제의 소득이 손익분기점을 넘는다면 그 차액은 **플러스의 과세소득**이 되며, 만약 그 반대라면 마**이너스의 과세소득**이 된다. 위의 예에서 보자면 손익분기점은 4000달러다. 따라서 아무 소득이 없는 가계는 4000달러의 마이너스 과세소득을 가진 것이 되며, 2000달러의 소득을 가진 가계는 2000달러의 마이너스 과세소득을 가진 것이 된다. 그리고 8000달러의 소득을 가진 가계는 4000달러의 플러스 과세소득을 가진 것이 된다. 만약 세율이 마이너스 구간에서나 플러스 구간에서나 25퍼센트라면, 앞의 두 가구는 각각 1000달러와 500달러를 받게 되는 반면 세 번째 가구는 4000달러의 세금을 내야 한다. 마이너스 소득세의 성격을 이렇게 묘사해도 이 글의 본문에 나온 획일적인 환급형 세액공제와 엄격히 동일한 것이 된다. 단지 후자 쪽이 직관적으로 기본소득과 더욱 밀접하게 연관되는 장점이 있을 뿐이다.

16 Petersen(1997: 58).

17 따라서 (그림 2.1에 나온 것과 같은) 표준적인 재산 조사 최저소득 제도는 마이너스 소득세의 제한적인 경우라고 볼 수 있다. 그림 2.1은 손익분기점(즉, 플러스의 소득 이전이 멈추는 지점)이 최저소득과 일치하는 경우에 해당하며, 그림 2.3은 손익분기점이 최저소득 수준의 두 배이고 마이너스 소득세율이 50퍼센트인 경우다. 앞에서 설명을 위해 제시한 간단한 숫자 예에서는 손익분기점이 최저소득 수준의 네 배이며 세율은 25퍼센트다. 다른

말로 하면, 표준적인 재산 조사 최저소득 제도에서는 마이너스 소득세율(즉, 손익분기점과 가계 소득의 격차의 함수로서의 급여가 증가하는 비율)이 100퍼센트이며 전반적으로 볼 때 극단적으로 역진적인 세제다. (마이너스 소득세 구간의 세율이 100퍼센트이므로, 플러스 소득세 구간의 세율보다 훨씬 높다.)

18 프리드먼은 이 점을 충분히 인식하고 있다(Friedman[1973b/1975: 201]). "가난한 이들에게 주어지는 보조금은 정기적인 성격을 지녀야 한다. 이들은 연말까지 기다릴 수가 없기 때문이다. 마이너스 소득세도 플러스 소득세와 마찬가지로 선불 기조로 운영되어야 한다. 직장에 고용된 이로서 마이너스 소득세의 수급권을 가진 이는 자신들의 월급봉투에 그만큼의 액수를 추가시켜서 받을 수 있으며, 이는 우리 대부분이 플러스 소득세를 월급봉투에서 원천징수 당하는 것과 마찬가지다. 따로 임금을 받는 것이 없는 개인은 자신이 받게 될 마이너스 소득세액을 추산해 이를 선불로 주도록 신청할 수 있고, 주간 혹은 월간으로 그 추산된 액수를 받게 될 것이다. 그리고 1년에 한 번씩 모든 이들이 세금을 덜 냈거나 더 낸 액수를 조정하도록 소득세 신고를 하게 될 것이다."

19 프리드먼 자신도 기존의 조건부 복지 제도에 내재한 불확실성 함정이 갖는 잘못된 성격을 강조한다(Friedman[1973b/1975: 201]). 하지만 기본소득과 비교했을 때, 자신이 주장한 마이너스 소득세 제도 또한 선불로 지급되는 것이 아니기 때문에 똑같은 문제를 안고 있다는 사실을 간과하고 있다. "복지 수급자는 이제 설령 복지 수당보다 더 많은 돈을 주는 일자리가 있다고 해도 이를 잡기를 꺼려하게 된다. 왜냐하면 그 일자리를 잃었을 경우 다시 구호를 받기 위해서는 여러 달이 걸리기 때문이다. 하지만 마이너스 소득세의 경우에는 이렇게 의욕을 꺾는 디스인센티브가 없다." 또한 Friedman(1973a: 28)을 보라. "복지 수당을 받던 이가 일자리를 잡아 복지 수당을 끊는다고 해도 그러한 주변적 일자리들은 갑자기 없어지는 일이 많으며, 그렇게 될 경우 모든 규제 장치를 뚫고서 다시 복지 프로그램에 돌아오려면 상당한 시간이 걸리게 된다. 이것 때문에 사람들이 일자리를 찾을 의욕이 꺾이는 것이다."

20 토마 피케티(Thomas Piketty)는 로저 고디노(Roger Godino)가 제안한 일종의 마이너스 소득세 제안(Godino[1999])을 논하면서 기본소득과 비교해볼 때 마이너스 소득세가 두 가지의 일반적인 단점을 가지고 있다고 언급하였다(Piketty[1999: 28]). 첫째는 수급자가 받게 되는 낙인 효과가 더 크다는 것이다. 그리고 그가 더욱 중요한 것으로 보았던 두 번째 단점은 그것이 프랑스에 있는 기존의 재산 조사에 기반을 둔 최저소득 제도와 똑같은 방식으로 불확실성 함정을 만들어낸다는 점이다. 따라서 그는 최저소득 제도와 마이너스 소득세에 대해 동일하게 반대를 표한다. "일자리를 잡아봐야 몇 달 후면 잘릴지 모르는데 그것 때문에 최저소득 제도에서 나오는 수당을 잃게 된다면 그런 리스크를 떠

안을 이유가 있겠는가?" 경제적 불평등을 다룬 피케티의 책 마지막 장에 보면 그는 기존의 재정적 도구들로 빈곤 함정을 제거하려는 것에 비해 기본소득이 갖는 "미묘한 장점들" 중 하나로서 이 점을 다시 반복해 주장하고 있으며, 또한 "보편적 소득 이전은 사람들의 사생활까지 꼬치꼬치 캐묻는 종류의 사회정책을 줄일 수 있다"고 보는 "좌파 자유지상주의적(left libertarian)" 주장을 언급하고 있다(Piketty 2015a: 113). 하지만 좀더 최근에 출간된 글을 보면 아직 그는 마음을 결정하지 못했음을 알 수 있다. "말할 것도 없이 나는 시장 소득이 부족한 모든 성인들에게 기본소득을 지급하는 정책을 선호한다. 하지만 나는 모든 성인이 이러한 현금 이전소득을 받아야 한다는 생각에 대해서는 확신이 가지 않는다. 사회정책이 풍족하게 이루어지는 선진국에서는 대부분의 전일제 노동자들이 내는 세금이 그 노동자들이 받게 될 그 어떤 수준의 기본소득보다도 더 많다. 내가 볼 때는 그들에게 현금 이전소득을 주는 것보다 세금 부담을 줄여주는 쪽이 더 합리적이다. 전자의 경우에는 또다시 세금이 더 늘어날 것이다. 하지만 이는 더 많은 논쟁과 의견 대립이 당연히 생길 수밖에 없는 주제임이 분명하다"(Piketty[2015b: 154]).

21 Foucault(1979/2008: 206).

22 토빈 등은 두 가지의 지급 방식을 검토한다(Tobin et al.[1967: 21-23]). "모든 가구에게 기본수당 전액을 자동적으로 지급한다. 단, 다른 소득에 대한 원천징수가 벌어지는 것을 피하려고 지급을 포기한 가구들은 예외로 한다." 두 번째는 '소득 추산치를 신고하는 즉시 순급여(net benefits)를 지급하는 방식'으로서, 그러한 신고를 행하지 않은 이들은 세금 징수액을 줄여주는 형태로 공제를 받는다는 것이다. 토빈과 공저자들은 두 가지 방법 모두 현실에서 작동 가능하지만, 자동 지급 방식을 더욱 선호한다. "신고를 하는 방식은 급여 지급을 필요로 하는 이들이 적극적으로 행동하도록 부담을 지우지만, 자동 지급 방식의 경우에는 지급을 원하지 않는 이들에게도 스스로 적극적으로 행동해야 할 부담이 생긴다. 자동 지급 방식의 경우 지급을 원하지 않는 이들은 지급을 포기하기 위해서 필요한 금융 지식에 대한 깊은 이해와 세련된 문서 작성 기술을 모두 가지고 있을 가능성이 높다."

23 예를 들어 어떤 나라가 인구는 1000만 명이며 1인당 GDP는 월 4000달러라고 하자. 이 나라에서 1000달러의 기본소득을 지급하려면, 소득 분배 상태와 무관하게 소득세는 100억 달러(0.25×4000×1000만)가 필요하다. 반면 '그와 동일한' 마이너스 소득세 제도를 도입할 경우 필요한 조세의 양은 총소득의 분배에 좌우된다. 예를 들어 만약 500만 명의 총소득이 2000달러이고 나머지 500만 명의 소득이 6000달러라면 전자는 전혀 세금을 내지 않으며 오히려 1000-(0.25×2000)=500달러의 이전소득을 얻게 되고, 반면 다른 500만 명은 1인당(0.25×6000)-1000=500달러의 납세 의무를 안게 된다. 이 500달러

에 500만 명을 곱하면 이는 총소득(4000달러×1000만 명)의 6.25퍼센트에 해당하는 25억 달러라는 필요 액수가 산출되며, 이 액수는 그와 '동일한' 기본소득 제도에 비해 4분의 1에 불과하다. 물론 경제학자들은 이러한 차이가 환상에 불과하다고 말할 테지만, 정치 학자들은 이 차이가 대단히 중요한 것이라고 말할 것이다. 특히 언론이 이 외양상의 비용 과 실제 비용의 차이가 무엇인지를 이해하고 사람들에게 설명할 능력도 의사도 없을 경 우에는 더욱 중요해진다고 할 것이다.

24 제임스 토빈은 이렇게 언급했다(Tobin[2001]). "일반 여론은 순수한 마이너스 소득세가 근로 의욕을 저하시킬 것이라는 의심을 가지고 있었으며 그런 효과를 내는 데 돈이 쓰 이는 걸 원치 않았다. 마이너스 소득세 실험을 통해서 데모그란트를 시행하면 가구의 노동 공급이 줄어들 것임이 입증되었다고 여겨졌다. 하지만 그러한 결과는 가구 내 소 득이 두 번째인 노동자들에게만 국한되는 것으로서, 그다지 놀랍거나 큰 일도 아니었 다. 그럼에도 불구하고 이러한 인상은 마이너스 소득세에 대해 아주 불리한 결과를 낳 았다. 그 결과로 나오게 된 것이 EITC였다." 미국 사회정책의 역사에서 벌어진 이 사건 에 대해서는 Howard(1997: chapter 3), Ventry (2000), Steensland(2008: 178-179)을, 그 리고 EITC의 발전과 현실에 가져온 충격에 대해서는 Nichols and Rothstein(2015)을 보라.

25 그렇게 해서 받게 되는 총액이 얼마나 되는지 감을 잡기 위해 간단한 예를 생각해보자. 2016년 회계연도에서 볼 때, 1명의 자격 해당 아동(qualifying child)을 양육하는 성인 1 인이 얻을 수 있는 최대 공제액은 월 280달러다. 이 공제액은 소득이 늘어나면 줄어들 어 가계소득이 월 3275달러에 도달하면 완전히 사라진다("Earned Income Tax Credits Par ameters, 1975-2016", Tax Policy Center, Washington DC, January 2016). 여기에서 여러 소득 범주에 대한 다양하고 복잡한 사항들은 모두 사상했다. 세부 사항에 대해서는 다 음을 보라. Nichols and Rothstein(2015).

26 Nichols and Rothstein(2015: 52).

27 EITC의 다양한 결점들에 대해서는 예를 들어 다음을 보라. Nichols and Rothstein (2015: 29), Bhargava and Manoli(2015: 348-9), Shipler(2004: 15), Holt(2015), Stern(2016: 158). 프랑스에서 시행되는 '근로장려금(Prime Pour l'Emploi)' 또한 비슷한 여러 도전에 직면하게 된다. 선급 절차 또한 시도된 바 있지만 2010년에 폐지되었다.

28 Sykes et al.(2015: 260).

29 Stern(2016: 158).

30 재산 조사에 기초한 최저소득 제도가 시행되는 아일랜드에서는 싱크탱크인 '아일랜드 사회정의연구소(Social Justice Ireland)'가 '노동력에 유의미하게 결합되어 있는' 개인들

로 제한된 환급형 세액공제를 진정한 기본소득으로 가는 경로라고 명시적으로 주장해 왔다(Social Justice Ireland, 2010: 25-28). 이러한 이행의 가능성은 다음에서 좀더 자세히 논의되고 있다. Van Parijs et al.(2000).

31 Phelps(1994; 1997; 2001).

32 여러 다양한 고용 보조금의 유형에 대해서는 특히 Phelps(1997: 108; 112; 119; 148)를 보라. 이와 나란히 펠프스는 교육 및 직업훈련에 지급되는 보조금도 논의하지만, 다음과 같은 몇 가지 이유에서 이를 기각하고 있다(Phelps[1997: 150–3]). 우선 그러한 보조금의 효과가 충분히 나타나려면 한 세대 이상이 걸릴 것이며, 또 그러한 방식으로 저소득 층의 근로소득을 올리는 것보다는 차라리 직접 임금 보조금을 주는 쪽이 훨씬 비용이 덜 든다는 것이다. 그리고 아무리 열심히 배워봐야 자기가 벌어들일 임금이 정말로 올라갈 것이라는 현실적인 전망이 없다면 이것이 동기부여가 되기도 힘들 것이라고 주장한다.

33 Phelps(1997: 133).

34 Phelps(1997: 111–112; 189).

35 Phelps(1997: 163).

36 Phelps(1997: 138–142; 166).

37 Phelps(1997: 15; 173).

38 펠프스는 다른 곳에서 자신의 주장에 깔린 규범적 기초를 짧게나마 뚜렷이 밝힌 바 있다(Phelps[1997: 165]). "소득이 일정 수준 이하로 내려간 사람 모두에게 마구잡이로 복지를 나누어주자는 이들과는 달리, 나는 수급권의 자격은 오로지 땀 흘려 일해 스스로 돈을 넒으로써 동료 시민들과의 모종의 사회계약을 이행할 의사가 있는 이들에게, 자립과 사회통합의 보상으로서만 주어져야 한다고 믿는다." 펠프스의 주장(Phelpls[1997: 136])에 따르면, 이 제도를 위해 비용을 지출하는 정당성의 기초는 노동자들이 "자신들 스스로가 맺은 사회계약의 목적을 자신들이 충족시켰다는, 그래서 정의롭게 행동했다는 느낌에서 오는 '자부심과 자존감'이라"고 한다. 아무 의무도 부과되지 않는 자유로운 기본소득은 상호성(reciprocity)의 원칙에 어긋난다는 반대 논리에 대해서는 제5장에서 논의하도록 한다.

39 Harvey(2006; 2011; 2012; 2014)와 조지 밀러(George Miller) 하원의원이 2013년에 제출한 법안인 '지역 공공 일자리 예산법(Local Jobs for America Act)'을 보라. 그리고 영국의 일자리 보장제도 제안은 Gregg and Layard(2009)을 보라. 또한 비판적 논의로는 Handler(2004), Standing(2012), Lewis(2012), Noguchi(2012)를 보라. 그리고 일자리 보장제도에 대한 역사적 개괄로는 Tanghe(1989; 2014)를 보라. 인도의 '전국 농촌 고용

보장제도(National Rural Employment Guarantee)'는 실제 현실에서의 예들 중 일자리 보장제도에 근접한, 아마도 가장 큰 규모의 예라고 할 것이다. 이는 소득 지원이 전혀 없는 경우와 비교한다면 중대한 진보가 될 수 있으며, 이 점은 우리도 부인하지 않는다.

40 Jordan(1994).

41 예를 들어 Kaus(1992)를 보라. 마찬가지로, 영국에서 신구빈법이 시행될 당시(제3장을 보라)에도, 실업자들을 노역소로 억지로 몰아넣는 것보다 그들에게 최소한의 생계비를 주는 쪽이 훨씬 비용이 덜 든다는 점이 알려져 있었다. "노역소 구호의 한계 비용은 원외 구제(outdoor relief)의 비용보다 거의 두 배가 들어간다"(Boyer[1990: 203]).

42 Stern(2016: 164 - 5).

43 Elster(1988).

44 이러한 제안의 예는 다음을 보라. Frank(2014), Painter and Thoung(2015: 21 - 22), 또는 Atkinson(2015: 137-47).

45 Adret(1977), Coote, Franklin, and Simms(2010).

46 Marx(1867/1962: chapter 8).

47 그런데 간혹 프랑스가 공식 노동시간을 1998~2000년 사이에 39시간에서 35시간으로 줄인 덕에 일자리를 상당히 늘렸다는 주장이 들려온다(예를 들어 Gubian et al. [2004]). 어찌된 일일까? 첫째, 이 조치는 전체에 걸쳐 강제된 것이 아니라 선별적인 세금 감면 인센티브의 방법으로 유도된 것이었기에, 주당 임금에 대한 하락의 압력과 시간당 노동 비용의 상승 압력을 모두 줄일 수 있었고, 이에 우리의 첫 번째 딜레마를 상당히 완화시킬 수 있었다. 이는 노동시간 단축이라는 전략에 임금에 대한 공공 보조금을 섞어놓은 조치에 해당한다. 따라서 실업 감축의 효과가 그 둘 중 어느 쪽에서 기인한 것인지를 알아내기가 불가능하지는 않다고 해도 대단히 어렵다. 둘째, 즉각적으로 고용에 나타난 효과는 분명하게 확인되었지만, 장기적으로 볼 때 그 충격이 어떠할지는 논쟁에 휩싸여 있다(Gianella[2006]를 보라). 더 높아진 시간당 노동 비용을 고려하기 위해서 생산 과정을 재조직하는 일에는 시간이 걸리게 마련이다. 그런데 일단 이런 일이 벌어지게 되면 단기적으로 나타났던 효과들도 사라져버릴 가능성이 높다.

48 첫 번째 딜레마를 풀기 위해서는 상당한 노동시간 단축에 기본소득 제도를 결합시키는 것이 좋다는 제안이 여러 번 나온 바 있다. 그 시작은 다음의 저작이다. van Ojik(1983: 29), Krätke(1985: 5 - 6). 이러한 제안은 효력을 발휘할 수도 있겠지만, 나머지 두 개의 딜레마는 여전히 남게 된다. 게다가 만약 기본소득 제도 자체가 일자리 나누기의 장치로 기능하게 된다면, 노동시간 단축을 또 강제적으로 시행할 이유가 무엇인가? 그 이유로 제시된 것이 하나 있다(Mückenberger and al.[1987: 18 - 20]). 노동시간 단축은 높은 임

금을 받는 전일제 노동자들과 저임금의 시간제 노동자들 사이의 양극화를 막아줄 것이라는 것이다. 하지만 고소득자들에 대한 한계 세율을 높이고, 저소득자들에 대한 직업 훈련을 더욱 쉽게 만든다면 그러한 양극화 과정도 저절로 억제될 것이다. 그리고 이 두 가지 모두가 기본소득에 함축되어 있다(제1장과 제6장을 보라).

49 이 점을 정식화한 논의로는 Brittan(1983)을 보라.

BASIC
INCOME

제 3 장

기본소득 이전의 역사

공공부조와 사회보험

혁명의 혼돈 속에서
사람들이 거의 눈치 채지 못한
중대한 무언가가 벌어졌다.
이를 통해 사회적 보호는 아주 강력한
새로운 출발점을 얻게 되었다.

무조건적 기본소득이라는 아이디어는 18세기 말엽이 되어서야 유럽에서 서서히 확산되기 시작했다. 이후 제1차 세계대전 직후의 영국과 1960년대 말에서 1970년대 초 미국에서 공적인 논쟁의 주제가 됐지만 그 논쟁은 모두 아주 싱겁게 끝나버렸다. 하지만 1980년대에 접어들면서 유럽 여러 나라에서 다시 표면 위로 떠올랐고, 그 이후로 조금씩 자라나서 국제적인 논쟁의 주제가 됐다. 그리고 현재는 전 세계적인 운동으로 발전했다. 제4장에서는 이러한 흥미진진한 이야기를 다룰 것이다.

이 흥미진진한 이야기를 제대로 이해하기 위해서는 먼저 사회 보호의 두 가지 모델인 공공부조와 사회보험에 대해서 이야기해야만 한다. 이 두 모델이 현실에서 점진적으로 시행되는 과정에서 사람들이 기본소득에 관심을 갖게 되었기 때문이다. 뿐만 아니라 기본소득은 시행 과정에서 이 두 가지 모델이 작동하는 기존의 맥락에 잘 적응해 들어가야만 한다.

공공부조의 착상: 비베스의 『빈민 구호론』

토머스 모어의 『유토피아』(1516)에 보면 유토피아섬을 방문했다고 주장하는 포르투갈 여행자 라파엘 히슬로다에우스(Raphael Hythlodaeus)라는 가상의 인물이 등장한다. 그가 영국에서 캔터베리 대주교와 나누었던 대화에는 다음과 같은 대목이 있다. "소소한 절도 죄 정도는 사형을 당할 만큼 큰 죄는 아니죠." "그리고 사람이 음식물을 얻는 유일한 방법이 훔치는 것뿐이라면, 이 세상의 어떤 벌이라고 해도 그걸 막을 수는 없습니다." 그리고 그는 교수대 대신 다른 방법을 제안한다. "이런 끔찍한 처벌을 가하는 대신, 모든 이에게 일정한 생계수단을 공급해주는 게 훨씬 낫습니다. 그러면 그 누구도 먼저 도둑이 됐다가 그다음에는 송장이 되는 끔찍한 운명의 노예가 될 필요가 없을 테니까요." [1] 이 목적을 달성할 수 있는 방법을 막 이야기하기 시작했을 때 대화가 갑자기 끊기는 바람에 더 자세한 이야기는 나오지 않는다. 하지만 그 개략은 이러하다. "농업과 모직물 산업을 다시 일으키십시오. 그러면 저 거대한 실업자 무리에게 정직하고 유용한 일자리를 충분히 줄 수 있게 될 것입니다." [2]

이는 경제를 되살리는 것이 생계형 범죄를 막는 주요한 방법이라는 이야기지만, 모어는 아마도 "만인에게 일정한 생계수단을 제공"하는 좀더 직접적인 다른 방법을 염두에 두고 있었을 것이다. 바로 몇 년 지나지 않아 모어의 가까운 친구이자 동료 인문주의자였던 이가 그 생각을 또렷이 제시한다. 루뱅의 대학촌에서 『유토피아』의 출간을 주선한 에라스무스(Desiderius Erasmus)는 1년 후인 1517년에 콜레기움 트릴링구에(Collegium Triligue)*를 설립하고 여기에 후안 루이스 비베스(Juan Luis Vives, 1492~1540)라는 젊은 학자를 채용한다.

비베스는 스페인의 발렌시아(Valencia)에서 기독교로 개종한 유대인 가정에 태어났으며, 파리의 소르본대학에서 공부한 후 당시 경제적으로 호황을 누리던 네덜란드의 항구 도시 브루헤스(Bruges)에서 살고 있었다. 에라스무스는 모어에게 보낸 편지에서 비베스에 대해 "젊은 나이임에도 철학의 모든 분야에서 학자들 한 떼거리보다 훨씬 더 많은 지식을 가지고 있습니다"라고 평했다. 1525년 봄, 비베스는 옥스퍼드대학에서 잠깐 교편을 잡고 돌아가는 길에 런던에 있는 모어의 저택에 손님으로 머물게 된다. 그는 당시 저서를 하나 집필하고 있었는데, 그 책 때문에 자신이 큰 문제에 직면할 수도 있다고 믿고 있었다. 그래서 제목과 개요조차 남이 알지 못하도록 철저히 숨기고 있었다.

비베스는 1525년 10월 친구인 크라인벨트(Craneveldt)에게 보낸 편지에서 이렇게 말하고 있다. "나는 그 내용을 절대로 편지로는 알리지 않을 걸세. 설령 가장 가까운 친구라고 해도, 그게 엉뚱한 사람 손에 들어가게 될 위험이 있으니까 말일세."[3] 그 책은 다음 해에 안트워프(Antwerp)에서 『빈민 구호론(De Subventione Pauperum)』이라는 제목으로 출간됐다.

이 책에 어떤 새로운 내용이 담겨 있기에 그토록 위험한 것으로 여겨졌을까? 『빈민 구호론』은 공공부조 제도를 최초로 논리적으로 호소한 저작이며, 오늘날 복지국가라 불리는 것의 최초의 형태를 담고 있다. 이 책의 전반부는 그 제도의 기초를 자선(charity)**이라고

---

* 에라스무스는 당시의 활자 혁명을 통해 수많은 중요 저작이 인쇄되어 유럽 전역에 유통되도록 노력했을 뿐만 아니라, 인문주의와 고전의 부활을 위해서도 노력했다. 이 대학은 라틴어, 그리스어, 히브리어라는 3대 고전 언어로 된 저작들을 가르치고 배우는 학교로서 착안되었고, 유럽 전역에서 최고의 학자들을 불러모아 고전의 부활에 중요한 역할을 했다. 프랑스의 프랑수아 1세가 이를 본받아 1530년 '콜레주 드 프랑스'를 설립하여 오늘날까지 이르고 있다.

하는 기독교인의 의무에서 찾는 신학적 논의로 이루어져 있다. 가난한 이들을 돕는 일은 기독교 전통의 오래된 주제이며, 아주 격렬하게 제기될 때도 있었다. 이에 비베스는 밀라노의 주교였던 성 암브로시우스(Saint Ambrose, 340~397)가 이야기했던 '잘사는 사람이 가난한 이를 돕기를 거부한다면 이는 도둑질에 맞먹는 것'이라는 취지의 명제에 호소한다. "너는 가난한 사람의 빵을 빼앗아 숨겨두고, 헐벗은 사람의 옷을 빼앗아 쌓아두며, 가난한 사람들의 자유를 볼모로 잡아 그 몸값으로 번 돈을 땅 속에 묻어두는 것이다."⁴ 비베스도 여기에 동의한다. "부유한 사람이라 해도 그에게서 무언가를 빼앗는다면 죄악이다. 그렇다면 가난한 사람에게서 빼앗는 것은 도대체 얼마나 더 사악한 짓이란 말인가? 부유한 사람이 빼앗기는 것은 그저 돈뿐이지만 가난한 사람이 빼앗기는 것은 목숨 그 자체다."⁵

새로운 주장이 나타나는 지점은 『빈민 구호론』의 후반부다. 여기서 비베스는 당국이 빈민 구호를 위해 직접 나서야 한다고 주장하면서, 토머스 모어의 라파엘을 연상시키는 논리를 사용한다. "사람들의 베풂이 바닥나면 가난한 이들의 먹을 것이 동난다. 그러면 가난한 사람들 중 일부는 도시의 도둑이나 노상강도가 되며, 사실상 그것 말고 다른 방도가 없다." 그러니 일단 자신이 제안하는 제도를 시행하게 되면 "절도사건, 범죄, 강도, 살인, 그 밖에 사형에 해당하는 범죄들이 줄어들게 될 것"이라는 논리였다.⁶

비베스는 단지 공공부조의 원리만을 주장한 것이 아니었다. 그는 또한 공공부조가 어떠한 형태를 취해야 하는지도 자세히 설명하고 있다. 그 형태는 명백히 조건부 복지의 성격이 아주 강하다. 우선 가정경

●● 기독교인들의 가장 중요한 덕목이라 할 '믿음, 소망, 사랑'에서 '사랑'은 라틴어로 'caritas', 즉 아무런 이유와 대가 없이 베푸는 행위를 뜻한다. 이 단어가 영어 'charity'의 어원이다.

제의 상황을 고려하고, 일할 의사가 있는가도 요건이 되며, 현금 대신 현물 지급을 더 선호한다. "무엇보다도 우리는 주님께서 모든 인류에게 강제하신 법률을 인정해야만 한다. 즉, 모든 개인은 각자의 노동을 통해 빵을 얻어야 한다는 것이다. 내가 쓰는 '먹다' '먹이다' '생계' 등의 단어는 단지 음식만을 뜻하는 것이 아니라 의복, 주거, 땔감, 조명, 그 밖에 인체를 유지하는 데 필요한 모든 것들을 포함한다. 가난한 이들은 누구나 연령과 건강 상태를 살펴서 일할 수 있다면 모두 일하게 만들어야 한다."[7] 특히 노동이라는 조건에 아주 강한 방점이 주어진다. 빈민들 모두에게 무언가 할 일이 주어져야 한다는 것이다.

> 예를 들어 바느질로 옷을 만들 수 없는 사람도 양말은 꿰맬 수 있다. 나이가 많거나 머리가 둔한 사람은 좀더 쉬운 일을 배워야 한다. 땅 파기, 물 긷기, 짐 나르기, 수레 끌기처럼 며칠이면 배울 수 있는 일들 말이다. (…) 눈이 안 보이는 사람이라고 해도 빈둥거려서는 안 된다. 이들이 할 수 있는 일들도 얼마든지 있다. (…) 병들고 나이든 이들에게는 그들의 건강과 나이에 적합한, 하기 쉬운 일들을 주어야 한다. 하지만 아무것도 못할 만큼 병이 든 사람이란 없다. 이러한 방식으로 각자가 자기들의 일에 골몰하고 신경을 쓰다 보면, 빈둥거리는 동안 이들의 마음속에서 스멀거리며 생겨날 나쁜 생각들과 버릇들도 제약당하게 될 것이다.[8]

이 제도는 빈곤의 원인을 막론하고 모든 빈민을 대상으로 삼고 있지만, 노동을 해야 한다는 조건은 그 빈곤의 원인에 따라 차별화될 수 있다. "사람을 굶길 수는 없는 일이니 도박, 매춘, 사치, 탐식 등 악하고 어리석은 방식으로 재산을 낭비한 이들도 먹어 살리기는 해야 한다. 하지만 이런 이들에게는 가장 불쾌한 종류의 일이 주어져야 한다. (…) 이들이 굶주림으로 죽어서는 안 되지만, 질박한 음식과 고된 노동에 묶어두어야 한다."[9]

이 제도의 목적은 모든 빈민을, 그리고 오로지 빈민만을 돕는 것이다. "명예로운 교육을 받은" 일부 사람은 자신들의 빈곤을 드러내기를 꺼릴 수 있으니, "이들은 조심스럽게 조사해야 하며 다른 이들이 모르게 도움을 줘야" 한다. 다른 한편, "게으른 자들과 꾀병꾼들이 사기를 쳐서 이 제도를 악용하는 일이 없도록 각별히 신경을 써야" 한다. 빈민들에게 보장되는 생계 수준은 아주 질박한 것에 머물러야 한다. "여기에는 그 어떤 사치품들도 포함되어서는 안 된다. 그랬다가는 나쁜 버릇을 들이기 십상이니까." 하지만 이들이 일해서 벌어들이는 것 이상을 보충해주는 일은 필요할 수도 있다고 한다. "집에서 놀고 있는 빈민들에게는 공공근로를 통해 일자리를 조달해줄 필요가 있고, 다른 시민들에게는 이들에게 시킬 일이 얼마든지 있게 마련이다. 만약 이들이 일을 통해 벌어들이는 돈에 비해 필요한 것이 더 많다면, 모자란다고 판단되는 것을 더해줄 수 있다."[10]

이 모든 일에 들어가는 재원은 어떻게 마련할 것인가? 부분적으로는 제도 실행의 일환으로서 징발된 이들이 수행하는 노동으로 조달될 것이지만, 무엇보다도 더 잘사는 이들의 자발적 기부로 조달될 것이다. "사람들에게 선행을 강요해서는 안 된다. 그렇게 된다면 자선과 복지라는 이념 자체가 사멸하게 될 것이다. 하지만 만약 자기들이 낸 돈이 훌륭하게 쓰이고 있다는 것을 알게 된다면 사람들은 기꺼이 돈을 내려고 할 것이다. 그 돈이 가장 가난한 이들을 돕기 위해 분배될 것임을 알고 있기 때문이다."[11] 요즘 말로 하자면, 자선의 목적으로 조직되는 크라우드펀딩이라고 할 수 있다.

실제로 시행된 공공부조: 이프르에서 로크까지의 구빈법

이렇게 비베스가 묘사하고 옹호했던 공공부조 제도가 완전히 새로운 것은 아니었다. 16세기 초 이미 여러 도시에는 걸인들이 모여들기 시작했고 그 수도 점점 늘고 있었다. 설령 교구(parish)●와 종교 집회의 협력이 뒷받침된다고 해도 개인적 차원의 자선만으로는 폭증하는 걸인들에 대처하기가 점점 힘들어졌으며, 이에 몇몇 장소에서는 시 당국의 개입이 절실했다. 그래서 이미 1520년대 이래로 몇몇 유럽 도시에는 시 정부 차원의 빈민 구제 제도가 존재했던 것으로 알려져 있다.[12] 비베스의 저서는 그러한 조직적인 공공부조를 정당화하는 체계적인 논리이자 비베스 본인이 공공부조의 최고 버전이라고 믿었던 바를 상술한 것으로 볼 수 있다.

하지만 이러한 제도들 중 몇 가지, 특히 라이스니히(Leisnig)라는 작은 독일 도시에서 시행되었던 제도는 프로테스탄트 교리에서 영감을 받은 것이었다. 마틴 루터(1483~1546)는 비텐베르크에서 자신의 95개조 격문을 붙인 지 불과 3년 후인 1520년 「독일 민족의 기독교 귀족들에 보내는 공개서한」에서 이렇게 말한 바 있다. "우리가 풀어야 할 가장 절실한 과제 중 하나는 기독교 지역 전체를 통틀어 모든 구걸 행위를 없애는 것입니다. 기독교인들 사이에서 구걸을 하며 돌아다니는 사람이 한 명이라도 있어서는 안 됩니다! 용기와 진지한 의도만 있다면, 법을 만드는 것이 어려운 일은 아닙니다. 모든 도시는 그 내부의 빈민들을 돌보아야 합니다. 순례자든 탁발승이든 어떤 이름으로 불리는 이들이든 간에, 외부에서 들어오는 거지들을 받아들여

● 영국에서는 지방 행정과 성공회 교회가 밀접하게 결합되어 있어서 교구가 중요한 행정 단위로 기능하였고, 특히 빈민 구호 같은 사회적 정책 등을 실시하는 데서 그러했다.

서는 안 된다는 취지에서 말입니다."[13] 기성 교회는 이를 좋아하지 않았다. 두 가지 이유에서였다. 첫째, 빈민을 돌보는 문제에 대한 교회의 독점적 권한을 침해하는 것이기 때문이었다. 둘째, 구걸을 금지하게 되면 프란시스코 수도승들과 도미니카 수도승들의 생계가 위협받게 되기 때문이었다. (탁발을 기반으로 생겨난 이 수도회들은 당시 세워진 지 300년이나 됐고 하나의 강력한 세력을 대표하고 있었다.) 따라서 당연하게도 비베스는 자신의 책이 위험한 이단적 교리라는 혐의를 쓰게 될까 봐 두려워했다.[14]

실제 비베스의 청사진과 긴밀히 일치하는 제도를 벨기에의 플레미시 지역 도시인 이프르(Ypres, 예페르)에서 1525년에 채택한 바 있는데, 여기에 바로 그러한 비난이 쏟아졌다. 탁발승들은 이것이 가톨릭교회의 교리와 모순된다고 비난했다. 이프르의 치안판사들은 이 제도가 정당하다는 것을 설득해보라는 소르본대학의 신학과 교수들 앞에 소환됐다. 그리하여 치안판사들은 1531년에 「빈민구제의 관리(Forma Subventionis Pauperum)」라는 보고서를 제출했다. 이는 아주 세련된 보고서로서, 비록 비베스를 명시적으로 인용하고 있지는 않지만 그의 『빈민 구호론』에서 영감을 받았을 가능성이 아주 높다.[15]

이 글의 저자들도 비베스와 마찬가지로 다음과 같이 주장했다. "걸인들 중 신체가 건강한데도 그저 먹고살기 위해 일하는 것이 싫어서 구걸을 하는 자들이 있는데, 그런 사람들이 직접 일하게 될 것이다. 그렇지 않다면 그들은 게으르게 살면서 선량한 이들의 자선을 이용하며 살아가고 다른 사람들이 땀 흘려 일한 것을 이용해 먹게 될 것이니, 이는 공동체를 해칠 뿐만 아니라 자기들 스스로도 해치게 된다." 여기에 나온 설명을 보건대, 이프르에서 행해진 제도에는 수많은 단서 조항들이 붙은 채로 승인되었음을 알 수 있다.[16]

"우리는 이 글에서 우리의 정책이 갖는 여러 이점을 좀더 폭넓게 증명하였고, 이를 통해서 좀더 올바르게 이해될 수 있도록 했다." 이 프르 보고서는 계속해서 주장한다. "좋은 것들이 항상 그렇듯이, 이러한 정책도 널리 확산될수록 더욱 좋은 결과를 가져올 수 있다."[17] 그리고 실제로 오래지 않아 이러한 종류의 제도가 확산되어갔다. 소르본대학의 신학자들이 이프르 보고서에 대해 호의적인 판단을 내린 직후인 1531년, 신성로마제국 황제 카를 5세는 자신의 제국 전역에 걸쳐 당국자들에게 빈민 구제와 구걸 규제를 시행하라는 칙령을 공포했다. 이후 더 많은 도시들에서 이와 비슷한 제도들이 도입됐다.[18]

비베스의 『빈민 구호론』은 1531년에는 스페인어로, 1533년에는 네덜란드어와 독일어로, 1545년에는 이탈리아어로, 1583년에는 프랑스어로 출간됐다.[19] 이 책은 스페인과 네덜란드에서 격렬한 논쟁을 불러일으켰다.[20] 하지만 추세는 이미 결정됐고, 지방 당국이 빈민들에게 베푸는 공공부조의 일반화 경향은 더는 거스를 수 없는 대세가 됐다.

이는 특히 영국에 적용되는 이야기였다. 비베스는 헨리 8세가 아라곤의 캐서린과 이혼하기 전까지, 헨리 8세의 궁정과 정기적으로 직접 접촉했다. 1531년 영국에서 법령으로 처음 시행된 구걸 규제는 비베스가 제안한 계획과 많이 닮아 있었다. 이프르 보고서는 1535년에 영어로 출간되었는데, 그 번역자는 공공부조의 발전을 더욱 강화시켰던 토머스 크롬웰(Thomas Chromwell)의 1536년 입법 초안 작성에도 참여했던 것으로 여겨진다.[21] 이렇게 시작된 규제 과정은 헨리 8세 치하에서 수도원이 해체되면서 더욱 강화되었고, 마침내 1597~1601년의 엘리자베스 구빈법으로 이어지게 된다. 이 법은 그 포괄 범위가 전례 없이 넓어서, 영국 전체에 걸쳐 모든 지역 당국자들로 하여금 가난한 자들에게 현물로 부조를 지급하는 한편 그들 중 신체가 건강한 자들은 모두 일을 하도록 강제하며, 필요할 경우에는 노동의 강제를 목적으로 노역소를 설치하도록 규정하고 있다.[22]

재원은 '빈민분담세(poor rates)'에서 나오기로 되어 있었다. 이는 교구의 성원들 중 재산이 일정액 이상이 되는 모든 이에게 부과되는 세금으로서, 부자들이 자발적으로 자선 기부를 하도록 종교적 사회적 압력을 가하는 중세적 관행에서 부지불식간에 발전되어 나온 것이었다.[23] 이 모델은 영국에서 이후 두 세기 이상 아무 문제없이 지배적인 제도로 자리 잡았을 뿐만 아니라, 여러 다른 지역에서 복제되었다. 17세기 말부터 대서양을 건너기 시작해, 처음에는 뉴잉글랜드 지역으로, 나중에는 다른 북아메리카의 식민지들까지 확산됐다. 이러한 지역에서는 영국의 구빈법 모델을 모방해 빈민 구호 입법이 추진됐고, 빈민들을 돕기 위한 지방 및 도시 차원에서의 제도들이 수립됐다.[24]

존 로크의 『구빈법과 직업학교에 대하여(On the Poor Laws and Working Schools)』(1697)에서처럼 비판이 제기되기도 했지만, 이는 주로 법의 집행이 너무 느슨하다는 취지의 불평 정도였다. 로크는 "모든 이들이 고기, 술, 의복, 땔감을 얻어야만 한다. 일을 하든 하지 않든, 우리 왕국 안에서 비축된 부로부터 그만큼은 지출되어야 한다"고 밝혔다. 게다가 그는 이렇게 권고하기도 했다. "모든 이는 자기가 살고 있는 교구로부터 마땅히 구호를 받아야만 하는바, 만약 그러한 구호가 없어서 누군가가 죽게 된다면 그 교구는 끔찍한 범죄를 저지른 것이며, 그 범죄 사실과 범죄의 끔찍함에 따라서 벌금을 물려야만 한다." 하지만 "빈민들에 대한 진정한 그리고 적절한 구호의 핵심은 (…) 그들에게 일자리를 찾아줘, 게으름뱅이로 남들의 노동에 얹혀사는 일이 없도록 돌보는 데 있다. 그리고 빈민 구호를 위해 만들어진 법률들의 의도도 바로 이러한 목적을 달성하는 데 있다는 것을 우리는 알 수 있다. 하지만 그러한 의도에 대한 무지 혹은 적절치 못한 집행 과정으로 인해 이 법률들은 구호를 원하는 이들의 생활, 능력, 근면성 등은 전혀 조사하지 않은 채, 그저 그들을 빈둥거리게 두면서 먹여 살리는 것으로 전락하고 말았다."

로크가 제안한 제도를 보면, 일하지 않는 부랑인들 중 14세 이상은 선박이나 교화소에서 3년의 강제노동형을 받기로 되어 있다. 그보다 어린아이들은 '직업학교'를 다녀야 하는데 이렇게 할 경우 "3세에서 14세 사이의 아동이 벌어들이는 모든 소득을 합산해보면, 그 연령대 아이들을 먹이고 가르치는 데 교구가 비용을 치를 일이 없다"는 큰 이점이 있으며, 게다가 "이 아이들은 남녀 교장 선생님과 함께 매주 일요일마다 계속 교회에 나와야만 하고, 이를 통해 일정한 종교 의식도 가지게 된다"는 장점까지 있다는 것이다. 이 법이 집행되도록 보장하기 위해서 로크는 '걸인들의 교구 직원들(beadles of beggars)'을 임명할 것을 권고한다. 만약 이 교구 직원들이 반복해서 "명령받은 임무를 방기하여 낯선 이들 혹은 다른 걸인들이 (…) 길거리에서 빈번하게 발견될 경우"에는 그 직원 또한 선박이나 교화소에서 3년 형을 받도록 해야 한다는 것이다.

1723년에는 노역소 시험법(Workhouse Test Act)이 시행되어, '원외 구호(outdoor relief)'는 노동 능력이 없는 이들로만 제한되고, 노동 능력이 있는 모든 이들에게는 '원내 구호(indoor relief)', 즉 노역소 시스템에 소속시키는 것이 일반화됐다. 비베스의 제안이 나온 후, 그가 옹호했던 계획이 약간만 바뀐 채 실현된 것이다. 하지만 정말로 새로운 제도는 18세기 말 영국에서 나타났다. 이는 얼핏 진정한 최저소득 제도로의 중대한 진일보로 보이기도 하는 조치였다.

공공부조의 위기: 스핀햄랜드 법과 그에 대한 반발

현금으로 지급되는 공공부조는 이미 구빈법이 시작되던 시점부터 영국에서 종종 나타났고, 특히 식량 가격이 예외적으로 높은 기간에 현금 부조가 많이 나타났다. 거기에는 다양한 형태가 있었으니, 실업자가 된 농업 노동자에 대한 현금 지원, 대가족에 대한 각종 수당, 심지어 임금 보조금까지도 있었다. 1795년 5월 잉글랜드 남부 스핀햄랜드(Speenhamland) 구의 치안판사들(magistrates)*은 그렇게 이따금씩 이루어지던 현금 부조 조치의 체계화에 해당하는 결의를 통과시킨다. 이 결의는 스핀햄랜드 구의 여러 교구들이 가난한 노동자들의 소득을 보충해줄 현금 급여를 지급하도록 정한 것이다. 가족 성원의 수 및 밀의 시세와 연동해 모든 가구의 소득이 일정한 하한선에 도달하도록 그 부족분을 계산하고, 이를 지급하는 것이었다.

이 제도는 곧 '스핀햄랜드 시스템'이라는 이름으로 불리게 됐다. 스핀햄랜드 시스템은 한 지자체에 공식적으로 거주하는 빈민들에게 그들의 소득이 얼마이든 가구 소득이 일정액에 도달하도록 그것을 보충해주는 현금 급여에 대한 권리를 부여했지만, 그와 동시에 또 "스스로 자기 힘으로 살아갈 것"을 요구했다. 1796년 영국 수상이었던 윌리엄 피트(William Pitt)는 이 시스템을 영국 전역으로 일반화하고자 했지만 실패했다. 이 제도가 시행되는 곳마다 빈곤, 실업, 경제성장 등에서 엄청난 결과를 가져온 탓에 금세 격렬한 논쟁거리가 되

---

* 당시 영국의 지방 행정에서 구(district)의 치안 및 사법 재판을 맡아보는 이들은 특별한 법적 훈련이나 자격증을 받은 이들이 아니라 그 지역의 영향력 있는 유지들이었다. 이들은 그 지역의 치안을 맡아보는 치안판사(Justice of the Peace)로서, 국가에서 급여를 받으며 일하는 직업 판사들(stipendiary judges)과는 구별되는 이들이었다.

었기 때문이다.[25]

피트 수상의 시도가 보수파로부터 맹비난을 받게 된 것도 놀라운 일은 아니었다. 에드먼드 버크(Edmund Burke, 1729-1797)는 1795년 윌리엄 피트에게 보낸 메모에서 노골적으로 이렇게 말했다. "우리에게 필요한 것들을 공급하는 것은 정부의 권한이 아닙니다. 따라서 누군가 생계에 필요한 것들을 스스로 조달할 수 없으면 그는 사람들의 자비라는 관할권 안으로 들어가게 됩니다. 지역의 치안판사는 그 구역에서 할 수 있는 일도 해야 할 일도 전혀 없으며, 만약 치안판사가 여기에 개입하게 된다면 원래 그가 보호해야 할 의무를 가진 사적 재산을 침범하는 짓이 됩니다. 모든 기독교인들에게 있어서 가난한 이들에게 자선을 베푸는 것은 강력한 의무이며, 순서상 부채를 갚아야 할 의무를 제외하면 가장 앞자리에 오는 의무입니다. 또한 그 본성상 부채를 갚는 것과는 비교도 할 수 없을 만큼 우리에게 큰 기쁨을 주는 의무임이 자명합니다." 따라서 버크는 정부에 이렇게 역설했다. "(이론적 차원에서건 정책적 차원에서건) 가난한 이들을 먹여 살릴 힘이 있다는 생각 자체를 단호하게 거부해야 합니다. 그런 일은 정부다운 정부라고 해도, 또 심지어 아주 큰 부자라고 해도 능력 밖에 있는 일입니다. 그들이 빈곤 속에 있는 것은 그들에게 필요한 생필품을 일정 기간 동안 그들로부터 숨겨놓으신 신의 섭리에 따라 생기는 일이기 때문입니다." 그의 결론은 이러하다. "제 견해로는 어떤 종류건 정부의 행정이 과도하게 나서는 일은 없어야 하며, 특히 사람들이 끼니를 잇는 문제에 끼어드는 일은 더욱 더 없어야 합니다. 이는 권력 당국의 부당한 간섭 가운데서도 가장 중대한 간섭인 것입니다."[26]

피트 수상이 스핀햄랜드 시스템을 일반화하려고 시도한 바로 2년 후에, 빈민에 대한 공공부조의 가장 상세하고도 영향력이 큰 비판서가 출간됐다. 바로 토머스 맬서스(1766~1834)의 저서 『인구론(Essay on the Principle of Population)』(1798)이다. 이 저서의 경험적 증거는 대개 프레더릭 모턴 이든(Frederic Morton Eden)의 저서 『빈민들의 상태(State of the Poor)』(1797)에서 가져온 것들이다. 이든의 저서는 구빈법의 역사를 상세하게 서술하는 동시에 비판한 책으로서, 빈민을 법적으로 먹여 살리는 것에 대해 다음과 같이 언급한다. "몸을 움직여 무슨 일이든 기를 쓰고 해보겠다는 분발심을 억눌러버린다. 이러한 분발심은 필요의 결핍에서 비롯되기도 하지만, 여유롭고 풍족한 삶을 누리겠다는 욕구 또한 그에 못지않게 강력한 동기가 된다. 그렇게만 된다면 자신이 나태하고 어리석고 방탕하며 못된 인간이 되더라도 결코 굶는 일은 없을 것이라고 안심할 수 있기 때문이다."[27]

　맬서스의 저서는 이러한 분석을 더욱 발전시켜서, 공공부조가 일반화될 경우 빈민들은 일도 저축도 덜하게 되고 더 어린 나이에 결혼하여 더 많은 아이를 낳을 것이며, 그 결과 그들이 소비하는 여러 재화의 가격은 더욱 올라가게 되어 마침내 그들의 실질 임금을 낮추게 될 것이라고 주장한다. 따라서 맬서스는 공공부조의 전면적 폐지를 권한다. 피트 수상이 내놓았던 빈민 법안(Poor Bill)은 "생산물은 늘리지 못하면서 인구만 늘리는 경향"을 갖게 될 것이며, "따라서 빈민들 전체가 더욱 궁핍에 처하게 될 것"이라는 것이다.[28]

　『인구론』이 증쇄를 거듭하면서 나중에는 "구빈법의 점진적 폐지를 위한 계획"도 수록하게 된다. "우리는 정의와 명예의 이름을 걸고서, 빈민들이 부양을 받을 **권리**라는 것을 공식적으로 부인해야만" 한다는 점을 인정해야 하며, 이는 자라나는 세대의 아이들에게 명확하게 통지되어야 한다는 것이다.[29] 따라서 누군가가 가족을 부양할 만한 능력도 없으면서 결혼을 하게 된다면,

어떤 교구에서든 그에게 원조를 주어서는 안 되며, 그는 개인들의 사적인 자선이라고 하는 불확실한 부양 방법에 맡겨져야만 한다. 신께서 정하신 자연의 법칙이 여러 번에 걸쳐 반복하여 경고했음에도 그와 그의 가족이 그것을 따르지 않았으므로, 그 법칙에 의해 고통을 당할 운명에 처하게 된 것임을 그에게 가르쳐야만 한다. 그는 자신의 노동으로 정당하게 구매할 수 있는 만큼의 것 이외에는 사회에 콩알 한 톨도 요구할 권리가 없다는 것도 가르쳐야 한다. 또 그와 그의 가족이 그 스스로의 무분별함이 가져온 자연적 결과들을 겪는 운명에서 혹시라도 구출되는 일이 있다면, 이는 순전히 어떤 친절한 후원자의 동정심 덕분이며 따라서 그는 감사하고 또 감사해야 할 가장 강력한 속박에 묶이는 게 마땅하다는 점을 그에게 가르쳐야만 한다.[30]

당시까지 시도된 가장 체계적 형태의 공공부조였던 영국 구빈법 자체가 큰 실수라고 보는 이러한 관점은 영국뿐만 아니라 다른 나라의 주요 사상가들 사이에서도 널리 공유되고 있었다.[31] 근대 경제학의 기초를 다진 사람 중 한 명인 데이비드 리카도(David Ricardo, 1772~1823)는 저서 『정치경제학 및 과세의 원리』에서, 구빈법의 "치명적으로 해로운 경향"은 "이제 맬서스의 뛰어난 능력으로 완전히 설명되었으므로 더 이상 미스터리가 아니다. 그리고 빈민들의 벗을 자처하는 이들이라면 모두 구빈법의 폐지를 열렬히 염원할 수밖에 없다"고 주장했다. 도대체 구빈법의 '치명적으로 해로운 경향'이 무엇이기에 그가 이렇게 말하는 것일까?

입법자들은 이 법을 선의로 만들었겠지만, 이는 빈민의 상태를 개선하기는커녕 빈민과 부자 모두의 상태를 악화시키는 결과만 낳게 된다. 이 법은 가난한 이들을 부유하게 만들어주는 게 아니라 부유한 이들을 가난하게 만들 것으로 추정된다. 현행법이 계속 효력을 발휘하는 한, 사물의 이치에 따라 필연적으로 빈민 부양에 들어갈 자금은 갈수록 증가하여 마침내 온 나라의 순수입(net revenue)을 모두 소모시키거나 최소한 공공지출에 필수불가결한 만큼만을 뺀 나머지는 모두 소모하게 되어 있다.[32]

아마도 당대 독일에서 가장 영향력 있는 철학자였다고 할 헤겔(1770~1831) 또한 저서 『법철학(Elements of Philosophy of Right)』(1820)에서 영국의 구빈법을 똑같은 맥락으로 논한다. 노동이라는 매개물이 없이 가난한 이들에게 그냥 생계를 보장하는 짓은 "시민사회의 원리에 반하는 것이며, 그 개별 성원들 간의 자족감과 명예에도 반하는 것이다." 그는 영국 구빈법을 검토하면서, "빈곤에 대처하는 가장 직접적인 수단, 특히 사회의 주관적 기초인 명예와 수치심을 사람들이 내팽개치는 데 대처하고, 나태와 방탕이 만연하여 폭도들이 들끓게 되는 사태에 대처하는 가장 직접적인 수단은 곧 빈민들을 그 운명에 내맡겨서 대중에게 구걸하도록 명령하는 것이다."[33]

알렉시 드 토크빌(Alexis de Tocqueville, 1805~1859) 또한 가혹한 평가를 내렸다. 1833년 토크빌이 영국을 방문했을 때 작성한 노트를 보면, 래드너 경(Lord Radnor)이라는 사람의 불평이 인용되어 있다. "공공부조는 이제 그것을 받는 것이 창피한 일이라는 특징을 상실하게 됐다." 그는 구빈법의 운영을 좀먹는 다양한 형태의 오남용 일화들을 소개한다. 어떤 노인은 멀쩡한 자기의 재산 일부를 은닉하기도 하고, 얼마든지 의붓아버지의 부양을 받아 살아갈 수 있는 젊은 여성들이 공공부조를 받기도 하며, 일부 젊은이들은 그렇게 해서 수중에 들어온 돈을 술값으로 날려버리기도 한다는 것이다.[34] 그로부터 2년 후, 토크빌은 자신의 『빈민 문제에 대한 비망록(Memoir on Pauperism)』에서 영국 구빈법에 대한 자신의 평가를 다음과 같이 정리하고 있다.

> 내가 확신하건대, 빈민의 욕구 충족을 목적으로 삼는 영구적이고 정규적인 행정 시스템은 이를 통해 해결되는 빈곤의 양보다 더 많은 빈곤을 낳게 되어 있다. 그 시스템은 도움과 안락함을 원하는 빈민을 더욱 타락시키며, 조만간 부자들을 빈민의 소작농에 불과한 존재로 전락시키고 저축의 원천을 고갈시키고 자본 축적을 멈추게 하고 교역의 발전을 저해하며, 사람들의 근면성과 활동을 마비시키고 국가를 때려 부수는 폭력 혁명을 야기함으로써 절정에 달하게 될 것이다. 그때가 되면 구호를 받는 자의 수가 그것을 제공하는 이의 수만큼 많아질 것이므로 부자들조차 가난해진다. 그렇게 자신들의 욕구를 충족시킬 수단을 예전만큼 더 많이 얻지 못하게 된 빈민은, 부자에게 도움을 요청하는 것보다 그들의 소유재산 전체를 단 한 방에 벗겨먹는 편이 훨씬 쉽다는 것을 알게 될 것이다.[35]

따라서 공공부조란 "대단히 위험한 장치다. 이는 개인의 고통을 멈출 수는 있지만 이는 어디까지나 일시적인 것일 뿐만 아니라 또 그릇된 것이며, 어떤 방법을 쓰든 결국은 사회의 상처만 더 덧나게 만든다". 그렇다면 대안은 무엇인가? 토크빌은 그 대안으로 개인 차원에서의 '자선'을 제시한다. "이것은 유용한 결과들을 가져온다. 그것의 약점 자체가 바로 위험한 결과들을 막아주는 보장의 장치이기도 하다. 이는 무수한 이들의 빈곤을 경감시켜주지만 그 어떤 빈곤도 낳지 않는다."[36]

공리주의 철학의 창시자이자 사회개혁가로 활동했던 제러미 벤담 (1748~1832)은 이보다는 약간 온건한 입장을 옹호했다. 저서『구빈법에 대한 두 번째 논고(Second Essay on the Poor Laws)』(1796)에서 벤담은 가난한 이들에 대한 원조를 분명히 지지하기는 했지만, 그 주된 이유는 재산 소유자들의 안전을 염려한 것이었다. 또한 그는 노동의 강제를 조금이라도 완화시키는 것에 대해서는 강력한 반대를 표명했다.

> 소유가 없는 개인들은 자기 노동으로 스스로를 부양하는 사람들의 계급에서 빠져나와, 남들의 노동으로 부양되는 사람들의 계급으로 들어가려고 끊임없이 눈치를 보게 마련이다. 그리고 지금은 나태라는 행태가 독립할 만큼의 재산이 있는 사람들로만 어느 정도 국한되어 있지만, 이 나태가 곧 사회 전체의 생계를 위해 소비해야 할 물자의 영구적 재생산을 노동으로 책임지는 이들 모두에게 금세 확산되고 말 것이다. 그리하여 마침내 다른 누구를 위해 노동할 사람이 하나도 남지 않는 상태가 오게 될 것이다.[37]

결과적으로, "충분한 노동 능력을 가진 이에게는 어떤 구호도 제공하지 말아야 하며, 노동을 한다는 전제 조건을 반드시 내걸어야 한다. 좀더 정확히 말하자면 그 구호 비용을 충당할 만큼의 노동, 즉 만약 보통의 조건으로 고용한다면 고용주에게 수익을 줄 수 있는 성격의 노동이어야 한다."[38] 벤담은 가난한 이들에게 기본 생필품을 제공하는 대신 그들 및 그들의 자녀에게 강제 노동을 시키는 '근면 노역소(Industry Houses)'를 발전시킬 것을 주장했다. 민간 소유의 '전국 자선 회사(National Charity Company)'를 세워서, 영국 전역에서 공적 자금으로 운영되는 노역소의 경영 관리를 이 회사에 위탁시키자는 것이 그의 계획이었다.[39]

1832년, 구빈법을 조사할 왕립 위원회가 설립되었는데, 과거 벤담의 비서였던 에드윈 채드윅(Edwin Chadwick)과 옥스퍼드대학의 경제학 교수 나소 시니어(Nassau Senior)가 그 위원회에서 가장 큰 영향력을 가진 성원이었다. 이 위원회의 최종 보고서는 1834년에 출간되어 널리 읽혔고, 이는 맬서스의 암울한 진단을 대부분 공유하고 있었다. 스핀햄랜드 시스템과 여타 다양한 형태의 공공부조는 "노동자의 모든 인간적 자질을 (…) 감소—아마도 파괴라고 말할 수 있을 것이다—시키게 되어 있다. 가족 성원의 수가 늘면 소득이 늘어나고 그 수가 줄어들면 소득도 줄어든다는 것을 알고 있는 사람이라면, 그래서 자신이 가지고 있는 노동 숙련, 정직성, 근면성 등은 소득과 아무런 상관이 없다는 것을 알고 있는 사람이라면, 그런 장점들을 하나라도 갖추거나 유지하려 할 동기가 도대체 있을 턱이 있겠는가? 현실의 증거들을 볼 때, 불행하게도 이러한 미덕들이 빠르게 소모되고 있을 뿐만 아니라 그 대신 정반대의 온갖 악덕들이 그 자리를 차지하고 있음이 분명하다".[40]

하지만 이 보고서는 모든 형태의 공공부조를 폐지해야 한다고 결론내지는 않는다. 그 결론은, 모든 형태의 '원외 구호(outdoor relief)'는 오로지 병든 이들과 노인들로만 제한되어야 하며, 노동력이 있는 이들에게는 오직 '원내 구호(indoor relief)'만 제공해야 한다는 것이다. 이는 철저한 규제 아래에 있는 노역소에서의 구호로서, 그곳에서 구호를 받는 데 필요한 조건이 너무나 잔인해서 빈민들은 그렇게까지 하면서 도움을 받으니 아예 굶는 편을 선택할 정도였다.

1834년의 수정 구빈법(Poor Law Amendment Act)―이는 보통 신 구빈법(New Poor Law)으로 알려져 있다―은 바로 이 보고서에서 피 력한 노선에 따라 영국 의회에서 입법화된 것으로서, 노역소 바깥의 모든 원외 구호에 종지부를 찍었다. 그런데 실상을 보자면, 원외 구호 를 원내 구호로 대체하자 비용이 훨씬 더 불어났으며 또 막 태동하고 있었던 노동계급 운동 또한 이를 격렬히 반대했다. 하지만 이들은 아 랑곳하지 않았다.[41] 스핀햄랜드 시스템을 일반화하려고 했던 피트 수 상의 시도는 이렇게 거대한 반발을 초래하고 말았다. 버크, 맬서스, 리카도, 헤겔, 토크빌은 모두 영국이 사적인 자선의 관행으로 되돌아 갈 것을 조언했지만, 그렇게 되지는 않았다. 영국은 비베스의 제안대 로 공공부조로 되돌아갔다.

대담한 선언들: 계몽주의와 혁명

이 장구한 세월 동안 이보다 좀더 희망적인 제안은 하나도 없었을까? 강제 노동으로 귀결되지 않는 진짜 소득 보장을 지향하는 제안은 없 었을까? 소수이기는 하지만 일부 계몽주의 사상가의 저작을 보면, 기 독교인의 자선 의무와는 전혀 별개로 정부가 모든 시민의 생계를 보 장할 의무가 있다고 주장하는 짧은 단락들이 나오기는 한다.[42] 예를 들어 몽테스키외(1689~1755)의 『법의 정신(Esprit des Lois)』(1748)에 따 르면 교회의 적선이나 도움으로는 결코 충분히 않으며, 국가가 "모든 시민들에게 식량, 적절한 의복, 건강을 해치지 않을 만큼의 생활 수 준을 보장할 책무가 있다"고 말하고 있다. 하지만 몽테스키외는 또한 영국의 헨리 8세가 종교 자선 기관들을 파멸시킴으로써 영국의 산업 발전에 기여했다고 치하하고 있다. 자선 기관들은 나태만 조장한다는 것이 그 이유였다. 그래서 특별한 사건 사고들과 연결된 일시적 부조가 '영구적인 구호 제도의 확립'보다 훨씬 낫다고 말하고 있다.[43]

장-자크 루소(1712~1778)의 입장은 몽테스키외만큼 모순적이지는 않지만, 대단히 함축과 생략이 많다. 그는 『인간 불평등에 관한 논고(Discourse on Inequality)』에서 "한 줌 밖에 안 되는 사람들은 가진 것이 차고 넘칠 만큼 풍족한 반면, 다수의 대중은 기본적 생필품조차 없어 배를 곯는 상태로서 (…) 이는 명백하게 자연 상태에 반하는 것이다"라는 말로 끝맺고 있지만, 그러한 상황을 어떻게 해결할 것인가는 제시하지 않는다.[44]

또한 『사회계약론』에서는 "자연적으로 볼 때, 모든 인간은 자신이 필요로 하는 모든 것에 대하여 일정한 권리를" 가질 뿐만 아니라 "어떤 시민도 다른 시민을 살 수 있을 만큼 부유해서는 안 되며, 어떤 시민도 자신을 팔 수밖에 없을 만큼 가난해서도 안 된다"고 말하고 있다. 하지만 루소가 노동 의무와 연계되지 않은 소득을 생각했을 가능성은 지극히 낮다. "진정으로 자유로운 나라에서는 시민들이 모든 일을 스스로의 손으로 행하며, 돈으로 해결하지 않는다. 각종 의무에서 면제되기 위해 돈을 내기는커녕, 이들은 그 의무를 스스로 행하는 것을 특권으로 여겨 이를 얻기 위해 오히려 돈을 내려고 할 것이다. 나의 관점은 일반적인 관점과는 크게 다르다. 나는 강제 노동이란 자유에 대립되는 것이라기보다 조세에 대립되는 것이라고 본다."[45] 또 훗날 『고백록』에서는 이렇게 쓰고 있다. "수중에 들어 있는 돈은 자유의 도구이지만, 기를 써서 벌어야 하는 돈은 노예를 만드는 도구다."[46] 하지만 이 책은 그가 이 명제의 제도적 함의를 깊게 탐구할 성격의 저서가 아니었다.

이처럼 정식화라고 하기도 민망할 정도로 모호한 형태로 나타나기는 했지만, 이 새로운 생각들은 프랑스 혁명을 거치면서 정치적 반향을 불러오게 된다. 혁명 이전까지 프랑스에서의 빈민 구호는 대부분의 가톨릭계 유럽 국가와 마찬가지로 교회의 전유물이었고 또 기독교인의 의무에서 나온 사적인 자선의 영역에 머물고 있었다. 하지만 특히 도시 지역에서 교회의 존재감은 줄어들고 있었고, 교회가 빈곤 문제를 다루는 방식 또한 갈수록 비판을 받고 있었다. 1767년 이후에는 영국의 노역소에 해당하는 빈민 수용소가 설립됐다.[47] '걸인 대책 위원회(comité de mendicité)'라는 것도 1790년에 만들어진다. 이 위원회가 1790년 프랑스 혁명 당시 국민의회에 제출한 보고서에 따르면, 작가로 활동했던 프랑수아 드 라로슈푸코-리앙쿠르(François de Larochefoucault-Liancourt, 1747~1827)는 구걸의 근절이야말로 "현명하고 개화된 민족의 의무로서 제시했다"고 한다. 이 위원회는 더 나아가 이렇게 주장한다. "사람들은 항상 가난한 이들을 자선의 대상으로만 여겼을 뿐, 가난한 이들이 사회에 대해서 갖는, 또 사회가 그들에 대해서 갖는 여러 권리를 고려한 적은 한 번도 없었다. 하지만 이것이야말로 프랑스의 헌법이 수행해야 할 위대한 의무다. 오늘날까지 그 어떤 헌법도 인간의 권리를 인정하고 존중하지 않았기 때문이다."[48] ●

1792년 9월, 프랑스 제헌의회는 새로운 헌법을 준비할 위원들

● 프랑스 혁명이 시작된 직후 형성된 국민의회는 그 유명한 '시민과 인간의 권리 선언'을 채택한다. 여기에서 중요한 점은 단순히 어떤 정체체의 성원이 그 정체체 내에서 갖는 권리들(civil rights)뿐만 아니라, 자연법 사상에 입각하여 모든 정체체보다 논리적으로 우선하는 인간의 권리, 즉 '인권'이라는 추상적 개념을 인정하고 거기에서 여러 권리를 도출하려 했다는 점이다. 이는 그 전에 있었던 미국 혁명의 영향이 분명하다. 이 문맥에서 보면 프랑스의 헌법이 '인간의 권리'라는 추상적인 권리를 인정한 이상 가난한 이들에 대한 관점도 달라야 한다는 주장으로 연결된다.

을 선출하고, 그중 한 명인 앙투안 니콜라 드 카리타 콩도르세 후작 (Antoine Nicolas de Caritat Marquis de Condorcet, 1743~1794)에게 위원회의 지도적 역할을 맡겼다. 그는 철학자이자 수학자, 정치운동가로서 공교육론의 주창자이기도 했다. 이 위원회는 아주 혼란스러운 상황의 한복판에서 작업을 계속해나갔다. (이듬해인 1793년에 루이 16세가 단두대에서 처형됐다.)

그 와중에 당시 소수파였던 자코뱅 좌파는 헌법에 사회권(social rights)을 포함시켜야 한다는 운동을 전개하고 있었다. 자코뱅당의 지도자였던 막시밀리앵 드 로베스피에르(Maximilien de Robespierre)는 1792년 12월에 행한 연설에서 이렇게 말한다. "제1의 권리는 생존의 권리입니다. 따라서 사회의 제1의 법률은 바로 모든 성원들에게 생존 수단을 보장한다는 것입니다."[49] 1793년 4월, 그는 이를 새로운 인권 선언서의 초안에 명문화한다. "사회는 그 모든 성원들에게 일자리를 주고 일할 수 없는 이들에게는 생계수단을 보장하는 방법으로 생존을 확보해주어야 한다. 필수적 생계수단이 없는 이들에게는 부조가 반드시 있어야 하며, 이를 마련하는 것은 물자가 풍족한 모든 이의 의무다."[50] 콩도르세의 제헌위원회에서 나오게 된 제안은 이만큼 급진적이지는 않았다. 하지만 자코뱅 당원들은 로베스피에르의 초안이 새 헌법에 포함될 것을 원했다.

결과적으로 1793년 제헌의회에서 채택된 문안은 콩도르세 위원회의 제안과 자코뱅 당원들의 요구 사이의 모종의 타협의 산물이었다. 이는 1793년 7~8월에 열린 국민투표에서 대다수의 동의를 얻는다. 이 21개 조의 헌법은 로베스피에르의 제안을 긴밀히 따르고 있으며, 이로써 사회권은 헌법에 처음 명시적으로 자리잡게 된다. "공공부조는 성스러운 부채다. 사회는 불행한 시민들에게 생계수단을 빚지고

있으므로, 그들에게 일자리를 제공하든가 일할 수 없는 이들에게는 생계수단을 확보해주어야 한다."⁵¹

이는 서면상으로 보자면 대단한 진전이라 하겠지만, 이렇게 대담한 선언들이 나왔다고 해서 현실 세계가 곧바로 변화한 것은 전혀 없었다. 자코뱅당은 잠시 동안 우위를 점했지만 곧 권좌에서 축출당했다. 로베스피에르는 1794년 7월 단두대에 올랐으며, 1793년 헌법은 전혀 시행된 적이 없고, 21조의 내용 또한 그 이후 프랑스에서 채택된 여러 헌법에 다시 나타난 적이 없다.

하지만 그렇다고 해서 이 사건이 후대에 아무런 영향도 남기지 않은 것은 아니다. 한 예로, 이 사건은 파리에서의 사태 전개를 대단히 주의깊게 열성적으로 주시했던 두 명의 독일 철학자들의 저작에서 나타나고 있다. 칸트(1724~1804)는 『도덕의 형이상학(Metaphysics of Morals)』(1797)에서 정부가 "가장 필수적인 자연적 필요조차 충족시킬 능력이 없는 이들에게 부유한 이들이 생계수단을 공급하도록 강제할 권력"을 갖는다는 관점을 옹호하고 있다.⁵² 아울러 요한 고트리이프 피히테(Johann Gottlied Fichte, 1762~1814)는 저작 『상업적 국가(Commercial State)』(1800)에서 이렇게 주장한다. "합리적 국가라면 마땅히 가난한 사람들이 존재해서는 안 된다."⁵³

하지만 혁명의 혼돈 속에서 사람들이 거의 눈치 채지 못한 중대한 무언가가 벌어졌다. 이를 통해 사회적 보호는 아주 강력한 새로운 출발점을 얻게 되었으며, 처음에는 유럽 그리고 나중에는 전 세계로 확산됐다.

사회보험: 콩도르세에서 비스마르크까지

아직 프랑스에서 헌법을 놓고 국민투표가 진행 중이었던 1793년 7월, 자코뱅당의 주도로 제헌위원회 지도자였던 콩도르세에 대한 체포 명령이 내려졌다. 투옥은 물론 사형 선고의 가능성까지 높아지자 콩도르세는 파리에서 은신한다. 하지만 1794년 3월 은신처를 떠나다 체포되었고 감방에서 의문스럽게 사망한다. 그는 은신 중이었던 9개월 동안 유명한 저서 『인간정신 진보의 역사적 개관 초고(Esquisse d'un Tableau Historique des Progrès de l'Esprit Humain)』를 집필했다. 이 책은 1년 후에 출간되는데, 스핀햄랜드 시스템이 제도화되는 바로 그 해였다. 책의 마지막 장에 보면 콩도르세가 풍요한 미래로 이르는 아이디어, 즉 사회보험이라는 아이디어를 최초로 일반적 형태로 정식화하는 짧은 단락이 나온다.

> 그러므로 불평등, 의존 상태, 심지어 빈곤에 있어서도 필연적인 원인이 존재하며 이것이 우리 사회에서 가장 수가 많고 가장 활동적인 계급을 끊임없이 위협하고 있다. 우리는 그것에다가 행운을 나란히 붙여놓음으로써 그러한 위협을 큰 정도로 제거할 수 있다는 것을 보여주고자 한다. 예를 들어 고령에 이른 이들에게는 구호가 주어지도록 보장한다. 이때 그 구호의 재원은 구호를 받는 본인들이 젊었을 때 저축해놓은 산물이기도 하지만, 그와 똑같은 희생을 치러 저축을 해놓았으나 그 결실을 거둘 나이가 되기 전에 사망한 이들이 남겨놓은 저축을 활용해 마련하기도 한다. (⋯) 이러한 아이디어는 사람들이 생존하는 확률에 미적분학을 적용하는 것과 화폐의 투자라는 것, 이 두 가지를 원천으로 삼고 있다. 후자는 이

미 성공적으로 사용되어왔지만, 소수의 개개인이 아니라 사회 전체 대중에게까지 정말로 유용할 정도의 규모로, 또 다양한 형식으로 사용된 적은 한 번도 없었다. 이렇게 되면 많은 수의 가족이 주기적으로 파산하는 문제―이것이야말로 부패와 빈곤의 마르지 않는 원천이다―를 해결할 수 있게 된다.[54]

이렇게 납부금에 기초하여 노동자들과 그 가족 모두에게 사회보험을 제공한다는 아이디어는 공공부조의 지도 원리와는 근본적으로 다른 것이다. 결정적인 문제는, "많은 수의 가족이 주기적으로 파산하는 일"은 이제 부자가 빈민을 돕는 방법으로써가 아니라 노동자 스스로가 서로를 돕는 방법으로 예방된다는 것이다.[55] 콩도르세의 아이디어는 당대에 즉각적 영향을 주지는 못했지만, 19세기는 그의 아이디어가 자라날 수 있는 비옥한 토양을 제공했다.[56] 산업혁명과 전통 사회의 유대 체계가 빠르게 해체되자, 공공부조라는 협소한 틀을 넘어서는 사회 보호의 형태를 찾아내는 일이 갈수록 절박한 과제가 됐다. 상호부조를 위한 자발적 결사체들이 여러 유럽 도시에서 자생적으로 생겨났던바, 이들은 노동운동의 출현과 연관되어 있는 경우가 많았다. 그리고 일부 사회주의 운동 지도자들 또한 마르크스의 사회주의 혁명과 피에르 프루동(Pierre-Joseph Proudhon)의 비 국가 상호주의에 대한 대안으로서 국가가 조직하는 사회보험의 창출을 주장하기 시작했다.[57]

독일의 경우, 공적으로 조직된 의무적 사회보험이라는 아이디어는 레오폴트 크루크(Leopold Krug: 1810)가 최초로 제기하였으며 훗날 이른바 '강단사회주의자들(Kathedersozialisten)'이 발전시켰다. 강단 사회주의자들은 아돌프 바그너(Adolf Wagner: 1881)와 구스타프 폰 슈

몰러(Gustav von Schmoller: 1890)가 이끄는 일군의 사회주의자 교수들로서, 근대적 사회보험 시스템의 탄생에 결정적인 영향을 미쳤다. 그리고 통일된 독일의 재상인 오토 폰 비스마르크(Otto von Bismarck)는 사회주의 운동의 발흥을 막고 또 기왕에 이루어진 독일 통일을 강화하기 위하여 1883~1889년에 최초의 의무적 노동자 보험 시스템을 설립한다. 이는 질병, 장애, 노령 등을 모두 포괄하는 종합적인 보험으로 그 경영과 관리에 고용주들과 노동조합이 모두 적극적으로 참여하게 되어 있었다.[58]

비스마르크의 혁신적인 제도를 유럽의 다른 국가들이 즉각 따라한 것은 아니었다. 일단 좌익 측에서는 이를 프롤레타리아트와 자본주의를 화해시키려 하는 책략으로 보았던 혁명가들의 반대에 부딪혔을 뿐만 아니라, 좀더 넉넉하고 종합적인 공공부조 시스템에 모든 희망을 걸었던 일부 개혁주의자들의 저항에도 부딪혔다. 하지만 결국에는 지배적인 제도로 자리 잡게 된다. 한 예로 프랑스 사회주의 지도자인 장 조레스(Jean Jaurès, 1859~1914)는 재산 조사에 기초한 공공부조가 관리 행정을 맡은 이들에게 지나친 재량권을 허용한다고 비판했다. "일단 '자원 부족'이라는 이야기가 나오기 시작하면, 그 다음에는 평가니 토론이니 하는 요소들이 도입되며, 여기에 불확실성의 요소가 들어오게 된다." 반면, 사회보험의 수혜 자격은 본인이 과거에 이룬 기여에 기초하고 있으므로 진정한 수급권이라고 볼 수 있으며, 이것이 "진정한 또 실질적인 차이"를 만들어낸다. 은퇴 연령에 도달한 이들은 "어떤 토론도 없이, 절대적 확실성을 가지고" 스스로의 연금을 얻게 될 것이라는 얘기다. 따라서 조레스는 "장래에는 일반적이고 체계적인 보험의 조직화가 모든 종류의 리스크로 확장되어 이것이 공공부조를 대체하게 될 것이라고 확신"했다.[59]

산업 재해에 대비하는 의무적 보험 제도가 1898년 프랑스에서 채택되었고, 공공 노령연금 시스템은 1910년에 도입됐다.[60] 유럽 안팎의 많은 나라가 거의 동일한 시기에 비슷한 모델을 도입했다. 이러한 모델에서는 노동자와 고용주 중 한쪽 혹은 양쪽 모두가 의무 납부금을 내야 하며, 보통 총임금에서 고정된 일정 비율의 형태로 액수가 정해졌다. 그리고 그 대가로 그들과 그들의 가족이 질병, 실업, 신체장애, 노령, 죽음 등의 상황에 처했을 때 가장의 소득 일부를 받는 수급권을 갖게 됐다. 비스마르크 이후로 사회 보호는 근대 정부의 주변적 활동 중 하나가 아니라 점차 그 핵심 임무 가운데 하나로 인정되었으며, 소위 '사회적 협력자들'(고용주 대표와 노동자 대표)과 협력하여 수행될 때가 많았다. 이것이 현대 복지국가의 탄생을 알리는 이정표이며, 그 핵심에 있는 것이 바로 사회보험이다. 오늘날 모든 복지국가에서 사회보험은 중심적인 역할을 수행하고 있으며, 유럽의 이른바 '비스마르크식' 복지국가들에서는 그 역할의 중요성이 압도적으로 크다. 미국에서는 사회보험에 실업보험, 메디케어*, '사회보장'(노령보험, 유족보험, 장애보험 등을 포함한다) 등이 포함된다.

이러한 제도들은 가난한 이들을 대상으로 삼은 것이 아니었고, 엄청난 규모의 소득 이전이 벌어지기는 했지만 그 대상이 빈민은 아니었다. 하지만 이런 것들의 출현은 곧 빈곤 문제에도 큰 영향을 미치기 시작했다. 보험을 통해 예비할 수 있는 종류의 여러 리스크를 해소하게 된 것도 그 원인 중 하나였다. 또 다른 원인은 이러한 보험 제도들이 의도한 것은 아니고 방식도 불투명하기는 했지만, 사전적인 재분배라는 진정한 연대라 할 만한 요소를 갈수록 더 많이 포함하게 되

---

* 20년 이상 사회보장세를 납부한 65세 이상 노인들과 장애인들에게 의료비의 절반을 제공하는 보험.

었다는 것이다. 즉, 좀더 유리한 위치에 있는 범주의 인구에서 그렇지 못한 범주의 인구로의 재분배라는 요소가 여러 보험 제도로 흡수된 것이었다. 사실 이러한 재분배는 대개 예측가능한 것이기에 보험이라는 동기 하나만으로는 그러한 제도를 굳이 두어야 하는지를 정당화할 수 없는 것들이었다.[61] 예를 들어 이는 보편적 건강보험, 가족수당, 최소 및 최대 수준의 은퇴 후 연금 등으로서, 이것들은 모두 가입자 각자의 소득 수준에 비례해 부과되는 납부금을 재원으로 삼게 된다. 이런 것들은 비록 사회보험의 겉모습을 하고 있지만 사실은 기여금을 많이 내는 이들과 적게 내는 이들, 리스크가 높은 이들과 낮은 이들 사이의 진정한 연대인 셈이다. 이렇게 하여 노동자들은 과거에는 사적인 자선과 공공부조를 통해 수행되던 일의 많은 부분을 사회보험으로 수행할 수 있게 되었다.

각종 사회보험 제도가 이러한 노선을 따라 발전하게 되자, 공공부조 제도들은 금세 축소되고, 빈곤과의 싸움에서 부차적인 역할로 밀려나게 됐다. 사회보험 제도들은 또한 포용적이고 '보편적인' 성격 때문에 공공부조 제도들보다 우월한 것으로 간주되는 것이 보통이었다. 가난한 이들의 존엄성이라는 측면에서 볼 때는 모든 노동자와 부자, 빈민을 포괄하는 제도가 빈민만을 식별해내 대상으로 삼는 제도보다는 좀더 훌륭하다. 특히 전체 인구에서 노동자와 그들의 부양가족이 다수를 차지하며, 노동자들(혹은 그들의 고용주들)이 노동자 본인에게 부과되는 보험 납부금을 납부하고 모든 사회보험의 수급권을 갖는 상황에서는 이러한 논리가 꽤 잘 먹힌다.

하지만 이 조건이 충족되지 않는다면 그 논리도 무너진다. 수많은 젊은이들이 아예 노동시장에 진입하지 못할 수도 있다. 많은 노동자들은 실업보험 기간이 끝날 때까지도 직장을 잡지 못할 수 있다. 요즘에는 가족의 해체로 인해 근로 기록이 전무한 한부모가 무수히 나타나고 있다. 더욱이 전 세계적으로 볼 때 대부분의 노동은, 심지어 공식적인 영역에서 이루어지고 있지도 않다. 이러한 상황에서는 공공부조가 비베스와 스핀햄랜드 시절만큼 꼭 필요하고 절실한 것이 된다. 하지만 그때 이후로 상당히 포괄적인 사회보험 제도들이 발전해온 오늘날에는 공공부조가 사회보험 제도에 어느 정도 중요성을 갖는 보완물로서 작동해야만 한다.

사회보험 이후의 공공부조: 루스벨트에서 룰라까지

사회보험 시스템이 확고하게 자리잡은 나라에서는 현대화된 공공부조 시스템이 등장하게 됐다. 이 공공부조 시스템은 사회보험 시스템으로 충분히 보호받지 못하거나 전혀 보호받지 못하는 인구에 궁극적인 안전망을 제공함으로써 주변적이기는 하지만 중대한 역할을 수행했다. 미국에서는 1935년에 프랭클린 D. 루스벨트 대통령의 사회보장법(Social Security Act of 1935)이 통과됐다. 우선 노령보험과 실업보험으로 구성된 방대한 사회보험이 존재하며, 거기에 덧붙여서 부양아동부조(Aid to Dependent Children, ADC)가 포함되어 있다(이는 납부금을 내지 않고도 받을 수 있는 비기여형[noncontributory]이다). 이는 이후 1962년 부양아동가족부조(AFDC)로 이름만 바뀌었다가 1996년에는 빈곤가구임시지원(Temporary Assistance to Needy Families, TANF)으로 크게 변한다. 이 프로그램의 수급권은 아이가 있는 가정으로 제한되며, 연방 정부 차원에서 자금을 대고 시행은 주 정부 수준에서 하게 되어 있어서 주 정부가 일정한 자율성을 가지고 있었다. 이는 1996년에 상당히 확장된다.[62] 가정에 대한 이러한 최저소득 프로그램 이외에도,

보충적 영양 보조 프로그램(Supplemental Nutrition Assistance Program)으로 오늘날 알려져 있는 푸드스탬프 프로그램이 1964년 린든 존슨 대통령이 시작한 이른바 '빈곤과의 전쟁'의 틀 안에서 도입됐다. 이는 노동시장에 나와 있지만 일자리를 잡지 못한 저소득 성인들에게 바우처를 나눠주고 인가된 상점에서 식료품을 구매할 수 있도록 한 제도였다.[63]

루스벨트 대통령의 사회보장법 입법이 이루어진 지 약 10년 후인 1948년, 영국에서도 좀더 포괄적인 국가부조법(National Assistance Act)이 통과됐다. 이는 윌리엄 비버리지 경(Sir William Beveridge)이 전시 중에 제출한 보고서「사회보험과 연계 서비스들(Social Insurance and Allied Services)」에 기초를 두고 있었다. 이 법은 모든 빈곤한 가정이 무기한으로 '필요를 충족'하는 데 충분하도록 '부조 교부금(assistance grants)'을 현금으로 공급하고, 대신 노동 능력이 있는 이들은 '위원회가 미리 정한 방식으로 고용을 위한 명부에 이름을' 올리도록 규정하고 있다. 이 제도는 오늘날에도 필수적인 위치를 점하고 있으며, 국가 차원에서 강화되고 통일된 사회보험 시스템에 대한 보조 장치의 역할을 하고 있다. 이는 구빈법 시스템이 확실하게 폐지됐다는 명시적인 이정표가 됐다.

20세기 후반에 들어오면서, 크게 볼 때 영국의 공공부조 프로그램과 비슷한 여러 제도들이 유럽 각국에서 도입되었다. 또한 각종 사회보험들 사이의 격차를 체계적으로 메꾸려는 시도 속에서, 기존에 있던 지역 차원 제도들을 통합하여 기초로 삼는 경우도 많았다.

1957년 스웨덴은 기존의 여러 형태의 빈민 구호 제도들을 진정한 전국적 단위의 최저소득 제도로 전환시키는 것을 내용으로 하는 공공부조법을 채택한 최초의 나라가 됐다. 덴마크와 독일도 1961년 그 뒤를 따랐으며, 네덜란드는 1963년, 노르웨이는 1964년, 벨기에는 1974년, 아일랜드는 1975년에 그 뒤를 따랐다.

프랑스는 1988년이 되어서야 자국 고유의 제도를 도입했다. 이때 정부를 이끌었던 미셸 로카르(Michel Rocard)는 최저통합소득(revenu minimum d' insertion)을 출범시켰고, 2009년에는 이를 개혁하여 적극적 연대소득(revenu de solidarité active)이라고 재명명했다. 오늘날 유럽연합의 대부분 회원국 내에서는 모종의 전국적 최저소득 제도가 시행되고 있으며, 그 시행과 관리 운영에 있어서는 지자체 정부들에 의존할 때가 많다. 주요한 예외는 이탈리아와 그리스다. 유럽과 북아메리카 이외에도, 20세기 후반에 들어오면서 그러한 공공부조 제도들은 다른 OECD 국가들에 도입된다. 예를 들어 일본은 1950년에 생활보호법(Livelihood Protection Law)을 채택했다. 이 법은 오늘날에도 효력이 있는데, 모든 궁핍한 개인은 대단히 엄격한 재산 조사를 거친 후, 일자리가 나오면 노동을 해야 한다는 엄격한 요건들을 충족 해야만 공공부조를 받을 자격이 있다고 명시하고 있다.[64]

얼마나 넉넉히 주는가, 집중화의 정도는 어떠한가, 또 그 밖의 세부 조건들은 나라에 따라, 때로는 한 나라 안에서도 다양하다. 하지만 그러한 제도들의 목적은 노동, 저축, 사회보험 등에서 얻는 소득이 충분하지 못한 가정에 조건부로 최저소득을 보장―빈곤선 이하의 수준으로 지급되는 경우가 대부분이지만―함으로써 안전망을 창출해주는 것으로, 모두 동일하다. 공공부조는 빈곤에 처한 이들에게 최종적인 안전망으로 작동하지만, 여기에는 재산 조사가 뒤따르며, 노동 능력이 있는 이들에게는 일할 의사를 요건으로 내건다. 또한 개인이 아닌 가정 전체의 수준에서 작동하는 성격을 갖는다. 사회보험 시스템이 잘 발달해 인구 대다수를 포괄할 수 있게 된(이는 비록 은폐되어 있지만 엄격한 보험의 원리에서 크게 벗어난 덕으로 가능해질 때가 많다) 나라들에서는 이러한 최저소득 제도들이 비교적 주변적 역할로 머물게 된다.

반면 공공부조는 비공식 경제가 큰 규모로 존재하는 덜 개발된 나라들에서는 그 역할이 훨씬 더 중요해진다. 그 초기의 예 하나가 남아프리카 공화국의 '노령 교부금(old-age grant)'이었다. 이는 비기여형 연금 제도로서 1920년대에 백인들만을 위해서 만들어졌지만 아파르트헤이트 체제가 종식될 무렵에는 전 인구로 확장됐다.[65] 근년에 들어오면 이른바 개발도상국들 전반에 걸쳐서 이와 비슷한 종류의 조건부 현금 교부 제도에 대한 관심이 높아져왔다. 브라질의 보우사 파밀리아(bolsa familia, 가족 교부금)가 가장 규모가 큰 예다. 2001년 카르도소(Fernando Enrique Cardoso) 대통령 시절에 중앙 정부 차원에서 재산 조사에 근거한 아동수당 시스템인 보우사 에스콜라(bolsa escola, 학교 교부금)가 도입되어 있었는데, 보우사 파밀리아는 2003년 룰라(Lula da Silva) 정권에 들어와 이를 여러 다양한 재산 조사에 기초한 공공부조 프로그램들과 결합시킨 것이다. 이는 소득이 일정한 빈곤선(정확한 액수는 가족 구성에 따라 달라진다) 아래에 있는 가정에 급여를 배분하는 프로그램으로서, 어린 아동들을 학교에 보낼 것 그리고 건강 검진을 받도록 할 것을 조건으로 삼고 있다. 2014년 현재 약 1400만 가정이 이 프로그램에 포함돼 있으며, 이는 브라질 인구의 4분의 1을 넘는 숫자다. 같은 종류로서 또 다른 유명한 프로그램의 예는 1997년에 진보(prograsa)라는 이름으로 시작하여 나중에 기회(Oportunidades)라는 이름으로 바뀐 멕시코의 프로그램과 2002년에 생겨난 칠레의 칠레연대(Chile Solidario)를 들 수 있다.[66]

여러 국제기구와 영향력 있는 많은 연구단체가 지원하고 있는 이 프로그램들은 이제 라틴아메리카를 넘어 멀리 확산되고 있다. 국가적으로 조직된 조건부 최저소득 제도는 이렇게 전 세계적인 현상이 되고 있으며, 그중에는 사회보험 시스템이 그다지 발달하지 않아 이 제도가 소득 분배에서 중요한 역할을 하게 되는 나라들도 많다. 이 제도는 물론 기본소득과 멀리 떨어져 있지만, 기본소득이라는 아이디어가 나타나게 된 역사적 맥락을 대략적으로 보여주고 있다. 그리고 기본소득 제도가 실현된다면 바로 이러한 맥락에 맞춰 들어가야만 한다.

1 이것이 토머스 모어가 기본소득 보장과 비슷한 제안을 했다는 주장을 정당화하는 유일한 구절이다. 그런 주장이 정당화될 수 있는지 여부는 다음의 라틴어 문장에 나오는 'aliquis proventus vitae(삶을 위한 일정한 소득)'이라는 말을 어떻게 해석하느냐에 달려 있다. "cum potius multo fuerit providendum, uti aliquis esset proventus vitae, ne cuiquam tam dira sit furandi primum, dehinc pereundi necessitas"(More[1516/1978: 44]). 이를 문자 그대로 해석하면 이렇게 된다. "삶을 위해 일정한 소득을 보장함으로써 그 누구도 도둑질로 시작해서 목숨을 잃는 끔찍한 일까지 당할 필요가 없도록 하는 것이 훨씬 나을 테지만."

2 More(1516/1978: 49).

3 에라스무스가 모어에게 보낸 편지(More[1518])는 Vives(1533/1943: v)의 서문에 인용되어 있다. 비베스가 크라인벨트에게 보낸 편지(Craneveldt[1525])는 Tobriner(1999: 17)에 인용되어 있다.

4 이 이야기는 토마스 아퀴나스의 『신학대전』과 관련이 있으며, 여기에 인용된 문장은 『Fathers of English Dominican Province』(1912)에서 가져왔다.

5 Vives(1526/2010: 95).

6 Vives(1526/2010: 67; 98). 이렇게 최저소득을 보장해야 하는 근거를 '범죄학'에 기대는 논리는 그 이후에 나온 여러 주장에서도 정기적으로 반복되어 나타나고 있다. 한 예로 푸리에는 이렇게 주장한다. "야욕으로 저질러지는 모든 사회적 범죄의 근원이 인민들의 빈곤이라는 점은 쉽게 증명할 수 있다"(Charles Fourier[1803/2004: 100]). 하지만 이러한 논리는 빈곤에 대한 투쟁과 나태에 대한 투쟁을 결합시키는 것을 정당화하는 데 너무나 빈번하게 사용된다. 이는 분명히 비베스에게서도 나타나는 경향이지만, 그로부터 3세기가 지난 뒤 제러미 벤담이 노역소(work house)를 제안할 때에도 나타난다. "어떤 사람에게 강도가 될 것이냐 굶어 죽을 것이냐의 선택만이 남게 된다면 어느 쪽을 선택할 불확실하다고 말하기는 힘들다"(Quinn[1994: 87]). Andrew Schotter(1985: 68-80)도 동일한 논리에서 ("시장에 참여할 선택지가 없는 사람이 굶어 죽을 처지에 있다면 그 사람은 비시장적

방식으로라도 식량을 얻을 수 있다.") 출발하지만, 이를 통해 보장소득이 아니라 펠프스식의 고용 보조금(제2장 참조)을 정당화한다. 납세자들이 치르는 비용이 범죄 감소에서 오는 이득을 초과하지 않는 선까지는 이 논리로 고용 보조금 제도를 정당화할 수 있다는 것이다.

7 Vives(1526/2010: 72).

8 Vives(1526/2010: 73; 75-76).

9 Vives(1526/2010: 73).

10 Vives(1526/2010: 89; 81; 76; 78).

11 Vives(1526/2010: 83-84; 87; 99).

12 뉘른베르크(Nuremberg)에서는 1522년 이후, 스트라스부르(Strasbourg)에서는 1524년 이후, 라이스니히(Leisnig)에서는 1524년 이후, 취리히와 몽스(Mons), 이프르에서는 1525년 이후(다음을 보라. Fantazzi[2008: 96], Spicker[2010: ix-x]).

13 Spicker(2010: ix)에서 인용.

14 비베스는 자신의 주장이 '혁명을 외치는 것'으로 오인되는 것을 막기 위해 확언하고 있다. 그는 종교 기관의 역할이 중요하다고 주장하고, 다른 기회에 주교들과 수도원장들의 역할에 대해 논하겠다고 말하고 있다(Vives[1526/2010: 74]). 그는 또한 "처음에는 가장 간단한 조치들부터 도입할 것이며, 어려운 조치들은 사람들이 눈치 채지 못할 정도로 조금씩 도입"할 가능성에도 여지를 두고 있다(Vives 1526/2010: 90). 그가 1535년에 출간한 저서 『하층 게르만인들의 공동소유제(De Communione rerum ad Germanos inferiores)』에서는 재세례파들이 주장하는 훨씬 더 급진적 평등주의에 기반을 둔 개혁들을 맹렬하게 공격하고 있다(Fernandez-Santamaria[1998: 77-95]).

15 비베스의 저서가 출간된 지 2년 만에 안트워프에서 플라망어로 번역돼 출간될 수 있었던 것도 이프르의 치안판사들이 주선해준 덕분이었다(foreword to Vives[1533/1943]). 이 이프르 문서는 이제 현대 영어로 번역되어 있다(Spicker[2010: 101-140]).

16 파리의 신학자들은 빈민들을 돕는 것이 부자들의 권리이자 의무로 계속 남아 있어야 하며, 시 정부가 가난한 이들을 돕겠다고 교회의 재산을 압류하는 일이 있어서는 안 된다고 주장하였다("이렇게 된다면 이는 가톨릭적인 미덕의 행함이 아니라 발도파[Waldensians], 위클리프파[Wycliffites], 루터파 등 불경스런 이단의 행위가 될 것이다"). 그리고 "교회에서 인가받은 수도승이 공공장소에서 탁발 행위를 하는 것을 금지하는 법령이 있어서는 안 된다"(문서 전체는 다음을 보라. Spicker[2010: 141-143])고도 주장했다.

17 City of Ypres(1531/2010: 135).

18 릴(Lille)에서는 1527년, 겐트(Ghent)에서는 1535년, 브뤼셀과 브레다(Breda)에서는

1539년, 루뱅에서는 1541년, 브루헤스에서는 1564년(Fantazzi[2008: 96-97]). 이와 궤를 같이해 프랑스의 군주 프랑수아 1세는 1544년에 빈민구호 활동의 운영을 담당할 빈민위원회(Poor Board)를 설립하였다(Régnard[1889]).

19 Fantazzi(2008: 109-10). 이 글은 20세기가 끝날 때가 되어서야, 그것도 부분적으로만 영어로 번역이 되었고(Tobriner[1999]), 21세기에 들어와서야 비로소 영어로 완역되었다(Fantazzi and Matheeusen[2002], Spicker[2010]).

20 스페인에서 비베스의 사상은 1545년 도밍고 데 소토(Domingo de Soto)와 후안 데 로블레스(Juan de Robles)라는 두 신학자의 격렬한 논쟁을 불러일으켰다. 데 소토는 자신의 저서 『빈곤의 원인에 대한 논쟁(In causa pauperum deliberatio)』에서 구걸의 억압에 대해 강력한 반대를 펼쳤고 또 노동의 의무라는 것에 대해서도 반대 논리를 펼쳤다. 데 로블레스 또한 빈민구호를 완전히 세속화하는 것에는 반대하였지만 비베스의 제안에 담겨 있는 실용주의적 차원에서의 고려에 대해 좀더 동정적이었으며 구걸을 규제하는 것 또한 지지하였다(Fernandez-Santamaria[1998: 166-76], Arrizabalaga[1999: 156], Fantazzi[2008: 107-8]). 네덜란드에서는 아우구스티노회의 수도승 로렌초 데 빌라비첸치오(Lorenzo de Villavicencio)가 1564년에 비베스의 사상을 비판하는 저서를 출간한다. 그는 그 두 해 전에 출간된 비베스 추종자 질 뷔(Gilles Wyts)의 저서를 광장에서 공개적으로 소각해야 한다고 주장하였지만, 루뱅대학의 신학자들을 설득하는 데는 실패하였다(Fantazzi[2008: 108-9]).

21 비베스와 이프르시의 제도가 영국에 미친 영향에 대해서는 다음을 살펴보라. Tobriner(1999: 23), Fantazzi(2008: 110), Spicker(2010: xv-xix).

22 다른 유럽 도시들, 특히 독일에서도 노역소들이 설립되었다(Harrington [1999] and Foucault[1961/2006: part I, chapter 2]). 그리고 오래지 않아 유럽 밖에서도 노역소가 나타났다. 일본에서 17세기에 최초의 노역소가 설립되었다(Garon [1997: 30]).

23 Boyer(1990: 94-9), Knott(1986: 13), Dyer(2012). 윌리엄 3세는 1699년 의회에서 행한 연설에서 "빈민들의 증가가 왕국에 큰 부담이 되었다"고 우려를 표하면서, 노동 능력이 있는 이들은 "노동하도록 강제해야 한다"고 천명했다(Nicholls[1854: 371]).

24 자세한 사항은 Tobriner(1999: 25-28).

25 스핀햄랜드 시스템은 당대에도 격렬한 반응을 불러일으켰지만, 훗날에도 엄청난 양의 문헌을 생산하는 학문적 주제가 된다. 그중에서도 유명한 내용이 칼 폴라니의 『거대한 전환』에 등장한다(Polanyi[1944/1957]). Boyer(1990), Block and Somers(2003)에도 유용한 비판적 개괄이 등장한다.

26 Burke(1795: 25; 261; 270; 280).

27 Boyer(1990: 53)에서 인용.

28 Malthus(1798/1976: 54-55).

29 Malthus(1826: 339).

30 이러한 정식화는 맬서스 저서의 완성본인 제6판에 나온다(Book VI, Chapter VIII, section 7). 맬서스의 구빈법 비판에 대해서는 Boyer(1990: 56-59)를 참고하라.

31 심지어 1830년대 일본에서도 저명한 도덕주의자이며 경제학자인 니노미야 손토쿠(二宮尊德, 1787~1856)가 빈민들에게 어떤 형태로든 현금으로 구호를 지급하는 것에 대해 비슷한 논리의 반대 의견을 표했다. "돈을 직접 주거나 세금을 면제해주거나 어떤 경우에도 빈곤한 이들을 돕지는 못한다. 사실, 그들을 구원하는 방법이 지닌 비밀은 바로 그들에게 주어지는 모든 금전적 도움을 끊는 데 있다. 따라서 이러한 도움은 그저 탐욕과 나태를 불러올 뿐이며, 빈민들 사이에 다툼이 끊이지 않게 만드는 원천이기도 하다"(다음에서 인용, Garon[1997: 31]).

32 Ricardo(1817/1957: 105-6).

33 Hegel(1820/1991: section 245).

34 Tocqueville(1833/1967: 8).

35 Tocqueville(1835/1997: 37).

36 하지만 토크빌은 이렇게 덧붙인다. "하지만 산업적 계급들이 점차 커져나가는 상황에 직면하면, 또 그로 인해 생겨나는 무한한 재화에 수반되는 문명의 온갖 해악에 직면하면, 개인 차원에서의 자선은 너무나 미약한 것으로 보인다." 만약 그렇다면 무언가 할 수 있는 일이 있을까? "이 문제의 해법을 찾는 나의 시선은 사방으로 뻗어나가고 있다. 연구해야 할 주제들이 계속 늘어나고 있다. 그중에서 나는 하나의 해결책의 가능성을 보기 시작하고 있지만, 지금은 더 논할 수가 없다." 토크빌의 음울한 분석은 이러한 열린 질문으로 끝나고 있으며, 그 해결책에 대해서는 다른 비망록에서 논하고자 했다. 하지만 토크빌은 그러한 저작을 남기지 못했다. 이 미완의 두 번째 비망록에 대해서는 Himmelfarb(1997: 11-13)을 참고하라.

37 Bentham(1796/2001: 39).

38 Bentham(1796/2001: 44-5).

39 벤담과 구빈법에 대해서는 Himmelfarb(1970), Kelly(1990: 114-136)를 보라.

40 다음에서 인용. Boyer(1990: 61).

41 한 예로 프리드리히 엥겔스는 자신의 저서 『영국 노동계급의 상태』에서 이렇게 말하고 있다(Engels[1845/2009: 292]). "소유가 없는 계급은 오로지 착취당하는 목적에서만 그리고 재산 소유자들이 그들을 사용할 수 없을 때는 굶어 죽는다는 목적에서만 존재한다는

생각이 이토록 대담하고 솔직하게 정식화된 바가 없었다. 그래서 이 신구빈법이야말로 노동운동의 발전을 가속화하는 데 크나큰 기여를 했던 것이다." 신구빈법과 노역소에 대한 가장 유명한 비판은 아마도 찰스 디킨스의 소설 『올리버 트위스트』(1838)에서 찾아볼 수 있을 것이다.

42 하지만 이는 결코 프랑스 계몽주의자들이 만장일치로 공유한 관점은 아니었다. 한 예로 『백과전서(Encyclopédie)』(1757, vol. 7, 73)에 튀르고(Turgot)가 기고한 'Fondation'이라는 항목에 보면 영국 구빈법에 대한 가장 신랄한 비판자가 썼을 법한 문장이 나온다. "많은 수의 사람을 공짜로 먹여 살려주는 짓은 그들을 나태로 몰아가기 위해 뇌물을 주는 것과 마찬가지이며, 이는 온갖 종류의 무질서를 낳게 된다. 이렇게 되면 일하는 사람의 삶보다 게으름뱅이들의 삶이 더 좋은 상태가 되기 때문이다. (…) 국가가 아주 잘 관리되어 빈민이 한 사람도 없는 상태라고 해도, 다수의 사람에게 공짜로 부조를 제공하는 제도를 설립하게 되면 그 즉시 빈민들이 생겨나게 된다. 원래 하던 직업을 포기하고 빈민이 되는 것을 자기 이익으로 삼는 이들이 무수히 생겨나기 때문이다."

43 Montesquieu(1748: chapter XXIII, 134).

44 Rousseau(1754/1971: 234).

45 Rousseau(1762/2011: Book I, section IX; Book II, section XI; Book III, section 15).

46 Rousseau(1789/1996: 64).

47 Forrest(1981: 13-19). 프랑스 '빈민 수용소'의 자세한 역사와 묘사에 대해서는 Peny(2011). 이는 또한 푸코의 저작 『광기의 역사』에서도 논의되고 있다(Foucault[1961/2006: 404-405]).

48 Gazette Nationale(July 16, 1790), 다음에서 인용(Regnard[1889: 266-267]). 라로슈푸코-리앙쿠르와 '걸인 대책 위원회'에 대해서는 Forrest(1981: 20-30) 참조.

49 Maximilien de Robes pierre, "Discours sur les trou bles frumentaires d'Eure-et-Loir"(December 2, 1792), 다음에서 인용(Soboul[1962: 326-7]).

50 새로운 인권 선언의 개요는 1793년 4월 21일의 자코뱅 클럽에서 낭독되었다. 다음에서 인용(Godechot[1970: 72]).

51 1793년 6월 24일 헌법 21조(Godechot[1970: 82]). Godechot(1970: 69-77)에서는 1793년 헌법이 준비되고 채택된 맥락이 생생하게 묘사되어 있다.

52 이는 소득 분배에 대한 칸트의 논의로는 유일하지만, 무척 충격적이다. 그 뒤에는 다음과 같은 문장들이 이어진다. "부유한 자들은 공영체(commonwealth)에 대한 책무를 얻게 된다. 그들이 살기 위해서는 그 공영체가 제공하는 보호와 돌봄을 필요로 하므로, 그들의 생존 자체가 그 공영체에 대한 복종을 행동으로 옮기는 것에 빚지고 있기 때문이

다. 이들의 이러한 책무에 기반해 국가는 이제 그들의 것을 가져다가 그들의 동료 시민들을 부양하는 데 쓸 권리를 갖게 된다. 이러한 부양 행위의 재원은 소유 재산이나 시민들의 영리 행위에 대한 과세, 혹은 기금을 조성해 발생하는 이자로 조달할 수 있다. (국가는 부유하므로) 이는 국가의 필요를 위해서가 아니라 시민들의 필요를 위해서다. 국가는 이를 행하는 방법으로 단지 자발적인 기여에만 의존하는 것이 아니라 강제력을 쓸 수도 있고, 공공에 조세를 부과하는 방법을 쓸 수도 있다(여기서는 단지 시민에 대한 국가의 권리만을 말하고 있으므로 가능한 방법이다)"(Kant[1797/1996]: Part II, Section 1, 100-101). 국가의 빈민 부양 의무에 대한 칸트의 관점을 주의깊게 논의한 저작으로는 Zylberman(forthcoming)이 도움이 될 것이다.

53 하지만 피히테는 이렇게 덧붙이고 있다. "또 그러한 국가에서는 게으름뱅이도 마땅히 존재해서는 안 된다." 나아가, 이렇게 주장한다. "모든 이들이 일을 해야만 하며, 만약 일을 한다면 살아가기에 충분한 몫을 가져야만 한다"(Fichte[1800/2012]).

54 Condorcet(1795/1988: 273-274).

55 콩도르세보다 1세기 전에 비록 보편성은 덜해도 똑같은 생각을 명쾌하게 정식화한 이가 있었다. 대니얼 디포(Daniel Defoe)의『여러 계획에 대한 에세이(Essay upon Projects)』(1697/1999)에 보면 '연금 사무소(pension office)'에 대한 계획이 나온다. 그 시작은 이러하다. "직업과 조건과 남녀를 불문하고 평판이 나쁘지 않고 거동이 자유로운 50세 이하의 모든 근로 시민들(거지들과 군인들은 제외)은 앞에서 말한 사무소로 와서 자신들의 이름, 직업, 주소를 기입하고 그 목록을 연금 목적으로 보관한다. 또 기록과 동시에 6펜스의 돈을 납입하며 1년에 4번 1실링씩을 또 납입한다. 그 이후에 다음과 같은 조건들이 발생하면 앞에서 말한 연금 사무소의 보증 아래 모든 이들이 보험을 얻게 된다." 그 조건들이란 상해(알코올 중독과 폭력에 의한 상해는 제외), 질병, 노환, 죽음 등이다. 나중에 쓴 에세이『자선을 베푸는 것은 사랑이 아니다(Giving Alms no Charity)』(1704)에서 디포는 노동시장에 교란을 일으키는 노역소와 자선을 행하는 민간인들에 대해서 강력히 비판한다("그들은 부랑 행위를 장려하며, 잘못된 열성 때문에 백해무익한 짓들을 하고 있다"). 하지만 예전에 스스로가 내놓았던 제안을 대안으로 반복하지는 않는다.

56 거의 비슷한 시기에 제러미 벤담 또한 미출간 저작에서 모종의 사회보험 시스템을 의무적으로 강제할 수 있다고 주장했다. 최소한 임금 수준이 높은 노동자들, 즉 "문제가 되는 몰락(생활 수준이 안락한 수준에서 그렇지 못한 수준으로 떨어지는 사태)으로부터 그들을 안전하게 지켜줄 만큼의 충분한 잉여가 포함된 소득을 거두는 이들은 매달 일정액을 납부해 '가정 조달 시스템'에 따라 여생을 보내기에 충분한 연금을 구매할 수 있다"(Writings on the Poor Laws I, 193-197).

57 예를 들어 벨기에의 사회주의 운동 지도자 페페(César De Paepe, 1841-1890)에 따르면, "모든 사고와 모든 위험 및 재난에 맞서는 보편적 보험이야말로 대규모로 또 통일된 방식으로 조직되는 공공 서비스의 주요한 목적이 되어야"만 한다(De Paepe[1889: 304-305]).

58 Perrin(1983: 36-42), de Swaan(1988: 187-192), De Deken and Rueschemeyer(1992: 102-103)에서 강조된 바 있듯이, 이 제도의 수혜자는 가장 잘 조직된 그래서 대단히 위협적인 산업 노동자들로만 제한되어 있었고, 농업 노동자들과 소규모 사업장 노동자들은 배제하고 있어서 후자는 훨씬 극악한 조건에 직면할 때가 많았다. 레오폴드 크루그(Leopold Krug)가 일찍이 1810년에 제안한 바 있는, 단일 비율의 사회적 납부금을 재원으로 삼는 단일 비율의 연금에 대해서는 Schmähl(1992)을 참조하라.

59 이 인용문은 1905년 프랑스 의회에서 노인들에 대한 공공부조를 둘러싸고 벌어졌던 뜨거운 논쟁 가운데 조레스가 했던 발언에서 가져온 것이다(Journal officiel du 13 juillet 1905, Débats parlementaires, Chambre des députés, 8e législature, Compte-rendu — 143e séance, séance du 12 juillet 1905, 2890-2892). 또 다른 좌파 의원이었던 미르망(Léon Mirman)은 사회보험이 임금을 받는 노동자들과 그렇지 못한 노동자들을 분열시킨다는 이유에서 반대하기도 했다. Hatzfeld(1989: 65-79).

60 Castel(1995: 288-290).

61 이 과정에 대한 통찰력 있는 설명으로는 Baldwin(1990)를 보라.

62 이에 대한 간명한 설명으로는 다음을 보라. King(1995: 181-182).

63 캐나다에서는 각 주의 공공부조 부문 재정을 지원하기 위해 1960년대에 연방 부조 계획이 실시되었다. 이 제도는 처음에 '캐나다 부조 계획(Canada Assistance Plan)'이라고 불렸으며 나중에는 '캐나다 사회 소득 이전(Canada Social Transfer)'이라고 불렸다. 연방 정부에서는 공공부조를 제공하기 위해 거주 기간 조건 등을 붙이지 못하도록 금지했지만, 각 주 정부에서는 이에 아랑곳하지 않고 재량껏 정책 기준을 발전시켰다. 그 결과 오늘날 캐나다의 모든 주에서는 주민들에게 모종의 소득 지원을 제공하지만, 그 내용은 주마다 크게 다르다.

64 유럽의 상황 개괄로는 Flora(1986), Frazer and Marlier(2009)를 보라. 일본에 대해서는 Vanderborght and Sekine(2014: 21-22)를 보라.

65 남아프리카공화국의 비기여형 연금 제도에 대해서는 다음을 참고하라. Case and Deaton(1998), Letlhokwa(2013), Surrender(2015).

66 Lo Vuolo(2013).

BASIC
INCOME

제 4 장

기본소득의 역사

유토피아적 꿈에서 세계적 운동으로

지금까지는
자본 앞에서 노동이 머리를 조아려왔지만
이제는 아니다.
이제 자본은 인간과 협조하는
동인(動因)이라는 본래의 역할로
위상이 축소될 것이다.

1795년은 스핀햄랜드의 치안판사들이 재산 조사에 기초한 현금 급여 제도를 설립했던 해다. 이 제도는 진정한 최저소득 제도의 모습을 갖춘 최초의 제도였지만 곧 엄청난 반발을 불러온다. 이해는 또한 콩도르세가 사회보험이라는 일반적 아이디어를 처음으로 정식화한 저서가 출간된 해이기도 하다. 이 아이디어는 훨씬 나중에 복지국가의 주요 원리가 된다. 또한 이해는 콩도르세의 가장 가까운 친구 중 한 사람이 짧은 글 하나를 쓰기 시작한 해이기도 하다. 이 글은 당대에는 거의 주목을 받지 못해 곧 잊혔지만, 두 세기가 지난 후에 재발견되어 진정한 무조건적 기본소득에 매우 가까운 내용을 최초로 제안한 문서로 인정받게 된다.[1]

상상 속의 기본소득: 토머스 스펜스 vs. 토머스 페인

미국 혁명과 프랑스 혁명 모두에서 두각을 나타냈던 인물인 토머스 페인(1737~1809)은 1796년에 출간된 『농업에서의 정의(Agrarian Justice)』(1796) ― '프랑스 공화국의 의회와 총재 정부에 보내는 글(to the Legislature and the Executive Directory of the French Republic)'이라는 부제가 붙어 있다―에서 공공부조 및 사회보험과 근본적으로 상이한 새로운 제도를 제안한다.[2] 이 글에서 그는 이렇게 제안한다. "전국적 기금을 창출하여 그것으로 모든 이들에게 돈을 지불한다. 21세가 되었을 때 15파운드를 지급하는데, 이는 부분적으로는 토지 소유 시스템의 도입으로 인해 그 사람이 잃게 된 상속 재산에 대한 보상이다. 또한 현재 50세 이상의 살아 있는 모든 개인에게는 죽을 때까지 연간 총 10파운드를 지급하며, 다른 이들도 그 나이에 도달하면 똑같은 액수의 돈을 받게 된다."[3]

이 금액은 당시 상황에서 얼마 정도의 돈이었을까? 당시의 젊은 부부는 1인당 15파운드의 돈을 손에 넣으면 "암소 한 마리를 사서 몇 에이커 정도의 토지를 경작하는 데 쓸 수 있었다"고 한다.[4] 당시의 기대수명이 짧았음에도 불구하고, 기금의 대부분―페인의 계산에 의하면 거의 80퍼센트―은 50세 이상의 모든 남녀에게 지급되도록 했다. 이는 철저히 개인 차원으로 보편적, 무조건적으로 지급되는 기본소득이었다.[5]

페인이 이러한 제안을 도덕적으로 정당화했던 논리는 기독교 전통에서 발견할 수 있는 사상과 연관된 것이었다. 즉, 땅은 인류 전체의 공동재산이라는 것이다. 이 사상은 이미 4세기에 성 암브로시우스가 주장한 바 있다. "땅은 부자와 빈민을 가릴 것 없이 모든 인간을 위해 창조된 것입니다. 그런데 어째서 당신은 토지를 혼자서만 소유할 권리를 주장하는 것입니까?"[6] 이는 또한 비베스의 『빈민 구호론』에도 나오는 생각이다. "하느님께서 이 거대한 세계의 모든 것을 창조하실 때 그 어떤 것에도 장벽이나 자물쇠를 달아놓지 않으셨으며, 그래서 그가 창조하신 모든 것은 공통의 것이었다."[7] 이는 또한 존 로크의 『정부론(Treatises of Government)』(1689)에서 정식화되어 더욱 유명해졌다.

하지만 심지어 로크의 경우에서도 이 공동의 소유라는 개념은 기독교의 자선이라는 의무와 명시적으로 결부되어 있었다. 로크에 따르면, "자신은 풍족한 삶을 누리면서도 그의 형제들에게 구호를 베풀지 않아 누군가를 죽게 내버려둔다면, 그가 어떤 신분의 사람이든 이는 죄악이다. 정의의 원리에 입각해볼 때 만인은 자기 스스로 정직하게 땀 흘린 소출에 대해 권리를 가지며 또 조상들이 그에게 물려주어 정당하게 취득한 것에 대해서도 권리를 가지게 된다. 따라서 자선의 원리에 입각해서 누구든 생활을 꾸려나갈 다른 수단이 없을 때는 풍족히 가진 다른 이의 재산에 대해서, 스스로를 극단적인 빈곤 상태에 처하지 않을 만큼의 재산을 나눠 받을 권리를 가지게 된다."[8] 더욱이 땅의 선물로 생겨나는 것들은 노동의 강제와 연관되어 있다. "하느님께서는 이 땅을 모든 인류에게 공동의 것으로 주시면서 또한 모든 인간에게 노동하도록 명령하셨고, 또한 인간은 본래 아무것도 없는 상태에 처해 있었으므로 노동을 하지 않을 수 없었다." 하느님께서는 이 세계를 "근면하고 합리적인 이들이 사용하라고 주셨으며(그리고 그러한 이들은 노동을 통하여 그 세계에 대한 권리를 갖는다), 싸우고 다투기나 하는 자들의 환상과 탐욕에 내맡기신 것이 아니다".[9]

페인의 주장은 로크의 주장과 날카로운 대조를 보인다. "내가 호소하는 것은 자선이 아니라 권리이며, 베풂이 아니라 정의다." 그리고 그는 "경작되지 않은 자연적 상태의 토지는 과거에도 미래에도 인류의 공동재산이며 앞으로도 영원히 그러할 것임은 논박의 여지가 없는 진리"라는 위와 같은 견지로부터 새롭고도 급진적인 결론을 도출해낸다. 페인은 토지가 경작되면 "개인의 재산 소유가 되는 것은 토지의 개선에서 나온 가치일 뿐, 토지 그 자체는 아니다. 따라서 경작된 토지를 소유한 모든 이는 자신이 보유한 토지에 대해 공동체에 지대(ground-rent)—이 표현을 쓰는 이유는 내 생각을 표현하는 데 더 적합한 용어를 알지 못해서다—를 빚지고 있는 것이다. 내가 제안하는 계획의 기금은 그 재원을 바로 이 토지-지대로 마련하자는 것이다"라고 주장한다. 그가 제안하는 제도가 보편적 성격을 띠는 것은 바로 다음과 같은 정당화 논리를 제시하고 있기 때문이다. "앞에서 이미 말했듯이, 가난한 사람이든 부유한 사람이든 모든 이에게 돈을 지급하자는 것이 나의 제안이다. 사람을 불쾌하게 만드는 차별을 미연에 방지하려면, 이렇게 하는 것이 최상이다. 또한 권리라는 점에서도 따져보자. 내가 제안하는 계획의 재원은 만인의 것인 자연적 상속물에서 나오는 것이다. 이는 인간 스스로가 창출한 혹은 상속받은 그 어떤 소유물보다도 상위에 있는 것이다. 따라서 이는 또한 만인에게 똑같이 지급되는 것이 마땅하다. 그것을 받지 않기로 선택한 이들은 그 돈을 공동 기금에 다시 쾌척하면 될 일이다."[10]

이렇게 페인이 제안했던 것은 보편적이고 아무 의무도 부과되지 않으며 개인에게 지급되는 현금이지만, 성인으로서의 전 생애에 걸쳐 지급되는 것은 아니다. 하지만 그의 제안이 진정 일생에 걸쳐 지급되는 기본소득의 개념으로 급진화하는 데는 그리 오랜 시간이 걸리지 않았다. 영국의 교사이자 활동가였던 토머스 스펜스(Thomas Spence, 1750~1814)는 1797년 런던에서 출간한 자신의 소논문 「영아들의 권리(The Rights of Infants)」에서, 페인의 『농업에서의 정의』가 기껏 '위대한 근본적 진리'를 기초로 깔아놓고서 '타협의 편의를 위한 형편없는 구조물'을 세워놓고 말았다고 공격했다.[11] 그리고 스펜스는 자신이 젊은 시절 이래로 늘 지치지 않고 주장해왔다고 주장하는 제안을 다음과 같이 정식화한다.[12] 모든 도시의 정부는 그 도시 내의 모든 토지와 가옥 및 건물을 여성들로 구성된 위원회에 위탁하여 그 사용을 경매에 붙일 것이며, 그렇게 해서 나온 수익금 중 일부는 건물들의 건축과 유지 보수를 포함한 모든 공공 비용 그리고 정부에 내야 할 세금 등으로 쓴다. "이렇게 모든 공적 비용을 갚은 후에 남는 잉여금은 그 교구 내의 모든 주민에게 공정하고도 동등하게 나눠준다. 여성이든 남성이든, 결혼을 했든 안 했든, 적출이든 서출이든, 생후 1일 된 영아든 죽기 직전의 노인이든, 부농과 상인의 가족이든 가난한 노동자 및 기계공의 가족이든 아무런 차별을 두지 않는다."[13]

스펜스가 자신의 기본소득 계획을 정당화했던 논리는 근본적으로 페인의 논리와 동일한 것이었다. "이렇게 지대로 납입된 금액의 잉여금에서 각자가 받은 몫은 그들 공동재산의 각종 자연적 소재의 가치에 맞먹는 것으로서, 문명화된 사회의 모든 인간이 지닌 불가침의 권리다. 원래 토지는 인간들의 공동재산이었지만 문명사회로 들어오면서 개개인이 경작과 개간의 목적으로 땅을 빌리는 것이 허락되었다. 이 때문에 그 땅에서 나오는 각종 자연적 소재를 그 개개인에게 빼앗긴 셈이 되어버렸다." 하지만 스펜스는 페인의 계획을 따를 경우 "다수의 시민이 빈곤한 상태에 처하여, 그들의 욕망과 성향으로부터 갈망하게 되는 유용하고도 호화로운 무수한 물품들을 구매하지 못하게 될 것"이지만, 자신의 계획을 따르면 만인에게 "안락한 생활을 위한 고갈되지 않는 수단"을 제공할 것이라고 주장했다. 스펜스는 자신의 계획 아래에서 지급되는 배당금이 더욱 후한 수준이기 때문에 경제활동의 전반적 수준을 부양할 것이라고 주장하는 것이다. "국내 교역은 놀라운 기세로 이루어질 것이다. 왜냐면 가난한 사람이 아무도 없기 때문이다. 모두가 의식주에서 만족스러운 생활을 누리게 될 것이며, 지대로 지불된 금액 전체가 (정부에 지불되는 얼마 되지 않는 금액만 빼고) 국내의 모든 교구와 모든 지역에서 유통될 것이므로, 모든 이가 생필품만이 아니라 많은 사치품과 우아한 것들까지 구매할 수 있을 정도로 보편적인 번영을 누리게 될 것이다."[14]

두 사람의 계획이 이러한 차이를 낳는 원인은, 페인의 제도가 상정한 재원이 전혀 개간되지 않은 상태에 있는 토지의 가치로만 제한되어 있는 반면, 스펜스의 제도는 모든 부동산, 건물, 그 밖의 모든 개발물들을 포괄하여 재원으로 삼는다는 데 있다. 하지만 페인 또한 자신의 계획에 대해 또 다른 윤리적 기초의 가능성을 암시했다(이는 우리가 제5장에서 옹호하고자 하는 입장과 더욱 비슷한 것이다). 이는 스펜스의 제도보다도 더욱 후한 수준의 수급액을 정당화할 수 있는 논리다.

> 개인의 소유는 사회의 결과물이다. 개인이 토지를 만들어내는 것이 본원적으로 불가능한 것과 마찬가지로, 사회의 도움이 없다면 한 개인이 사적 소유를 획득하는 일 또한 불가능하다. 개인을 사회와 분리한 상태에서는 그 개인에게 조그만 섬을 주든 거대한 대륙을 주든 아무런 사적 소유도 획득하지 못하게 된다. 그는 부자가될 수 없다. (…) 따라서 어떤 사람이 자기 손으로 생산할 수 있는 만큼을 넘어서는 사유재산을 축적했다면 그것은 모두 사회 안에서의 삶을 통해서 그에게 주어진 것이다. 따라서 그 개인에게는 자신이 쌓은 부의 일부를 모든 부의 근원인 사회에 되돌려주어야 할 책무가 있다. 이는 정의의 원리, 보은의 원리, 문명의 원리 모든 면에서 볼 때 마땅한 일이다.[15]

스펜스가 자신이 제안한 계획이 페인보다 더욱 후하다고 믿었던 것이 옳았는지는 차치하자. 어쨌든 그의 계획은 1820년대 일부 급진 파 영국 개혁가들 사이에서 주요하게 논의되기도 했다. 하지만 결국 에는 페인이 제안했던 계획과 마찬가지로 사람들의 기억에서 잊히고 말았다.

전국적 규모에서의 기본소득: 조제프 샤를리에

1848년 1월 젊은 독일인 카를 마르크스가 브뤼셀에서 서둘러 글을 마무리한 후, 다음 달인 2월 21일 런던에서 출간된 책이 바로 『공산 당 선언(Manifesto of the Communist Party)』이다. 그때 파리에서는 혁명 적 사건들이 터져나오고 있었고, 며칠 후인 2월 24일 프랑스 국왕 루 이 필립은 강제로 퇴위당한다. 3월 4일 마르크스는 브뤼셀에서 체포 되어 벨기에에서 추방된다. 그런데 마르크스가 브뤼셀에서 부의장을 맡고 있던 조직인 '민주주의 협회(Association Démocratique)'의 주요 회원이자 작가인 야콥 카츠(Jacob Kats, 1804~1886)의 형제 요세프 카 츠(Joseph Kats)의 집에서 경찰은 또 다른 문서 하나를 압수한다. 이 문서는 플라망어●로 쓰여 있었고, 「새로운 사회 구성의 계획(Project of a New Social Constitution)」이라는 제목을 달고 있었다. 이 문서에는 다음과 같은 내용이 담겨 있었다. "이 땅은 시민의 보편적인 상속물" 이며 "그 결실은 시민 모두에게 동등하게 분배되어야 한다"(제4조), "부동산에 대한 개인의 모든 소유권은 폐지한다"(제5조), 그리고 건물 이 세워져 있는지의 여부와 무관하게 모든 토지는 국가가 임대인이 되며, 거기에서 나오는 수입은 "한 사람도 빠짐없이 모든 시민에게

● 벨기에 북부 플랑드르 지방에서 사용되는 네덜란드어.

그 수대로 똑같이 나누어주기 위한 자연의 결실로서 간주"한다(제6조). 이는 반세기 전 페인과 스펜스가 제안했던 것과 근본적으로 동일한 방식으로 무조건적 기본소득을 정당화하는 내용임이 명백하다. 하지만 이 문서는 분량이 짧고, 더 이상의 구체적인 이야기를 담고 있지 않으며, 저자도 알려져 있지 않다.[16] 그해 말에 브뤼셀에서 동일한 생각을 책 한 권 분량으로 자세하게 전개한 출간물이 나오게 되지만, 그 책이 이 짧은 문서와 어떤 관계가 있는지도 전혀 알려진 바가 없다.

이 책은 『사회문제의 해법(Solution du Problème Social)』이라는 제목의 책으로, 같은 시기에 출간된 마르크스의 『공산당 선언』과 비교했을 때 그 스케일과 독창성이 전혀 뒤떨어지지 않는다. 하지만 문체는 마르크스만큼 매력적이지 못하며, 저자 또한 조제프 샤를리에라는 거의 알려지지 않은 인물이었다. 샤를리에는 당대는 물론 나중에도 눈에 띌 만한 영향을 남기지 못했다. 토머스 페인이 주장한 것은 젊은 이에게는 기본재산을, 노인들에게는 기본연금을 주는 것이었다. 또한 토머스 스펜스가 진정한 기본소득을 주창하기는 했지만 그 규모가 도시나 지자체 단위에 머물렀다. 반면 샤를리에의 저서는 진정한 기본소득을 전국적 규모에서 시행하자는 주장을 처음으로 전개한 예다. 나라 전체의 '토박이' 거주자 모두에게 성별과 연령을 불문하고 3달에 한 번씩 획일적인 '영토 배당금(territorial dividend)'을 지불하며, 그 재원은 건물의 유무를 불문하고 모든 토지를 임대하여 거기에서 나오는 지대로 충당하자는 내용이다.[17]

샤를리에가 페인의 『농업에서의 정의』나 스펜스의 「영아들의 권리」 등을 읽었음을 시사하는 증거는 전혀 없다. 「새로운 사회 구성의 계획」 또한 샤를리에가 책을 저술하는 기간 동안 그의 집에서 1마일도 떨어지지 않은 곳에서 압수당했지만, 그가 이 책에 대해 알고 있었음을 보여주는 증거도 전혀 없다. 하지만 샤를리에의 논의의 출발점은 이 책들과 동일하다. 바로 자연은 만인의 필요를 충족시키기 위해 창조되었다는 것이다.[18] 따라서 토지의 사적 소유는 정의에 위배되며, 궁극적으로는 오로지 국가가 모든 토지는 물론 그 토지 위의 건물도 소유해야 한다. 샤를리에는 개혁주의자였으므로 기존의 토지 소유자들에게 일생 동안 연금을 주면서 토지를 수용하는 한편, 새로운 건물이 지어져서 새 소유자가 나타날 때마다 그 가치의 일정 부분을 징수하는 과도기적 체제를 제안했다. 이 지대에서 나오는 수입으로써 모든 가정에 그들의 '절대적 필요'를 충족하기에 충분한 소득을 공급하며, 이로써 "빈민 문제라는 질병에 대한 최고의 해결책"을 내놓을 수 있게 된다는 것이다.[19]

샤를리에는 이 책 이후에도 생의 마지막까지 이 주제로 계속 저서를 출간했으며, 그 과정에서 자신의 제안을 더 정교하게 다듬는 한편 거기에 대해 쏟아진 온갖 반대 주장들에 대해 대응해나갔다.[20] 샤를리에는 배당금의 크기에 대해 "국가가 모든 이에게 빵을 보장하지만, 누구에게도 송로 버섯을 보장하지는 않는" 수준이어야 한다고 주장했다. "게으른 자들은 최소한의 수당으로만 살아가야 할 것이니 불쌍한 일이다. 하지만 사회의 의무는, 인간이 마음껏 사용할 수 있도록 자연이 허락한 여러 요소를 사람들이 향유할 때, 일부 인간이 다른 이에게 손해를 입히는 일 없이 모두가 자신의 정당한 몫을 받을 수 있도록 보장하는 것 이상을 넘지 않는다." 그렇다고 해도, 이 제도를 채택하게 되면 자본과 노동 사이의 협상력의 배분 상태는 근본적으로 바뀌게 된다. "지금까지는 자본 앞에서 노동이 머리를 조아려왔지만 이제는 아니다. 이제 자본은 인간과 협조하는 동인(動因)이라는 그 본래의 역할로 위상이 축소될 것이며, 노동과 동일한 발판 위에서 협상을 벌어야만 할 것이다." 그 결과 구역질나는 일자리일수록 사람을 찾기가 힘들어질 것이다. "최저소득 보장을 시행하게 되면 대중의 물질적 여유가 많아지고 개선될 것이므로 직업의 선택에 있어서도 좀 더 까다로워질 것임은 분명하다. 하지만 이러한 선택은 보통 인력의 가격으로 결정되므로, 문제가 되는 산업에서는 그 일에 포함된 불편을 충분히 보상할 만큼 높은 급여를 노동자들에게 제공해야 할 것이다." 따라서 "현재 천민 계급은 아주 유용하지만 누구도 하기 싫어하는 노동을 하면서도 빈곤이라는 저주받은 운명의 굴레에 묶여" 있지만, 자신이 제안하는 제도를 채택하게 되면 그들이 "그 노동에 대한 보상을 직접적인 결과로서 얻게 될 것"이라는 게 샤를리에의 설명이다.[21]

샤를리에는 장수를 누렸으며, 말년에 이르러 브뤼셀대학의 총장에게 자신의 저서와 함께 서한을 보낸다. 이 서한은 샤를리에가 자신의 메시지를 보편적으로 알리기 위해 책의 내용을 축약하여 다시 쓴 것이었다. 이 편지에서 샤를리에는 자신의 제안에 대해 이렇게 말한다. "다양한 이기심에 빠져 나를 논박하려는 자들이 있지만, 이 책은 그들을 공격하려는 의도로 쓴 것이 아닙니다. 오히려 사회문제를 해결하기 위해 실현되어야 할 유일하게 합리적이고도 정의로운 해법을 내놓은 것일 뿐입니다. 하지만 누구도 이러한 진실을 제대로 직면하기를 원하지 않고 그렇게 할 용기도 없습니다."[22] 그는 자신이 이전에 보냈던 편지들과 마찬가지로, 이 편지에도 답장을 받지 못했을 가능성이 높다. 1848년에 출간된 샤를리에의 저서는 당대에는 거의 읽히지 않았던 것으로 보이며, 그 이후에 내놓은 저작들 또한 출간되자마자 사람들의 망각 속에 묻혀버린 듯하다.[23]

거의 비슷한 시기에, 초기 기본소득 지지자들의 고립된 작은 집단에 합류한 훨씬 더 권위 있는 저자가 또 한 사람 있었다. 그리고 그의 저작은 그렇게 금방 잊혔다고 할 수 없다. 1848년에는 마르크스의 『공산당 선언』과 샤를리에의 『사회문제의 해법』만 출간된 것이 아니었다. 그해는 존 스튜어트 밀(1806~1873)이 근대 경제학의 초석이 된 고전의 하나인 『정치경제학 원리(Principles of Political Economy)』를 출간한 해이기도 하다. 이 책은 당시의 뜨거운 감자였던 구빈법에 대한 논의를 상당 분량 담고 있다.[24]

제3장에서 논의한 바 있는 구빈법의 저명한 비판자들과 마찬가지로, 밀 또한 빈민들에 대한 공공부조에 본질적으로 내재한 구조적 문제들을 인정하고 있다. 부조 그 자체는 빈민들에게 혜택을 가져다주지만, 그것에 의존하게 되면서 나타나는 결과들은 "빈민들에게 큰 손상을 입히는 것들"이라고 언급한다. 하지만 그렇다고 해서 리카도, 헤겔, 토크빌처럼 밀이 사적인 자선으로 되돌아갈 것을 옹호한 것은 아니다. 밀은 일정한 조건만 붙인다면, "노동 능력이 있음에도 빈곤에 처한 이들의 구호는 자발적 자선에 맡길 것이 아니라, 법으로 생계의 확실성을 보장하는 것이 더욱더 바람직하다는 것이 내 생각이다"[25]라고 말했다.

그 일정한 조건은 무엇일까? 사람들이 노동을 하게 만드는 동기부여는 반드시 유지되어야 한다는 것, 즉 도움을 받은 이들의 삶이 '스스로 땀 흘려 살아가는 노동자'의 그것만큼 좋아서는 안 된다는 것이다. 만약 그렇게만 된다면 구호를 받을 자격도 없는 빈민들을 강제 노동으로 내모는 시스템, 즉 '인간적 존재로서 행동하게 만드는 각종 동기부여의 영향력이 제거된 이들을 가축 기르듯이 다스리며 일을 시키기 위한 강제 조직 시스템'을 세울 필요도 없다는 뜻이다. 게다가 "국가는 일반적인 규칙에 따라 움직여야만 한다. 국가는 가난한 이들 중 구호를 받을 자격이 있는 이들과 없는 이들을 차별하는 일을 떠맡아서는 안 된다. (…) 공공 구호를 나누어주는 자가 심문관 노릇을 할 이유는 없는 것이다." 따라서 필요한 것은 사적 자선도, 노역소도 아니다. 노동 능력의 유무를 불문하고 또 "자격이 있는지"를 따지지 않고 빈곤한 모든 이의 생계를 법적으로 보장하는 것이다.[26]

밀은 좀더 구체적인 논의를 제시하고 있을까? 밀의 저서 제1판에서는 그렇지 않았지만, 이듬해에 나온 제2판에서는 그렇다고 할 수 있다. 중요한 내용이 추가되었기 때문이다. "이 책이 쓰인 이후 사회주의를 둘러싼 논란의 중요성이 갈수록 높아졌으므로 이를 다룬 장을 확장할 이유가 생겼다. 게다가 일부 사회주의자들이 제기했던 몇 가지 특수한 제도에 대해 내가 그 책에서 내놓았던 반론들을, 일반적으로 사회주의라는 이름에 포함되는 모든 제도들을 싸잡아 비난한 것으로 사람들이 잘못 이해하는 일들이 있어서 더욱 그러한 확장이 절실해졌다."[27] 그렇다면 밀은 사회주의자들이 주장했던 제도들 중에서 어떤 '특정한 제도'를 진지하게 받아들였을까? 이는 의문의 여지없이 푸리에주의(Fourierism)였다. 밀은 이를 "모든 형태의 사회주의 가운데서도 가장 논리적으로 훌륭하게 구성되어 있으며, 여러 반론들에 대해서도 가장 훌륭하게 준비되어 있다"[28]고 평했다.

샤를 푸리에(Charles Fourier, 1772~1837)는 로버트 오언(Robert Owen)과 생-시몽 백작(Count of Saint-Simon)과 더불어 세 명의 '위대한 유토피아주의자들' 중 한 사람이었다.[29] 엥겔스는 이들이 사회주의를 역사적 힘의 결과물이 아니라 윤리적 이상의 실현으로 보았다고 비판했다. 푸리에는 『가짜 산업(La Fausse Industrie)』이라는 저서에서 페인, 스펜스, 샤를리에와 대단히 비슷한 정의의 주장을 내놓는다. "만약 문명 질서가 인간에게서 수렵, 어로, 채집, 목축이라는 자연적 생계의 네 가지 활동—이것들이야말로 인간의 제1의 권리를 이룬다—을 빼앗아갔다면, 토지를 가져간 계급은 이렇게 좌절 상태에 빠진 계급에게 최소한의 충분한 생계수단을 빚지고 있는 것이다." 그리고 푸리에는 아무 의무도 부과되지 않는 '최소한의 충분한 생계수단'을 제공한다면 그것이 노동의 질에 큰 영향을 미칠 것이라고 힘주어 강조한다. "대중이 일단 최소한의 풍족함을 보장받게 된다면 일을 조금만 하거나 아예 하지 않기를 원할 것이다. 따라서 사람들이 안녕과 풍족한 상태에 있음에도 계속 일을 하게끔 보장하려면 매력적인 산업 체제를 발견하고 조직하지 않을 수 없게 될 것이다."[30]

그런데 푸리에가 『가짜 산업』에서 염두에 둔 제도는 노동할 의사만을 조사하여 주어지는 것은 분명 아니었고, 단지 가난한 이들만을 골라내기 위한 재산 조사에 기초한 것이 분명했다. 아무 의무도 부과되지 않는 것이기는 했지만 보편적인 것은 아니었던 셈이다.[31]

푸리에의 으뜸가는 제자이자 푸리에학파의 창설자라고 할 이가 바로 프랑스의 철학자이자 경제학자인 빅토르 콩시데랑(Victor Considerant, 1808~1893)이다. 그는 스승과 마찬가지로 아무 의무도 부과되지 않는 최소소득을 주장했고 이것이 노동의 매력을 극적으로 끌어올리는 것을 필요로 할 뿐만 아니라 또 실제로 그렇게 할 것이라고 주장했다. 하지만 콩시데랑이 썼던 표현들은 그가 진정한 보편적 기본소득을 생각하고 있었음을 시사한다. "최소한의 소득을 미리 주는 것(avancer le minimum)은 자유의 기초이며, 프롤레타리아 해방을 보장하는 장치다. '최소소득 없이 자유 없다. 일하고 싶을 만큼 산업이 매력적이지 않으면 최소소득도 없다.' 이것이 대중 해방의 진정한 핵심이다."[32]

이 주장에 잠재된 애매함은 밀이 자신의 『정치경제학 원리』 제2판에서 푸리에주의를 호의적으로 서술하는 가운데 완전히 제거된다. "이 [푸리에주의적] 시스템은 사적 소유의 폐지를 생각하는 것도 아니며 심지어 상속의 폐지를 주장하는 것도 아니다. 오히려 그 반대로 생산물의 분배에 있어서 노동뿐만 아니라 자본도 감안할 것을 공공연히 주장한다. (…) 분배에 있어서 먼저 일정한 양의 최소소득이 공동체 성원 개개인 모두에게 생계비로 배당되며, 그 개인이 노동 능력이 있는지의 여부는 따지지 않는다. 그렇게 한 뒤에 남은 생산물은 노동, 자본, 재능이라는 세 가지의 요소 사이에서 미리 결정된 바에 따라 일정한 비율로 나눠진다는 것이다."[33]

이러한 제도가 밀에게 큰 호소력을 가졌음은 분명하다. 그가 구빈법을 논의하며 제안했던 것처럼 푸리에주의적 제도는 노동 능력의 유무와 무관하게 모든 이들에게 '생계의 확실성'을 보장하고 있다. 그것을 받을 자격이 있는지 없는지를 구별하기 위한 심문 과정 따위는 존재하지 않는다. 하지만 그렇게 '먼저 배당된' 최소소득에 각자가 가진 노동, 자본, 재능에 대한 보상을 추가하게 되므로 경제활동의 동기 부여도 여전히 유지된다. 밀은 이러한 아이디어를 자신의 『자서전』에서 "미래의 사회문제"라고 묘사했던 문제, 즉 "개인에게 최대한 행동의 자유를 보장하면서, 또 지구에서 나오는 원자재에 대한 인류 공동의 소유권을 유지하면서, 이와 함께 모든 이가 노동의 결합에서 발생하는 혜택을 동등하게 분배받도록 하는 일이 어떻게 가능할 것인가"를 해결하는 간단하고도 명쾌한 방법으로 느꼈던 것이 틀림없다.[34]

이 밖에도 토지 가치 전체를 조세로 흡수하자는 생각을 옹호했던

19세기 사상가는 수없이 많다. 특히 영국의 사회 철학자 허버트 스펜서(Herbert Spencer, 1820~1903), 프랑스의 경제학자 레옹 발라(Leon Walras, 1834~1910), 미국의 사회 개혁가인 헨리 조지(Henry George, 1839~1897) 등을 들 수 있다. 하지만 그렇게 해서 들어온 수입을 다른 공공지출에 쓸 것이 아니라 개개인에게 현금 소득으로 분배해야 한다는 생각을 가장 명쾌하게 제시했던 것은 토머스 스펜스, 조제프 샤를리에, 푸리에주의에 대한 존 스튜어트 밀의 해석이었다.[35]

기본소득 논쟁이 벌어지다: 제1차 세계대전 이후의 영국

하지만 기본소득에 대해 정말로 공적인 논쟁 비슷한 것이 벌어진 것은 제1차 세계대전이 끝난 직후의 영국에서였다. 먼저 포문을 연 이는 수학자, 철학자, 비순응주의적 정치사상가, 전투적 평화운동가, 노벨상 수상자로 잘 알려진 버트런드 러셀(1872~1970)이었다. 그는 1918년에 출간한, 짧지만 예리한 저서 『자유로 가는 길(Roads to Freedom)』에서 사회주의와 아나키즘의 이점들을 결합한 모종의 사회 모델을 주장한다.

> 아나키즘은 자유에 대해서 이점이 있고, 사회주의는 노동에 대한 유인에 있어서 이점이 있다. 이 두 가지의 이점을 결합할 수 있는 방법이 없을까? 나는 있다고 본다. (…) 좀더 친근한 용어로 이야기하자면, 우리가 주장하는 계획은 본질적으로 다음과 같은 것이다. 소액이지만 생필품을 사는 데는 충분한 소득을 노동 여부와 무관하게 모두에게 보장해야 하며, 공동체가 유용하다고 인정하는 일정한 노동에 기꺼이 종사하려고 하는 이들에게는 생산된 상품

의 총량으로 뒷받침되는 한에서 최대한의 더 큰 소득이 주어져야 한다.[36]

특히 러셀은 이 계획이 "우리의 심각하고 딱딱한 표정의 문명에서 말살되기 십상이지만 꼭 필요한 요소인 근심 없는 발랄함을 유지"하게 해주는 존재인 예술가들을 위해, 그들에게 꼭 필요한 자유를 확보하는 두 가지 방법 중 하나라고 말한다. 첫 번째 방법은 "하루에 몇 시간만 일한 뒤 온종일 일한 사람의 보수와 비교해서 그 노동시간 차이에 비례하는 만큼 적은 보수를 받는 것"이다. 두 번째 방법은 "아나키스트들이 바라는 것처럼 일을 하든 하지 않든 생필품을 무료로 제공하는 것으로서, 사치는 못 해도 생존에는 충분한 '부랑자의 임금(vagabond's wage)'이라고 할 만한 것을 도입하는 것이다. 모든 시간을 예술과 향유에 바치는 쪽을 선호하는 예술가가 있다면 '부랑자의 임금'에 의존하여 살면 된다. 외국 구경을 하고픈 마음이 들 때는 걸어서 여행을 가고, 햇볕과 맑은 공기를 즐기고, 새처럼 자유롭게 사는 것이다. 아마 그렇게 해도 덜 행복할 리는 없다."[37]

푸리에 및 샤를리에와 마찬가지로 러셀 또한 이러한 "생필품 구매에 충분한 정도의 일정한 소액의 소득"이 주어진다면, 이것이 사람들의 노동 의사에도 영향을 주게 될 것이라고 주장한다. 그리고 그들과 마찬가지로 러셀 또한 이를 단점이 아니라 장점으로 간주한다. "경제적으로 게으름을 가능케 했을 때 얻게 되는 한 가지 큰 이점은, 노동을 가급적 하고 싶은 활동으로 만들 강력한 동기를 제공한다는 것이다. 어느 사회에 존재하는 노동이 대부분의 사람이 하기 싫어하는 종류의 노동이라면, 그러한 공동체는 절대로 경제 문제를 해결했다고 말할 수 없다."[38]

나중에 러셀은 산문집 『게으름을 찬양한다(In Praise of Idleness)』에서 이 주제를 다시 논한다. "현대 기술 덕분에 이제 여가는 일정한 한계 내에서 단지 소수의 특권 계층만이 누리는 것이 아니라 공동체 전체에 고르게 분배할 수 있는 권리가 됐다. 노동 윤리란 노예의 윤리일 뿐이며, 현대 세계는 노예제를 필요로 하지 않는다."[39] 하지만 그는 또한 모든 이에게 게으름의 권리를 부여하는 일은 오직 그 권리를 행사하는 것을 적대시하는 사회적 압력이 충분할 때만 실현될 수 있을 것으로 보았다. "교육을 마친 후에는 누구도 일하도록 강요받아서는 안 되며, 일하지 않기로 선택한 이들에게는 간신히 연명할 정도의 생계비만 주고 완전히 자유롭게 내버려두어야 한다. 하지만 아마도 노동하는 이들을 더 긍정적으로 보는 강력한 공공 여론이 존재하는 편이 바람직할 것이다. 그래야만 게으름을 선택하는 이들의 수가 비교적 소수로 유지될 수 있을 테니까."[40]

러셀이 『자유로 가는 길』을 출간한 그해에 젊은 엔지니어이자 퀘이커 교도이며 노동당 당원인 데니스 밀너(1892~1956)가 부인인 메이블과 함께 「국가 상여금 계획(Scheme for a State Bonus)」이라는 제목의 짧은 소논문을 출간한다. 이들은 일련의 다양한 논리와 주장을 절충해서, 영국의 모든 시민에게 주 단위로 지급하는 무조건적 소득을 도입해야 한다고 주장했다. 이 '국가 상여금'은 1인당 GDP의 20퍼센트 수준으로 책정되며, '조금이라도 소득이 있는' 모든 이의 납부금으로 재원을 마련하여 빈곤—특히 제1차 세계대전이 끝난 직후였던 당시에 가장 극심한 문제였다—을 해결할 수 있도록 한다는 것이다.

이러한 국가 상여금 제도는 모든 이가 생계수단을 손에 넣어야 한다는 도덕적 권리(the moral right)에 기초한 것이므로, 노동의 의무를 다하지 않으면 그것을 철회하겠다는 협박 따위는 배제해야 한다. "사람들에게 일하도록 설득하는 것은 교육의 문제다. 굶주림을 교육의 도구로 사용하는 것은 절대로 안 된다. 왜냐면 이는 노동자들을 단지 더 비효율적인 존재로 만들 뿐이기 때문이다." 노동자들이 '기초적인 생필품들'을 손에 넣을 수 있게 되면 임금에 있어서도 '더 나은 협상의 위치'를 점하게 될 것이다. 그리고 이렇게 해서 임금이 개선된다면 "이는 곧 더 많은 생필품에 대한 수요를 낳을 것이며, 따라서 모든 주요 산업의 경기는 더욱 안정된다."[41]

데니스 밀너는 1920년에 출간한 저서『국민 상여금을 통한 국민 생산의 제고: 국가적 생산성에 따라 변하는 최저소득을 모두에게 지급할 것을 제안한다(Higher Production by a Bonus on National Output: A Proposal for a Minimum Income for All Varying with National Productivity)』에서 이 제안을 더욱 상세하게 설명한다. 실업 함정에서 노동시장 탄력성까지, 또 낮은 수급률의 문제에서 이윤 공유 제도에 대한 이상적인 보완물에 이르기까지, 훗날 기본소득의 제안에서 중심적 역할을 하는 논리의 많은 것이 이 책에서 제시되고 있다.

밀너의 제안은 저명한 퀘이커 교도이자 유엔 소속 공무원이었던 베르트람 피카르(Bertram Pickard, 1892~1973)의 여러 저작에서 열정적인 지지를 얻는다.[42] 이는 또한 단명했던 조직인 '국가 상여금 연맹(State Bonus League)'—밀너는 이 조직의 깃발을 들고 전국 의회 선거에 출마하기도 했다—의 지지를 얻었으며, 1920년 영국 노동당 대회에서 토론이 이루어지기도 했다. 하지만 1921년 노동당은 이 제안을 확실하게 거부했고, 1927년 밀너는 정신분석가 매리언 블래킷(Marion Blackett)과 결혼한다. 그는 1954년 사망할 때까지 미국에서 거주했고, 자신의 국가 상여금 제안을 다시 내걸지는 않았던 듯하다.[43]

하지만 오래지 않아 또 한 사람의 영국인 엔지니어가 이 아이디어를 다시 제기하며, 훨씬 더 큰 반향을 얻어낸다. 클리포드 더글러스 '소령'(Clifford H. 'Major' Douglas, 1879~1952)은 제1차 세계대전 이후 영국 산업의 생산성이 얼마나 높아졌는지에 대해 큰 충격을 받았고, 과잉생산의 위험을 우려하기 시작했다. 4년 동안이나 전쟁을 치러 인구 전체가 완전한 빈곤 상태에 떨어진 상황에서 이렇게 풍족하게 남아도는 재화들을 어떻게 다 소비한단 말인가? 게다가 은행은 사람들에게 신용대출을 해주는 문제를 외면하고 있으며, 대중의 구매력이 증가하는 속도는 아주 느리지 않은가? 이 문제를 풀기 위해서 더글러스는 여러 권의 책과 수많은 대중 강연, 다양한 저작을 통해 '사회적 신용(social credit)'의 여러 메커니즘을 도입해야 한다고 주장했다. 그중 하나가 모든 가구에 매달 '국민 배당금(national dividend)'을 지급하는 것이었다.[44] 이 사회적 신용 운동은 파란만장한 과정을 거치게 된다. 결국 영국에서는 뿌리를 내리는 데 실패했지만, 캐나다의 몇몇 지역에서는 상당히 많은 지지자들을 끌어모으기도 했다.[45]

비록 단명했지만 사회적 신용 운동은 영국 국민 전체의 열성적 지지를 일으켰으며, 그 기간 동안 영국 노동당에 가까운 지식인들의 작은 집단 안에서 기본소득이 지지층을 넓혀갔다. 그들 중 가장 저명한 지지자는 경제학자이자 옥스퍼드대학의 사회정치 이론 치첼 교수직(Chichele Chair of Social and Political Theory)에 최초로 올랐던 학자 조지 콜이었다. 콜은 이전에 있었던 '국가 상여금 연맹'과 사회적 신용 운동이 주장한 바를 아주 잘 알고 있었다.[46] 콜은 여러 권의 책을 통해 '사회적 배당금(social dividend)'과 '기본소득'(이 용어를 최초로 쓴 이가 콜이었던 것으로 보인다)의 아이디어를 일관되게 옹호했다.[47] 그는 1935년에 이렇게 주장한다. 소득이란 "부분적으로는 노동에 대한 보상으로 분배되어야 하며, 또한 부분적으로 국가가 모든 시민에게 '사회적 배당금'으로서 직접 지급하는 것으로 분배되어야 한다. '사회적 배당금'이란 모든 시민 한 사람 한 사람이 생산력의 공동 상속물을 소비자로서 나눌 권리가 있음을 인정하는 것이다. (…) 그 배당금의 크기를 가능한 한 신속하게, 모든 시민의 최소의 필요 전체를 충족할 만한 크기로 만들자는 것이 우리의 목표가 되어야" 한다.[48] 이러한 콜의 관점에서 볼 때 근로소득은 궁극적으로 용돈 정도로 그 위상이 낮아질 것이지만, 그렇다고 해서 노동의 동기부여가 반드시 무너지게 되는 것은 아니다.

> 만약 어떤 사람이 벌어들일 수 있는 돈의 최대한이 그 사람이 받는 사회 배당금의 액수를 넘지 못한다고 해보자. 설령 모든 사람이 그렇게 거의 동일한 생활 수준으로 살아가는 사회라고 해도, 그 정도의 소득이라도 벌어들이고자 하는 동기부여는 오늘날 계급 사회에서 가급적 최대의 소득을 올리고자 하는 사람들의 동기부여와 똑같이 강력하게 작용할 것이다. 왜냐면 약간의 사치품들과, 생필품이지만 대체가능한 것들을 조금이라도 더 많이 획득하는 것은 인간이 가장 큰 관심을 기울이는 요구이기 때문이다. (…) 이러한 시스템 아래에서는 근로소득이 점점 더 '용돈(pocket money)'의 성격을 띨 것이지만, 소득의 절대량을 평등화했을 때 나타나는 노력의 동기 상실 같은 일은 전혀 벌어지지 않을 것이다. 노동은 충분한 보상을 받게 될 것이지만, 국민소득의 주된 부분이 산업 활동의 부수적 결과로서 분배되는 일은 더 이상 없을 것이다.[49]

콜과 같은 정치적 활동가는 아니었지만, 경제학자로서 국제적인 명성을 떨쳤던 또 한 사람의 옥스퍼드대학 교수 제임스 미드(James

Meade, 1907~1995)는 '사회 배당금'을 더욱더 집요하게 옹호했다. 이 생각은 이미 1930년대부터 그의 저작에서 정의롭고 효율적인 경제의 중심적 요소로서 일관되게 등장하고 있었다.[50] 또한 이는 그가 말년에 열정적으로 주장했던 아가소토피아(Agathotopia) 프로젝트에서도 핵심을 이룬다. 실업과 빈곤 문제에 대한 해결책으로서, 자본과 노동의 동업과 함께 공공 자산을 재원으로 삼는 사회 배당금이 해법으로 제시되고 있는 것이다.[51]

두 차례의 세계대전을 겪는 동안 영국에서 기본소득에 대한 논의가 이토록 풍부하게 이루어졌으니, 정치에서도 이를 실현할 돌파구가 마련되었다고 생각할 수도 있겠다. 하지만 돌파구는 생기지 않았다. 제3장에서 언급했듯이 비버리지 경을 의장으로 하는 위원회가 1942년에 발간한 보고서에서는 사회보험과 잔여적 공공부조를 결합한 형태의 사회정책을 제안하였고, 무조건적 기본소득에 대해서는 아무런 여지를 남겨놓지 않았다.

비버리지 경과 마찬가지로 자유주의 정치가였던 줄리엣 리스-윌리엄스 여사(Lady• Juliet Rhys-Williams, 1898~1964)는 1943년에 내놓은 '새로운 사회계약'에 대한 저서에서 기본소득을 도입하기 위한 마지막 시도를 한다. '적절한 일자리'가 나올 경우 여기에 응한다는 조건하에서 모든 성인에게 개인 단위로 보편적 소득을 지급하자는 내용을 수록한 것이다.[52] 하지만 비버리지 쪽이 승리했고, 영국에서의 기본소득 논의는 이후 몇십 년간 완전히 사라졌다. 제임스 미드가 영국에서 '직접세의 구조와 개혁' 위원회의 위원장으로 임명된 1970년대에 기본소득 논의를 되살리려고 시도했지만, 무위로 끝났다.[53]

• '여사(lady)'는 '기사(knight)'에 해당하는 여성 귀족의 작위다.

한편 유럽 대륙에서도 크게 논의된 바가 없었다. 기본소득에 가장 가까운 아이디어는 오스트리아 빈의 사회철학자이자 개혁가였던 요제프 포퍼-린케우스(Josef Popper-Lynkeus, 1838~1921)의 저서 『일반 보건 요론(Die Allgemeine Nährpflicht)』(1912)에서 찾아볼 수 있다. 친구였던 알베르트 아인슈타인에 의하면 포퍼-린케우스는 "예언자와 성자를 합쳐놓은 인물"이었다고 한다. "그는 극단적인 개인주의자로서, 인간이 결핍 및 극복 가능한 제약으로부터 자유를 얻는 것을 최상의 목적으로 삼았다." 포퍼-린케우스에 따르면, "모든 인간은 어떤 예외도 없이, 즉 성별, 연령, 종교, (무)신앙, 정치적 견해나 어느 정당에 가입했는지(혹은 안 했는지), 정신적·육체적 능력, 도덕적 정신적 자격 등과 무관하게 육체적·도덕적으로 온전한 상태를 유지하기 위한 최소한의 생계를 보장받을 권리를 갖는다". 하지만 이러한 '만인을 먹여 살려야 할 의무'는 생필품과 현물 서비스의 형태를 띠어야만 하는 것이었다. "음식, 기초적 가옥과 가구, 의복, 의료 서비스, 난방, 조명, 교육, 요양원, 불행이 닥쳤을 때의 장례 등 최소한의 서비스뿐만 아니라 음악회와 극장 공연 등 최소한의 여흥도 모두에게 보장되어야만 한다." 그리고 이를 보장하기 위하여, "노동 능력이 있는 남녀 모두가 참여하여 구성되는 보편적인 의무적 노동 서비스"가 병행되어야 한다고 말했다.[54]

훗날 이와 비슷한 제안이 프랑스 국민의회의 사회주의자 의원이었던 자크 뒤브앙(Jacques Duboin, 1878~1976)이 시작한 '프랑스의 풍요를 위한 운동(French movement for Abundance)'에서 등장하기도 했지만, 그 경제적 합리화의 논리는 '사회적 신용 운동'에서 동원된 논리에 가까웠다. 뒤브앙은 "기계에 의한 인간 노동의 대체가 대규모로 벌어지는 사태"에 대처하기 위하여 비축이 불가능한 통화의 형태로 보편적인 '사회적 소득'을 분배할 것을 주장했고, 여기에서도 그 대가로 긴 시간의 '사회 서비스'를 수행해야 한다는 이야기가 나온다.[55] 이러한 제안들은 간혹 오늘날의 무조건적 기본소득 운동의 선구적 예시로 해석되기도 하지만, 정확히 말하자면 사람의 일생에서 전 노동 기간에 걸쳐 획일적인 기초 임금을 지급하고 그 대가로 몇 년씩 노동을 징발한다는 내용으로 이해해야 한다.

1960년대 초의 보장소득: 시오볼드 vs. 프리드먼

미국에서는 사회주의자 에드워드 벨러미(Edward Bellamy, 1850~1898)가 1888년에 출간한 공상과학 소설 『뒤돌아보며(Looking Backward)』에서 '산업 예비군'에게 보편적 소득을 주고 보편적 사회 서비스를 연계시키자는, 위와 비슷한 계획의 구상을 생생하게 묘사하고 주장한 바 있다. 또한 폴 굿맨과 퍼시벌 굿맨(Paul and Percival Goodman)이 함께 쓴 저서 『공동체: 생계수단과 삶의 방식(Communitas: Means of Livelihood and Ways of Life)』에서도 생계수단을 현물로 공급해주면서 국가 경제에 6년 혹은 7년의 봉사활동을 하도록 하는 구상이 나오며, 그 "봉사 기간을 각자 몇 년씩 어떻게 나눌 것인지는 편의에 따라 선택한다"고 되어 있다.[56]

20세기 전반부에 미국에서 기본소득과 관련해 일어났던 가장 유의미한 사건은 1930년대 초 루이지애나의 민주당 상원의원이었던 휴이 롱(Huey P. Long, 1893~1935)이 "모든 인간은 왕이다(Every Man a King)"라는 모토를 내걸고 시작했던 '우리의 부를 나누자(Share Our Wealth)' 운동이다. 롱은 1934년 한 라디오 연설에서 자신의 계획을 밝혔다. 그의 목적은 최상층에 집중된 부를 제한하고 보편적인 방식으로 소득을 재분배함으로써 공황을 끝내자는 것이었다. 그의 여러 제안 중에는 모든 가구에 '약 5000달러'를 한꺼번에 '주거수당(homestead allowance)'으로 지급하며, "어떤 가구도 연간 소득이 2000달러에서 2500달러 아래 수준으로 떨어지지 않도록" 보장한다는 내용이 담겨 있었다.[57] 1935년 2월, 롱은 미국 전역에 걸쳐 세워진 '우리의 부를 나누자' 운동 지부가 2만7000개에 달하며 여기에 참여한 회원은 700만 명이 넘어섰다고 주장했다. 비판자들은 그를 혹세무민하는 선동적 정치가라고 비난하였고, 롱은 1935년에 대통령 출마를 선언한 직후 암살당했다. 그가 죽고 나자 그의 운동 또한 사그라지고 만다.[58] 이후 기본소득에 대한 진정한 논쟁이 다시 불붙게 되는 것은 민권 운동이 절정에 달했던 저 험난한 1960년대가 되어서야 벌어진 일이었다. 여기에는 세 가지 다른 원천이 있었고, 그 각각을 '포스트 산업주의', '신자유주의', '진보주의(liberal)'로 분류할 수 있다.

첫 번째 논쟁은 1960년대 초에 제기된 로버트 시오볼드(Robert Theobald, 1929~1999)의 주장으로부터 시작되었다. 시오볼드는 자동화로 인해 재화는 풍족해지는 반면 노동자의 노동력은 남아돌게 된다고 주장하면서, 그 대안으로 '보장소득(guaranteed income)'을 제시했다.[59] 그의 주장에 따르면, 보장소득은 "단기적 이유와 장기적 이유 모두에서 반드시 필요하다. 단기적으로 보면, 갈수록 기계와의 경쟁에서 패배할 사람들—블루칼라, 화이트칼라, 중간 관리자, 전문직을 불문하고—의 수가 늘어날 것이기 때문에 보장소득이 필요하다. 보장소득까지 없다면 아무런 희망 없이 극빈 상태에 몰리는 사람들의 수가 증가할 것이다. 또한 장기적으로 보면, 일자리에 기초하지 않은 소득 분배를 정당화할 필요가 있다".[60] 시오볼드의 여러 저서 중 하나인 『자유로운 사람들과 자유로운 시장(Free Men and Free Markets)』

(1963)의 제목에 암시되어 있듯이, 그러한 분배의 지도 원리는 만인의 자유에 대한 관심이었다. "보장소득이 주어지게 되면 개인들은 스스로가 중요하다고 느끼는 것을 행할 능력을 갖게 된다. (…) 보장소득의 계획은, 모든 개인이 스스로 무엇을 하고자 하고 또 무엇을 해야만 하는지를 결정할 권리와 능력을 갖는다는 미국적 신념에 기초한 것이다."[61]

시오볼드는 성인들에게 1000달러, 아동들에게 600달러의 연간 소득을 줄 것을 제안했다. 이를 통해 노령보험, 실업수당, 공공부조, 푸드스탬프, 각종 주거 보조금 등 "여러 조치들이 모자이크 조각처럼 이어 붙여져 있는 현재의 제도"를 점진적으로 대체해가야 한다는 것이다. 하지만 이러한 '기본적 경제 보장(Basic Economic Security)' 제도를 어떻게 관리하고 운영할지에 대한 명확한 기술은 전혀 없다. 그는 그저 가계소득과 빈곤선의 '격차를 메꾸는' 제도를 제안한 것으로 널리 알려져 있는 게 분명하다.[62] 하지만 그가 내놓은 몇몇 정식화된 안을 살펴보면 그가 만인에게 지급되는 보편적 소득을 생각했을 수 있다는 인상을 받게 된다. "무엇이 필요한지는 아주 명백하다. 모든 개인이 확고하게 두 발로 설 수 있는 **경제적 발판**(economic floor)으로서의 원칙이다. 이 원칙은 모든 사회 성원 개개인에게 평등하게 적용되며, 개인마다 수급 자격을 따진다든가 지나치게 방만한 정부가 자격 없는 이들에게 소득을 마구 퍼준다는 이야기는 전혀 아니다."[63]

1964년 5월, 여러 사회활동가와 학계 인사는 린든 존슨 대통령에게 서한을 보내 정부가 모든 이에게 충분한 소득을 보장함으로써 '컴퓨터 자동제어 혁명(cybernation revolution)'에 대비할 것을 촉구했다. 시오볼드는 이 서한의 주요 저자 중 한 사람이었다. "따라서 우리는 적합한 법적 제도와 정부 제도를 통해 모든 개인과 가족에게 충분한 소득을 하나의 권리로서 제공하겠다는 무조건적인 약속을 시행할 것을 강력하게 촉구한다. (…) 실업보험에서 구호에 이르기까지, 미국의 시민과 영주권자 누구도 실제로 굶주리는 일이 없도록 보장하기 위해 고안된 여러 복지제도를 조각조각 이어붙인 현재의 틀은 사라지고, 이러한 무조건적인 소득의 권리가 그 자리를 차지하게 될 것이다."[64]

미국에서 일어난 기본소득 논쟁의 두 번째 원천은, 시카고학파 경제학자이자 노벨을 기념하는 경제학상 수상자인 밀턴 프리드먼의 유명한 저서 『자본주의와 자유』의 끝에서 두 번째 장에 나오는 몇 페이지에 담긴 내용이다. 프리드먼이 공개적으로 기본소득을 지지한 적은 없다. 하지만 비록 기본소득과는 달라도 부분적이나마 그와 동일한 근거로 옹호할 수 있는 제도인 마이너스 소득세의 제안을 대중화시킨 것은 분명히 그의 공적이다(제2장 참조).[65] 만약 빈곤을 경감시키고 싶다면, "순수하게 기계적인 논리로 볼 때 가장 추천할 만한 제도가 바로 마이너스 소득세"라는 게 그의 주장이다.[66] 마이너스 소득세는 획일적인 환급형 세액공제와 동일한 것이다. 그 제안에는 여러 버전이 있지만, 기본소득과 가장 가까운 버전의 마이너스 소득세 제안조차도 기본소득의 결정적인 요소인 '모든 이에게 선불로 지급된다'는 특징만큼은 여전히 결여하고 있다. 하지만 이 두 아이디어는 공통점이 무척 많기 때문에 한쪽의 논의가 다른 쪽에서도 중요한 의미를 갖는다.

프리드먼의 저서에 나온 정식화는 그다지 상세하지 않다. 하지만 이후에 나온 여러 논문과 인터뷰에서 그는 자신의 제안을 다시 간명하게 설명했고, 그것이 어떠한 장기적 전망을 가질지에 대해서도 상세히 설명했다. 프리드먼은 엄청난 덩치로 불어난 미국의 여러 복지 프로그램들을 마이너스 소득세로 대체해야 한다고 생각했다.

> 공공 주택, 도시 재생, 노령보험 및 실업보험, 직업훈련, '빈곤과의
> 전쟁'이라는 잘못된 구호 아래에 포함돼 있는 온갖 잡동사니 프로
> 그램들, 농산물 가격 보조금 등등 믿을 수 없을 만큼 많은 깨알 같
> 은 여러 정부 프로그램이 미로처럼 복잡하게 얽혀 있다. 이 프로그
> 램들은 모두 복지(welfare)라는 명분을 빌려 스스로를 정당화하고
> 있지만, 그 결과물은 대개 복지가 아니라 '병화(病禍, illfare)'였다.
> (…) '마이너스 소득세'는 이러한 각종 복지 조치의 묶음보다 비교
> 할 수 없을 정도로 우월하다. 이는 공공 자금을 가난한 이들에게
> 어떻게든 흘러가려니 하는 막연한 희망으로 아무 데나 뿌려대는
> 대신, 그 자금을 가난한 이들의 소득을 보조하는 데 집중시킬 것이
> 다.[67]

하지만 프리드먼이 마이너스 소득세를 무조건 선호했던 것은 아
니다. 그는 마이너스 소득세를 운영하는 데 들어가는 비용이 "공공이
기꺼이 지불할 생각이 들 정도로 충분히 낮은 액수"여야 하며, 또한
그렇게 해서 대중에게 보장되는 소득이 "사람들로 하여금 스스로 일
해서 이 프로그램에서 빠져나오고자 하는 동기부여가 일관되게 유지
될 만큼 충분히 낮아야" 한다고 생각했다. 프리드먼은 이 제도가 보
장되는 소득의 수준과 그에 상응하는 세율의 수준에 따라서 대단히
바람직한 것에서부터 아주 무책임한 것에 이르기까지 다양한 형태로
만들어질 수 있다고 보았다. "이 때문에 그토록 다양한 정치적 견해
를 지닌 사람들이 이런저런 형태의 마이너스 소득세를 지지하게 되
는 것이다."[68]

프리드먼은 낮은 수준의 마이너스 소득세라고 해도 여전히 사적 자선보다 못한 차선책에 불과하다고 여겼다. "현재의 복지 프로그램들을 마이너스 소득세로 대체하자는 주장은 강한 설득력을 가지고 있다. 하지만 만약 정부의 복지 프로그램이 전혀 없고 가난한 이들에 대한 모든 부조가 사적 자선으로만 이루어지는 가상의 세계에 우리가 살고 있다면 마이너스 소득세를 도입하자는 주장의 설득력은 크게 줄어들 것이다. (…) 왜냐면 그러한 세계에서는 나조차도 마이너스 소득세를 선호하게 될지 알 수 없기 때문이다. 이는 현실에서 사적 자선으로 빈궁한 이들을 돕는 것이 얼마나 효율적인지에 달려 있을 것이다."[69]

하지만 현실 세계에서는 기성 제도들의 왜곡된 모습으로 인해 도움을 받아야 하는 사람들이 존재할 수밖에 없다. 따라서 복지 수급자들에 대한 공공의 책무가 생겨나며 이는 반드시 이행되어야만 한다.

[모든 이가 노동시장에 아무 제약 없이 접근하는 일이 허용된다고 해도] 여전히 어려움을 겪는 이들이 있게 마련이며, 이에 대한 최상의 해결책은 비록 완벽한 것은 아니지만 그 불행한 형제들을 돕기 위해 나머지 사람들이 스스로 나서서 행동하는 것이다. 하지만 우리가 안고 있는 문제는 훨씬 더 심각하다. 그 첫 번째 의미에서의 접근권마저 제약당하고 있는 현실[각종 허가증, 최저임금 제도 등]과 무분별한 복지 조치들로 인해, 수백만 명의 사람들이 가장 기초적인 필요조차 해결하지 못해 정부에 의존하고 있는 실정이다. (…) 내가 마이너스 소득세를 지지하는 이유는 누구든 남의 돈으로 의식주를 해결할 '권리'가 있다고 믿기 때문이 아니다. 우리 동료 시민들 중 그렇게 많은 이가 지금 비참한 상황에 처하게

된 데는 정부의 여러 정책 탓이 크기 때문에 나도 같은 납세자로
서 빈곤을 줄이는 노력에 합류하고자 하며, 그러기 위해서는 마이
너스 소득세를 지지하지 않을 수 없다고 느끼기 때문이다.[70]

또 이렇게도 말한다. "현행 복지의 혼란 때문에 엉망이 되어버린
현실을 바로잡고 복지 프로그램 때문에 곤란한 지경에 처한 사람들
에 대한 책임을 다하기 위해서는 내가 볼 때 지금까지 나온 제안 중
에서 마이너스 소득세가 유일한 해결책이다."[71]

이렇게 프리드먼의 관점에서 모종의 보장소득을 정당화하는 논
리는 오로지 피해 대책의 논리뿐이다. 이 지점에서 주목할 점이 있다.
프리드먼의 시카고대학 동료이자 역시 노벨을 기념하는 경제학상 수
상자이며 '신자유주의'의 또 다른 창시자라고 할 프리드리히 하이에
크(Friedrich Hayek, 1899~1992)는 다른 논리를 전개하고 있다는 점이
다. 하이에크는 『노예의 길(The Road to Serfdom)』(1944)에서부터 『법,
입법, 자유(Law, Legislation, and Liberty)』(1979)에 이르기까지 기본소득
제도를 자유로운 사회의 영구적 특징으로서 분명하게 지지해왔다. 그
는 "누구든 특정 소득을 보장받을 자격이 있다는 생각"을 분명히 거
부한다. 왜냐면 "그런 것을 제공받을 수 있는 사람은 일부에 불과하
며 또 시장을 통제하거나 폐지함으로써만 가능하기 때문이다". 그 대
신 "보장된 최소소득(the security of a minimum income)"을 지지한다.
이는 "시장 시스템의 바깥에서 소득을 보충하는 방법으로서 모두에
게 제공"하는 것이 가능하며, 이것이야말로 "진정한 자유를 위해서
필요불가결의 조건"이라는 것이다. "전반적 부의 수준이 우리 정도에
도달한 사회라면 일반적 자유를 위험에 빠뜨리지 않으면서도 [최소
소득의 보장성을] 확보하지 못할 이유가 없다. 그 기준이 정확히 어

느 정도여야 하는가는 어려운 질문이며 확실하게 밝힐 필요는 있지만 (…) 건강과 노동력을 유지하기에 충분한 최소한의 의식주가 모두에게 보장될 수 있다는 사실에는 의문의 여지가 없다."[72] 그리고 좀 더 엄격하게 다음과 같이 말한다. "만인에게 일정한 최소소득을 보장하여, 스스로를 부양할 수 없을 때에도 일정한 최저 수준 아래로 추락하지 않게 하는 것은 모두가 공통적으로 안고 있는 리스크에 대한 보호이므로 완전히 정당하며, 개인이 자신이 태어난 집단의 성원들에게 아무런 특별한 청구권도 갖지 않는 '위대한 사회(Great Society)'를 건설하기 위해 반드시 필요한 것으로 보인다."[73] 하이에크에 따르면 그 어떤 정부도 사람들의 소득 비율을 강제로 결정할 도덕적 권한은 없지만, "이유가 어떻든 시장 내에서 최소소득을 벌지 못하는 모든 이에게 시장 밖에서 획일적인 최소소득을 제공함으로써" 리스크를 완화한다는 조건이라면, 정부가 그러한 도덕적 권한을 갖게 된다고 한다.[74] 하지만 프리드먼과 마찬가지로 하이에크 또한 이러한 '획일적 최소소득'을 확보하는 데 가장 적절한 제도적 장치가 어떤 것인지는 구체적으로 밝힌 바가 없다.[75]

미국 진보주의자들의 기본소득: 토빈과 갤브레이스

미국에서 일어난 기본소득 논쟁의 세 번째 원천은 앞의 두 가지보다 훨씬 더 강력한 것으로, 모호함도 적고 미국의 정치 스펙트럼의 반대쪽에 멀리 위치해 있다. 1965년부터, 예일대학의 경제학 교수이자 노벨을 기념하는 경제학상 수상자인 제임스 토빈(James Tobin, 1918~2002)은 스스로 '공제 소득세(credit income tax)'라고 불렀던 것을 주장하는 일련의 논문들을 발표하기 시작한다.[76] 이 제도는 공공부조와 사회보험 제도의 전체 시스템을 대체하려는 것이 아니었고(복지국가를 완전히 소멸시키는 데 일조하려는 것이 아니었음은 말할 것도 없다), 다만 하위 구성요소들을 재배치해서 (그의 논문들 중 두 개의 제목을 인용해 표현하면) "흑인들의 경제적 지위를 개선"하거나 "가난한 이들의 소득을 올리는" 것을 목적으로 사회제도를 좀더 효율적이고 노동 친화적인 도구로 만드는 것이었다.[77]

토빈은 1967년 동료 경제학자인 조지프 페크먼(Joseph Pechman) 과 피터 미즈코우스키(Peter Miezkowski)와 함께 마이너스 소득세 제도를 다룬 최초의 기술적 논문이라고 할 만한 글을 발표한다. 여기에서 제안된 마이너스 소득세는 넓은 의미로 볼 때 선불로 지급되는 기본소득 같은 변형태까지도 다루고 있다. 이들이 제안하고 분석한 제도 안에서 모든 가구는 기본적 공제(그 수준은 가족 구성에 따라 다양하다) 를 받게 되며, 각 가구는 거기에 더하여 여러 근로소득 및 기타 소득 (이는 단일세율로 징세 대상이 된다) 등을 추가로 얻을 수 있게 되어 있다. 이들이 볼 때, 이러한 '공제 소득세'는 "모든 가구에 기본수당 전액을 자동적으로 지급하며, 다만 다른 소득에 대한 원천징수를 피하기 위해 기본수당의 지급을 포기한 가구는 예외로 하는" 방법으로 운영되는 것이 좋다고 한다. 따라서 이는 비록 엄밀한 의미에서의 개인적 수준은 아니지만, 가구 수준에서 보편적으로 아무 의무도 부과되지 않고 주어지는 '데모그란트'라고 볼 수 있다.[78]

이와 같은 기간에 또 한 사람의 진보 경제학자가 아주 괄목할 만한 심경 변화를 보여준다. 하버드대학 경제학과 교수인 존 케네스 갤브레이스(John Kenneth Galbraith, 1908~2006)는 자신의 베스트셀러인 『풍요한 사회(The Affluent Society)』의 제1판에서 보장된 최소소득의 가능성에 대해 큰 의구심을 표명했다. "합리적이면서도 연민의 감정을 간직한 풍요한 사회라면 분명히 품위 있고 안락한 삶에 필수적인 최소한의 소득을 모든 이에게 보장해줄 것이다. (…) 그러한 사회는 결핍을 겪고 있는 이들에게 필요한 것들을 바로 제공해주는 직접적 해결책을 사용할 수 있다. 꼭 연민의 감정이 넘쳐야만 그렇게 하는 것은 아니다. 또 냉담한 이들을 설득할 수 있는 고도의 철학적 정당화 논리가 필요한 것도 아니다. 그럼에도 불구하고, 그러한 직접적인 빈곤 해결책이 채택되기를 희망하는 것은 합리적으로 불가능한 일이다."[79] 빈곤을 줄이는 데 있어 그가 발견한 가장 희망적인 방법은 "간접적이지만, 빈곤을 줄이는 데 거의 동일한 효과를 낼 것으로 기대되는 수단", 즉 교육이나 빈민가 환경 개선 같은 방법을 활용하는 것이다.

그런데 1966년에 발표한 논문에서 갤브레이스는 '합리적으로 희망할 수 있는 것'에 대해 대단히 다른 견해를 보여주면서, 자신이 그때까지 가지고 있었던 빈곤에 대한 '완고하게 전통적인' 접근법("그들이 스스로 일어날 수 있도록 도와야 한다")을 거부한다.

우리는 빈곤에 있어서 신속하고도 효과적인 해결책을 고려할 필요가 있으며, 이는 만인에게 최소소득을 제공하는 것이다. 이러한 제안에 대해 무수히 많은 반대 논리가 쏟아져나오겠지만, 그 대부분은 그 어떤 해결책도, 심지어 너무나 현실적인 해결책마저도 전혀 생각하지 않으려는 변명에 불과하다. 그렇게 하면 노동에 대한 동기부여가 파괴된다고들 한다. 하지만 그런 면에서 보자면, 노동의 동기부여를 파괴하는 최상의 환경은 바로 우리가 지금 운영하고 있는 현행 복지 시스템 자체다. 우리는 빈곤한 이들에게 소득을 주었다가, 수급자들이 아주 형편없는 일자리라도 가지게 되면 바로 그 소득을 빼앗아버린다. 이렇게 우리는 복지 수급자들의 한계

소득에 대해 100퍼센트, 심지어 그 이상의 세율로 과세하는 것이다. 최소소득 제도를 실시하면 사람들이 노동시장 안으로 들어오지 않을 것이라고 한다. 하지만 우리는 소득이 불충분한 이들 모두가 일하는 것을 원하는 것도 아니다. (…) 그리고 빈곤에 대한 해독제로서 그 효과가 확실한 것은 소득의 제공만 한 것이 없다.[80]

1969년에 나온 『풍요한 사회』의 제2판에는 이러한 갤브레이스의 근본적인 심경 변화가 담겨 있다. 앞에 인용한 제1판의 문장들은 손대지 않은 채 그대로 실려 있지만, 그 다음에 아래의 문단을 새로 삽입함으로써 다른 관점의 여지를 보여준다.

지난 10년간 폭넓은 사회정책 차원에서 가난한 이들에게 정기적으로 소득 원천을 제공하는 것이 갈수록 현실적인 방안이 되어온 것으로 보인다. 소득이 빈곤에 대한 해결책이라는 생각은 분명히 호소력이 있다. 다른 곳에서도 주장한 바 있지만, 이는 소득의 원천을 생산에만 의지하는 경향을 줄임으로써 경제 운영에 따르는 여러 문제를 덜어주기도 한다. 그러한 기본적인 소득 원천의 제공은 이제부터 빈곤과의 싸움에서 최초로 시행될 전략적 단계가 되어야만 한다.[81]

그가 이러한 주장을 폈던 '다른 곳'이란 '생산과 사회보장의 분리 (The Divorce of Production from Security)'라는 제목의 장을 말한다. 이장은 제2판에서 완전히 새로 쓰여졌으며 명쾌하게 다음의 주장을 지지하고 있다.

고용이 불가능한 이들, 고용하기가 대단히 어렵거나 일을 해서는 안 되는 이들에 대한 직접적 해결책은 생산과 무관한 소득 원천을 제공하는 것이다. 이는 근년에 들어서 보장소득 혹은 마이너스 소득세라는 이름으로 광범위하게 토론된 바 있다. 이러한 여러 제안에 담긴 공통된 원리는 기본소득을 보편적 권리의 차원으로 제공하며, 그 양은 가족의 규모 외 여타의 필요와 무관하게 만든다는 것이다. 만약 어떤 개인이 일자리를 찾지 못한다면(혹은 아예 구할 생각이 없다면), 그 사람은 이러한 소득으로 생존해나가야 한다.[82]

갤브레이스는 세상을 떠날 때까지 위와 같은 입장을 고수했다. 그가 1999년 6월 런던정치경제대학에서 '20세기 미완의 과제'를 주제로 했던 연설에는 이런 내용이 담겨 있다. "모든 이가 괜찮은 양의 기본소득을 보장받아야만 합니다. 미국 같은 부유한 나라는 모든 이를 빈곤에서 해방시킬 만한 충분한 여력을 가지고 있습니다. 어떤 이들은 소득만 취하고 일은 전혀 하지 않으려 할 사람들이 있을 것이라고 말하지요. 하지만 이는 지금 복지라고 불리는 더욱 제한된 제도 아래에서도 마찬가지입니다. 이제 부자들뿐만 아니라 가난한 이들도 여가 시간을 좀 즐겨도 된다는 생각을 받아들이도록 합시다."[83]

1968년 갤브레이스는 이렇게 새로이 갖게 된 확신에 입각하여 제임스 토빈, 폴 새뮤얼슨(Paul Samuelson), 로버트 램프먼(Robert J. Lampman) 등 1000명이 넘는 다른 경제학자들과 함께 미국 의회에 '소득 보장 및 보충 시스템(a system of income guarantees and supplements)'을 채택하도록 촉구하는 청원서에 서명한다.[84] 그 사이에 미국 시민사회의 다른 구성원들 또한 여기에 동참한다. '국민 복지 권리 조직(National Welfare Rights Organization, NWRO)'은 1967년 8월에 개최한 창립 총회에서 제1의 목표로 '충분한 소득: 모든 미국인이 빈곤선 이상의 존엄한 삶을 살 수 있는 충분한 돈을 보장하는 시스템'을 채택한다.[85]

그리고 마틴 루터 킹 목사는 자신의 마지막 저서 『이제 어디로 갈 것인가?(Where Do We Go Frome Here?)』에서 이렇게 말한다. "나는 이 제 가장 단순한 접근법이 가장 효과적인 것이라고 확신하게 되었다. 빈곤에 대한 해결책은 오늘날 널리 논의되고 있는 조치인 보장소득을 통해 직접적으로 빈곤을 없애는 것이다. (…) 한 개인이 자신의 인생에 대한 결정권을 손에 쥔다면, 자신의 소득이 안정적이고 확실하다는 보장을 얻는다면, 스스로가 자기 개선을 추구할 수단을 지니고 있음을 알게 된다면, 개개인의 존엄은 활짝 피어나게 될 것이다."[86]

짧은 클라이맥스: 맥거번의 데모그란트

이런 분위기 속에서 공공 당국자들은 무언가 진전된 모습을 보여야 한다고 느끼게 됐다. 1968년 1월에 린든 존슨 대통령은 '소득 유지 프로그램 위원회(Commission on Income Maintenance Programs)'를 설립했는데, 여기에는 여러 명의 재계 인물과 함께 경제학자인 로버트 솔로(Robert Solow)와 오토 엑스타인(Otto Eckstein)이 포함되어 있었다. 존슨은 이렇게 강조했다. "아무리 독특한 것이라도 좋으니 관습적 사고에 얽매이지 말고 모든 계획을 검토해야만 합니다."[87] 1969년 11월에 이 위원회에서 발표한 최종 보고서는 기존의 복지 시스템에 대한 대안으로서 '기본소득 지지 프로그램'을 권장한다. 즉, "모든 이에게 각자의 필요에 비례하여 돈을 지급하는, 연방 차원에서의 직접적 현금 이전 프로그램의 형태를 띠어야 한다"는 것이다. 이는 노동과 관련된 의무가 부과되지 않는, 가구 차원에서의 마이너스 소득세에 해당하는 것이었다. "일을 할 것인지의 결정권은 본인의 선택과 노동 시장에서의 소득이라는 동기에 맡겨놓는 것이 낫지 정부 기관에 맡기는 것은 바람직하지 않다고 생각한다." 이 계획에 따르면, 다른 소득이 없는 성인들은 당시 1인당 GDP의 약 15퍼센트에 해당하는 금액인 연간 750달러를 지급받으며, 아동의 경우는 1인당 최대 450달러까지 받을 수 있도록 되어 있었다.[88]

하지만 이 보고서가 나오기 전에 공화당 대통령 후보인 리처드 닉슨이 민주당 후보 후버트 험프리(Hubert Humphrey)를 선거에서 이기고 1969년 1월에 대통령으로 취임했다. 닉슨은 취임 즉시 가족부조 계획(Family Assistance Plan)의 준비에 착수했다. 이는 가난한 가정을 대상으로 하는 원조 프로그램인 부양아동가족부조를 폐지하고, 그 대신에 노동자들에 대한 여러 금전적 지원을 모종의 보장소득으로 통합하는 프로그램이었다. 이 계획은 가구를 단위로 하는 마이너스 소득세에 가까운 것이었지만 중요한 차이점이 있었으니, "만약 수급자가 적절한 일자리를 받아들이기를 거부하거나 직업훈련에 등록하지 않으려 하면" 수당 액수를 줄인다는 조항이 들어 있는 점이었다.[89] 실제로 1969년 8월에 닉슨은 전 국민을 대상으로 했던 연설에서 '노동연계복지'라는 말을 만들어내기도 했다. "최종적으로 분석해보면, 빈곤에서 빠져나오기 위해서는 말로만 떠드는 것만으로도 안 되고 법을 만드는 것만으로도 안 됩니다. 유일한 방법은 온 국민이 일하는 것입니다. 미국이 지금 필요로 하는 것은 더 많은 복지(welfare)가 아니라 더 많은 '노동연계복지'입니다."[90]

이 계획은 1970년 4월 미국 하원에서 다수의 동의를 얻어 채택되지만, 1970년 11월 상원의 재정 위원회(Finance Committee)는 이를 거부한다. 이후 고용이 가능한 수급자와 불가능한 수급자를 새롭게 구별하는 방안이 도입된 수정안이 제출됐지만, 1972년 10월에 완전히 거부당한다. 닉슨의 가정부조계획에 대한 반대는 폭넓은 정치적 스펙트럼의 양쪽 모두에서 거세게 터져나왔다. 국민 복지 권리 조직은 이 계획에서 제시하는 수당 수준이 너무 낮고 노동을 강하게 강제하는 등 너무 소심하다고 비판한 반면, 미국상공회의소 등은 이 계획이 지나치게 대담하다고 주장했다. 재계 측은 보장소득 제도가 도입되면 사람들이 저임금 일자리를 수락할 만한 동기를 잃어버리게 될 것이라고 우려했다.[91]

1972년 1월을 기점으로 가족부조프로그램에 대한 논란이 절정으로 치닫는 가운데, 훨씬 더 야심찬 소득 보장 프로그램이 등장해 많은 관심을 끌게 된다. 민주당 대통령 후보 경선에 출마한 상원의원 조지 맥거번(George McGovern)의 선거 캠프에 토빈과 갤브레이스가 합류하면서, 기본소득 제안을 공약에 포함시키기로 한 것이다. 이는 '최저 소득 교부금', '국민 소득 교부금' 혹은 '데모그란트'라는 이름으로 불렸으며, 모든 미국인 개인에게 1년에 1000달러를 한 번에 지급하는 것을 내용으로 하고 있다. "저는 모든 남녀 및 아동이 연방 정부로부터 1년에 한 번씩 돈을 지급받을 것을 제안합니다. 지급 액수는 수급자의 재산에 따라 변하지 않습니다. 공공부조를 받고 있는 이들의 경우, 이러한 소득 교부금이 기존의 복지 시스템을 대체하게 될 것입니다."[92]

맥거번은 위와 같이 자신의 제안을 설명하면서, 이를 실행하는 방법은 다양하게 구상할 수 있으며, 이를 위해서는 "최고 권위의 경제학자들의 철저한 검토가 필요"하고, 따라서 자신의 계획이 "즉각적인 입법 활동을 위해 고안된 것은 아님"을 강조했다. 하지만 그는 만약 자신이 대통령으로 당선된다면 "자세한 계획을 준비해 의회에 제출"할 것이라고 서약했다. 그가 아주 상세하게 언급했던 제안은 제임스 토빈이 마련한 것으로서, "모든 미국인에게 동일한 액수를 지급할 것을 요구"하고 있었다. "지급은 개인 단위로 이루어집니다. 따라서 수급 총액을 늘리기 위해 가족 구성원들이 뿔뿔이 흩어질 이유가 없습니다." 토빈은 맥거번에게 지급 액수를 1인당 1000달러로 하도록 제안했다(토빈은 1966년에는 1인당 GDP의 약 18퍼센트 정도에 해당하는 액수를 제안했다. 하지만 1972년 기준 1000달러는 1인당 GDP의 약 16퍼센트 정도로, 다소 줄어들었다). "토빈 교수는 1966년을 기준으로 잡았을 때 1인당 750달러를 지급할 것을 제안했습니다. 이를 지금의 액수로 환산해보면 거의 1인당 1000달러를 지급해야 합니다. 이렇게 되면 4인 가족의 경우 4000달러의 액수를 받게 될 것인데, 이는 공식적인 빈곤선의 액수와 대략 일치합니다."

이 문제는 민주당 대선후보 선출 프라이머리에서 두드러진 이슈가 됐다. 특히 맥거번의 주된 경쟁자인 후버트 험프리가, 부자와 가난한 이를 가리지 않고 모두에게 큰돈을 나누어준다는 생각이라며 맥거번을 조롱하면서 특히 캘리포니아에서 큰 이슈가 됐다. 맥거번이 1972년 7월 민주당 후보로 지명되자 닉슨 행정부의 고위 관료들은 그의 제안을 비판할 뿐만 아니라 공격적인 광고까지 내보냈다.[93] 갤브레이스는 그 달에 기고한 신문기사를 통해 기본소득이 노동의 동기부여에 긍정적인 영향을 가져올 것임을 강조하며 맥거번 구하기에 나섰다.[94] 하지만 1972년 8월 말이 되자 맥거번은 논란 많은 자신의 계획을 스스로 철회하였고, 그 대신 소득 보장의 대상을 노동 능력이 없는 가난한 이들로 제한하는 안을 내걸었다. 훗날 맥거번은 자서전에서 자신의 1000달러 계획에 쏟아진 공격에 대해 이렇게 회상한다.

이 제안은 닉슨이 내놓았던 가족부조계획과 크게 다른 것도 아니었건만, 닉슨 쪽에서는 마치 나의 제안이 미국의 일하는 소수가 너무나 게을러 일하지 않고 복지나 타 먹는 다수를 억지로 부양하도록 만드는 제도인 것처럼 그려냈다. 닉슨 측의 광고는 액면 그대로 보면 전혀 말이 안 되는 것이었지만, 대중에게 불안감을 일으킬 만한 파급력이 있었기에 이를 어떻게 해서든 가라앉혀야 했다. (…) 1000달러 계획에 대해 논란이 거세지자 나는 이 나라의 세금 및 복지 전문가들뿐만 아니라 지도적 경제학자들에게도 자문을 구했다. (…) [우리는] 1000달러 계획을 실행에 옮기는 대신, 직접적 교부금을 최소한 처음에는 오로지 빈곤선 아래에 있는 이들에게게만 지급하는 것으로 변경하기로 결정했다.[95]

맥거번도 인정하고 있지만, 위와 같이 기본소득 계획을 수정하자 "[그의] 지지자 중 일부는 실망했다."[96] 대통령 선거는 1972년 11월에 치러졌고, 닉슨은 선거 바로 몇 주 전에 자신의 가족부조계획을 포기하였으며, 결국 압승을 거두었다. 결과적으로 이러한 사건들이 미국에서 기본소득 유형의 아이디어들을 놓고 벌어졌던 짧지만 뜨거운 논쟁에 종지부를 찍고 말았다.

이후의 여러 정권에서 복지 수급자들의 노동 동기를 개선하기 위해 약간의 개혁이 이루어졌다. 특히 중요한 것이 근로소득 세금공제의 신설이었다(제2장을 보라).[97] 하지만 1968년에서 1980년 사이에 미국에서 실시한 네 가지 대규모 실험을 기초로 한 논의는 좀더 학술적인 맥락에서 계속되었다. 닉슨의 가족부조계획 준비와 관련해 연방정부가 실시했던 이 실험들은 실로 미증유의 것으로서, 사회과학 연구에 있어서도 중요한 이정표가 됐다. 과학적인 동기에서 시작된 사회적 실험이 이러한 규모로 이루어진 적은 한 번도 없었던 것이다. 실험은 여러 가구를 무작위로 뽑아서 마이너스 소득세 혜택을 받는 집단과 기존 제도 아래에서 살아가는 통제 집단의 두 가지 집단에 집어넣는 방식으로 실시되었다. 이 실험의 주된 목적은 보장소득 제도가 신생아 체중, 학교 성적, 이혼율, 무엇보다도 노동 공급 등 여러 다양한 지표에 어떠한 영향을 미치는지를 정확하게 파악하는 것이었다.

이 실험들을 통해 현재 조건에서 기본소득을 도입하는 것에 대해 무엇을 알아냈는지는 나중에 논의하겠다(제6장). 여기서 가장 많이 논의된 결과는 가구에서 두 번째 크기의 소득을 창출하는 사람들(secondary earners)의 노동 공급이 줄었다는 것으로, 감소한 사실 자체는 명백하지만 감소량은 비교적 적었다는 점을 기억해야 한다. 또한 그중 한 실험을 통해 이혼율 증가가 제기되었다는 점도 주목할 만하다.[98] 이러한 결과들은 미국에서 기본소득 유형의 제안들이 갖는 정치적 매력을 오랫동안 잠식하는 데 한몫하였고, 심지어 닉슨의 가족부조계획 아이디어를 처음으로 제시한 사람 중 한 명인 상원의원 대니얼 모이니핸(Daniel Patrick Moynihan)과 같은 열렬한 지지자에게까지 영향을 미쳤다.

이 실험의 결과를 놓고 1978년 미국 상원에서 열렸던 청문회에서 모이니핸은 이렇게 외쳤다. "보장소득에 대해 우리가 가졌던 생각은 틀렸습니다! 아무래도 이건 재앙을 불러오는 것인 듯합니다. 이는 가족 해체율을 70퍼센트 높이고, 노동 공급을 줄이며, 여러 다른 (부정적인) 결과들을 가져왔습니다. 이것이 오늘날의 최신 과학에 의해 밝혀진 바이며, 지금으로서는 이를 충실히 따르는 것이 우리가 명예를 걸고 해야 할 일이라고 봅니다."[99]

독특한 성과: 알래스카의 배당금

미국에서 일어난 논쟁의 영향으로 1970년대 캐나다에서도 '보장연
간소득(guranteed annual income)'에 대한 몇 개의 공식 보고서가 출
간됐다.[100] 이러한 보고서들은 이른바 '민컴(Mincome, 최저소득)'이라
고 불린 마이너스 소득세 실험에 영감을 주었고, 이 실험은 캐나다 연
방 정부 실험의 요청으로 위니펙(Winnipeg) 시 그리고 마니토마의 도
핀(Dauphin)이라는 작은 도시에서 이루어졌다. 하지만 2년 후 데이
터 수집이 중단되었고, 그 결과는 공식적으로 발표되지 않았다. 그리
고 오랜 세월이 지난 뒤에야 이 실험에서 표출된 데이터의 분석이 시
작되었다(제6장을 보라). 캐나다 정부가 실험이 마무리되기 이미 오래
전에 관심을 잃어버렸다는 사실 자체가, 1970년대의 북미 지역이 무
조건적 기본소득과 비슷한 무언가를 시작하기 위해 큰 걸음을 떼어
놓을 만한 때가 무르익지 않았음을 방증한다.[101] 그러나 그로부터 몇
년 후, 가장 엄격한 의미에서의 기본소득으로 결정적인 한 걸음이 옮
겨진 곳도 다름 아닌 북미 지역이었다. 게다가 이는 1960년대 말과
1970년대 초에 미국에서 있었던 논쟁과 거의 무관하게 벌어진 일이
었다. 그 자초지종을 알아보자.[102]

　1974~1982년까지 알래스카 주지사를 지낸 미국 공화당 출신인
제이 해먼드(Jay Hammond, 1922~2005)는 1970년대 중반 북미 최대
규모를 자랑하는 프루도만(Prudhoe Bay) 유전을 (모든 미국 시민이 아닌)
알래스카 시민들의 것으로 삼아 그 소유권을 확보한다. 하지만 그는
석유 채취에서 발생한 엄청난 부가 현세대의 알래스카인들에게게만 혜
택을 주고 끝나게 될 것을 염려했다. 이에 해먼드는 석유 수입의 일부
를 투자하는 펀드를 조성해, 그 부가 미래 세대들을 위해 보존되도록

보장하자고 제안했다. 1976년 주 헌법을 수정하여 '알래스카 영구 펀드(Alaska Permanent Fund)'가 세워졌다. 당시의 알래스카 주민들이 이 펀드의 연속성과 성장에 관심을 갖도록 만들기 위해서, 해먼드는 매년 모든 주민에게 배당금을 지급할 생각이었다. 액수는 모두에게 동등한 것이 아니라 알래스카주에 거주한 햇수에 비례하도록 했다. 이에 대해 해먼드는 "이 배당금 개념은 알래스카의 천연자원의 주인이 주 정부가 아니라 알래스카 시민들 자신이라고 명시한 주 헌법에 기반을 둔 것"이라고 자신의 비망록에서 설명하고 있다.[103]

하지만 이 배당금 제도는 초창기에 대법원의 문제 제기로 인해 큰 난항을 겪었다. 문제가 된 부분은 알래스카 거주 기간에 따라 지급 액수에 차등을 둔다는 부분이었다. 다른 주에서 이주해온 미국 시민이 차별을 받게 되므로 미국 헌법의 평등권 보호 조항을 어겼다는 것이다.

이러한 반대에 부딪히면서 해먼드는 원래의 제도를 수정해야 했다. 결국 그는 이 제도를 모든 거주자(새로운 이주민과 거주 중인 외국인을 포함)에게 동일한 액수를 지급하는 진짜 보편적 기본소득으로 변화시켰다. 처음에 해먼드는 대법원 판결에 실망했지만, 나중에는 그러한 수정 덕분에 "유권자들 전체의 지지를 강화"할 수 있었고, 이것이 '알래스카 영구 펀드'를 "그 돈에 손을 대려는 정치가들의 침범"에서 지켜낼 수 있었다고 회고했다.[104]

이 제도는 1982년에 처음으로 시행됐는데, 그 이후로 알래스카에서 최소한 1년 이상 거주한 사람은 누구든 동일한 액수의 연간 배당금을 받을 자격이 주어진다. 2015년의 경우 약 63만7000명의 지원자들이 자격을 부여받았다. 이 배당금은 '알래스카 영구 펀드'의 지난 5년간 평균 금융 수익의 일정 부분에 해당한다. 처음 이 펀드는 알래스카 경제로만 투자가 제한되었지만 나중에는 전 세계적인 포트폴리오의 형태를 띠게 되었고, 이를 통해 알래스카 지역 경제가 부침을 반복할 때 그 충격을 흡수하는 역할을 하게 됐다. 초기에는 배당금이 1인당 연간 400달러 정도에 머물렀지만, 2008년에는 2069달러로 절정에 도달한다. 2012년에는 금융 위기 여파로 900달러로 떨어졌지만, 2015년에는 다시 2072달러로 회복되어 알래스카 1인당 GDP의 3퍼센트에 근접하게 된다.

비록 알래스카의 배당금은 개인의 기본적 필요를 충당하기에는 전혀 충분한 양이 아니지만(그 액수가 가장 높았을 때도 미국의 공식적인 1인 빈곤선의 20퍼센트 정도였으며, 알래스카 1인당 GDP의 4퍼센트를 넘은 적은 한 번도 없었다), 이는 진정한 기본소득임에 분명하다. 이는 아무 의무도 부과되지 않으면서 모든 이에게 개인 차원에서 현금으로 지급되기 때문이다. 이것이 공화당 집권 당시에 도입되었다는 것은 의외의 일일까? 그 아이디어를 처음으로 구상한 해먼드에 따르면 그렇지 않다고 한다. "알래스카의 배당금 제도는 물론 결코 사회주의적인 것이 아니다. 사회주의란 정부가 부유한 소수로부터 부를 빼앗아 만인에게 최상이라고 생각하는 바를 직접 공급하는 것이다. 이 '영구 펀드 배당금'이 하는 일은 정확히 그 반대다. 이는 헌법에 정해진 바에 따라 모두의 소유로 되어 있는 돈에서 일부를 떼내어 개개인에게 나눠주고, 알아서 각자의 몫을 어떻게 쓸지 결정하도록 하는 것이다. 이보다 더 자본주의적인 것이 어디 있겠는가?"[105]

알래스카의 제도를 다른 곳에서 본받아 따른 예는 아직 없다. 이건 놀라운 일일까? 아마 그럴 것이다. '알래스카 영구 펀드'와 비슷한 국부 펀드를 운영하는 나라는 오늘날 50개국이 넘는다. 하지만 다양한 제안들만 나왔을 뿐 아직도 알래스카의 배당금 제도는 유일무이

한 예로 남아 있다.

초국적 네트워크: 유럽에서 전 지구로

이런 일들이 벌어지는 동안 유럽에서는 무얼 하고 있었을까? 별로 벌어진 일이 없었다. 1960년대 말과 1970년대 초에 미국에서 놀랄 만큼 활발하게 벌어졌던 기본소득 논쟁이 약간의 시차를 두고서 유럽 몇몇 나라에서 반향을 얻어내기도 했다. 하지만 그러한 반응을 얻어낸 주된 아이디어는 프리드먼의 마이너스 소득세였고, 맥거번의 데모그란트나 알래스카의 배당금 제도는 아니었다. 그 결과 이러한 아이디어 전체에서 신자유주의적인 냄새가 풍기기 시작했고, 결국 사람들에게 널리 수용되는 것을 오히려 방해한 면이 있었다.

예를 들어 프랑스에서는 1973년 경제기획원(Planning Bureau)에서 위원회를 꾸려 마이너스 소득세에 대한 보고서를 작성하게 했다.[106] 이는 또한 스탠퍼드대학에서 박사학위를 받고 당시 대통령인 발레리 지스카르 데스탱의 자문으로 일하던 리오넬 스톨레뤼(Lionel Stoleru)—나중에 미셸 로카르의 사회주의 정부하에서 프랑스의 재산조사 최저소득 제도를 도입(1988년)하는 책임자가 된다—가 이에 대해 책 한 권 분량의 호의적인 분석을 내놓게 하기도 했다.[107] 그러나 이는 곧 협소한 시장주의에 근간한 빈곤 퇴치 전략과 연결되었다. 그래서 경제학자인 그자비에 그레페(Xavier Greffe)는 이 제안이 비록 심각한 결함을 안고 있지만, "현재 시행되고 있는 사회정책에 대한 정당한 비판에 근거"하고 있으며 "사회정책의 효율성을 증대시킬 것"이라고 인정했다. "마이너스 소득세 제도는 자유주의 담론의 핵심에 있으며, 시장은 사회 통합의 특별한 메커니즘으로서 불평등 극복과 사회 통합을 위해 개개인들이 시장에 접근할 수 있도록 인위적으로라도 도움을 준다면 그것으로 충분하다는 사실을 암묵적으로 인정하고 있다."[108]

이와 마찬가지로 미셸 푸코(Michel Foucault, 1926-1984) 또한 콜레주 드 프랑스에서 행했던 전설적인 수많은 강연에서 처음에는 마이너스 소득세를 호의적인 방식으로 제시했다. "결국 따지고 보면 어떤 이가 사회적 게임에서 패하여 일정 수준 이하로 추락하는 원인에 대해 우리는 관심을 두어서도 안 되고 또 실제로 두지도 않습니다. 그 원인이 마약 중독이든, 자발적 실업이든 그건 중요하지 않습니다. (…) 오직 중요한 것은 그 개인의 생활이 일정한 수준 이하로 떨어졌다는 것입니다. 이 지점에서는 더 고민할 필요도 없으며 관료, 경찰, 조사관들이 출동하여 조사하고 말 것도 없습니다. 그냥 그 사람에게 보조금을 주어야 할 문제일 뿐입니다."[109]

하지만 나중에 푸코는 마이너스 소득세 또한 본질적으로 '신자유주의적' 정책에 복무하는 도구라고 여기게 된다. 이제는 더 이상 농촌으로부터 '무한정의 노동 원천'을 공급받을 수 없게 되었으므로, 마이너스 소득세로 기존의 인구를 부양하는 것이 그 기능을 떠맡게 된다는 것이다. 또한 "완전 고용에 초점을 두는 시스템보다는 훨씬 덜 관료적이고 덜 규율적인 그리고 대단히 자유주의적인 방식"이라고 볼수 있다는 것이다. "일하고 싶으면 일하고 싫으면 일하지 않는 식으로, 노동에 대한 의사결정권이 사람들에게 있습니다. 무엇보다도 사람들이 일하는 데 관심이 없다면 일하도록 강제하지 않을 수도 있습니다. 사람들은 그저 정해진 수준에서 최소의 생존 가능성을 보장받을 뿐이며, 이런 식으로 신자유주의적 정책이 작동되도록 할 수 있습니다."[110]

빈민들과 실업자들의 운명을 걱정했던 많은 유럽인과 마찬가지로, 푸코도 이렇게 자본주의의 기능적 필요 및 신자유주의 사상과 연결된다는 점 하나만으로 마이너스 소득세라는 아이디어를 불신의 대상 혹은 최소한 적극적 관심을 얻지 못하도록 막아야 할 대상으로 여기기에 충분하다고 보았다.

유럽 전역에서 조금씩 기본소득에 대한 전례 없는 관심이 살아나기 시작했지만, 이는 북미의 마이너스 소득세 논의와는 이렇다 할 관련이 없는 것이었다. 유럽 전체에서 아무런 조직적 연계도 없는 수많은 논자들이 서로의 존재조차 잘 모르는 상태에서, 보편적이며 무조건적인 기본소득이 성장을 통한 완전 고용보다 당대의 사회적 도전에 대응하는 더 좋은 방법이라는 생각을 각각 독립적으로 주장하기 시작한 것이다.

1973년 사회학자 빌 조던은 영국의 한 작은 도시에서 실업자들이 만든 한 연합체가 여러 투쟁을 거치면서 어떻게 기본소득이라는 생각에 도달하게 되는지를 묘사하는 작은 책을 출간한다.[111] 그리고 그는 훗날 영국에서 가장 소리 높여 기본소득을 주장하는 이가 된다. 2년 후 암스테르담의 사회의학 교수인 얀 퀴페르(Jan Pieter Kuiper, 1922~1986)는 유급 고용이 사람을 비인간화시키는 성격이 있음을 지적하고, 이에 맞서는 한 방법으로 고용과 소득의 연계를 끊어버릴 것을 제안하는 일련의 논문들을 출간한다. 사람들이 독립적이고 자율적으로 스스로의 삶을 살 수 있게 만들려면 그가 '보장소득'이라고 부르는 것밖에 다른 방법이 없다는 것이다.[112]

1978년에는 덴마크에서 물리학자, 철학자, 정치가 세 사람이 힘을 합쳐 『중심으로부터의 반란(Revolt from the Center)』이라는 제목으로 '시민 임금(citizen's wage)'을 주장하는 책을 출간하여 일약 베스트셀러에 오르기도 한다.[113] 그 직후 비순응주의자이자 스웨덴 귀족, 카프리 주민이기도 한 군나르 아들러-칼손(Gunnar Adler-Karlsson)이 1979년과 1981년에 두 개의 논문을 발표해 완전 고용이 목표라는 기존 경제학의 주장을 공격하면서 그 대안으로 모종의 보장소득을 주장했다.

이러한 여러 목소리가 반향을 얻다가 마침내 정치적인 충격으로까지 증폭된 나라가 있었으니, 바로 네덜란드였다. 1977년에 기독교민주당에서 떨어져나온 좌파 집단에서 성장한 정당인 '급진당(Politieke Partij Radicalen)'은 선거 공약에 기본소득(basisinkomen)을 공식적으로 포함시켜서 의회 진출에 성공한 세계 최초의 정당이 된다. 네덜란드에서 기본소득을 지지하는 운동이 상당히 빠르게 성장하였던 주된 원인은 네덜란드 노조 총연맹(FNV) 산하 식품산업 노조(Voedingsbond)가 이 운동에 참여했던 데 있었다. 1985년 6월에 당시 야당이었던 네덜란드노동당(PvdA)은 기본소득에 대한 연구 및 토론 집단을 구성하였고, 한 잡지에서 4호에 걸쳐 기본소득 이슈만을 집중적으로 다룰 때 그 1호의 내용을 채우기도 했다.

그로부터 며칠 후, 이러한 기본소득에 대한 관심의 흐름이 절정에 달했음을 보여주는 사건이 벌어졌다. 저명한 연구기관인 '정부정책 과학위원회(이하 WRR)'가 보고서 「사회보장의 수호(Safeguarding Social Security)」를 출간하여, 자신들이 오랫동안 관심을 보여왔던 아이디어를 명확하게 지지하고 권고하는 입장을 보인 것이다. 보고서는 이를 '부분적 기본소득'이라고 부를 것을 제안했다. 즉, 아무 의무도 부과되지 않는 보편적 기본소득을 개인에게 지급하되, 이를 1인 가구의 빈곤선보다 적은 액수로 하자는 것이다(제6장을 보라). 하지만 WRR 보고서에는 그 밖에도 사회보험의 부분적 사유화, 노동시장을 더욱 탄력적으로 만들기 위한 조치 등 다른 내용도 있었기 때문에 강력한 반발을 불러왔다. 특히 이를 네덜란드의 사회적 연대 모델에 대한 위협이라고 보았던 노동당이 WRR 보고서의 신자유주의적 성격에 강하게 반발했다.[114]

당시 네덜란드의 수상이었던 기독교민주당의 루드 뤼버르스(Ruud Lubbers)는 이 보고서에 대해 긴 분량의 공식 답변서를 작성해, 정부는 여러 사회 조직 및 기구의 지지를 얻어 WRR 보고서를 거부한다는 입장을 발표했다. "노동과 소득 사이의 연계가 과도하게 약화된다"는 것이 그 근거였다.[115] 이 당의 젊은 당원으로서 훗날 수상이 되는 얀 페터르 발케넨더(Jan Peter Balkenende)는 이에 대해 좀더 상세하게 설명한다. "노동의 의무와 무관하게 모든 이에게 최저소득을 보장한다는 생각을 우리는 거부한다. 누구나 자신과 부양자들의 생계를 가능한 한 스스로 마련해야 한다는 것은 소중한 원칙이며, 이를 빈 껍데기로 만들 이유는 전혀 없는 것이다."[116] 그럼에도 불구하고 정부는 WRR 보고서가 중장기적으로 의미를 가질 수도 있다는 가능성을 배제하지 않았다. "미래의 상황 전개, 예를 들어 노동시간 단축, 기술발전, 경제성장과 노동자 참여 등에 따라서, 그리고 이 영역에서의 사회-정치적인 생각의 변화에 따라서, 장래에는 새로운 정책적 대응을 추구하게 될 것이다."[117]

당시에는 유럽 그 어느 나라에서도 이 문제가 이렇게 강력한 정치 의제로 대두된 곳이 없었다. 하지만 기본소득이라는 아이디어에 대한 인식과 이를 옹호하는 주장들은 지속적으로 출현하기 시작했다. 1984년에는 영국의 '기본소득 연구 그룹(Basic Income Research Group)'이라는 최초의 전국 네트워크가 출현했다.[118] 또한 2년 뒤에는 국제적 네트워크가 만들어지면서 국경선을 넘나드는 논의가 본격적으로 시작됐다.

1986년 9월, 학자들과 노조 활동가들의 소집단인 '샤를 푸리에 집단(Colletif Chareles Fourier)'이 벨기에의 대학 도시인 루뱅-라-뇌브(Louvain-la-Neuve)에서 전 유럽에 걸쳐 기본소득 지지자들의 최초의 회합을 조직했다.[119] 여기에 참여한 이들 대부분은 기본소득을 지지하는 사람은 세상에 자기 혼자뿐이라고 생각하던 이들이었기에, 그 아이디어에 관심을 가진 사람이 이렇게 많은 것을 보고 크게 고무되었다. 그리고 '기본소득유럽네트워크(BIEN)'를 설립하기로 결정한다. 그 목적은 "기본소득, 즉 재산 조사나 노동의 요구 없이 모든 이에게 개인 차원에서 무조건적으로 지급하는 소득을 지지하거나 관심을 가지고 있는 개인 및 집단을 연결해주는 네트워크를 제공하며, 유럽 전체에 걸쳐 이 문제에 대해 사람들이 충분한 정보를 가지고 토론할 수 있도록 장려한다"는 것이었다. 그때 이후로 BIEN은 정기적으로 소식지를 발행하고 2년에 한 번씩 회의를 조직했다. 해가 거듭되면서 유럽 바깥의 남미, 북미, 남아프리카, 아시아, 오스트레일리아 등에서도 갈수록 참가자의 수가 늘어나자, 바르셀로나에서 열렸던 2004년 회의에서는 BIEN을 세계 네트워크로 확장하기로 하고, 그 이름의 약자인 BIEN은 그냥 두면서 단지 그 'E'자를 '유럽'의 머리글자가 아닌 '전 지구(Earth)'의 머리글자로 해석하기로 했다.[120]

1980년대 중반 이후 이어진 기본소득의 역사는 더 이상 각각의 나라에서 서로 고립된 채 서로를 거의 모르고 완전히 무관하게 발전한 역사가 아니다. 국제 네트워크가 존재하는 데다 인터넷의 힘까지 가세하면서 이 아이디어는 전 세계로 급속히 확산되었고, 기본소득을 둘러싼 새로운 실험과 창의적 제안들이 매일매일 쏟아져나와 전 세계에서 반향을 얻고 있다. 우리는 기본소득의 경제적·정치적 실현가능성을 논의하면서(제6장과 제7장) 이러한 창의적 실험 및 제안들 중 많은 것을 살펴보게 될 것이다. 하지만 그 전에 할 일이 있다. 과연 기본소득이 윤리적으로 정당화할 수 있는 것이냐 하는 질문에 답하는 일이다.

1 그다음 두 세기에 걸쳐서 수많은 기본소득 제안이 서로 독립적으로 이어졌으며, 이들을 연결 짓는 작업은 1980년대가 되어서야 이루어졌다. Van Parijs(1992: 11 - 12)를 보라.

2 페인은 그보다 몇 년 앞서 버크의 『프랑스 혁명에 대한 성찰(Relfections on the Revolution in France)』의 대응으로서, 영향력 있는 저서 『인간의 권리(Rights of Man)』를 저술하였다. 여기에서 그는 이미 "저 고문 도구들인" 구빈법에 대해 인간적인 대안이라고 여겼던 것을 제안한 바 있다(Paine[1791/1974: 431]). 하지만 이 제안은 『농업에서의 정의』에 나와 있는 제안과 비교할 때 보편적 기본소득과는 거리가 더 멀었다. 이 책의 제안에서 기본소득과 가장 가까웠던 요소는 다음과 같다. 1) 14세 이하의 모든 아동을 대상으로 재산 조사를 실시해 수당을 지급하고, "부모에게는 아이들을 학교에 보내도록 명령"할 것 2) 50세 이상 고령자들의 재산 조사를 실시해 약 3분의 2 정도에게 연금을 지급하고, 이를 "은혜와 호의의 문제가 아니라 권리"로서 청구하도록 할 것 3) 새로 태어나는 아기의 4분의 1 정도가 적은 상여금을 받을 수 있도록 하는 보편적 권리로서, "상황으로 볼 때 그것이 필요한 모든 여성은 누구나 요구할 수 있도록" 할 것(Paine[1791/1974: chapter V, 425 - 429]).

3 Paine(1796/1974: 612 - 613).

4 Paine(1796/1974: 618).

5 콩도르세는 사회보험의 아이디어를 정식화해 큰 영향을 주었고, 그의 제안에는 노령연금("노령에 도달한 이에게 그들이 저축한 생산물로써 구호를 제공한다")은 물론 청년들에 대한 기부("스스로 일하고 또 새로운 가족을 이룰 나이가 된 젊은이들에게 그들 활동의 전개에 필요한 만큼 자본의 이점을 제공한다")가 포함되어 있지만, 재원의 마련과 정당화의 논리는 근본적으로 다르다. 그가 말하는 두 가지 제도 모두 수혜자 스스로가 이루어놓은 저축 그리고 수령 연령이 되기 전에 사망한 이들이 모아둔 저축을 재원으로 삼게 되어 있다.

6 Ambrose(1927: 47).

7 Vives(1526: 46).

8 Locke(1689: First Treatise, chapter 4, section 42).

9 Locke(1989: Second Treatise, chapter 5, sections 32 and 34).

10 Paine(1796/1974: 617, 611, 612 – 613).

11 Spence(1797/2004: 81).

12 하지만 스펜스의 이전 저작 중 어떤 것에도 이러한 제안이 담겨 있는 것 같지 않다. 그
중 일부는 지대의 수거를 언급하지는 하지만, 가령 『인간의 진정한 권리(The Real Rights
of Man)』(1775/1982)에서는 그러한 수입을 사용할 수 있는 곳으로 오직 범위가 한정된
빈민 구호를 언급할 뿐이다("그러면 이렇게 사람들이 교구에 납입한 지대를 각 교구가 사용해
그 내부의 빈민들과 실업자들을 부양하고 도와주는 데 쓸 수 있다"). 반면 『로빈슨 크루소의 역
사에 대한 보론(A Supplement to the History of Robinson Crusoe)』(1782/1982)에서는 다
음과 같이 그 용처를 완전히 열어놓고 있다. "소량의 지대 혹은 지방세는 교구 주민들의
결정에 따라 각자가 소유한 가옥과 토지의 가치 평가에 맞추어 모두에게 부과될 것이
며, 교구 재정으로 납입된 이 돈은 교구 주민 다수가 원하는 용처로 쓰이게 될 것이다."
토머스 스펜스와 그 이후에 나타난 초기의 기본소득 주창자들에 대해서는 Cunliffe and
Erreygers(2004)와 Bonnett and Armstrong(2014)를 참고하라. 페인과 스펜스의 차이
점에 대해서는 King and Marangos(2006)를 보라.

13 Spence(1797/2004: 87).

14 Spence(1797/2004: 88).

15 Paine(1796/1974: 620).

16 이 인용문은 다음에서 가져왔다. Anonymous(1848/1963: 963 – 964). 문장의 번역은
이 책의 저자들이 한 것이다. 이 문서를 발견해 역사적 맥락 속에 위치하게 한 것은
Erreygers and Cunliffe(2006)의 업적이다. 이 문서의 저자가 누군지는 알 수 없으나,
그동안 나온 여러 추측 중 가장 그럴듯한 인물로는 신비에 싸인 급진파 농민이었던 나
폴레옹 데 카이제르(Napoleon De Keyser)가 꼽힌다. 그는 몇 년 후 플라망어로 다른 책
을 출판하는데, 여기에는 막 성년에 달한 청년들에 대한 현금 기부(endowment)와 임
차한 토지 수입을 1년에 4번 동등하게 분배하는 등 수많은 세세한 제안들을 담았다(De
Keyser[1854/2004]). 데 카이제르에 대해서는 다음을 보라. Cunliff and Erreygers(2004:
xix). 1848년 당시 마르크스 집단에 대해서는 Matoba(2006)를 보라.

17 Charlier(1848: 특히 51; 57; 75; 94; 102).

18 Charlier(1848: 39).

19 Charlier(1848: 105; 151).

20 Charlier(1848; 1871; 1894a; 1894b).

21 Charlier(1848: 43; 1894a: 56; 1871: 47; 1848: 37; 1848: 37).

22 Letter to Hector Denis, June 25, 1894. From the Archive of the Institut Emile Vandervelde, Brussels, discovered by Guido Erreygers.

23 완전한 망각에 묻혀 있었던 샤를리에의 저작은 Cunliffe and Erreygers(2001) 덕분에 구출된다. 샤를리에의 기여에 대한 설명과 그의 저작 일부의 영어 발췌 번역은 Cunliffe and Erreygers eds.(2004)를 참조하라.

24 Mill(1848/1904: Book V, Chapter XI, section 13).

25 Mill(1848/1904: 967, first edition, 536; 538).

26 Mill(1848/1904: 968 - 969, first edition 537 - 538). 하지만 이렇게 생계수단을 법적으로 보장받는 수혜자들은 선거권을 빼앗기게 된다는 점에 주목하라. 이는 밀이 저서 『대의정부에 대한 고찰(Considerations on Representative Government)』에서 보편적 참정권의 원리에 있어서 합당한 예외로 들었던 것과 관련이 있다. "나는 교구의 구호를 받는다는 것이 참정권에 있어서 절대적 실격 사유라는 점에 대해 필연적으로 요청되는 바라고 본다. 자신의 노동으로 스스로를 충분히 부양할 수 없는 이는 남의 돈을 마음대로 가져다쓸 수 있는 특권을 주장할 수 없다. (⋯) 참정권이 주어지는 조건으로 선거인 명부에 등록되기 전, 이를테면 5년간 교구 구호 수령자 명부에 이름이 없어야 한다는 조건을 분명히 못박아야 한다"(Mill[1861: Chapter VIII, 332-333]). 하지만 아래에서 논의할 밀의 푸리에주의적 제도를 통해서 그가 '생계의 법적 보장'이 이루어질 경우에도 이러한 생각이 여전히 적용될 것으로 보았는지는 분명하지 않다.

27 Mill(1849: xxix).

28 Mill(1849: Book II, chapter I, section 4). 푸리에 방식의 사회주의에 대한 밀의 이러한 공감은 그가 죽을 때까지 유지되었다. Mill(1879/1987: 132)을 보라. "[공산주의가 여러 난점을 안고 있음을 인정하는 여러 형태의 사회주의] 가운데서 으뜸가는 것은 푸리에주의다. 이 시스템은 지적인 천재성의 표본으로라도 모든 사회 연구자와 인간 정신 연구자가 충분히 주의를 기울일 가치가 있다."

29 Engels(1880/2008: 33).

30 Fourier(1836/1967: 49).

31 푸리에는 초기 저작(Fourier[1822/1966: 276])에서, 그 이전의 여러 프랑스 저자들과 마찬가지로 재산 조사뿐만 아니라 노동 조사 또한 옹호한다. "사회를 보존하는 해결책은 건강한 이들에게는 일자리를, 몸이 약해 일할 수 없는 이들에게는 최소한의 사회적 부조를 보장해주는 일이다." Cunliffe and Erreygers(2001: 464 - 465)를 보라. 푸리에와 동시대의 영국인인 윌리엄 코베트(William Cobbett: 1827), 새뮤얼 리드(Samuel Read: 1829), 조지 스코프(George Poulett Scrope: 1833) 등도 비슷한 견해를 가지고 있었다. 이의 개괄

로는 Horne(1988)을 보라.

32 이 부분을 모두 인용해보겠다. "그 결과 게으름은 사라진다. 사람들은 가난한 이들에게 최소소득을 주면 단 1년 안에 비용보다 득이 더 많다는 것을 확신하게 될 것이다. 이렇게 내가 제안한 체제를 확립하게 되면 빈곤과 구걸은 근절될 것이며, 무정부적 경쟁과 파편화에 기초한 사회의 여러 질병도 뿌리 뽑히게 될 것이다. 오늘날에는 최소소득을 사람들에게 주는 것이 불가능하게 되어 있어서, 가난한 이들은 노동이 혐오스러울 때 곧바로 게으름으로 빠져들게 된다. 영국의 구빈법이라는 것이 빈민 창궐이라는 끔찍한 상처만 더 키우고 말았던 이유가 바로 여기에 있다. 최소소득을 주는 것은 프롤레타리아들의 해방을 보장하는 것이며 또 자유의 기초이기도 하다. 최소소득 없이 자유 없다. 최소소득이 없다면 사람들은 산업에도 매력을 느끼지 못한다. 이것이야말로 대중 해방의 본질인 것이다"(Considerant[1845: 49]).

33 밀의 유작 에세이인 『사회주의에 대하여(On Socialism)』에서도 비슷한 구절이 나오는데, 이 또한 똑같이 명확한 메시지를 담고 있다. "사회는 먼저 노동 능력의 유무와 무관하게 공동체 내 모든 성원의 생계를 위해 일정하게 최소한의 몫을 떼어놓은 뒤, 그 나머지는 각자가 필요한 노동을 할 생각이 들 만큼의 몫으로 나눠 여러 다른 집단에게 분배한다"(Mill[1879/1987: 133]). 조지 콜은 그의 저서 『사회주의 사상사(History of Socialist Thought)』(1953: 310)의 한 구절에서 이러한 해석이 옳음을 확인해준다. 밀은 "푸리에주의자들을 찬양했다. 더 정확히 말하면 모두에게 기본소득을 먼저 주고 나서 그 남은 생산물들을 각자가 소유한 자본, 재능 혹은 책임, 실제로 행한 노동에 따라서 분배하자고 하는 특정 형태의 푸리에주의를 찬양했다".

34 Mill(1870/1969: chapter VII).

35 헨리 조지는 그의 저서 『진보와 빈곤(Progress and Poverty)』(1879/1953)에서 토지는 우리의 공동재산이므로 사회는 토지의 가치 전액을 조세로 흡수하는 반면 다른 모든 생산 활동에서 세금을 면제해주어야 한다고 주장했다. 하지만 그는 자신이 제안한 조세의 수입을 기본소득의 재원으로 정해놓지는 않았다. 다만 그 돈에서 정부의 합당한 각종 비용을 뺀 뒤 남은 것이 있다면 이는 나눌 수 있다는 입장이었다. "만약 우리가 전체 공동체 모두에게 똑같이 나누어주기를 원한다면 그렇게 할 수 있다. 아니면 이 공동재산을 재원으로 해서 모든 소년이 성년이 되면 인생을 시작할 작은 자본을, 또 모든 소녀가 성년이 되면 여성들의 상속 몫(dower)을, 모든 과부에게는 연금을, 모든 노인에게는 노령 연금을 줄 수도 있다"(George[1881: 64]). 토지 가치가 증대한다면 그 의미는 "여러 사회적 필요가 분명하게 충족될 것이라는 점이다. 이 기금은 사회 전체에 귀속되는 것으로서, 이를 가지고 우리는 과부와 고아, 그 밖의 인생 낙오자들에게 공적 교육을 제공하고,

공공 비용을 충당하고, 또 진보된 문명일수록 점점 더 성원들을 위해 사회가 해야 할 필요가 늘어나는 모든 측면의 일을 할 수 있게 된다"(George[1887; 2009: 276]). 하지만 오늘날에는 '조지주의자(Georgists)'를 자처하는 이들 다수가 토지 보유세를 재원으로 하는 기본소득 혹은 사회 배당금의 실행을 좀더 굳건하게 지지하고 있으며(Smith[2006]), 무조건적 기본소득을 지지하는 현대 '좌파 자유지상주의' 정치철학자들 중 일부는 스스로를 헨리 조지의 후예라고 여기고 있다(제5장을 보라).

36 Russell(1918; 1966: 80 - 81).

37 Russell(1918; 1966: 118 - 119).

38 Russell(1918; 1966: 127).

39 Russell(1932; 1976: 14).

40 Russell(1918; 1966: 127). 이는 그 이전의 아나키스트 전통에서 발견되는 것보다 온건한 버전의 주장이다. 표트르 A. 크로포트킨(Pyotr Alekseyevich Kropotkin)은 그의 저서 『빵의 쟁취(Conquest of Bread)』에서 형식적인 노동 조건을 유지하는 쪽으로 기울고 있다 (1892; 1985: 153 - 154). 예를 들어 노동자 결사체들은 "20세에서 45세 혹은 50세까지의 사람들은 하루에 4시간 혹은 5시간을 사회적으로 존재할 필요가 있다고 인정되는 일정한 노동에 바쳐야 한다." 하지만 그는 그 대안으로서 (가혹한) 도덕적 처벌의 활용을 배제하지 않았다. "당신이 정말로 아무것도 생산할 능력이 없거나 생산하기를 거부한다면, 고립된 개인이나 병자로서 살아가야 한다. 우리가 아주 부유해서 당신에게 생필품을 내어줄 수 있다면 기꺼이 그렇게 할 것이다. 당신은 사람이며, 생존할 권리가 있다. 하지만 당신이 사회의 대열에서 빠져나와 특별한 조건에서 살기를 원한다면 다른 시민들과의 관계가 고생스러운 것이 될 것은 거의 확실하다. 당신은 부르주아 사회의 유령이라고 멸시당할 것이다. 당신이 대단한 재능을 가진 인간임을 친구들이 발견해 당신을 위해 모든 필요한 노동을 해줌으로써 모든 도덕적 의무로부터 당신을 해방시켜주는 친절을 베풀지 않는 한 말이다."

41 Milner(1918: 129-130).

42 Pickard(1919).

43 밀너, 버트램 피카르, 더글러스 소령, 제임스 미드, 조지 콜, 그리고 기본소득을 놓고 벌어진 이 최초의 공적 논쟁의 여러 측면들에 대해서는 Walter Van Trier(1995)를 보라.

44 Douglas(1920; 1924).

45 더글러스 '소령'보다는 덜 알려진 인물이지만, 찰스 마셜 해터슬리(Charles Marshall Hattersley[1922/2004]) 또한 자신만의 사회적 신용 이론을 고안해, 이를 캐나다에서 확산시키는 데 일조했다. 캐나다에서는 그리하여 사회적신용당(Social Credit Party)이라는 전

국 정당이 1930년대 중반 이후 발전하게 된다. 이 정당은 1935년에서 1971년까지 앨버타주의 여당이 되지만, 1944년 이후에는 사회적 신용이라는 교의를 내려놓았고, 1980년대 초 이후로는 지방의회에서 의석을 얻지 못하게 된다(Bell[1993], Hesketh[1997]). 사회적 신용을 내건 정당들은 또한 브리티시컬럼비아, 온타리오, 퀘벡 등에서도 적극적으로 활동했다. 1934년에는 더글러스 스스로가 호주에서 공중 앞에 나서서 소규모의 '더글러스 신용 운동(Douglas credit movement)'을 발전시키면서 노동당과 연계를 맺으려고 했지만 실패한다(Berzins[1969]). 뉴질랜드에서도 1930년대에 사회적 신용 운동이 비판가들로부터 '산사태'니 '돌림병'이니 하는 욕을 들어가며 확산되었다(Miller[1987: 20]). 이후 1953년에는 사회적 신용정치연맹(Social Credit Political League)이 결성돼 오늘날까지도 사회적신용민주당(Democrats for Social Credit)이라는 이름으로 존속하고 있다. 기본소득과 사회적 신용의 여러 이론에 대해서는 Heydorn(2014)을 보라.

46 "노동과는 별개로 모든 시민에게 사회의 연간 생산물의 일부에 대해 일정하고 최소한의 청구권을 주자는 주장을 한 이들이 채택했던 두 개의 이름을 빌리자면, 우리는 '국가장려금'이나 '모두를 위한 배당금' 등의 결론에 이르게 된다"(Cole[1929: 199]).

47 Cole(1929; 1935; 1953). '사회적 배당금'의 개념은 1935년에 출간된 저서에, '기본소득'은 1953년에 출간된 저서에 등장한다.

48 Cole(1935: 235).

49 Cole(1935: 236). 이보다 30페이지 뒤에서 콜은 수급 자격으로서 노동하려는 의사가 있는지의 문제를 논의한다. "하지만 이 새로운 시스템에서 노동 능력이 있는 이들은 오로지 일할 의사가 있을 때에만 사회적 배당금을 지급받을 수 있으며, 어떤 이가 자신의 몫으로 떨어진 공공 서비스를 수행할 의사가 없다는 게 입증되면 그 사람의 사회적 배당금 수령을 문제 삼을 수 있는 수단이 마련되어야 할 것이다. (…) 노동 능력이 있는 사람들이 사회적 배당금을 수령할 자격을 얻기 위해서는 사회의 공동 유산에서 자기 몫에 대한 청구권을 정당화할 수 있을 만큼의 노동을 할 준비가 되어 있어야만 하는 것이다"(Cole[1935: 263-264]). 콜이 말한 대로라면, 이런다고 해서 경제활동의 동기부여가 따로 생겨나는 것도 아닌데 어째서 이러한 조건이 필요한 것일까 하고 의아해할 수 있다. 이는 아마도 우리가 제5장에서 논의할 상호성에 대한 염려 때문일 것이다. 그런데 콜이 이보다 나중에 사회 배당금 제안을 정식화해놓은 것을 보면 이러한 노동 의사의 조건이라는 특징은 없어지는 것으로 보인다.

50 Meade(1935/1988; 1937; 1938; 1948; 1971).

51 Meade(1989; 1993; 1995). 콜과 미드의 여러 저작에 '사회 배당금'의 개념이 나타났던 당시의 영국에서는 런던경제대학(London School of Economics)의 두 교수인 오스카 랑에

(Oskar Lange, 1904~1965)와 아바 러너(Abba Lerner, 1903~1982)의 유명한 시장사회주의 논쟁이 수면에 떠올랐다. 랑게는 러너의 저작(Lerner[1936])에 대한 응답에서 시장사회주의 아래에서 집단적으로 소유되는 자본의 수익을 지칭하기 위해 '사회 배당금'이라는 표현을 쓰고 있다(Lange[1937: 143-144]). 이는 납부금을 내는 것과 상관없이 모든 시민에게 지급되는 것으로 이해해야 한다는 뜻이었다.

52 Rhys-Williams(1943: 145 - 146). 그녀가 제안한 제도는 보편적인 것이기는 하지만 분명히 아무 의무도 부과되지 않는 것은 아니었다. "모든 성인 시민은 개인별로 국가와의 계약서에 서명함으로써 생계를 보장받는 대신 남성은 전일제, 독신 여성과 부양 아동이 없는 젊은 과부는 시간제 일자리를 통해 각자 능력껏 최선을 다하여 일할 것을 약속한다. 이러한 사회 계약에 서명하지 않거나 그 조건을 충족시키지 못한 이들은 수당의 수급권을 얻지 못한다"(Sloman[2016]).

53 그 마지막 보고서에 설명되어 있는 바(Meade ed.[1978: 278-279; 294])에 따르면, 이 위원회는 평균소득의 40퍼센트에 달하는 충분한 사회 배당금에 더해 여타 지출을 위한 추가적인 15퍼센트까지 포함하는 방안을 논의하였다고 한다. "충분한 액수의 사회 배당금은 효과적이면서 이해하기도 운영하기도 쉽다. 하지만 기본 세율이 너무 높아서 광범위한 계층의 노동 의욕에 영향을 미칠 것이며, 여러 정치적 난제를 야기하게 될 것이다." 그리하여 이렇게 결론을 내린다. "본 위원회의 입장은, 높은 기본 세율을 동반하는 충분한 액수의 사회 배당금은 더 이상 고려할 가치가 있을 만큼의 정치적 지지를 끌어내지 못할 것이라고 본다." 대신 위원회는 최저소득 구간에서 부가세(tax surcharge)가 붙는 '수정된 사회 배당금(modified social dividend)'을 고찰한다(제6장을 보라). 그러나 위원회는 이 또한 "최저소득 구간에서의 높은 세율로 인해 잠재적으로 심각하고도 뚜렷한 결과들을 낳을 것으로 예상되며 운영에 있어서도 많은 난제들을 야기할 것으로 보인다"는 근거로 기각한다. 따라서 위원회는 좀더 세밀하게 "이중 사회 배당금을 제안한다. 즉 평균 소득의 20퍼센트에 해당하는 부분적 기본소득을 필요 및 고용 여부와 무관하게 모든 가족에게 지급하며, 여기에 평균 소득의 30퍼센트에 해당하는 수당을 비자발적 실업자, 노령 은퇴자, 노동 능력이 없는 이들에게 조건부로 지급하는 것이다. 하지만 결국에는 이보다 참신성이 떨어지는 '신 비버리지 제도(New Beveridge Scheme)'를 제안하는 것으로 끝나게 된다. 신 비버리지 제도는 무조건적 가족 수당에 비자발적 실업자, 노령 은퇴자, 노동 능력이 없는 이들에게 사회보험을 제공하며, 여타의 사회복지가 불충분할 경우에는 재산 조사에 기반을 둔 수당을 지급하는 시스템이다.

54 다음에서 인용. Wachtel(1955: vii -viii, 101 - 102, 105 - 106).

55 Duboin(1932/1998). 이와 비슷한 아이디어는 프랑스의 '개인주의(personalist)' 운동

(Charbonneau and Ellul[1935/1999])의 성원들 사이에서, 그리고 알렉상드르 마르크(Alexandre Marc)가 이끌었던 '연방주의' 운동에서 찾아볼 수 있다(Marc[1972; 1988]).

56 Goodman and Goodman(1947/1960: 198).

57 Long(1934; 1935).

58 휴이 롱과 그의 '우리의 부를 나누자' 운동에 대해서는 Brinkley(1981), Amenta et al.(1994)를 참조하라.

59 Theobald(1961; 1963; 1967). 시오볼드가 여러 저자를 모아 '보장소득'에 대해 펴낸 책에는 캐나다의 매체 전문가 마셜 매클루언도 포함되어 있었다(Theobald ed.[1967]). 매클루언은 이렇게 주장한다(McLuhan[1967: 205]). 자동화로 인해 "예술가 개인 및 창의적 개인들이 항상 잘 알고 있었던 종류의 '여가'의 여지가 생겨났다. 즉, 누구나 자신의 힘을 최대한 활용하는 데서 충족감을 느끼는 그러한 여가인 것이다." 이러한 맥락에서 볼 때 "자동화에서 얻어지는 보장소득은, 모든 개인의 힘이 자유롭고 완전하게 드러나도록 조직되어 있을 때 거기에서 나오는 측량 불가능한 기쁨과 만족감이라는 요소까지 포함하는 것으로 이해할 수 있다."

60 Theobald(1967: 23).

61 Theobald(1966: 103).

62 Theobald(1963: 156), Hazlitt(1968: 109), Friedman(1968: 112). 이러한 설계에서 생겨나는 빈곤 함정에 대해서 시오볼드는 개의치 않는 듯했다(Theobald[1966: 101]). "입법 과정에서 의회를 통과하려면 노동의 동기부여라는 특징이 아마도 반드시 필요하겠지만, 그 프리미엄의 크기는 최소한으로 유지해야 한다."

63 Theobald(1966: 115).

64 Ad Hoc Committee 1964. 이 보고서와 그 영향에 대해서는 Steensland(2008: 42-44)을 보라.

65 프리드먼의 경제적 자유에 대한 이론과 그것이 마이너스 소득세와 갖는 관계에 대해서는 Preiss(2015)를 보라.

66 Friedman(1962: 191-192).

67 Friedman(1968: 115-116).

68 Friedman(1973a/1975: 30) and Friedman(1973b/1975: 199).

69 Friedman(1968: 117-118). 프리드먼은 『자본주의와 자유』(1962: 190-191)에서 약간 더 단호하게 말한다. 그는 사적 자선을 빈곤과 싸우는 "여러 면에서 가장 바람직한" 수단이라고 말하지만, 인격적 관계가 사라진 공동체들 내부에서는 다른 이들도 모두 빈곤 구호에 돈을 낼 것이라고 확신할 때에만 사람들이 돈을 내게 되어 있다는 주장을 근거

로 정부가 빈곤 경감 활동을 벌이는 것을 정당화하고 있다.

70 Friedman(1972/1975: 207).

71 Friedman(1973a/1975: 27).

72 Hayek(1944/1986: 89-90).

73 Hayek(1979: 55).

74 Hayek(1979: 141-142).

75 하이에크의 가까운 친구였던 칼 포퍼(Karl Popper[1948/1963: 361])도 이러한 정책적 결론으로 기울었지만, 그 정당화의 논리가 하이에크만큼 원리에 입각한 것도 아니었고 제도적 차원에서의 정밀성은 더욱더 떨어졌다. "정치적 수단으로 행복을 확립하는 것을 목표로 삼아서는 안 된다. 목표로 삼아야 할 것은 구체적인 이러저러한 비참함을 제거하는 것이다. 좀더 정확한 용어로 말하자면, 직접적 수단을 통해서 빈곤과 싸우라는 것이다. 한 예로 모든 개개인이 모종의 최저소득을 얻도록 보장하는 방법이 있다."

76 토빈은 프리드먼과 무관하게 자신의 제안을 발전시켰다. "[1960년대의] 어느 시점에서 나는 프리드먼의 제안에 대해 알게 되었지만, 내 생각에 그의 제안은 최저소득 구간에서의 세율과 동일한 마이너스 소득세율로 국한되는 이야기였으며, 내가 볼 때 이는 큰 도움이 되지 않았다"(Tobin[2001]). 하지만 그는 로버트 램프먼(Robert J. Lampman[1965])이 제안한 '마이너스 세율 과세(negative rates taxation)'와 같은 다른 제안들에서는 영감을 받았을 것이다. 램프먼에 대해서 토빈은 "빈곤과의 전쟁에 대한 지적인 설계자"라고 말한 바 있다(New York Times, March 8, 1997).

77 Tobin(1965; 1968).

78 "데모그란트의 본질적 특징은 잠재적 자격이 있는 집단의 모든 가족에게 그 소득과 무관하게 돈을 지급한다는 것에 있다"(Tobin et al.[1967: 161, fn 4]). '데모그란트'는 1960년대 미국에서 "일정 연령 이상 혹은 이하의 모든 개인에게 지급되는 것으로서, 그 나라 거주자라는 조건을 빼면 다른 어떤 자격 조건도 따지지 않는다"(Burns[1965: 132]). 이 용어는 처음에는 보편적 아동수당을 지칭하는 데 쓰였으며 후에는 보편적 노령연금을 지칭하는 데 쓰였다. 1970년대에 이는 조지 맥거번의 제안 및 그와 비슷한 여러 제안들을 부르는 데도 쓰였다.

79 Galbraith(1958: 329-330).

80 Galbraith(1966: 21).

81 Galbraith(1969: 264).

82 Galbraith(1969: 243). 1958년 판에서는 이 장의 논의가 주로 '경기순환에 따른 등급 보상제(cyclically graduated compensation)'에 맞춰져 있었다. 이는 실업수당으로서, 그 액

수는 실업률이 오를 때에는 올라가고 그 반대일 때에는 내려가게 되어 있다(Galbraith [1958: 298-305]). 그런데 1969년 판에는 이러한 제안이 흔적도 없이 사라진다.

83 Galbraith(1999a/2001: 312). 갤브레이스(Galbraith[1999b])는 「LA타임스」에 같은 해에 게재된 한 인터뷰에서 이 주제로 돌아온다. "저는 미국 정도의 부유한 나라라면 모든 이에게 기본소득을 보장해야만 한다는 견해를 오랫동안 가지고 있었습니다. 이렇게 할 만한 경제적 여력도 충분할 뿐만 아니라 이것이 사회적 평화의 주요한 원천이 될 것이기 때문입니다. 이런 제도를 도입하게 되면 노동을 회피하는 사람들이 있을 것이라고들 하지만, 우리는 여가라는 것이 아주 특별한 것이라는 점을 항상 명심해야만 합니다. 여가는 부자들에게는 아주 좋은 것이며, 저와 같은 하버드대학 교수들에게도 꽤 좋은 것이지만, 가난한 이들에게는 아주 나쁜 것입니다. 재산이 더 늘어난 사람은 더 많은 여가를 즐길 자격이 있다고 여겨집니다. 따라서 복지 수급자들에게는 휴가가 나쁜 것일 수밖에 없습니다. 저는 이 문제에 있어서 기꺼이 관용적인 태도를 취하고자 합니다."

84 "경제학자들, 보장소득을 촉구하다(Economists Urge Assured Income)"가 1968년 5월 27일자 「뉴욕타임스」의 머릿기사였다. 밀턴 프리드먼은 이 청원을 지지하지 않았다. 이에 대한 토빈의 설명은 이렇다. "이 청원을 정식화하고 회람했던 것은 예일대학에서 내 학생이었던 MIT의 젊은 조교수였다. (…) 나는 그것이 아주 성공적이었다고 생각했다. 하지만 프리드먼은 합류하지 않았다. 우리는 이 제안이 정치 및 이데올로기와 무관하게 폭넓은 지지를 얻을 수 있다는 희망이 있었으므로, 프리드먼의 선택은 큰 실망으로 다가왔다. 나는 그전부터 프리드먼이 마이너스 소득세를 지지하는 것에 진실성이 없다고 의심해왔거니와, 이 사건은 그러한 나의 오랜 의심을 확실하게 입증하는 것이었다"(Tobin[2001]). 한편 프리드먼의 설명은 이렇다. "30년이 지난 지금 돌이켜보면 내가 그 특정한 문서에 서명하기를 거부한 이유가 무엇이었는지 기억이 나지 않습니다. 하지만 일반적으로 저는 사발통문 식의 문서에 서명하는 것을 꺼립니다. 저는 할 말이 있으면 스스로 하고 스스로 서명하는 쪽을 더 좋아합니다. 또한 그 문서에 사용된 특정 어휘들에 대해 내 견해가 다르다는 것을 알게 되어서 그랬을 수도 있습니다"(Friedman[2000]).

85 Steensland(2008: 58). 또한 국민 복지 권리 조직의 지도자였던 Wade Rathke(2001: 39)의 개인적 회고를 참조하라.

86 King(1967: 162 – 164).

87 Johnson(1968).

88 Heineman(1969: chapter 5, 57; 59).

89 Steensland(2008: 139).

90 Nixon(1969).

91 이에 대한 자세한 설명은 Moynihan(1973), Lenkowsky(1986), Steensland(2008), Caputo(2012).

92 맥거번의 제안(McGoverns[1972])은 1972년 「뉴욕 서평지(New York Review of Books)」에 게재되었는데, 그 발문은 경제학자 와실리 리온티에프(Wassily Leontief)가 썼다.

93 이 사건에 대해서는 특히 Steensland(2008: 174-176)를 참조하라.

94 갤브레이스는 이렇게 썼다(Galbraith[1972: 27]). "닉슨은 최저소득 보장제도의 원리를 공격할 힘이 없다. 왜냐면 그 자신이 최저소득 보장제도를 제안하는 훌륭한 공적을 이룬 사람이기 때문이다. 닉슨은 맥거번이 말한 최저 수준이라는 것을 합리적인 수준, 즉 실업을 겪고 있는 가족뿐만 아니라 노동시장에서의 약점 때문에 자연스레 착취 대상이 되는 이들도 보호할 수 있는 수준으로 올리자고 촉구한다며 공격한다. 그렇지만 주목해야 할 점은 맥거번의 계획에는 현재의 모든 복지제도에 결핍되어 있는 것 하나를 내놓고 있다는 것이다. 그것은 곧 수급자들이 스스로 일자리를 찾기 위해 자발적으로 나설 동기부여다. 현재 복지 수급자들은 수급액 정도의 임금을 주는 일자리를 찾을 경우 복지 소득을 모두 포기해야만 한다. 사실상 그 사람은 자신의 추가적 소득에 대해 100퍼센트의 세금을 무는 것이다. 이런 상황에서 어째서 굳이 일을 해야 하는지 묻는 것은, 인간이라면 너무나 당연한 일이다. 맥거번의 새로운 제도에서는 일을 하는 이들이 일하지 않는 이들보다 항상 더 많은 돈을 벌도록 보장하고 있다."

95 McGovern(1977: 226).

96 McGovern(1977: 227). 또한 Galbraith(1975: 151)에서 인용. "밀턴 프리드먼 교수가 가난한 이들에게 보장소득을 주자고 제안했을 때 이는 창조적 상상력의 발로라고 간주되었고(상당히 옳은 말이다), 공화당 정부가 이를 의회에 제안했을 때는 보수주의적 국가 운영의 이정표라고 여겨졌다. 그런데 대통령에 출마한 조지 맥거번이 약간의 액수가 후할 뿐 거의 동일한 제안을 내놓자, 보수주의자들은 이를 재정을 바닥내지 못해 안달이 난 미치광이의 망상이라며 저주를 퍼부었다."

97 Burtless(1990)에 나오는 이야기를 보면 여러 정보를 얻게 된다.

98 우리는 제7장에서 이혼율이 증가했다는 이러한 주장을 기본소득에 대한 여성주의적 논의와 관련해 다시 검토해볼 것이다.

99 Steensland(2008: 215)에서 인용.

100 1971년 캐나다 연방 상원은 「크롤 보고서(Croll Report)」를 간행한다. 이는 최대 수급액이 빈곤선의 70퍼센트에 이르도록 맞춘 마이너스 소득세의 도입을 권고하고 있다. 또한 퀘벡에서는 1971년에 「카스통게이-넵부(Castonguay-Nepveu Report)」가 간행되어

미국 닉슨 대통령의 가족부조계획과 비슷한 '일반 사회수당 체제(general social benefits regime)'를 제안한다. 하지만 캐나다에서 가장 널리 논의되었던 보장소득에 대한 내용을 담은 문서는 훨씬 나중에 출간된 「경제적 통일과 발전 전망에 대한 왕립 위원회 (Royal commission on the Economic Union and Development Prospects)」(1986)였다. 그 '보편적 소득 보장 프로그램(Universal Income Security Program, UISP)'에는 마이너스 소득세는 물론, 심지어 많은 액수는 아니지만 '데모그란트'까지 포함되어 있었다. 하지만 이는 좌파에서 우파에 이르기까지 모든 정치 세력으로부터 맹렬한 비판을 받았고 실행에 옮겨지지 못했다. 캐나다에서의 논쟁사는 Mulvale and Vanderborght(2012)를 보라.

101 오스트레일리아에서는 1972년 보수당의 윌리엄 맥마흔(William McMahon) 정권이 설립한 헨더슨 위원회(Henderson Committee)가 1975년 4월 "빈곤선 아래로 떨어지는 것을 아주 어렵게 만들기에 충분한 수준으로, 모든 시민에게 정기적으로 최저 소득 지급을 보장"하는 자세한 계획을 담은 문서를 발간한다(Australian Government Commission of Inquiry into Poverty[1975: 73]). 하지만 의회는 이 계획을 채택하지 않았다(Tomlinson[2012]).

102 '알래스카 영구 펀드'의 기원, 발전, 잠재적인 확산 가능성 등에 대해서는 다음을 보라. Hammond(1994), Goldsmith(2005), Widerquist and Howard eds.(2012a; 2012b). 1982년 이후 배당금 액수의 수준 변화는 '알래스카 영구 펀드'의 웹사이트에서 찾아볼 수 있다. https://pfd.alaska.gov/Division-Info/Summary-of-Applications-and-Payments.

103 Hammond(1994: 251).

104 Hammond(1994: 253).

105 Hammond(1994: 254).

106 Stoffaës(1974).

107 Stoleru(1974a).

108 Greffe(1978: 279; 286).

109 Foucault(1979/2008: 205).

110 Foucault(1979/2008: 207).

111 Jordan(1973). 또 이 주제에 관해 그가 이후에 내놓은 후속작들을 보라(Jordan[1976; 1987; 1996]).

112 Kuiper(1975; 1976; 1977).

113 Meyer, Petersen, and Sorensen(1978).

114 WRR 보고서의 제안을 옹호하는 주장에 대해서는 Dekkers and Nooteboom(1988) 을 보라. 그리고 그 보고서로 인해 촉발된 논의에 대한 개괄로는 Groot and van der Veen(2000: 201-206)을 보라. 그 이후 30년간 기본소득이라는 주제는 네덜란드에서 반복적으로 부상했지만(제7장을 보라), 결코 1985년의 범위까지 논의가 이루어진 적은 없었다.

115 Lubbers(1985: 23).

116 Balkenende(1985: 482).

117 Lubbers(1985: 29).

118 이 집단은 1998년 '시민 소득 신탁(Citizen's Income Trust)'으로 이름을 바꾼다. 그 최 초의 핵심 인원은 사회학자 빌 조던, 경제학자 앤 밀러(Anne Miller), 보수당 의원이 자 줄리엣 리스-윌리엄스의 아들로 유럽 전체 차원에서의 기본소득을 최초로 제안했 던(제8장을 보라) 브랜든 리스-윌리엄스(Brandon Rhys-Williams)의 보좌관을 지낸 허 미온 파커(Hermione Parker, 1928~2007) 등이었다. 영국에서의 기본소득 논쟁의 역사 는 Torry(2012)를 보라. 네덜란드에서는 '작업장 기본소득 재단(Stichting Werkplaats basisinkommen)'이 1987년에 창립된다. 이 단체는 1991년 '기본소득 협회(Vereniging Basisinkomen)'로 이름을 바꾼다. 다른 나라에서는 그 후 10년 이상이 지난 다음에야 국제 네트워크(BIEN)와 또 그 후 2013년 '유럽 시민 발의(European Citizen's Initiative)' 의 발전(제7장을 보라)에 자극을 받아 국내 네트워크들이 생겨나기 시작했다.

119 사회학자 폴-마리 불랑제(Paul-Marie Boulanger), 경제학자 필리프 드페이(Philippe Defeyt), 철학자 필리프 판 파레이스(Philippe Van Parijs)에 의해 조직된 '샤를 푸리에 집 단'은 「신평론(La Revue Nouvelle)」에 기본소득을 다룬 특집호를 발간한다. 이는 조제 프 샤를리에 이후로 오랫동안 잊힌 아이디어였던 기본소득을 다시 다룬 첫 번째 책이 었다. 이는 기본소득이 노동의 미래에 가져올 충격에 대한 시나리오를 담고 있었으며, 1984년 11월에 킹보두앵 재단(King Boudouin Foundation)에서 주는 상을 수상했다. 이 집단은 그 상금을 사용하여 회의를 조직하였고 여기에서 BIEN이 설립된 것이다. 루뱅-라-뇌브 회의의 참가자들을 보면 독일에서는 클라우스 오페(Claus Offe), 이탈리 아에서는 에드윈 몰리-플레처(Edwin Morley-Fletcher), 영국에서는 빌 조던, 피터 애슈 비(Peter Ashby), 앤 밀러(nne Miller), 허미온 파커, 가이 스탠딩(Guy Standing), 프랑스 에서는 욜랑 브레송(Yoland Bresson), 마리-루이즈 뒤부앵(Marie-Louise Duboin), 오스 트리아에서는 게오르크 포브루바(Georg Vobruba), 북유럽 국가들에서는 군나르 아들 러-칼손, 얀-오토 안데르손(Jan-Otto Anderson), 닐스 마이어(Niels Meyer), 네덜란드에 서는 알렉산더 데 루(Alexander de Roo), 닉 도우벤(Nic Douben), 그리티예 루비(Greetje

Lubbi), 로베르트 판 데르 빈(Robert van der Veen), 벨기에서는 코앵 레(Koen Raes), 제라르 롤랑(Gérard Roland), 발터 판 트리어(Walter Van Trier) 등이 있었다.

120 2016년 현재 25개 이상의 일국 및 광역 네트워크들이 BIEN의 관련 조직들로 인정되어 있다. 그 일국 조직들의 목록은 다음의 웹사이트를 참조하라. www.basic income. org. BIEN의 국제회의는 격년으로 루뱅대학(University of Louvain, 루뱅-라-뇌브, 벨기에, 1986년 9월), 앤트워프대학(벨기에, 1988년 9월), 유럽대학기구(the European University Institute, 플로렌스, 이탈리아, 1990년 9월), 파리-발-드-마르네대학(University of Paris- Val- de- Marne, 프랑스, 1992년 9월), 골드스미스대학(Goldsmith College , 런던, 영국, 1994년 9월), 유엔센터(빈, 오스트리아, 1996년 9월), 암스테르담대학(the University of Amsterdam, 네덜란드, 1998년 10월), 베를린과학센터(the Wissenschaftszentrum Berlin, 베를린, 2000년 10월), 국제노동기구(International Labour Office, 제노바, 스위스, 2002년 9월), 문화포럼(Forum Universal de las Culturas, 바르셀로나, 스페인, 2004년 9월) 등에서 개최되어왔다. BIEN이 지구적 네트워크로 이름을 바꾼 후에는 케이프타운대학(University of Cape Town, 남아프리카공화국, 2006년 11월), 더블린 유니버시티 칼리지(University College Dublin, 아일랜드, 2008년 6월), 상파울로대학(University of Sao Paulo, 브라질, 2010년 7월), 볼프-페라리 하우스(Wolf- Ferrari Haus, 오토브룬, 독일, 2012, 9월), 맥길대학(McGill University, 몬트리올, 캐나다, 2014년 6월), 서강대학(서울, 대한민국, 2016년 7월) 등에서 개최되었다.

제 5 장

윤리적으로
정당화할 수 있는가?

무임승차 vs. 공정한 몫

사회제도를 설계할 때 길잡이가 되어야 할 원칙은
좋은 삶에 대한 특정한 관념이 아니라
일관성과 실현가능성을 갖춘 정의의 관념이다.

기본소득에 대한 여러 반대 주장들 가운데서도 가장 두드러지게 많은 사람의 반대를 불러일으키는 것이 있다. 이는 원리 원칙의 문제일 뿐만 아니라 사람들의 감정에도 닿아 있는 것으로, 아무 의무도 부과되지 않는다는, 즉 수혜자가 일을 할 필요가 없으며 일할 의사를 가질 필요도 없다는 의미에서의 무조건성에 대한 것이다. 사람들 중에는 기본소득이 빈곤과 실업을 줄이는 효과적 방법이 될 수 있음을 인정하면서도 순전히 윤리적인 이유에서 아무 조건 없이 지급되는 기본소득의 특성에 맹렬하게 반대하는 경우가 있다.

이러한 반대 논리에는 두 가지 버전이 있다. 첫 번째는 '완벽주의' 버전으로 그 근간의 원칙은 노동이란 좋은 삶의 일부이며 따라서 일정한 노동을 요구하지 않고 소득을 주는 것은 게으름이라는 악덕에 상을 주는 일이 된다는 논리다. 두 번째는 '자유주의' 버전으로, 그 근간의 원칙은 미덕이 아니라 공정성을 문제 삼는다. 존 엘스터의 표현을 빌리면, 무조건적 기본소득은 "널리 받아들여지는 정의의 관념에 반하는 것으로서, 노동 능력이 있는 이들이 남들의 노동에 의지하여 살아가는 것은 공정하지 못하다"는 것이다.[1] 이러한 반대 논리를 어떻게 논박할 것인가?

기본소득과 무임승차

사회제도를 설계할 때 길잡이가 되어야 할 원칙은 좋은 삶에 대한 특정한 관념이 아니라 일관성과 실현가능성을 갖춘 정의의 관념이라고 우리는 생각한다. 따라서 우리의 관점에서 보면, 앞의 두 번째 반대 논리가 첫 번째보다 훨씬 더 중요한 문제다. 우리는 각 개인이 어떠한 노동 윤리를 채택하는지에 대해서는 별 관심이 없지만, 사람마다 스스로 신봉하는 일정한 노동 윤리가 있을 수 있다. 게다가 제1장에서도 말했듯이, 인간은 자신이 다른 사람을 위해 수행하는 일들을 통해 사람들의 인정과 존중을 받는다는 점 또한 기꺼이 인정한다. 널리 받아들여지고 있는 이러한 노동 윤리는 후한 금액의 기본소득이 지속될 가능성을 저해하기는커녕 오히려 그 반대다. 나아가 어떤 이들은 무조건적 기본소득이 지급된다면 그것을 받는 이들 사이에는 선물에 대한 답례(counter-gift)로서 자발적으로 기여하고자 하는 기풍이 장려될 것이라고 주장하기도 한다.[2]

하지만 이런 논리 가운데 어떤 것도 기본적인 물질적 생계 보장의 조건으로 노동 혹은 노동할 의사를 내거는 것을 정당화시켜주지는 않는다. 그러한 조건의 강제가 정당화되기 위해서는 공정함의 요소란 무엇인가에 대해 강력한 설득력을 가진 개념이 전제되어야 하며, 이것이 바로 두 번째 반대 주장이 문제로 삼는 것이다. 따라서 우리는 두 번째 반대 주장에 초점을 둘 것이지만, 이 주장에 대한 대답의 많은 부분은 첫 번째 반대 주장에 대한 대답으로 볼 수도 있을 것이다.

프랑스의 혁명가 그라쿠스 바뵈프(Gracchus Babeuf) 이후로, 모든 시민에게 지급되는 기본소득을 옹호했던 수많은 저술가들은 모두에게 보편적으로 적용되는 노동의 책무 또한 옹호했다. 그 이유는 분명 최소한 부분적으로나마 다음과 같은 정의의 관념 때문이었을 것이다. 바뵈프가 1796년에 내놓은 급진주의-평등주의 선언은 "자연은 모든 인간에게 모든 재화를 평등하게 향유하도록 부여하였다"고 주장하면서 "자연은 인간에게 노동의 책무를 부여"하였으며 "누구는 노동에 지쳐서 나가떨어지는 반면, 누구는 아무것도 하지 않으면서 풍요 속에 헤엄을 치고 있다면 이는 억압이 존재하는 상황이라고 할 수밖에 없다"고 주장했다.[3]

마찬가지로 에드워드 벨러미가 사회주의적 유토피아를 그려낸 소설 『뒤돌아보며』를 살펴봐도, 모두에게 동등한 소득이 지급되는 제도는 그 반대급부로 상당량의 사회적 서비스 제공과 결부되어 있음을 알 수 있다. 요제프 포퍼-린케우스, 자크 뒤브앙, 폴 굿맨 등을 포함한 다양한 저자들도 이와 동일한 생각을 상당히 엄격하게 옹호하고 있다.[4] 앙드레 고르(André Gorz) 역시 무조건적 기본소득으로 입장을 전환하기 전까지는 마찬가지 입장이었다. 그에 따르면, 동등한 소득에 대한 보편적 권리는 한 사람이 일생 동안 2만~3만 시간 정도로 할당된 사회적 서비스를 수행해야 한다는 보편적 의무의 대가로서 제안된 것이다.[5]

그런 주장의 근간에는 아마도 모든 저자들이 공유할 법한 직관적인 규범이 깔려 있으며, 그 규범은 다음과 같이 말할 수 있다. "사회란 각자가 모두 상호적 의무로 연결되어 있는 구체적이고 일관된 실재다. 모든 개인들은 사회가 제기능을 하는 데 필요한 만큼의 그리고 모두에게 생필품을 공급하는 데 필요한 만큼의 노동을 수행해야 할 의무가 있으며, 사회는 모든 개인에게 그들 각자가 일생 동안 살아가는 데 필요한 것들을 제공할 의무가 있다."[6]

이러한 반대 논리에 맞서서 무조건적 기본소득의 제안을 옹호할 방법이 있을까? 먼저 이 절에서의 논의를 진행하기 위해, 아무런 일도 하지 않고 기본소득을 받는다는 것은 불공정한 무임승차가 된다고 가정해보자. 다시 말해서 기본소득이 상호성(reciprocity) 규범, 즉 소득은 각자의 생산적 기여도에 따라 분배되어야 한다는 것을 명시한 정의 개념을 침범하는 것이라고 가정하자는 것이다.[7] 이러한 비판을 상대적으로 생각하고 비판가들의 분노를 가라앉힐 수 있는 세 가지 방법이 있다. 또한 무조건적 기본소득의 도입이 생산적 기여에 따라 분배되어야 한다는 의미의 정의를 파괴하기는커녕 오히려 증진시킨다고 볼 만한 세 가지 이유도 있다.

이러한 비판을 상대화할 수 있는 첫 번째 방법은, 여기에 작용하는 기준이 이중 잣대라는 사실에 있다. 일할 능력이 있는데도 일할 의사가 없는 사람들에게는 소득을 주지 말아야 한다고 진심으로 주장하려면, 가난한 사람들뿐만 아니라 부자들에게도 똑같은 원칙을 적용해야 한다. 물론 바뵈프나 벨러미 같은 이들은 이런 반론에 해당되지 않는다. 그들이 제안한 계획에는 모든 시민이 노동의 책무를 지게 되어 있기 때문이다.[8] 하지만 오늘날의 사회경제적 맥락을 전제로 이런 주장을 한다면, 부자들이 일하지 않고도 얼마든지 여가를 누리는 것은 그대로 두면서 가난한 이들에게만 여가를 금지한다는 것은 문제가 아닐 수 없다.

이러한 비대칭성에 대해 버트런드 러셀은 다음과 같이 비난했다. "가난한 이들도 여가를 가져야 한다는 생각은 항상 부자들에게 충격적인 것이었다."[9] 존 케네스 갤브레이스도 이렇게 말했다. "여가는 부자들에게는 아주 좋은 것이며, 나와 같은 하버드대학 교수들에게도 꽤 좋은 것이지만, 가난한 이들에게는 아주 나쁜 것이다. 재산이 더 늘어난 사람은 더 많은 여가를 즐길 자격이 있다고 여겨진다. 따라서 복지 수급자들에게는 휴가가 나쁜 것일 수밖에 없다."[10] 그러나 비록 많은 금액이 아니더라도 가난한 이들에게 아무 의무도 부과되지 않은 소득이 생긴다면, 그들에게 여가를 선택할 수 있는 가능성이 생길 것이며 그렇게 되면 이러한 이중 잣대의 불공정성에도 대응할 수 있을 것이다.[11]

생산 영역에서의 게으름을 무임승차라고 비난하는 주장을 상대화시킬 수 있는 두 번째 방법은, 재생산 영역에서의 게으름에 비유해보는 것이다.[12] 과거에는 혼전 성교, 혼외 성교, 동성애 성교 등에 대해 강하게 비난하면서 오로지 사회 구성원의 재생산에 기여할 의사가 있는 사람들만 성적 만족을 누릴 수 있다는 도덕률이 존재했다. 하지만 이처럼 제한적인 도덕률은 보건 위생과 의학의 발전으로 인구가 지나치게 증가하면서 점차 폐기되었다.

이런 변화는 아마도 우연이 아닐 것이다. 마찬가지로, 노동하지 않고서 소득을 얻는 이들을 비난하면서 사회적 생산에 기여할 의사가 있는 자들만 물질적 만족을 누릴 수 있다고 그 자격을 제한하는 도덕률도, 기술진보로 인해 잉여 노동자들이 넘쳐나게 된 오늘날에는 폐기돼야 할 사안이 아닐까?[13] 따지고 보면 기술진보, 노동분업, 자본 축적의 장구한 역사의 결과(제1장에서 언급한 여러 추세들은 아주 최근의 사건에 불과하다)로, 인구의 90퍼센트가 일을 해야 의식주 등의 기본적인 필요를 모두에게 충족시킬 수 있었던 사회에서 벗어나 이제는 인구의 10퍼센트만 일해도 충분한 사회가 되었다. 제2장에서 지적했듯이, 오늘날 주당 노동시간을 줄이고자 하는 이들은 노동이 부담스러워서 줄이려는 게 아니라 노동을 하나의 특권으로 보고 함께 나누려고 하는 것이다.[14] 이러한 맥락에서 보았을 때, 노동 능력이 있는 사람이 다른 사람의 노동에 의존하여 생활한다는 이유로 옛날처럼 분노의 대상이 되어야 하는 것일까?[15]

세 번째 상대화 방법은 일단 기본소득 체제가 도입되었을 때 거의 혹은 전혀 아무것도 하지 않기 위해 그 제도를 이용하려는 이들은 아주 적은 수에 불과할 것이라는 점을 지적하는 것이다. 이렇게 예측할 수 있는 이유는, 보편적 성격을 갖는 기본소득은 다른 소득 위에 추가로 받는 것이기 때문에 재산 조사 제도로 인해 생겨나는 무기력의 함정을 제거할 수 있다는 것이다. 게다가 기본소득 유형의 제도들을 실험해본 결과, 설령 아무 의무도 부과되지 않아 노동 공급이 줄어들더라도, 그것이 꼭 게으름이라는 의미의 여가 확대를 뜻하는 것은 아니었다. 교육, 아이 돌봄, 공동체와 마을 활동 등 더 넓은 의미의 여러 생산적 활동의 증가로 이어지기 때문이다. 정말로 게으른 약탈자들이 있다고 해도 그 수가 대수롭지 않은 수준일 것이라고 예상할 수 있다면, 기본소득과 상호주의로서의 정의의 관념이 정면충돌하는 것이라고 침을 튀기면서 흥분할 이유도 없는 것이다.

오히려 무조건적 기본소득이 상호주의로서의 정의의 관점에서 진보를 가져올 수도 있다고 보는 세 가지 근거가 있다. 첫째, 상호주의에 기초하여 기본소득을 반대하는 논리를 합리적으로 해석한다면, 그 논리에는 분명 육체적·정신적 장애로 인해 일할 수 없는 이들도 동일한 소득을 받아야 한다는 생각이 함축되어 있다. 그런데 장애와 일할 의사가 없다는 것을 뚜렷이 구별하는 것이 대단히 까다로울 때가 많다. 정보를 쉽게 얻을 수 없고 얻은 정보가 그다지 믿을 만한 것도 못 되는 상황에서 그러한 정의의 기준을 최대한 엄격하게 집행하려 들다가는 득보다 실이 많고 비용도 무척 많이 들어갈 수 있다. 정말로 몸이 아픈 이들을 부당하게 처벌하거나 게으른 자들이라고 잘못 추정하는 일을 피하기 위해서는 많지 않은 액수의 무조건적 소득을 지급하는 것이 가장 덜 나쁜 조치라고 정당화될 수 있는 것이다.

무조건적 기본소득을 도입하면 상호주의로 이해되는 정의를 더욱 증진시킬 수 있다는 주장의 두 번째 근거는 훨씬 더 보편적인 것이다. 무임승차를 걱정하는 이들이 오늘날의 상황에서 정말로 걱정해야 할 것은 아무 일도 하지 않고서 돈만 받아가는 일부가 아니라, 필수적인 노동을 무척 많이 하고서도 아무런 소득도 얻지 못하는 무수히 많은 사람들이다. (이는 기본소득에 대한 여성주의자들의 토론에서 핵심적인 문제이며 제7장에서 다룰 것이다.)

가정에서의 노동은 그 양도 엄청날 뿐만 아니라 삶에 필수적이고 생산적인 노동이지만, 아무런 보수도 받지 못하는 게 현실이다. 낸시 프레이저(Nancy Fraser: 1977)와 캐롤 페이트먼(Carole Pateman: 2004)이 설득력 있게 주장했듯이, 정말 어딘가에서 엄청난 규모의 무임승차가 행해지고 있다면, 그것은 전통적 가족구조 안에서 여성들의 노동에 대해 아무런 대가도 지불하지 않는 남성들의 무임승차다. 그래서 어떤 이들은 여성들의 가정 내 노동에 대해 직접적인 지불을 제안하기도 했다.[16] 그러나 이러한 '가정 임금(household wage)'은 심각한 여러 반론에 부딪치게 된다. 이는 기본소득과 달라서, 전업 주부가 급여가 보장되는 일자리를 선택할 경우 철회될 수밖에 없다. 따라서 이는 여성의 노동시장 참여에 처벌을 가하는 셈이 되며 결국 여성들이 빠질 수 있는 '가정 함정(household trap)'을 더욱 깊게 파는 결과를 낳게 된다(제6장에서 이 주제를 더 심도 있게 다룰 것이다). 더욱이 가사노동을 모종의 보수를 받는 일자리로 만들면 집안일을 여성에게만 맡기는 젠더 분리가 더욱 강화될 것이며, 그 재원이 공금이다 보니 집안일이 어떻게 이루어지는지에 대해 일정한 관료적 감시가 따라오지 않을 수 없을 것이다. 이러한 심각한 장애물들을 생각해보면, 아무 의무도 부과되지 않는 기본소득이 무임승차를 막을 수 있는 가장 덜 나쁜 방법임을 충분히 입증할 수 있다.[17]

따라서 기본소득은 노동에 따라 소득이 분배되어야 한다는 원리를 현실적으로 가장 근접하게 실현시키는 방법이 될 수 있다. 오히려 그러한 원리를 실현하기 위해서 기본소득이 필요하다. 게으른 자들에게 과도하게 지급함으로써 발생하는 부당함의 크기가 아무런 돈도 받지 못한 채 아이들, 노인들, 장애인들을 돌보고 있는 이들에게 가해지는 부당함의 크기를 초과하지 않는 수준에서 기본소득이 필요한 것이다.

무조건적 기본소득이 상호주의로서의 정의를 악화시키기는커녕 오히려 개선시킬 수 있는 세 번째 근거를 이해하기 위해서는, 일할 의무를 공정하게 배분함에 있어서 사람들이 하기 싫어하는 노동이 어떤 것인가도 고려해야만 한다. 현재는 어떤 일자리의 내재적 매력과 그 보수의 수준이 정비례 관계에 있다. 이는 높은 보수를 받는 자들이 무임승차를 하거나 다른 사람의 노동력을 착취하는 한 형태라고 볼 수 있다. 그들은 자신들이 가진 협상력 덕분에 즐기는 일만 하면서, 자신들이 하기 싫어서 내팽개친 저임금 일자리를 받아들일 수밖에 없는 이들의 땀과 노고의 혜택을 보기 때문이다.

기본소득에는 아무 의무도 부과되지 않으므로, 노동시장에서 가장 취약한 위치에 있는 참가자들의 협상력을 강화시켜준다. 따라서 어떤 일자리에 대해 사람들이 그 일을 얼마나 하기 싫어하며 얼마나 내적 매력이 없는가 등이 그 보수의 수준에 좀더 정확하게 반영되도록 만들어준다. 이렇게 기본소득을 통해 사람들이 기피하는 일자리에 대한 보상이 개선된다면, 불공정한 무임승차는 확대되는 게 아니라 오히려 줄어들게 될 것이다.

모든 이들을 위한 실질적 자유

지금까지 제시한 모든 대답은 순전히 논의를 성립시키기 위한 것으로 "노동 능력이 있는 자들이 다른 이들의 노동에 의존하여 살아가는 것은 불공정하다"는 명제를 그냥 받아들였으며, 정의를 상호주의로 보는 일정한 관념도 그대로 수용했다. 그런데 이러한 정의의 관념이 강력한 설득력을 갖는 것은 **협동적**(cooperative) 정의일 때뿐이다. 즉, 일정한 협동적 사업에 참여하는 이들 간에 협동의 부담과 혜택을 공정하게 배분할 경우에만 고유하게 나타나는 정의라는 것이다. 하지만 이는 **분배적**(distributive) 정의의 개념으로서, 즉 한 사회의 구성원들이 자원을 분배받을 자격에 대한 정의로서는 큰 설득력을 갖지 못한다. 사람들은 공정한 협동 장치를 만들어서 상호혜택을 볼 수 있지만 이는 오직 정의로운 분배를 배경으로 할 때만 가능한 일이며, 협동에서 나오는 잉여를 일정한 협동적 정의의 기준에 따라 분배하는 일도 그제야 비로소 가능해진다. 그리고 무조건적 기본소득의 공정성을 가장 잘 옹호하기 위해서는 협동적 정의가 아닌 분배적 정의의 개념에 호소해야만 한다.[18]

비록 드러나게 주장하지는 않았지만, 이 책의 처음 두 장에서 제시했던 논리는, 만약 우리가 정말로 관심을 두려는 것이 소수만이 아니라 만인의 자유라고 한다면, 무조건적 기본소득이 필요하다는 것이었다. 그에 따라 자유를 정의가 요구하는 것에 대한 제약으로 다루지 않고, 자유를 공정하게 분배하는 것이야말로 정의라고 보는 분배적 정의의 평등주의적 관념에 호소했다. 이는 자유를 '형식적 자유'가 아니라 '실질적 자유'로 해석할 것을 요구한다. 즉, 누구나 자신이 하고픈 일을 할 단순한 권리만 있는 것이 아니라 그렇게 할 진정한 역량까지 포함하는 것으로 해석하는 것이다. 이러한 실질적 자유에 대해 평등주의적 입장을 취한다고 해서, 어떤 대가를 치르더라도 반드시 자유를 평등하게 나누어야 한다는 것은 아니다. 여러 불평등이 존재한다고 해도, 또한 설령 희생자들이 존재한다고 해도 만약 그 불평등과 희생이 만인의 이익에 복무하는 것이라면, 정의로운 것으로 간주할 수 있다. 만약 이런 논리를 받아들인다면, 우리가 추구해야 할 것은 실질적 자유를 가장 덜 가진 이에게 그것을 가장 많이 주는 것이다. 즉, 최저 수준의 실질적 자유를 극대화하는 것이라고 할 수 있으며, 좀더 간단히 말하자면 '실질적 자유의 최소극대화(maximin real freedom)'[•]라고 할 수 있다. 한마디로 '모두에게 실질적 자유를' 주자는 것이다.[19]

이러한 분배적 정의의 관념을 받아들이게 되면, 모두에게 개인 단위로 재산 조사나 근로 조사 없이 소득을 현금으로, 그것도 지속가능한 선에서 최고 수준으로 지급하는 것을 강력하게 선호할 것으로 추정할 수 있다. 제2장에서 잠깐 이야기했던 대로 부드러운 온정주의적 이유에서 이러한 소득을 사람들의 전 일생에 걸쳐 짧은 간격을 두고 정기적으로 배분하고, 아동에게는 좀더 낮은 금액을, 노인들에게는 좀더 높은 금액을 지급하는 것이 합리적일 것이다. 그리고 비슷한 이유에서 이 지속가능한 최대한의 소득 전체를 한 번에 현금으로 주기보다는 잘게 나눠줌으로써 기본소득의 수준을 낮추고 그렇게 해서

[•] 최소치를 극대화한다는 개념.

마련한 돈을, 특히 무상 혹은 큰 보조금이 필요한 교육 및 의료 그리고 건강하고 쾌적한 환경을 제공하는 데 배분하는 것이 합리적이다.

그렇다면 이런 다양한 목적들을 위해 재원의 총액은 어떻게 나누어야 할 것인가? 이 질문에는 잘 정돈된 일반적인 대답이 있을 수 없지만, 단순한 사고(思考) 실험**을 통해 대략의 가이드라인을 얻을 수는 있다. 우리에게 있는 것이 모두에게 무조건적으로 지급되는 소득뿐이라고 해보자. 그리고 우리의 기대 수명, 건강 상태, 그 밖의 여러 리스크에 대해 아무것도 알지 못한다고 가정해보자. 이때 다음과 같은 문제들을 생각해볼 수 있을 것이다. 우리는 그 소득 총액을 인생 전체에 어떻게 골고루 배분할 것이며, 어느 정도의 돈을 특정한 지출 항목으로 떼어놓기를 원할 것인가?[20]

여기까지는 좋다고 하자. 하지만 우리가 여기서 채택한 자유의 개념이 왜곡된 것이라는 반론이 나올 수도 있지 않을까? 지속가능한 최고 수준의 무조건적 기본소득은 많은 여가와 즐거운 일자리에 크게 집착하는 이들—이들을 '베짱이들(Lazies)'이라고 부르자—에게는 대단히 적합한 것이지만, 오로지 소득과 거기에 결부된 소비, 권력, 명예 등의 이익에만 관심을 두는 이들—이들을 '미치광이들(Crazies)'이라고 부르자—에게는 별로 그렇지 않다. 왜냐면 기본소득의 재원을 마련해야 하므로 기본소득의 수준을 정하는 일과 평균적인 세후 소득을 정하는 것 사이에 이해가 상충될 수밖에 없기 때문이다. 물론 기본소득을 극대화한다고 해서 꼭 세후 소득이 극소화되는 것은 아니지만, 그렇게 하면 후자가 줄어들 것은 분명하다. 이러한 상충 관계를 피할 길이 없다면, 우리가 말하는 분배적 정의라는 것은 사실 '미

** 실험에 필요한 장치와 조건 등을 단순하게 설정한 후 가정한 이론을 바탕으로 예상되는 현상을 머릿속 생각으로 진행하는 실험.

치광이들'의 소중한 실질적 자유를 희생시켜서 '베짱이들'의 소중한 실질적 자유를 늘려주는, 즉 베짱이들 쪽으로 기울어지는 기만적인 것이 아닌가?

이렇게 '베짱이들'은 자신의 시간을 자신이 원하는 대로 보낼 수 있는 실질적 자유를 소중히 여기는 반면, '미치광이들'은 원하는 것을 무엇이든 구매할 수 있는 실질적 자유를 소중히 여긴다. 이렇게 두 집단의 실질적 자유가 다른 쪽을 지향하고 있으므로, 앞의 질문에 대답하기 위해서는 모두의 실질적 자유를 위한 분배적 정의라는 개념을 좀더 세심하게 정식화할 필요가 있다. 엄격하게 말하자면, 우리의 분배적 정의 개념이 요구하는 것은 실질적 자유의 최소극대화가 아니라(하지만 편의상 이 용어를 계속 사용할 것이다), 그러한 자유의 근저를 형성하는 선물(gifts)의 최소극대화다. 즉 그 선물이 실질적 자유를 행사할 물질적 기반라는 점에서 가장 소득이 적은 이들의 소득을 극대화하자는 것이다.

자연, 기술진보, 자본축적, 사회조직, 시민의식의 규칙 등은 우리에게 아무 대가 없이 많은 혜택을 나눠주고 있지만, 그 혜택의 분배는 지극히 불평등하다. 이러한 불평등은 온갖 방식으로 나타나지만, 대부분의 사람에게는 무엇보다도 소득이라는 부분에서 가장 절실하게 다가온다. 오늘날 우리는 아무것도 하지 않으면서도 엄청난 선물을 받고 있으며 그것이 우리의 소득에 포함되어 있긴 하지만, 그 배분은 아주 불평등하다는 것이다.

기본소득이 하는 일은 선물을 모든 이들이 공정하게 받을 수 있도록 보장하는 것이다. 따라서 모든 이들에게 줄 뿐만 아니라 지속가능한 최고의 수준에서 액수를 정한다면, 가장 덜 받는 이들도 가능한 지속적으로 최대한을 받을 수 있도록 보장될 것이다.

이것이 기본소득의 근저에 깔린 생각이다. 기본소득의 아이디어를 옹호했던 수많은 저자들 역시 이러한 생각을 직관적으로 훌륭하게 표출한 바 있다. 앞서 언급했던 유토피아 소설 『뒤돌아보며』에는 다음과 같은 말이 나온다. "이러한 지식과 기계를 당신이 어떻게 소유하게 되었는지요? 당신이 내놓은 생산물을 그 지식과 기계가 기여한 바에 견주면 당신이 기여한 바는 10분의 1에 불과하지 않습니까? 당신이 그 지식과 기계를 소유하게 된 방법은 그냥 물려받은 것입니다, 그렇죠? 그런데 다른 수많은 이들, 즉 운이 없고 몸이 성치 못하여 당신한테 그냥 쫓겨나버린 형제들 또한 본래 당신과 함께 그것들을 물려받은 공동 상속인들이 아닌가요?"[21]

옥스퍼드대학의 경제학자 및 정치이론가이자 학계의 인물로서는 최초로 기본소득을 주창했던 조지 콜 또한 다음과 같이 분명히 밝힌 바 있다. "사실 현재의 생산력이란 최신 생산기술에 구체화된 진보와, 교육에 통합된 창의력과 숙련이라는 사회적 유산에, 현 시점의 사람들이 흘린 땀이 결합되어 나타난 결과물이다. 따라서 이 공동의 유산이 창출한 부분은 모든 시민들에게 한몫씩 돌아가야 마땅하며, 이러한 배분이 먼저 이루어진 뒤에 남은 것들은 현 시점에서 이루어진 생산활동에 대한 보상과 인센티브 등의 형태로 분배하는 것이 대단히 온당한 일이라고 나는 항상 생각해왔다."[22]

노벨을 기념하는 경제학상 수상자인 허버트 사이먼(Herbert A. Simon) 또한 무조건적 기본소득을 정당화하는 논리의 근거로서 이와 똑같은 생각을 제시한다.

부유한 나라의 평균소득과 제3세계의 평균소득을 비교하면 엄청난 차이가 나지만, 이런 차이는 두 나라 사람들 사이에 소득을 올리고자 하는 동기부여가 다르기 때문에 빚어진 것은 분명 아니다. (…) 이 차이는 단순히 토지 면적이나 석탄 혹은 철광석의 양에서 빚어진 것도 아니다. 그보다 훨씬 중요한 것은 사회적 자본의 차이다. 사회적 자본은 무엇보다도 축적된 지식의 형태, 특히 조직 및 통치 기술의 형태를 띠고 있다. 어떤 사회의 소득 격차에 대해서도 똑같은 주장을 펼칠 수 있다.[23]

결과적으로, 우리가 벌어들인 것 중 대부분은 우리의 노력에서 비롯된 것이 아니라 우리의 노력과는 아무 관련도 없는 여러 외부 효과에서 비롯된 것이다. "이러한 외부 효과는 전체 사회 구성원이 모두 함께 소유하는 것으로 간주할 수밖에 없다. 그렇다면 그러한 외부 효과의 크기는 얼마나 될까?" 사이먼은 이렇게 질문하면서 스스로 답을 내놓는다. "가장 부유한 나라들과 가장 가난한 나라들을 비교해볼 때, 미국이나 북서유럽의 부유한 나라들에서 발생하는 소득의 약 90 퍼센트 혹은 그 이상은 사회적 자본이 창출하는 것이라는 결론을 피하기 힘들다." 따라서 만약 무조건적 기본소득 및 여타 정부지출의 자금으로 쓰기 위해 70퍼센트의 정률세를 도입한다면, "나의 주먹구구식 계산에 따른다고 해도, 이는 기존의 소득 수취자들에게 그들이 벌던 것의 세 배에 해당하는 액수를 남겨주게 된다".[24]

우리의 경제는 사실상 선물을 나눠주는 기계로 기능할 뿐이며 이를 통해 사람들은 공동 유산을 마음대로 이용할 수 있게 되지만, 그 정도는 아주 불평등한 실정이다. 이러한 사실을 더 많이 깨달을수록 기본소득을 정당화하는 원리의 기초로 삼고 있는 분배적 정의의 개념도 그 호소력이 더욱 증가할 것이다.[25] 이러한 그림에 좀더 타당성을 부여할 설명 방식들이 얼마든지 있다. 현실의 삶에서 얻게 되는 여러 기회들은 저마다 타고난 역량과 성향뿐만 아니라, 그것들이 무수히 많은 우연적 상황들과 복잡하고도 예측불능하게 얽히면서 생겨나는 것들이다. 초등학교 때 좋은 선생님을 만났다든가, 직장에 들어가서 뛰어난 상사를 만났다든가, 운이 좋은 세대에 속했다든가, 세계적으로 수요가 높은 언어가 모국어라든가, 적시에 적절한 일자리가 났다는 정보를 운좋게 얻었다든가 하는 상황 말이다. 이러한 배경에 맞서서, 우리는 이런저런 다양한 일자리와 여러 시장의 기회들이 대단히 불평등한 선물들을 담고 있는 것으로 보아야만 한다. 일자리와 시장 기회들이 수많은 요인들이 복잡하고도 알 수 없는 조합으로 결합되면서 사람들에게 아주 불평등하게 분배되는 양상을 보여주기 때문이다. 이렇게 보는 것이 바로 정의의 관점이다. 따라서 기부와 유증이라는 지극히 협소한 형태에 국한될 것이 아니라 이러한 선물들 전체를 모두에게 공정하게 분배하자는 것이다.[26] 그리고 주의할 것이 있다. 정확한 용어는 공정한 분배이지 공정한 재분배가 아니다. 기본소득의 재원을 마련하는 조세는 현 시점에서 생산에 참여한 이들이 무에서 창조한 것들에 부과하는 세금이 아니라, 오히려 우리 모두가 집단적으로 물려받은 것들을 생산자들이 자기들의 개인적 혜택을 위해 사용한 특권의 대가로서 지불해야 하는 수수료(fee)인 것이다.[27]

무조건적 기본소득을 정당화하는 다른 철학적 논리들로 넘어가기 전에 여기에 반대하는 중요한 세 가지 비판을 검토해보자.

첫 번째 비판은, 소득을 일부라도 사회가 주는 선물과 완전히 동일시할 수 있을까 하는 것이다. 물론 누구든 어떤 일자리를 얻고 그것을 유지하기 위해서 무언가를 해야만 한다는 것은 부인할 수 없는 진리다. 하지만 그렇다고 해서 그 일자리에서 나오는 소득이 기부나 유증에서 생기는 것과 근본적으로 달라지는 것은 아니다. 돈이 많은 이모님이 돌아가실 때 유서에 한 줄이라도 내 이야기를 남기도록 하기 위해서는, 이모님이 마련하는 지루하기 짝이 없는 다과회에 열심히 나가 공손하고 예의바르게 있어야 할 것이다. 이것도 투자라면 투자겠지만, 윤리적으로 보자면 그렇게 이모한테 잘한 덕분에 유독 당신만이 이모의 엄청난 재산에 대한 자격이나 권리를 얻게 되는 것은 아니다. 마찬가지로, 누군가가 매일 사무실에 나가서 온종일 바쁘게 일을 해야 한다는 사실 때문에 그 사람이 회사에서 받는 봉급의 전액에 대해 '자격과 권리'가 생기는 것은 아니다. 그가 벌어들이는 봉급의 액수는 여러 정황과 조건의 결합으로 생겨난 것으로, 그 정황과 조건들이란 대부분 윤리적으로 볼 때 돈 많은 이모를 두었다는 사실이나 마찬가지로 임의적이고 자의적인 것들이다.

따라서 기본소득을 주자는 제안을 개인이 스스로의 성취로 얻은 결과물들을 동등하게 만들려는 것으로 오해해서는 안 된다. 이는 모든 이의 인생에서 맞이하게 될 실질적인 자유, 여러 가능성, 기회들을 좀더 평등하고 공정하게 분배하자는 것이다. 모든 이들에게 기본소득을 주게 되면 그들이 누릴 수 있는 실질적 자유의 물질적 기반을 평등하게 만드는 데 도움이 되며, 기본소득이 각 개인의 성취와 그들 각각이 받은 것을 평등화하는 경향을 띤다면 이는 어디까지나 간접적이고 좀더 개략적인 방식이 낳은 결과일 뿐이다.

두 번째 비판은, 기본소득의 액수가 과도해질 위험이 있지 않을까 하는 것이다. 소득 중에서 오직 기본소득이라는 선물에 해당하는 만큼만 조세로 떼어가도록 보장하는 방법이 있을까? 방법이 있다. 경제 행위자들이 조세를 미리 예측할 수 있도록 해주고 그에 따라 의사결정을 내리도록 하면 된다. 기본소득을 가능한 최대한의 수준으로 만들기 위해서는 어떤 유형의 조세도 사용할 수 있으며(유증, 기부, 근로소득, 자본소득, 각종 거래, 소비, 탄소 배출, 부가가치 무엇에든 세금을 매길 수 있다), 또 세금 명세도 어떤 것이든 선택할 수 있다(단일세율, 누진세율, 역진세율, 또는 이것들의 조합). 세금을 내야 할 사람이 그것을 예측할 수 있도록 해주기만 하면 된다. 사람들은 선택과 의사결정에서 불가피한 실수도 할 것이고 사행 심리로 일을 벌였다가 손해를 보기도 하겠지만, 결국은 모두 최소한 자기들이 받는 기본소득에 포함되어 있는 만큼의 선물을 받게 될 것이다. 그리고 이러한 예측가능성이라는 제약조건 아래에서는 효율성을 고려해야 하므로, 자신들의 생산적 노력에 대한 보상이라고 통용되는 것을 초과하는(때로는 훨씬 크게 초과하는) 소득을 얻게 되는 이들도 많을 것이다. 거기에는 특별히 큰돈을 벌 수 있는 재능을 가진 이들도 포함되겠지만, 예를 들어 변화무쌍한 경제에 불균등하게 퍼져 있는 정보를 손쉽게 얻을 만한 위치에 있는 기업가들, 생산성을 높이려는 의도에서 의중임금(reservation wage)*보다 높은 임금을 얻는 노동자들도 포함된다.[28] 이러한 여러 불평등은 정당화될 수 있지만, 실질적 자유를 가장 적게 누리고 있는 이들의 자유를 증진시킬 수 있는 정도에 한해서만 정당화될 수 있다. 좀더 쉽게 말하면, 그러한 여러 불평등을 줄였다가는 가장 소득이 적은 이들에게 지속적으로 줄 수 있는 기본소득의 가치까지 줄어드는 일이 생길 수 있으므로, 그렇게 되지 않는 선까지만 정당화될 수 있다는 얘기다.

세 번째 비판은, 사회가 주는 최소한의 선물이라고 해도 구매력의 형태로만 지급하는 것이니, 결국 기본소득이란 시장에 부담하게 핵심적 역할을 부여하자는 얘기가 아닌가 하는 것이다. 분배하기로 되어 있는 것들을 아주 넓은 의미에서의 상속이라고 이해한다면, 자유의

---

* 노동자가 마음속으로 얻고자 하는 액수의 임금.

공정한 분배로서의 정의의 개념은 자연스럽게 그 상속물에 대한 공정한 청구권이 최소한 잠정적으로 현금 형태로 분배되어야 한다는 요구로 이어지게 된다(제1장에서 논의한 바 있다). 하지만 이것이 각자에게 허용되는 선택의 범위에서 예산집합들(budget sets)*의 공정한 분배를 결정할 때 시장 가격에 중대한 역할을 부여한다는 점을 깨닫는 것은 중요하다. 제대로 작동하는 시장이라면 한 재화의 가격은 그 기회비용**, 즉 누군가가 그 재화를 선택할 때 재화를 선택하지 않은 다른 사람들이 치러야 하는 비용을 따라가게 되어 있다. 이 비용은 기술이 일정하다고 할 때 그 재화를 생산하는 데 필요한 자원들과, 그 자원들로만 생산할 수 있는 재화에 대한 모든 잠재적 수요자들의 선호가 고정되어 있다고 할 때 그 자원들에 대한 수요가 결정한다. 말할 것도 없이, 시장이 이러한 역할을 부여받을 수 있는 것은 오직 차별에서 자유로울 때뿐이며, 또 여러 유형의 시장 실패로 인해(후대에 태어날 세대들이 오늘날 재화의 가격에 영향을 줄 수 없다는 사실도 아주 중요하다) 기록되지 못한 기회비용을 제대로 추적하기 위해서 자발적으로 형성된 여러 가격들을 교정하는 일이 가능할 때뿐이다.

정의를 근거로 하여 현금으로 지급되는 무조건적 기본소득을 옹호하는 논리는 결코 시장의 완벽성에 대한 맹신을 전제로 하고 있지 않다. 하지만 상품의 가격이 그 상품에 대한 접근권의 공정한 분배를 결정하는 데 적절하다는 의미에서 상품의 가치를 반영하고 있다는 생각에 대해서는 충분한 믿음을 가지고 있다. 따라서 이는 올바르게 규제되고 있는 시장이 경제의 대부분을 지배하는 상태를 전제로 한다.[29]

● 정해진 예산으로 구매할 수 있는 여러 재화들의 조합들.
●● 한 가지 목적을 위해 투입된 자본이 다른 목적에 투입되었을 때 얻을 수 있으리라 여겨지는 포기된 가치.

당분간은 이것을 사실이라고 가정하는 것이 합리적으로 보인다. 하지만 모두에게 무조건적 소득을 지급한다고 해서 시장에 대한 의존이 늘어나는 것은 아니라는 점에 주목해야 한다. 오히려 그 반대다. 제1장에서 강조했듯이, 기본소득은 아무 의무도 부과되지 않기 때문에 사람들 사이의 현금 결합(cash nexus)***을 약화시키고, 노동력을 탈상품화하고, 사회적으로는 유용하지만 돈으로 지불받지 못하는 여러 활동들을 활성화하고, 파괴적인 세계화와 강요된 이동성에 맞서서 우리의 삶을 지키고, 시장의 횡포에서 우리를 해방시키는 데 도움이 될 것이기 때문이다.

존 롤스 vs. 말리부 해안의 한량들

앞 절에서 제기했던 분배적 정의라는 개념은 보통 자유주의-평등주의적(liberal-egalitarian)이라고 불리는 정의 개념에 해당한다. 이는 좋은 삶의 특정한 개념에 의존하지 않으며, 다원적 사회에 현존하는 다양한 좋은 삶의 개념을 똑같이 존중하는 것을 중시한다는 점에서 자유주의적이라고 할 수 있다.[30] 또한 사람들이 저마다 품고 있는 좋은 삶의 모습을 실현하기 위하여 쓸 수 있는 자원을 평등하게 분배하는 것을 기본으로 삼는다는 점에서 평등주의적이라고 할 수 있다.

하지만 사람들이 모두 평등하다고 여겨지는 사회에서 정당화될 수 있는 조건이라면, 엄격한 의미의 평등에서 이탈하는 것도 허용된다. 사람들의 개인적 책임에 더 많은 여지를 주기 위해서라면, 그러한 이탈도 정당한 것이라는 의미다. 정의의 핵심은 기회, 역량, 가능성,

---

●●● 영국의 비평가 토머스 칼라일이 쓴 표현으로, 자본주의에 들어오면서 모든 사회적 인간적 관계가 현금을 매개로 한 계약 관계가 되었음을 가리킨다.

실질적 자유를 평등화하는 것이지 결과를 평등화하는 것은 아니기 때문이다.

또한 효율성을 고려해 그러한 이탈이 정당화될 수도 있다. 정의의 핵심은 미래의 전망이 가장 어두운 이들에게 지속가능한 범위에서 최대한 밝은 전망을 제공하는 것이며, 모든 이들을 희생시켜가면서까지 그들의 전망을 똑같이 만드는 것은 아니기 때문이다. 이러한 특징에 가장 잘 들어맞고 가장 큰 영향을 미친 이론은 자유주의-평등주의의 전통과 현대 정치철학의 정초자라고 할 존 롤스(John Rawls)가 1971년 『정의론(A Theory of Justice)』에서 내놓았던 이론이다. 그렇다면 롤스의 이론은 무조건적 기본소득에 대해서도 정당화의 논리를 제공해줄까? 답은 그렇기도 하고, 아니기도 하고, 아마도 그럴 것이라고 할 수도 있다.

얼핏 보면 그 대답은 자명하게 '그렇다'다. 롤스 이론의 핵심은 위계적으로 서열이 매겨진 세 가지 원칙으로 이루어져 있다. 첫째, **자유 원칙**(liberty principle)은 표현의 자유, 결사의 자유, 투표권 등과 같은 여러 기본적 자유들을 열거한다. 둘째, **공정한 기회균등의 원칙**(principle of fair equality of opportunity)은 동일한 재능을 가진 사람들이라면 어떤 사회적 지위든 동등한 접근권을 가져야만 한다는 것을 명기하고 있다. 마지막으로 위의 두 원칙을 제약 조건으로 한 **차등의 원칙**(difference principle)은 여러 경제적 사회적 불평등이 존재한다면, 그것은 가장 힘든 처지에 있는 이에게 가장 큰 혜택을 주도록 운용돼야 한다고 주장하고 있다. 좀더 정확히 말하자면, 롤스는 모든 사회적 지위는 그 지위를 차지한 이들이 향유할 수 있는 사회경제적 이익, 즉 소득과 자산, 권력과 특권을 총계한 모종의 지수와 결부시킬 수 있다고 가정한다.[31] 차등의 원칙이란 가장 나쁜 사회적 지위, 즉 가장 낮은 지위의 지수를 최대한 높게 끌어올려야 한다는 최소극대화 원리(maximin principle)와 상통한다. 더욱이 이를 앞의 두 원칙들과 결합해보면, 롤스가 자기존중의 사회적 토대라고 불렀던 것을 확보하려는 의도를 가졌음을 알 수 있다.

차등의 원칙은 무조건적 기본소득을 정당화하는 작업에서 상당히 쓸모있는 논리로 들린다. 모든 이들이 오로지 최소 수준의 소비를 보장받아야 한다는 것만 요구하는 게 아니기 때문이다. 차등의 원칙은 소득뿐만 아니라 자산도 언급하고 있다. 따라서 무조건적 기본소득이란 사람들의 전 일생에 걸쳐 지급되는 자산에 맞먹는 것이다. 나아가 차등의 원칙은 권력과 특권도 언급하고 있다. 따라서 기본소득의 무조건적인 특징은 노동시장에서나 가정경제에서나 가장 힘이 약한 이에게 권력을 부여하게 되어 있는 것이다. 마지막으로 아주 중요한 것은 자기존중의 사회적 토대에 관심을 두게 되면, (실업 함정을 제거함으로써) 모든 이들이 소득을 얻는 각종 활동들에 접근하기 쉽도록 해줄 뿐만 아니라 가난한 사람들만 표적으로 삼는 데서 오는 모욕감과 낙인 효과도 피할 수 있게 된다. 이런 식의 표적 작업(targeting)이 효율적으로 이루어질수록 그 수령자들은 정말로 자기 스스로를 부양할 능력이 없는 자들로 확실하게 규정되어 낙인이 찍혀버린다.[32]

더욱이 롤스는 『정의론』과 그보다 먼저 발표한 논문에서도 명시적으로 '마이너스 소득세'라는 개념(그 당시에는 상당히 새로운 것이었다)을 근거로 들어서 자신의 정의 원칙이 어떻게 정의로운 사회의 제도들 중 분배에 관한 내용을 형성할 수 있는지를 보여주었다. 당시에는 그 개념이 이른바 '데모그란트', 즉 무조건적 기본소득을 넓은 의미에서 지칭하는 것으로 쓰이기도 했다.[33] 결과적으로, 롤스의 논리로 기본소득을 지지할 수 있다는 것은 압도적으로 분명한 일로 보인다. 단

지 자세히 상술되어 있지 않을 뿐이다.[34]

하지만 존 롤스 자신은 기본소득에 동의하지 않았다. 그는 이렇게 말한다. "하루 온종일 말리부 해변에서 서핑이나 하는 이들은 스스로를 부양할 방법을 찾아야 하며, 공적 자금을 받을 자격이 주어져서는 안 될 것이다."[35] 앞에서 제시한 롤스의 차등의 원칙을 가장 직선적으로 해석해보면, 소득이 없는 사람은 그것이 자발적이든 아니든 가장 불리한 위치에 있는 사람에 속하며 따라서 일정한 수당을 받을 자격을 얻는다. 그 수당은 얼마나 높아야 할까? 만약 지속가능한 최고 수준으로 준다면, 세금과 수당 모두가 높을 것이고 이에 일부 노동자들은 공장과 사무실을 떠나서 더 많은 시간을 해변에서 보내게 될 것이라는 점을 명심해야 한다.

이러한 결과로 말리부 해변의 서핑 한량들이 나타나는 상황을 롤스는 당혹스러울 정도의 방종이라고 느꼈고, 이러한 가능성을 차단하기 위해 자신의 차등의 원칙을 정식화하는 가운데 사회경제적 이점의 지수를 산출하는 여러 요소들 중에 여가도 포함시킬 것을 제안했다. 좀더 구체적으로 말해서, 롤스는 전일제 여가를 선택한 이들은 전일제 노동의 최저임금에 상응하는 소득을 가상으로 받는 것으로 보자고 제안한 것이다.[36] 그 결과 말리부 해변의 전일제 한량들이 더 이상 사회비용으로 자기들의 라이프스타일을 멋대로 즐기는 일은 불가능해진다. 그러한 가상의 소득만이 아니라 현실의 소득을 얻기 원한다면, 즉 실제로 먹을 것과 주거를 얻고자 한다면 그들도 일을 해야 한다는 것이다.

이러한 조치로 미루어볼 때, 기본소득과 사회정의의 관계도 확정된 것으로 보인다. 즉, 롤스에게 있어서 기본소득의 정당화는 불가능한 것이다. 하지만 과연 그럴까? 롤스의 차등 원칙이 기본소득을 간명하게 정당화한다고 믿는 이들이나, 또 그것이 결코 기본소득의 정당화가 될 수 없다고 믿는 이들이나 모두 간과하고 있는 결정적인 요소가 한 가지 있다. 차등의 원칙이 요구하는 것은 결과를 지수로 삼아 가장 못사는 이를 가능한 한 잘살도록 해주라는 말이 아니다. 그 대신 지수로 따져보았을 때 최악의 사회적 지위에 있는 사람들이 그들의 전 일생에 걸쳐서 달성하게 되는 **평균 가치**를 극대화하라는 것이다. 다른 말로 하면, 가장 못사는 개인들의 점수를 극대화하라는 것이 아니라 가장 낮은 사회적 지위에 처했을 경우 일생동안 얻게 될 평균 점수를 지속가능하게 극대화하라는 것이다.[37]

그런데 가장 나쁜 지위에 처한 사람이 성취할 수 있는 평균 점수를 극대화한다는 것도, 따지고 보면 어느 주어진 시점에서 가장 못사는 이의 점수를 극대화하는 대략적인 방법에 불과한 것이 아닌가? 만약 사회적 지위라는 것을 소득과 자산 등의 범주로 정의한다면 그럴 것이다. 롤스 역시 그렇게 해석할 수 있음을 시사했다. "소득과 자산이 중간값의 절반에도 미치지 못하는 모든 개인은 가장 불리한 부분에 속하는 것으로 간주할 수 있다." 가장 못사는 이들의 범주를 이렇게 "사회적 지위는 전혀 언급하지 않으면서 오로지 상대적 소득과 자산으로만" 규정한다고 해도 "우리의 목적에는 충분히 쓸모가 있을 것"이라고 그는 말하고 있다.

하지만 개념적으로 보자면, 이 구절에 논리적으로 함축되어 있는 '사회적 지위'라는 것은 소득 및 자산의 범주와 구별된다는 것이 롤스의 생각이다. 비록 여러 실용적 목적에서 소득 및 자산이 사회적 지위의 편리한 대리지표가 된다고 해도 말이다.[38] 따라서 어떤 사람의 사회적 지위란 상당히 폭넓게 정의되는 것으로 그 사람의 일생에 걸쳐서 귀속되는 직업적 범주로 이해하는 것이 가장 좋다. 롤스가 들었

던 예를 보면 비숙련 노동자, 농부, 낙농업 농부 등이 있다.[39]

이러한 의미에서 동일한 사회적 지위에 있는 개인들을 비교해보면 그 안에서도 소득, 자산, 권력, 특권 등에 따라 각자가 전 인생에 걸쳐 실제로 올리는 실적은 상당한 차이를 보일 것이다. 이는 기회와 선택이 불균등한 비율로 뒤섞인 여러 사건들의 결과일 것이고, 보통은 그 비율을 정확하게 판별해낼 수 없다. 어떤 이들은 계속 외상으로 물건을 사들이기도 하고, 어떤 이들은 과로로 쓰러지기도 한다. 또한 어떤 이들은 선천적 장애아를 낳기도 하고, 어떤 이들은 이혼을 겪으면서 집을 팔아버리는 바람에 큰 손해를 입기도 한다. 어느 지위에서나 일생 동안의 소득 및 자산의 수준은 온갖 종류의 예측 불가능한 사건의 결과로 상당한 차이가 생길 수밖에 없다.

게다가 평균 지수라는 것은 여러 사회적 지위마다 상당히 다양하며, 이는 보통 그 지위를 점하는 데 필요한 기술의 희소성과 그 지위의 사람들이 수행하는 서비스에 대한 사회적 수요의 함수로 결정된다. 가장 나쁜 지위는 그보다 나은 대부분의 지위와 달리 '가장 운이 없는' 개인들도 점할 수 있는 위치다.[40] 이러한 개인들에게는 사회경제적 이점에 있어서 최소 수준의 보장 따위란 존재하지 않으며, 다른 모든 실현가능한 제도와 장치 아래에서 가장 나쁜 사회적 지위의 사람들에게 일생 동안 주어지는 사회경제적 이점의 평균 수준보다 조금 더 높은 정도의 사회적 지위에 대한 접근만이 보장될 뿐이다.

이렇게 롤스의 이론에서 사회적 지위가 차지하는 역할을 제대로 이해한다면, 차등의 원칙을 개인들이 누리는 사회경제적 이점의 수준이라는 관점에서 바라보는, 잘못되었지만 널리 일반화되어 있는 **결과-평등주의적** 해석 대신, 여러 사회적 지위와 관련된 일생 동안의 평균 수준으로 바라보는 **기회-평등주의적** 해석으로 이해하게 된다. 따라서 차등의 원칙 아래에서 극대화해야 할 것은 가장 불운한 이들이 달성하는 (소득, 자산, 권력, 특권의 관점에서의) 실제 결과가 아니라, 그들에게 열려 있는 여러 사회적 지위를 통해 달성할 것으로 기대되는 평균적인 결과다. 어떤 사회적 지위든, 가장 나쁜 지위의 개인들을 포함하여 그 지위에 있는 모든 개인이 일생에 걸쳐 실제로 달성하게 될 성과의 수준은 개인들이 저마다 갖고 있는 선호와 선택에 크게 좌우된다. 차등의 원칙을 일단 이런 방식으로 해석하게 되면, 사회경제적 이점의 지수에 여가를 포함시키는 것이 다음과 같은 의미를 가지게 된다. 차등의 원칙에 대해 결과-평등주의적 해석을 따를 경우, 롤스가 제안한 것처럼 여가를 가상의 소득으로 여기게 되며, 온종일 파도타기만 하는 한량들은 그들의 지표에 여가를 포함시키지 않을 때 받을 수 있었을 수당에 대한 권리를 빼앗기게 된다. 그런데 기회-평등주의적 해석 아래에서는 여가를 지수에 포함시키는 것이 정반대의 귀결을 가져온다.

만약 지수 산출에 자산과 소득만 포함되고 여가는 포함되지 않는다면, 차등의 원칙 기준에서 볼 때 무조건적 기본소득 제도는 온종일 파도타기만 하는 한량들에게는 소득을 주지 않는, 노동 의사 조사에 기초한 최저소득 제도보다 열등한 것이 될 것이다. 하지만 지수에 여가 시간을 적절히 포함시킴으로써 이러한 일방성을 제거한다면, 차등의 원칙 기준에서 보았을 때 최적의 선택은 지수에서 소득과 여가의 상대적 비중, 여러 사회적 지위의 정확한 특징, 그 밖의 무수히 많은 우연적인 경험적 사실들에 의해 결정될 것이다.

하지만 한 가지는 분명하다. 차등의 원칙을 제대로 해석하여 기준으로 삼을 경우, 어떤 사회적 지위에 있는 이들이 일생에서 누리는 여가까지 지수에 넣어 계산하면, 무조건적 기본소득 제도는 에드먼드 펠프스가 말하는 저임금 전일제 노동자를 위한 임금 보조금 제도(제2장 참조)보다 더 좋은 제도가 될 가능성이 크다. 왜냐하면 무조건적 기본소득 제도는 사람들이 자발적으로 일을 잠시 그만두거나 시간제 노동으로 일자리를 바꿔도 소득이 지급되므로 여가를 선택할 여지가 더 많은 반면, 임금 보조금 제도는 여가를 즐기는 이들에게 불이익을 안겨주기 때문이다. 참으로 역설적이지만, 롤스가 자신의 이론이 무조건적 기본소득을 정당화하는 데 쓰이는 것을 막기 위해 필요하다고 판단해 취했던 행동으로 인해 오히려 그의 이론이 기본소득에 더 호의적인 입장이 되어버리는 것이다. 물론 롤스의 여러 원칙이 기본소득을 정당화하는 것이라고 단정할 수는 없지만, 그 원칙들이 기본소득을 부인하는 것이라고 단정하는 것 또한 똑같이 불가능한 일이다.

오히려 기본소득은, 롤스가 정의로움의 잠재적 가능성이 있다고 여긴 유일한 유형의 자본주의가 성립하는 데 필수적인 요소를 제공하고 있다. 그러한 자본주의를 부르기 위해 롤스는 기본소득 주창자였던 제임스 미드의 '재산 소유의 민주주의(property-owning democracy)'라는 표현을 빌려왔다. 이는 생산수단 중 많은 부분이 사적으로 소유되는 동시에, 물적 자본과 인적 자본 모두가 사회에도 널리 분산되어 있는 체제를 말한다.[41] 이를 염두에 둔다면, 기본소득은 단지 공동 소유의 자본에서 나오는 수익일 뿐만 아니라 사회의 모든 성원 개개인에게 작은 분량으로 나눠 다달이 이전되는 자본재산이라고 볼 수 있게 된다. 특히 여기에 평생 학습 제도의 발전이 결합된다면, (제1장에서 주장한 바 있듯이) 이는 사회 성원들이 인적 자본을 광범위하게 축적하도록 장려할 것이라고 기대할 수 있다. 그렇다고 해도, 롤스의 차등의 원칙에 기초한 자유주의적-평등주의의 기본소득 정당화 논리는 앞 절('모든 이들을 위한 실질적 자유')에서 제시한 정당화 논리에 비해 사실적 조건에 의존하는 정도가 훨씬 크며 따라서 불확실하다. 그리고 롤스 자신은 끝까지 무조건적 기본소득보다 고용 보장 및 임금 보조금 쪽에 더 매력을 느낀다는 태도를 견지했다.[42]

로널드 드워킨 vs. 해변 부랑자들

존 롤스의 정의론은 자유주의적-평등주의의 계보에서 가장 영향력이 큰 이론이지만, 유일한 이론은 아니다. 그 계보에 속하는 이들 중에는 복지 수급자 등을 '공짜 상습꾼들(scroungers)'이라고 부르면서 심지어 롤스보다 더 엄한 태도를 보이는 또 한 사람의 걸출한 이론가가 있다. 그런데 그조차도 이치에 맞는 사실적 조건들을 전제로 하면 무조건적 기본소득이 정당화될 수밖에 없다는 여지를 두게 된다. 철학적 사유를 즐기는 독자들이라면 어떻게 그런 논리적 귀결이 나오게 되는지가 궁금할 것이다.

분배적 정의를 자원의 평등으로 보는 로널드 드워킨(Ronald Dworkin)의 이론은 지적으로 빼어난 역작이다. 그 이론의 목적은 사람들 사이의 자원 배분을 야심-민감(ambition-sensitive)하면서(본인의 책임이라고 할 수 있는 각자의 선호에 따라 자원 배분이 영향을 받도록 한다) 동시에 여건-배제(endowment-insensitive)할 수 있도록(본인의 책임이라고 할 수 없는 여러 타고난 여건에 자원 배분이 영향을 받지 않도록 한다) 만드는 데 있어서 롤스보다 더 나은 분배적 정의의 개념을 제공하는 것이다.[43] 이러한 목적에서 그는 비인격적 혹은 외적인 자원(물질적 자산)과 인격적 혹은 내적 자원(개인적 재능)을 구별한다.

인격적 자원에 대해 드워킨은 가상의 '무지의 베일'에 감춰진 보험제도를 제안한다. 이는 다음과 같이 묘사할 수 있다. 사회의 구성원들 사이에 모든 종류의 재능과 장애가 나타나는 확률적 빈도수를 우리는 모두 알고 있지만, 무지의 베일을 상정하여 개인이 그러한 재능과 장애를 일정량 지니게 될 확률이 모두에게 동일하다고 가정해보자. 또한 그러한 무지의 베일을 상정한다고 해서 우리가 리스크 회피를 포함한 스스로의 선호를 알지 못하게 되는 것은 아니라고 가정해보자. 그렇다면 우리는 모든 가능한 리스크 각각에 대해 정확히 얼마의 보험을 들 것인지를 구체적으로 정할 수 있게 된다. 운이 없을 때 받게 될 보험금을 충당하기 위해 운이 좋을 때 얼마만큼의 보험료를 내야 하는지를 염두에 두는 것이다. 그리고 그 각각의 리스크는 그것을 촉발시킬 상황의 확률을 곱하여 가중치를 다르게 둔다. 만약 실제로 이렇게 할 수 있다면 사람마다 자신만의 보험료와 보험 보장금 총액을 산출할 수 있을 것이고, 그 보험료와 보장금은 당사자가 인격적 자원을 재능으로 갖추게 될 가능성에도 부합할 것이다. 현실에서 모든 개인은 재능 등 일정한 여건을 타고난다. 따라서 개인마다 얼마의 보험료를 내고 얼마의 보장금을 받을 것인지는 그 개인이 어떤 여건을 어떻게 타고나게 되는가 그리고 그 개인이 무지의 베일 아래에서 어떤 선택을 내리는가에 따라서 결정될 것이다.[44]

한편 **비인격적 자원**에 대해 드워킨은 처음에 별개의 고안물을 제안하는 것처럼 보였다. 하지만 드워킨은 자신의 접근법을 최종적으로 정식화하는 과정에서 모든 자원을 보험제도 안에 포함시켰다. 사람들은 가족 상황에 대해 무지의 베일에 싸여 있으며, 따라서 "자식들에게 별로 줄 것이 없거나 줄 생각이 없는 부모들에게 태어날" 리스크 또한 보험을 통해 대비할 수 있게 한 것이다.[45]

그 결과 개인마다 자기 맞춤형 보험 설계라는 실로 흥미로운 방법을 얻게 된다. 하지만 이를 구축하기 위해서는 모든 개인에게 끔찍할 정도의 지적 훈련이 필요할 뿐만 아니라 손에 넣는 것이 불가능할 수밖에 없는 (그리고 일부 사람들이 구할 수 있다고 해도 정말로 드러날 것으로 기대할 수는 없는) 정보까지 필요로 한다. 드워킨도 이러한 여러 난점들을 알고 있었기에, 무지의 베일에 가려진 상태에서 "가장 합리적인 사람들이 구입할 것이라고 무난하게 가정할 수 있는 여러 종류의 보험 수준"에 의지하고 있다.[46] 그 결과로 나타나는 대략적인 근사치를 통해 세금을 재원으로 하여 시력 장애나 청력 장애와 같은 '일반적 장애' 뿐만 아니라 최소 수준의 일정 소득을 벌어들일 숙련의 결핍까지도 보장하는 제도를 구축하게 될 것이라는 게 드워킨의 추측이다.[47]

또 그는 한 걸음 더 나아가서 대부분의 합리적인 사람들이 동의할 만한 최저소득 제도는 공동체의 빈곤선 이상의 소득을 보장하는 수준이 될 것이라고 추측한다. 이는 실업수당에서 직업훈련 교육에 이르기까지 다양한 형태를 띠게 될 것이며, "수혜자들이 일자리를 찾아 나섬으로써 스스로의 지위를 개선하도록 노력해야 한다는 것을 명문화"하여 '공짜 상습범들' 입장에서는 상당히 받아들이기 꺼리는 제도가 되어야 한다고 말한다.[48] 드워킨은 '땀 흘려 일하는 중간 계급'을 희생시켜서 만든 비용을 통해 '게으름'을 선택하는 자들이 있어서는 안 된다는 롤스의 관점을 취하면서도, 자신이 보기에 이러한 롤스의 분배적 정의 개념은 '해변 부랑자(beachcomber)*가 되기를 선호하는' 자들에게는 부적절할 정도로 느슨하다고 주장한다.[49]

---

* '해변 부랑자'는 본래 바닷가로 떠밀려온 각종 해물이나 진주 등을 주워서 끼니를 잇는 가난한 이들을 일컫는 말이었지만 나중에는 항구나 선창가를 빈둥거리며 떠도는 부랑자들, 즉 돈이 되는 일을 하기도 했다가 일거리가 마땅치 않고 싫증이 나면 하루 종일 술만 마시기도 하는 게으른 이들을 부르는 말이 됐다. 말리부 해안의 파도타기 한량들이 온종일 분명하게 '여가'를 즐기는 이들이라면, 이 '해변 부랑자'들은 확실하게 여가를 즐기는 것도 아니면서 적극적으로 노동시장에 뛰어들기도 꺼리는 상태에 있는 이들이라는 뜻이 강하다.

하지만 드워킨의 해변 부랑자들에 대한 엄혹한 입장은 정의의 요구라는 차원을 넘어 정책 제안의 차원으로 오게 되면 다음의 두 가지 현실적 이유에서 완화될 수밖에 없다. 첫째, 드워킨은 애초부터 보험제도가 철저하게 비자발적 실업자들만을 대상으로 하는 소득 이전 시스템을 정당화하는 것이기는 하지만, "모든 것을 감안할 때 아마도 마이너스 소득세와 같은 좀더 일반적 형태의 소득 이전이 더 효율적이고 더 공정한 것으로 판명될 수 있다. 비록 그러한 제도가 여러 난점들을 안고 있다고 해도 말이다. 그리고 분배가 이루어지는 방식이 (정의에 대한 드워킨의 정의인) 자원의 평등이라는 이상에 가까워지도록 만들기 위해서 어떤 장치를 선택하든, 일자리를 구하지 않고 피해 다니는 자들에 대해서도 일정한 구호가 이루어져야 한다는 것은 의문의 여지가 없다"고 밝혔다. 이는 물론 환호할 만한 일은 아니다. "이는 참으로 유감스런 일이다. 이렇게 될 경우 자원의 평등이라는 이상을 구성하는 두 원칙들 중 하나(즉, 야심-민감성)가 침해되기 때문이다. 하지만 그렇다고 해도 일할 수 있다면 기꺼이 일하려고 하는 훨씬 더 많은 사람들의 구호를 거절하는 것보다는 이러한 종류의 불공평함을 묵인하는 쪽이 이상에 더욱 가까이 갈 수 있는 방법이다."[50]

둘째, 드워킨은 그의 나중 저작들에서 보험을 통해 보장을 준비해야 할 리스크에 아동 빈곤을 추가한다. "재산도 직장도 없는 부모에게서 태어날 위험에 대해 아이들이 무슨 보험을 무슨 조건으로 얼마나 들 수 있겠는가?"[51] 아이들을 빈곤에서 지키려면 부모와 떼어놓든가, (설령 그 부모들이 "일자리를 찾기는커녕 피해 다닌다고" 해도) 그들의 부모까지 빈곤에서 빼내주든가 해야만 하므로, 보험을 아이들에게까지 확장하는 것은 합리적인 일이다. 하지만 이는 또 하나의 봐주기로서, 분명히 드워킨이 이상으로 삼아 요구하는 정의와는 좀더 멀어지는 일이다.

더 근본적인 문제가 있다. 드워킨이 말하는 가상의 보험제도가 의미하는 바를 좀더 면밀히 살펴본다면, 해변 부랑자들을 먹여 살리는 일은 실용적으로 불가피한 정의로부터의 유감스러운 이탈 정도로 끝나는 게 아니다. 이는 정의라는 것의 의미 자체까지 건드리게 된다. 왜냐면 사람들이 최저의 구매력을 얻는 것에만 신경을 쓸 뿐 그것을 어떻게 벌어들일지에 대해서는 무관심하다고 여길 이유가 없기 때문이다. 설령 직업 선택지가 많지 않다고 해도 마찬가지다. 드워킨이 말하는 무지의 베일은 사람들의 자산을 감출 뿐 그들의 욕망까지 감추지는 않는다. 따라서 오로지 돈에만 신경을 쓰는 '미치광이들'은 숙련된 기술이 없어서 형편없는 일자리밖에 얻을 수 없는 상황에 처하더라도, 기본소득 제도 같은 것을 요구하기보다는 그냥 있는 제도를 받아들여 그 형편없는 일을 하는 쪽을 선택할 것이다. 그런 제도를 그냥 받아들인다면, 그들이 나중에 아주 뛰어난 기술을 갖게 된다고 해도 그때 내야 할 세금을 최소로 줄일 수 있을 테니 말이다. 하지만 돈보다는 삶의 질에 신경을 쓰는 '베짱이들'은 가족에 대한 의무나 숙련된 기술이 없어서 형편없는 일자리라도 받아들여야 할 상황이 왔을 때 거기에서 벗어날 수 있도록 최저소득을 주는 제도를 선택할 것이다. 그러한 제도를 선택하면 나중에 일하고 싶고 보수도 좋은 일자리를 얻게 되었을 때 내야 할 세금이 많아진다고 해도, 이들은 개의치 않을 것이다.

이 점을 감안한다면, "일하지 않기를 선택한 이들에게 일하는 이들로부터 거둔 세금으로 보상을 주는 짓"은 "불공정한 것이므로 본질적으로 잘못된 것"이라거나 "개미에게서 베짱이 쪽으로 소득 이전을 강제하는 짓은 본질적으로 불공정한 것"이라는 드워킨의 주장은 더 이상 성립할 수 없게 된다.[52] 무지의 베일에 싸인 사람들이 만장일치로 비록 적은 액수일지라도 기본소득을 선택하는 일은 벌어지지 않을 것 같지만('미치광이들'은 이를 선택하지 않을 것이다), 위에서 규정한 성격의 '베짱이들'이라면 기본소득과 비슷한 것을 선택할 가능성이 아주 높다. '미치광이들'의 노동에 무임승차하겠다는 것이 아니라, 보험 통계상의 계산으로 따져보아 그들 나름의 보험 중에서 실질적으로 공정한 것을 선택한다는 말이다.

드워킨이 상정한 최선의 것(따라서 현실에서는 작동 불가능한 것)은 엄밀하게 개인마다 다르게 맞춤화된 보험이며, 이 틀 안에서는 보험의 야심-민감성이 작동하므로, '베짱이들'은 (본인 능력으로 구할 수 있는 일자리가 하고 싶지 않은 일들뿐인 경우) 유급 노동에서 빠져나올 수 있도록 허용해주는 보험을 들 것이다. 그렇게 되면 (즐거운 마음으로 일할 수 있고 보수도 좋은 일자리를 얻었을 때) 더 높은 세금의 형태로 자기들이 선택한 기회비용을 치러야 할 것은 분명하다. 하지만 이는 할 수는 있지만 하기 싫은 일을 받아들이느니 아무 일도 하지 않는 쪽을 선택하는 사람들에게도 정의를 근거로 하여 소득을 이전할 가능성을 시사하는 것이다.

드워킨의 제안 중 차선이라 할 만한 좀더 현실적인 버전에서는 '평균적 개인' 혹은 '가장 합리적인 사람들'의 선택을 추적하도록 되어 있다. 이렇게 해서 설계된 보험이 '베짱이들'이 선호하는 보험의 형태를 모방해서는 안 되는 것은 분명하지만, 그렇다고 해서 '미치광이들'이 선호하는 보험의 형태를 모방해서도 안 된다. 그럼에도 불구하고 드워킨은 미치광이들이 선호하는 보험을 너무나 열렬하게 당연시하고 있다. '미치광이들'이 선호할 만한 보험이나 '베짱이들'의 그것이나 평균적인 보험의 형태에서 보자면 일탈에 가깝겠지만, 어느 한쪽이 다른 한쪽보다 더 바람직하다거나 유감스럽다고 말할 것은 아닌 것이다.

결과적으로 설령 실용적인 여러 고려사항들을 제쳐놓는다고 해도, 해변 부랑자들에게 최소의 생계를 보장해주는 일을 꼭 공짜 상습꾼들에게 사기를 당하는 한탄스러운 사태로 볼 필요는 없다. 비록 필연적이지는 않지만 상당히 현실적인 여러 조건을 전제로 한다면, 모두에게 최소의 생계를 보장하는 것은 평등주의적이면서도 책임-민감성을 내포한 정의의 개념이 지지할 수 있는 기본적 구조에 속하는 것이라고 할 수 있다.

하지만 롤스의 경우와 마찬가지로, 드워킨에게서 이런 식으로 무조건적 기본소득을 정당화하는 논리를 도출할 수 있다고 해도 이는 적은 액수의 기본소득일 뿐이며 그 정당화 논리 또한 무수한 조건들에 좌우되는 아주 불확실한 것임은 여전하다.

어째서 자유주의적-평등주의자들은 우리와 의견이 다른가?

자유주의적-평등주의의 계보는 롤스와 드워킨에서 끝나지 않으며, 그 계보 내의 다른 사람들이 제안한 접근법들은 기본소득에 대한 또 다른 결론에 이르고 있다. 아마르티아 센(Amartya Sen)은 롤스 및 드워킨과 달리 '정의로운 사회란 무엇인가?'라는 질문을 원칙적 차원에서 묻고 답하기를 거부한다. 따라서 아마르티아 센은 기본소득이 정의로운 사회제도의 일부인가 아닌가의 질문에 대해서는 어떤 관점도 내놓을 수가 없다. 하지만 그는 기본소득의 도입이 사회를 좀더 정의롭게 만드는 데 도움이 되는가에 대해서는 관점을 제시할 수 있으며 또 스스로 그렇게 하기를 원한다.

그가 정의의 척도로 삼자고 제안하는 것은 충분한 식량, 주택, 의복, 의료, 교육 등에 대한 접근권과 같은 인간의 여러 기본적 역량이다. 만약 주어진 상황에서 기본소득의 도입이 이러한 여러 역량 가운데 일부를 지속가능한 방식으로 많은 사람들에게 확장시키는 데 도움이 된다면, 센이 말하는 정의의 개념은 기본소득을 지지하게 될 것이다. 하지만 선택의 여지가 주어질 경우, 똑같은 비용이라면 어떤 상황에서는 고용보장과 같은 다른 정책이 기본소득보다 더 선호할 만한 것이 될 수도 있을 것이다.[53]

센과 마찬가지로 브라이언 배리(Brian Barry)도 분명히 자유주의적-평등주의적인 정의 개념을 제안하고 있지만, 이는 다소 다원주의적이고 모호한 모습을 띠고 있다. 따라서 그는 기본소득에 대해서도 원칙에 입각한 정당화 논리를 제공하지는 못한다. 그가 처음 명시적으로 기본소득을 논의할 때는 심지어 상당히 적대적 태도를 보이기까지 했으며, 일정한 일반적 원리로부터 기본소득을 정당화하는 논리를 직접 도출할 수 있을지에 대해 한동안은 비판적 태도를 견지했다.[54] 하지만 시간이 지나면서 배리는 무조건적 기본소득이야말로 좀 더 정의로운 사회를 위한 필수 구성요소라고 단호하게 주장하게 된다.[55]

우리가 보기에는 배리와 센의 개념보다 롤스와 드워킨의 분배적 정의의 개념이 더 장점이 많다. 우선 사람들이 공유하는 기본적인 윤리적 직관을 명확한 언어로 표현하고 있을 뿐만 아니라, 비록 현실적인 실제 조건들이 충족되어야 한다는 전제를 상정하고 있지만, 무조건적 기본소득의 정당화 논리를 개념적으로 도출할 수 있는 일련의 원칙들을 명확히 제공하고 있기 때문이다. 일단 롤스의 차등의 원칙을 기회-평등주의의 방식으로 해석하고 그것이 말하는 사회경제적

이점들 속에 여가를 포함시킴으로써 '생산주의적' 편향을 바로잡는다면, 그리고 이를 공정한 기회 균등의 원칙과 결합하여 이해한다면, 우리가 제시한 '모두를 위한 실질적 자유'의 대안적 해석이라고 볼수 있다. 드워킨의 자원의 평등이라는 이론 역시 그가 자신의 가상적 보험제도로부터 필연적으로 도출된다고 믿었던 명제들로 인해 '미치광이들 쪽으로 기운' 편향을 바로잡는다면 대안적 해석이 될 수 있다.

그럼에도 불구하고 어째서 이들은 기본소득에 대해 우리와 다른 결론에 도달하는 것일까? 그 본질적인 이유는, 그 이론들이 배경으로 삼고 있는 정형화된 사회상이 우리 사회와는 사뭇 다르며, 따라서 그 내부의 지배적인 여러 불평등의 양상 또한 우리 사회의 그것과는 상당히 다르기 때문이다.

드워킨의 핵심 아이디어는 사람들의 타고난 여건―인격적 자원과 비인격적 자원 모두―이 불평등한 이유가 순전히 운수 때문이라는 것이다. 이는 정의롭지 못하다. 비록 인격적 여건에서의 여러 불평등에 관해서는 할 수 있는 게 별로 없지만, 비인격적 여건의 분배 상태를 다시 구성하여 이러한 정의롭지 못한 상태를 바로잡을 수는 있다. 그리고 그의 이론은 바로 그렇게 할 수 있는 방법을 구체적으로 제시하고 있다. 이러한 사유를 떠받치고 있는 정형화된 사회상은 신고전파 경제학의 일반 균형 모델에 익숙한 이들에게는 충분히 설득력이 있다. 경제적 행위자들에게 주어진 선택지의 집합들은 그들 각자의 인격적·비인격적 여건들로 완전히 정의되며, 그들의 이후 운명 또한 그것을 기초로 완전히 예측가능한 것으로 되어 있다. 이런 식으로 정형화된 그림은 이런저런 형태로 널리 받아들여지고 있으며, 특히 분배적 정의에 관심을 두는 경제학자들 사이에서 널리 받아들여지고 있다.[56]

하지만 이는 우리의 복잡다단한 현실 세계와는 잘 들어맞지 않는다. 현실에서는 타고난 여건이라고 해석할 수 있는 것 외에도 사람들의 인생 기회에 근본적으로 영향을 끼치는 것들이 많고, 특히 직업이나 여타 보상이 따르는 생산활동의 기회에 영향을 미치는 요소들은 무수히 많다. 분배적 정의에 대한 우리의 접근법은 타고난 여건의 배분을 재구성하는 방식을 상상하려 애쓰는 대신, 우리의 여건에 영향을 미치는 모든 요소들을 몽땅 합산하여 그중 가장 적게 받는 이도 최대한 후하게 받을 수 있도록 보장하자는 것이다.

우리와 마찬가지로, 롤스의 분배적 정의의 개념 또한 타고난 여건이라는 관점으로 개념화를 시도하는 방법을 피한다. 대신 롤스는 정형화된 사회상 안에서 사회적 지위라는 개념에 중심적 역할을 부여하는 방법에 의존한다. 그 정형화된 사회상의 특징을 보면, 뚜렷이 구별되는 안정적 직업이 많고, 노동자들은 그 안에서 직장생활 내내 심지어 (근로소득과 연계된 노령연금 덕분에) 그 이후까지도 한 직종에 머물게 된다. 또한 노동자가 아닌 이들은 일생 동안 지속되는 안정적인 가정에서 머물며 배우자의 지위에 따라 본인의 사회적 지위가 결정된다.

하지만 오늘날의 사회에서 사람들은 이렇게 롤스 식으로 정의된 여러 사회적 지위를 오르락내리락 하는 부침을 다반사로 겪는다. 따라서 롤스의 정형화된 사회상을 우리 사회에 적용하는 것은 무리다. 하지만 불가능하지는 않다. 차등의 원칙은 그저 우리에게 사회적 지위를 사회경제적 이점의 지수로 정의했을 때 최악의 지위에서 일생을 보내야 하는 이들이 기대할 수 있는 지수의 크기에 초점을 맞추도록 요청하는 것일 뿐이다.

그런데 여기에 시간제 노동이 들어오기 시작하면 상황은 즉시 혼란스러워진다. 또한 경력 중단의 문제, 장기적 실업의 문제, 게다가 어떤 일은 기꺼이 하려고 하지만 아무 일이나 하려고 들지는 않은 것과 같은 개인들 각자가 지닌 자발성의 다양한 스펙트럼까지 감안하면 상황은 너무나 복잡해진다. 그렇게 되면 다양한 사회적 지위를 동일한 체제 내에서 또 서로 다른 체제 사이에서 나란히 놓고 비교할 만한 지수를 어떻게 구성할 것인가라는 난제에 정면으로 맞닥뜨리게 되기 때문이다. 특히 그 지수의 구성요소 가운데 서로 역의 상관관계를 띠는 경향이 있는 소득과 여가라는 두 가지 요소 중 어디에 가중치를 둘 것인가라는 문제가 대두된다.[57]

우리가 제안하는 대안은 이러하다. 여러 다양한 사회적 지위를 학문적으로 규정하고 이름 지을 필요도 없고, 그것들을 서로 비교할 수 있도록 해줄 불편부당한 지수를 개발할 필요도 없다. 대신 모든 사람이 받는 여러 선물에 초점을 두고 그중 가장 적게 받는 자의 선물을 극대화하자는 것이다.

가장 적은 선물의 양을 극대화한다는 것은 (좀더 정확히 말하자면 그것의 가치는 남들에 대한 기회비용으로 이해되며 그것 자체는 시장 가격을 통해 근사치로 나타낼 수 있다) 현재 선물을 가장 적게 받고 있는 이들의 권력을 두 가지 차원에서 극대화하는 것이다. 이는 그들의 소비 능력을 극대화해줄 뿐만 아니라, 그들이 현실적으로 택할 수 있는 직업의 범위를 넓혀줌으로써 자신들이 살고 싶어하는 종류의 삶을 선택할 능력도 극대화해준다.

물론 이러한 접근법은 여러 한계를 안고 있는 게 사실이다. 특히 우리가 받는 선물들 중에서 직접적으로든 간접적으로든 세금을 매길 수 없는 것들은 모두 분배적 정의의 이해 범위 밖에 남겨두게 된다. 여기에는 우리가 사랑하는 이들이 주는 사랑처럼 삶에서 가장 중요한 것들도 분명히 포함된다. 사랑과 달리 여러 재능의 경우에는 재능을 통해 얻게 되는 지위와 결부된 소득에 대해 과세함으로써 간접적으로 세금을 매길 수 있지만, 사랑은 그렇게 할 수도 없다. 하지만 그래도 괜찮다. 시장 지배력이 가장 적은 사람에게 그것을 가능한 오랫동안 최대로 끌어올려준다는 것, 그래서 교육 등의 서비스에 대한 접근과 결합시켜 그들이 직장 상사, 배우자, 관료들에게 종속당하는 데 저항할 능력을 신장시켜준다는 것만으로도 충분하다.

이러한 특징 때문에 우리가 제시하는 자유주의적-평등주의적 접근법을 필립 페팃(Philip Pettit) 등은 종종 공화주의적 접근법에 가까운 것으로 보기도 한다. 공화주의적 접근법은 정치적 영역뿐만 아니라 다른 영역에서도 타인의 지배나 자의적 간섭으로부터의 보호에 초점을 두는 분배적 정의의 개념이다.[58] 우리는 이 접근법이 무조건적 기본소득을 정당화할 가능성을 부인하지 않는다.[59] 하지만 우리가 더 선호하는 이론은, 가장 자유롭지 못한 이들이 '아니오' 또는 '예'라고 말할 수 있는 자유를 극대화하려는 관심을 좀더 잘 포착하는 이론이다.

자유지상주의와 지구의 공동 소유권

무조건적 기본소득의 설득력 있는 정당화 논리를 자유주의적-평등주의(혹은 공화주의)의 전통 바깥에서도 찾을 수 있지 않을까? 특히 우리의 주장이 자유에 강조점을 둔다는 점을 생각해보면, 자유지상주의(libertarianism)의 틀과 기본소득을 지지하는 논리가 직관적으로 어울릴 수 있지 않을까? 자유지상주의의 핵심은, 사회 구성원 중 모든 성인은 스스로의 신상과 자신이 정당하게 획득한 재화를 원하는 대로 처분할 절대적 권리를 갖는다는 것이다. 따라서 개인이 자발적 거래의 결과로 벌어들인 소득에 세금을 부과하는 것은 그 개인의 노동 결실에 대한 절도 행위에 해당하는 것으로, 절대 용납할 수 없다는 것이다. 이렇게 보면 자유지상주의 접근법으로 무조건적 기본소득의 재원 마련을 정당화할 가능성은 거의 없어 보인다. 하지만 모든 물질적 재화들은 궁극적으로는 천연자원에서 나오는 것들이며, 이 천연자원은 분명히 어느 시점에서는 그 누구의 소유도 아니었던 것들이다. 따라서 모든 자유지상주의 이론은 각종 천연자원이 정당하게 전유되는 방식이 무엇인가를 명백히 밝혀야만 한다.

'우익 자유지상주의자들'은 '선착순(first come, first served)'의 원리를 동원하거나, 때로는 여기에 사적인 전용(appropriation)을 도입하는 바람에 더 못살게 되는 사람이 한 명도 있어서는 안 된다는 이른바 '로크식 단서조항(Lockean proviso)'을 결합시키기도 한다.[60] 한편 '좌파 자유지상주의자들'은 토지의 가치 그리고 좀더 일반적으로 천연자원의 가치는 (여기에는 천연자원의 잠재성을 사적으로 전용하고 착취하여 파생된 가치도 포함된다) 그 해당 공동체의 모든 구성원에게 동등한 몫으로 돌려주어야 마땅하며, 그 구성원은 전 인류가 될 수도 있다고 생각한다. 이런 식의 정의 개념을 달성하기 위해서는 모든 이에게 동등한 가치의 땅뙈기를 나눠주면 된다고 상상할 수 있다. 하지만 그들은 이런 일을 시도하는 데 따르는 관료적 복잡성과 경제적 비효율성을 감안할 때, 그 원리를 오늘날의 인구학적이고 기술적인 조건들 속에서 구체화할 수 있는 다른 방식을 찾는 편이 훨씬 더 매력적이라고 본다.

그런 방법 중 하나로, 토지 및 여타 천연자원의 경쟁적 가치 전액에 대해 과세하여 거기에서 나오는 수입을 해당 공동체의 모든 성원들에게 똑같이 나눠주는 방식을 택할 수 있다. 각자의 개인적 상황 그리고 과거 및 현재의 생산에 대한 기여를 묻지 않고 말이다.[61] '좌파 자유지상주의'의 관점에서 보면, 이러한 방식으로 무조건적 기본소득의 재원을 마련하는 것은 노동자들과 여타 경제행위자들로부터 그들이 정당하게 소유한 것을 갈취하는 짓이 아니다. 또한 부자들에게 가난한 이들의 이익을 위해서 자선이나 연대를 요구하는 것도 전혀 포함되어 있지 않다. 오히려 이는 천연자원을 이용한 자들로부터 수수료를 징수하여 그것을 그 자원의 공동 소유자들에게 이전하는 것을 내용으로 한다.

이러한 접근법이 실용화되기 위해서는 수많은 논점들을 명확히 정리해야 한다. 첫째, 여기에는 '개간되지 않은 땅'의 가치만 포함되며 그것으로 이루어진 것 혹은 그 위에 세워진 것의 가치는 포함되지 않는다. 물론 이러한 가치, 즉 토지에 결부된 경제적 지대는 주로 그 입지에 의해서, 다시 말하면 그 토지의 '개간(improvement)'이나 주변에 개간된 토지의 부족 등에 의해서 결정된다. 그래서 맨해튼의 땅은 네브래스카의 땅보다 더 비싸며, 그 지역 토양의 화학적 구성의 가치보다도 훨씬 높다. 여기에 이런 질문이 제기된다. 만약 내가 내 땅 위에 무언가를 세워서 그 주변에 투자를 유지하는 데 도움을 주었고, 그 때문에 다시 내 땅의 가치가 올라갔다면? 이 증가분은 나의 '개간되지 않은 땅'의 가치의 일부이며 따라서 모두가 공유해야만 하는가?

둘째, 공유되어야 할 가치는 단지 토지의 가치뿐만 아니라 그 토지 아래에 묻혀 있는 것의 가치도 포함되며, 또 바다 속에 있는 것의 가치도 중요하다. 하지만 비재생 천연자원은 어쩔 수 없이 고갈되게 되어 있다. 그렇다면 우리 세대가 현존하는 축적량의 가치를 똑같이 나눠가진다고 해도 다음 세대로 갈수록 그 가치가 줄어들 텐데 이를 그냥 받아들이라고 해야 하는 것인가? 아니면 각 세대마다 그 세대의 자본 축적량을 증가시켜서 그들이 초래한 비재생 에너지 혹은 재생이 아주 오래 걸리는 천연자원의 고갈을 보상해야 하는가? 만약 그렇게 해야 한다면, 예상되는 인구 증가에 따라 그 보상액수를 조정해야 하는가?

셋째, 똑같이 나눠야 하는 희소한 자원에는 또한 토지 **위에 있는** 것들도 포함된다. 예를 들어 전자기파 스펙트럼과 대기권 자체도 해당된다. 대기권이 일정 수준 이상의 이산화탄소를 흡수해서 해로운 기후변화를 초래할 수밖에 없는 경계선을 우리가 결정할 수 있을까? 만약 그럴 수 있다면, 우리는 탄소 배출이 그 경계선 아래에 머물도록 하는 방식으로 세금(혹은 탄소배출권의 가격)을 결정하고 거기에서 나온 수익금을 모든 인류에게 동등하게 나눠주어야 하는 게 아닌가?

'좌파 자유지상주의'의 근거에서 정당화될 수 있는 무조건적 기본소득이 얼마나 높은 수준일지는 이러한 (대단히 까다로운) 질문들과 (대단히 애매한) 경험적 추산치에 의해 좌우되며, 우리는 이를 제6장에서 다시 논의할 것이다. 일부 '좌파 자유지상주의자들'은 정당한 조세 기반을 넓히려 노력했는데, 예를 들어 소유주가 죽으면서 임자가 없어진 재산을 과세 대상에 포함시키는 등의 방법을 주장했다. 자유지상주의에 근거하면 시장 교환을 금지할 수 없는 것과 마찬가지로 **살아 있는 이들 사이의 재산 증여**(inter vivos) 또한 금지시킬 수는 없지만, 앞에서 말한 조치를 도입한다면 재산의 상속권만큼은 폐지될 것이다.[62] 물론 이렇게 상속과 증여를 다르게 취급하게 되면, 사람들은 모두 상속을 증여로 옮기려고 들 테니 이것이 실제 세수 증대에 얼마나 도움이 될지에 대해서는 회의적일 수도 있다. 좀더 근본적으로 보자면, 이러한 제안은 공정한 분배가 요구하는 것이 무엇인지에 대해 우리가 숙고를 거쳐 판단한 것들을 자유지상주의가 제대로 포착하지 못했다

는 것을 반영하는 것이기도 하다.[63]

이는 또한 자칭 자유지상주의자인 맷 즈볼린스키(Matt Zwolinski)가 내놓은 실로 웅변적인 기본소득의 호소에서 더욱 분명하게 드러난다. "기본소득은 사람들에게 선택지를 제공한다. 노동시장에서 빠져나가 좀더 경쟁적인 시장에 새로 자리를 잡고, 훈련에 투자하고, 혁신기업가적인 리스크를 감수하는 선택지들이다. 그리고 이러한 선택지가 존재하면 사람들은 다른 이들의 의지에 종속되는 것을 피할 수 있다. 기본소득 덕분에 사람들은 극도로 절박한 상태가 아니면 절대로 받아들이지 않을 제안들에 대해 분명히 '아니오'라고 말할 수 있게 될 것이다. 이는 사람들로 하여금 스스로의 계획과 목표와 욕망대로 삶을 꾸려나갈 수 있도록 해준다. 한마디로 사람들이 자유로워질 수 있도록 해준다."[64]

이런 호소는 충분히 설득력이 있다고 생각한다. 하지만 이런 논의는 우리가 제1장과 제2장에서 가볍게 다룬 바 있으며, 그때 사용한 개념은 이 장에서 좀더 엄격하게 상술한 실질적 자유의 개념이었다. 우리의 접근법이 자유지상주의의 계보가 아닌 자유주의적-평등주의의 계보에 속한다는 것을 분명히 해둔다는 전제로, 우리의 접근법을 '현실적-자유지상주의(real-libertarian)'라고 부를 수도 있을 것이다.

자유지상주의를 하나의 독자적인 철학적 접근법으로 이해한다면, 이는 정의상 모든 제도에 앞서서 개인이 갖는 여러 자격과 수급권의 시스템에 의지하는 것이다. 그리고 정의로운 제도란 마땅히 이러한 시스템을 보호해야만 한다. 우리의 접근법이 다른 자유주의적-평등주의적 접근법들과 마찬가지로 제도 이전의 상태라는 제약 조건하에서 운영되는 것은 아니다. 그리고 마치 제도가 마련되기 이전에 모든 인간이 평등하게 가지고 있던 자연에 대한 권리를 급진적으로 확장한 것처럼 보일 수도 있지만, 그렇지 않다. 우리의 접근법은 제도 이전의 상태라는 제약 조건 없이도 모든 것을 분배의 대상으로 두어야 한다고 보는 것이다. 여기서 제도는 기회가 공정하게 분배되면서도 모든 이들을 자유롭고 평등한 개인으로 만들어주는 방식으로 공평하고 정당하게 설계되어야 한다.

마르크스주의 혹은 공산주의로 가는 자본주의적 경로

마르크스주의 사상은 자유지상주의 접근법과는 상극을 이루는 것처럼 보인다. 그렇다면 마르크스주의 사상은 무조건적 기본소득을 정당화하는 특유의 설득력 있는 논리를 도출해내거나 최소한 시사점이라도 제시할 수 있지 않을까? 하지만 마르크스가 기본소득에 대해 그다지 열성적이지 않았다는 것은 분명 사실이다.

샤를 푸리에 등의 '유토피아 사회주의'와는 대조적으로 마르크스의 '과학적' 접근법은 그것이 윤리적으로 바람직한가가 아니라 역사적 필연성을 가지고 있는가에 초점을 두고 있었다. 하지만 막상 마르크스의 일부 저작들의 어조와 그의 정치적 활동이 전제 조건으로 삼았던 것들을 보면 그러한 입장과는 큰 모순을 보인다. 오히려 그의 제작과 활동은 마르크스 추종자들 일부가 자본주의를 사회주의로, 또 생산수단의 사적 소유를 집단적 소유로 대체하는 투쟁을 옹호할 규범적 관점을 마련하려 한 시도를 정당화하고 있다. 이러한 시도에서 핵심적 역할을 하는 두 가지 개념이 있으니, 바로 착취와 양도/소외*다. 그리고 이 두 가지 모두가 사회주의에 대한 논의에서만큼이나 무조건적 기본소득의 논의에서도 직접적인 중요성과 의미를 가지고 있다.

착취, 즉 잉여가치의 추출은 본질적으로 어떤 경제의 순생산물에서 그 일부를 노동자가 아닌 자들이 전유하는 것을 의미한다. 일정한 기간 동안 만들어진 총생산물의 일부는 생산과정에서 소모된 물질적 생산수단을 대체하는 데 사용된다. 그렇게 하고 남은 것이 순생산물로서, 그중 일부는 노동자들이 임금으로 구매한다. 그 나머지는 봉건영주, 노예 소유주, 자본가 등 노동자가 아닌 이들이 전유한다. 노동자들도 저축을 하고 자본가들도 노동을 하게 되면 그림은 좀더 복잡해진다. 하지만 착취라는 개념의 핵심은 그대로 보존된다. 착취는 순생산물의 일부를 노동 이외의 것에 힘입어 전유할 수 있을 때에만 벌어지는 것이다.[65] 착취를 윤리적으로 비난받아야 할 것으로 보는 이들은, 노동자 계급이 생산수단을 집단적으로 전유함으로써 순생산물 전체를 차지하게 될 것이며 그에 따라 착취가 폐지될 것이라는 이유로 사회주의를 정당화할 수 있다.

기본소득 제도의 정당화라는 관점에서 보면 이러한 논리는 얼핏 별 가망이 없어 보인다. 무조건적 기본소득은 일하지 않기로 한 자들이 노동자들을 착취하기 위해 활용하는 비법처럼 보이기 때문이다. 이런 이유로 자본주의의 착취와 싸우는 이들 중 일부가 기본소득에 대해 맹렬히 적대적인 태도를 보이는 것도 놀라운 일이 아니다. 그들은 이를 지금까지 자본가 계급에게만 국한되어 있던 가능성, 즉 프롤레타리아 계급을 희생시켜서 빈둥거리며 살아갈 가능성을 모든 이들에게로 확장하는 것으로 본다. 하지만 노동자들의 착취에 대해 거

● 마르크스의 저작을 영어로 번역할 때 일반적으로 'Entäusserung'은 'alienation'으로, 'Enfremdung'은 'estrangement'로 옮긴다. 후자는 그저 '낯선 존재가 되다'라는 의미이지만 전자는 양도와 소외라는 두 가지 의미가 다 있을 뿐만 아니라, 마르크스에서는 헤겔 및 피히테의 경우보다 그 두 가지 의미가 더욱 불가분으로 결합되어 있다. 본래 노동자의 것인 노동자의 노동을 자본가에게 양도함으로써 그것이 자본이라는 낯선 권력으로 변하게 되기 때문이다. 따라서 마르크스의 'alienation'은 '양도/소외'로 번역하도록 한다.

정하는 태도를 견지한다면, 기본소득을 재앙이 아닌 축복으로 볼 수도 있다.[66] 이렇게 다른 관점에 서게 되면, 자본주의적 착취에서 문제가 되는 것은 한 줌도 안 되는 자본가 계급의 기생적 행태가 아니라 거대한 프롤레타리아 계급이 자신들의 노동력을 판매하는 것 말고는 다른 선택지가 없다는 것이라는 사실이 드러난다.

따라서 모든 노동자들에게, 특히 그중에서도 가장 취약한 이들에게 무조건적 기본소득을 준다면, 자본가에 대한 협상력이 커질 뿐만 아니라 자유업과 협동조합에서부터 재훈련이나 그냥 한 숨 돌리기 위해 여가를 갖는 것까지 매력적인 선택지의 범위가 아주 넓어진다. 모든 이들에게 일하도록 강제하는 것이 아니라 일하지 않을 수 있게 허용하는 것이야말로 최상의 방법이다. 자본주의를 폐지하는 것이 아니라, 자본주의의 가장 혐오스런 특징인 강제적 성격을 축소시키는 의미에서 최상의 방법이라는 것이다. 하지만 여기서 정의롭지 못하다고 간주되는 것은 마르크스주의적 의미의 착취 자체가 아니라는 점은 인정해야 한다. 이러한 논지의 근본적인 윤리적 직관은, 공정한 분배와 실질적인 자유 및 기회에 초점을 두는 자유주의적-평등주의적인 접근법에 더 잘 들어맞는다.

마르크스 자신의 관점과 좀더 가깝다고 볼 수 있는 대안적 관점(그의 『고타강령 비판』[1883]에서 가장 명시적으로 정식화되었다)도 있으며, 이 관점은 착취의 제거라는 점과 관련해서 자본주의에 비해 사회주의가 곧바로 윤리적 우월성을 갖고 있다고 보지는 않는다.[67] 그저 사회주의가 풍요의 상태를 가져오는 도구라는 점에서 자본주의보다 우월하다고 볼 뿐이다. 하지만 노동의 **양도/소외**가 인간의 여러 활동 중 순전히 수단에 불과한 활동의 수행이라고 했을 때, 풍요의 상태는 그 양도/소외를 폐지하는 데 필요한 조건이라는 점에서 중요하다. 그런데 자본주의적 생산조직은 중앙 계획도 없고 유효수요가 만성적으로 공급에 못 미치는 데다 이윤 동기로 인해 혁신의 확산이 가로막히게 되므로 생산력의 발전을 저해하게 된다는 주장이다. 마르크스는 사회주의가 이러한 장벽들을 제거할 수 있고 이에 따라 인간의 생산력 증대의 잠재력을 불러일으킴으로써 우리 경제가 금방 풍요의 상태에 도달하게 될 것이라고 믿었다. 다른 말로 하자면, 사회는 곧 "각자의 역량에 따라 일하며, 각자의 필요에 따라 분배받는다"로 정의되는 공산주의적 이상에 따라 작동하는 상태가 될 것이다. 그렇다면 각자의 필요를 충족하는 데 요구되는 노동은 아주 적은 양으로 줄어들 뿐만 아니라 노동 자체가 즐길 수 있는 활동이 되기 때문에 모두 자발적으로 자신들의 역량에 따라 노동을 수행하려 할 것이다. 따라서 사람들이 노동을 하도록 유인하기 위해 돈을 지불할 필요가 전혀 없는 상태가 될 것이다.

공산주의를 규정하는 분배적 정의는 부분적으로나마 지금 당장 실현하지 못할 이유가 없다. 사실 만약 자본주의가 생산력 발전에 있어서 사회주의보다 더 뛰어나다면(역사적 경험에 비춰볼 때도 그러하고, 비록 마르크스는 충분히 주의를 기울이지 못했지만 그럴 수밖에 없는 뿌리깊은 이유들도 있다), 이렇게 자본주의 경제의 맥락에서도 공산주의로 점차 이행해갈 수 있다. 이러한 관점에서 볼 때 무조건적 기본소득의 제안은 아주 합리적인 이야기다. 비록 우리 사회가 아직 풍요(abundance)의 상태에 도달한 것은 아니지만, 기본소득을 통해서 모든 이들의 기본적 필요를 충족시키고 신체적 장애가 있는 경우처럼 추가적으로 특별한 필요가 있을 경우 그것까지도 충족시킬 수 있다는 의미에서 볼 때는 **풍족**(affluent)*하다고 간주하는 게 합리적이기 때문이다.[68]

하지만 강제노동이 아닌 방법으로 이러한 상태를 이루기 위해서는 생산자들이 노동과 훈련에 참여할 물질적 동기부여를 충분히 가져야만 한다. 이는 곧 시장에서 발생하는 보상에 대해 부과하는 조세의 세율이 100퍼센트보다 훨씬 낮아야 한다는 것을 의미한다. 하지만 생산성이 증대함에 따라 필요한 노동량은 점점 더 줄어들게 되며, 특히 사람들이 하기 싫어하는 일에 구직자들을 끌어들이기 위해 상당히 높은 순소득으로 보상해야 할 필요도 줄어들게 될 것이다. 그 결과 각자의 기여에 따라 분배되는 사회적 생산물의 비율은 점차 줄어들게 되고, 각자의 필요에 따라 분배되는 몫은 이에 비례해 증가하게 된다. 마침내 기여에 따라 분배되는 사회적 생산물은, 필요에 따라 분배되는 몫에 덧붙여 얻는 용돈 정도로 그 비중이 줄어들 것이다.

이러한 추세로 끝까지 가게 되면 사회적 생산물 전체가 필요에 따라 분배될 수 있으며, 그러한 필요를 충족하는 데 충분한 양을 생산하기 위하여 양도/소외된 노동이 더 이상 필요하지도 않게 될 것이다. 로봇을 이용해 이러한 일 전체를 다 할 수는 없으므로 인간에 의한 생산은 여전히 필요하다. 하지만 이러한 생산에 투입되는 노동이라는 것은 이제 놀이와 구별할 수 없게 된다. 이는 그 자체로 큰 만족을 주는 활동이 되기 때문에 어떤 물질적 보상이 따르지 않는다고 해도 사람들이 수행하는 활동의 양은 항상 충분해진다.[69]

기본소득에 대한 이러한 '시장-공산주의적' 정당화 논리를 앞에서 제시했던 실질적 자유의 최소극대화 혹은 선물의 최소극대화라는 관점의 '실질적-자유지상주의적' 정당화 논리와 대조해보는 것이 유

• 풍요(abundance)와 풍족(affluence)은 거의 동의어이지만, 둘 사이에는 미묘한 뉘앙스 차이가 있다. 풍요는 객관적인 물자가 넘치는 상태를, 풍족은 주관적인 만족의 상태를 의미한다. 예를 들어 원시생활을 하던 아프리카의 부시맨 부족은 객관적으로는 물자가 부족하지만 생활 문화에 있어서 만족을 누리며 살아가는 상태에 있었으므로, 그들의 생활에 대해 '풍요로움 없는 풍족함(affluence without abundance)'이라고 묘사하기도 한다.

용하다. 둘을 대조하기 위해 먼저 무조건적 기본소득 이외에 공공지출이 없으며 단일세율의 소득세 이외에는 조세가 없는 자본주의 사회를 가정해보자(제2장에 나온 그림과 같다). 또한 세율을 올리면 사회 전체의 과세소득에 부정적인 결과가 나온다고 가정해보자. 세율이 0에서 100까지 올라가는 과정에서 지속가능한 무조건적 기본소득의 수준은 처음에는 올라가지만(과세소득이 줄어드는 속도보다 세율이 증가하는 속도가 더 큰, '정상적 범위[normal range]'다), 그 다음에는 하락할 것이다(이는 세율 증가보다 과세소득 감소가 더 빠른, '감당 불능의 범위[prohibitive range]'[*]다).

그림 5.1이 앞의 가정을 보여준다. 여기서 우리 경제가 앞에서 말한 의미에서 풍족하다고, 즉 방금 탐구한 바 있는 시장-공산주의적 접근으로 볼 때 근본적 필요들을 충족하는 것 이상으로 무조건적 기본소득을 지속할 수 있다고 가정해보자. 지속가능한 기본소득의 수준은 이 정상적 범위와 감당 불능의 범위의 경계선에서 정점에 달하며(GMax), 이는 실질적-자유지상주의 접근법이 권고하는 세율과 일치한다(1). 이와는 대조적으로, 시장-공산주의 접근법은 양도/소외를 최소화하는 데 관심을 두므로 세율을 더 올릴 것을 권고하며(2), 그 결과 기본소득의 수준은 기본적 필요를 간신히 충족시키는 데 충분한 정도로(G*) 하락 압력을 받게 된다.

시장-공산주의 접근법을 선택하면 평균 과세소득 Y와 무조건적 기본소득이 보장하는 최저소득 G 모두가 실질적-자유지상주의를 선

---

[*] '감당 불능의 범위'란 이른바 래퍼 곡선(Laffer Curve) 개념에 나오는 용어다. 래퍼 곡선은 레이건 대통령 시절 미국의 감세정책의 이론적 기반이 된 개념으로서, 세율을 올리다보면 사람들의 경제활동 동기가 위축되어 과세소득 전체의 크기 자체가 줄어들어 세수까지 감소하다가 마침내 세율이 100퍼센트가 되는 지점에서 세수 또한 0퍼센트가 된다는 내용을 담고 있다.

그림 5.1 '실질적–자유지상주의'와 '시장–공산주의' 관점에서의 기본소득의 최적 수준

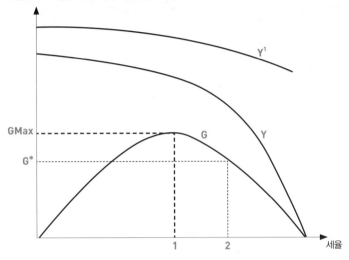

평균 소득과 평균 과세소득과 기본소득의 수준

Y^1

GMax

G^*

G

Y

1

2

세율

Y: 1인당 과세소득

Y^1: 1인당 총소득

G: 무조건적 기본소득이 보장하는 최저소득

세율 t: 0%에서 1%까지는 정상 범위, 1%에서 100%까지는 감당 불능의 범위.

실질적–자유지상주의의 최적 세율 1: 지속가능한 기본소득의 최고 수준인 GMax(굵은 점선)
와 일치한다.

시장–공산주의의 최적 세율 2: 기본적 필요를 충족하는 기본소득 수준인 G^*(가는 점선)가 허
락하는 선에서 최고의 세율이다.

택했을 때보다 낮아지게 된다. 다른 한편, 소득 불평등을 평균소득에
대한 최저소득의 비율로 측정해본다면 이 또한 필연적으로 더 낮아지
게 된다. 그리고 '필요에 따라 분배되는 양'에 대한 '기여에 따라 분배
되는 양'의 비율 또한 더 낮아지게 된다. 마찬가지로 순소득, 즉 1인당

소득과 기본소득의 차액의 수준도 더 낮아지게 된다.

그런데 이렇게 단언하기 전에 주의해야 할 점이 있다. 만약 개방 경제라면 세율이 올라감에 따라 많은 사람들이 양도/소외된 노동을 하더라도 더 많은 소득을 올리기 위해 외국으로 빠져나가는 결과를 낳을 수 있다. 폐쇄 경제라고 해도 세율이 높다면 많은 이들은 차라리 비공식 영역에서 양도/소외된 노동을 수행하거나 자신의 소득 일부를 무과세 특전의 형태로 벌어들이고자 하는 유인을 갖게 될 것이다.[70] 이 경우 총소득의 상당 부분은 조세를 회피하게 될 것이며, 세율이 올라감에 따라 이 조세 회피의 양도 계속 늘어날 것이다. 따라서 그림 5.1에서는 1인당 총소득인 Y¹이 1인당 평균 과세소득인 Y를 초과하게 될 것이며, 세율이 올라간다고 해도 Y보다 천천히 감소하게 될 것이다. 하지만 이러한 복잡한 사항들은 일단 놔두고, 우리가 그린 그림의 더 단순한 버전(Y¹이 Y와 일치)으로도 세율이 평등과 양도/소외 모두에 가져올 충격을 충분히 나타낸다고 가정해보자.

그렇다면 시장-공산주의적 선택을 실질적-자유지상주의적 선택에 비교하여 더 우월한 것으로 정당화하는 일이 어떻게 가능할까? 두 가지 주된 가능성이 있다. 하나는 평등주의에 근거를 두는 것이다. 시장-공산주의적 선택은 더 많은 평등을 가져온다. 이 평등은 단순하게 평균소득에 대한 최저소득의 백분율로 측정하며, 그림 5.1에서는 1인당 평균 과세소득 Y에 대한 무조건적 기본소득이 보장하는 최저소득 G의 비율로 나타난다. 이처럼 평등주의를 선호하는 입장은 설령 모든 이들의 소득이 낮아지는 대가를 치른다고 해도 평등의 증대 자체에 본질적인 규범적 중요성을 부여하는 데 근거를 두고 있다. 하지만 이는 또한 도구적 차원의 고려에도 뿌리를 두었을 수 있다. 예를 들어 기본소득을 높이기 위해 경제적 지속가능성을 확보하려고 불평등이 계속되도록 방치하면, 정치 체제가 경제적 불평등과 떼려야 뗄 수 없는 관계에 있기 때문에 결국 정치적 안정도 위태로워질 가능성이 있다. 또는 소득의 절대적 수준과 상관없이 소득이 불평등하다는 것 자체가 소득 수준으로 완전히 포착할 수 없는 실질적 자유의 차원—예를 들어 가장 가난한 이들의 건강 보건 문제 등—에 부정적 결과를 가져올 것이라고 예상할 수도 있다.[71]

다른 하나는 '성장축소(de-growth)'라고 부를 수 있는 정당화의 논리에 근거를 두는 것이다. 이는 시장-공산주의의 선택이 양도/소외의 감소로 이루어질 것이라고 본다. 그 감소량은 사람들에게 생산에 기여하도록 이끄는 데 필요한 평균 임금 수준의 근사치라고 볼 수 있으며, 이는 그림 5.1에서 1인당 소득과 기본소득의 절대적 액수 차이로 나타난다. 이러한 정당화의 논리가 성립하려면 양도/소외된 활동에서 벗어날 수 있는 실질적 자유를 극대화하는 것이 아니라 그러한 활동들의 양을 최소화하는 것이 중요한 것이라고 전제해야만 한다. 좋은 삶에 필수적인 것은 일이 아니라 여가라고 (즉 바쁘게 돌아가는 영리활동과 소비가 아니라 다람쥐 쳇바퀴 같은 일상에서 벗어나 단순한 생활방식을 선택하는 것이라고) 주장하는, 따라서 양도/소외된 활동은 모든 이들의 필요를 충족하는 선에서 가급적이면 하지 않도록 해야 한다고 주장하는 완벽주의(perfectionist) 혹은 비자유주의적 관점에서라면 이러한 주장이 쉽게 도출될 수 있을 것이다. 하지만 이는 도구적 차원의 고려에서도 영감을 얻을 수 있다. 오늘날 (양도/소외된) 생산의 규모가 늘어나면 결국 시간이 지나면서 생산의 지속가능성이 약화될 것이라든가, 또는 생산의 증가가 환경에 끼치는 충격이 소득 수준으로는 충분히 포착되지 않는 방식으로 실질적 자유에 악영향을 줄 것이라는 결론에 이르는 것이다.

내재적 혹은 완벽주의적 버전의 이 두 가지 정당화 논리는 모두 좋은 삶의 다양성을 존중하는 일을 가치로 삼는 자유주의 사회에서는 지지하기 힘든 것들이다. 하지만 그 도구적 버전의 주장들에서는 실질적-자유지상주의적 접근법과 근본적인 차이가 있는 것이 아니므로, 후자의 단순함을 극복하여 더 세련되게 만들자는 주장으로 해석할 수 있다. 게다가 절대적 혹은 상대적으로 기본소득이 지속가능한 최고의 수준에 있는지 여부와 무관하게, 이는 자본주의 사회 내에 살아 숨 쉬는 공산주의적 해방구의 공간을 존속시키고 발전시키는 데 도움이 된다. 즉, 자신들의 생산물을 각자의 기여가 아니라 필요에 따라서 분배하기로 결정한 (이스라엘의 키부츠 공동체의 본래 모델과 같이) 소규모의 자발적 공동체들뿐만 아니라, (위키피디아 모델처럼) 전 세계에 흩어져 있는 수천 명의 협동가들이 집단적으로 생산물을 내놓아 누구든 유용하게 쓸 수 있도록 무료로 풀어놓는 것들이 그 예다. 따라서 풍족한 사회에서는 기본소득이 물질적 생산의 양을 최소한으로 줄이고, 인간 노동을 '탈상품화'하며, 시장으로든 국가로든 환원되지 않는 '자율적' 영역을 살찌우는 데 체계적으로 기여한다고 주장할 수 있다. 하지만 이런 결과를 내는 것 자체를 우리의 노력을 기울여야 할 목적으로 삼을 필요는 없다. 이것들은 그저 만인을 위한 실질적 자유로서의 정의를 추구하는 가운데 부산물로 생겨날 것들이기 때문이다.

기본소득과 행복

지금까지 무조건적 기본소득을 설득력 있는 정의의 개념에 기초하여 어떻게 정당화할 수 있는지를 광범위하게 논의했다. 하지만 이러한 논의 끝에 다음과 같은 의문이 들 수 있다. 과연 이런 수고를 할 필요가 있을까? 우리 사회를 더 행복하게 만들려면, 아니 상상할 수 있는 가장 행복한 사회로 만들고자 한다면 기본소득이 필요하다고 주장하면 간단히 끝나는 일이 아닐까?

행복을 사람들의 선호가 충족되는 정도로 이해한다면, 행복에 초점을 두는 것이야말로 대부분의 20세기 경제학자들이 처방으로 내놓은 주장들이 당연시하고 있는 모종의 공리주의적 관념을 그대로 받아들이는 셈이 된다.[72] 이러한 접근법의 장점을 평가하려면, 후생 경제학을 창시한 저서의 마지막 장이 가장 좋은 논의의 출발점이 될 것이다. 피구(A. C. Pigou)는 '실질소득의 국가적 최소 기준(A National Minimum Standard of Real Income)'이라는 제하의 글에서 최저소득 제도의 도입을 다음과 같이 정당화하고 있다. "경제적 후생은 최저소득의 기준을, 가난한 이들에게 이전해준 마지막 1파운드의 양도에서 생겨나는 직접적 선(善)이 [국민 소득의] 감소로 생겨나는 간접적 해악과 정확히 균형을 맞추는 수준까지 끌어올릴 때 최고로 증진된다."[73]

이러한 주장 저변에 깔린 생각은, 소득 수준과 함께 한계 효용도 감소한다는 것이다. 즉 어떤 사람의 소득이 높을수록 그의 선호 만족도는 본인의 소득이 1단위 더 늘었느냐 더 줄었느냐에 영향을 덜 받게 된다는 것이다. 여기서 후생(행복, 효용, 선호 만족) 총량의 극대화 개념이 고소득자들에 대한 과세를 통해 거두어들인 것을 소득이 낮은(혹은 전혀 없는) 이들에게 이전하는 행위를 정당화해줄 것이라는 논리가 도출된다. 다른 말로 하면, 최대로 행복한 사회는 모종의 최저소득 제도를 필요로 한다는 것이다.

하지만 이러한 최저소득 제도가 반드시 무조건적 기본소득의 형태를 띠어야 한다는 명제까지 이끌어내는 것은 아니다. 제1장에서의 논의로 돌아가보면 다음과 같이 정리할 수 있다. 첫째, 무리지어 살아가는 데서 오는 규모의 경제라는 논리로 따져볼 때 배우자 등과 함께 살아가는 사람들의 생활 수준이 혼자 사는 사람들보다 높다는 것을 관찰할 수 있고, 이는 가계 상황과 무관하게 엄격히 개인 차원으로 최저소득을 지급하는 것에 반대하는 근거가 된다.

둘째, 일반적인 공리주의의 주장은 반드시 보편성으로 이어지지 않는다. 피구 자신도 보편적인 소득 이전이 이루어지면 노동 공급이 "너무나 강력하게 반응하여 배당금 자체가 심각하게 손상을 입을 것"이라고 언급한 바 있다.[74] 그 이후에 공리주의의 최적 조세 이론이 발전하면서, 재산 조사 혹은 최소한 최저소득 구간에서 감당 못 할 정도의 한계 세율, 즉 환수율(rates of clawback)을 동정적으로 정당화하기에 이른다. 이런 것들이 비록 동기부여의 위축을 의미하고는 있지만, 이것은 오직 소수의 생산성이 낮은 부분에만 해당되며, 대신 정부가 그 덕분에 최저소득을 위해 거두어들일 수 있는 수입은 아주 큰 양이라는 것이다.[75]

셋째, 일반적인 공리주의의 논리는 최저 수당에 아무 의무도 부과되지 않아야 한다는 내용을 담고 있지 않다. 사실, 선택권이 주어진다면 일하지 않기로 결정한 사람들은 의무로부터의 자유 덕분에 그들의 선호 만족도(preference satisfaction)를 증가시킬 것으로 기대된다. 그러나 그러한 사람들이 그들 자신의 장기적 이익을 간과할 가능성은 차치하고라도, 계속해서 일할 사람들의 복지에 미치는 영향을 고려하는 것은 매우 중요하다.

그 고려사항들은 다음과 같다. 첫째, 일정한 수준의 최저소득을 마련하기 위해서는 일할 의사가 있는 이들만 이전소득의 수급권을 갖게 될 경우에 비해 노동자들이 더 많은 세금을 내야 할 것이다. 둘째, (앞에서 인용했던 존 엘스터의 말대로) "노동 능력이 있는 자들이 다른 이들의 노동에 기생하여 살아가는 것은 불공정"하다는 것이 '널리 받아들여지는 정의'의 관념이라면, 일을 하는 이들은 어느 정도 분개심을 품게 될 것이다. 물론 이러한 고려사항들을 하나씩 떼어놓고 보면 아무것도 아닌 것으로 끝날 수도 있다. 이를테면 구직활동을 하고 있는지를 조사하도록 강제하는 데 들어가는 경제적 비용이 거기에서 오는 편익을 훨씬 뛰어넘을 수 있으며, 아무 의무도 부과되지 않는 기본소득이라는 것도 만약 공통의 상속물들을 나누는 것이라는 틀에서 보자면 모두 공정한 것이라고 여길 수도 있다.

하지만 이런 생각들이 당연한 것으로 받아들여지고 있는 것은 아니다. 따라서 최저소득을 제공해야 한다는 주장이 공리주의로부터 강력한 논리적 지지를 얻을 수는 있지만, 이는 어디까지나 일반적인 차원에서의 논리적 지지일 뿐, 개인에게 지급되는 보편적이고 아무 의무도 부과되지 않는 기본소득만을 지목하여 그것이 공리주의의 가장 유망한 대안이라고 내세우는 것은 무리한 해석이다.

기본소득이 행복에 기여하는 것을 들어 정당화를 시도하는 두 번째 방법은 후생 경제학에 의존했던 첫 번째 방법과는 사뭇 다르다. 이는 기본소득이 경제성장에 기여한다는 점에 호소한다. 어떤 개인의 소득의 한계 효용은 그 사람의 소득이 증가하면서 감소할 수 있지만, 그것이 0보다 크기만 해도 행복의 궁극적 기준이 될 수 있다고 보는 이들로서는 소득의 증가를 긍정적인 것으로 간주해야 옳다. 기본소득을 옹호하는 주장 또한 긴 역사를 가지고 있다. 데니스 밀너의 1920년 저작 『국민 상여금을 통한 국민 생산의 제고(Higher Production by a Bonus on National Output)』에서부터 조프리 크로커(Geoffrey Crocker)의 2014년 저작 『기본소득의 경제적 필연성(Economic Necessity of Basic Income)』에 이르기까지, 기본소득이 경제성장에 긍정적인 영향을 미칠 것이라는 추정에 근거하여 기본소득의 실현을 호소하는 논리는 얼마든지 있었다. 하지만 그러한 호소에 사용된 논리의 대부분은 케인스주의의 변종이었다. 암묵적으로 그럴 때도 있었지만, 어떤 경우에는 노골적으로 그를 내세웠다.[76]

하지만 이러한 호소는 다양한 형태의 재분배 가운데서 어째서 굳이 기본소득을 채택해야 하는지를 설명하지는 못한다. 물론 기본소득은 경기순환의 반대 방향으로 작동하여 그 충격을 완화시킬 것이다. 가령 경기 하락 때처럼 실업을 흡수하기 위해서 경제성장이 가장 절실한 시점에서는 유효수요를 늘려 성장을 부양할 것이다. 하지만 여러 다양한 형태의 조건부 최저소득 제도에 대해서도 똑같이 말할 수 있으며, 이는 사실상 사회적 소득 이전 일반에 대해서도 마찬가지다. 따라서 이런 맥락에서 기본소득이 더 우월하다고 주장하기는 어려울 듯하다. 사실 앞에서 이미 말했듯이 기본소득은 아무 의무도 부과되지 않으므로, 풍족한 사회에 살면서 세대 간의 정의(공평성)나 다른 여러 이유로 정체 상태(stationary state), 심지어 '성장 축소'를 옹호하는 이들에게나 매력적인 것이다.[77]

그럼에도 불구하고 제1장에서 설명한 바와 같이 이렇게 아무 의무도 부과되지 않는다는 특징이 보편성의 특징과 결합되면 인적 자본의 개발을 촉진할 수 있으며, 이에 따라 생산성도 올릴 수 있다. 하지만 의무로부터의 자유는 생산성 증가를 생산 및 소비의 증대로 전환하는 게 아니라 여가를 더 많이 늘리고 노동의 질을 향상시키는 것으로 전환하는 것이다. 따라서 경제성장을 극대화함으로써 행복을 극대화하고자 하는 이들에게는 논리적으로 볼 때 기본소득이 다른 대안들보다 매력이 떨어질 수밖에 없다.

기본소득이 행복 증대에 기여한다는 논리를 변호하고자 하는 이들에게 반가운 소식은, 기본소득이 경제성장의 최선책이 못 된다는 사실이 별 문제가 안 된다는 점이다. 소득과 행복의 상관 계수는 동일한 사회의 개인들 사이에서는 강한 긍정적 관계가 있다. 물론 그 정도가 약한 여러 사회를 비교해보아도 그렇기는 하다. 하지만 리처드 이스털린(Richard Easterlin)은 1974년의 연구에서 흥미로운 사실을 발견해 관심을 끌어냈다. 바로 놀랄 만한 실질소득 성장을 경험한 풍족한 사회들에서 그러한 소득 증대가 곧바로 개인들의 선호 만족도를 더 크게 늘려주는 것은 아니라는 사실이다.[78]

이를 설명하는 데 도움이 될 만한 메커니즘이 최소한 세 가지가 있다. 첫째, 소득 증대에서 나오는 만족의 원천은 부분적으로는 이른바 **위치재**(positional goods)의 소유나 소비에서 오는 것이다. 위치재란 그것을 소유한 이들이 행복해지는 원인이 그것에 접근하지 못하는 이들과 자신이 구별된다는 사실에 부분적 혹은 전적으로 기인하는 재화다. 둘째, 어떤 재화의 획득과 사용은 **역효과**(counterproductive)를 낼 수 있다. 이런 재화들은 일단 많은 이들이 획득하여 사용하게 되면 아무도 획득하지 못한 상황에 비해서 그 사용자가 느끼는 행복이 현저하게 줄어들기 때문이다. 모든 사람들이 자동차를 구입하여 교통 체증이 벌어지는 상황이 전형적인 예다. 셋째, 가장 일반적인 것으로 개인들의 선호란 한번 결정되면 그것으로 끝나는 것이 아니라 **상황에 적응하여**(adaptive) 변해간다. 특히 사람들의 열망 수준은 그 본래의 선호가 만족됨에 따라 계속 상향 조정된다. 그렇기 때문에, 경제성장이 우리 사회를 더 행복하게 해줄 것이라는 믿음은 환상이며 기본소득이 경제성장에 적합하지 않다는 것이 사실이라고 해도, 우리 사회를 더 행복하게 만드는 것을 목표로 삼은 이들에게는 이것이 기본소득을 반대하는 논리가 될 수 없다.

이번 장의 철학적 논의를 마치면서 우리가 기본소득을 주장하는 이들에게 하고 싶은 조언은, 기본소득이 행복에 영향을 미친다는 주장에 너무 많은 관심을 두지 말라는 것이다. 그러한 영향에 대한 믿음이라는 게 대단히 사변적인 추측에 근거할 수밖에 없기 때문이기도 하지만, 사실은 좀더 근본적인 문제가 있다. 행복의 증대라는 것이 우리 사회의 목표로서 성립할 수 없기 때문이다. 앞에서 말한 이스털린의 역설을 일반화해본다면 이를 확신하게 될 것이다. 에밀 뒤르켐 (Emile Durkheim)이 『사회의 노동분업(Division of Labor in Society)』(국내에서는 『사회분업론』으로 역간됨)에서 지적했듯이, 의무에 의해 유발되는 자살을 제외한다면, 자살률은 '문명'이 발전한 정도와 유의미한 플러스의 상관관계에 있다는 점을 지적한다. 이 '문명'이라는 규정에는 단순히 실질소득의 수준만이 아니라 모든 시민의 평등한 권리를 신장한다는 의미도 포함된다.

뒤르켐은 이렇게 말한다. "진정한 의미의 자살, 즉 슬픈 사건으로서의 자살은 문명화된 민족들 사이에 퍼져 있는 일종의 풍토병이라고 할 수 있다. 이는 심지어 문명과 마찬가지로 지리적으로도 분포되어 있다."[79] 어떤 사회가 점점 더 문명화될수록 그 구성원 가운데 더 많은 수가 자신의 삶에 스스로 종지부를 찍을 만큼 비참함을 느끼게 된다는 이야기다.

자살률이 사회의 전반적 불행의 수준을 잘 나타내는 지표이며, 뒤르켐의 역설이 경험적으로 확립된 사실이라고 가정해보자. 그렇다면 우리는 사회를 더욱 '문명화'시키는 노력을 포기해야 하는가? 특히 더욱 정의롭게 만드는 노력까지도 포기해야 하는가? 뒤르켐은 그렇게 생각하지 않았다. 대신 그는 "그런 식의 공리주의적 비교를 단호하게 그만둘 것"을 선택하였고, "문명의 여러 다양한 시대에서 인간

행복이 늘었는지 줄었는지에 대한 모호한 형이상학적 논쟁 따위는 쓸데없는 것으로 무시하라"는 오귀스트 콩트의 조언을 지지했다.[80]

우리는 이 견해에 전적으로 동의한다. 앞에서 이스털린의 역설과 관련하여 개개인들의 선호라는 것이 상황 변화의 적응에 따라 달라진다는 사실을 언급했다. 이것이 시사하듯이, 선호 만족도로 표현되는 행복의 총량을 증가시킨다는 것은 장기적인 목표로서 결코 성립할 수 없다. 개인들의 선호는 계속해서 바뀌기 때문이다. 특히 사람들의 열망 수준은 그 이전에 달성된 것에 강하게 영향을 받게 되어 있다.

우리 사회를 더 나은 사회로 만들려고 노력하는 것, 무엇보다 우선적으로 더 정의로운 사회를 만들려고 노력하는 것이 비합리적이라고 말할 수는 없다. 오히려 그 반대로, 이 장에서 시도했듯이 일관되고 설득력 있는 정의의 개념을 또렷하게 제시하는 것은 반드시 필요하다. 그리고 이 책에서 우리가 하려는 바와 같이, 우리 사회를 더욱 정의롭게 만들기 위한 제안들을 논의하는 것 역시 똑같이 중요하다. 이러한 제안들이 없다면 우리에게도, 미래의 여러 세대들에게도 희망이 있을 수 없다. 희망이 존재하기 위해서는 제출된 제안들이 바람직할 뿐만 아니라 실현가능한 것이어야만 한다. 다음 장에서 무조건적 기본소득의 경제적·정치적 실현가능성의 문제에 대해 살펴보자.

후주

1 Elster(1986: 719).

2 이 측면을 강조한 것은 사회학자 알랭 카이에(Alain Caillé[1987; 1994; 1996])와 '모스 학
   파(Mouvement Anti-Utilitariste dans les Sciences Sociales, MAUSS)'다. 이들은 노동과 구직
   활동 여부를 조사하여 주는 수당이라는 것이, 받은 것에 대해 답례하고자 하는 수급자
   의 자발적인 상호성의 동기를 죽여버린다고 보고 이를 아무 의무도 부과되지 않는 소득
   을 주는 것으로 대체하자고 호소했다.

3 이 인용구들은 각각 제1조, 제3조, 제5조에서 가져온 것들이다.

4 이러한 입장은 비록 순화된 형태이기는 하지만 심지어 무조건적 기본소득을 일반적으
   로 지지하는 저작을 펴낸 이들의 글에서도 표출되곤 한다. 예를 들어 Russell(1932/1976:
   22-23)은 "하루 4시간의 노동만 한다면 모든 이들에게 생필품과 안락한 삶에 필요한
   기초적인 것들의 수급권을 주어야 하며, 나머지 시간은 자기가 하고 싶은 대로 쓸 수 있
   어야 한다"고 말하고 있으며, Cole(1935: 264)은 "사회 배당금의 수급 자격을 얻기 위해
   서는 노동 능력이 있는 시민들은 사회의 공동 유산에서 자기 몫을 주장하는 것을 충분
   히 정당화할 수 있을 만큼의 기준에 맞추어 일할 준비가 되어 있어야 한다"고 말한다.

5 고르가 사회 서비스와 기본소득을 쌍으로 묶어 옹호한 주장은 Gorz(1980; 1983;
   1985; 1988)를, 나중에 무조건적 기본소득을 옹호한 주장은 Gorz(1997)를 보라. 고르
   가 아무 의무도 부과되지 않는 기본소득으로 입장을 전환하게 된 것에 대해서는 Van
   Parijs(2009)를 보라.

6 Gorz(1984: 16).

7 기본소득과 상호성 사이의 관계에 관한 더 많은 논의는 다음을 보라. White(1996; 1997;
   2003a; 2003b), Van Parijs(1997), Widerquist(1999), van Donselaar(2009; 2015). 무임
   승차에 대한 비난을 수반하게 된다는 의미에서의 상호성의 개념은 존 롤스가 모든 받
   아들일 만한 정의의 원리를 충족시켜야만 한다고 했던, 훨씬 더 폭넓은 '상호성 기준
   (criterion of reciprocity)'과는 다르다(Rawls[1999: 14]). 이 기준은 협동의 조건은 모두가
   자유롭고 평등한 개인들로서 받아들일 수 있는 합리적인 것이어야지 압력을 받거나 조

종에 의해서 받아들여져서는 안 된다는 것이다. 다음 절에서 우리는 만인을 위한 실질적 자유(real freedom for all)로서의 정의의 개념을 제시할 것이다. 이러한 개념 또한 이 폭넓은 기준을 만족시키고자 하지만, 이 절에서는 논지의 전개를 위해 채택한 상호성으로서의 정의의 개념에 대해서는 논박할 것이다.

8 비베스의 경우에도 문제가 되지 않는다. 그는 로마 황제 유스티니아누스가 "누구도 게으르게 살도록 허용하지 않는" 법을 내걸었다는 점을 상찬하고 있으니 말이다 (Vives[1526/2010: 81]). 이와 비슷한 내용을 선언적으로 헌법에 담고 있는 나라들도 있지만, 그렇다고 해서 이중 잣대를 막기에 충분한 것은 아니다. 한 예로 일본 헌법의 제27조는 "모든 국민은 노동의 권리와 노동의 의무를 가진다"고 단언하고 있다(Yamamori and Vanderborght[2014: 4-5]). 이보다 더욱 현실을 호도하는 문장은 이탈리아 헌법 제1조로서, 이탈리아는 '노동에 기초한 민주공화국'이라고 선포하고 있다.

9 Russell(1932/1976: 17).

10 Galbraith(1999b).

11 이러한 논지의 갤브레이스의 인용문은 제4장에 더 담아놓았다. 덧붙이자면, 가난한 이들이 일을 할 의무가 있다는 주장은 이들이 일자리를 얻을 수 있는 진정한 가능성이 있을 때만 성립할 수 있다. 보편적 소득이나 우리가 제2장에서 논의했던 여러 관련된 제도들이 도움은 되겠지만, 진정한 일할 권리를 제공할 수 있는 것은 정부가 최종 고용자로서 나서는 방안뿐이며, 이는 제2장에서 논의한 바와 같이 결정적인 반론에 직면하게 된다.

12 암스테르담 캘빈주의대학의 교수인 얀 퀴페르는 자신이 주장하는 무조건적 기본소득을 "재생산 영역에서의 기여와 마찬가지로 생산 영역에서의 기여에 대해서도 똑같은 선택의 자유를 주자"라는 것으로 설명한다(Kuiper[1977: 511]). 그는 자신이 내놓은 기본소득 제안(Kuiper[1982: 279])에 대한 여러 반응을 돌이켜보면서 이렇게 말한다. "많은 비판이 감정적 성격을 띠고 있었다는 점은 실로 충격적이다. (…) 그들이 보여준 맹렬한 저항감은 예전에 성(sexuality)과 출산을 분리시키는 것에 대해 공격했던 이들이 보여준 저항감을 상기시킬 정도다."

13 이러한 추세에 영향을 받지 않는, 직업윤리와 성윤리 사이의 또 다른 비유가 있다. 근친상간의 금기에 대한 고전적인 해석 하나(Lévi-Strauss[1967: chapter IV])는, 이로 인해 개개인들이 친족의 테두리라는 작은 집단을 벗어나서 그보다 넓은 사회 전체의 응집을 강화하도록 강제한다는 것이다. 일자리를 찾아야 한다는 의무 또한 그와 비슷한 기능을 수행하는 것이라고 말할 수 있다.

14 노동의 의무를 폐기하는 것은 실업자들에게 사회가 그들의 노동을 필요로 하지 않는다는 신호를 보내는 것이라고 주장하는 이들도 있다. 이는 맞는 말이다. 하지만 실업자들

에게 정말로 그들 모두 각자의 기여가 반드시 필요하다는 거짓말을 믿게 만드는 게 가능할까? 사회를 조직함에 있어서 모든 성원이 가급적 자신들이 즐기고 또 잘하는 유용한 여러 활동을 할 수 있도록 기회를 주는 것은 중요한 일이며, 우리는 바로 기본소득이야말로 그러한 목표 달성을 돕는 한 방법이라고 주장하였다(제1장). 하지만 모든 성원이 유용한 활동에 기여하도록 촉진한다는 것에서 갑자기 모든 이의 기여가 필수불가결하다는 억지 주장으로 옮겨가는 논리적인 비약을 저지를 이유는 없다.

15 이러한 비유는 한계가 있다. 비생산자들은 오늘날 생산자들의 활동에서 혜택을 보며 또 그 과정에서 생산자들은 희생을 치른다. 비생산자의 존재로 인해 생산자가 전유할 수 있는 잉여의 양이 줄어들기 때문이다. 아이를 낳지 않는 비재생산자들도 마찬가지로 출산과 교육 같은 재생산자들의 활동에서 혜택을 본다(그들이 받는 연금이 지속가능해지고, 그들의 문명이 존속하며, 그들의 공원은 아이들의 웃음소리로 더 활기를 띤다). 하지만 이것이 비생산자들과 생산자들의 관계에서처럼 반드시 생산자들의 희생을 수반하는 것은 아니다. 이러한 비대칭성은 기생(parasitism)과 적나라한 무임승차의 대조로 포착되기도 한다(Gauthier[1986], van Donselaar[2009]). 이 절에서 우리가 내놓는 여러 논지들은 기생 행위(무임승차보다 더 나쁜 것으로 여겨진다)에 대한 비난과도 관련되는 것으로, 비난에 대한 기본적인 대답은 이렇다. 기생충이라고 여겨지는 이들은 희생자라고 여겨지는 이들에게 반드시 해를 가하는 것은 아니며, 동일한 상속 재산에서 자신들의 정당한 몫을 가져가는 것뿐이다. 그리고 그들이 가져가는 몫은 그 '희생자들'이 전유하는 몫보다 체계적으로 더 적은 몫이다.

16 1970년대에 '가사노동 임금을 위한 국제 운동(International Wages for Housework)'이 처음으로 공표한 이 제안(Dalla Costa and James[1975])에 대한 철학적인 옹호론은 Krebs(2000)을 보라.

17 Michel Bauwens and Rogier De Langhe(2015)는 이러한 주장의 한 변형된 형태라고 볼 수 있는 주장을 내놓는다. "기본소득이 설령 무조건적인 것이라고 해도 '공짜로 주는 돈'이 아니라 공유재산(commons)에 참여한 데 대한 총액으로 지불되는 보상인 것이다." 따라서 "기본소득에 대한 호소는 대안적인 사회보장을 호소하는 것이 아니라, 시민사회에 자금을 공급하는 대안적인 방법을 호소하는 것이다." 이는 "우리 자신에 대한 신뢰의 쇄신"을 반영하는 것이며, "우리 자신을 조직하기 위해 가지게 된 새로운 수단"을 반영하는 것이라고 한다.

18 분배적 정의의 개념에 호소하여 기본소득을 정당화하는 논리는 기본소득을 하나의 인권으로 주장하는 것과는 다르다. 기본소득이 인권이라는 주장은 소득에 대한 무조건적 권리를 무조건적 소득에 대한 권리와 혼동하고 있다. 누군가가 인권에 대한 윤리적 이

론이나 국제공법(international public law)을 근거로, 이를테면 인간의 기본적 필요를 충족하기에 충분하고 빈곤에서 빠져나오기에 충분한 혹은 존엄한 삶을 살기에 충분한 소득에 대한 인권 같은 것이 존재한다고 주장한다고 하자. 그런데 모든 가구에 이렇게 충분한 소득이 보장되어야 한다는 주장으로부터, 모든 개인에게 재산 조사나 노동의 요건 없이 획일적인 액수의 현금을 지급해야 한다는 주장이 필연적으로 도출되는 것은 아니다. 인권의 개념을 수사학적으로 활용하는 것은 정치적으로 효과적일 때가 많으므로 무시하거나 회피해서는 안 될 일이다. 하지만 이것으로 진지한 철학적 정당화 논리를 대체할 수는 없다.

19 이러한 개념과 그것이 기본소득의 정당화에 대해 갖는 의미는 Van Parijs(1995)에서 자세히 논의되고 있으며, 이를 비판적으로 상세히 검토하는 논의는 다음에서 볼 수 있다. Krebs ed.(2000), Reeve and Williams eds.(2003), van Donselaar(2009), Birnbaum(2012).

20 Daniels(1985) 또는 Dworkin(2000: ch. 8)의 생각에 따르면, 이러한 무지의 베일(이 장의 '로널드 드워킨 vs. 해변의 부랑자들' 절에서 논의됨)에 가려진 상태에서 이루어지는 선택은 무조건적 현금 기본소득의 극대화에 대한 사전적 제약으로 작동하는 "길들지 않은 다양성(undominated diversity)"의 기준에 비해(van Parijs[1995]에 제시되고 정의되어 있다) 장애인들과 관련된 여러 불평등을 다루는 데 더 나은 방법을 제공한다. 하지만 거기에서 생겨나는 정책적 함의는 비슷하며, 무조건적 기본소득으로 모두를 빈곤에서 끌어낼 수 없는 조건에서라면, 엄격히 개인적이거나 보편적이거나 아무 의무도 부과되지 않는 등의 특성 없이 특정 집단에만 소득 이전을 행하는 것도 마찬가지의 결과를 낳는다. ("부유함의 조건[opulence condition]"의 논의에 대해서는 다음을 보라[Van Parijs 1995: 86-87].)

21 Bellamy(1888/1983: 82-83).

22 Cole(1944: 144).

23 Simon(2001: 35-36).

24 "미국의 경우 70퍼센트의 단일 세율로도 정부가 운영하는 모든 프로그램들의 비용을 다 충당할 뿐만 아니라(여기에 총세수의 약 절반 정도가 들어갈 것이다), 그 나머지로 주민 1인당 연간 8000달러, 또는 3인 가족에게 2만5000달러 정도의 세습 재산을 지불할 수 있을 것이다"(Simon[2001: 36]). 기본소득유럽네트워크에 보낸 편지에서 사이먼은 그의 일반적 주장에 다음과 같은 언급을 덧붙인다(Simon[1998: 8]). "물론 저는 지금의 미국에서 70퍼센트의 세율이라는 게 정치적으로 가능하리라고 믿을 만큼 순진하지는 않습니다. 하지만 미래를 본다면, 자기들이 '벌었다고' 생각하는 모든 부를 몽땅 자기 것으로 보유할 든든한 도덕적 권리가 있다고 주장하는 자들에게 응답할 말을 찾는 일은 지금

바로 시작해야 한다고 생각합니다."

25 기본소득을 이렇게 넓은 의미에서의 공동 상속물을 분배하는 것으로 생각한 이들은 벨러미, 콜, 사이먼 이외에도 Marie-Louise Duboin(1988), Gar Alperovitz(1994), Ronald Dore(2001) 등이다. 이 모든 경우에서 '우리'가 집단적으로 물려받은 것을 어떤 규모로 분배할 것인지를 선택하는 문제는 당연히 결정적인 중요성을 가지고 있다. 우리는 당분간 이 문제를 제쳐두었다가 마지막 장에서 정면으로 다루고자 한다.

26 여기에서 우리가 옹호하고 있는 관점은, 사망한 이들이 남긴 것 혹은 그들 자신도 상속받아 가지고 있다가 남긴 것들의 일부라도 모두에게 동등하게 분배해야 한다는 François Huet(1853: 263–75), Eugenio Rignano(1919), Robert Nozick(1989: 30–33) 등의 주장을 급진적으로 확장시킨 것이다. 동시에 우리 모두가 지대에 대해서 똑같은 몫으로 나누어 받을 권리가 있다는 페인, 스펜스, 샤를리에 등의 주장도 급진적으로 확장한 것이다(제4장을 보라).

27 이러한 관점은 흔히 칼 마르크스로부터 도출되는 윤리적 입장과 날카로운 대조를 보인다. 엥겔스에 따르면, 마르크스가 유토피아 사회주의자들과 구별되는 것은 바로 "자본주의적 생산의 미스터리를 폭로"한 점에 있다고 한다(Engels[1880/2008: chapter 3]). 마르크스가 보여준 것은 "미불 노동(unpaid labor)을 전유해가는 것이 자본주의적 생산양식의 기초이며, 그 아래에서 벌어지는 노동자 착취의 기초라는 사실이다. 즉 자본가가 자기 노동자들의 노동력을 시장에 나온 상품으로 제값을 쳐주고 구매한다고 해도, 그는 자기가 지불한 것 이상의 가치를 그 노동자로부터 뽑아낸다는 것이다." 우리의 관점에서 보자면, 시장의 작동을 통해 여러 생산요소에 대한 보상이 결정되는 과정의 배후에 숨어 있는 중요한 현실은, 노동자가 창출한 가치를 자본가가 전유한다는 것이 아니라 노동자와 자본가 모두가 과거에서 물려받은 가치를 전유한다는 것이다. 물론 두 집단 사이에서도 또 각각의 집단 내부에서도 그 전유의 정도는 대단히 불평등하지만 말이다.

28 Van Parijs(1991; 1995: chapter 4)는 Akerlof(1982), Shapiro and Stiglitz(1984) 등등에서 발전된 이른바 효율성 임금 이론(efficiency wage theory)을 출발점으로 삼아 우리 경제의 본성이 선물을 분배하는 것에 있음을 설명한다. 만약 고용주가 주지 않아도 될 만큼 높은 임금을 노동자에게 주게 될 경우, 즉 노동자들의 의중임금보다 훨씬 높은 임금을 주게 될 경우에 노동자들은 감사한 마음(Akerlof) 혹은 두려움(Shapiro and Stiglitz)에 가득 차게 되며 이에 그들의 생산성은 크게 오르게 된다는 것이다. 그렇다면 이윤을 극대화하는 (따라서 균형 상태에서 지배적인 것이 되리라고 기대되는) 임금 수준이란 시장을 청산하는 임금 수준, 즉 노동 공급이 노동 수요를 초과하지 않도록 충분히 낮은 임금 수준보다 체계적으로 높아지게 되어 있다. 다른 말로 하자면, 임금 수준이 오른다고 해서 노동

생산성이 변하지 않는다고 보는 표준적인 '발라식(Walrasian)' 모델들의 예측과는 달리, 균형 상태에서도 비자발적 실업은 계속 존재할 것이라고 예상할 수 있다는 것이다. 심지어 완전한 정보 개방, 비용이 들지 않는 진입과 퇴출, 임금 규제 법률이나 단체 협상의 부재 같은 가장 완벽한 경쟁 상태를 가정한다고 해도, 인격적 자산과 비인격적 자산 모두를 똑같이 지니고 있는 사람들마저 아주 불평등하게 선물을 받게 되며 이로 인해 노동시장에서는 각종 고용 지대(employment rents)가 체계적으로 발생하게 되어 있다.[*]

29 이렇게 정형화된 세계상이라는 것이 시장이 모든 곳에 침투해 있다는 가정에 기반을 둔다는 점에 대한 더 많은 논의로는 특히 Sturn and Dujmovits(2000)와 Van Parijs(2001: sections 3-4)를 보라.

30 이렇게 폭넓은 철학적 의미에서의 '자유주의'는 미국 정치에서 쓰이는 '리버럴'과도 구별되어야 하며(자유지상주의자들도 철학적 의미에서의 자유주의자들이다), 유럽적 의미에서의 '리버럴'과도 구별되어야 한다(사회주의자들도 철학적 자유주의자일 수 있다).[**]

31 Rawls(1971: sections 11-16), Rawls(2001: sections 14-18).

32 이렇게 기본소득이 롤스가 말하는 '자기존중의 사회적 기초'와 연관되어 있다는 점은 기본소득 유형의 개혁이 어떤 효과를 가져오는지를 조사한 연구자들에 의해 명시적으로 언급되기도 한다. 1970년대 캐나다의 도시 도핀(Dauphin)에서 수행되었던 마이너스 소득세 실험인 '민컴'에 대해(제6장을 보라) 자세히 연구한 칼니츠키는 사회적 낙인을 배제한다는 측면에서 이것이 얼마나 강력한 효과를 가지고 있는지를 기록하고 있다(Calnitsky[2016]). '최저소득' 수령자인 누군가는 이렇게 말한다. "제가 이 '최저소득'에서 참으로 마음에 드는 점은, 사람을 그냥 내버려둔다는 겁니다. 그놈의 돈을 한 푼이라도 더 받으려고 벌벌 기어다니는 느낌이 들도록 사람을 괴롭히는 법이 없으니까요." 그래서 칼니츠키는 이렇게 논평한다. "롤스가 말하는 '자기존중의 사회적 기초'의 씨앗이 뿌려진 것이다"(Calnitsky[2016: 64]).

33 Rawls(1967: 41; 1971: 275).

34 Van Parijs(1988), Prats(1996), Blais(1999).

35 Rawls(1988: 455 fn7). 롤스가 말리부 해안의 한량들을 언급한 것은 『사회 정의론』의 프

---

[*] 지대란 비단 토지의 임차에서 나오는 소득뿐만 아니라, 생산에 대한 기여와는 무관하게 순전히 특권적 위치를 점하고 있는 덕에 생겨나는 모든 소득을 일컫는 말로 쓰인다. 지금 말하고 있는 것처럼, 노동자의 생산성이나 의중임금과는 무관하게 실제의 임금이 아주 불규칙적이고 자의적으로 결정되는 것이 체계적인 특징이라면 운 좋게 '신의 직장'에 들어간 이들은 순전히 그 직장을 얻게 되었다는 이유로 고용에서 자신의 근로 의사나 생산성과 무관하게 더 높은 소득을 얻게 된다. 이를 '고용 지대'라고 표현한 것이다.
[**] 미국에서의 '리버럴'이란 국가 개입을 긍정적으로 보고 진보적인 사회경제정책을 선호하는 경향을 뜻하며, 유럽에서의 '리버럴'이란 고전적인 자유방임 자본주의의 원리를 고수하는 보수주의자들을 뜻한다.

랑스어판 출간을 기념하기 위해 1987년 11월 파리에서 조직되었던 학술회의의 아침 식사 자리에서 벌어졌던 긴 대화였다. 그 학술회의에서 이 책의 저자중 한 사람인 판 파레이스는 무조건적 기본소득의 이러한 '롤스식' 정당화의 논리를 개괄적으로 제시 하는 글을 발표했다(Van Parijs[1988]). 이에 대해 롤스는 반대 의사를 표명했다. 롤스 는 스스로 숙고한 뒤에 판단한 바를 말했다. 말리부의 서핑 한량들이 자기들의 생활방 식을 유지하기 위해 공공의 재정을 털려 드는 것은 정당한 일이 아니라는 것이었다. 그 는 위에 인용한 각주에서 이러한 관점을 재차 언명하였고, 이를 그가 파리에서 행한 강 연의 출간본에도 추가했다. 이 강연의 개정판은 나중에 그의 『정치적 자유주의(Political Liberalism)』의 한 장으로 수록된다. 거기에서 롤스는 또한 다음과 같은 각주를 덧붙였다 (Rawls[1993: 182 fn9]). "당연한 이야기지만, 이러한 짧은 언급은 어떤 특정한 사회정책 을 지지하려는 의도가 전혀 없다. 이는 상황과 조건을 면밀히 연구하는 작업을 필요로 하는 일이다."

36 Rawls(1988: 257; 1993: 181-182; 2001: 179). 정밀성은 떨어지지만 동일한 생각을 담은 그 이전의 글은, 롤스가 돈 잘 버는 경영 컨설턴트의 활동을 희생시켜서 수도승의 명상 활동을 지원하려고 하는 반자유주의적 편향을 가지고 있다고 비판했던 Musgrave(1974) 에 대해 롤스가 내놓은 답글에서 찾을 수 있다(Rawls[1974: 253]).

37 이러한 구별과 그것이 무조건적 기본소득의 정당화와 관련하여 갖는 중요성은 Van Parijs(1988)에서는 묵과되어 있었고, 이를 설명한 글은 Van Parijs(2002: section II)다.

38 Rawls(1971: 98).

39 롤스가 여러 사회적 지위를 '출발 지점들(starting places)'이라고(Rawls[1971: 96]) 혹은 '이른바 출발 지점들'이라고(Rawls[1971: 100]) 부른 것에 주목하라. 하지만 롤스의 공정 한 기회균등의 원칙을 여러 불평등한 사회적 지위에 공정한 접근권이라고 정의하는 것 이 성립하려면 사회적 지위를 사람이 태어나서 성장하는 환경이 되는 사회계급으로 정 의해서는 안 되며, 사람이 자기 스스로의 의지와 선택으로 합류하는 모종의 직업적 범 주로 정의되어야 한다.

40 Rawls(1971: 102). 또한 Rawls(1988: 258-9): "가장 불리한 이들을 아주 거칠게 정의하 자면 다음 세 가지의 주요한 종류의 불확실성에서 모두 불리한 상황에 처한 이들이라고 할 수 있다. 첫째 가족과 계급적 출신이 남들보다 불리하게 태어났고, 둘째 타고난 재능 이 좋지 않아 남들보다 뒤떨어지게 되며, 셋째 부와 행운이 따르지 않아 만사가 제대로 풀리지 않는 세 가지가 모두 겹친 이들이다."

41 White(2015)는 기본재산이 기본소득보다 '재산 소유의 민주주의'를 달성하는 데 더욱 적합한 방식이라고 주장한다. 따라서 만약 기본소득이 도입된다면 시민들은 자기들의

기본소득을 (혹은 부분적으로라도) 총액의 '기본자본(basic capital)'으로 전환시킬 수 있게 허용되어야 한다는 것이다.

42 이에 대해 롤스는 그의 마지막 저서에서 "중앙 정부나 지방 정부를 통해 사회가 최종 고용자 역할을 하는 것 혹은 다른 사회적 경제적 정책들이 올바른 이유에서 안정성을 성취하기 위한 요건들 중 하나"라고 말하고 있다(Rawls[1999: 50]). 출판된 책에서는 삭제되었지만, 그 전에 작성되었던 초고에 보면 "네드 펠프스(Ned Phelps)의 노동을 보상하자는 아이디어"에 대한 언급이 각주로 달려 있다. 이를 액면 그대로 보자면, 제2장에서 논의한 바 있는 고용 보장제도와 펠프스가 말하는 임금 보조금이 후기의 롤스에게 있어서 무조건적 기본소득이나 마이너스 소득세보다 더 선호되고 있는 것이다.

43 이러한 이중의 기준에 대해서는 특히 Dworkin(1981: 311; 2000: 322 - 324), Dworkin (2006: 98; 103 - 104)을 보라. 선호(혹은 야심이나 선택)와 상황(혹은 여건이나 운수)을 구별하는 것은 큰 문제를 낳을 수 있으며, 철학적으로 큰 논쟁의 주제가 되어왔다.

44 Dworkin(1981: 276 - 277; 292 - 295). 여건-배제는 개인에게 좋은 운수와 나쁜 운수가 나타날 확률이 모두에게 동일한 것으로 가정하도록 요청함으로써 성취된다. 야심-민감은 사람들이 스스로 내린 선택의 결과들을 감수할 것을 요구한다. 좀더 정확히 말하면 그러한 가설적 상황 아래에서 스스로 내린 선택으로 볼 개연성이 있는 결과들을 감수하라고 요구하는 것이다.

45 Dworkin(1981). 드워킨이 최초에 제시한 정식화는 난파선의 사람들이 모두 똑같은 숫자의 조개껍데기를 들고서 경매에 참가하는 우화를 통해서였는데, 여기서 그는 100퍼센트의 상속세와 그 세수의 동등한 분배를 정당화하는 것처럼 보였다. 하지만 드워킨은 "유증이라는 골치 아픈 문제"는 조심스럽게 한 쪽으로 밀어두었다(Dworkin[1981: 334 - 335]). 훗날 그는 다음과 같은 가능성을 시사한다. "우리는 모든 이들이 태어날 때마다 후견인이 있다고 상상할 수 있고, 그 후견인들이 자기들이 책임져야 할 아이들이 줄 게 거의 없거나 줄 의사가 거의 없는 부모에게서 태어나는 악운을 뒤집어쓰는 경우에 대비하여 보험 계약을 맺는다고 상상할 수 있다"(Dworkin[2000: 347 - 348]). 그가 최종적으로 내놓은 정식화를 보면 "증여세와 상속세를 보험료로 묘사하는 다른 (그리고 내 생각에는 더 나은) 방식"을 내놓는다. "다른 설명에서 보자면, 그러한 세금들은 내가 가정했던 것처럼 주는 사람에게 부과되는 것이 아니라 증여나 유증을 받는 사람에게 부과되는 것이다"(Dworkin[2004: 353]). 이는 그 가설적인 보험 계획을 인격적 자원과 비인격적 자원 모두를 포괄하도록 확장하는 것에 해당한다.

46 Dworkin(2000: 345; 2006: 115 - 116).

47 Dworkin(1981: 277 - 279).

48 Dworkin(2000: 335 - 338; 1981: 325 - 326; 2002: 114). 이보다 이전에 내놓았던 정식화에서는 보장소득을 도입한다고 해도 그 액수가 미국과 영국의 실업수당 및 최저임금보다 더 낮지는 않을 것이라고 낙관적으로 기대하고 있었다(Dworkin[1981: 320]). 약간의 온건한 온정주의적 고려를 감안하고 또 무임승차를 막기 위해서 이 제도는 부분적으로는 현물로, 특히 기초 의료보험 패키지의 형태로 제공될 수 있을 것이라고 한다(Dworkin[2002: 114 - 115]). 그리고 개인이 가진 여러 재능의 가치를 평가하여 정확히 액수를 매기는 것은 현실적으로 어려우므로, 재원 마련에 있어서는 여건과 재능(endowments)에 대한 차등화된 일괄세가 아닌 누진적 소득세를 채택해야 한다고 한다(Dworkin[1981: 325 - 326; 2002: 126 - 129]).

49 Dworkin(2000: 330 - 331; 2006: 104). 앞의 논의를 통해 분명해졌듯이, 이러한 비판은 롤스에게는 정당한 것이 아니다. 첫째, 이는 롤스가 바로 이런 종류의 비판에 자극을 받아서 사회경제적 이점의 지수를 산출하는 데 여가도 포함시키게 되었음을 인식하지 못한 것이다. 둘째, 이는 차등의 원칙을 여러 사회적 지위와 결부된 인생 전체의 기대 지수가 아니라 개개인들이 거둔 점수에 적용하는 통상적인 잘못된 이해를 그대로 받아들이고 있다.

50 Dworkin(1983: 208).

51 Steensland(2008: 139).

52 Dworkin(2000: 329).

53 Sen(2009).

54 Barry(1992; 1996a; 1996b).

55 Barry(1994; 1997; 2000; 2005: 209 - 14).

56 예를 들어 이와 비슷하게 정형화된 사회상이 소득 공정성을 소득 창출 능력의 평등으로 보는 Varian(1975; 1979)의 주장, 분배적 정의의 원리로서 해석된 Ackerman(1980)의 '길들지 않은 다양성(undominated diversity)'의 개념(Van Parijs[1995: chapter 3]), Piketty(1994)의 '최대의 평등한 자유(maximal equal liberty)' 개념, Arneson(1989; 1991)의 '안녕에 대한 평등한 기회(equal opportunity for welfare)' 개념, Rawls(1971: section 17)가 고려했다가 결국 거부한 '시정의 원칙(principle of redress)' 등에 깔려 있다.

57 앞에서 우리가 주장한 바 있듯이, 롤스가 여기에서 제시하는 해법은 여가를 부정적으로 보는 편향을 가지고 있다. 또한 그는 소득과 여가를 모두 합쳐서 개인들 간에 비교할 수 있는 모종의 효용 같은 것으로 합산하자는 후생주의적(welfarist) 해법도 받아들이지 않았다. 게다가 롤스가 초기부터 인정하였듯이(Rawls[1974: 253]), 여가라는 개념 자체가 '명료화를 요청하는' 개념이다. 예를 들어, 아기 기저귀를 갈아주는 일은 여가로 쳐야 하

나? 아이들 숙제를 도와주는 일은? 아이들이 잠들기 전에 책을 읽어주는 것은? 밖에 데리고 나가서 같이 자전거를 타는 일은? 여가와 노동의 경계선은 어디인가?

58 Pettit(1999).

59 다음을 참조하라. Raventos(1999; 2007), Casassas(2007), Casassas and Birnbaum(2008), Birnbaum(2012). 또한 이와 관련하여 '효과적 통제의 자기 소유(effective control self-ownership)', 즉 "협동하여 일하고자 하는 의사가 있는 다른 사람들과의 적극적 협동을 받아들이거나 거부할 수 있는 효율적 권력"으로 바라보는 Karl Widerquist(2011; 2013)의 접근법을 참조하라. 그리고 분배적 정의가 소득에만 초점을 둔다는 마리온 영(Marion Young)의 비판에 영감을 받아 기본소득을 정당화하는 젠킨스의 주장을 참조하라(Jenkins [2014]).

60 한 가지 예로 Murray Rothbard(1982: 48-50)는 "선착순" 원리를 지지하며, Robert Nozick(1974: 178-179)은 '로크식 단서조항'을 지지한다. 이러한 맥락에서 노직은 샤를 푸리에가 보상적 최저소득 보장을 정당화했던 논리를 언급하지만(제4장 참조), 그는 토지의 사적 전유에서 간접적으로 나오는 여러 혜택이 워낙 크기 때문에 보상이고 뭐고 할 것도 거의 없다고 주장한다.

61 제4장에서 설명한 바 있듯이, 이렇게 무조건적 기본재산이나 기본소득을 만인이 땅의 가치를 동등하게 나누어 가질 권리로 해석하는 방식은 Paine(1796/1974), Spence(1797/2004), Charlier(1848) 등으로 소급할 수 있다. 이는 오늘날의 좌파 자유지상주의자들인 Steiner(1992; 1994)와 Otsuka(2003) 등이 되살려낸 바 있다. 그 주요 문서들의 선집으로는 Vallentyne and Steiner eds.(2000a; 2000b)을 참조하라.

62 Steiner(1992: 83-86), Steiner(1994: Epilogue). 또한 더 많은 논의는 Otsuka(2003: 35-9). 제4장에서 언급했듯이, Charlier(1848)는 상속된 건물을 점진적으로 토지에 통합시키자고 제안했다. 신규 건물의 소유권은 그 절반만 사적인 상속자에게 유증할 수 있으며, 그 상속자 또한 자기가 물려받은 만큼의 절반만 다음 상속자에게 유증할 수 있도록 하자는 것이다. 그렇게 해서 나온 4분의 1의 사적 소유권은 한 번만 더 타인에게 이전이 가능하며, 그 다음에는 건물 전체가 집단적 소유 재산으로서 토지에 통합된다는 것이다.

63 칸트의 주장을 상기시키는 좀더 급진적인 제안이 있다(제3장을 보라). 이는 역사적인 수급 자격이라는 틀을 고수하지만 더 이상 자유지상주의라고 부를 수는 없다. Kearl(1977: 79)은 재산에 대한 사적 권리를 집단적으로 정의하는 것은 "현실적으로는 하나의 생산요소로서 생각할 수 있으며 따라서 생산물에서 일정한 몫을 주장할 수 있는 정당한 권리를 발생시키는 것으로 생각할 수 있다"고 말한다. 따라서 "사실상 국가는 그 강제 기구들을 사용하여 일부 개인에게 다른 이들을 도우라고 강제할 수 있다. 왜냐면 우리가

정의한 일정한 한계 내에서 국가 스스로가 그들의 노동의 결실에 기여하는 존재였기 때문이다"(Kearl[1977: 81]). Davis(1987: 593)도 이와 비슷한 주장을 내놓는다. "(일정한 한계 내에서의) 조세는 한마디로 정부가 생산한 것을 정부에 되돌려주는 (좀 더 정확히 말하면 그 등가에 해당하는 화폐를 되돌려주는) 것이다. 세금 납부를 거부한다는 것은 당신의 것을 지키는 것이 아니라 남의 것을 움켜쥐고 있겠다는 말이다. 조세가 도둑질인 것이 아니라 '조세에 대한 반란'이 도둑질인 것이다." Varoufakiss(2016)가 주장하는 '공유재산 자본 보관소(Commons Capital Depository)'로부터 재원을 마련하여 보편적 기본소득을 주자는 생각 또한 그 윤리적 기초가 동일하다. 이러한 종류의 주장은 생산자의 (혹은 창조자들, 보관자들의) 수급 자격이라는 생각에 기초하는 한(그런 이유로 특히 자유지상주의자들에 대한 즉각적인 답변으로 유의미한), 자유주의적-평등주의의 선물-평등화 주장과 비록 결정적인 차이점은 있지만 얼마든지 양립할 수 있다. 우리의 소득에 포함되어 있는 선물은 현재의 정부가 제공하고 있는 제도적 틀에 많은 것을 빚지고 있을 뿐만 아니라, 자연적 조건들, 혁신과 자본 축적의 오랜 역사, 그리고 우리의 인생살이에서 무작위로 벌어지는 사건들에도 분명히 빚지고 있다.

64 Zwolinski(2013; 2011; 2014). Zwolinski(2013)는 보장소득이 '자유로운 사회'의 필수적인 일부라는 프리드리히 하이에크의 주장—이는 정통파 자유지상주의와는 거리가 멀다—의 권위에 호소하여 기본소득을 주장한다. 또한 자유지상주의와 기본소득에 대해서는 Griffith(2015)를 참조하라.

65 마르크스는 윤리적인 비판을 내포한 표현인 '착취'라는 용어를 '유토피아 사회주의자'인 생-시몽에게서 빌려왔다(Ansart[1984: 34]). 『자본론』에서 Marx(1867; 1962: ch.7 section 1)는 '착취율(Exploitationsgrad)'이라는 개념을 잉여가치율(Mehrwertrate)과 동일한 것으로 사용하지만, 또한 다른 곳(Marx[1867; 1962: ch.24 section 1])에서는 '인간에 의한 인간의 착취(Ausbeutung des Menschen durch den Menschen)'라는 생-시몽식 표현을 좀더 덜 중립적인 방식으로 사용하고 있다.

66 이러한 대조점에 대해서는 Howard(2005: 127-134). 마르크스주의와 기본소득의 관계에 대한 포괄적인 논의로는 Howard(2015b: sections 3-4).

67 Marx(1875; 1962).

68 이러한 주장은 마르크스주의 접근법에 대한 근본적 오해에 기반하고 있다는 반대의견이 있었다(예를 들어 Raes[1985; 1988; 2013]). 이는 분배양식에만 초점을 두고 있지만, 마르크스는 생산양식 자체, 즉 생산수단을 다스리는 소유 관계 자체를 바꾸어야 한다고 주장했다는 것이다. 이 주장은 분명히 옳다. 하지만 이러한 의미에서 생산양식을 변화시키는 것은 그 자체가 목적이 아니라, 모든 이들의 물질적 필요가 유급노동 없이도 충

족될 수 있는 공산주의 사회의 경제적 전제 조건을 창출하기 위해 생산력 발전을 부추기는 수단일 뿐이다. 우리는 여기에서 실현가능한 형태의 사회주의가 높은 수준의 무조건적 기본소득을 지닌 사회의 지속가능성을 보장하는 데 더 나은지의 여부에 대해서는 답을 하지 않고 남겨놓을 것이다. 문제는 수단과 목적의 위계 관계에 있어서 더욱 근본적인 것은 수단이 아니라 목적이라는 점이다. 더욱이 앞에서 우리가 반복해서 강조하였듯이, 무조건적 기본소득을 도입하는 것은 소득 분배에서의 변화를 훨씬 넘어서는 문제다. 이는 오히려 경제력 분배에 변화를 가져오는 문제다. 생산양식을 노동의 성격, 성질, 배분을 언급하는 것으로서 해석한다면, 이는 생산양식에 변화를 가져오는 것이라고도 할 수 있다.

69 이러한 '공산주의로 가는 자본주의적 경로'라는 개념은 Van Parijs(1985)와 Van der Veen and Van Parijs(1986a; 1986b; 2006)에서 제시되고 논의되고 있다.

70 금전적인 것이 아닌 다른 형태의 보상들(예를 들어 더욱 편하고 인간적인 노동환경 등)이 노동의 양도/소외의 감소로 계산될 수도 있지만, 다른 것들, 예를 들어 회사에서 나오는 차량이라든가 사업상 푸짐한 접대 등과 같이 조세를 피해가는 물질적 보상으로 계산해야 하는 것들도 있으며, 이는 마땅히 1인당 총소득 Y^i에 추가되어야 한다.

71 예를 들어 Glyn and Miliband eds.(1994), Wilkinson and Pickett(2009), Stiglitz(2012).

72 일부 기본소득 옹호자들은 이를 매우 명시적으로 내건다. 예를 들어 Mark Walker(2016: 142)는 기본소득이 "총계 수준의 효용을 증가시킬 것"이며 따라서 "개인들과 여러 사회가 나아가야 할 방향은 총계 수준의 행복을 극대화하는 것"이라는 종류의 공리주의를 기초로 삼아 기본소득을 옹호해야 한다고 주장한다(Mark Walker[2016: 119]).

73 Pigou(1920; 1932: 761).

74 Pigou(1920; 1932: 730).

75 Mirrlees(1971).

76 대부분은 명시적으로 케인스주의를 내세우고 있다. 이에 대해서 또 간헐적인 기본소득을 '사람들에게 주는 양적 완화'라고 보는 관점(제6장에서 논의할 것이다)은 Jackson(1999)을 보라.

77 다음을 보라. Johnson(1973), Arnsperger(2011), Arnsperger and Johnson(2011), Mylondo(2010; 2012).

78 Easterlin(1974; 2010).

79 Durkheim(1893; 2007: 247).

80 Durkheim(1893; 2007: 250−251).

BASIC
INCOME

제 6 장

경제적으로
지속가능한가?

재원 조달, 여러 실험, 과도기 정책들

기본소득에 비판적인 여러 경제학자들은
기본소득의 재원 마련이
증세를 통해서만 가능하다고 주장한다.
그들의 믿음은 과연 사실인가?

BASIC INCOME

기본소득의 재원은 지속적으로 조달가능한가? 기본소득에 대해 사람들이 자주 하는 우려는, 아무런 의무조항도 없는 후한 액수의 소득을 보장받게 되면 대부분의 사람이 일을 훨씬 덜하거나 아예 하지 않게 될 것이라는 것이다. 물론 사람들에게 그들의 유급 노동을 줄이거나 중단할 수 있도록 해주고, 보수가 적더라도 만족스런 일자리를 선택하게 해주며, 보수보다는 노동 조건을 놓고 고용주와 협상을 벌이도록 해주는 것은 분명 기본소득이 추구하는 목적 중 일부다. 이런 것들은 모두 기본소득 지지자들이 반기는 내용들이다(물론 기본소득의 재원이 고갈되지 않는 한에서).

그런데 기본소득에 대해 비판적인 여러 경제학자들은 기본소득의 문제를 지적하면서, 그 원인이 아무 의무도 부과되지 않는 최저소득을 모두에게 보장하기 때문이 아니라 기본소득의 재원 마련에 필요한 조세를 부과해야 하는데 있다고 말한다. 이 조세가 취할 수 있는 가장 직접적인 형태는 개인 소득세이며, 이는 본질적으로 근로소득에 대해 과세하는 경향을 띤다. 사람들이 기본소득의 지속가능성에 이의를 제기하는 것은 바로 이러한 후한 수준의 기본소득에 필요한 세금 제도 때문이다.

이 장에서는 그러한 이의 제기의 핵심이 무엇인지 명확히 하고, 그 이의 제기가 얼마나 심각한 것인지에 대해 여러 실험과 시뮬레이션 모델들을 통하여 얻어낸 교훈을 정리해볼 것이다. 그리고 이 문제를 완화시킬 수 있는 방법으로 소득세 이외의 다른 재원의 종류를 논의해보고, 마지막으로 기본소득 도입 운동이 더 나아가기 위한 세 가지 방법과 그 각각의 장점들을 조심스럽게 평가해볼 것이다.

근로소득

기본소득의 지속가능성에 대해 제기되는 여러 우려에는 두 가지의 원천이 있다. 조금 가벼운 우려는 인플레이션의 위험이다. 이는 아주 간단하게 설명할 수 있다. 기본소득의 재원 마련은 일정한 인구 수준에서 구매력을 재분배하는 것에 불과하므로, 외국으로부터의 소득 이전이나 화폐 찍어내기 등의 경우와는 달리 전반적인 인플레이션 압박이 발생하지 않을 것으로 예상된다. 하지만 일정하게 국지적 차원에서의 인플레이션 압박은 예상할 수 있다. 기본소득의 수준, 그것으로 대체될 기존의 사회정책들, 그 구체적인 재원 마련의 방법 등을 어떻게 선택하느냐에 따라서 정도는 아주 다양하게 나타나겠지만, 비교적 높은 소득을 얻는 이들로부터 낮은 소득을 얻는 이들, 특히 시간제 노동자들 그리고 사회적 이전소득을 적게 받던 수혜자들에게로 일정하게 재분배가 이루어질 것이다.

따라서 만약 최소한 단기적으로 볼 때 기본소득의 도입으로 순이득을 보게 된 이들이 토지나 주택처럼 공급 탄력성이 낮은 재화들을 각별히 더 많이 구매하려고 한다면 (그리고 이 상태가 개혁 이후까지 지속된다면) 이 재화들의 가격은 일정하게 상승할 것이고, 이에 기본소득의 실질가치도 일정하게 감소할 것으로 예상할 수 있다. 이는 특히 기본소득이 지리적으로 큰 규모에서 도입되었을 때 해당되는 이야기다. 가난한 지역에 유리하도록 재분배가 이루어지면 주택 등 여러 지역재(local goods)의 가격이 올라갈 것이고 이로 인해 재분배의 혜택이 상쇄되는 것까지는 아니어도 어느 정도 줄어들게 될 것이다. 이러한 가능성은 항상 명심할 필요가 있지만, 이 제도 자체의 지속가능성을 위태롭게 만들 정도까지는 아니다.

하지만 후한 수준의 기본소득의 지속가능성에 대한 두 번째 우려에 대해서는 그렇게 말할 수 없다. 기본소득이 시행되면 재원 조달의 문제와 맞물려서 사람들의 경제활동에 대한 동기부여에 부정적 영향을 미칠 수 있기 때문이다. 그러한 영향은 기본소득 재원 마련의 형태에 따라서 달라질 것이므로, 이 장의 뒷부분에서는 재원 마련의 여러 가지 선택지들을 폭넓게 살펴볼 것이다.

잘 발달된 소득세 시스템과 잘 발달된 복지제도를 모두 갖추고 있는 나라에서 기본소득의 재원을 조달하는 가장 확실한 방법은 개인 소득세다. 세부사항까지 준비된 대부분의 기본소득 제안에서도 개인 소득세를 재원 조달 방식으로 채택하고 있다.[1] 또한 제2장에서 논의한 마이너스 소득세와 형식이 동일한 기본소득의 형태는 이렇게 개인 소득세를 재원으로 삼는 것뿐이다. 복지제도가 발전한 나라들에서는 개인 소득세에 기대지 않고서는 상당한 수준의 기본소득 재원이 마련될 것이라고 상상하기 힘들다. 자본에서 나오는 소득에는 다양한 특권이 부여되고 있으므로, 개인 소득세는 점차 근로소득세와 동일시되어왔다. 게다가 무조건적 기본소득의 재원 마련을 위해 근로소득에 세금을 매긴다는 것은 근로소득에서 각종 사회 보험료 납부금을 떼어가는 것과는 상당히 다른 것이다. 보험료를 내는 것은 본질적으로 직접 임금을 퇴직 연금과 여타 사회보험 수당 같은 간접 임금으로 전환시키는 것인 반면, 근로소득에 세금을 매기는 것은 곧 공식 부문 노동에 돌아가는 순수익의 감소 그리고 보수가 더 좋은 일자리로 옮기는 것에 수반되는 순수익의 감소를 뜻하기 때문이다. 여기에 아무 의무도 부과되지 않는 기본소득의 안락함까지 더해지게 되면 경제활동에 대한 물질적 동기부여가 감소하게 되고, 따라서 열심히 일하는 사람들이 줄어들게 되면 후한 수준의 기본소득의 지속가능성은 위태로워질 수밖에 없다.

그런데 이런 위험을 너무 단순하게 정식화하면 논의가 대단히 잘못된 방향으로 흐를 수 있다. 흔히 행해지는 단순한 정식화의 예로, 제안된 기본소득의 액수에 해당 인구의 머릿수를 곱하여 총액을 산출하고, 그 액수를 감당하기 위해서 개인 소득세를 얼마나 높게 매겨야 하는가를 계산한 뒤, 그렇게 해서 나온 세율을 기존의 세율에 그냥 더하는 경우를 들 수 있다.

잘 발달된 조세 시스템과 복지제도를 갖춘 나라에서는 이런 식의 계산 방식이 성립하지 않는다. 기본소득의 많은 부분이 두 가지 방법으로 '자체적 재원 조달'을 하게 될 것이기 때문이다. 제1장에서 언급했듯이, 기본소득을 도입하게 되면 모든 낮은 수준의 사회적(부조 혹은 보험) 수당들을 대체할 뿐만 아니라 모든 높은 수준의 사회적 수당의 아랫부분도 대체하게 될 것이다. 또한 모든 가구의 최저소득 구간에서의 세금 면제도 기본소득으로 대체될 것이며, 그 밖에 수많은 다른 세금 지출들, 예를 들어 어린이집 서비스나 사적 연금에 대한 지출도 기본소득으로 대체될 것이다.

기본소득의 수준이 어느 정도이고 기존의 각종 수당 및 세금 면제의 구조가 어떤지에 따라, 기본소득의 재원에서 '자체적으로 조달'되는 몫은 나라마다 크게 다를 것이다. 예를 들어 1인당 GDP의 10퍼센트 정도에 해당하는 기본소득이라면 대부분은 자체적으로 조달하게 될 것이다. 따라서 기본소득을 도입하여 새롭게 치러야 할 순비용은 총비용의 극히 일부에 불과할 것이다.[2] 기본소득의 수준이 높아지면 그 순비용 또한 당연히 증가하겠지만 그래도 앞에서 말한 이유 때문에 총비용보다는 훨씬 작을 것이다. 그래서 문제가 되는 것은 바로 이 순비용뿐이다.

좀더 정확히 말하자면, 정말 문제가 되는 것은 순비용이 한계 세율의 모습을 어떻게 바꾸어놓는가 하는 것이다. 노동의 동기부여가 줄어드는 것은 기본소득의 지속가능성에 대한 핵심적인 위협이며, 이는 재산 조사 최저소득 제도에서 보편적 소득 제도로 이동할 때 항상 나타날 수밖에 없다. 이 점을 잘 보여주기 위해 가장 단순한 전제들을 가지고 그림 6.1을 구성해보도록 하자. 그 그림의 내용은 다음과 같이 요약할 수 있다.

기본소득이 채택되어 그 재원을 마련하기 위해 세제가 변화하게 되면 세 가지 다른 범주의 납세자들에게 서로 다른 충격이 나타난다. 총소득이 최저소득 수준 이하인 이들은 그들의 실효 한계 세율, 즉 수당 환수율이 극적으로 낮아진다. 표준적인 재산 조사 최저소득 제도에서는 실효 한계 세율이 100퍼센트지만 이제는 그보다 훨씬 낮은 세율(그림 6.1에서는 25퍼센트의 단일세율)이 적용되며, 그 결과 이들의 노동에 대한 동기부여에 좋은 영향을 미쳐서 빈곤 함정을 제거할 수 있게 된다(제1장을 보라).

총소득이 최저소득 수준과 기본소득 제도에서의 손익분기점보다 높은 수준 사이의 어딘가에* 있는 이들은 순소득이 늘어날 뿐만 아니

그림 6.1 재산 조사 최저소득 제도에서의 순소득과 기본소득 제도에서의 순소득

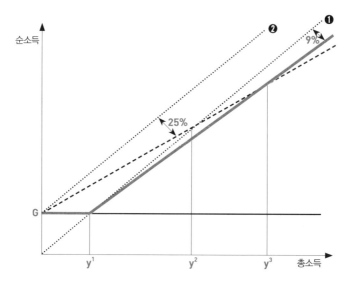

두 개의 점선은 기본소득이 없을 때(❶)와 있을 때(❷)의 총소득을 나타낸다.

굵은 점선은 기본소득이 있을 때의 순소득을 나타낸다.

색깔로 표시된 실선은 재산 조사 최저소득 제도에서의 순소득을 나타낸다.

Y^1은 재산 조사 최저소득 제도에서의 손익분기점이다.

Y^2는 기본소득 제도에서의 손익분기점이다.

Y^3은 재산 조사 최저소득 제도에서 기본소득 제도로 이동할 때 순이득을 보는 이와 순손실을 보는 이들이 나뉘는 지점이다.

배경이 되는 가정들:

– 공공지출의 사용처는 기본소득 제도 혹은 재산 조사 최저소득 제도뿐이다.

– 인구의 30퍼센트는 총소득이 0이며, 70퍼센트는 총소득이 Y^1보다 높다.

개인에게 지급되는 기본소득 제도:

– 기본소득의 지급 액수는 평균소득의 25퍼센트로 정한다.

– 모든 소득에 대하여 25퍼센트의 단일세율을 적용하며, 손익분기점은 평균소득 수준, 즉 Y^2와 일치한다.

라 한계 세율 또한 증가하게 될 것이다(그림 6.1에서는 9퍼센트에서 25퍼센트로 늘어난다). 그보다 더 높은 소득을 얻는 이들은[**] 마찬가지로 한계 세율이 늘어나게 되고(그림 6.1에서는 마찬가지로 9퍼센트에서 25퍼센트로 늘어난다), 순소득도 줄어들게 된다. 염려스러운 점은, 소득의 사다리에서 맨 아래에 있는 사람들에게는 노동의 동기부여가 개선되는 반가운 효과가 있지만, 경제에 훨씬 더 중요한 기여를 하는 생산성 높은 노동자들의 다수는 노동의 동기부여가 심각하게 악화한다는 사실이다. 특히 그 중간 범주에 있는 노동자들은 일을 덜하도록 유도될 것이다. 왜냐하면 순소득은 더 높아지지만('소득 효과') 시간당 벌어들일 수 있는 소득은 줄어들기('대체 효과') 때문이다.

물론 앞의 단순한 그림에 담긴, 기본소득의 보편적 특징이 가져오는 구조적 결과는 현실 세계에서 훨씬 더 복잡한 양상을 띤다. 특히 만약 한 가구를 단위로 하는 재산 조사 최저소득 제도에서 개인을 단위로 하는 기본소득 제도로 이동하면서 기본소득의 수준을 재산 조사 최저소득 제도에서 개인에게 지급되던 액수로 맞출 경우에는 이러한 복잡성이 훨씬 더 증폭된다. 그리고 현실 세계에서는 다른 공공지출 항목들이 있으므로 그 재원을 충당하기 위해서라도 세율은 훨씬 더 높아지게 되어 있다.

미국의 경우를 예로 들면, 사회지출(social expenditure)[***] 이외의 공공지출이 GDP의 13퍼센트를 흡수하고 있으며, 교육과 의료에 나가는 공공지출이 약 12퍼센트, 그 밖의 사회지출은 약 10퍼센트 정도

● 그림에서 Y^3 아래까지의 구간.
●● 총소득이 Y^3을 넘는 구간의 사람들.
●●● 사회지출이란 정부의 지출 가운데 여러 어려움에 처한 가구와 개인에게 직접 지급되는 지출을 말한다.

다(그중 6퍼센트는 연금으로 지출된다). 프랑스의 경우, 사회지출 이외의 공공지출은 GDP의 17퍼센트, 교육과 의료의 공공지출이 12퍼센트, 여타 사회지출이 22퍼센트다(그중 12퍼센트가 연금으로 지출된다).[3] 이러한 규모에 대해 대략 감을 잡기 위해 예를 들어보겠다. GDP의 25퍼센트로 기본소득이 도입돼 사회지출에서 현금 부분의 절반은 없어도 된다고 가정해보자. 이렇게 되면 미국에서는 세율이 GDP의 55퍼센트가 될 것이며, 프랑스에서는 65퍼센트가 될 것이다.* 게다가 GDP 중에는 개인 소득의 형태를 띠지 않는 부분이 있으므로 개인 소득세의 과세표준에 들어가지 않는다. 예를 들어 유로존 국가들의 경우 GDP에서 가구로 지불되는 형태의 소득은 GDP의 3분의 2가 조금 넘는 정도일 뿐이다.[4] 따라서 이렇게 모두 각종 소득에 대한 정률세에 의존해서만 공공지출의 재원을 마련해야 한다면, 세율은 55~65퍼센트가 아니라 80~90퍼센트가 되어야 할 것이다. 게다가 여기에 또 다양한 종류와 형태의 세금 공제로 인한 조세 기반의 축소 문제까지 고려해야만 한다.[5]

이 수치들을 사회의 소득 중 사회의 여러 목적을 위해 국가가 쓰는 부분으로 해석해서는 안 된다. 왜냐면 기본소득을 도입하게 되면 개별 가구의 손에 들어오는 소득 부분이 줄어들지는 않을 테니 말이다. 아마도 오히려 그 반대가 될 가능성이 아주 높다.

하지만 이러한 수치들은, 보편적이고 개인에게 지급되며 후한 액수의 성격을 갖는 최저소득 제도로 이동할 경우 세율에 어떤 변화가

---

* 미국의 경우, 사회지출에서 현금으로 지급되던 절반이 기본소득으로 흡수되었으니 기본소득 이외의 사회지출은 GDP의 5퍼센트 정도가 된다. 여기에 13퍼센트와 12퍼센트를 더하면 30퍼센트가 되고, 기본소득에 필요한 25퍼센트의 지출을 더하면 55퍼센트가 된다. 프랑스의 경우도 같은 방식으로 산출된다.

나타날지를 보여주는 지표로서 의미가 있다. 따라서 이러한 이의제기를 무시할 수는 없다. 단, 이러한 이의제기에 대해 가능한 대응 논리 하나는 물질적 동기부여가 절대적인 중요성을 갖는 게 아니라는 점을 강조하고, 또 노동시장에 최대한 많은 사람이 참여하게 만드는 것보다 효율적인 인적 자본을 조성하는 게 더 우선임을 강조하는 것이다(제1장을 보라). 이는 장기적 비전으로 보자면 분명히 중요한 주장이다. 하지만 후한 수준의 기본소득이 지속가능하다는 것에 자신감을 얻고 또 널리 퍼뜨리고자 한다면 이러한 대응 논리만으로는 부족하다. 기본소득이 도입되었을 때 무슨 일이 벌어질 것인가에 대해 합리적인 추측이 가능하려면, 사람들에게 특정 수준의 기본소득이 주어진다면 무엇을 할 것인지를 물어보는 것 이상의 무엇이 있어야 한다.[6] 실험을 실시하고 시뮬레이션 모델을 구성해보는 것이 그러한 방법이 될 수 있다.

기본소득 실험들

때로는 실험을 따로 설계할 필요가 없을 때도 있다. 실험의 한 예로 벨기에의 국립 복권(National Lottery)인 '일생 대박(Win for Life)' 제도를 들 수 있다. 이 제도는 당첨자에게 당첨금을 한 번에 큰돈으로 주는 것이 아니라 평생에 걸쳐 나눠서 지급하는 것으로, 1998년 당첨자의 경우에는 1998년에서 2007년 동안 매달 1000유로씩(당시 벨기에 GDP의 약 40퍼센트 정도) 지급하고, 그 이후에는 2000유로씩 지급했다.[7] 다른 예는 '내 기본소득(MeinGrundeinkommen)'으로, 2014년 베를린의 젊은 사업가인 미카엘 보마이어(Michael Bohmeyer)의 주도로 시작된 크라우드펀딩이다. 이 크라우드펀딩은 지원한 이들에게 1000

유로의 기본소득(당시 독일의 1인당 GDP의 40퍼센트 정도)을 지급하는 것을 목적으로 하며, 대신 그들의 경제활동을 1년 동안 모니터하는 데 동의한다는 조건을 달았다. 이 실험의 핵심은 과연 기본소득을 받은 이들이 일이나 직업훈련을 덜하게 될지 더하게 될지, 혹은 다른 활동으로 옮겨가게 될지 등등을 알아내는 것이었다.[8]

두 경우 모두 진짜 기본소득, 즉 현금으로 개인에게 지급된 것으로 재산 조사나 근로 및 구직 조사 따위가 없이 실제로 사람들에게 기본소득을 지급해본 사례다. 하지만 이러한 실험만으로는 정말로 사회적 차원에서 전면적으로 기본소득을 도입했을 때 어떤 일이 벌어질지를 추론해내기에는 충분치 않다. 그 이유는 첫째, 기본소득을 얻어낸 사람의 수가 전체 인구수에 비해 너무나 작은 표본일 뿐만 아니라, (대단히 빈번한) 복권 구입자와 (대단히 높은 열의를 가진) 기본소득 애호가들이라는 아주 큰 편향을 가진 집단이기 때문이다. 둘째, 복권에 당첨되었다든가 실험의 일부라든가 하는 이유로 극소수의 사람들이 기본소득을 받았을 때 그들이 보이는 행태가 공동체 내의 모든 이들이 기본소득을 받았을 때 보여주게 될 행태와 똑같을 수 없기 때문이다.

이러한 두 가지 한계를 극복한 두 차례의 실험적 연구가 완전히 다른 상황에서 시도된 적이 있는데, 이는 기본소득 논쟁에서 자주 언급되었다. 첫 번째는 2008년과 2009년에 나미비아의 오트지베로(Otjivero)라는 마을에 거주하는 60세 미만의 성인들 중 거의 1000명에 달하는 이들에게 매달 100나미비아달러(미화 8달러 정도로 당시 나미비아 1인당 GDP의 약 2퍼센트 정도였다)의 무조건적 기본소득을 1년 이상 지급하는 실험이었다. 당시 60세 이상의 사람들은 국가로부터 500 나미비아 달러 이상의 연금을 계속해서 받고 있었다. 그 재원의 많은 부분은 독일의 통합 복음 선교회(United Evangelical Mission, UEM)에서

댔다.[9] 이 집단에서 해당 연령의 모든 주민들이 기본소득을 지급받았으므로, 개인들이 스스로를 선택할 때 나타나는 편향도 없었고 또 전체 공동체 차원에서 기본소득이 작동할 때 어떤 일이 벌어지는지를 관찰하는 것도 가능했다.

이보다 좀더 세심하게 설계된 실험이 유니세프의 자금 지원으로 2011년 6월에서 2012년 11월까지 인도의 마디아 프라데시(Madhya Pradesh)주에서 시행됐다. 무작위로 8개의 촌락을 뽑아 그곳에 거주하는 모든 성인들에게 매달 200루피(미화 4달러를 조금 넘는 액수로, 당시 마디아 프라데시주의 1인당 GDP의 6.5퍼센트, 인도의 1인당 GDP의 4퍼센트 정도에 해당했다)의 무조건적 기본소득을 지급한 것이다. 이 액수는 1년이 지난 후에는 300루피로 증가했다. 아동들은 성인들이 받는 액수의 절반을 받았다. 그리고 12개의 비슷한 촌락을 무작위로 뽑아, 여기에서는 기본소득을 도입하지 않고 통제 집단으로 활용했다. 그래서 어떤 결과가 기본소득 제도의 도입으로 인해 나타난 것들인지를 좀더 확실하게 관찰할 수 있었다. 나아가 나미비아의 경우와 마찬가지로 해당 연령 집단의 모든 주민들이 여기에 등록하도록 초대됐다. 따라서 표본 선발 과정에서 생겨날 수 있는 편향은 최소화되었고, 전체 공동체 차원에서 이 제도가 도입되었을 때의 충격도 관찰할 수 있게 됐다.[10]

이렇게 나미비아와 인도의 실험에서는 앞의 두 가지 한계가 극복되기는 했지만, 서구의 풍족한 나라에서의 기본소득 제안과 관련해서 살펴보면 이 실험들은 한 가지 심각한 문제를 안고 있었다. 여기서 주어진 액수는 나미비아와 인도의 기준으로 보더라도 얼마 되지 않은 적은 돈이다. 또 나미비아와 인도는 연금을 받는 노인 이하의 성인들을 위해서는 기본적으로 아무런 사회보험이나 공공부조가 없는 곳이다. 이런 맥락에서 볼 때, 이 실험으로부터 잘 발달된 복지제도를 갖춘 국가에서의 기본소득 도입에 대한 의미를 끌어내기는 힘들다.

물론 두 경우 사이에 큰 차이점이 존재한다고 해도, 이 실험들을 통해 촌락 사람들의 삶이 크게 개선되었고 또 의존 함정을 만들지 않으면서도 극단적인 빈곤을 줄일 수 있는 제도적 효과에 대해 흥미로운 혜안이 도출되기도 했다. 하지만 부유한 나라에 사는 기본소득 지지자들이 자신들의 제안을 옹호하기 위해서 이곳에서의 실험들로부터 어떤 결론을 얻어내기는 어렵게 되었다.

더욱이 지금까지 언급한 다양한 실험들은 현실 세계 모델로서의 의미를 제한하는 또 다른 두 가지 결함들을 가지고 있다.

첫째, '일생 대박'은 예외지만, 다른 실험들은 지속 기간이 제한되어 있다는 점이다. 사람들이 예상하는 기본소득의 지속 기간이 1년인 경우와 일생 전체인 경우에 따라 기본소득의 효과는 크게 달라질 수밖에 없다. 기본소득의 지속 기간이 짧다는 것을 의식하게 될 경우 사람에 따라 또 활동에 따라서 그가 현재 하고 있는 활동에 집착하거나 (이럴 때일수록 신중해야지!), 아니면 집착을 끊는(다른 일을 해볼 기회가 왔다!) 현상이 나타나는데, 이는 일생 동안 기본소득이 주어질 경우에 사람들이 드러낼 행태와 다를 수밖에 없다.

둘째, 이 네 가지 실험 모두에서 기본소득의 재원이 외부로부터 들어왔다는 점이다. 만약 제대로 된 기본소득 제도가 도입될 경우에 필요하게 될 조세가 어떤 효과를 낳을지는 전혀 드러나 있지 않다. 예를 들어 나미비아와 인도의 실험에서 새롭게 드러난 경제활동의 대부분은 지역 경제에 구매력을 주입했을 경우에 나타날 만한 것으로 충분히 예측할 수 있는 것들이었다.[11] 그리고 복권 실험과 크라우드 펀딩 실험의 경우, 기본소득을 받는 이들이 노동을 통해 벌 수 있는 순소득은 모두에게 1000유로씩 주게 될 경우 필연적으로 발생할 추가 세금 때문에 줄어드는 일이 없었다.

이러한 두 가지 주요한 한계들은 어떤 기본소득 실험에도 내재적으로 따라올 수밖에 없는 것이다. 따라서 기본소득을 향유하는 공동체 스스로가 내부에서 재원을 조달하여 사람들에게 일생동안 지급할 경우, 그것이 경제적으로 지속가능한지에 대해 어떤 확고한 결론도 끌어낼 수 없는 것이다.[12]

마이너스 소득세 실험들

1970년대 북미 지역에서는 훨씬 더 많은 비용을 들여 몇몇 실험이 이루어졌다. 여기에서 좀더 적실성 있는 교훈을 배울 수는 없을까? 제4장에서 언급했듯이, 그 실험의 대부분은 미국에서 이루어졌다. 실험은 뉴저지와 펜실베이니아(1968~1972년), 아이오와와 노스캐롤라이나(1970~1972년), 인디애나주의 게리(1971~1974년, 흑인 홀어머니에 초점을 둠), 시애틀과 덴버(1970~1980년, 가장 규모가 큰 실험)에서 실시되었다.[13]

모든 각각의 실험은 여러 다른 소득 범주로부터 무작위로 선별된 가구에 마이너스 소득세 제도의 수당을 주는 것이었다(제2장을 보라). 단, 보장되는 소득의 수준을 서로 다르게 하였고 또 환수율도 다르게 하였으며, 똑같은 특징들을 지닌 통제 집단들을 기존의 제도에 그대로 남아 있게 하여 이 가구들과 비교했다. 다른 소득이 없는 가구에 지급된 액수는 대부분 당시 공식 빈곤선의 50퍼센트에서 150퍼센트 사이였다. 한 예로 뉴저지 실험에서는 100퍼센트가 지급되었고, 두 명의 성인으로 구성된 가구에 보장되는 연간 최저소득은 1인당 1000달러였다(1968년 당시 1인당 GDP의 21퍼센트 정도). 환수율, 즉 1달러의 근로소득을 추가적으로 올릴 때마다 기존에 지급되던 수당을 축소하는 비율은 30퍼센트에서 70퍼센트 사이였다.[14] 지급 기간은 아이오와와 노스캐롤라이나에서는 2년으로 제한되었고, 가장 길었던 곳은 시애틀과 덴버로서 일부 수령자들은 최대 9년까지 받았다. 모든 실험에는 노동 능력이 있는 남성이 가장으로 있는 가구가 포함되었고, 이런 가구들은 당시에는 공공부조의 자격이 주어지지 않았다. 그리고 최초의 뉴저지 실험을 제외하면 나머지 실험들은 모두 한부모 가정들을 포함했다.

또 다른 마이너스 소득세 실험이 있었지만, 이는 수행된 지 수십 년이 지난 다음에야 재발견되어 널리 알려지게 됐다. 이는 캐나다 매니토바주의 도핀이라는 도시에서 1975~1978년 동안 실시됐던 이른바 '민컴' 실험이었다. 가구를 단위로 하여 당시 캐나다 빈곤선의 60퍼센트에 해당하는 마이너스 소득세가 도입되었고, 그 환수율은 50퍼센트였다. 1972년 이 실험이 설계되었을 때 성인 개인에 대한 연간 소득 보장은 1255캐나다달러로 고정되어 있었다(당시 캐나다 1인당 GDP의 25퍼센트에 가까웠다). 이 액수는 이후 인플레이션이 나타나면서 계속 조정됐다. 북미에서의 다른 모든 실험들과 달리 이 실험은 '집중 포화 표본(saturation sample)'을 사용했다. 소득 조건을 만족하는 도시의 모든 가구에게 지원 자격을 부여한 것이다.

통제 집단은 인근의 농촌 공동체들의 저소득 가정들을 무작위로 추출하여 만든 표본으로 마련됐다. 공동체 전체가 참여하게 되었으므로, 심지어 '공동체 차원에서의 효과들'과 '개인 차원에서의 메커니즘들'에 기인하는 것들을 구별하려는 시도까지 있었다. 예를 들어 집중 포화 표본의 사람들이 분산된 표본의 사람들보다 노동시간 감소에 대한 적대감이 적고 또 함께 여가 활동을 즐기는 기회가 더 커지는 현상 같은 것들이다. 따라서 도핀에서의 실험은 기본소득을 정말로 도입했을 때 나타나는 충격을 추산해볼 수 있는 독특한 의미가 있었다.[15]

하지만 이를 너무 과도하게 받아들여서는 안 된다. 오늘날의 기본소득 제안들과 도핀 실험의 관련성은 다른 대부분의 마이너스 소득세 실험들이 지닌 것과 동일한 한계를 갖는다.

첫째, 북미에서의 이 모든 실험에서 조사된 것은 기본소득이 아니었다. 물론 이 급여에는 아무 의무도 부과되지 않았다. 하지만 이는 엄격하게 개인에게 지급되는 것이 아니었다. 심지어 도핀시의 실험에서도 독신자에게 주어지는 액수(1255캐나다달러)가 부부의 각 개인들에게 지급되는 액수(1172캐나다달러)를 거의 넘지 않았다. 무엇보다도 이 실험은 보편적인 것이 아니었다. 예를 들어 도핀의 경우 참가 자격에 소득 조건이 붙어 있었기 때문에 주민들 중 참여자는 20퍼센트 정도에 불과하였고, 또 그 돈이 선불로 지급된 것도 아니었다. 제1장과 제2장에서 설명했듯이, 비록 이 제도가 맨 아래 소득 구간에 대하여 가구 단위의 보편적 최저소득 제도에 따라오게 되어 있는 이전소득 및 세금 공제 후의 명세(post-tax-and-transfer profile)를 모방하려고 하기는 했지만, 이는 결코 무시할 수 있는 차이가 아니다.

둘째, 이러한 실험들을 통하여 추산해볼 수 있는 것은 기껏해야 가구 단위의 마이너스 소득세가 이 실험 집단의 사람들에게 다른 제도를 적용했을 때와 비교해 어떤 차이점이 있는지 정도에 불과하다. 이는 또한 가구의 유형과 장소에 따라 크게 다르고, 심지어 동일한 실험 내에서라고 해도 모든 시점마다 상당히 다르게 나타난다.[16]

만약 어떤 나라가 이러한 실험들의 결과를 사용하여 그것과 정확히 똑같은 제도를 자국에 도입하려고 한다면, 먼저 그 배경이 되는 자국의 사회보호 제도들이 1970년대에 미국의 일곱 개 주들과 캐나다의 한 개 주에서 지배적이었던 제도들과 충분히 유사한지를 먼저 검토해야 할 것이다. 1970년대의 미국과 캐나다 주들의 제도는 공공에서 제공하는 것이 거의 없다시피 한 오늘날의 나미비아 및 인도와도 큰 차이가 있지만, 비교적 후한 수준의 조건부 최저소득 제도가 시행되고 있는 오늘날의 많은 유럽 국가들, 심지어 오늘날의 캐나다와 미국과도 매우 큰 차이가 있다.

만약 도입하고자 고려하고 있는 제도나 그 배경 상황이 이 실험들과 충분히 유사한 경우가 있다고 해보자. 설령 그렇다고 해도, 마이너스 소득세 실험에서 제도의 지속가능성에 대해 얻을 수 있는 교훈은 기본소득의 실험 프로젝트들과 관련하여 이미 언급한 두 가지 고려사항처럼 여전히 심각하게 제한적이다. 그리고 여기에는 우리가 보기에 더욱 중요한 세 번째 고려사항이 있다.

첫째, 실험 기간이 제한적이었다. 북미에서 벌어진 실험들 대부분에서 급여의 지급 기간은 3년을 넘지 않았다. 물론 피실험자들도 이를 예측하고 있었기에 이들이 과연 이 제도가 영원히 지속될 것으로 기대할 경우와 동일하게 노동 공급을 줄였을지는 분명치가 않다.[17] 더욱이 이 새 제도가 사회적 규범에도 영향을 줄 수 있으려면 지급 기간이 더 장기적이어야 했다.

둘째, 이 실험에 피실험자들을 의무적으로 등록시킬 수가 없었다. 그 결과 이 기회를 잘 활용하려는 의도로 관심을 가졌던 가구들만이 과도하게 대표되었을 가능성이 높다.[18] 무엇보다도 이 제도가 정말로 도입되면 소득 범주상 그 제도를 위해 순비용을 떠안아야 하므로 오히려 손해를 볼 모든 가구들은 이 실험에 전혀 참여하지 않았다.

실험을 통해서 유급 노동의 공급에 크든 작든 어떤 충격이 나타났다고 해도, 위의 두 가지 이유 때문에 이 제도의 반대자들은 그것이 이 제도의 지속가능성을 과대평가하는 것이라고 주장할 수 있다. 왜냐하면 그 실험들은 소득 보장이 일생 동안 계속될 때의 충격을 무시하고 있을 뿐만 아니라 이 제도가 도입되었을 때 받는 돈보다 내야 할 돈이 더 많은 이들에게 부과될 높은 세율의 영향 또한 무시하고 있기 때문이다. 그리고 그러한 주장은 옳다. 이 두 가지 한계 때문에, 심지어 진정한 기본소득을 특별히 염두에 두고서 가장 잘 설계된 실험이라고 해도 그것이 실제로 도입되었을 때의 지속가능성을 확실하게 보증하기에는 전혀 충분치가 않다.

이미 언급했듯이 기본소득 지지자들에게 훨씬 더 중요한 세 번째 한계가 있다. 설령 가장 잘 설계된 실험이라고 해도, 기본소득 제도와 조건부 최저소득 제도 중 기본소득 제도를 지지하는 논리의 핵심인 노동시장에 대한 효과를 제대로 포착할 수 없다는 점이다. 제1장에서 설명했듯이, 기본소득은 보편적인 것이므로 지금 구할 수 없는 일자리들에 대해서도 '예'라고 말할 수 있게 해주며, 아무 의무도 부과되지 않으므로 다른 일자리들에 대해서는 '아니오'라고 말할 수 있게 해준다는 것이 장점이다. 따라서 사람들이 좋아하지 않는 일자리에서는 급여를 올리든가 노동 조건을 개선해야 할 것이다. 이러한 결과들은 기본소득 제도의 지속가능성과 바람직함 모두에 결정적으로 중요한 것이지만, 실험에서는 드러나지 않는다. 실험 기간이 제한되어 있기 때문이기도 하지만, 무엇보다도 수백만 명이 참여하는 노동시장에서 이 실험이 영향을 줄 수 있는 범위는 기껏해야 수백 명 혹은 수천 명 정도의 개인들뿐이라는 한계 때문이다.

마이너스 소득세나 기본소득 제도는 기존의 여러 사회복지보다 소득 빈곤 감소의 관점에서 볼 때 중요하고도 직접적인 효과를 낳을 때가 많다(그리고 복지제도가 덜 발달된 나라에서는 항상 그러하다). 이러한 빈곤 감소의 간접적 결과는 환영할 만한 일이거니와, 도핀의 경우뿐만 아니라 오트지베로와 마디아 프라데시의 경우에도 유용하게 기록되고 문서화된 바 있다. 하지만 기본소득 특유의 성격들, 즉 보편성과 아무 의무도 부과되지 않는다는 특징이 경제에 어떠한 영향을 끼치는가는 현상으로 나타날 수 없다. 해당 노동시장에 비해 표본의 크기가 너무 작기 때문이다.

이 장을 집필하는 시점에 핀란드, 네덜란드, 캐나다 등지에서 더 많은 실험들이 계획되고 있다고 한다. 지금까지 이야기한 대로 이러한 실험들에 대해 아주 조심스러운 거리를 유지해야 한다는 점을 명심한다면 근거 없는 열광을 가라앉히는 데 큰 도움이 될 것이다. 이는 또한 북미의 여러 실험들이 끝난 뒤 잇달았던 것과 비슷한 심각한 반발로 기본소득 도입 운동 자체가 손상을 입는 일을 미연에 방지하는 데 더욱 중요하다.[19] '기본소득 도입'이라고 부를 수 있는 단일한 형태가 존재하는 것도 아니거니와, 그 액수의 수준, 그것이 대체하게 될 기존의 제도들, 재원 마련 방식 등에 따라 사태의 성격은 대단히 다양하게 변할 수 있다.

게다가 지금까지 풍족한 나라들에서 실제로 시험되었던 조치들 중 어떤 것도 기본소득이라고 부를 수 있는 것은 없었다. 그리고 그러한 조치의 결과들도 내용만큼이나 그 조치가 도입된 특수한 배경들과 연관되어 있었다.

마지막으로, 지금까지 언급한 세 가지 본질적인 한계들, 즉 제한된 기간, 순기여자들의 배제, 노동시장에 비춰봤을 때 너무 작은 규모의 표본으로 인해, 비록 실험에서 나온 증거들이 현실을 무시한 주장들을 확인하거나 반박하는 데는 여전히 유효하지만, 기본소득의 지속

(불)가능성을 입증하는 데는 전혀 유효하지 않다. 모든 '기본소득 실험들'은 비록 결코 실현될 수 없는 가능성들에 불과할 때조차도 큰 관심을 끌기 때문에, 찬반 논쟁과 여러 아이디어를 자극하고 널리 알리는 일에는 실로 놀라운 효과가 있다. 하지만 기본소득의 지속가능성이나 바람직함에 관한 한 그 실험들이 부적절한 틀에서 평가된다면, 현실 세계의 개혁이 가져올 순효과는 아주 해로운 것으로 판명될 수도 있다.

계량 경제학 모델들

여러 실험들이 실제 현실에서 기본소득 제도의 지속가능성에 대해 도움이 될 만한 교훈을 주지 못한다면, 달리 도움을 얻을 수 있는 것은 무엇일까? 사회과학의 다른 주제들과 마찬가지로 여기에서도 각종 연관성을 통해서 인과관계를 추론해보아야 한다. 이것이 여러 계량 경제학 모델을 통해 기본소득이 도입되었을 때 어떤 일이 벌어질지를 예측하려고 하는 내용이다. 물론 계량 경제학 모델들은 경험적인 자료로 뒷받침되는 것 이상의 과도한 주장을 내놓을 때가 많다.

그 경험적 자료는 일반적으로 젠더, 아이들의 수와 나이, 배우자의 소득 등에 따라 구분된 여러 범주의 사람들이 행하는 노동의 양과 한계 순소득을 관찰한 대규모 데이터로 이루어진다. 개인들은 물론 가구 또한 하나의 단위로 간주되어 소득과 여가 모두에 대하여 증가하는 효용 함수를 갖는 것으로 여겨지며(증가율은 갈수록 떨어진다), 그들이 노동시장에서 내리는 여러 결정들은 이 함수를 극대화하는 것을 목표로 하는 것으로 여겨진다.

이러한 효용 함수를 통해 소득 효과(총소득이 높아질수록 일하고자 하는 성향은 낮아진다)는 물론 대체 효과(한계 소득이 올라갈수록 일하고자 하는 성향은 높아진다)도 포착할 수 있다. 함수의 여러 파라미터들은 데이터에 가장 잘 들어맞도록 선별된다. 데이터들에서 감지되는 여러 상관관계들은 충분한 설득력을 가진 합리적 의사결정 모델에 비추어 해석함으로써 추정상의 인과관계로 전환된다.

기본소득을 도입했을 때 노동시장에 어떤 효과가 나타나는지를 예측하는 데 핵심이 되는 인과관계는 노동 공급의 조세 탄력성 개념이다. 그것은 일정한 범주의 사람들이 기꺼이 일할 의사가 있는 노동 시간이, 그 노동으로 벌어들이는 소득에 적용되는 한계 세율이 1퍼센트 증가할 때마다 몇 퍼센트나 감소하는가를 말한다. 이러한 한계 세율(수당의 환수율까지 포함하는 넓은 의미)이 기본소득 제안(여기에는 그 재원 마련을 위한 개인 소득세 증가도 포함된다)에 어떻게 영향을 받는가는 최초 상황에 대한 설명, 검토중인 개혁의 내용, 개혁이 의도하는 활동 인구 같은 상당히 세밀한 범주의 분포를 기초로 하여 결정될 수 있다. 다양한 범주의 사람들에 대해 추산된 조세 탄력성을 가지고 기본소득을 적용했을 때 나타날 소득 수준과 한계 세율 변화에 적용하면 노동 공급에 어떤 영향을 미칠지에 대한 예측이 도출된다.

이 장 처음에 정형화된 비교를 통하여 자세히 설명한 이유들 때문에, 기본소득을 도입할 경우 순소득 총액은 늘어나지만 재원 마련으로 한계 소득은 감소하게 되는 노동자들은 자신들의 노동시간을 상당히 줄일 것으로 예측할 수 있다. 많은 나라에 대해 이러한 일반적 종류의 몇 가지 모델이 구축되어 있다.[20] 이 모든 경우를 통해 드러나는 예측은, 기본소득을 도입하면 노동시장의 참여와 수행된 평균 노동시간이 확연하게 떨어진다는 것이다.[21]

기본소득 옹호자들은 이러한 결과에 대해 어떻게 대답할까? 이것이 방법론적으로 탄탄하고 적절하면서도 믿을 만한 데이터에 근거하고 있다고 가정한다면, 계량 경제학 모델이 기본소득 실험에 비해 지속기간의 문제와 순기여자들이 어떻게 반응할지를 모른다는 문제 등을 피할 수 있는 이점이 있다.

하지만 계량 경제학 모델들은 불가피하게 두 가지 중요한 한계들을 지니고 있다. 첫째, 어떤 예측이든 경험적인 근거란 특정한 시간과 장소에서 관찰된 상관관계들이며, 여기에는 노동시장에서 사람들의 행태에 영향을 주는 문화적·제도적 조건들이 이미 포함되어 있다. 따라서 어떤 개혁이 어떤 결과를 가져올지에 대한 전망을 계량 경제학 모델로부터 이끌어내려고 할 때는, 도입하려고 하는 제도와 없애려고 하는 제도의 모델과 현실 사이에 충분한 유사점이 존재하는가만 검토해서는 안 된다. 여기에 추가하여 성역할의 비공식적인 규범들, 보육시설과 육아 휴직의 사용 가능 여부, 각종 연금 제도, 시간제 노동에 유리한 노동시장 입법, 비공식적인 사회규범, 그 밖에도 무수히 많은 다른 관련 요인들이 시간과 장소에 따라 매우 다양하고 광범위하게 변할 수 있다는 사실을 명심해야만 한다. 따라서 어떤 개혁이 제안되었을 때 거기에 조세 탄력성이라는 조건을 외삽(extrapolation)*으로 설정하여 추정할 때는 아주 세심한 주의를 기울여야 한다. 지금 여기의 현실을 바탕으로 모델을 구축했다고 해서 그 모델들이 사용할 수 있는 데이터들도 지금 여기에서 이루어진 제안에 유의미한 것이라는 법은 없는 것이다.

둘째, 이러한 모델들은 전형적으로 고용의 양을 결정하는 것이 노동 공급이라고 가정한다. 만약 사람들이 일을 하지 않거나 일을 더 많

---

* 이용 가능한 자료의 범위가 한정되어 있어 그 범위 이상의 값을 구할 수 없을 때 관측된 값을 이용하여 그 범위 바깥의 값을 추정하는 것.

이 하려 하지 않는다면, 이는 그들의 자격과 능력에 맞는 일자리가 없어서가 아니라 이미 주어진 소득과 더 일을 했을 때 늘어날 것으로 기대되는 소득을 예측하여 스스로 내린 최선의 선택이라고 보는 것이다. 이러한 가정이 함축하는 것 중 하나는, 계량 경제학 모델이 기본소득을 채택하면 고용에 부정적 효과가 나타날 것이라고 예상하고 있지만, 그것은 일하는 이들이나 일하고자 하는 이들에게만 국한되지 않고 모두에게 아무 조건 없이 지급되는 기본소득의 특징 때문이 아니라는 점이다. 이 모델을 가지고는 최저소득 제도에 일하고자 하는 의사라는 조건이 붙는 경우와 붙지 않는 경우 그 결과가 어떻게 달라지는지를 포착할 수 없다. 대신 이 모델들은 그러한 조건이 없다거나 아무런 영향도 미치지 않는다고 가정할 뿐이다. 이 모델들이 포착할 수 있다고 주장하는 것은, 기본소득의 보편적 성격에서 비롯되는 세금 제도의 변화가 어떤 결과를 가져올 것인가, 그리고 기본소득이 엄밀하게 개인에게 지급되는 특징을 갖게 된다면 그것이 어떤 결과를 가져올 것인가 정도다.

계량 경제학 모델들이 이렇게 공급 측면에만 배타적으로 초점을 맞춘 결과 나타나는 또 다른 문제가 있다. 수요 측면에서 벌어지는 적응과 변화를 전혀 고려하지 않는다는 점이다. 제1장에서 주장했듯이, 기본소득이 의도하는 바는 일부 저임금 일자리나 자유업처럼 보수가 불확실한 일자리에 대해서도 사람들이 쉽게 응하도록 해서 그런 일자리 창출을 부양한다는 것이다. 한편 다른 종류의 저임금 일자리들에 대해서는 분명히 거부 의사를 표현하기 쉽게 해서 그런 일자리들의 임금을 끌어올리고 더 매력적으로 만든다는 것도 기본소득이 의도하는 것이다.[22]

기본소득의 도입을 통해 나타날 이러한 경제적 결과들은 기본소득을 지지하는 논리에서 결정적인 역할을 하는 요소들이다. 그런데 이런 요소들이 계량 경제학 모델에서는 거의 혹은 완전히 무시된다(비록 다른 이유에서이지만 우리가 보기에는 이런 점들이 각종 실험에서도 무시되고 있다). 이것이 바로 계량 경제학자들의 블랙박스에서 이런저런 예측들이 마치 틀림없는 신의 계시라도 되는 양 튀어나온다고 해도 크게 주목할 필요가 없는 두 번째 이유다.

그럼에도 이러한 예측들을 그냥 무시해서는 안 된다. 앞에서 언급한 여러 이유로 인해, 이런 예측들은 소득세로 재원을 충당하는 특정 형태의 기본소득이 특정 시점과 특정 국가에서 지속가능할지에 대해 확신할 만한 무언가를 이야기해주지 못한다. 이 모델이 현재 다양한 범주의 사람들이 내놓고 있는 노동 공급이 크게 줄어들 것이라는 예측으로 기우는 경향이 있다는 것은 놀랄 일도 아니고 걱정할 일도 아니다. 만약 기본소득이 자유로운 사회와 건전한 정신의 경제를 실현하는 데 기여한다면, 사실 이런 일들은 반드시 일어나야 마땅한 것들이기 때문이다. 심지어 노동 공급이 크게 감소한다고 해도 이것이 기본소득의 지속가능성을 침해하지 않을 것인지의 여부는 기본소득이 인적 자본 조성(제1장을 보라)에 기여할 좀더 장기적인 영향에 달려 있거니와, 이 모델들은 이러한 장기적인 영향을 포착할 수 없다.

하지만 노동 공급의 감소는 몇 가지 형태를 띨 수 있으며(어떤 범주의 노동자들이 영향을 받는가, 얼마나 많이 받는가, 어떤 방식으로 받는가 등), 그 모든 형태는 기본소득이 의도한 결과에 똑같이 이바지하지 않는다. 여기에서 모델들의 쓸모를 발견할 수 있다. 만약 시뮬레이션 모델들이 그 근저의 가정들 중 가장 문제가 될 만한 것들을 솔직하고 명쾌한 방식으로 자세히 설명하기만 한다면, 이 모델들을 조심스럽게 해석하여 다양한 시나리오에 따라 여러 범주의 노동자들의 노동 공급에 어떤 식으로 영향이 미칠지에 대해 값진 정보를 얻을 수 있다. 물론 이것만으로는 특정한 기본소득 제안들의 지속(불)가능성을 확언하기에는 충분하지 않지만, 최소한 그러한 제안들을 미세하게 조정하는 데는 도움이 될 수 있다.

지금까지 우리는 여러 실험과 계량 경제학 모델들에서 배울 수 있는 것과 없는 것을 논했다. 이렇게 볼 때, 기본소득 제안의 지속가능성을 염려하는 기본소득 지지자들은 무엇을 해야 할까? 두 가지가 있다. 첫째, 개인 소득세를 보조 혹은 대체할 수 있는 대안적인 종류의 재원을 더 찾아보는 것이다. 그중에는 기본소득 옹호자들의 일부가 가장 적절한, 심지어 때로는 유일하게 적절한 재원이라고 보는 것들도 있다. 둘째, 후한 수준의 무조건적 기본소득이 실현되기 이전에 그러한 방향으로 나아가기 위한 좀더 낮은 수준의 다양한 단계들로는 어떤 것이 있는지 그리고 그 각각이 어떤 장점들을 가지고 있는지를 알아보는 것이다.

자본

이제 우리는 여러 재원 조달 방법을 짧게 제시하고 개괄할 것이다. 우리는 기본소득과 여타 공공지출의 재원을 마련하는 방식에 대해 어떤 것이든 받아들일 준비가 되어 있으므로(제5장을 보라), 제안하는 재원들에 정해진 원칙이 있을 수는 없다. 또한 우리는 소득세 이외에 기본소득 옹호론자들이 제안하는 재원들에 대해 혹은 기존에 시행되는 제도에서 실제로 사용된 재원들에 대해 특별히 관심을 기울이고자 하므로, 그 모든 제안을 똑같은 비중으로 논의하지는 않을 것이다. 가능성이 있는 여러 재원들 중 어떤 것들을 선별하여 부각시키면서 왜 그렇게 하는지 이유를 설명할 것이며, 거기에서 주된 결함들이 보일 경우에는 그것이 무엇인지도 설명할 것이다.

첫 번째 선택지는 아마도 기본소득 지지자들이라면 누구도 간과할 수 없는 것이다. 앞에서 개인 소득에 대한 과세가 결국 근로소득세로 귀결되는 경향이 있음을 보았다. 실제로 앞 절에서 논의했던 다양한 기본소득 실험과 계량 경제학 모델에서는 소득에 대한 과세를 근로소득에 대한 과세로 보는 것이 당연한 것처럼 받아들이고 있다. 따라서 노동에 대한 과세를 줄이기 위해 자본에 대한 과세를 늘리자는 제안이 당연히 나올 수밖에 없다.

이러한 제안은 구체적으로 다음의 네 가지 형태를 띠고 있다. 가장 자연스러운 첫 번째 형태는 자본소득과 근로소득에 세금을 매길 때 나타나는 비대칭성을 줄이자는 것이다. 그 방법으로는 자본소득과 근로소득의 총액에 누진적인 세율표를 적용하는 것, 자본이득(capital gains, 자본 가치의 증가에서 나오는 이득)을 과세소득에 포함시키는 것, 탈세가 벌어지는 구멍들과 불필요한 면세 혜택을 철폐하는 것이 있다.

자본의 기여를 늘릴 수 있는 두 번째 방법은, 아주 가파르게 증가하는 누진적인 개인 부유세(personal-wealth tax)를 통해 자본에 직접적으로 세금을 매기는 것이다. 분명히 재산은 스톡(저량)이므로, 소득과 같은 플로우(유량)에 세금을 매기는 방식과 똑같이 과세할 수는 없다. 여기에서의 세수가 지속가능하기 위해서는 세율을 낮은 수준으로 묶어두어야만 한다.[23]

세 번째 방법은 법인세다. 만약 기업의 이윤이 주주들에게 배당되는 시점에서 충분히 과세가 이루어지지 않는다면, 배당금 지급으로 그 돈이 기업을 떠나기 전에 세금을 매기는 것이 옳다.

네 번째 방법은 상속세다. 좀더 일반적으로 말하자면, 사후 유증

뿐만 아니라 살아 있는 사람들 사이의 증여까지 모두 포함하는 세금이다. 이러한 종류의 조세는 기본소득을 공동의 상속물로서 모두가 나눠갖는 것으로 여기는 이들에게 특히 호소력이 크다. 우리 역시 이러한 상속을 아주 폭넓게 해석하여, 근로소득 혹은 자본소득으로 받은 것의 일부는, 우리가 돌아가신 부모님께 상속받은 것이나 마찬가지로, 그냥 상속받은 것이라고 본다(제5장을 보라). 하지만 좁은 의미에서의 상속은 간혹 기본소득보다는 보편적 기본재산(제2장을 보라)의 재원으로 따로 정해두자고 제안하는 학자들도 있다. 브루스 애커먼과 앤 앨스톳, 앤서니 앳킨슨 등이 그런 경우다.[24] 기부나 유증을 하는 사람의 입장에서 보면 자신이 가진 것을 이기적으로 소비하는 게 아니라 관대한 마음으로 남에게 베푸는 것인데도 세금을 물리는 일이 모순이라고 생각할 수도 있다. 하지만 상속자들 사이의 분배적 정의의 관점에서 보면, 아무 대가도 없이 받은 돈에 물리는(아예 물리지 않기도 한다) 세금이 땀 흘려 생산한 대가로 받은 돈에 물리는 세금보다 더 적다는 것은 틀림없는 모순이다.

이 네 가지 방법 모두 자본으로부터 더 많은 기여를 이끌어내어 근로소득에만 재정적 압박이 가해지는 것을 줄이는 데 큰 도움을 줄 수 있다. 자본소득과 근로소득 사이에 존재하는 현재의 비대칭성은 주로 리스크를 떠안는 투자와 혁신적 기업정신을 장려하는 데 필요하다는 이유로 정당화되고 있다. 하지만 이러한 비대칭성을 설명하는 요소는 자본 측의 정치적 압력 외에 무엇보다도 과세 대상 자본과 자본소득이 초국가적 이동성을 가지고 있다는 것(여기에는 다국적 기업들이 이윤을 가상으로 국가 간에 이전하는 형태도 포함된다)으로 설명된다. 지구적 혹은 지역적 규모로 조세 징수를 체계화할 수 있다면 이러한 요인을 억제하거나 줄일 수 있을 것이다. 따라서 최소 세율과 과세 정

보의 교환에 대한 협정을 맺는 형태로 각국의 조세 당국이 협력할 수 있다.[25]

자본소득의 역사를 볼 때, 이렇게 자본에 세금을 부과하도록 만들 필요조차 없는 좀더 급진적인 재원 조달안들도 있었다. 만약 국가가 모든 생산수단을 소유한다면 그 총생산물에서 몇 퍼센트를 임금으로, 투자로, 그리고 무조건적 기본소득을 포함한 공공지출로 배분할지를 국가가 정할 수 있다. 다른 말로 하면, 사회주의 사회에서는 누구에게도 세금을 물릴 필요 없이 그냥 경제적 잉여의 일부를 떼내 획일적인 사회 배당금으로 나눠줄 수 있다는 것이다. 이는 중앙집권적 계획사회주의에서도 가능하지만, 생산수단에 대한 집단적 소유권과 기업 간의 자유경쟁 및 자유로운 노동시장을 결합한 시장사회주의에서도 가능한 일이다. 오스카르 랑게(Oskar Lange), 제임스 융커(James Yunker), 존 뢰머(John Roemer) 등이 옹호한 시장사회주의 모델은 모두 모종의 사회 배당금을 포함하고 있다.[26] 만약 중앙의 명령으로 노동자들을 작업장에 배치하는 것과 반대되는 의미로서 자유로운 노동시장이 존재한다면, 임금 수준과 사회 배당금 수준의 비율을 어떻게 정할 것이냐에 따라 자본주의에서 과세로 인해 생겨나는 문제와 더불어 동기부여의 문제들이 생겨날 것이다. 하지만 충분한 이윤을 거두어야만 만족하는 사적 자본이 존재하지 않으므로 문제를 해결할 여지는 훨씬 더 많을 것이다.

세계적으로 생산수단의 상당 부분이 여전히 공공 소유로 되어 있는 나라들이 있으며, 그 나라들에서는 국가가 기본소득의 배분을 결정하는 선택지를 완전히 배제할 이유가 없다.[27] 하지만 다른 나라의 경우에는 생산수단을 한꺼번에 국유화한다는 것이 그다지 바람직한 일이 아니다. 그럼에도 불구하고 제임스 미드는 그의 '아가소토피아'

모델의 중심적 구성 요소로서 이러한 방향의 정책을 제안했다(제4장을 보라).[28] 그의 '뒤죽박죽 국유화(topsy-turvy nationalization)'에서는 기업의 관리 및 경영은 민간이 맡지만 그 주식의 절반은 국가가 소유하게 되어 있다. 이렇게 국가 소유의 주식으로 받는 배당금은 기본소득의 재원으로 쓰일 수 있으며, 과세할 필요도 없이 모든 시민들에게 배분할 수 있다. 이런 상태에 도달하려면 당연히 그 나라의 공공 부채(여기에는 이자를 지불해야 한다)를 공공 자산(public endowment)으로 전환시켜야 하며, 거기에서 나온 수익금을 무조건적 기본소득으로 분배하게 될 것이다. 엄청난 규모의 자본 과세를 통해 한달음에 이런 상태에 도달할 수도 있겠지만, 미드가 말한 대로 "이러한 조치는 정치적 분위기가 아주 혁명적일 때가 아니면 불가능한 일"이다.[29] 그 대안으로는 현재의 세대들에게 상당히 무거운 세금을 매겨서 그 잉여금으로부터 수익을 창출하여 미래 세대의 기본소득으로 쓰는 방법이 있다. 하지만 이러한 방식을 따르게 되면 세대간 불평등 문제가 제기되며, 설령 정치적으로 가능하다고 해도 정당화하기는 어려울 것이다.[30]

자연

기본소득의 재원을 마련하기 위해서 모든 생산적 자산을 공공 소유 혹은 공동 소유로 만들려는 대신, 야심을 좀 줄여서 한 가지 특정한 유형의 자산만을 공공 소유로 하는 방법이 있다. 그 자산이 바로 천연자원이다. 이러한 아이디어에는 세 가지 버전이 있고, 그 각각이 모두 기본소득 제도와 연관되어 있다. 첫째, 국가는 재생가능한 천연자원의 일부를 소유할 수 있다. 우선 그 나라의 토지를 임대해서 나오는 지대를 재원으로 삼아 기본소득을 나눠줄 수 있다. 이것이 본질적으로 젊은이들에게 기본재산을, 노인들에게 기본연금을 주고자 했던 토머스 페인이 제안한 재원 조달 방식이다. 토머스 스펜스와 조제프 샤를리에 또한 기본소득의 재원으로 똑같은 제안을 했지만, 이 두 사람의 경우에는 토지만이 아니라 모든 부동산으로 이 조치를 확장하자는 내용이었다(제4장을 보라).

개간 및 개발되지 않은 상태의 토지 자체로 어느 정도의 임대 가치가 있고 그것으로 기본소득의 재원을 얼마나 조달할 수 있는지를 추산하는 작업에는 이론적으로나 경험적으로나 여러 난제가 도사리고 있다. 그중 일부는 기본소득에 대한 좌파 자유지상주의적 정당화 논리와 관련하여 제5장에서 언급한 바 있다. 미국 버몬트주의 경우, 어떤 추산에 따르면 2008년 그 임대가치는 그해 버몬트 GDP의 4~8퍼센트라고 한다.[31] 그리고 현대의 기술에 있어서 사적으로 전유되고 있는 희소한 영구 자원은 지구 표면에만 있는 것이 아니다. 방송 주파수 또한 그러하다. 위의 연구에 의하면, 방송 주파수와 결부된 경제적 지대 또한 GDP의 1.5퍼센트 정도로 추산된다고 한다. 하지만 그러한 추산은 지역마다 조건에 따라 크게 달라지며 또 기술 변화에 따라 크게 달라질 수 있음은 분명하다.[32]

지구에 큰 손상을 입히지 않으면서 대기권이 이산화탄소 배출을 소화할 능력에 한계가 있다는 것을 인정하자마자, 앞에서와 완전히 똑같은 논리를 대기권에도 적용할 수 있음을 알게 되었다. 그러한 인식을 가지면 대기권 또한 비재생 자원이 아니라 희소한 재생 자원으로 전환하게 된다. 우리가 대기권을 탄소를 내다 버리는 싱크대 정도로 사용하면 기회비용이 발생하게 되며 그 기회비용을 모종의 가격으로 반영하는 것이 최상의 방법이라고 볼 수 있기 때문이다. 대기권이 전 지구적 자원이라는 점을 생각해볼 때 거기에서 나오는 기본소득의 분배는 전 지구적 차원에서 이루어져야 함이 분명하며, 이에 대해서 우리는 제8장에서 다시 더 논의하게 될 것이다.

하지만 실용적으로 보면, 일국적 차원에서 그와 비슷한 것을 먼저 시작하는 것이 더 합리적일 수 있으며, 이는 공동체 성원들 모두가 토지에 대해 동등한 소유권을 가진다는 것과 똑같은 논리를 지도 원리로 삼아 체계화할 수 있다. 탄소세를 도입한 미국의 경우 그 세수로 충당할 수 있는 기본소득의 수준은 1인당 GDP의 0.7~2퍼센트로 추산된다.[33] 이 모든 경우에 탄소를 배출함으로써 깨끗한 대기를 전유해가는 이들이 지불하는 지대는 '조지주의자(Georgist)*'들이 주장하는 단일 토지세, 탄소세 같은 일종의 세금처럼 보일 수 있지만, 사실이는 집단적으로 소유된 자산을 사용할 권리의 대가로 지불하는 일종의 수수료(fee)다.

자연의 자산을 공공이 소유하여 기본소득의 재원으로 삼자는 제안의 두 번째 버전은 비재생 천연자원을 판매하여 그 수입을 사용하는 것이다. 이 모델의 예는 국내에서 생산된 석유 가격을 인상하여 그 수입을 재원으로 삼는 이란의 보편적 보조금 제도다. 이란 의회는 2010년 1월 이른바 '목표 대상 보조금법(targeted subsidies law)'을 아주 적은 차이의 과반수로 통과시켰다. 이 법은 비교적 아주 낮은 수준인 국내의 석유 가격을 점진적으로 국제 유가와 같은 수준으로 인상하여, 이란의 가정과 기업 모두에 암묵적으로 주어지는 보조금으로 인해 발생하는 경제적 왜곡을 제거한다는 것을 목표로 삼고 있었다. 그렇게 인상된 가격에서 생겨나는 수입의 4분의 1은 가격 인상으로 직접 충격을 받는 생산자들에게 보조금을 주는 데 사용하기로 했다.

---

* 헨리 조지가 주장한 토지가치세 이론을 따르는 경제학파를 말한다. 조지주의는 지공(地公)주의라고도 하며, 모든 사람이 토지에 대한 권리를 평등하게 가지고 있다는 사상이다.

그 나머지의 대부분은, 유가 인상이 700만 이란 시민들의 생활 수준에 끼칠 충격을 완화하기 위하여 그들 전부에게 매월 현금 보조금을 지급하는 데 쓰기로 했다. 이러한 현금 지급액은 처음에는 매달 1인당 20달러에서 시작해서 점차 60달러까지 오르게 되었다(1인당 GDP의 약 13퍼센트). 하지만 이란에 대한 경제 제재 등 다양한 이유에서 이러한 교부금의 실질가치는 급격하게 감소하였고, 이 제도의 완전한 보편성도 오래가지 못했다.[34]

이런 식의 기본소득 재원 마련에 근접한 것으로 볼 수 있는 다른 제도도 있었지만 이란의 경우보다 더 단명했다. 2006년 1월 캐나다 앨버타주의 330만 명의 주민들은 400캐나다달러(당시의 시세로 미화 350달러 정도)의 비과세 '번영 상여금(prosperity bonus)'을 1회 지급받았다. 당시 주지사였던 랠프 클라인(Ralph Klein)은 앨버타주의 석유 판매 수입에 따라서 그다음 해에도 다른 교부금이 지급될 수 있다고 공표했지만, 그런 일은 일어나지 않았다.[35] 2011년 2월 '아랍의 봄'이 펼쳐지고 있을 당시 쿠웨이트 국민의회는 석유 판매 수입을 재원으로 110만 명에 달하는 시민들(240만의 외국인 거주자들은 제외)에게 1인당 1000디나르(약 3500달러에 해당하는 돈으로 당시 쿠웨이트의 1인당 GDP의 7퍼센트)의 현금수당을 1회 지급하기로 결정했다. 독립 50주년과 이라크 점령으로부터 해방된 20주년을 공식적으로 기념하기 위한 조치였다.[36] 2010~2012년에는 몽골 정부가 광산업으로 벌어들인 수익금을 재원으로 하여 모든 시민들에게 보편적인 현금수당을 제공했다.[37] 여기에서 이야기하는 것은 비재생 자원이므로, 이런 방식으로 재원을 조달하는 기본소득이란 절대로 지속할 수 없는 것이 당연하다.

그리하여 세 번째 버전이 나오게 된다. 이는 비재생 천연자원을 판매하여 영구적인 국부 펀드를 조성하는 것이다.[38] 이 모델의 구체적인 예는 전 세계 유일의 지속적이고 진정한 기본소득인 '알래스카 영구 펀드'다(제4장에서 자세히 논한 바 있다). 이는 알래스카의 석유를 추출하여 판매한 돈을 전 세계에 투자하여 축적한 자금으로 이루어져 있다. 이는 그 전 5년 동안 '영구 펀드'가 올린 실적에 연동되어 있으므로, 이런 방식으로 조달되는 액수가 급격하게 변하지는 않지만 그 변동 폭은 상당히 크다. 21세기에 들어선 이후 지금까지의 조달 액수는 연간 평균 1200달러 정도였으며, 이는 알래스카 국민 1인당 GDP의 약 2퍼센트 정도다. 이와 비슷한 방식으로 조성되고 발전된 다른 많은 국부 펀드가 있으며 대표적인 예가 노르웨이의 국부 펀드다. 하지만 이들 중 어떤 것도 모든 시민들에게 정기적으로 배당금을 나눠주는 방안을 선택하지는 않았다.[39] 하지만 이 배당금 모델은 상당한 석유 매장량을 가지고 있는 다른 나라들에서 다양한 제안이 나오는 데 영감을 제공했다. 한 예로 2003년 미국 의회에서 몇 명의 의원이 이라크에도 비슷한 시스템을 설립하자는 아이디어를 옹호했다. 그리고 컬럼비아대학의 경제학자 하비에르 살라이마틴(Xavier Sala-i-Martin)이 공저자로 참여한 한 IMF 보고서 또한 나이지리아에서 이러한 계획을 추진할 것을 제안한 바 있다.[40]

이렇게 천연자원의 가치를 동등하게 나눠가질 수급권을 모두에게 준다는 세 번째 버전의 아이디어에 주목하라. 비록 여러 한계가 있지만 모종의 배당금으로서의 기본소득을 산출하는 재원이 공공 소유의 자산이라는 생각이 독특한 경로를 거쳐서 마침내 되살아난 것이다. 이 경우 천연자원이 공공 소유라고 가정한다면, 일단 거기에서 기금을 조성하게 된 후에는 기본소득이 그 어떤 조세도 필요로 하지 않게 될 뿐만 아니라 그 기금을 불리기 위해서도 조세나 공용 징수(expropriation)가 필요하지 않게 된다. 하지만 천연자원에 의존한다는 것은 모든 나라에 적용될 수 있는 것이 아니며, 국부 펀드를 조성하는 것 또한 각별히 가치가 높은 천연자원에 대한 소유권을 국가나 하위 국가가 주장하는 데 성공한 경우에만 누릴 수 있는 특권이다.

화폐

운이 없어서 그러한 천연자원이 없는 나라들에서는 조세 없이 기본 소득의 재원을 마련할 방법이 없을까? 하나는 도박꾼들의 비합리성 을 이용하는 것이다. 1996년 이래 미국 노스캐롤라이나의 미국 원주 민인 체로키족 동부 연맹(Eastern Band of Cherokee)은 자신들의 보호 구역에서 운영하는 카지노의 이윤을 공식적으로 등록된 자기 부족 성 인들 개개인에게 동등하게 분배하고 있다. 수급자의 정확한 수는 공표 되지 않았지만, 체로키족의 인구는 대략 7500명 정도다. 그리고 이 배 당금의 수준은 1990년대에 평균 연 4000달러 정도였지만 2015년에 는 연 1만 달러에 근접한 것으로 예상된다(이는 노스캐롤라이나주 1인당 GDP의 25퍼센트에 가깝다).[41]

이보다 조금 더 보편적인 예는 마카오다. 이곳은 예전에 포르투갈 의 소유지였지만 지금은 카지노에 의존하여 돌아가는 중국의 준 자 율도시 지역으로, 주민수는 약 60만 명 정도다. 2011년 이래로 마카 오 정부의 '재산 분배 제도(Wealth Partaking Scheme)'는 모든 영주권 거주자 개개인에게 3000~9000파타카스(400~1200달러. 마카오는 1인당 GDP가 아주 높은 곳이라 이 액수는 GDP의 1퍼센트가 약간 넘는 정도에 불과하 다)의 돈을 나눠주고 있다. 참고로 비영주권 거주자들에게도 나눠주 지만 액수가 적다. 이 제도는 해마다 특별법에 의해서 지급 액수와 방 법 등이 결정되며, 계속해서 매년 지급한다고 약속된 것은 아니다. 이런 면에서 알래스카의 영구 펀드보다 캐나다 앨버타주와 쿠웨이트에서 시행된 1회성 지급과 더 닮아 있다.[42]

말할 것도 없이 이런 제도들은 일반화할 수 있는 것들이 아니다. 단지 외부에서 들어온 미국 도박꾼들과 중국 도박꾼들이 전혀 의도치 않게 기부한 돈을 재원으로 하여 각각 체로키족과 마카오 거주자들에게 기본소득을 지급하는 것일 뿐이다.

천연자원 다음으로 조세 없이 기본소득 재원을 마련할 주요한 방법이 있다면, 화폐를 찍어내는 것뿐이다. 아주 초기 단계부터 기본소득의 몇몇 주창자들은 신규 통화를 찍어 재원을 조달하는 방법을 옹호했다. 1930년대 영국에서 벌어졌던 메이저 더글러스의 '사회적 신용' 운동과 프랑스에서 자크 뒤브앙이 벌인 '분배주의(distributist)' 운동(둘 다 제4장을 참조)은, 민간은행 시스템의 작동에 의존하는 대신 인구 전체에 직접 구매력을 분배해주는 것이 기술진보로 발생하는 과잉생산의 위기를 막는 최상의 방법이라는 확신을 공유하고 있었다.

이러한 아이디어는 일반적으로 너무나 단순한 경제학에 의존하고 있으며, 그것을 시행했을 경우 생겨날 인플레이션의 압박이라는 파멸적인 결과를 간과한다는 이유에서 무시되어왔다. 하지만 아주 적은 액수나 일시적인 기본소득이라면 화폐 창출을 통해 재원을 마련하는 것을 지지할 수 있다는 두 가지의 아주 탄탄한 합리화 논리가 있다.[43] 첫 번째는 요제프 후버(Joseph Huber)가 가장 체계적으로 제시한 것으로, 중앙은행은 민간은행들이 가지고 있는 화폐 창출 능력을 다시 빼앗아 독점할 수 있다고 가정한다. 그 다음에는 모든 주민들에게 인출권(drawing rights)을 발행해줄 수 있다. 만약 이것의 증가율이 실물경제의 연간 성장률과 일치한다면 인플레이션이 촉발될 이유가 없다는 것이다. 만약 인출권 발행량 증가율이 성장률을 초과한다면 인플레이션이 발생하겠지만, 가속도가 붙지 않는 온건한 물가인상률은 경기순환과 그것에 따라오는 구조 변화가 최대한 부드럽게 일어나도록 '윤활유를 쳐주는(grease)' 바람직한 것으로 볼 수 있다는 것이다. 물론 성장률의 예측이라는 것에는 어쩔 수 없이 불확실성이 있게 마련이며, 적절하다고 여겨지는 물가상승률이라는 것에도 어쩔 수 없이 애매한 데가 있을 수밖에 없다. 하지만 이러한 주장은 실질 성장률을 크게 초과하지 않으면서 상황에 따라 양이 증감하는 수준에서 현명하게 통화적 방법으로 재원을 마련할 여지를 확보하고 있다.[44]

두 번째 합리화 논리가 요구하는 은행 시스템의 개혁은 훨씬 덜 급진적이다. 이는 2008년의 금융 위기와 그 이후 지극히 낮은, 심지어 때로는 마이너스까지 떨어지는 금리에도 불구하고 경기 침체가 장기화됨에 따라 새롭게 사람들의 주목을 받게 된 논리다. 유로존의 모든 거주민들에게 직접 일정한 총액을 지급한다는, 이른바 '민중을 위한 양적 완화(quantitative easing for the people)'가 그것이다. 이는 주류 경제학자들이 이자율과 민간은행을 통해 작동하는 보통의 기술보다 소비자 수요를 자극함으로써 경제를 부양하는 방법이 더욱 빠르고 효과적이라고 제안했던 내용이다.[45] 하지만 이는 경제의 시동을 걸기 위한 도구이므로 그것이 비록 평등주의에 입각한 '헬리콥터로 뿌리는 돈'이라고 해도 그 기간이 제한적일 수밖에 없다. 한 번의 지급이든, 짧은 기간 동안 몇 번의 지급이든 구매력의 주입을 통해 그 임무를 완수하고 나면 끝나게 되어 있는 것이다.[46]

화폐를 창출하는 대신 화폐의 유통에 세금을 매김으로써 기본소득의 재원을 마련하는 방법도 생각해볼 수 있다. 국제 금융 거래에 대한 '토빈세(Tobin Tax)'는 그러한 세금의 비교적 온건한 버전이라고 할 수 있으며, 기본소득의 재원으로 이따금씩 거론되기도 한다.[47] 하지만 제임스 토빈이 이 세금을 착상했을 때 주된 목적은 세수를 창출하는 것이 아니라 투기적 거래를 줄임으로써 금융시장의 휘발성을 줄이는 것이었다. 비록 그 세율이 낮다고 해도 이는 조세 기반을 크게 위축시킬 것이다. 따라서 토빈세에서 나오는 세수는 큰 액수가 되지 못할 것이다. 게다가 이 세금은 국제 금융 거래에서 부과되는 것이므로 국제적 차원에서만 도입될 수 있는 것임은 너무나 자명하다.[48]

하지만 '슈퍼 토빈세(super-Tobin tax)'라는 것도 생각해볼 수 있다. 이는 온라인으로 이루어지는 모든 이체 거래에 부과되는 소액 세금으로, 심지어 자기의 당좌 계정에서 자기의 저축 계정으로 이체할 때도 붙는다. 2016년 스위스에서 기본소득 국민투표가 있었을 때(제7장을 보라), 그에 앞서 최소한 장기적으로 이 방식을 통해서 재원을 마련하자는 제안이 진지하게 논의된 바 있다.[49] 이러한 세금은 그 전에도 반복해서 독자적으로 제안되었고, 기본소득과 관련하여 제안된 적도 있다.[50] 이 세금을 부과하기 위해서는 지폐 발행을 중지한다든가 외국 화폐든 국내 화폐든 모든 지폐 거래에 대한 법적인 보호를 끊어버린다든가 하는 방법을 통해서 온라인이 아닌 대규모 지불 거래들을 주변적 역할로 축소시켜야 한다는 점을 인정해야 한다. 하지만 이 경우 아주 고통 없이 재원을 마련할 수 있다는 이점이 있다. 안전하고 편리하며 세련된 결제 시스템을 사용할 수 있다는 특권의 대가로 모든 이체 거래마다 자동적으로 아주 적은 액수의 수수료를 걷는 것일 뿐이니까. 기술적 혁신이 심화됨에 따라 이러한 보편적 이체세(universal transfer tax)뿐만 아니라 여러 다른 새로운 형태의 조세들이 나타날 것이 분명하다. 기본소득 및 여타 공공지출의 재원 마련을 위해서든 아니면 조세를 통해서 수행하고자 하는 다른 기능들을 위해서든 이런 가능성들에 대해서 열린 마음으로 접근할 필요가 있다.

소비

아주 넓은 의미에서의 소득세가 주된 재원이 되어야 한다는 점은 변함이 없다.[51] 하지만 그 과세는 소득이 들어오는 시간과 장소가 아니라 소득이 사용되는 시간과 장소에서 이루어질 수도 있다. 소득세와 소비세의 주된 객관적 차이는, 개인이 자신의 소득 중 일부를 저축하는 데서 비롯된다. 소비세에서는 저축이 과세 대상에서 빠지지만 소득세에서는 아니다. 하지만 주관적인 차이도 있다. 소득세는 우리가 벌어들인 것의 일부를 우리에게서 빼앗아가는 것이라는 생각이 저절로 생겨날 수밖에 없지만, 소비세는 다른 이들이 만든 것에 대해 우리가 치러야 하는 가격을 부풀리는 것으로 여겨지도록 한다. 소비세를 실행에 옮기는 데는 두 가지 주요 방식이 있다.

첫째는 지출세(expenditure tax)다. 이는 어떤 개인의 총소득에서 일정 기간의 저축을 공제해주고 그 차액에만 세금을 물리는 것이다. 이러한 종류의 세금 제도는 투자와 경제성장을 부양한다는 목적뿐만 아니라, 이 세금을 누진적인 것으로 만들면 사치품 소비를 제한할 수 있다는 목적으로도 정당화되어왔다.[52] 이는 제임스 미드가 그의 '아가소토피아'에서 시행될 사회 배당금의 부분적인 재원으로서 제안했던 종류의 세금 제도이기도 하다.[53] 이것을 시행하기 위해서는 소비와 저축 사이에 충분히 명확한 분리의 선을 그을 수 있어야만 한다. 내구 소비재를 구입한 것은 둘 중 무엇으로 볼 것인가? 자기가 살 집을 구매하는 것은? 또는 이따금씩 세를 줄 아파트를 구매하는 것은? 현물로 주는 선물이나 현금으로 주는 선물은 어떻게 되는가? 여기서 그러한 구별의 선을 정확히 어디에 그을 것인가는, 어떤 지출을 과세 표준으로서의 소득에서 제외하는 구체적인 이유에 따라 좌우될 것이다. 하지만 일단 구별을 명확히 한 다음에는 원리상 역진세도 누진세도 모두 선택할 수 있다. 비록 고소득자들은 자기 소득의 더 많은 부분을 저축하지만, 세금 제도가 충분히 누진적이기만 하다면 지출세로도 이들의 총소득에서 더 많은 부분을 거둬들일 수 있을 것이다.

둘째, 소비세는 매출세(sales tax)의 형태를 띨 수도 있다. 유럽에서 발전한 부가가치세(Value Added Tax, VAT)가 그것의 한 형태다. 어떤 형태든 매출세의 경우 판매자가 결정한 가격에 대해 일정하게 주어진 비율의 세금이 합산된 총액을 최종 소비자가 지불하게 되어 있다. (이 세율은 원리상 100퍼센트가 넘을 수도 있으며, 이는 소득세와 지출세에서는 불가능한 일이다.) 그리고 보통의 매출세에서는 판매자가 이 세금 전부를 정부에 이전하게 되어 있다.

그런데 부가가치세에서는 판매자가 매출을 통해서 부과된 세금으로부터 자기들의 사업에 필요하여 구매한 재화 및 서비스에 대해 지불한 세금은 공제하도록 되어 있다. 그리하여 오직 부가된 가치에 대해서만 세금이 붙는 것이다. 소득세나 지출세와는 달리, 매출세(부가가치세든 그 밖의 것이든)는 국내뿐만 아니라 외국에서 생산된 것에도 적용되고, 수출된 것에는 면제된다. 단일세율의 지출세와 마찬가지로, 매출세 또한 고소득자의 소득에 대해 더 낮은 세율을 매기는 경향이 있다. 고소득자들이 자기 소득의 더 많은 부분을 저축하기 때문이다. 그리고 구매 품목은 가지가지인 데다 여기저기 분산되어 있으므로, 지출세보다 매출세 쪽이 훨씬 더 역진적이 되기 쉽다. 기초 생활재와 사치재에 각기 다른 세율을 매김으로써 매출세의 역진성을 개선해볼 수도 있다. 하지만 국가간 이동성이 높은 오늘날, 보석, 예술작품, 호화로운 여행 등의 많은 사치재들을 구매할 때 세율이 그런 식으로 달라지면 소비자들은 금세 세율이 낮은 나라로 구매처를 옮기게 된다.

매출세뿐만 아니라 그것에 자연스럽게 연동되는 것을 재원으로 하여 (아주 적은 액수의) 기본소득을 주자는 생각은 미국에서 상당히 의외의 세력으로부터 제기됐다. 2008년 공화당 대통령 예비 후보로 나선 마이크 허커비(Mike Huckabee)는 선거운동 과정에서 소비에 대한 (비례적) '공정세(fair tax)'를 옹호하였을 뿐만 아니라 그 수입을 모든 주민들에게 무조건적으로 이전할 것을 주장했다. 그가 주장한 이른바 '사전적 세금 환급(prebate)'은 가난한 이들이 세금을 내면서 더욱 빈곤화되는 것을 막기 위한 의도였다. 이는 빈곤선 수준에다 소비세율을 곱한 수준으로 고정되는 것이었고, 이를 통해 빈곤선 아래에 있는 소득 구간의 사람들에게 개인 소득세를 면제해주는 것과 비슷한 효과를 내려 했던 것이다. 예를 들어 빈곤선이 월간 1인당 1000달러이고 소비세 세율이 20퍼센트라면, 한 달에 200달러(당시 1인당 GDP의 약 5퍼센트)의 기본소득을 줌으로써 이러한 보장을 제공한다는 것이다.[54]

유럽의 기본소득 논의에서는 1990년대 이후로 부가가치세를 주된 재원으로 사용하자는 제안들이 두드러진 역할을 했다.[55] 만약 기본소득이 유럽연합 혹은 유로존 전체 차원에서 혹시라도 실행될 경우에는 이를 재원으로 사용하는 것이 더욱 중요해지는 특별한 이유들이 있다(제8장을 보라).

하지만 일국적 차원에서도 몇몇 영향력 있는 기본소득 주창자들이 부가가치세를 사용할 것을 강력하게 추천해왔다. 한 예로 1990년대 말 벨기에의 정보통신 산업가(제7장을 보라)인 롤랑 뒤샤텔레(Roland Duchâtelet)가 세운 정당은 임금에 기초한 각종 사회보장 납부금(social security contributions)을 폐지하고 개인 소득세는 오직 고

소득자들에게만 남겨놓으면서 부가가치세율을 20퍼센트에서 50퍼센트로 올려 약 500유로(당시 벨기에 1인당 GDP의 23퍼센트)의 무조건적 기본소득의 재원으로 삼자고 제안했다.[56] 이와 비슷하게, 독일의 대형 약국 체인 기업의 CEO이자 독일에서 가장 눈에 띄는 기본소득 주창자(제7장을 보라)인 괴츠 베르너(Götz Werner) 또한 2005년 이후로 부가가치세를 재원으로 삼아 1000유로(당시 독일 1인당 GDP의 약 35퍼센트)의 기본소득을 주자고 제안해오고 있다.[57] 베르너의 영향으로, 2016년 스위스에서 기본소득 국민투표를 발의한 이들도 부가가치세를 주된 재원으로 제안했다(제7장을 보라).[58]

이런 식으로 해서 과연 부가가치세를 훨씬 더 누진적으로 만들 수 있을지 여부를 논하기 이전에, 소득세가 (혹은 지출세가) 재분배 효과가 훨씬 더 클 수 있다는 이유로 부가가치세라는 대안을 너무 쉽게 기각해서는 안 된다는 점을 지적할 필요가 있다. 많은 OECD 국가들에서 최상위 구간의 소득세는 1970년대 말 이래로 계속해서 감소해왔으며, 잘사는 납세자들은 소득 공제, 세금 면제, 세금 우대, 할인, 탈세 구멍, 자본소득의 별도 과세, 세금 최적화(tax optimization),[*] 뻔뻔한 세금 도피 등의 방법을 모두 활용해왔다. 따라서 그 누진적 성격의 우월성도 갈수록 의심스러워지게 됐다.[59] 반면 부가가치세는 근로소득뿐만 아니라 모든 종류의 소득에서 나오는 소비를 한 덩이로 묶어 무차별적으로 세금을 매기게 되므로, 일정한 조건만 충족된다면 소득세보다 더 역진적일 것도 없으며, 선진국에서나 개발도상국에서나 소득세보다 더욱 탄탄한 기본소득의 재원으로 판명될 수 있다.[60]

기본소득의 재원으로 부가가치세를 선호하는 이들 중에 몇몇은

---

[*] 세율이 낮은 나라로 기업 등을 옮기는 행위.

소득에 세금을 매기는 것에 비해 소비에 세금을 매기는 쪽이 노동비용도 줄이고 노동의 동기부여도 보존할 수 있다고 주장한다. 하지만 이는 단기적인 착시 현상에 기인한 것이다. 소비세를 올리게 되면 중장기적으로는 물가가 오르고 실질 임금도 감소하게 된다. 노동자들의 소득에 세금을 매기게 되면 노동 공급이 줄어들 뿐만 아니라 그로 인해 노동자들의 협상력이 증대되고 이것이 노동비용 증대로 이어진다고 하지만, 노동자들의 소비에 대해 더 많은 세금을 매겨도 노동 공급이 줄어들고 협상력이 증가하여 똑같이 노동비용 증대로 이어질 수 있지 않은가? 소득세 때문에 세후 임금이 낮아져서 한계 실질임금이 낮아지면 노동 공급이 영향을 받을 것이라고 하지만, 부가가치세로 물가가 올라서 실질임금이 낮아져도 마찬가지의 결과가 나타나지 않겠는가?

따라서 기본소득의 재원을 소득세로 마련하는 경우와 부가가치세로 마련하는 경우에 노동비용과 노동의 동기부여에 가해질 충격에 체계적인 차이가 있을 수 있다. 이는 소득을 벌어들이는 시점에서 과세를 하는 소득세와 지출하는 시점에서 과세를 하는 부가가치세 가운데 어느 쪽이 폭넓은 스펙트럼의 각종 소득을 실질적으로 포착하는 데 더 성과가 있느냐에 달려 있다.[61] 기본소득의 재원으로 부가가치세나 여타 형태의 매출세를 거부할 근본적인 이유는 없지만, 그렇다고 해서 꼭 그것을 채택해야 할 근본적인 이유도 없다. 하지만 소득세 인상을 시행하기가 더 어렵거나 제대로 작동하지 않는 상황에서는 부가가치세가 실용적으로 유리한 점이 있다는 것도 사실이다.

우리는 소비를 (그리고 소비를 통한 생산도) 어떤 특정 방향으로 장려하거나 위축시키기 위해 조세 제도를 조절하는 것이 기본소득에 어떤 의미를 가지는지에 대해 최종 판단을 내릴 것이다. 그것을 정당화하는 첫 번째 논리는 보건과 관련이 있다. 특히 가부장적 온정주의의 이유에서든 전국적 건강보험의 부담을 줄이기 위해서든 술과 담배에 특히 더 많은 세금을 매길 때 이러한 논리가 전형적으로 나타난다. 두 번째의 주된 정당화 논리는 자연 환경의 여러 외부성들을 내부화하고 미래 세대의 이익을 보호하자는 것이다. 예를 들어 화석 연료를 사용하게 되면 지역에서도 공해가 생길 뿐만 아니라 위에서 논의한 바 있는 기후변화의 위험도 늘어나게 되므로 여기에 세금을 매길 수 있다. 또 자가용을 몰고 다니면 화석 연료를 쓰지 않는 차라고 해도 소음 공해, 교통 정체, 교통사고 위험, 공공장소 부족 등을 야기할 수 있으므로 여기에도 세금을 매길 수 있다. 모든 형태의 비재생 에너지는 미래 세대를 위해 보존해둘 필요가 있으므로 세금을 매길 수 있다. 이처럼 다양한 형태의 환경세(ecotax)들은 그 세수와 무관하게 정당화될 수 있지만, 이것 역시 기본소득의 적합한 재원으로 제안되기도 한다.[62]

이런 세금들이 반드시 기본소득의 재원으로 쓰여야 할 근본적인 이유는 없다. 하지만 이 둘을 연관시킬 훌륭한 이유가 성립할 때가 많다. 이러한 환경세들은 그와 직접 관련된 재화의 가격은 물론이고 그것을 원료로 하여 생산되는 모든 다른 재화 및 서비스의 가격도 끌어올릴 수 있다. 이를 통해 의도한 효과를 그대로 간직하면서 동시에 이로 인해 발생할 생활비용 상승을 보전해주고자 한다면, 그 세금 수입으로 기본소득의 재원을 삼는 것은 당연한 선택이다. 이는 소규모 소비자들에게는 넘치는 보상이지만 대규모 소비자들에게는 크게 모자라는 보상이기 때문이다. 이러한 주장은 앞에서 논의한 바 있는 이란의 보조금 지원 정책을 합리화하는 논리와 비슷하다. 하지만 이란의 경우에는 국내에서 추출한 원유처럼 집단적으로 소유한 자산의 가격

상승 때문에 보상이 필요한 것이었던 반면, 이 경우에는 부정적 외부효과들(negative externalities)을 줄이고자 도입된 세금이기 때문에 필요한 것이다. 두 경우 모두 재원은 탄탄하지 못하지만 도입된 이유는 각기 다르다. 이란의 경우는 국내에서 뽑아낸 석유라는 집단 소유의 자산 가격이 올랐기 때문에 보상이 필요했던 것이지만, 환경세의 경우에는 부정적 외부성을 줄이기 위해 조세를 도입할 필요가 있었기 때문이다.

지금까지 소득세만으로 후한 기본소득을 줄 경우 지나친 소득세율 상승을 불러올 것이라는 우려에서 나온 여러 대안적 재원들을 대략적으로 훑어보았다. 여기에서 우리가 배울 수 있는 것은 무엇인가? 첫째, 다른 선택지들이 풍부하게 존재하며 특히 그들 중 다수가 일정한 조건들을 충족하고 있다면 소득세율 상승을 억제하는 데 큰 도움이 될 뿐만 아니라, 어떤 경우에는 노동에 대한 한계 세율이 올라가는 정도를 낮추어 심지어 제로(0)로 만들 수도 있다는 것이다. 하지만 또한 명심해야 할 두 번째의 교훈은, 이러한 대안적 재원들 중 어떤 것도 만병통치약이 될 수 없을 뿐만 아니라 기본소득이 경제적으로 지속가능하다고 확실하게 보장해줄 수도 없으며, 단기적으로는 어찌 되었든 소득세에 전혀 의존하지 않고 기본소득이 가능하다는 확신을 줄 수도 없다는 점이다.

따라서 무언가 다른 방향으로도 시도해볼 필요가 있다. 기본소득을 조심스럽게 조금씩 앞으로 전진시킬 수 있는 다양한 방법을 탐구하면서 그 각각의 장점들을 논의하는 것이다. 이것이 이 장의 남은 부분에서 논의할 과제다.

범주적 기본소득

첫 번째 가능성은 지급 대상을 정해진 몇 가지 범주의 인구로 제한하는 기본소득으로 시작하는 것이다. 이런 제한의 가장 명확한 기준은 연령과 관련된 범주들이다. 실제로 어린이들과 노인들에 대한 기본소득이 이미 여러 곳에서 시행되고 있다.

많은 나라에서 보편적 아동수당 시스템이 시행되어왔다. 즉 미성년자들을 위한 기본소득이 부모들 중 한 사람, 주로 어머니에게 지급된다. 때로 영주권 이외에는 아무 조건이 없는 경우도 있고, 학교에 출석시켜야 한다는 조건이 붙을 때도 있으며, 더 가난한 가정이나 한부모 가정의 아이들에게는 차등적으로 더 많이 지급되기도 한다. 유럽의 많은 나라에서 이러한 보편적 아동수당 시스템이 시행되고 있다. 2012년에는 몽골공화국이 개발도상국으로서는 처음으로 여기에 합류했다.[63]

보편적 아동수당 제도는 고용주가 부담하는 사회적 납부금(social contributions)을 재원으로 삼는 사회보험 제도에서 발전한 경우가 많다. 이는 고용주들이 대가족을 유지하기에 충분한 임금을 가족이 없는 노동자들에게까지 일괄적으로 지급해야 하는 상황을 피하면서도 자기들이 고용한 노동자들의 가족 모두가 충분한 소득을 보장받을 수 있게 하는 한 방법이었다. 이런 제도는 우리가 무조건적 기본소득의 일반적 특징으로 주장하면서 설명했던 여러 장점들, 즉 높은 수급률, 낙인 효과의 부재, 빈곤 함정의 부재 등을 모두 가지고 있다.

더욱이 재산 조사 아동수당 제도와 비교해볼 때, 다음 세대를 양육하는 일을 떠안은 이들과 그렇지 않은 이들 사이의 폭넓은 연대를 조직하는 장점이 있으며, 또 아이가 있는 가정에서의 두 번째 소득 창출자, 주로 어머니가 가정에 묶이는 가정 함정을 초래하는 일도 피할 수 있다. 재산 조사 아동수당 시스템에서는 어머니가 직업을 갖기로 결정할 경우 높은 한계 세율에 직면할 수 있으며(가구 소득을 전체로 하여 세금을 매기는 경우) 거기에 더하여 아동수당마저 줄어들거나 아예 없어질 수도 있기 때문에, 다른 어떤 범주의 사람들보다도 실효 한계 세율로 인해 노동시장 참여가 막히는 결과가 나타난다. 그러나 일단 그 재원이 사회적 납부금이 아닌 일반 세금이 되고 나면(이는 임노동자들의 자녀뿐만 아니라 모든 자녀들을 수급 대상으로 삼을 경우 필연적으로 행해지는 조치다) 보편적 아동수당은 왜 재산 조사를 도입하지 않느냐는 근시안적 공격의 표적이 되는 경우가 많다. 이러한 공격이 실패할 경우도 있지만 때로는 성공하여 재산 조사가 도입되기도 하고, 또 그랬다가 다시 재산 조사가 폐지되는 경우도 있다.[64]

연령 스펙트럼의 반대쪽인 노령층으로 가보면 이미 오래전에 토머스 페인이 보편적인 기초연금을 주장한 바 있다(제4장을 보라). 1930년대 휴이 롱의 '우리의 부를 나누자' 운동과 거의 동시에 캘리포니아의 의사였던 프랜시스 에버렛 타운젠드(Francis Everett Townsend)가 매출세를 재원으로 하여 60세 이상의 모든 미국인들에게 기초연금을 도입하자고 제안했다. 그의 운동은 "노인에게는 여가를, 젊은이에게는 일자리를"이라는 구호 아래 무려 1000만 명의 회원을 모으기도 했지만, 1935년 루스벨트 대통령의 사회보장법으로 재산 조사에 기초한 노인 부조 프로그램이 나타나면서 이 운동은 쇠퇴했다.[65]

1938년에는 뉴질랜드가 납부금을 내지 않아도 또 재산 조사를 거치지 않아도 모든 노인들에게 지급하는 연금제도를 도입한 첫 번째 나라가 된다. '뉴질랜드 연금(New Zealand Superannuation)'이라고 불리는 이 제도는 1985년에는 재산 조사를 거쳐야 받을 수 있었지만

1998년에 다시 보편적인 성격을 회복했다. 1940년대와 1950년대에는 이러한 기초연금이 덴마크, 핀란드, 스웨덴, 네덜란드 등에 도입되지만, 오늘날까지 유지되고 있는 나라는 네덜란드뿐이다(2015년 기준으로 1인당 GDP의 약 30퍼센트에 달하는 높은 수준). 덴마크에서는 상위 1퍼센트의 소득자들은 더 이상 이것을 받을 자격이 없게 됐다. 뉴질랜드와 네덜란드에서는 기초연금의 수급 자격이 국내 거주 기간에 따라 달라지지만, 65세 이후 자국에 계속 거주하는 노인들에게만 국한되지는 않는다.[66]

또 보편적 기초연금을 시행하고 있는 개발도상국들도 몇 곳 있다. 예를 들어 나미비아는 1992년 이후 60세 이상의 모든 영주권자들에게 기초연금을 지급하고 있으며(2014년 기준으로 1인당 GDP의 약 12퍼센트), 볼리비아도 2008년에 마찬가지로 무조건적인 성격을 갖는 '존엄소득(Renta Dignidad)'을 도입하였다(2014년 기준 1인당 GDP의 약 15퍼센트). 재산 조사에 기반한 제도와 비교해보았을 때, 보편적 기초연금은 제1장에서 우리가 언급한 보편적 성격의 일반적 이점들을 그대로 가지고 있다. 수급률이 높고, 낙인 효과도 없으며, 빈곤 함정(이 경우에는 노동의 동기 상실이 아니라 저축과 연금 수급권 축적의 동기 상실로 나타난다)의 축소 등이 그것이다. 그럼에도 불구하고, 아동수당의 경우와 마찬가지로 일부에서는 재산 조사 시스템으로 되돌아가려는 시도가 이루어져 성공을 거두기도 했다.[67]

보편적 아동수당과 보편적 기초연금은 모두 우리의 입장에서 볼 때 대단히 환영할 만한 제도다. 사회보험 시스템의 바깥에서 이런 제도들을 발전시키면, 기초적인 사회보호와 그에 결부된 자유를 단지 사회보장 보험금을 충분히 지불할 수 있는 집단을 넘어서는 범위의 사람들에게까지 제공할 수 있다. 게다가 보편적 아동수당에 (아이를 낳아 돌본다는 것 이외에는) 아무 의무도 부과되지 않는다는 사실과 노인들이 과거 이력과 무관하게 모두 기초연금을 받을 수 있다는 사실 모두가, 사람들로 하여금 필요할 때는 노동시간을 줄이는 것을 더 쉽게 만들어주고 이를 통해 유급 일자리를 나누도록 장려한다. 보편적 아동수당과 기초연금은 이런 방식으로 무조건적 기본소득이 목표하는 바와 그 효과에 더 가까워진다. 따라서 두 가지 모두 여러 맥락에서 볼 때 기본소득을 향해 나아가는 데 전도유망한 방법을 제공한다.

하지만 인구의 일부 하위 집합에 대해 기본소득을 도입하는 다른 방식에 대해서도 이렇게 말하기는 어렵다. 예를 들어 기본소득의 수급 자격을 노인과 아동을 넘어서 청년들에게 우선적으로 확장하는 방법을 생각해볼 수 있다.[68] 이에 대해서는 두 가지 해석 방식이 있을 수 있다.

첫 번째 해석은 기본소득을 (연령 집단에서 연령 집단으로가 아니라) 같은 해에 태어난 동년배들(cohort)에서 그다음 동년배로 확장해나가는 것이다. 이렇게 되면 이를 받은 동년배들은 받지 못한 동년배들에 비해 노동시장에서의 협상력 면에서 일생 내내 유리함을 누리게 되므로 노골적으로 불공정한 결과를 낳게 될 것이 자명하다.

두 번째 해석은 기본소득을 어느 특정 시점에서 일정한 연령 집단에 해당하는 이들(예를 들어 18~21세 사이의 청년들)에게 주는 것으로, 그것을 받던 이들이 23세에 도달하는 순간부터는 지급되지 않는다. 이는 사실상 애커먼과 앨스톳(Ackerman and Alstott: 1999)이 제안한 것으로, 매년 2만 달러씩 4년간 지급하는 '사회적 지분 급여(stakeholder grant)'와 동일한 것이다.[69] 이와 일치하는 또 다른 제안으로는, 일부 나라에서 전업 학생으로 등록되어 있는 모든 이들에게 지급되고 있는 현행의 보편적 학생 급여(universal student grant)를 모든 젊은이들에게로 확대하자는 제안을 들 수 있다. 이렇게 함으로써 유리한 배경에서 자라나 고등교육까지 받는 젊은이들을 더욱 유리하게 만들어주는 왜곡된 재분배를 피할 수 있다는 것이다.[70] 이런 제도들은 동년배 단위로 지급되는 기본소득만큼 구조적인 불공정성을 갖고 있지는 않을 것이다. 하지만 이런 제도들은 고등교육이 일생에 걸친 평생교육의 형태가 아니라 청년기에 집중되어야 한다는 낡아빠진 생각을 더욱 강화시킬 수 있다. 게다가 인생의 다음 단계에서 어차피 잃어버리게 될 일시적인 협상력을 청년 시절에만 주는 것이 과연 지혜로운 일일까 하는 의구심을 불러올 수 있다.

어떤 이들은 연령에 따른 범주 대신 일정한 직업적 범주의 구분을 통해 기본소득을 도입하자고 제안하기도 한다. 특히 유럽연합의 농업 정책에서는 오랫동안 보조금 정책이 엄청나게 많은 부분을 차지한다. 이로 인해 농산물 가격이 왜곡되어왔으므로 이를 철폐해야 한다고 주장하는 이들도 있었다. 이들 사이에서 특별히 인기를 얻는 정책이 농민 기본소득이다.[71] 그리고 2005~2012년에 네덜란드에서는 예술가들에 대한 진짜 기본소득으로 볼 수 있는 제도가 시행된 적도 있다.[72] 하지만 이렇게 직업으로 범주를 정하는 것에는 자명한 문제가 있다. 그런 범주들에 귀속되는 것과 상당한 금전적 이익이 결부되는 순간, 누가 농부 또는 예술가의 범주에 들어갈 자격을 갖는가(해당 활동을 어떻게 정의할 것인가, 하루에 몇 시간이나 그 활동을 해야 그 범주에 들어갈 수 있는가 등)를 놓고 이전투구가 벌어질 것이 분명하다. 그 결과 기본소득이 점진적으로 일반화되는 쪽으로 가기는커녕 오히려 그 반대 방향으로 가게 될 가능성이 더 크다. 이보다 더 문제가 되는 것은 해당 국가의 시민권을 가진 영주민으로 기본소득을 제한하는 것이다. 대부분의 나라에서 이렇게 해봐야 별로 비용이 줄어들 리도 없거니와 이는 또한 일부만이 향유할 수 있는 기초적 보호의 자금을 대기 위하여 모든 노동자들의 순임금이 줄어드는 이상한 노동시장을 창출하고 말 것이다.

결과적으로, 경제활동 연령에 있는 인구들에 대해서 영구적 범주를 설정하여 그들에게만 기본소득을 준다는 생각은 별로 가망이 없다. 아마도 이에 가장 가까운 것으로 정당화할 수 있는 사례는 브라질의 '보우사 파밀리아' 프로그램이라고 할 수 있을 것이다(제3장 참조). 이 프로그램은 처음 얼핏 보면 그 시행 과정에 모종의 결함을 안고 있는 듯하지만, 바로 그 결함처럼 보이는 특징 때문에 다른 재산 조사에 기반을 둔 제도들보다 더 기본소득에 가깝다. 브라질 정부는 지속적인 재산 조사를 강제할 만한 비용을 도저히 감당할 수 없으므로, 일단 어떤 가정의 소득 조건을 보아 이 프로그램에 등록할 자격이 있다고 여겨지면 향후 6년 동안 당국에서는 그 가정의 소득을 감시하는 일을 아예 그만두는 것이 통상적인 관행인 듯하다. 따라서 수급자들은 다음번 재산 조사가 있을 때까지 그 수당을 그냥 계속 받으면서 벌 수 있는 만큼 얼마든지 더 벌어서 소득을 추가하여 불려나갈 수 있다.

모든 브라질 국민들에게 기본소득을 지급하려면 경제의 비공식 부문을 크게 줄여야 하며, 이에 발맞추어 소득세를 공정하고도 효율적으로 과세할 수 있는 브라질 정부의 역량도 늘어나야만 할 것이다. 그러한 조건이 충족되기 전까지는 가난한 이들에게 한 번에 6년 동안 주어지는 기본소득이 넓은 의미에서의 범주적 기본소득에 해당한다고 볼 수 있다. 물론 지급되는 액수의 수준이 더 올라간다든가(2015년 기준으로 1인당 지급되는 수당의 최대 액수는 약 13달러, 즉 브라질 국민 1인당 GDP의 2퍼센트 정도), 혹은 믿을 만한 재산 조사를 수행하는 것이 정부

당국으로서는 그다지 큰 문제가 되지 않게 된다면 이 제도 역시 오래 살아남지는 못할 것이다.[73]

가구 기본소득 그리고 부가세

그렇다면 경제활동 연령에 있는 모든 인구에게 후한 기본소득을 주면서도 한계 소득세율이 크게 증가하여 빚어질 여러 결과에 대한 공포를 촉발하지 않는 방향으로 조심스럽게 나아갈 방안은 없을까? 다른 재원 형태들 또한 최소한 단기적으로는 큰 도움이 되지 못하거나 소득세와 비슷한 문제들을 촉발시킬 가능성도 높다.

여기서 이 공포의 성격을 자세히 살펴볼 필요가 있다. 이는 앞에서 기본소득의 특성을 거론할 때 자세히 설명하였듯이, 아무 의무도 부과되지 않는다거나 선불로 지급된다는 의미에서의 보편성에서 기인한 것이 아니라, 철저히 개인에게 지급되는 것인 동시에 다른 원천에서 온 소득을 추가로 가질 수 있다는 의미에서의 보편성을 띤다는 데서 비롯되는 것이다. 따라서 이러한 공포는 개인에게 지급되는 기본소득만큼이나 개인에게 해당되는 후한 수준의 마이너스 소득세에도 영향을 끼치며, 결국 이에 대응하기 위해서는 개인에게 지급된다는 점에 대한 타협, (앞에서 말한 의미에서의) 보편성에 대한 타협, 후한 수준에 대한 타협이라는 세 가지 전략이 등장하게 된다.

첫 번째 선택지는 기존의 재산 조사 수당제에서 시작하는 것이 가장 좋아 보인다. 이러한 제도가 여러 가지 함정 효과(trap effect)를 발생시킨다는 사실을 발견한 몇몇 나라에서는, 사람들이 일해서 소득을 얻더라도 기존의 수당을 빼앗기는 일이 없도록 수당과 근로소득을 결합시킬 수 있는 방향으로 개혁을 시도했다. 예를 들어 2009년에 있었던 프랑스의 최저소득 제도 개혁을 들 수 있다. 1988년에 생긴 기존의 '노동시장 참여 최저소득(revenu minimum d'insertion, RMI)'은 '적극적 사회 연대 소득(revenu de solidarité active, 이하 RSA)'으로 대체되었다. RSA는 실효 한계 세율을 100퍼센트에서 38퍼센트로 낮추었다.[74] 하지만 조세 및 소득 이전 시스템에 일관성을 지키기 위해서는 동일한 근로소득에 대해 일반 납세자들이나 RSA 수령자들이나 최종적인 순소득이 동일해야만 한다. 이 때문에 프랑스의 최저소득 제도는 점진적으로 모든 가구에 적용되는 좀더 단순하고 이해하기 쉬운 마이너스 소득세 방향으로 밀려가게 됐다. 이것이 프랑스의 사회당 정부가 위촉했던 두 개의 보고서, 즉 프랑스 국가 계획 기관인 미래 전략부(France Stratégie)와 국민의회의 사회당 의원인 크리스토프 시뤼그(Christophe Sirugue)가 작성한 보고서에서 모두 권고했던 바였다.[75]

영국에서도 마찬가지로 2010년 11월 보수당 정부가 '보편적 세액공제(universal credit)'라는 이름으로 가구에 기초한 마이너스 소득세 유형의 정책을 점진적으로 시행하겠다고 공표하였다(2013년에 시작하여 2017년에는 완전한 시행 단계에 도달함). 이는 보수당 각료 이언 던컨-스미스(Ian Duncan-Smith)가 세운 싱크탱크인 사회정의 센터(Centre for Social Justice)가 권고한 것이었다. 그 목적은 몇 가지 세액공제와 현금 이전(여기에는 영국의 최저소득 제도인 '구직수당[Jobseeker's Allowance]'도 포함된다)을 단일의 새 제도로 통합하여 저소득 계층으로 하여금 노동시장에 참여하도록 더 많은 금전적 동기부여를 제공하는 것을 목표로 하는 것이었다.[76]

조세 시스템과의 통합이 일단 완성되고 나면, 이 제도는 일을 하고 있거나 일할 의사가 있는 이들로만 제한되는 가구 단위의 마이너스 소득세와 비슷한 모습이 된다. 하지만 노동시장에 참여할 금전적 동기부여가 존재하게 되므로, 노동할 의사가 있어야 한다는 조건(이를 모니터하는 일은 사생활 침해, 높은 비용, 낮은 효과로 점철될 때가 많다)은 크게 완화된다고 할 수 있다. 모든 가구에 선불로 지급되는 일은 여전히 이루어지지 않지만, 소득 이전 및 조세가 모두 이루어진 이후의 결과적인 분배의 모습은 가구에 기초한 기본소득의 경우와 동일하게 나타날 것이다. 개인이 아니라 가구를 단위로 삼았으므로 규모의 경제를 고려할 수 있게 된다. 독신자 1인에게 지급되는 것보다 부부 각 1인당 지급되는 보편 소득이 더 낮은 액수이므로, 같은 정도의 빈곤 감소를 위해서라면 개인에게 기본소득을 지급할 때보다 상당히 낮은 비용으로 운용할 수 있게 된다. 그리고 기존의 최저소득 제도가 가구를 기초로 이루어지는 경향이 있음을 볼 때, 이를 대체하면서도 그 수급자들이 더 불리한 처지에 놓이는 일을 막기 위해서는 세율을 약간 증가시킬 필요가 있다. 하지만 가구를 단위로 삼게 되면 진짜 기본소득의 개인적 성격과 결부되어 있는 중요한 다른 이점들과 단순성이 희생되는 것은 어쩔 수 없다(제1장을 보라).

따라서 두 번째 선택지를 검토해볼 필요가 있다. 기본소득 혹은 (마이너스 소득세의 경우) 환급형 세액공제의 개인적 성격을 엄밀히 고수하면서, 개인에게 지급되는 급여에 대단히 높은 환수율을 부여하는 것으로, 즉 소득세를 역진적으로 만드는 것이다. 한 예로 제임스 미드는 그의 '아가소토피아' 모델에서 이러한 선택을 옹호하고 있다. 모든 이들의 소득에서 하위 구간에 '부가세(tax surcharge)'를 더한다는 것이다.[77] 이는 역설적으로 들리겠지만, 부자들보다 (아니면 최소한 덜 가난한 사람들보다) 가난한 이들에게 더 높은 세율을 매기는 것이 낫다는 것이다. 좀더 정확히 말하면, 지속가능하도록 최저소득을 극대화하고

자 한다면, 근로소득의 분포에서 가장 낮은 부분이 역진적 세제의 모습을 가지고 있어야 한다는 것이다. 그 논리는 아주 단순하다.[78] 많은 양의 세금을 지속적으로 걷고자 한다면, 인구가 밀집되어 있지만 (모든 납세자들은 최소한 그 소득의 일부가 그 구간에 걸쳐 있게 마련이니까) 한계 소득을 얻는 이가 거의 없는 소득 구간에 높은 세율로 과세하는 것이 가장 좋은 방법이다. 대부분의 사람이 일을 좀더 하거나 덜함으로써 얼마나 더 얻거나 잃게 되는지는 이 구간에 적용되는 세율로 결정되지는 않는다. 이러한 논리가 높은 소득 구간에 다시 누진적인 세제를 적용할 가능성을 배제하지는 않는다. 즉 일정한 상위 구간들에 대해서는 그 바로 아래의 소득 구간보다 더 높은 세율을 적용하는 것이다. 하지만 이는 최저소득 구간에 대해서는 높은 실효 세율을 적용하는 게 좋다고 강력하게 추정하도록 만든다(그림 6.2를 보라).

단일세율을 적용하는 경우와 비교해보면, 이렇게 역진적 세율을 적용할 경우 자동적 원천징수가 더 복잡해지는 단점이 있다. 개인 단위의 과세를 가정한다면, 이는 또한 가정 내에서 가족 구성원들 모두가 함께 고용에 참여하는 것을 위축시킨다. 만약 더 낮은 소득 구간에서 그 위의 구간보다 더 무거운 세금을 부과한다면 가족 중 한 사람에게 고용을 집중시키는 것이 경제적으로 더 이익이다. 무엇보다도, 이는 광범위한 여러 낮은 소득에 노골적으로 몰수적 성격을 띠는 세율을 적용하는 것이다. 물론 엄격한 재산 조사 최저소득 제도에 함축되어 있는 암묵적인 100퍼센트 한계 세율에 비교한다면, 예를 들어 한계 세율이 75퍼센트만 되어도 사람들에게 노동을 장려하는 효과는 분명히 없지 않을 것이며, 특히 이 제도가 환급형 세액공제가 아니라 선불로 지급되는 기본소득의 형태로 운영된다면 소득의 최저선이 확실하게 생기는 것이니 실업 함정을 제거하는 데도 더욱 도움이 될 것

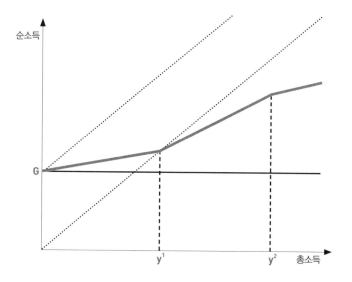

그림 6.2 기본소득과 동시에 높은 환수율을 적용했을 때의 순소득

위의 그림은 부가세 제안을 그래프로 나타낸 것으로, 총소득의 손익분기점 수준인 y^1까지는 추가적 소득이 생길 때마다 75퍼센트로 그 소득을 환수하도록 한다.

이러한 높은 세율이 모든 납세자들의 각종 소득에서 큰 부분에 적용되므로, 목표 예산이 주어져 있을 때, 총소득이 y^1에서 y^2사이에 있는 이들에게는 한계 세율을 훨씬 낮게 유지하는 것이 가능하다.

좀더 높은 구간에서는 다시 누진적인 과세가 가능하다.

이다(제1장과 제2장을 보라). 하지만 이 두 번째 선택지는 심하게 역진적인 소득세제를 영구적이고도 명시적으로 유지해야 한다는 심각한 결함을 안고 있다.

부분적 기본소득

우리가 선호하는 선택지는 지금부터 이야기할 세 번째의 것이다. 이는 개인에게 지급되는 기본소득의 단순성을 유지하면서도 매력 없는 역진적 소득세제를 회피하는 것이지만, 당분간은 혼자서 살아가기에 충분할 정도라고는 도저히 말할 수 없는 액수의 기본소득, 그래서 종종 부분적 기본소득(partial basic income)이라고 불리는 것으로 만족하자는 선택지다. 이러한 제안은 1970년대 말 영국에서 조세 문제를 숙의하였던 미드 위원회(Meade Committe)에서 진지하게 고려되었던 것이다. 또 1985년 네덜란드 정부의 요청으로 발간되었던 보고서에서 제시한 내용으로, 장래 사회보호 제도의 최상의 시나리오 가운데 중심적 요소였다(제4장을 보라). 만약 조건부 최저소득 제도가 이미 시행되고 있는 상황에서 이 부분적 기본소득을 도입한다면, 예를 들어 부부 한 쌍에게 주어지는 소득 수준의 절반으로 그 기본소득의 액수를 맞출 수 있다. 이렇게 되면 1인 가구는 항상 기존에 받던 것보다 수급액이 줄어들게 될 것이므로 이를 막기 위해 필요한 만큼을 추가로 얹어주는 조건부 공공부조를 유지하도록 한다.[79] 진정한 부분적 기본소득이라면 모든 성인들 개개인에게 선불로 지급되는 형태를 띠게 되겠지만, 엄밀하게 개인에게 적용되는 환급형 세액공제 또한 이미 이러한 방향으로 나아가고 있다고 볼 수 있다.[80]

지금 당장 시행할 수 있는 조치인 부분적 기본소득은 '완전한' 기본소득에 비추어 두 가지 주요한 이점이 있다. 첫째, 위에서 자세히 설명한 딜레마, 즉 낮은 소득 구간에 높은 환수율을 유지함으로써 빈곤 함정을 깊게 파는 것과 광범위한 근로소득 구간에 부과하는 한계세율을 크게 올려서 노동시장에 거의 예측 불능의 영향을 미치는 것

중 어떤 것을 선택할 것인가의 딜레마를 회피하거나 최소한 크게 완화시킬 수 있다. 둘째, 소득 분배에 급작스런 대혼란을 가져오는 일을 피할 수 있다. 기본소득은 엄격히 개인에게 지급되는 것이므로, '완전한' 기본소득을 채택하고 그 재원까지 조세로 마련하게 되면 성인이 1명뿐인 가구의 금전적 상황을 악화시켜서 성인들 여러 명이 함께 사는 가구가 더 잘살게 되는 상황을 피할 수 없다. 하지만 부분적 기본소득을 채택하게 되면 이러한 급작스런 충격을 피할 수 있다.

그러나 이러한 두 가지 이점들은 한 가지 단점과 결부되어 있다. 일부 가난한 가구는 부분적 기본소득의 채택으로 오히려 상황이 크게 악화될 위험이 있으므로 이를 피하기 위해서는 일정한 조건부 공공부조의 형태로 소득을 상당히 보충해줄 필요가 있다는 것이다.

말할 것도 없이, 이 부분적 기본소득의 액수가 실질적인 차이를 만들어낼 만큼은 되어야 한다는 것이 중요하다. 이를 도입한다고 해서 **백지 상태**의 원점이 마련되는 것은 아니다. 이러한 기본소득에 더하여 다른 수당을 받겠다는 요구와 이것을 충족시켜야 할 다양한 조건들이 여전히 있을 것이며, 그것에 대한 조사도 여전히 실시되어야 할 것이다. 하지만 그 필요가 크게 줄어드는 것은 분명할 것이다. 우선 부분적 기본소득이 비교적 적은 액수의 수당들과 세금인하 조치들을 모두 대체할 것이기 때문이다. 또한 실업 함정의 깊이가 크게 줄어들고 아마도 성인이 2명 이상인 가구에서는 실업 함정이 아예 없어질 수도 있기 때문이다. 여전히 추가적인 공공부조가 필요한 경우는 대부분 혼자 사는 사람들로, 평균적으로 볼 때, 이들은 가정을 이루어 사는 사람들보다 사회복지사들의 관심과 지도를 더욱 필요로 할 것이다.

또한 부분적 기본소득의 수준에서 수당 시스템을 크게 간소화할

수 있을 정도는 되어야 하지만 이것이 유일한 고려사항은 아니다. 제
1장에서 주장했듯이 기본소득의 해방적 결과들을 가져올 정도로 충
분한 크기여야 한다는 것이 훨씬 더 중요한 고려사항이다. 특정 직업
에 대해 사람들이 정말 자기 뜻대로 예 또는 아니오라고 말할 수 있
는 실질적 자유를 현저하게 증대시키려는 목적이라면, 무조건적 기본
소득이 반드시 도시 환경에서 한 개인이 일생 동안 제대로 살 수 있
을 만큼 충분한 크기여야 할 필요는 없다. 여기에 크게 못 미치는 액
수의 기본소득이라고 해도, 사람들이 보수가 적거나 불확실한 일자리
를 잡고, 노동시간을 줄이고, 더 많은 직업훈련이나 교육을 받고, 자
기에게 맞는 일자리를 찾기 위해 얼마든지 더 많은 시간을 쓸 수 있
으며, 많은 사람이 저축, 공유, 대출, 비공식적 연대 등을 통해서 이런
모든 일을 하기가 더욱 용이해질 것이다.

이런 점에서 볼 때, 기본소득을 주장하는 이들은 기본소득의 액수
가 얼마나 되어야 완전히 충분한 수준인가라는 질문에 답하는 데 너
무 많은 시간을 낭비하지 말아야 한다. 어떻게 정의하든 '완전한' 기
본소득이라는 것을 단 한 방에 성취하려는 행동은 무책임할 수밖에
없다. 기본소득은 사람들을 움직이게 만드는 유토피아이자 도달해야
할 지평선이다. 그것이 하나의 궁극적 목적으로 기능하려면 응당 어
느 정도 액수를 갖추어야 하지만, 다른 한편으로는 기본소득 시행으
로 빚어질 수 있는 여러 결과들을 고려하여 다음에 어떤 행보를 할
것인지에 대해 폭넓은 사회적 합의를 이룰 필요도 있다. 이 두 가지
사이에는 큰 간극이 있다. 궁극적 목적으로서의 기본소득이 구체적으
로 얼마가 되어야 하는가보다 훨씬 더 직접적으로 중요한 고려사항
은, 부분적 기본소득을 도입했을 때 어떤 것이 계속 유지될 것이며 어
떤 것이 억제될 것인가라는 문제다. 그것의 재원 방식이 무엇인지 그

리고 그 개혁 패키지에 포함된 다른 조치들이 무엇인지에 따라 더 적은 액수의 기본소득이라고 해도 가장 못사는 이들의 상태를 괄목할 만큼 개선시킬 수도 있고, 반면 더 많은 액수의 기본소득이라고 해도 오히려 더 악화시킬 수도 있는 것이다.

여러 전후사정을 감안할 때 이 세 번째 선택지, 즉 부분적 기본소득이 우리가 앞으로 나아갈 가장 유망한 방법을 제공한다는 것이 우리의 신념이다. 나라마다 조세 및 소득 이전 시스템의 구조와 크기에 따라서, 또 여러 정치적 가능성(제7장을 보라)에 따라서 부분적 기본소득은 다양한 형태로 나타날 수 있다. 우리는 학자로서는 최초로 기본소득을 주장하였던 조지 콜의 조언을 그대로 받아들여 널리 외치고자 한다. "만약 모든 시민들에게 그들 개인의 노동에서 나오는 보상과는 별도로 공동 상속물의 한 몫을 나누어 받을 권리로서의 '사회 배당금' 정책을 제도화하기로 결정한다면, 작은 규모로 시작해야 한다는 것은 의문의 여지가 없다. 즉 기본소득의 지급으로 인해 다양한 형태의 생산적 서비스에서 파생되는 소득의 구조 전체가 갑자기 혼란에 빠지는 일은 없어야만 한다. 하지만 이러한 시스템이 일단 제도화되면, 점차 확장해나갈 수 있을 것이다."[81]

그리고 제임스 미드는 이렇게 설명했다. "사회 배당금은 아주 작은 규모에서 시작할 수 있다. 그 재원은 기존의 소득세 제도 아래에서의 개인 수당의 폐지, 여타 사회수당의 감축, 작은 폭의 세율 인상과 일정 단계가 되면 다른 소득의 증가분에 대해서도 특별 과세를 덧붙이는 등의 조치로 마련한다. 이러한 과정을 서두르지 않고 감당할 수 있는 속도로 진행한다면 지나친 갈등과 긴장을 겪지 않고도 아가소토피아의 조건들에 도달할 것이라는 희망을 가질 수 있다."[82]

하지만 대부분의 나라가 이러한 부분적 기본소득조차도 당장 시행하기에는 부담스러운 상황이다. 따라서 여러 다른 조치들도 그 제도를 지향하는 가치있는 진보로 여겨 환영할 수 있다. 조건부 최저소득 제도도 그런 제도가 전혀 없는 나라에서 도입되는 것이라면 마땅히 환영할 일이며, 아동수당 및 기초연금의 도입, 환급형 세액공제의 일반화, 비자발적 실업자들에 국한된 수당에 대한 보완책으로서 각종 근로자 수당(in-work benefits)●의 개발, 경력 단절이나 노동시간 축소를 위한 수당의 형태로 자발적 실업자들에 대한 보조금의 도입 또한 모두 환영할 만한 것들이다. 이러한 조치들이 더 많이 시행될수록, 기본소득의 도입을 미지의 영역으로 여겨 그 제도에 뛰어드는 것을 두려워하는 경향을 크게 줄일 것이다.

기본소득 시행의 결과들을 둘러싼 불확실성 때문에 생기는 의심을 가라앉히는 데 이러한 조심스런 점진적 접근만으로 충분할까?[83] 존 엘스터는 기본소득 제안을 격렬하게 비판하면서 이렇게 말했다. "사회과학의 현 발전 수준으로 볼 때, 우리가 큰 규모의 제도적 변화가 장기적으로 지구적 차원에서 어떠한 균형 상태를 가져올지를 예측하는 것은 실로 아득히 먼 미래의 이야기일 뿐이다. 단지 점진적인 계획이나 시행착오로 조금씩 사회를 바꾸어나가는 사회공학을 통해서 (…) 국지적, 부분적, 단기적, 이행기적 효과들을 대충 어림짐작할 수 있을 뿐이다."[84]

우리는 이러한 주장에 동의하며, 앞에서 기본소득 실험들을 논의하면서 이에 대해 표현만 바꾸었을 뿐 여러 번 반복하여 말한 바 있다. 하지만 엘스터도 인정하는 바가 있다. "다음과 같은 반론이 가능하다. 그 제안을 작은 규모로 시행하여 낮은 수준의 보장소득으로 시

● 예를 들어 미국에서는 직장이 있는 사람도 23세 미만의 피부양자가 있는 경우에는 이러한 수당을 신청할 수 있다.

작한다면 거의 잃을 게 없을 것이다. 만약 그렇게 해서 예측했던 효과가 나타나는 것으로 판명된다면 그 다음에는 보장소득을 증액하면 되고, 더 올렸다가는 역효과가 나타나기 시작하는 (그런 일이 없을 수도 있겠지만) 액수에서 멈추면 된다. (…) 다른 말로 하자면, 잃을 것은 없고 대신 무언가 얻을 가능성이 있다면 시도해보지 않을 이유가 없지 않은가?"[85]

사실 바로 이것이 우리가 제안하는 것이다. 이런저런 실험들을 해본다고 해도, 후한 수준의 무조건적 기본소득을 바로 시행했을 때 어떤 결과들이 튀어나올지 알 수 없는 일이다. 그렇다면 적은 액수의 기본소득으로 시작하자. 따지고 보면 사회보호의 다른 두 모델들 역시 이런 식으로 시작했다. 오늘날 일부 유럽 나라들, 심지어 북미에서 시행되는 공공부조 제도조차, 16세기 초 플레미시 지방의 도시들에서 공공부조가 처음 도입되었던 수준에 비하면 거의 막 퍼주는 수준까지 늘어난 셈이며, 오늘날의 은퇴한 노인들이 받는 사회보험 수당(미국에서는 '사회보장social security'이라고 불린다)은 비스마르크가 선진적으로 시행했던 노령연금 시스템에 비교하면 돈 잔치라고 해도 과언이 아니다(제3장을 보라).

하지만 비스마르크는 무작위로 표본 노동자들을 선별하여 이들에게 사회보장 보험료를 내는 대신 국가 연금을 주겠다고 약속했을 때 통제 집단의 노동자들보다 일을 덜하게 되는지, 아니면 저축을 덜하게 되는지를 알아보는 실험 따위는 하지 않았다. 대신 그는 산업 노동자들에게 무조건 자기들 임금의 2퍼센트를 내도록 하여 기금을 만들었고 30년 이상 돈을 납부한 이들에게 연금 수급권을 주었을 뿐이며, 그 액수는 고작 그들 임금의 19퍼센트밖에 안 되는 돈이었다.[86] 다시 말하면 무슨 무작위 추출 샘플의 실험을 한 것이 아니라, 적은 액수로 시작하여 실제 세계에 존재하는 도시 공동체에서(공공부조의 경우) 혹은 온 나라에서(사회보험의 경우) 신뢰와 자신감을 먼저 조성하였고, 다시 이를 믿고 더욱 야심찬 수준으로 이동해나갈 수 있었던 것이다.

이 정도면 엘스터의 조심스러운 태도를 극복하기에 충분한가? 충분치 않다. "똑같은 설득력을 지닌 현실적 혹은 잠재적 제안들이 차고 넘친다"는 점을 감안할 때, 생활에서의 실험들은 "만약 근본적인 아이디어가 유효한 것이라고 널리 믿어지기만 한다면 유용한 것일 뿐만 아니라 사실상 반드시 필요한 것이다. 하지만 만약 그 목적이 단지 자연 선택과 비슷한 선별 과정을 사회에 적용해 투입 요소를 산출하기 위한 것이라면, 이는 전혀 쓸모없는 짓이다. 무언가에 꽂힌 몽상가들이 우리의 문제들을 고쳐줄 만병통치약이라고 신줏단지처럼 여기는 모든 아이디어들을 사회가 다 인증해줄 수는 없는 일이다."[87] 그러므로 사회가 제안된 방향으로 나가는 것에 대해 사람들이 반대하는 것은 경제적 본질의 문제가 아니다. 문제의 원인은 그 제안이 과연 정치적 지지를 받을 수 있을까라는 회의와 의심에 있다. "그 제안대로 하면 이런저런 효과가 나타난다는 주장들은 엄청난 불확실성에 둘러싸여 있다. 적절히 추상적인 의미에서는 그런 효과가 생겨날 '가능성'도 있지만, 그렇다고 해서 누군가 단 한 명이라도 그를 지지하는 정치적 행동에 나서도록 움직일 수 있다는 의미는 아니다."[88]

여기에서 우리는 다음 장의 주제로 넘어갈 필요가 있다.

1 영국에 대해서는 Parker(1989)과 Torry(2016), 아일랜드에 대해서는 Reynolds and Healy(1995). 벨기에에 대해서는 Gilain and Van Parijs(1996)과 Defeyt(2016), 프랑스에 대해서는 de Basquiat and Koenig(2014)과 Hyafil and Laurentjoye(2016), 스페인에 대해서는 Arcarons et al.(2014), 룩셈부르크에 대해서는 Bouchet(2015), 포르투갈에 대해서는 Teixeira(2015), 캐나다에 대해서는 Boadway et al.(2016)의 문헌을 참조하라. 대부분의 경우 기본소득의 재원은 일반적인 소득세 제도의 일부다. 하지만 독일에서 Pelzer(1996)의 '울름 모델(Ulm model)'과 같은 경우에는 개인 소득세보다 더 넓은 소득 기반에 대해 용도가 지정된 정률세를 과세할 것을 제안하고 있다.

2 1992년 벨기에 데이터를 놓고 수행된 세밀한 미시적 모의실험에 따르면, 적은 액수의 수당들을 없애고 또 높은 액수의 수당에서도 기본소득에 해당하는 만큼 액수를 줄인다면 월 200유로에 해당하는 기본소득 비용의 40퍼센트를 충당할 수 있다고 한다(Gilain and Van Parijs[1996]). 세금 면제(가정 내의 성년 자녀[adult children]에 대한 세금 면제도 포함)를 받는 대략 월 400유로의 소득 구간과 이러한 세금 면제에서 완전히 혜택을 보는 것으로 추정되는 성인 인구의 약 절반 정도를 두고 약 25퍼센트의 세율로 과세할 경우 또다시 총비용의 4분의 1 정도가 또 충당되며, 만약 50퍼센트의 세율로 과세할 경우에는 절반 정도가 충당된다. 이렇게 해서 절반을 충당하고 또 앞에서 말한 대로 각종 수당을 폐지하여 얻는 자체 재원 조달(40퍼센트)을 감안한다면, 추가적인 과세로 재원을 조달해야 할 총액은 전체 비용의 10퍼센트(GDP의 1.25퍼센트)뿐일 것이다.

3 Piketty and Saez(2012: Figure 1).

4 2014년의 수치들이다. 출처는 http://ec.europa.eu/eurostat/web/sector-accounts/data/annual-data.

5 소득세 기반 전체의 조세 탄력성을 추산해보는 대담한 시도들이 이루어진 바 있다. 그 대부분의 결과는 탄력성이 0.1~0.4로 나왔다. 피케티와 사에즈는 그 합리적인 중간 추산치로 0.25라고 보아 다음과 같이 추론했다. 즉 단일세율을 가정해, 80퍼센트의 단일 세율로 잡으면(만약 단일세율이 아니라면 평균 세율을 더 높게 잡을 수도 있다.) 지속가능한 방

식으로 세수를 극대화할 수 있으며, 따라서 다른 공공지출 항목들의 수준이 주어져 있다면 기본소득의 수준 또한 극대화할 수 있다는 것이다(Piketty and Saez[2012: section 3.2]). 물론 본문의 다음 부분에서 이야기할 계량 경제학 작업의 결과물에 대한 주의사항, 특히 다양한 시간과 장소를 무시한 외삽의 문제점이 여기에서도 적용된다. 그리고 피케티와 사에즈가 언급하고 있듯이(Piketty and Saez[2012: 4.1.3]), 이러한 지속가능한 세수라는 것도 초국가적 이동성의 정도에 따라 민감하게 변하게 된다. 세계 시장이 점점 통합됨에 따라 이민의 조세 민감성, 즉 국가간 세율 차이에 대한 초국가적 이동의 민감성도 증가할 것이라고 예측할 수 있으며, 따라서 조세 기반의 조세 민감성 또한 증가할 것이고, 지속가능한 최대의 세수라는 것도 떨어지게 될 것이라고 예측할 수 있다.

6 2016년 4월, 지금까지 기본소득을 놓고 벌어진 최대 규모의 설문조사로서, 1만 명의 유럽인들을 대표 표본으로 삼아 "일을 하는지의 여부와 무관하게 그리고 다른 소득 원천이 있는지와 무관하게 모든 기초적 필요를 충족하기에 충분한 액수의" 소득이 주어진다면 어떻게 반응할 것인지를 물었을 때, "일을 덜할" 것이라고 대답한 이들은 7퍼센트에 불과했다(https://daliaresearch.com/).

7 Marx and Peters(2004; 2006)는 국립 복권 당첨금을 처음 10년 동안 받은 이들과 인터뷰를 수행하여 그들의 노동시장에서의 행태를, 복권은 샀지만 운이 없었던 다른 이들로 구성된 통제 표본의 행태와 비교하려고 했다.

8 다음을 보라. www.mein-grundeinkommen.de 또한 이를 처음 제안한 이들의 프레젠테이션은 다음을 보라. www.zeit.de/wirtschaft/2014-09/bedingungsloses-grundeinkommen-crowdfunding-bohmeyer. 2016년 6월까지 이런 방식으로 연간 기본소득을 받은 이들은 40명에 달했다. 2016년에 이와 비슷한 크라우드펀딩이 샌프란시스코에서 시작되었다. http://mybasicincome.org/.

9 나중에 가면 기부가 줄어들면서 급여도 줄어들고 또 빈도도 줄어들게 되었다. 그리고 나란히 체계적으로 관찰할 수 있는 통제 집단도 없었다. 이 실험적 프로젝트를 시작한 이들의 설명과 평가는 Haarmann and Haarmann(2007; 2012). 또 비판적 평가로는 Osterkamp(2013a; 2013b). 그 이후의 업데이트는 http://allafrica.com/stories/201407170971.

10 이 실험 장치에 대한 상세한 설명으로는 Davala et al.(2015: 31–48)를 보라.

11 나미비아와 인도의 경우에는 관련된 촌락들이 매우 가난했으므로, 재원의 대부분은 이 나라 다른 곳에서 올 수밖에 없었다. 그 결과 이 지역에서는 설령 진짜 기본소득을 도입하는 경우라고 해도 그 효과는 실험에서 나타난 바와 크게 다르지 않았을 것이다. 심지어 현지의 기준에서 보더라도 그 지급액의 수준이 전혀 높지 않았으므로 특히 인도의

경우 (지속가능한) 재정 여력은 의문시되지 않았다. 왜냐면 왜곡된 각종 보조금만 철폐한다고 해도 그 정도의 비용은 충분히 감당할 수 있었기 때문이다(Standing[2014b], Davala et al.[2015: 206 - 8], Bardhan[2016]).

12 2016년 미국의 자선 기구 '직접 기부(GiveDirectly)'는 케냐에서 기본소득 실험을 시작할 의사를 밝혔다. 이 기구는 월 30달러 정도(2015년 케냐 1인당 GDP의 25퍼센트)를 몇 개의 실험 촌락 주민들 6000명에게 10년에 걸쳐 지급할 것을 고려했다. Faye and Niehaus(2016). 또 https://givedirectly.org/basic-income. 만약 이 계획이 확정된다면 지속 기간이 훨씬 길기 때문에 이 실험의 의미도 더 커지겠지만, 다른 한계들, 특히 좀더 발전된 나라들에서 시행되는 기본소득 실험의 외삽에 관한 한계들을 제거하는 것은 아니다.

13 이러한 실험들의 설계와 주요한 결과들에 대한 많은 정보를 담고 있는 설명으로는 Whiteford(1981), Burtless(1986), Greenberg and Shroder(2004), Widerquist(2005), Levine et al.(2005). 이 모든 실험들에서 재원 조달은 공공 기관이 대학과 연계하여 마련했다. 예산의 가장 많은 부분은 소득 이전 그 자체가 아니라 연구 및 운영비용으로 들어갔다. 예를 들어 뉴저지와 펜실베이니아 실험에서 연구 및 운영비용은 전체 비용의 약 70퍼센트에 달하였다(Kershaw and Fair[1976: 18]).

14 뉴저지 실험에 대해서는 특히 다음을 보라. Skidmore(1975), Pechman and Timpane(1975), Kershaw and Fair(1976), Rossi and Lyall(1976).

15 Forget(2011), Calnitsky and Latner(2015), Calnitsky(2016)을 보라. Calnitsky and Latner(2015)는 '차별-무차별(difference-indifference)' 모델을 사용하여 노동시장 참여에서 벌어진 11.3퍼센트의 감소는 그중 약 70퍼센트가 개인 수준의 메커니즘에서 기인한 것이며, 30퍼센트가 공동체 차원에서의 영향 때문이라고 추산했다. 그와 동시에 캐나다 마니토바주의 수도 위니펙(Winnipeg)에서도 저소득 가정의 분산된 표본을 통해 또 다른 실험이 이루어졌다. 이 두 실험 모두 연방 정부와 주 정부가 합동으로 재원을 댔다. 하지만 관심이 사그라지면서 이 실험들은 계획된 기간이 끝나기 전에 중단되었다. 위니펙의 실험 결과는 1990년대에 와서야 분석되었고(Hum and Simpson[1991: 1993: 2001]), 도핀의 실험은 그보다 더 나중이 되어서야 분석된다(Forget[2011]).

16 뉴저지-펜실베이니아 실험과정에서 벌어진 변화로 인해 여러 효과들을 추산하는 데 무엇을 기준으로 삼느냐는 문제의 중요성이 부각되었다. 최초의 설계는 그 표본 안에 있는 가정들 대부분이 부양아동가족보조제도(이하 AFDC)와 같은 복지 프로그램에 지원할 자격이 없는 가정들이었다. 즉 노동 능력이 있는 18~58세의 남성이 가장인 가정들이었다. 하지만 실험이 시작된 지 3개월이 지난 1969년 어느 시점에서 뉴저지에 새로운

규정들이 도입되어 이러한 가정들 다수가 AFDC 이전소득에 지원할 자격을 얻게 되었다. 그 이후로 이 가정들을 통제 집단 안에 있는 실험 표본 가정들과 비교하여 실험하는 것은 더 이상 '마이너스 소득세 vs. 사실상 아무 지원도 없는 상태'가 아니라, '마이너스 소득세 vs. AFDC'가 되어버린 것이다(물론 그 새로운 규정이 성공적으로 시행되었다고 가정했을 때의 이야기다). Rossi and Lyall(1976: 75 - 83), Whiteford(1981: 55).

17 여기에 주된 예외가 있다면, 일부 가정들이 최대 9년까지 이전 소득을 수령했던 시애틀-덴버의 실험이다. Moffit and Kehrer(1981: 110 - 12)는 제도가 영구적일 경우 소득 효과가 더 크게 나타날 것이며(소득이 높아진다고 해도 그것이 그저 일시적인 것뿐이라면 사람들이 노동시간을 줄이는 현상이 덜 나타날 것이다), 반면 대체 효과는 약하게 나타날 것(실효 한계 세율이 더 높아진다고 했을 때 이것이 단지 일시적인 것임을 알고 있다면 더 많은 노동시간 축소를 가져오게 된다)이라고 추측하였고, 이 때문에 지속 기간이 길어지면 그 순효과가 어떻게 될지, 특히 그 크기가 어떻게 될지 정확하게 결정할 수 없게 된다고 한다.

18 뉴저지-펜실베이니아 실험의 경우에서 Kershaw and Fair(1976: 41 - 44)는 수급 자격이 되는 이들이 등록을 거부한 주요한 이유들을 개괄하고 있다. 그중에서도 '노동 윤리'가 큰 역할을 한다. "그는 자부심에 가득한 젊은이로서, 자기는 공짜로 돈을 받는 일을 받아들일 수 없다고 강력하게 고집했다."

19 2015년 핀란드의 중도우파 정부는 무작위로 추출된 기본소득 실험을 시작하려 한다고 공표하였다(제7장을 보라). 이에 작업 집단이 꾸려지고 2016년에는 보고서가 나와 이 제도의 성격과 실험의 설계에 대해서 여러 많은 선택지들을 검토하였다(Kangas and Pulkka[2016]). 이 보고서가 추천하는 선택지는 25~28세의 핀란드 거주자들 중 소득이 낮고 노동 경력이 불안정한 이들을 3000~6000명 무작위로 추출해 표본을 만들고, 지자체 하나 정도에서는 '집중 포화 표본(saturated sample)'을 여기에 결합시킬 수 있을 것이라는 것이었다. 이 실험은 2017년 1월에 시작하여 2년간 지속될 예정이다(Kalliomaa-Puha et al.[2016]). 이 작업 집단의 웹사이트는 http://www.kela.fi/web/en/experimental-study-on-a-universal-basic- income.

네덜란드에서는 위트레흐트(Utrecht), 틸뷔르흐(Tilburg), 바헤닝언(Wageningen), 흐로닝언(Groningen) 등 네 개 도시에서 현재의 공공부조 수급자들을 무작위로 추출하여 수당을 받을 때 재산 조사를 하지 않거나(즉, 이전보다 더 넓은 범위의 다양한 소득과 수당을 결합시킬 수 있게 된다), 노동 조사를 하지 않거나(즉, 지금 현재 "노동시장에 참여하고 있어야 한다"는 조건이 없다), 둘 다 하지 않거나 등으로 나누어 2017년에 기본소득의 방향으로 작은 실험을 준비하도록 허가를 받았다. 캐나다에서는 2016년 하원의 재정 위원회가 연방정부로 하여금 "보장소득의 개념과 일치하는 시험 프로젝트를 시행"하도록 권고하였고

(Canada[2016: 71]), 한편 상원의원인 아트 이클턴(Art Eggleton)은 정부가 "마이너스 소득세에 기초한 전국적 기본소득 프로그램 시행에 따른 비용과 충격을 평가"하도록 권장하는 동의서를 제출하였다(Canadian Senate, First Session, 42nd Parliament, Volume 150, Issue 18[25th February 2016]). 주 정부 차원으로 보자면, 캐나다 온타리오주의 자유당 정권은 2016년 예산에다 기본소득 시험 프로젝트 계획을 포함시켰다(Ontario[2016: 132]). 같은 해에 퀘벡주에서도 주지사인 필립 쿠이야르(Philippe Couillard)가 오랜 기본소득 주창자(Francois Blais[2002])였던 고용부 장관 프랑수아 블레에게 퀘벡주에서 기본소득 실험의 가능성을 조사하도록 지시했다.

20 예를 들어 오스트레일리아에 대해서는 Scutella(2004). 독일에 대해서는 Colombo et al.(2008), Horstschräer et al.(2010), Jessen et al.(2015). 퀘벡에 대해서는 Clavet et al.(2013). 이탈리아에 대해서는 Colombino and Narazani(2013), Colombino(2015). 네덜란드에 대해서는 de Jager et al.(1994), Jongen et al.(2014: 2015). 스위스에 대해서는 Müller(2004). 덴마크, 이탈리아, 영국에 대해서는 Colombino et al.(2010)를 참고하라.

21 예를 들어 네덜란드 중앙계획청(Dutch Central Planning Office)은 그중에서 가장 정교한 모델의 하나를 고안하여 687유로의 기본소득(2014년 네덜란드 1인당 GDP의 약 25퍼센트)이 어떤 충격을 가져올지를 모의실험으로 알아보았다(Jongen et al.[2014: 2015]). 이 액수는 다른 소득이 없는 부부 각각이 기존의 재산 조사 최저소득 제도에서 받는 액수에 해당하며, 독신자가 받는 것의 70퍼센트에 해당한다. 이러한 수준의 기본소득은 (개인 소득세를 재원으로 삼는 다른 공공지출 항목들과 함께) 56.6퍼센트의 단일세율을 필요로 하는 것으로 나타났다. 이 세율은 당시의 최고 한계 세율인 52퍼센트보다도 높은 것이었다. 또 전일제 일자리로 보았을 때 이 모델에 따르면 기본소득이 도입될 경우 고용은 전체적으로 5.3퍼센트 줄어들게 되며 동거 남녀들 중 한 명 이상의 어린 자녀를 둔 여성들 중에서는 17.7퍼센트까지 떨어지는 것으로 나타났다. 이는 실업률이 낮았던 2006~2009년 기간의 데이터를 사용하였고 고용 총량이 오직 노동시장의 공급 측면에 의해서만 결정된다고 가정하고 있다. 따라서 기본소득이 물가와 임금에 가져올 효과는 모조리 노골적으로 무시하고 있다.

22 예를 들어 앞에서 인용한 네덜란드의 연구(Jongen et al.[2014: 2015])는 특히 동거생활을 꾸려가는 성인들 중 한 명 이상의 어린 자녀를 키우는 어머니들 가운데서 고용이 큰 폭으로 떨어질 것으로 예측하고 있다. 이는 그들에게 주어진 선택지가 늘어났다는 것을 반영하는 것이므로, 그런 고용 하락은 기본소득이 그녀들의 협상력 증대와 결부되어 있음을 뚜렷하게 보여주는 주요한 징후로서 환영할 만한 일이다. 또 비록 작은 표본으로 이루어진 단기적인 실험에서와 마찬가지로 이 계량 경제학 모델들에서 감지될 수 없는

것이 있으니, 관련 직업들의 보수가 인상되는 것이다. 이는 기본소득이 의도한 예측가능한 두 번째 현상으로서, 이렇게 되면 예상되는 노동 공급의 감소폭도 줄어들게 될 것이다.

23 Piketty(2014: 518; 531－532)는 적지만 가파르게 상승하는 누진세율(100만 유로에서 500만 유로까지는 1퍼센트, 500만 유로 이상은 2퍼센트)을 전 세계적으로 적용하는 일이 실현되기만 한다면 전 세계 GDP의 3~4퍼센트에 이르는 세수를 낳을 것이라고 계산하고 있다.

24 Ackerman and Alstott(1999), Atkinson(2015).

25 나라 간에 세율을 낮추려고 벌어지는 경쟁과 이를 해결하는 어려움에 대해서는 다음을 보라. Genschel and Schwartz(2011), Genschel and Seekopf(2016).

26 Lange(1937), Yunker(1977), Roemer(1992; 1996). 융커는 1972년의 미국의 경우 그 '사회 배당금'(즉, "사회주의 아래에서 국가가 소유한 기업들이 추가적으로 얻는 재산 소득을 모든 시민들에게 동등하게 직접 분배하는 것")이 성인 1인당 연간 417달러(당시 1인당 GDP의 약 7퍼센트)가 될 것이라고 추산했다(Yunker[1977: 113－121]).

27 일부 논자들에 따르면(예를 들어 Van Trier[1992]), 동유럽에서 벌어졌던 사회주의에서 자본주의로의 이행기가 바로 큰 어려움 없이 이러한 지점에 도달할 수 있는 기회였지만 아깝게도 놓치고 말았다고 한다.

28 Meade(1989: 34－38; 1995: 54－62).

29 Meade(1995: 62).

30 앳킨슨은 이러한 방식으로 1인당 국민소득의 15퍼센트에 달하는 기본소득의 재원을 지속가능하게 마련할 수 있다고 추산한다(미드가 제안했듯이, 여기에 지출세의 세수로 일부를 보충한다(Atkinson[1993d]). 이러한 지점에 이르는 것이 경제적으로 불가능할 것은 없다는 게 그의 주장이다. 1940년대 말 영국은 GDP의 100퍼센트가 넘는 공공 부채를 안고 있었지만 1970년대 말에는 공공 부문의 순자산이 GDP의 100퍼센트가 되었다는 것이다. 하지만 이러한 이행기에 살았던 세대들에게는 이런 변화가 대단히 불공정한 일로서, 그런 불공정은 세대 이행에 결정적 장애물이다.

31 Flomenhoft(2013: 101－102; 105), Piketty(2014: 196-198)는 개간 혹은 개발되지 않은 토지의 총가치(국가 자산의 10분의 1 혹은 국민소득의 절반 정도)에 대한 토머스 페인의 추측을 명시적으로 언급하면서, 개간 및 개발되지 않은 도시와 농촌의 토지 가치(상당한 불확실성을 전제로 한 가치)가 GDP의 50~100퍼센트가 될 것이라고 추산했다. 이런 식으로 계산하게 되면 방금 말한 버몬트주에서의 지대 계산 또한 좀더 높게 잡아야 할 것이다.

32 Flomenhoft(2013: 99－100; 105). 공기를, 좀더 정확히 말하면 대기권이 이산화탄소를 흡수할 수 있는 능력(아래에서 더 논의할 것이다)을 예외로 한다면, 물이나 바람과 같은 다

른 재생가능 천연자원들에 결부되는 지대는 버몬트주 GDP의 1퍼센트에 약간 못 미친다. Peter Barnes(2014) 또한 이와 비슷한 취지에서, 공동체가 소유한 자산들, 즉 천연자원(대기권, 주파수대)과 제도적 자원(통화 기반 시설, 지적 소유권 보호) 모두에 지대를 매겨서 그 수입으로 연간 1인당 5000달러(당시 미국 GDP의 거의 10퍼센트)를 배당금으로 지급할 것을 제안했다.

33 Boyce and Riddle(2010)은 단위 가격을 25달러(2020년 가격)로 추산한다면 월 33달러(2015년 미국 1인당 GDP의 0.7퍼센트)의 배당금이 가능할 것으로 본 반면, Nystrom and Luckow(2014)는 탄소 수수료(carbon fee)를 제안하면서 이를 통해 성인에게는 월 100달러(1인당 GDP의 약 2퍼센트), 아동에게는 50달러의 기본소득이 가능할 것으로 보았다. 또한 다음을 보라. Howard(2012; 2015a), Hansen(2014). 아주 작은 규모지만 이런 제도는 이미 '캘리포니아 기후 크레딧(California Climate Credit)'으로 모든 캘리포니아에 거주하는 전기 사용자들에게 주어지고 있으며(전기요금에서 일정액을 깎아줌), 그 재원은 탄소 오염 허용량을 발전소와 공장들에 판매하여 마련한다. 이 지급액은 사람마다 다르지만 2015년 기준으로 대부분의 사람들에게 연 60달러 정도였다(http://www.cpuc.ca.gov/PUC/energy/capandtrade/climatecredit.htm, 2015년 8월 20일 접속). 이와 같은 맥락이지만 좀더 야심적인 계획은 2014년 7월 메릴랜드주 출신의 민주당 국회의원 크리스 반 홀렌(Chris Van Hollen)이 '건강한 기후 배당금(Healthy Climate Dividend)'을 만들자는 제안으로 내놓은 바 있다. 이는 미국의 모든 탄소 배출권을 경매에 부쳐서 그 수입금 전액을 미국의 모든 개인에게 1년에 4번씩 계좌로 입금해주자는 것이다(https://vanhollen.house.gov/media-center/press-releases/van-hollen-introduces-the-healthy-climate-and-family-security-act-of).

34 이 제도의 첫 단계는 2010년 10월에 시작되어 모든 시민에게 동일한 기본소득을 주었고, 여기에는 두 가지 주요한 제한사항이 있었다. 첫째, 가정마다 모든 성원들에 대한 지불은 일괄적으로 그 가정의 공식적 가장, 즉 대부분 남성에게 이루어졌다. 둘째, 이란인이 아닌 거주자들, 즉 대부분 이라크와 아프간의 난민들에게는 자격이 주어지지 않았다. 자세한 설명은 Tabatabai(2011; 2012)을 보라. 그리고 이 개혁에서 현금 이전이 갖는 핵심적 중요성에 대해서는 Salehi-Isfahani(2014)을 보라. 하지만 2012년 1월이 되자 정부는 대부분의 가정에 지급되는 액수는 증액하는 대신 상위 14퍼센트의 가정은 자발적으로 그들의 수급권을 포기하라고 요청했다. 2013년 10월, 의회는 이 현금 보조금 시스템에서 이란의 상위 30퍼센트의 가정을 배제하기로 결정하였고, 2014년 4월에는 정부가 모든 중간 및 상위 소득 가정들에게 보조금 지급을 중단하기로 결정했다(www.brookings.edu/blog/markaz/2013/11/01/iran-press-report-the-quest-to-cut-

cash-subsidies/ 그리고 www.al-monitor.com/pulse/originals/2014/04/iran-subsidy-reform-efforts-corruption.html#.). 2015년 9월 기준으로 지급되는 액수는 월 1인당 45만5000이 란리알(당시 이란의 1인당 GDP의 약 3퍼센트에 해당하는 금액. 유세피얀[Mehdad Yousefian]이 제공한 정보)이다.

35 "Alberta Could Hand Out More Prosperity Cheques: Klein," CBC News, 19 April 2006. http://www.cbc.ca/news/canada/alberta-could-hand-out-more-prosperity-cheques-klein-1.603707.

36 "Oil Wealth Likely to Keep Gulf Calm," *Al Jazeera*, January 18, 2011, http://www.aljazeera.com/news/middleeast/2011/01/201111884114254827.html. 또한 International Monetary Fund 2011.

37 Gelders(2015). 2012년 선거가 끝나자 몽골 정부는 이를 중단하고 대신 2008년 이전에 존재했던 준 보편적 형태의 아동수당을 다시 도입하여 보편적 수당으로 만들었다.

38 영구적 자원들(토지나 방송 주파수대)의 경우에도 이를 근거로 모종의 영구 펀드를 조성하는 편이 현명할지도 모른다. 자원 그 자체는 결코 고갈되는 법이 없겠지만, 그 가치는 시간이 지나면서 등락하게 마련이다. 이를 충분히 다각화된 포트폴리오로 투자해두는 것이 지급의 지속가능성을 보호하는 데 도움이 된다.

39 Cummine(2011: 16-17)은 이렇게 기본소득으로의 배당에 열의가 없는 원인을 '경영 관리자 엘리트주의(managerial elitism)'로 설명할 수 있지 않을까라며 의문을 제기한다. "배당금의 단점을 과장하는 것이 상당한 액수의 국가적 저축을 금융 관리자들의 직접적이고도 비교적 자율적인 통제 아래에 묶어두는 현행의 국부 펀드 제도를 정당화해주는 유용한 도구로 쓰이는 것이다." 페르시아만의 여러 국가들에서 석유 펀드에 기초한 기본소득이 존재한다고 잘못 알려져 있는 경우가 종종 있지만 그렇지 않다. 오직 액수는 후하지만 자국 시민들에게만 지급되는 조건부 수당들만 존재할 뿐이다.

40 이라크 계획(여기에 대해서는 설문조사도 이루어졌다. 표본의 미국 시민들 59퍼센트는 찬성이었고 23퍼센트는 반대였다.)에 대해서는 Clemons(2003)을 보라. 나이지리아 계획에 대해서는 Sala-i-Martin and Subramanian(2003)을 보라. 좀더 최근에 와서 영국에서 이와 상당히 비슷한 제안을 했던 것이 Reed and Lansley(2016)다. '천연자원, 광물, 도시의 토지, 주파수대, 또한 금융 시스템의 일부' 등에서 나오는 배당금으로 모종의 '사회 자산 기금(social wealth fund)'을 조성하고, 그 수입의 일부를 재원으로 하여 무조건적 기본소득을 도입하자는 것이다.

41 Akee et al.(2010; 2013), Sutter(2015). 혼혈인들도 부족 성원이 될 수 있다. 부족 성원의 자격을 얻기 위해서는 최소한 혈통의 16분의 1이 체로키족이어야 한다(Akee[2013: 2]).

42 3개 국어로 되어 있는 '재산 분배 제도'의 공식 웹사이트는 www.planocp.gov.mo다.

43 일국의 혹은 초국가적 중앙은행이 법정 화폐를 분배함으로써 기본소득의 재원을 삼자는 것 이외에도, 대안 화폐, 특히 암호화 화폐(cryptocurrenies)를 통하여 기본소득의 재원을 마련하자는 제안들이 있었다. 예를 들어 '세계 글로벌스 기구(Worldwide Globas Organization, www.i-globals.org)'는 "전 세계의 방대한 다수의 사람들이 집단을 이루기만 하면 다른 도움이 없이도 스스로 무조건적 기본소득을 창출할 수 있는 방법"을 보여주기 위해 다음의 제도를 설립하고자 한다. "지구상 누구든 18세 이상의 모든 개인은 25달러 혹은 25유로를 내고 4년간 WGO의 회원 자격을 얻는다. 그 대신 성원들은 국적과 시민권에 따라 매달 20글로벌스(Globals), 40글로벌스, 100글로벌스(미화 200달러, 400달러, 1000달러에 해당)를 지급받는다"(2015년 7월 8일). 우리가 볼 때, 설령 가장 정직하고 정교하며 또 야심찬 계획이 있다고 해도 대안 화폐에 기초하여 기본소득을 마련하자는 계획은 최소한 한 가지 점에서 결정적인 장애를 안게 된다. 그것을 사용하는 공동체는 오직 자발적인 참여에 기초해서만 만들어질 수 있는 것이므로, 아무리 적은 돈이라고 해도 (영토로 규정되는) 사회의 모든 구성원에게 기본소득을 분배하는 일은 절대로 불가능하다.

44 Joseph Huber(1998)는 독일의 경우 월 500유로(당시 독일 1인당 GDP의 24퍼센트)의 액수를 언급하고 있지만, 이를 시행할 경우 수령자의 소득이 증가할 것이므로 빠르게 단계적으로 사라지게 될 것이라고 말하고 있다. 그가 보기에, "과세에 근거한 정부 화폐와 중앙은행이 발행하는 인출권은 필요에 따라 여러 다른 비율로 결합할 수" 있지만, 전자뿐만 아니라 후자까지 사용하게 됨으로써 기본소득의 경제적·정치적 실현가능성은 더욱 든든한 발판을 마련하게 될 것이라는 것이다. 또한 다음을 보라. Huber(1999), Huber and Robertson(2000).

45 옥스퍼드대학의 경제학자인 존 뮬바우어(John Muellbauer)는 유럽중앙은행이 모든 유럽 거주자들에게 500유로씩을 지급할 것을 권고한다(Muellbauer 2014). 브렉시트 이후 영국 경제를 부양하는 한 방법으로 35명의 경제학자들이 2016년 8월 비슷한 제안을 내놓은 바 있다(www.theguardian.com/business/2016/aug/03/cash-handouts-are-best-way-to-boost-growth-say-economists). 액수는 적지만 다른 곳에서도 선례가 있었다. 예를 들어 2009년 1월 타이완 정부는 경제 부양책으로 그 섬의 거의 2300만 명에 달하는 거주자들에게 107달러에 해당하는 상품권을 나눠준 적이 있다(http://news.bbc.co.uk/2/hi/asia-pacifi c/783645.stm).

46 게다가 모든 주민들에게 돈을 지급하는 거대한 사업을 조직하려다 보면 행정적으로 크게 부담으로 작용하게 되어 있다. Sas and Spiritus(2015)가 주장했듯이, 이러한 방식으

로 조달되는 기본소득은 별개의 원천에서 나오는 기존의 기본소득에 일시적으로 덧붙이는 것 정도로 보는 것이 가장 좋다. 물론 경기가 과열된 기간에는 그 액수를 (약간만!) 하향 조정하는 것도 생각해볼 수 있다.

47 한 예로 Bresson(1999)은 각종 금융 거래에 1퍼센트의 세금을 매겨 이를 재원으로 전 세계적 차원에서의 기본소득을 도입하자고 주장한다. '금융거래세를 위한 시민행동연합(Association pour la taxation des transactions financieres et pour l'action citoyenne, ATTAC)'은 토빈세의 도입을 주된 목적으로 삼아 1998년 파리에서 설립되었지만, 곧 다른 여러 아이디어들도 논의하고 적극적으로 주장하게 된다. 특히 그 독일 지부는 기본소득을 토론하고 옹호하는 운동에 적극적으로 참여하게 된다(Rätz et al.[2005]).

48 Tobin(1978). 우리는 이 책의 제8장에서 유럽연합 차원에서 토빈세를 도입하면 그 재원으로 '유럽 배당금(eurodividend)'을 도입하여 최대 월 10유로 정도의 기본소득을 지급할 수 있을 것으로 이야기할 것이다.

49 스위스의 입장에서 이 소액세를 주창하는 가장 저명한 인사는 사회주의 정치가이자 전 부수상과 정부 대변인을 역임했던 오스발트 지그(Oswald Sigg)를 들 수 있다. 그는 취리히 공대(Zurich Polytechnic)의 교수들인 마르크 셰네(Marc Chesney)와 안톤 군징거(Anton Gunzinger) 등과 공동작업을 통하여 『지급 결제액의 총 유통에 대한 자동적 소액세(Automatische Mikrosteuer auf dem Gesamtzahlungsverkehr)』라는 제목으로 자신의 제안을 발전시켰다. www.watson.ch/Schweiz/Interview/568982879-Bedingungsloses-Grundeinkommen-1%C3%A4sst-sich-nicht-fi nanzieren--Oswald-Sigg-hat-da-eine-neue-Idee.

50 Yona Friedman(2000)이 주장하는 '사회적 자본주의(social capitalism)'에서 이러한 방식의 기본소득은 중요한 구성요소다. 모든 전산상의 화폐 거래(예금 포함)에 대해 1.5퍼센트의 세금(지폐는 폐지하고 주화는 10유로 이하로 제한)을 매겨 재원을 조달하고 이를 재원으로 모든 시민들에게 엄격히 개인적이며 무조건적인 기본소득을 1인당 GDP의 20퍼센트 수준으로 지급하면서, 여기에 사법 및 경찰을 제외한 모든 공공 서비스(교육, 의료 등)를 사유화하는 계획을 결합시킨 것이다. 이보다 덜 급진적인 것으로, Feige(2000)는 소득세(사회보장 납부금은 제외)를 폐지하고 대신 모든 전자상의 지급 결제에 0.6퍼센트의 '자동화 지급 결제 거래세(automated payment transaction tax)'를 적용하자고 제안했다. Legum(2004) 또한 남아프리카에서 이와 아주 비슷한 '총경제활동세(total- economic activity tax)'를 제안했다. 그리고 브라질은 연방 차원의 사회 프로그램들의 재원 일부를 마련하기 위해서 일정 기간 동안 이 방법을 사용하기도 했다. 이러한 보편적 이체세(universal transfer tax)의 역사, 장점, 단점에 대한 논의로는 Rosseels(2009)을 보라.

51 우리는 여기에서 엄밀한 의미에서의 각종 사회보험의 납부금이 기본소득의 재원이 될 수도 있다는 가능성은 전혀 고려하지 않고 있다. 그것의 기능은 노동자들이 지불한 보험료로서, 근로소득과 관련된 실업수당, 노령연금, 질병수당(sickness pay) 등에 대해 일정한 돈을 납부함으로써 자신들이 노출되어 있는 여러 위험에 대비하는 것이다. 기존의 사회적 납부금(social contributions)과 급여세(payroll tax)가 이러한 보험 기능을 넘어서는 범위까지는 노동 소득의 과세로 통합할 수 있을 것이다.

52 투자와 경제성장을 부양한다는 것에 대해서는 Kaldor(1955)를, 사치품 소비를 제한할 수 있다는 것에 대해서는 Skidelsky and Skidelsky(2012: 17)를 참조하라.

53 Meade(1989).

54 Walker(2016: 24 - 29)는 또한 부가가치세가 "미국에서 기본소득의 재원이 될 수 있는 제일 간단한 수단(a straightforward means)"이라고 주장한다. 그는 모든 재화 및 서비스에 14퍼센트의 부가가치세만 매겨도 1년에 1만 달러의 기본소득을 조달할 수 있을 것이라고 추산한다.

55 이런 제안들이 중요한 역할을 하기 시작한 것은 미국에서도 마찬가지였을 것이다. Stern(2016: 213)는 이렇게 말한다. "나는 모든 재화 및 서비스의 소비에 대해 5~10퍼센트의 부가가치세를 부과하여 그 모든 수입을 보편적 기본소득의 재원으로 쓰는 것을 강력하게 검토하고자 한다."

56 뒤샤텔레가 최초로 자신의 계획을 정식화한 것으로는 Duchâtelet(1994)를 보라. 가장 발전된 계획안인 Duchâtelet(2004: 115 - 129)에서 그는 이러한 방식으로 18~25세의 청년들에게는 월 400유로, 25~65세의 모든 성인들에게는 월 540유로(이는 2004년 벨기에 1인당 GDP의 약 18퍼센트), 18세 이하의 모든 미성년자에게는 월 135유로, 65세 이상의 노인에게는 월 800유로의 기본소득, 즉 '자유소득(freedom income)'을 줄 수 있다고 했다.

57 Werner(2006: 2007), Werner and Presse eds.(2007). 뒤샤텔레와 베르너 이전에 네덜란드의 중소기업 연합회의 수장도 부가가치세를 재원으로 삼는 기본소득을 지지하였다(Nooteboom[1984: 5]).

58 부가가치세는 스위스에서 기본소득 캠페인의 시작과 함께 나온 2008년 영화(Daniel Häni and Enno Schmid, Grundeinkommen-ein kulturimpuls, Tvgrundeinkommen 2008, www.youtube.com/watch?v=ExRs75isitw)에서 재원으로서는 유일하게 언급되었고, Müler and Staub(2016: 67 - 68)에서도 가장 선호되는 재원으로 다루어지고 있다. 스위스의 BIEN에서 나온 좀더 세밀한 제안(Kundig[2010])에서는 '사회적 부가가치세(Social Value Added Tax)'가 개인 소득세와 결합되고 있다.

59 게다가 일반적인 소비세 또한 어느 고정된 시점이 아니라 사람의 인생주기의 관점에

서 보면 그 역진성이 줄어든다. 부자들 중 최소한 일부는 노년에 들어서는 자신들 소득 이상을 소비하게 되기 때문이다. 그리하여 Fullerton and Rogers(1993: 228-232)는 부가가치세를 넓은 기반에서 보면 일생에 걸친 소득과 비례하게 될 가능성이 높다고 주장한다.

60 아직 선진국이 되지 못한 나라들의 상황과 관련해서는 남아프리카에서 기본소득의 재원을 부가가치세로 마련하자고 주장한 다음의 문헌을 보라. Le Roux(2006).

61 또 부가가치세를 선호하는 이들이 간혹 주장하는 차이점으로, 수입품들은 부가가치세를 내게 되지만 수출품들은 그렇지 않기 때문에 본국의 입장에서는 유리한 것이라는 (물론 무역 상대국에게는 불리하다) 논리가 있다. 또 다른 논리로는 소득세의 경우에는 고용주와 피고용인이 세금을 피하기 위해 과세소득 대신 세금이 붙지 않는 현물 보상으로 공모할 동기부여가 생기지만 부가가치세는 그렇지 않다는 주장이다. 하지만 후자의 논리는 착시 현상일 뿐이다. 직원들의 점심식사와 관련해서 보자면, 만약 그들이 월급으로 점심을 사먹어야 한다면 점심밥에 대한 부가가치세를 내야 하지만 만약 회사가 제공하는 식사로 먹게 된다면 이는 회사의 비용으로 처리되어 부가가치세가 공제될 것이다. 더욱이 두 경우 모두 이러한 (세금이 없는) '기업 내에서의 소비'를 부추기는, 즉 현물의 이점을 선호하는 동기부여가 있을 뿐만 아니라, (세금이 없는) '기업 바깥에서의 생산', 즉 가정이나 공동체 내에서 벌어지는 무급 활동들을 선호하는 동기부여가 있게 마련이다(제1장을 보라).

62 초기에 나온 이러한 종류의 제안들에 대해서는 Robertson(1989; 1994), Genet and Van Parijs(1992), Davidson(1995)을 참고하라.

63 아동수당 제도에 대한 포괄적인 비교 개괄은 Bradshaw(2012), Van Mechelen and Bradshaw(2013), Ferrarini et al.(2013), Ortiz(2015). 몽골에서의 아동수당 제도에 대해서 Gelders(2015)는 바로 이러한 맥락에서 보편적 수당이냐 재산 조사에 기반을 둔 수당이냐를 놓고 국제기구들 사이에서 벌어졌던 갈등을 언급하고 있다. IMF, 세계은행 등의 금융 기관들은 가장 적은 재정 비용으로 빈곤 감소를 달성하는 것을 목표로 권고하는 반면, 유니세프 등은 빈민들 사이에 수급률이 높다는 이유로 보편적 수당을 권고하고 있다.

64 한 예로 캐나다에서는 (세금이 붙는) '보편적 아동양육수당(Universal Childcare Benefit)'이 2006년 가족·아동·사회개발부 장관 장-이브 뒤클로(Jean- Yves Duclos)의 주도로 연방 정부 차원에서 도입되었다. 하지만 2014년 쥐스탱 트뤼도(Justin Trudeau)의 자유당 정부는 이 시스템을 가난한 가정의 아이들에게는 더 후하게 그리고 가구 소득이 증가함에 따라 아동수당 액수도 체감(遞減)하도록 만들었다. 일본에서는 2010년에 '아동

수당(Kodomo Teate)'이 도입되었지만, 시작부터 심한 비판을 받아 마침내 2012년에는 정부가 이 수당의 수급 자격에 가구 소득의 상한선을 도입해야만 했다(Abe[2014]).

65 Longman(1987: 229 – 234).

66 뉴질랜드 제도에 대해서는 St John and Willmore(2001)를 보라. 이것이 기본소득과 어떻게 닮아 있는지에 대한 자세한 논의로는 St John(2016)을 보라. 덴마크의 '국민 연금(People's Pension)'에 대해서는 Abrahamson and Wehner(2003: section 1)를 보라. 1986년 이래로 일본에서도 모든 주민들을 대상으로 하는 보편적 기초연금 제도가 도입되었지만, 실업자와 자유업자들의 상당 부분은 이 시스템에 등록되어 있지 않다 (Vanderborght and Sekine[2014: 18]).

67 그리하여 핀란드와 스웨덴은 본래 있었던 보편적 연금을, 소득이 불충분한 이들에게 만 얹어주는 비납부금 연금(noncontributory top-ups on insufficient earnings-related pensions)으로 각각 2001년과 2003년에 전환했다. 유럽에서의 비납부금 연금 제도에 대해서는 Goedemé(2013: 111 – 12)를 보라.

68 Bidadanure(2014: 162 – 164)는 35세 이하의 사람들에게 모종의 기본연금을 지급하는 두 가지 변형된 형태들로서 특정 연도에 태어난 이들에게 지급하는 방법과 일정 연령의 이들에게 지급하는 방법을 논의하고 있지만, 모든 것을 고려했을 때 연령에 무관하게 모두에게 지급하는 기본소득이 더 나은 대안이라고 주장하고 있다.

69 Ackerman and Alstott(1999).

70 재산 조사가 없는 학생 급여는 덴마크, 핀란드, 스웨덴에 존재하며, 벨기에에서는 25세 까지 전일제 학생 신분에 있는 이들에게 보편적 아동수당을 지급하게 되어 있으므로 이 와 동일한 것으로 볼 수 있을 것이다(European Commission[2014b]).

71 예를 들어 Schmitt(1980), Gerhardt and Weber(1983: 88 – 89), Lavagne and Naud(1992) 를 보라.

72 1999년 네덜란드에서는 '예술가들을 위한 소득 지원법(Wet inkomensvoorziening kunstenaars)'이 채택되어, 일정한 단위에 의해 '예술적인' 활동을 한다고 인정되는 이들 에게 소득 조사에 기반을 둔 최저소득 제도를 실시한 바 있었다. 2005년에는 이 법이 '예 술가들을 위한 노동 및 소득법(Wet werk en inkomen kunstenaars)'으로 전환되어, 최대 4년에 걸쳐서 재산 조사에 기반을 둔 최소 보장소득의 70퍼센트에 해당하는 소득 이전 을 받게 되었고, 여기에다가 자기들 스스로의 소득을 얹을 수 있게 되었다(총액이 그 최저 소득의 125퍼센트가 되는 선까지). 2008년에는 이전소득을 받는 예술가들의 수가 3700명 에 달하였다(더 자세한 내용은 Ijdens et al.[2010]). 이 법은 2012년에 폐지되며, 그 근거는 예술가들만이 특별한 처우를 받을 이유가 없다는 것, 따라서 이들도 ('진짜') 일자리를

적극적으로 찾아다녀야 한다는 것이었다.

73 Francisco Nobregas(2015)는 '보우사 파밀리아' 제도의 이러한 제한된 실질적 '보편성'을 공식화할 것을 호소하고 있다. "매달 지급되는 이 급여 시스템으로 새로 들어온 이들은 급여 기간이 만료되기 전까지 넉넉한 시간 간격을 가지게 될 것이다. 이렇게 시간 간격이 더 길어지게 되면 사람들이 급여 시스템에서 자기 힘으로 빠져나와 '빈곤 함정'을 없애기에 충분한 시간이 될 것이다. 소득 불충분이 계속되는 경우에는 해당 개인이나 가족이 시한의 끝 무렵이 되었을 때 계속 시스템에 남아 있기를 신청하게 될 것이다." 또한 제7장에 나오는 상원의원 수플리시(Senator Suplicy)의 2004년 기본소득 법안을 보라.

74 마찬가지로, 오스트레일리아의 소득 조사에 기반을 둔 최저소득 '새출발수당(Newstart Allowance)' 수령자들은 2주간 48오스트레일리아달러까지 소득을 올리는 것이 허용되며, 그 이상이 되면 수당이 삭감된다. 추가적인 소득에는 세금이 붙지만 그 세율은 100퍼센트보다 훨씬 낮다. 영국의 '구직수당(jobseekers' allowance)'도 비슷한 패턴을 보인다.

75 France Stratégie(2014a; 2014b; 2014c), Christophe Sirugue(2016). 프랑스의 '미래 전략부'는 예전의 '계획 일반 위원회(Commissariat Général du Plan)'의 후신으로 지금은 장 피사니-페리(Jean Pisani-Ferry)가 이끌고 있다. 여기에서 권고했던 바는 기존의 다양한 제도들(재산 조사 최저소득은 물론 근로소득 세액 공제 유형까지)을 모두 통합하여 '마이너스 소득세로 설계된 활동성과 연대수당(activity and solidrity allowances designed as a negative income tax)'의 단일한 제도를 마련하라는 것이었다. 특히 다음을 보라. France Stratégie(2014a: 157; 2014b: 85; 2014c: 34-36). 한편 Christophe Sirugues(2016)는 열 개의 다른 제도들을 통합하여 동일한 종류의 성격을 지닌 단 하나의 제도로 통합하는 것을 선호하고 있다. 두 경우 모두 크게 완화된 성격이기는 하지만 최소한의 노동 의사 조사는 계속 강제할 것을 유지하고 있다. 이와 비슷한 제안은 Godino(1999)에 의해 그보다 전에 '보상적 소득 이전(compensatory income transfer)'이라는 제목으로 나온 바 있었고, Pisani-Ferry(2000) 등을 포함하여 고용의 미래에 대한 성찰로서 의도된 몇 개의 공식 보고서들에서 언급된 바 있다.

76 United Kingdom(2015), Jordan(2011). 마찬가지로 독일에서도 1970년대 이후 좌파에서나 우파에서나 마이너스 소득세 제안들이 나왔었다(Engels, Mitschke and Starkloff[1973], Mitschke[1985], Scharpf[1993; 1994]), 2005년의 '하르츠 4단계(Hartz IV)' 개혁 이후(제7장을 보라)로 나타난 구조 또한 낮은 근로소득과 수당의 결합을 촉진하면서 노동 의사 조사를 강화하는 것을 내용으로 하고 있다. 이 '재산 조사 최저소득 제도(Arbeitslosengeld II)'의 절반 정도가 '근로 빈민(working poor)'이다.

77 Meade(1989: 37)는 정률세로는 충분한 사회 배당금을 달성할 수 없다고 주장했다. "이

유는 간단하다. 근로소득 및 이윤이 늘어나는 데 붙는 한계 세율과 사회 배당금으로 대표되는 상당한 양의 무조건적 소득 보장이 결합될 경우, 진취적인 기업 활동과 투자에 있어서 용납할 수 없는 크기의 전반적 동기부여 감소가 생겨날 것이기 때문이다." 따라서 그는 모든 소득 구간에 50퍼센트의 세율을 적용하는 대신 낮은 소득 구간에는 60퍼센트 그 위에는 45퍼센트를 적용하는 쪽을 제안했다. 이러한 역진적인 소득세제는 Dilnot, Kay, and Morris(1984: 74-79)의 '이중 시스템(two-tier system)', Mitschke(1985)의 '시민 기금(Bürgergeld)', Godino(1999; 2002)의 '소득 보충 수당(allocation compensatrice de revenu)' 등에서도 제안되고 있다. 이러한 예들이 보여주듯이, 한계 세율의 증가를 좀더 좁은 한도 안으로 가두기 위하여 이 두 번째 선택지를 개인이 아니라 가구를 단위로 삼는 첫 번째 선택지와 결합할 수 있다.

78 낮은 소득 범위에서의 역진적 세제를 옹호하는 이러한 '롤스적', 즉 최소극대화(maximin) 논리(제5장에서 언급한 바 있는 공리주의적인 논리와 비슷하다)는 Atkinson and Stiglitz(1980: 420-421), Piketty(1997), Piketty and Saez(2012: chapter 4.1) 등에서도 볼 수 있다. 제일 못사는 이들에게는 이러한 역진적 소득세제가 프리드먼과 같은 이들이 제안(제4장을 보라)하는 단일세제보다 훨씬 더 좋을 수 있으며, 심지어 날카롭게 상승하는 누진적 세제보다도 나을 수 있다. 이는 모두 목표로 삼은 최저소득의 수준 그리고 지속가능한 방식으로 조달할 수 있는 재원에 달려 있는 문제다.

79 예를 들어 어떤 나라에서 재산 조사 최저소득 제도가 시행되고 있는데, 그 액수는 성인 독신자에게 월 1000달러이며 부부 각 개인에게는 월 700달러라고 하자. 무조건적이지만 부분적인 기본소득을 시행할 경우 그 액수는 모든 성인 개인에게 700달러로 맞춰질 수 있다. 다른 소득이 없는 독신자의 경우는 여기에서 추가적 300달러를 더 얻을 자격을 조건부로 얻게 될 것이다. 개인에게 지급되는 부분적 기본소득을 더 낮추어 400달러로 잡고 여기에다 가구당 600달러로 고정된 액수의 수당을 결합해도 동일한 결과를 얻게 된다(Gerhardt and Weber[1983: 79]). 어떤 제안들에서는 그 추가 액수가 또한 다양한 크기의 주거비 보충분(housing supplement)의 형태를 띠기도 한다(e.g., Parker[1982]).

80 네덜란드에서는 이미 2001년에 이러한 조치가 취해졌다. 조세 개혁을 통하여 개인 환급형 세액 공제(연간 2100유로, 당시 네덜란드의 1인당 GDP의 약 7퍼센트 정도)를 도입한 것이다. 모든 납세자들뿐만 아니라 그들의 일하지 않는 배우자들 또한 수급권을 갖게 되었으므로, 극소수를 제외하면 모든 성인들이 수당이나 개인 환급형 세액 공제를 받게 된 것이다. 이 개혁은 자유주의자 재무장관 헤릿 잘름(Gerrit Zalm)의 주도로 이루어졌던 바, 그는 1993년 네덜란드 정부의 '계획청(Planning Bureau)' 수장으로서 이러한 개혁은 부분적 기본소득으로 가기 위한 전 단계의 조치라고 선언하였다(Groot and van

der Veen[2000]). 하지만 2009년이 되면 네덜란드 정부는 이러한 제도를 단계적으로 폐지할 것이며 2024년에는 완전히 중지하기로 결정하였다(http://financieel.infonu.nl/belasting/105964-algemene-heffi ngskorting-2014-omhoog.html). 이와 같은 맥락에서 2006년 5월 미국의 민주당 국회의원 밥 필너(Bob Filner)는 법안을 제출하여, 표준적인 소득세 소득공제를 성인 1인당 2000달러(당시 미국 1인당 GDP의 약 4퍼센트), 그리고 아이 한 명당 그 절반에 해당하는 액수의 개인 환급형 세액공제로 전환하자고 주장하였다(Sheahen[2012: 148]).

81 Cole(1944: 147). 하지만 그보다 10년 전의 콜은 참을성이 적었던 듯했다(Cole[1935: 235]). "우리의 목적은 가능한 한 빠른 속도로 배당금의 크기가 모든 시민 개개인의 최소한의 필요 전체를 감당하기에 충분하도록 만드는 것이다. 이는 시민적 권리로서 지급되는 것이므로, 모두 혹은 모든 성인에게 똑같은 액수로 지급될 것이며 아동들에게도 적절한 수당으로 지급될 것이다. 이는 시작하는 시점부터 최소한 공동체 내의 모든 가정이 최소한의 물질적 생계를 충당하기에 충분한 액수가 되어야만 한다." 하지만 1944년이 되었을 때 그는 "여러 다양한 소득의 구조 전체가 갑자기 혼란에 빠지는 일이 없도록" 할 만한 액수로도 "모든 가정의 최소한의 물질적 생계를 충당하기에 충분한 액수"가 된다고 생각했던 모양이다.

82 Meade(1989: 45).

83 이미 오래전에 밀과 랑게가 말한 바 있듯이(Mill[1979: chapter 4], Lange[1937: 134-135]), 생산수단이 국가소유로 정의되는 사회주의로 점진적으로 이행하는 것보다는 차라리 쉬운 일이다.

84 Elster(1986: 709).

85 Elster(1986: 720).

86 Deppe and Foerster(2014: 8).

87 Elster(1986: 720).

88 Elster(1986: 719).

BASIC
INCOME

제 7 장

정치적으로
달성가능한가?

시민사회, 정당 그리고 뒷문

기본소득 제도가 시행된다면
그 보편적 성격 때문에 폭넓은 지지를 얻고,
여러 시련과 도전에도 오뚝이처럼 일어나
정치적으로 스스로를 회복하는 힘을 가지게 될 것이다.

BASIC INCOME

상당한 액수, 예를 들어 1인당 GDP의 25퍼센트에 해당하는 기본소득을 재정적으로 감당할 수 있을까? 앞 장의 논의를 통해서 그것이 불가능하지 않다는 확신을 얻었을 것이다. 최소한 부분적 기본소득을 통해 사람들의 삶에 실질적인 변화를 가져오면서도 더 많은 액수의 기본소득으로 나아가는 길을 닦는 것이 결코 무책임한 일이 아니라는 것 정도는 확신하게 되었을 것이다. 하지만 경제적으로 지속가능하다고 해서 이것이 곧 정치적인 실현가능성으로 이어지는 것은 아니다. 물론 오늘날 많은 나라에서 기본소득은 기존에 이미 달성된 것들에서 그저 한 걸음 더 나아가기만 하면 되는 것이다. 보편적 재산 조사 최저소득 제도, 보편적인 현물 지급(교육과 의료), 특정 연령대를 위한 제도(아동수당과 기초연금) 등은 이제 대부분 정치적으로 확고한 위치를 굳혔다.[1] 하지만 그럼에도 불구하고, 무조건적 기본소득으로 시민 모두에게 기본적 보장을 제공하려고 시도했던 나라는 지금까지 하나도 없었다.

경제적 지속가능성과 달리, 정치적 실현가능성은 파라미터처럼 주어진 것으로 다루어서는 안 된다. 이는 사람들의 공론 형성에 따라 변할 수 있는 문제이며, 사실 바로 그 과정에 개입하는 것이 우리의 임무다.[2] 물론 정치적 실현가능성은 계급투쟁이라고 부르는 것과도 관련이 있으며, 중위 투표자들(median voters)이 자기 이익이라고 부르는 것과도 분명 관련이 있다. 하지만 토마 피케티가 말했듯이, "불평등의 역사는 경제적, 사회적, 정치적 행위자들 사이의 권력 배분과 그 결과로 빚어지는 집단적 선택뿐만 아니라, 그 행위자들이 무엇이 정의롭고 무엇이 정의롭지 않은가에 대해 어떤 관점을 가지고 있느냐에 따라 구체적인 모습이 결정된다."[3]

우리가 어떤 가치를 품고 있는가는 정치적으로 실현가능한 윤곽을 결정하는 데 있어서 우리의 여러 이해관계와 똑같은 힘을 가지며, 우리가 도덕적으로 무엇에 끌리고 무엇을 혐오하는가는 세력 균형과 똑같은 힘을 갖는다. 또 무엇이 옳은가에 대한 여러 주장은 우리의 탐욕을 최상으로 만족시킬 수 있는 계산속과 똑같은 힘을 갖는다. 우리가 그렇게 생각하지 않았다면 무엇 하러 이 책을 쓰는 헛수고를 하고 있겠는가? 그렇기 때문에 정치적 실현가능성과 윤리적 정당화의 가능성은 긴밀하게 연결되어 있는 것이다.

사실 존 엘스터 같은 이들이 기본소득에 대해 "사회운동에 뿌리를 내릴 잠재적 가능성은 전혀 없다"고 믿는 이유는, 그것이 가져올 결과들이 불확실하다는 것 말고도 그것이 윤리적으로 사람들의 반감을 불러일으킨다는 데 있다. 엘스터는 이렇게 말한다. "더욱이 이 제안은 노동 능력이 있는 사람이 타인의 노동에 기생하여 살아가는 것이 공정하지 못하다고 널리 받아들여진 정의의 관념에 정면으로 위배된다. 대부분의 노동자는 이 제안을 게으른 자들이 근면한 이들을 착취하는 비법이라고 볼 것이며, 내가 볼 때도 이는 정확한 견해다."[4]

우리는 이러한 주장에 대해 제1장과 제5장에서 좀더 명시적으로 무조건적 기본소득이야말로 자유롭고 **동시에** 정의로운 사회를 위한 핵심적인 구성 요소라고 이미 반박한 바 있다. 하지만 이러한 논쟁이 기본소득의 정치적 실현가능성에 미칠 충격이 워낙 크기 때문에, 다시 이 문제로 돌아올 필요가 있다.

그런데 그 전에 먼저 할 일이 있다. 기본소득을 공개적으로 지지하는 쪽과 반대하는 쪽이 어느 쪽이며 어떤 논리인지 과거와 현재의 상태를 폭넓게 개괄하고, 그 근저에 깔려 있는 이유들을 살펴보며, 기본소득 지지의 동력이 될 수 있는 다양한 사회적·정치적 흐름들로부터 어떤 자원을 얻어낼지를 탐구해보는 일이다.

공공 여론

현재 기본소득을 지지하거나 반대하는 흐름이 어느 정도인지를 평가해보는 한 방법으로 여론조사 결과를 참조할 수 있다. 그중 일부는 각종 복지제도에 대한 태도와 관련하여 사람들이 마땅히 받아야 할 것이 무엇이고 그에 대한 개인적 책임은 무엇인가에 대해 일반인들이 가지고 있는 생각을 조사하는 것이다. 여기에서 일관되게 확인되는 바는, 노동할 의사를 조건으로 한 최저소득 보장제도와 실업수당 제도가 그러한 조건을 강제하지 않는 제도들보다 더 많은 대중적 지지를 얻는다는 점이다.[5]

하지만 기본소득에 대한 사람들의 태도에 대해서도 많은 나라에서 상당히 광범위하게 조사된 바 있다.[6] 물론 이 조사의 결과들 또한 다른 조사들과 마찬가지로 신중하게 다루어야 한다. 설문의 구체적인 문구와 질문의 형식이 다양한 영향을 미치기 때문이다. 이 점은 특히 무조건적 기본소득이라는 아이디어에 대한 조사에서 중요해진다. 응답자들 대부분은 기본소득이라는 것을 잘 들어보지 못했을 가능성이 높고 따라서 그와 연관은 있지만 전혀 다른 아이디어들과 혼동을 일으킬 가능성도 높기 때문이다. 게다가 응답자들은 기본소득을 그 조사가 이루어지는 시점에서의 기성 제도 혹은 그들이 생각하는 기성 제도와 비교하도록 질문을 받게 되는데, 이는 나라마다 크게 다를 수밖에 없다는 점도 기억해야 한다.

북유럽 나라들의 복지제도는 전체적으로 다른 어느 나라보다도 보편적 성격이 강하게 나타나며, 기본소득이라는 개념도 상당히 널리 퍼져 있다. 그래서 1994년 덴마크에서 이루어진 여론조사에서는 응답자의 40퍼센트가 기본소득을 '좋은 생각'이라고 본다고 응답했다. 마찬가지로, 2002년 핀란드에서 실시된 갤럽 조사에서는 핀란드인의 63퍼센트가 "모든 영주권자들에게 일정한 기본소득을 자동적으로 보장하는 시스템"에 대해 '좋은 생각'이라고 응답하는 것으로 밝혀졌다. 그와 같은 해에 똑같은 질문을 스웨덴 응답자들의 대표 표본에 물었더니 46퍼센트가 지지를 표명했다. 2003년 노르웨이에서 이루어진 조사에서는 대표 표본의 3분의 2 정도가 동정적인 태도를 표했다.[7]

북미와 프랑스에서 최근에 이루어진 조사는 대조적인 결과를 보여주고 있다. 2011년 8월에 미국에서 실시된 '정부 복지'에 대한 전국적 여론조사에서, 투표할 의사가 있는 미국인 1000명으로 이루어진 대표 표본에게 다음과 같은 제안에 대한 생각을 물었다. "사람들이 일하기를 선택하는 것과 무관하게, 누구나 빠듯한 정도의 생활을 누릴 만큼의 돈을 제공한다는 게 기본소득의 아이디어입니다. 당신은 연방 정부가 모든 미국인 개개인에게 기본소득을 제공하도록 하는 것에 찬성하십니까, 반대하십니까?" 무려 82퍼센트가 이 생각에 반대를 표명했고, 찬성을 표한 이는 11퍼센트에 불과했다. 이를 정당 지지로 나누어보면, 민주당에 표를 찍을 것으로 보이는 이들 중 19퍼센트 그리고 공화당원의 3퍼센트가 찬성을 표했다.

2013년 캐나다에서도 대표 표본을 만들어 비슷한 조사를 실시했다. 질문은 좀더 모호하게 "캐나다인들을 위해 보장연간소득 정책을 펴서 현행 경제 부조 프로그램들을 대체하는 것"에 대해 찬반 여부를 묻는 것이었다. 응답자 중 46퍼센트가 최소한 '어느 정도 지지한다'고 답했다.[8]

2015년 프랑스에서 실시된 조사에서는 기본소득에 대한 지지표명이 더욱 강력하게 드러났다. 이때 대표 표본에 속한 사람들에게 던진 질문은 이랬다. "기본소득을 모든 시민들에게 보장하여 대부분의 현존하는 수당들을 대체하는 조치를 도입하는 데 찬성하십니까?" 응답자의 60퍼센트는 찬성이었고(그중 16퍼센트는 완전히 찬성이었다), 40퍼센트는 지지하지 않았다(그중 19퍼센트는 전혀 지지하지 않는다고 대답했다). 녹색당과 극좌파 유권자들 중에서는 거의 80퍼센트의 찬성률이 나왔고, 극우파인 국민전선 지지자들 중에서도 51퍼센트가 찬성했다. 만약 '일하기를 선택하는 것과 무관하게'라는 구절과 '대부분의 현존하는 수당들을 대체'라는 문구를 서로 바꿔 넣었더라면 미국의 여론과 프랑스의 여론이 그렇게까지 큰 격차를 보이지는 않았을 것이라고 추측해볼 수 있다.[9]

기본소득에 대해 오늘날까지 실시됐던 최대의 여론조사는 2016년 4월 베를린의 달리아 리서치(Dalia Research)가 수행했던 조사로, 위의 두 구절 모두 그 조사의 설문에 들어가 있다. 28개국에, 21개 언어를 사용하는 1만 명의 유럽인 대표 표본을 대상으로 "모든 시민에게 일을 하는 것과 무관하게, 또 다른 소득이 있는 것과 무관하게 정부가 무조건적으로 지급하는 소득"이라는 제안에 대해 물었다. 그리고 제안의 성격을 서술하는 가운데 기본소득이 "다른 사회보장 지출들을 대체"할 것이며, "모든 기본적 필요를 충당할 만큼의 액수"가 될 것이라는 언급도 들어갔다. 응답자 중 3분의 2(약 64퍼센트)가 "만약 기본소득을 도입하자는 국민투표가 오늘 실시된다면" 찬성할 것이라고 답했다. 24퍼센트만이 반대를 표했고, 12퍼센트는 "투표하지 않겠다"고 답했다.[10]

지금까지 언급한 설문조사들은 물론 특정한 시점, 특정한 나라에서 무조건적 기본소득이 도입될 수 있을까라는 정치적 전망을 평가하는 데 참조해볼 만한 것들이다. 하지만 응답자 대부분이 설문조사의 문구를 통해 이 기본소득이라는 아이디어를 이해했다고 하더라도 평소에는 거의 생각해본 적이 없었을 것이므로, 이러한 조사는 공공 여론의 수준을 단편적으로 보여준 것 이상은 아니다.

그런데 여기에 중요한 예외가 하나 있다. 스위스에서 2016년 6월 기본소득을 놓고 국민투표가 실시된 2주 후에 대표 표본을 놓고 시행된 설문조사였다. 설문조사 문안에서 구체적 액수를 적시하지는 않았지만, 국민투표 기간 동안 공적으로 진행된 논쟁에서 계속 논의된 액수는 그 제안자들이 처음에 언급한 대로 성인 1인당 2500스위스프랑(미화로도 거의 동일한 액수)이라는 대단히 높은 액수였다. 국민투표의 전체 결과는 23.1퍼센트의 찬성과 76.9퍼센트의 반대였다. 국민투표 이후에 있었던 이 설문조사에서 밝혀진 것에 따르면, 지지율(정확히 10퍼센트)이 가장 미약했던 집단은 70세 이상의 노령층이었는데, 이 집단의 투표 참가율은 가장 높았다. 하지만 30세 이하 청년 집단의 지지율(22퍼센트)은 평균보다 약간 낮은 정도였다. 소득 수준에 따른 유의미한 차이는 없었으며, 성별로 보면 여성의 24퍼센트와 남성의 21.5퍼센트가 찬성하여 약간의 차이가 있었고, 도시 거주자들(32

퍼센트 찬성)과 농촌 거주자들(10퍼센트 찬성) 사이에는 큰 차이가 있었다. 직업의 범주에 따라서도 큰 차이를 보였는데 가장 높은 지지를 보였던 집단은 자유업자들이었다(36퍼센트). 찬성과 반대 양쪽 모두에게 그렇게 투표한 이유를 물었을 때, '찬성'이라고 응답했던 이들이 내놓은 가장 많은 대답은 "자신들이 좋은 아이디어라고 생각하는 것에 대해 더 많은 토론을 일으키고 싶어서"라고 답했다. '반대'라고 응답한 이들이 내놓은 가장 많은 대답은 "재원 조달이 불가능할 것이라고 믿기 때문"이라는 것이었다.[11]

국민투표 이전에 공론장에서 활발한 논쟁이 있었기 때문에, 이 설문조사는 대중이 기본소득에 대해 각별히 잘 알고 있는 상태에서 실시된 아주 좋은 기회였다. 하지만 이러한 가능성은 극히 드문 장소에서만 존재하며 자주 있을 수도 없다. 게다가 이는 국민투표 제안자들이 선택한 특별한 버전의 기본소득에만 제한된 것이었다. 그러므로 기본소득 제안에 대해 대중이 어떤 식으로 받아들이는지를 평가하기 위해 시민사회의 다양한 구성 인자들과 주요 정치 진영들 내에서 벌어지고 있는 토론에 귀를 기울여보는 것이 더 많은 것을 알 수 있는 방법이다.

노동조합

공식 부문의 임금 노동자들이 만든 조직인 노동조합은 무수히 많은 진보적 투쟁들에서 선봉에 서왔으며 주요한 성과물들을 얻어내는 데도 핵심적 역할을 해왔다. 그렇다면 기본소득으로 가는 길에서도 주요한 역할을 할 수 있고, 또 하게 되지 않을까? 그런데 기본소득 비슷한 최초의 제안들에 대해 대부분의 노조 지도자들이 보였던 반응을 보면 그럴 것 같지가 않다. 1943년 줄리엣 리스-윌리엄스 여사가 영국에서 보편적 수당(노동 의사를 전제 조건으로 하는 것이었다)을 제안했을 때, 이는 "가족 임금(family wage)*을 옹호하는 논리를 분쇄해버리는 제도이므로 노조의 지지를 얻을 수 없을 것"이라는 지적이 곧바로 나왔다. 그리고 이윤 및 소득 과세에 대한 왕립위원회(Royal Commission on Taxation of Profits and Income)가 1951년 이 제도를 숙고했을 때, 영국의 노동조합 총연맹(Trade Union Confederation, TUC)은 '필요와 무관하게' 지급되는 기본소득이라는 개념을 비판하는 각서까지 출간하였고, 자신들이 지지하는 것은 노동자들의 사회수당에 대한 권리를 확고하게 해줄 사회보험의 원리라는 점을 다시 확인했다.[12]

몇십 년 후, 미국 노동 총연맹 산업별 조합회의(이하 AFL-CIO) 또한 1969년 닉슨 대통령이 내놓은 가족부조계획에 대한 입장을 표명해야 하는 상황이 됐다. 이 계획은 마이너스 소득세와 분명한 유사점을 가지고 있었다(제4장을 보라). AFL-CIO의 일부 회원들은 이를 좀더 통합된 사회 안전망으로 가는 한 걸음이 될 수 있다고 호의적으로 보기도 했다. 하지만 AFL-CIO 전체 입장은 정부 보조금을 통한 저임금의 보조보다는 최저임금 인상에 우선을 두는 것이었다. 훗날 대니얼 모이니핸(Daniel Moynihan)은 이렇게 회고했다. "노동계 측은 최저소득 보장제도라는 아이디어에 꿈쩍도 하지 않았다. 하지만 공적인 논쟁에서나 또 노동이 최고의 힘을 발휘하는 의회의 위원회 회의실에서나 가족부조계획을 반대하지는 않았다."[13] 캐나다 노조의 반응은 그보다 나중에 나왔지만, 좀더 노골적으로 불신을 표명했다.[14]

1980년대 초의 네덜란드를 필두로 유럽에서 다시 기본소득에 대

---

* 노동자 본인뿐만 아니라 그 가족까지 부양할 수 있는 수준의 임금.

한 공적인 논쟁이 표면화되었을 때는 상황이 많이 달라 보였다. 이번에는 진정한 기본소득 제안이 초점이었다. 네덜란드에서의 논쟁에서는 애초부터 한 노조가 최선두에 섰다. 네덜란드의 주요 노조 총연맹(FNV)의 한 지부인 식품산업 노조였다. 1984~1992년 이 노조를 이끌었던 것은 그리트예 루비(Greetje Lubbi)라는 이름의 여성이었고, 노조원의 구성을 보면 예외적일 만큼 여성, 저임금 노동자, 시간제 노동자의 비중이 높았다.

네덜란드의 실업률이 두 자릿수로 올라가게 되자, 이 노조의 지도자들은 상당한 액수의 기본소득과 함께 큰 폭의 노동시간 감축을 주장했다. 이들은 또한 임금 노동이라는 노동 윤리와 그것이 문화에서 차지하는 중심적 위치에 의문을 표했고, 기본소득이 '무급 노동을 하는 이들, 소득도 사회적 지위도 없는 이들'에게 사회적 인정을 부여하는 방법이 될 것이라고 주장했다.[15] 하지만 노조 지도자들이 나중에 인정했듯이, "기본소득처럼 추상적이고 장기적인 목표를 가지고 노조원들을 대규모로 동원하는 것은 어려운 일임이 밝혀졌다." 기본소득이라는 목표는 "노조원들이 일상생활에서 경험하는 훨씬 더 구체적인 이해 요구들과는 상당히 동떨어진 것"이라는 것이 이유였다.[16] 그 결과 식품산업 노조의 기본소득 열기는 힘이 빠지게 된다. 이는 1990년대 초에 사그라들었고, 식품산업 노조가 소속된 전체 노조 총연맹 지도부의 지지를 전혀 얻지 못했다.[17]

아주 다른 맥락에서, 남아프리카 노동조합 회의(Congress of South African Trade Unions, 이하 COSATU)는 기본소득의 도입을 경제성장, 일자리 창출, 빈곤에 대한 투쟁 등을 동시에 발전시켜줄 조치로 여기고 공개적으로 꾸준히 지지했다. 공식 부문의 노동자들은 농촌에 있는 가족에게 돈을 부치는 비공식적인 형태로 가족의 유대를 지켜왔지만 많은 노조원에게 이는 큰 부담이었다. 기본소득의 형태로 공식적인 연대 메커니즘이 시행된다면 이는 좀더 투명하고 효율적이면서도 덜 자의적인 재분배 메커니즘을 제공하게 될 것이라는 이유에서 이들의 지지를 얻었다. 어떤 이유에서였건, COSATU는 남아프리카공화국에서의 기본소득 도입을 공식적으로 지지했다.

남아프리카 교회 협의회(South African Council of Churches) 및 남아프리카 NGO 연합(South African NGO Coalition, SANGOCO)과 함께 COSATU는 기본소득 연합(Basic Income Grant Coalition)을 설립하여 월 100랜드(미화 약 18달러, 당시 남아프리카공화국 1인당 GDP의 8퍼센트)의 무조건적 기본소득을 쟁취하기 위해 노력했다. 2002년 2월 재무부 장관 트레버 마누엘(Trevor Manuel)은 예산에 대한 연설에서 이를 도저히 재정적으로 감당할 수 없는 '경제적 포퓰리즘'이라고 거부했다. 2006년에는 사회개발부 장관인 졸라 스쿠웨이야(Zola Skweyiya)가 승인하고 지지했음에도 불구하고, 타보 음베키(Thabo Mbeki) 대통령 정권은 기본소득에 대한 반대 입장을 확고히 하고, 대상을 좀더 정확히 좁힌 사회보호 시스템의 약속을 재천명했다. 그리하여 COSATU은 기본소득에 대한 관심을 잃게 됐다.[18]

노조가 공식적으로 기본소득을 지지한 예는 1980년대 네덜란드의 식품산업 노조와 그로부터 20년 후의 COSATU 이외에도 없는 것은 아니지만, 그렇다고 많은 예가 있는 것도 아니다. 어떤 노조는 여러 회합과 출판물을 통해 이러한 아이디어에 대한 논의를 장려하기도 했다.[19] 어떤 저명한 노조 지도자들은 자기들 개인의 입장에서 이 아이디어를 옹호하고 주장하기도 했다.[20] 하지만 기본소득에 대해 가장 널리 퍼져 있는 노조의 입장은 무관심이다. 이는 기본소득이 당면한 미래와 관련이 없는 문제라고 보기 때문이기도 하다. 그리고 드물

지만, 이 아이디어가 명시적으로 논의되는 경우에도 오히려 강렬한 반대에 부닥치는 경향이 있다.[21]

얼핏 보면 기본소득에 대한 노조의 비우호적인 태도는 충격적일 수도 있다. 노동자들의 운동이라면서 어떻게 노동자들의 협상력을 증대시켜줄 정책에 대해 반대할 수 있는 것일까? 무조건적 기본소득은 고용 상태에서든 실업 상태에서든 노동자들의 선택지를 늘려줄 뿐만 아니라 이를 통해 개인 차원에서도 더 높은 보수와 더 나은 노동 조건을 놓고 협상을 벌일 수 있게 해주지 않을까? 또한 노동자들에게 기본소득이 보장된다면 노사 쟁의로 조업 중단이 벌어져서 임금 지급이 끊기는 경우에도 편리한 파업 기금을 제공하는 셈이며 따라서 노동자들이 집단행동을 벌이는 데도 가치 있는 자원이 되지 않을까? 파업 노동자들은 이에 사용자들과의 장기 투쟁도 두려워하지 않을 능력을 얻게 될 것이 아닌가?[22] 기본소득은 또한 최소한 일정한 몇 가지 유형의 일자리에서는 노동 공급을 줄임으로써 노동시장에서 집단적 행위자로서의 노조의 협상력을 강화시켜주지 않겠는가?

그런데 어째서 노조는 기본소득에 대해 미지근한 태도를 보이며 심지어 드러내놓고 적대적 태도를 보일 때도 많은 것인가? 여기에는 몇 가지 이유가 있다. 이런 이유들은 맥락에 따라서 현실에 나타날 수도 나타나지 않을 수도 있고, 또 타당한 근거가 있는 것일 수도 없는 것일 수도 있다.[23]

첫 번째 이유는, 기본소득 자체를 기존의 소득 이전 시스템 전체의 폐지를 주장하는 극단적 형태의 기본소득과 혼동할 때가 있기 때문이다. 그렇게 소득 이전 시스템 전체가 폐지되는 일에 노조가 강력하게 반대하는 데는 세 가지 이유가 있다. 첫째, 소득 이전 시스템의 폐지는 일부 가난한 가정들을 더욱 가난하게 만들 것이고, 둘째, 사회보험과 공공부조는 어떤 기본소득으로도 충족시킬 수 없는 고유의 기능들을 가지고 있으며, 셋째, 복지국가가 고용하고 있는 많은 인원들이 잘려나갈 것이다. 하지만 앞에서 설명했듯이(제1장과 제6장), 합리적인 기본소득 제안이 주장하는 바는 그저 무조건적인 소득의 하한선을 제공하자는 것뿐이며, 장기적으로 보아도 거기에 사회보험 및 공공부조를 얹는 일과 아무런 모순도 보이지 않는다. 이렇게 기본소득 위에다 사회보험 및 공공부조를 얹게 된다면, 저소득 가정들의 입장에서 볼 때 고정적 조건에서도 잃을 것이 없는 데다 그들에게 주어진 선택지의 폭이라는 점에서 보면 더 얻을 것밖에 없다.

기본소득은 사회보험 및 공공부조를 대체하는 것이 아니라 그것들 고유의 기능을 더 잘 수행하도록 돕는 것이다. 그렇기 때문에 복지 부문에서 대규모 해고가 실시되고 일자리가 사라질 것이라고 두려워할 (혹은 희망할) 이유가 없다. 물론 기본소득의 도입은 조세 및 소득 이전 시스템을 크게 단순화하고 조건부 수당에 대한 의존을 줄여서 관료적 작업을 줄인다는 의도를 가지고 있다. 하지만 이렇게 더 단순한 시스템을 점진적으로 시행하는 것 자체가 충분히 복잡한 작업이므로 그러한 이행기에는 오히려 직원들의 능력이 더욱 필요해지며 그것을 다듬어나가는 일도 아주 천천히 이루어질 수밖에 없다.

노조가 미지근한 태도를 보이는 두 번째 이유는 기본소득을 도입하게 되면 모든 가정의 소득 일부가 노동과 무관해지므로 전반적인 임금 수준의 하락을 촉발시킬 것이라고 두려워하기 때문이다. 이는 미국 노동운동이 1970년대에 닉슨 대통령의 가족부조계획을 지지하기를 꺼렸던 주된 이유였던 것으로 보인다. 데스몬드 킹이 말했듯이, "조직 노동은 노동의 동기부여에 대한 장애물을 제거함으로써 저렴한 노동이 증가되는 모든 가능성에 두려움을 가지고 있다."[24] 또한 프랑스의 주요 노조 연맹의 하나인 프랑스 민주노동 연맹(CFDT)의 전국 서기장이었던 미셸 잘맹(Michel Jalmain)의 유보적인 태도에서도 명확히 드러나듯이, 기본소득은 공동체 전체의 비용으로 불안정하고 보수가 좋지 않은 일자리를 만드는 기업들에 보조금을 주는 셈이라는 것이다.[25] 이는 존 케인스가 영국 노동조합이 보편적 아동수당에 반대했던 주요 원인이라고 지적했던 것과 비슷하다. "내가 보기에 노동조합 운동이 그러한 수당에 그토록 적극적으로 적대적인 이유는 그것이 고임금에 대한 대안이 될 것(내가 원하는 바이기도 하다)을 두려워한다는 데 있음이 명백하다. 부양해야 할 가족이 많은 사람이 있다면 자본 전체의 이윤에 부과되는 조세로부터 부조를 받는 편이, 그 사람의 고용주 개인에게 지나치게 높은 수준까지 임금을 올리게 만드는 것보다 훨씬 나은 일이다."[26]

이러한 공포는 더욱 심각하다. 하지만 이는 두 가지 결정적 지점들을 간과하고 있다. 첫째, 제1장에서 설명했듯이, 노동시장에 무조건적 기본소득이 끼치는 영향은 양날의 칼이라고 볼 수 있으며, 마땅히 그래야만 한다. 기본소득은 보편적 특성 때문에 보수가 낮은 직종들 중 몇 가지 범주가 살아남도록 해준다. 즉 본질적으로 매력적이고 훈련 내용도 충분히 풍부하지만 보수가 너무 낮거나 불규칙적이어서 사라질 수밖에 없게 된 직업들을 살아남게 해주는 것이다. 동시에 기본소득에는 아무 의무도 부과되지 않으므로, 사람들이 하기 싫고 훈련 내용도 형편없는 일자리를 받아들이거나 그 일자리에서 일하기를 꺼리게 만든다. 이런 일자리들이 노동자들을 충분히 확보하려면 임금을 올려야 할 것이다. 그 결과 노동자들에 대한 보상의 전반적 수준에 어떠한 순효과가 미치게 될지는 불확실하지만, 현존하는 일자리 중에서 가장 보수가 적은 곳들의 평균 임금은 올라갈 것이라고 보아도 좋을 것이다.

둘째, 기본소득은 최저임금 제도와 완벽히 양립 가능하다.[27] 최저임금 제도는 다양한 목적에 복무하며 그중에는 조세 회피를 줄이려는 목적도 있다. 기본소득을 도입한다고 해서 이러한 정당성이 줄어들 이유는 없다. 그리고 제1장에서 설명한 대로, 기본소득의 도입으로 장려하고자 하는 저임금 일자리의 발전을 최저임금 제도가 방해하는 것도 아니다. 물론 기본소득을 도입하게 되면 최저임금의 수준이 하향 조정될 수 있다고 주장할 근거는 있다. 최저 순임금이 더 낮아지더라도 기본소득이 있기 때문에 전일제 노동자들의 가처분 소득은 보장될 수 있기 때문이다. 하지만 기본소득이 도입되면 최소한 그 재원의 일부는 아래쪽 소득 구간에서의 세율 인상으로 조달될 가능성이 높으며(제6장의 설명을 보라), 이렇게 전일제 노동자의 총소득(기본소득을 포함)을 유지하기 위해서는 세전 최저임금 또한 높게 유지되어야 할 것이다. 그렇기 때문에 세전 최저임금의 수준을 낮출 이유도 없으며, 최저임금 제도를 폐지할 이유는 더더욱 없다.

노조가 기본소득에 저항하는 세 번째 이유는 앞의 이유와 관련되어 있지만, 뚜렷이 구별된다. 이는 노동자들의 가처분 소득을 결정하는 데 있어서 노조의 역할과 관련되어 있다. 그 문제의 한 측면은 순전히 인식상의 문제일 뿐이다. 한 가정의 총소득에서 기본소득이 차지하는 부분이 증가하게 되면 임금이 차지하는 중심성이 줄어들어 보이는 것은 당연한 일이다. 가정의 모든 성원들에게 선금으로 기본소득이 지급된다면, 그 주된 소득원인 가장의 가정경제 기여도가 낮아져 가장이 가정에서 차지하는 중요성은 물론, 사회에서의 중요성도 낮아질 것이고, 이에 그 가장이 소속된 조직의 중요성도 마찬가지로 하락할 것이다. 이렇게 사람들의 인지 구조에 미치는 영향은 진정한 기본소득에만 고유하게 나타나는 것이며, 마이너스 소득세에서는 나타나지 않는다는 점에 주목하라. 똑같은 액수라고 해도 기본소득이 아니라 마이너스 소득세의 세액공제로 주게 되면 이는 가장의 순임금 상승으로 나타나며, 특히 마이너스 소득세가 개인이 아닌 가구를 단위로 하여 시행될 때 그러하다(물론 개인을 단위로 해도 이러한 결과가 나타날 수 있다). 가구의 순소득은 '똑같은 액수의(equivalent)' 기본소득에서도 정확히 똑같을 수 있지만, 마이너스 소득세에서는 노동의 보상으로 지급되는 것처럼 보이는 부분이 더 커지며, 따라서 노조의 통제 아래 있는 것에서 더 큰 부분이 나오는 것처럼 보이게 된다. 물론 이는 착시 현상일 뿐이지만, 아주 강력한 착시다. 게다가 노조 지도자들은 이러한 착시를 바로잡는 것이 자기들에게 유리하다고 여기지 않는다.

노조가 기본소득에 저항하는 네 번째의 이유는 앞의 이유와 밀접하게 연결되어 있지만, 순전히 인식상의 문제로 환원할 수는 없는 것이다. 가구 소득에서 임금이 차지하는 부분은 고용주와 노동자의 협상 대상이며, 협상이 진행되는 절차는 나라마다 매우 다양하다. 노조의 협상력은 해당 부문의 노동력이 얼마만큼이나 생산을 교란시킬 수 있는지의 역량에 좌우되며, 결국 노조가 철수하겠다고 으름장을 놓을 수 있는 노동력의 양으로부터 나오게 된다. 각종 사회보험 수당은 대부분 이러한 임금에서 재원을 마련하게 되며, 사회보험 수당의 관리에 노조가 참여하는 경우도 많다.

이와는 대조적으로 기본소득은 (선금으로 지급되든 아니면 세액공제의 모습을 띠든) 정부가 시민들에게 직접 지급하며, 이 과정에 노조는 직접 참여하지 못한다. 따라서 노조는 노조원의 이해가 제대로 고려되고 있는지에 대해 확신할 수 없게 된다. 하지만 이 또한 대개는 착시 현상에 불과하다. 근로소득이 어떤 법적 지위를 갖게 되는지 그리고 일반 조세로부터 사회보험 수당에 조달되는 각종 보조금이 (상당한 액수일 때가 많다) 어떻게 결정되는지를 생각해보라. 노동자들이 직간접적으로 자신의 일자리에서 얻는 소득 또한 민주적인 여러 의사결정에 크게 좌우된다는 것은 자명한 일이다.

노조가 일반적으로 기본소득에 열의를 보이지 않는 다섯 번째 이유는 노조 자신의 권력 문제와 관련되어 있다. 무조건적 기본소득은 자본가들에 대한 노동자들의 권력을 증대시킬 뿐 아니라 노동자들이 노조에 대해 갖는 권력도 강화시킨다. 파업이 장기화될 경우 노동자들이 만약 지속적으로 기본소득을 받는다면, 이는 노조의 잠재적인 파업 기금만 불려주는 것이 아니라 노조보다 아래 차원에 산재하는 모든 종류의 노조원들 모임의 파업 기금도 불려주는 셈이 된다. 따라서 노조 지도부가 지휘하는 집단행동은 더욱 어려워지게 된다. 집단행동의 역량이 집중되지 않고 확산되면, 그 전에는 힘이 약했던 노동자들의 소집단도 자신들의 정당한 주장을 옹호할 능력을 얻게 될 것이다. 또한 이는 상대적으로 특권적 위치에 있는 노동자들에 의해 남용될 수도 있다. 어쨌건 기본소득을 도입했을 때 발생할 이러한 결과를 노조 지도자들이 환영할 가능성은 낮다.[28]

마지막으로, 노조가 기본소득에 대해 열의가 없는 가장 일반적이고도 기본적인 이유는 한마디로 기본소득 도입이 노조의 핵심 성원들에게 최고의 이익을 주지는 못한다고 믿기 때문이다. 노조의 핵심 성원들이란 대개 안정적 고용과 괜찮은 급여를 받는 전일제 남성 노동자들로서, 대부분 전체 노동 인구의 대표성과는 거리가 먼 사람들이다. 당장 재정적 차원에서만 봐도 이러한 노동자들의 다수는 기본소득 개혁으로부터 이익을 얻을 가능성이 낮고, 특히 그들 중에서 가장 보수가 높은 이들은 기본소득에 필요한 세금 조정 때문에 오히려 손해를 볼 가능성이 높다. 특히 엄격히 개인에게 지급되는 상당한 수준의 기본소득이 도입되어 자본소득에는 거의 손대지 못하는 상황이 전개될 경우 더욱 그러하다. 이와 대조적으로, 기본소득에서 가장 직접적으로 이익을 볼 수 있는 노동자들은 조직화되지 못하는 경향이 있다. 예를 들어 미국의 경우 2014년에 전일제 노동자들 사이에서의 조직률은 시간제 노동자들의 두 배 이상이며, 노조가 없는 노동자들의 소득 중간값은 노조 조직원들의 80퍼센트에도 미치지 못했다.[29]

케인스는 이렇게 주장했다. "노동계급이 스스로의 처지를 개선하고자 하는 자기의식적 노력이 지나치게 임금인상 투쟁에만 집중된 나머지 본인들의 조건을 개선할 수 있는 대안적 방법들에 대해서는 의심을 품는 지경에 이르렀으며, 내가 보기에는 지금 노조가 바로 이러한 사고방식에 젖어 있다. 이는 실로 불행한 일이다."[30] 지금까지 열거한 기본소득에 대한 노조의 무관심의 여러 원인들 중 어떤 것이 가장 크게 작용하든, 우리는 케인스의 견해에 동의할 만한 여러 강력한 근거들이 있다. 하지만 노조가 이러한 '불행한 일'을 극복해낼 수 있다고 믿을 만한 강력한 근거들도 있다.

만약 다음 네 가지의 방향으로 진보가 이루어질 경우, 노조 또한 기본소득에 공감하게 될 것으로 기대할 수 있다. 첫째, 민주적 정부가 지닌 재분배 장치로 충분히 공정하고 효율적이며 신뢰할 만한 방식으로 세금을 거두어 분배할 수 있다는 믿음을 노조에게 심어주어야 한다. 현 상황에서 공정한 재분배가 이루어지기 위해서는 특히 각국 정부가 서로 더욱 적극적으로 협력하여 초국가적으로 움직이는 금융 자본 및 인적 자본의 부가가치에 좀더 공정하게 과세할 수 있도록 해야 한다. 둘째, 노동조합은 스스로를 지금 일하고 있거나 잠재적으로 일하게 될 사람들로 구성된 전체 노동 인구를 대표하는 존재로서 바라볼 필요가 있다. 노조에는 갈수록 숫자가 줄어드는 전일제 정규직 남성으로 구성된 핵심 내부자들만이 아니라 갈수록 수가 늘어나는 '프레카리아트(불안정한 프롤레타리아트)'도 포함되어야 한다.[31] 이를 위해서는 노조의 조직 기반을 더 넓혀야 하지만 노조원들 스스로가 다른 이들의 처지에 충분히 동화되도록 해야 한다. 다른 이들이란 그들의 자녀일 수도 있고 그들 자신도 언제든 그렇게 될 수 있다. 셋째, 노동자들이 생산물 전체의 창조자이고 그 일부를 자본가들이 자신들에게서 훔쳐간다는 생각을 이제는 접어야 한다. 현재의 생산물 대부분은 노동자들도 자본가들도 자기들 것이라고 우길 수 있는 게 아니라는 점(제5장을 보라)을 깨달아야만 한다. 마지막으로, 노조는 종신 고용이 보장된 안정된 전일제 임금노동과 거기에 따라오는 순급여에 집착하는 태도를 줄이고, 일생을 살 만한 가치가 있는 것으로 만드는 게 무엇인지에 대해 지금까지의 '노동자주의●적(laborist)' 관념에서 벗어나 더욱 폭넓게 바라볼 수 있어야 한다.[32]

이렇게 겹겹이 쌓인 노조 지도자들의 불신을 과연 그들 스스로가 극복할 수 있을지 회의적인가? 그렇다면 앤디 스턴(Andy Stern)의 최근 저서인 『바닥을 올려라(Raising the Floor)』를 읽어보라. 스턴

● 노동자주의란 딱히 정의하기 어려운 말이지만, 사회 운동 내에서 노동의 (특히 조직 노동의) 이익을 사회의 이익과 동일시하여 거기에 최고의 우선성을 부여하려는 태도를 가리키며 보통 (조직) 노동 패권주의의 편향을 일컫는 말이다. 특히 20세기 중반에 형성된 고전적인 산업 사회의 이미지는 노동과 자본이라는 양대 계급으로 구성되는 것으로 생각되었으므로 (조직) 노동자들 및 그 가족 성원들의 이익이라는 것은 곧 지배 계급을 제외한 사회 전체의 이익을 대표하는 대표성을 가진 것으로 여겨지기도 했다. 하지만 1960년대 이후 그러한 조직 노동 이외의 수많은 사회적 존재들과 그들이 당하는 억압과 곤궁이 부각되면서 이러한 단순한 사고는 무너졌다. 그럼에도 불구하고 모든 문제를 (조직) 노동의 문제로 환원하려는 일종의 운동과 진보 학계 내 패권주의는 존재했다. 노동자주의란 이를 비판하는 용어로 쓰이는 말이다.

은 2010년까지 미국에서 가장 큰 노조의 하나로 200만 명의 조직원을 가진 국제 서비스 노조(Service Employees International Union)의 의장이었다. 그는 자신의 책에서 "보편적 기본소득을 나침반으로 하여 소득의 하한선을 끌어올리고, 일자리와 노동과 아메리칸 드림의 미래를 만들어나가는 전국적인 토론에 참여"하도록 독자들을 초대하고 있다.[33] 그는 앞으로 몇십 년간 다가올 기술 변화의 충격들("제조업에 기초한 경제에서 디지털화에 기초한 경제로의 이행")에 대해 오랜 시간 고민한 끝에, 자신의 노동운동 경력 전체에 걸쳐 옹호해온 생각, 즉 모든 이들에게 만족스런 정규직 일자리를 만들어주는 일은 더 이상 가망이 없는 끝난 이야기라는 결론에 도달한다. 그렇지만 그는 아메리칸 드림을 포기하는 것이 아니라 거기에 새로운 해석을 부여할 필요가 있다고 본다. "새로운 아메리칸 드림이란, 식료품, 주거, 안정 등의 기본적인 인간적 필요에 대해 전혀 걱정할 필요 없이 우리가 가진 가장 근본적인 여러 가치들에 따라 스스로를 위해 그리고 사랑하는 이들을 위해 각자가 원하는 인생을 선택하고 창조할 자유를 모든 이들이 얻는다는 뜻이 될 것이다."[34] 이러한 꿈을 이루기 위해서 스턴은 "18세에서 64세 사이의 모든 성인들에게 월 1000달러의 무조건적인 보편적 기본소득을 제도화"할 것을 제안했다.[35]

과연 오늘날의 노조원들과 노조 지도부가 이러한 메시지를 진지하게 받아들일 가능성이 있을까? 그럴 가능성이 없지 않다는 것을 암시하는 두 가지 사례가 있다. 2012년 1월 독일의 노조 운동가들은 기본소득에 대한 노동조합 대화(Gewerkschafterdialog-Grundeinkommen)를 설립했다. 이는 '노조 조직원들 가운데 기본소득을 지지하는 사람들이 대화하는 플랫폼'으로, 기본소득을 노동자의 권리들을 강화하는 한 방법으로 여기고 있다. 또한 설립 이래로 전 독일에 걸쳐서 기본소득에 대한 여러 워크숍을 조직해오고 있다.[36] 영국 최대의 노동조합인 전국 통일노조(Unite the Union)는 2016년 7월 11일 브라이튼에서 열린 네 번째 정책 회의에서, "재산 조사와 빈번한 자의적 제재에 기반을 둔 관료적이고 높은 비용의 사회보장 시스템으로는 충분한 소득 하한선을 제공할 수 없음이 명백"하다고 강조하면서 "무조건적이고 철회 불가한(non-withdrawable) 기본소득을 모든 개인에게 지급하는 것이야말로 모두에게 진정한 사회보장을 제공할 뿐만 아니라 경제를 부양하고 일자리를 창출할 잠재력을 가지고 있다"는 안을 채택했다. 그리하여 그 모든 노조원들에게 "보편적 기본소득 캠페인에 적극적으로 참여하라"는 권고를 보냈다.[37]

고용주들

기본소득 도입에 대한 고용주들의 입장은 어떨까? 이들은 엄청난 경제적 권력을 가진 덕에 다른 이들을 종속시켜 이용할 수 있는 사람들이므로, 경제적 권력이 가장 적은 이들에게 더 큰 경제적 권력을 준다고 내세우는 계획을 열렬히 환호할 것 같지 않다. 예를 들어 기본소득이 도입되어 노동자들이 파업 기금에 의지할 필요조차 없이 파업을 벌일 수 있다고 지적한다면 자본가들은 진저리를 칠 것이다. 따라서 무조건적 기본소득을 지지하는 사용자 조직을 찾기란 그렇게 하는 노동조합을 찾는 것보다 훨씬 더 어려운 것이 당연하다.

하지만 노동조합의 경우처럼 여기에서도 약간의 예외가 있다. 2010년 이래로 독일의 가톨릭 사업가들의 조직인 가톨릭 사업가 연맹(Bund Katholisher Unternehmer)은 '가톨릭 사회사상에 영감을 받은 명확한 기초' 위에서 독일에 마이너스 소득세를 도입할 것을 강력히 촉구해오고 있다. 2012년 프랑스의 대통령 선거 당시에도 프랑스의 젊은 재계 지도자들의 조직인 청년 사업가 지도자 센터(Centre des Jeunes Dirigeants d'Enterprise)는 모든 영주권자들에게 400유로(당시 1인당 GDP의 약 12퍼센트)의 기본소득을 지급하고 재원은 주로 환경 관련 과세로 조달할 것을 주장하는 백서를 발간했다.[38] 하지만 보통 사용자 조직들은 기본소득이라는 아이디어를 무시하는 경우가 더 많다. 그리고 국민 발의로 기본소득 국민투표가 있었던 스위스에서처럼 기본소득 운동을 무시할 수 없게 된 경우에는 굳건한 반대 입장을 보인다. 스위스의 재계 연맹체인 스위스 경제인 연합(Economiesuisse)은 그래서 기본소득에 대해 가장 일찍부터 또 가장 정력적으로 반대운동을 펼쳐온 조직이기도 하다.[39]

하지만 기본소득의 옹호자들 가운데서도 가장 저명하고 영향력이 큰 인물들 중 몇 명은 성공한 사업가들이다. 그중 하나가 마이크로칩 생산과 축구 클럽 운영으로 큰 성공을 거둔 벨기에의 사업가 롤랑 뒤샤텔레다. 그는 1990년대 초부터 이미 기본소득 아이디어를 마음에 들어했다고 한다.[40]

1997년 그는 '삶(Vivant)'이라는 이름의 정당을 창설한다. 이 정당의 중심적 제안은 단 하나로, 부가가치세 세율의 급격한 증가로 재원을 마련하여 500유로(당시 1인당 GDP의 약 23퍼센트)의 무조건적 기본소득을 개인에게 지급하는 제도를 도입하라는 것이었다. 1999년의 벨기에 연방의회 선거에서 '삶'은 뒤샤텔레가 사재를 털어 선거 비용을 물 쓰듯 댄 덕에 2퍼센트 가까운 득표율을 기록했다. 하지만 2003년의 선거에서는 득표율이 거기에 미치지 못했다. 또 두 선거에서 모두 연방의회 의석을 확보할 만큼의 표는 얻지 못했다. 2007년 '삶'은 플레미시자유당(Flemish Liberal Party)에 흡수되었고, 뒤샤텔레는 이

당을 대표하여 한 임기 동안 상원의원으로 일하게 된다. 이렇게 비록 뒤샤텔레가 만든 정당은 사그라졌지만, 뒤샤텔레 본인은 이에 아랑곳 하지 않고 여전히 '자유 소득(freedom income)'을 주장하는 목소리를 높이고 있다. 그의 관점에 따르면, 이 '자유 소득'과 함께 조세 시스템 의 단순화 그리고 비효율적이고 간섭이 심한 복지 관료제를 다듬는 일이 병행되어야 한다고 한다.[41]

더욱더 인상적인 또 다른 예는 독일의 사업가인 괴츠 베르너의 경우다. 그는 독일의 주요 약국 체인인 DM(drogerie market)의 창립자이 자 CEO이며, 2만6000명의 노동자들의 고용주이기도 하다. 2005년 독일 복지제도에 대한 '하르츠 4단계' 개혁으로 수당 수급자들에게 일자리를 구하라는 압력이 증가했다. 그때 베르너는 무조건적 기본소 득을 주장하기 시작했다. 소비세를 재원으로 삼고 모든 형태의 소득 세와 기존의 소득 이전 다수를 억누르는 방식으로 우선 1200유로(이 는 당시 독일 1인당 GDP의 50퍼센트가 넘는 액수였다)의 무조건적 기본소 득을 주자는 것이었다. 전혀 예기치 못한 쪽에서 기본소득을 열렬히 외치고 나오는 바람에 주목을 받게 된 베르너는 TV 토크쇼와 다른 매체에 단골로 등장하는 인사가 됐다. 그후 그는 자신의 제안을 가다 듬고(일정 정도 완화시키기도 하였다) 그것을 떠받치는 논리를 더 정교하 게 만들어 몇 권의 저서를 출간했다. 베르너는 루돌프 슈타이너 (Rudolf Steiner)의 인지학(anthroposophy) 교의●에 의거하여, 기본소득 이야말로 노동자들을 더욱 자유롭게 하기 때문에 경제를 더 잘 작동

● 루돌프 슈타이너는 20세기 초에 독일에서 활동한 신비주의 철학자이자 영성가다. 신지학 (theosophy)에서 더 나아가 인간 존재 자체에 감각적 물질적 차원을 넘어서는 진정한 실체가 있 다고 믿어 이를 직접 인식하는 것으로서의 인지학(anthroposophy)을 주창했다. 이른바 '발도로 프 교육'으로 알려진 슈타이너 교육 방식을 창시한 이로도 유명하다.

하게 만드는 핵심 요소라고 여겼다.[42] 기본소득을 하나의 문화적 충동(Kulturimplus)으로 보는 그의 관점은 스위스의 기본소득 운동이 생겨나는 데 영감을 주기도 했다.

기본소득을 공공연히 주장하는 재계의 지도적 인사들은 롤랑 뒤샤텔레와 괴츠 베르너 이외에도 더 있다.[43] 하지만 그중에서도 이 두 사람이 가장 끈질기게 큰 영향력을 끼친 인물들이며, 기본소득 지지 입장을 표명한 주요 노조 지도자들이 드문 것처럼 이들 또한 자기들 집단에서는 아웃사이더들로 남아 있다.

혹시라도 고용주들 측에서 기본소득 지지층이 크게 늘어난다면, 이는 기본소득을 통해 노동자들에게 더 탄탄한 기본적 보장을 해줌으로써 노동시장의 탄력성을 더 높일 수 있는 패키지로 여길 가능성이 가장 높다. 또한 우선은 소기업과 자유업자들이 모인 조직들로부터 기본소득 지지가 나올 가능성이 아주 높다. 예를 들어 2016년 6월 플랑드르의 자영업자 조직인 'UNIZO'의 수장 카럴 판 에트벨트(Karel Van Eetvelt)는 기본소득이 기업가 정신을 고양시킬 잠재력이 크고 또 자유업 노동자들을 보호하는 데 더 효과적이기 때문에 이를 좀더 탐구해볼 필요가 있다고 선언했다.[44]

노동운동과 재계를 떠나서 이제는 우리 사회에서 기본소득에 대해 더욱 우호적인 태도를 가질 것이라고 선험적으로 예측할 수 있는 두 개의 부문으로 가보자. 프레카리아트와 여성들이다.

프레카리아트

구직자들, 단기 혹은 시간제 고용자들, 여러 가지 노동연계복지 제도에 등록한 사람들, 자유업자들 가운데 처지가 취약한 사람들, 좀더 폭넓게 말하면 어떤 이유에서건 물질적 안정과 적극적인 정체성을 부여해주는 좋은 일자리에서 배제된 사람들을 모두 묶어서 보통 '프레카리아트(precariat)'라는 이름으로 부른다.[45] 직접적인 의미에서 기본소득의 도입을 통해 가장 큰 이득을 볼 대부분의 사람들이 여기에 속한다.

하지만 그렇다고 해서 이들을 대표하는 여러 단체들이 꼭 무조건적 기본소득처럼 일반적일 뿐만 아니라 당장의 삶의 문제와는 동떨어진 것을 당연히 지지하라는 법은 없다. 한 예로 1990년대에 아일랜드에서 기본소득 논쟁이 벌어졌을 때 아일랜드 전국 실업자 기구(Irish National Organization of the Unemployed)는 이 제안을 비난했다. 기본소득 운동이 실업자들과 빈민들이 당면한 현안 문제들로부터 주의를 분산시킨다는 이유였다. 이들에 따르면 당장의 현안들에 대한 좀더 효과적인 해결책들은 지원 대상을 분명히 한 제도들로서, 이 제도들이 비용도 덜 들고 따라서 더욱 현실적이라는 것이었다.[46]

그럼에도 불구하고, 전통적인 노동운동의 바깥에서 오늘날 보통 프레카리아트라고 불리는 이들의 이익을 대변하기 위해 발전해온 많은 단체들은 기본소득 유형의 제안들을 전투적으로 지지해왔다. 이미 1960년대 말 미국에서 국민 복지 권리 조직(이하 NWRO)의 예가 있었다. 이 조직은 주로 흑인 여성 실업자들로 구성된 복지 청구자들의 운동이었으며, 연방 정부가 마이너스 소득세의 형태로 모든 미국인 개개인에게 최저소득을 보장할 것을 요구했다. 이 NWRO 계획은 기존의 여러 공공부조 프로그램들을 대체하는 것을 목표로 하여 "가족 내의 성인들이 노동력에 참여하고 있는지와 무관하게 가정의 모든 기본적 필요를 충족하도록 설계해야 한다. (…) 수급 자격은 개인의 행실에 좌우되지 않으며, 사회복지사의 사례 조사에 따라 인증받을 필

요도 없다"는 것이었다.[47]

이보다 규모는 작지만 1970년대 초 영국 남부의 한 작은 도시에서 한 무리의 실업자들이 모여 '수당 청구인 조합(claimants' union)'을 결성하기로 한다. 이들은 "일자리가 없는 이들이 모여서 노조를 만든다는 것은 실업수당을 타려고 줄 서 있는 사람들에게는 논리적 모순에 꿈같은 소리"로 들리겠지만, 그럼에도 불구하고 모임을 결성한다고 밝혔다. 이들은 무조건적 기본소득 운동을 시작했지만, 공식적 노동운동 진영의 반대에 직면하게 된다. 이 '청구인들'의 관점에서 보자면 공식적 노동운동이 원하는 것은 그저 이미 일자리가 있는 이들의 임금을 올리는 것(이로 인해 실업자들이 일자리를 얻기는 더욱 어려워진다)과, 자기들 임금에 붙는 세금을 줄이는 것(이로써 일자리가 없는 이들에 대한 소득 이전에는 압박이 생겨난다)뿐이었다. 이 '청구인들'은 기존의 복지제도 확장을 전혀 원하지 않았고 반대로 그것의 폐지를 원했다. 이들이 주장한 것은 "영주처럼 거만하게 군림하는 관료 공무원들의 발앞에서 설설 길 필요가 없는 모종의 보장소득, 실질적인 생활 소득을 일자리가 있는 이나 없는 이 모두에게 주는 것"이었다.[48]

다른 몇몇 나라에서도 지속 기간과 대표성과 사회의 영향력은 다양했지만, 프레카리아트와 연계된 여러 조직들이 기본소득과 같은 것을 자신들의 중심적 주장의 하나로 삼았다.[49] 아마도 가장 눈에 띄는 형태로 나타났던 것이 프랑스에서 일어났던 운동이었을 것이다. 1982년에 창립된 실업자노조(Syndicat des Chômers)와 그 후신으로 1986년에 창설된 '실업자들과 불안정 노동자들의 전국 운동(Mouvement National des Chômeurs et Précaires)' 모두는 자신들의 잡지인 「나눔(Partage)」의 많은 지면을 기본소득에 할애했다. 스스로를 '불안정 노동자(précaires)'로 정의한 지방의 단체들—개중에는 자유지상주의를 신봉하는 단체들도 있었다—은 이후 이러한 단순한 관심을 정력적인 지지로 바꾸게 된다.[50] 이를 통해서 프랑스의 사회학자 피에르 부르디외(Pierre Bourdieu, 1930~2002)가 '사회의 기적'이라고 부른 바 있는 1997~1998년 겨울 동안 대규모로 벌어졌던 프랑스 실업자들의 집단행동의 길이 닦이게 된다. 그 사태 당시 실업자들은 몇 개의 프랑스 도시에서 열린 시위와 점거 행동에서 "일자리는 권리, 소득은 당연히 받아야 할 몫!"을 주된 구호로 내걸었다.[51] 프레카리아트에 기초한 연맹체인 실업 반대 행동(AC! Agir Contre le Chomage)이 1994년에 창설되었고, 거기에 탄력을 받아 기본소득은 비록 정치적 의제로까지는 아니어도 처음으로 프랑스의 공적 논쟁의 주제가 된다.[52]

전통적인 노조보다 이러한 불안정 노동자들의 연합체 가운데서 기본소득에 대해 명확히 적극적인 태도를 발견하기가 더 쉽다는 점은 분명하다. 하지만 동시에 인정해야 할 점은, 이러한 연합체들 자체가 대단히 불안정하고, 규모도 작으며, 생겨났다가 금세 사라지곤 한다는 점이다. 그 회원들이 전투적 행동에 바칠 수 있는 시간은 전일제 노동자들보다 더 많을 수 있다. 하지만 이들은 든든한 사회운동을 만드는 데 필요한 금전적 인적 자원이 딸리는 경향이 있다. 이들 대부분은 하루 벌어 하루 먹고살기도 빠듯한 처지인 데다 훌륭한 지도력을 가진 이들 중 다수는 조만간 프레카리아트의 위치를 떠나버린다. 게다가 프레카리아트는 프롤레타리아트와는 달리 동일한 작업장을 함께 쓰면서 끈끈하고 정규적인 상호작용을 가질 수 없다. 그들은 또한 경제 전체에 결정적인 중요성을 갖는 내부자들의 노동력과 같은 자산도 없다. 그리고 아마도 가장 심각한 문제는, 이들이 자신들에게 붙어 있는 실업자 혹은 불안정 노동자라는 꼬리표를 적극적이고 긍정적인 정체성으로 품어야 한다는 어려운 도전에 직면해 있다는 것이다. 따라서 프레카리아트 단체들이 과연 전통적인 조직 노동에 견주어보았을 때 조금이라도 그런 힘을 가질 수 있을지 의문스럽다. 하물며 무조건적 기본소득의 도입을 확보하는 데 충분할 정도의 힘은 더욱더 먼 이야기일 수 있다.[53]

여성

여성 또한 주류 노동운동과 달리 기본소득에 대해 큰 지지를 보낼 것으로 예상할 수 있는 훨씬 더 큰 범주의 집단이다. 상상할 수 있는 어떤 종류의 기본소득 개혁에서도 여성은 소득에서건 인생의 기회에서건 남성보다 훨씬 더 큰 혜택을 보게 되어 있다. 그 이유는 간단하다. 여성은 현재 노동시장에의 참여율이 낮으며 이들의 평균 노동시간당 임금도 남성보다 낮기 때문에, 철저하게 개인 차원으로 지급되는 기본소득은 다른 조건이 동일하다면 그 재원 조달이 직접세든 간접세든 여성들에게 더 큰 금전적 혜택을 주게 되어 있다. 따라서 소득과 사회보험 수당의 분배에 있어서 남성에게 유리하도록 되어 있는 기존의 편향을 줄일 수 있다.[54]

이는 여성들 '자신만의 소득'을 증대시켜서 버지니아 울프가 상찬한 바 있는 방식으로 여성의 자유를 증대시킬 수 있게 된다. "지적인 자유는 물질에 달려 있다. 시는 지적인 자유에 달려 있다. 그런데 여성들은 항상 가난했다. 단지 200년 동안만이 아니라 태초 이래로 그러했다. 여성들은 아테네 노예의 아들들만큼도 지적인 자유를 갖지 못했다. 그 결과 여성들은 시를 쓸 기회를 '개'만큼도 가질 수 없었다. 이것이 내가 여성들이 자기만의 방과 자기만의 돈을 가져야 한다고 그토록 강조하는 이유다."[55]

　여성들이 자신들만의 확고한 소득을 확보함으로써 더 큰 자유를 얻게 된다면 시만 쓸 수 있는 게 아니다. 제6장에서 언급한 바 있는 마이너스 소득세 실험의 하나를 보면, 가난한 가정의 성원 개개인 모두에게 수급 자격을 주었더니 이혼율이 증가했던 듯하다. 그 원인을 분석한 연구 하나는 "결혼 해체 이후의 힘든 이행기 동안 소득이 들어올 것이라는 확실성 때문에 배우자 두 사람 중 금전적으로 의존성이 컸던 아내 쪽에서 쉽게 이혼을 결정할 수 있게 된다. 그만큼 의존성이 줄어드는 것이다. 독립성의 증대는 일부 개인들로 하여금 결혼을 불만족스러운 것으로 심지어 짐승같이 비인간적인 것으로 느끼도록 만든다."[56] 그리고 자신만의 소득이 생기게 되면 불만족스러운 배우자에게서 벗어나는 일만 용이해지는 게 아니다. 만족스럽지 못한 직장생활을 그만두는 것도 용이해진다.

　캐롤 페이트먼의 말을 빌리면, "기본소득은 여성들에게 광범위한 기회를 손에 넣을 수 있도록 해줄 것이며, 기본소득으로 삶을 꾸려갈 의지만 있다면 자신을 천한 존재로 만드는 남녀관계 및 일자리에서 빠져나올 수 있게 된다."[57] 제1장에서 설명했듯이, 기본소득이 있으면 시간제 일자리를 선택하여 새로운 경력을 모색하는 쪽을 선택하기가 쉬워진다. 특히 저임금 일자리에 묶여 있는 여성들로 하여금 2교대제와 도저히 감당할 수 없는 삶의 속도에서 빠져나올 수 있게 해준다. 이는 또한 마이너스 소득세 실험에서 가정의 두 번째 소득원(주로 결혼한 여성들)의 노동 공급이 어느 정도 줄어드는 것으로 나타난 바 있다.

　제6장에서 강조한 바 있듯이 이러한 실험 결과는 꼭 기본소득의 실험이었다고 하기도 힘들며, 무려 50년 전의 특정한 제도적 문화적

맥락에서 도입된 것이었으므로 부주의하게 아무 곳에나 외삽해서는 안 될 일이다. 하지만 그 실험들을 통해 드러난 기본적인 사실만큼은 충분히 믿을 만한 것이다. 자유의 문제에 관한 한 기본소득은 분명히 효과를 발휘하며, 특히 새롭게 주어진 기회를 더 잘 사용할 수 있는 이들에게 더 큰 효과를 발휘한다. 따라서 기회를 잘 사용할 수 있는 이들 가운데 여성들의 숫자가 많을 수밖에 없다.

이러한 모든 이유들로 볼 때, 일부 여성주의 단체들이 기본소득을 자신들의 중심 목표로 두고 있음은 놀라운 일이 아니다. 그 초기의 예 가운데 하나는 런던에 사는 노동계급 여성들의 결사체로 시작한 수당 청구인 조합 연맹(Federation of Claimants Unions)에서 1975년에 간행한 팸플릿 「여성과 사회보장(Women and Social Security)」에 잘 나타나 있다. 이후에도 이 팸플릿은 개정된 형태로 여러 번 다시 발간되었지만, 무조건적 기본소득 제도를 주장하는 부분은 모든 판본에서 빠지지 않고 수록되어 있다. 이러한 제도를 채택하게 되면, "모든 여성 한 사람 한 사람이 다른 누군가에 의존하는 존재가 아니라 독립적인 개인으로 대우받게 될 것이다. 이렇게 되면, 영국에서 당시에 시행되고 있었던 재산 조사 최저소득 제도인 보충급여제도(supplementary benefits scheme)의 필수적인 부분인 굴욕적인 개인적 인간관계 조사로 수치를 당하는 일도 없어질 것이다." 나아가 팸플릿에서는 다음과 같이 주장한다. "이는 이 사회에서 여성의 지위에 근본적인 영향을 미칠 것이다."[58]

이러한 종류의 명확한 집단적 선언들도 나온 바 있고, 또 기본소득을 옹호하는 여성주의 저술가들도 적지 않다. 하지만 그렇다고 해서 여성운동 내부에 기본소득 도입을 지지하는 폭넓은 합의가 존재한다고는 말할 수 없다.[59] 그 가장 근본적인 이유는 집단으로 볼 때 기본소득이 창출하는 새로운 선택지를 더 많이 활용하게 되는 쪽이 남성이 아니라 여성이라는 바로 그 사실이 일부 여성주의 그룹들을 침묵하게 만들었기 때문이다. 여성주의의 관점에서 보자면 기본소득이 제공하는 더 큰 자유로 인해 이혼율이 올라갈 수 있다는 것은 물론 문제가 되지 않는다. (아직도 이러한 예측이 보장소득 제도를 반대하는 논리로 쓰이기도 한다. 아이들이 아빠 없는 가정에서 자라는 게 좋지 않다는 것이다.[60]) 오히려 문제가 되는 것은, 기본소득이 여성의 노동시장 참여에 영향을 미친다는 데 있다. 기혼 여성의 대부분은 남성보다 시간당 소득이 적다. 여기에는 뻔뻔스러운 차별과 억압적인 성역할 기대로부터 부부 중 여성이 더 나이가 적은 경향이 있다는 광범위하고도 지속적인 사실까지 숱한 이유가 있으며, 그 이유들이 서로 엮이면서 상승작용을 일으키기까지 한다. 만약 어떤 시점에서 부부가 육아나 다른 집안일에 좀더 시간을 내기 위해서 전체 유급 노동시간을 줄이고자 한다면, 대부분의 경우 남성보다는 여성 쪽이 일을 그만두거나 노동시간을 줄이는 것이 비용이 덜 들게 된다. 그리고 이런 일이 반복될수록 여성들은 계속 경력 단절을 겪게 되고, 그 결과 소득에 있어서 남성과의 격차가 벌어지게 된다.

물론 여기에는 다른 요소들도 결합되며 또 사회의 상황에 따라 다르게 나타날 수 있지만, 이러한 점은 단지 마이너스 소득세 실험뿐만 아니라 기본소득과 유사성을 가진 기존 제도들의 실제 운영에서도 남녀간의 비대칭성이 관찰된다는 사실을 설명해준다고 할 수 있다.[61] 이러한 비대칭성은 여성운동의 관점에서 볼 때 기본소득을 받아들이는 데 도전을 준다. 여성도 노동의 세계에 강력하게 통합되어 장기적인 물질적 안정성을 확보하는 것이 대단히 중요한 일임에도 불구하고, 일부 여성들이 그 중요성을 과소평가하여 기본소득이 제공하는 새로운 선택지들을 그저 근시안적인 방식으로만 활용할 위험이 있다는 것이다.

그렇다면 여성운동은 이러한 문제들 때문에 기본소득을 좀더 단호하게 지지하는 일을 영원히 하지 말아야 할까? 우리는 그렇게 생각하지 않는다. 두 가지 조건만 충족된다면 말이다. 첫 번째 조건은 낸시 프레이저가 '보편적 가장 모델(universal breadwinner mode)'이라는 이름으로 비판했던 것을 여성운동 전체가 지향해야 할 총체적 목표로 삼아서는 안 된다는 것이다.[62] 전통적인 남성 역할을 규정했던 전일제 종신 고용이라는 것이 인생의 유일한 성공적인 모델은 아니며, 여성해방 또한 이러한 남성 모델을 모든 이들에게 덮어씌우는 것이 되어서는 안 된다는 것이다.

여성해방이란 여성들에게 자신들이 원하는 방향으로 자기들의 인생을 만들어나갈 수 있는 더 많은 선택권과 더 많은 실질적 자유를 부여하는 것에 있다. 앤 밀러(Anne Miller)가 말했듯이, 이는 '돌봄 지향성(care-oriented)'보다 '경력 지향성(career-oriented)'을 선호하는 기존의 편향을 강화하는 게 아니라 오히려 줄여나가는 작업을 포함해야만 한다.[63] 기본소득을 제공하여 이러한 편향을 줄여나간다면 노동시간을 단축하는 선택지가 넓어지게 된다. 그리고 이를 활용하는 것은 남성보다 여성 쪽이 비율상 더 많을 수 있으며, 현재의 조건을 볼 때 사실 그렇게 될 가능성이 아주 높다. 여성주의 운동의 목표는 여성의 자유를 확장하는 것이지 그 자유를 어떻게 사용해야 한다고 명령하는 것이 아니다. 그렇다면 그러한 사실 때문에 여성주의 운동이 무조건적 기본소득의 아이디어를 전면적으로 받아들이지 못할 이유가 없다. 최소한 두 번째 조건이 충족된다면 더더욱 그러하다.

이 두 번째 조건은 다음의 도전을 해결할 수 있는 만족스런 방법을 찾을 수 있는지의 여부다. 그 도전이란, 노동시간을 줄일 수 있는 가능성이 확대된다고 해도 이를 활용하는 정도가 남녀에 따라 다르기 때문에 이것이 간접적으로 여성의 실질적 자유를 줄일 수도 있다는 것이다. 이러한 일이 벌어지는 데는 두 가지 주요한 메커니즘이 있다. 첫 번째는 롤 모델이 없다는 것이다. 여성이 중요한 지위에 오르는 것을 충분히 보고 경험하지 못한다면 설령 여성들이 형식적으로는 남성들과 동일한 인생의 선택지들을 부여받는다고 해도 그 많은 것들을 사실상 가망이 없는 것으로 여겨 선택지에서 지워버리게 된다. 두 번째 메커니즘은 통계적 차별로서, 일부 고용주들은 이제 여성들이 남성에 비해 전일제 노동을 피하며 또 쉽게 일을 그만둘 가능성이 높다는 느낌을 그전보다 더 많이 가지게 될 것이다. 이러한 이유에서 고용주들은 일자리와 책임 있는 지위를 여성보다 남성 쪽에 더 많이 배분하기 쉽다.

그런데 여기에 다시 기본소득 도입으로 인해서 더욱 비대칭성이 커지고 그 때문에 이러한 효과들이 무시할 수 없을 만큼 증가된다면, 여러 가지 부수적 조치들을 사용하여 그런 효과를 없앨 수 있다. 우선 개인 소득세가 어떤 형태를 취하느냐가 아주 중요한 사안이 된다. 가구 소득을 합산하여 과세하는 대신 엄밀하게 개인에게 적용되는 누진적 과세 시스템을 도입한다면 가족 성원들 내에서 노동시장에 참여하려는 물질적 유인이 생겨날 것이다.[64] 그리고 자녀가 있는 부모에게 고용과 돌봄 노동을 더욱 고르게 분배하는 것을 장려하기 위한 추가적인 특별 조치들을 취할 수도 있다. 예를 들어 추가적으로 지급되는 부모 육아 휴직 수당을 부모 두 사람 중 육아 휴직 기간이 짧은 쪽의 휴직 개월 수에 비례하여 줄 수도 있다. 또는 어머니의 육아 휴직보다 아버지의 육아 휴직 쪽에 더 많은 수당을 줄 수도 있다.[65] 마지막으로, 일과 가족 돌봄의 병행이 쉬워지도록 근무시간 자유 선택제와 재택근무제에서부터 가기 편하고 저렴한 어린이집 시설과 등교시간 조절에 이르기까지 모든 종류의 조치들을 동원해야 할 것이다.

여기서 전체적으로 명심해야 할 점은, 우리의 목적은 앞에서 언급한 두 가지 영향이 심각하게 나타날 때 이를 바로잡는 것일 뿐 여성과 남성이 평균적으로 동일한 선택을 하도록 만드는 것이 아니라는 점이다. 왜냐하면 여성들의 자유를 줄여서 노동시장에의 참여 감소로 이어지게 만드는 개혁과 여성들의 자유를 신장하여 노동시장 참여 감소의 결과를 낳게 만드는 개혁 사이에는 결정적인 차이점이 있기 때문이다. 보편적 아동수당에서 재산 조사 아동수당으로 퇴보하는 것은 첫 번째 범주에 들어간다.

제6장에서 설명했듯이, 이는 어머니의 소득에 적용되는 세율을 올리는 것과 동일하기 때문에 많은 여성들이 가정 함정에 빠지도록 만든다. 이와는 대조적으로 만약 여성들이 기본소득 도입의 결과로 유급 노동을 줄이는 쪽을 선택한다면 이는 그들의 자유가 신장되었기 때문이며, 그 결과로 더 큰 협상력을 얻게 되었기 때문이고, 그 협상력을 어떻게 사용할지에 대해 그들 스스로가 선택했기 때문이다. 이러한 차이의 중요성을 깨닫는 것은 여성주의적 관점에서 기본소득을 옹호하는 데 핵심이 된다.[66]

사회주의 정당

기본소득 제안의 정치적 전망을 평가하기 위해서 우리는 시민 사회의 몇몇 핵심적 구성 요소 내에서 어떤 입장이 지배적인지를 살펴보왔고 또 그 배후에 있는 이유들을 따져보았다. 이번에는 여러 정치 집단들이 채택하고 있는 기본소득에 대한 입장들을 살펴봄으로써 기본소득을 전망해보고자 한다. 우리의 탐구는 유럽의 정치 지형에 치우쳐 있을 것이다. 유럽의 정치 지형은 몇 가지의 추세 및 흐름들을 분명히 감지해낼 수 있을 만큼 충분히 차별화되어 있고, 충분히 안정적일 뿐만 아니라 기본소득 제안의 내용 또한 충분히 잘 알려져 있기 때문이다.[67]

주류 사회주의 정당 혹은 사회민주주의 정당들은 노동운동과 긴밀히 결합되어 있는 경향이 있으므로, 이 정당들 또한 노동운동과 동일한 일반적 특징을 보일 것이라고 예상할 수 있다. 하지만 그럼에도 불구하고 언급할 만한 가치가 있는 흥미롭고 특별한 에피소드들은 많이 있다. 그리고 그것들 중 몇몇은 일화적인 것 이상도 이하도 아니다. 예를 들어 무조건적 기본자산을 최초로 주창했던 이들 중 하나인 토머스 스키드모어(Thomas Skidmore, 1790~1832)는 뉴욕노동자당(New York Working Men's Party)의 지도자였다. 제4장에서 우리가 만난 바 있는 또 따른 선구적 사상가인 야콥 카츠는 마르크스·엥겔스와 더불어 브뤼셀에 자리 잡은 민주주의 연합(Association Démorcratique)의 일원이었고, 플레미시노동자당의 최초의 형태라고 볼 수 있는 단체를 창설하기도 했다. 제4장에서 언급했듯이, 그가 이끄는 그룹 내에서 전국적 기본소득의 제안이 처음으로 상세히 마련되었다. 그리고 모든 이들에게 일생에 걸친 기본소득을 주는 대가로 사회적 서비스 활동의 의무화를 결합하자고 주창했던 에드워드 벨러미는 금세 역사 속으로 사라져버린 미국인민당(People's Party, 1891~1908) 창립 당시 적극적으로 활동하기도 했다.

더욱 체계적 중요성을 갖는 것은 『국가 상여금을 통한 국민 생산의 제고』(1920)의 저자이자 국가 상여금 연맹(State Bonus League)의 지도자였던 데니스 밀너가 그의 무조건적 국가 상여금 계획을 영국 노동당이 승인하도록 시도했던 노력과 활동이었다. 이는 1920년 노동당 당대회에서 투표에 부쳐졌지만 3분의 2의 다수결로 거부됐다. 하지만 오래지 않아 옥스퍼드대학 교수로서 노동당 지도부와 가까웠던 조지 콜(그는 훗날 영국 수상이 되는 해럴드 윌슨의 멘토이기도 했다)이 그의 몇몇 저서에서 기본소득을 옹호하였고, 당시 또 한 사람의 옥스퍼드대학 교수였던 제임스 미드는 그의 『노동당 정부의 경제정책 개요(Outline of an Economic Policy for a Labour Government)』(1935)에서 소득 불평등을 극복하기 위해서 "우선 각종 사회 서비스를 발전시킬 것이며 나중이 되면 사회 배당금을 분배"해야 한다고 권고했다.[68] 하지만 기본소득 제안은 전후 노동당 정부가 비버리지 보고서를 채택하고 시행하게 되면서 주변으로 밀려나게 됐다.[69]

기본소득 아이디어는 1994년에 짧게 다시 표면에 떠오른 적이 있었다. 당시 노동당 지도자였던 존 스미스의 주도로 사회정의 위원회(Commission on Social Justice)가 설립되어, 비버리지 보고서 채택 반세기 만에 영국의 복지제도를 어떻게 개혁할지를 탐구하고자 했던 것이다. 이 위원회에 따르면, "노동 윤리가 강한 사회에서 '공짜로 무언가를 준다'는 생각에 많은 사람들이 반대할 것이며, 모두에게 무조건적 수당을 제공하도록 고의적으로 설계된 제도에 반대할 것이다." 하지만 "만약 일해서 벌어들이는 것만 가지고는 도저히 안정적인 소득을 얻을 수 있는 이들의 비율이 갈수록 늘어난다는 것이 분명해진다면, 노동시장 바깥에서 모종의 보장소득을 주어야 한다는 생각이 사람들의 관심을 끌게 될 것이다."[70]

그 후로 20년이 지난 2016년에, 노동당의 압력 집단인 나침반

(Compass)은 「보편적 기본소득: 때가 무르익었는가?(Universal Basic Income: An Idea Whose Time has Come?)」라는 보고서를 발간한다. 여기에는 구체적인 부분적 기본소득 제안이 실려 있었다.[71] 노동당의 그림자 내각(예비 내각)의 재무장관인 존 맥도넬(John McDonnell)은 기본소득이 "다음 몇 해에 걸쳐 노동당이 꼼꼼히 살펴볼 아이디어"라고 천명하였고, 노동당 당수인 제러미 코빈(Jeremy Corbyn)에게도 그것을 살펴보도록 설득한 것으로 보인다. 2016년 9월, 노동당 의원들은 처음으로 대중 앞에서 기본소득 아이디어를 놓고 논쟁을 벌였다.[72]

　기본소득 아이디어를 심각하게 받아들이는 유일한 사회민주주의 정당은 네덜란드노동당(Partij van de Arbeid, PvdA)이다. 이 정당은 제2차 세계대전 이후 여러 번 연립정부에 참여했으며 또 여당이 된 적도 몇 번 있었다. 제4장에서 언급했듯이, 1980년대 초 기본소득에 대한 공적 논쟁이 촉발된 것은 주로 식품산업 노동자들의 노조 덕분이었다. 당시 야당이었던 네덜란드노동당은 분명 이 논쟁에서 영향을 받았다. 그리하여 1983년 2월 전국 당대회에서 기본소득 제안이 표결에 부쳐지기는 했지만, 당 지도부의 권고에 따라 60퍼센트의 다수가 이를 기각했다. 하지만 기본소득을 지지했던 소수는 포기하지 않았고, 1985년에는 당 내에서 기본소득 연구 실무진을 조직하여 1986년 2월의 총선 전 당대회를 준비하면서, 순전히 기본소득만을 다룬 문서적 근거가 잘 갖추어진 내용의 잡지를 4호나 발간했다. 이 잡지에는 경제학자 얀 틴베르헌과 유럽연합 의장을 역임한 시코 만스홀트 (Sicco Mansholt) 등과 같은 저명한 당원들이 내놓은 주장과 지지 표명을 자세히 논의하고 있다. 하지만 당 지도부는 여전히 군건한 반대 입장을 가지고 있었으며, 전국 당대회에서 기본소득 제안은 약 60퍼센트 정도의 다수결로 다시 패배하고 만다.[73] 그런데 20년 후인 2016년

6월, 이 아이디어는 조심스럽게 다시 당으로 돌아온다. 2017년 총선거를 앞두고 당 강령에 기본소득 실험을 포함시킬 것인지를 묻는 질문에 무려 61퍼센트의 당원들이 찬성표를 던진 것이다.[74]

다른 나라에서는 사회민주주의 정당이 기본소득 아이디어를 논의하는 법이 거의 없다.[75] 그리고 어쩔 수 없이 명시적 입장을 표명해야 하는 상황에 몰리게 될 경우에는 당 내에 심한 분열상을 보인다. 이것이 2016년 기본소득 국민투표를 앞두고 스위스사회민주당(Sozialdemokratishe Partei, SP)에서 벌어졌던 일이다.[76] 그리고 그냥 적대감을 표명할 때가 더 많다.[77] 그렇지만 당의 저명한 인사들 중에서 이 아이디어에 공감을 표명한 사람들이 없지 않다. 예를 들어 이탈리아의 아칠레 오체토(Achille Occhetto)는 1991년 이탈리아공산당(Partito Comunista Italiano)의 총서기장을 역임하면서 당을 명실공히 사회민주주의를 표방하는 정당인 좌파민주당(Partito Democratico della Sinistra, 훗날 민주당[Partito Democratico]으로 개명)으로 전환시킨 인물로, 기본소득 아이디어에 아주 공감하는 모습을 보였다. 그는 제임스 미드와의 대화에서 사회 배당금과 노동에 대한 공정한 보상이 얼마든지 양립할 수 있다고 옹호했다. 갈수록 자동화되는 경제에서 "개인의 소득과 노동 사이에 엄격한 연계를 유지하고자 한다는 것은 (…) 퇴행적 교조주의의 증거일 뿐"이라는 것이다.[78]

프랑스에서는 1988년 수상으로서 재산 조사 최저소득 제도인 '노동시장 참여 최저소득(RMI)'을 도입했던(제6장을 보라) 미셸 로카르가 훗날 자신의 자문인 로제 고디노(Roger Godino)가 제안한 바 있는 마이너스 소득세 제도를 경유하여 모종의 기본소득으로 가는 안에 지지를 표명했다. 실제로 그는 2000년 베를린에서 열렸던 기본소득유럽네트워크의 제8차 대회에서 핵심 연사로 등장하기도 했다. 스페인에서는 호세 루이스 사파테로(José Luis Zapatero)의 사회주의 정부에서 행정부 장관을 지낸 요르디 세비야(Jordi Sevilla)가 2001년에 기본소득을 포함하는 조세 개혁을 제안한 바 있다.

더 멀리 브라질로 가보면, 룰라 전 대통령과 함께 브라질의 노동자당(Partido dos Trabalhadores)의 창설자이자 1997~2015년 상파울로주의 연방 상원의원이었던 에두아르도 수플리시(Eduardo Suplicy)가 1990년대 중반 이후로 무조건적 기본소득 운동을 전개해왔다. 그는 모든 브라질 국민에게 '기본 시민 소득(renda basica de cidadania)'을 주는 정책을 점진적으로 시행하는 법을 승인하도록 의회의 양원을 모두 설득하였고, 또 2004년 룰라 대통령이 법안에 서명하도록 만들었다.[79]

사회민주주의 정당들보다 왼쪽에 있는 정통파 공산당들은 사회민주주의 정당들보다 더 기본소득에 대한 열의가 떨어진다.[80] 하지만 소규모 극좌 정당들이 맺는 일시적 동맹체들 중 일부는 기본소득을 오늘날의 자본주의에 대한 급진적인 대안으로 보기도 한다. 예를 들어 핀란드의 좌파동맹(Vasemmistoliitto)은 쇠퇴해가는 공산당으로부터 1990년 갈라져나와 급진적 생태주의자들과 다른 소규모 좌파 집단들이 합류하여 이루어진 연합체로서, 그 시작부터 부분적 기본소득을 당 강령에 품고 있었다. 좌파동맹은 1995~2014년 사이에 세 번의 연립 정부에 참여하였지만, 정부 권력을 공유하고 있는 동안에 기본소득을 추진한 적은 한 번도 없다.[81] 아일랜드에서는 1992년 노동자당(Workers' Party)에서 갈라져나온 소규모 정당 좌파민주당(Democratic Left)이 기본소득에 대한 공공연한 지지를 여러 번 표명했고, 1999년에는 더 큰 정당인 아일랜드노동당(Irish Labour Party)과 합당했다. 퀘벡에서는 2002년 사회주의자들, 공산주의자들, 생태주의

자들이 모여 만든 진보세력연합(Union des Forces Progressistes)이 그 선거 강령에 '보편적 시민 소득'을 포함시켰고, 이 조직은 2006년에 퀘벡연대(Québec Solidaire)가 되었다.[82]

스페인에서는 엄혹한 정부의 긴축 조치에 대응하여 2011년 5월부터 '분노한 자들(indignados)' 운동이 펼쳐진 바 있으며, 이를 토대로 하여 2014년 1월에는 급진좌파 정당인 포데모스(Podemos, '우리는 할 수 있다')가 생겨났다. 이 정당은 2014년 5월 유럽 의회 선거에서 기본소득의 요구를 강령에 포함시켰으며 여기에서 스페인 의석의 10퍼센트를 차지하였지만 나중에 나온 선언문에서는 기본소득을 철회했다. 2015년 그리스 시리자 정부의 재무장관이었으며 범 유럽적 정치운동인 디엠(Diem)을 창설한 야니스 바루파키스(Yanis Varoufakis)가 2013년 3월 이후 몇 번에 걸친 연속 인터뷰에서 아주 굳건하게 기본소득 지지 입장을 천명한 바 있다. "기본소득 접근법은 절대적으로 필요하지만, 이는 사회민주주의 전통의 일부는 아닙니다. (…) 이제 우리는 기본소득으로 규정되는 새로운 사회를 건설하든가 아니면 대단히 큰 여러 사회적 갈등을 안게 되든가 둘 중 하나뿐입니다."[83]

하지만 전통적인 사회민주주의의 왼쪽에 있는 정당으로서 기본소득을 지지하는 가장 중요한 사례는 독일의 좌파당(Die Linke)일 것이다. 이 정당은 특히 옛 동독 지역에서 강력한 힘을 발휘하며 의회에서도 상당한 의석을 차지하고 있다. 2003년 6월 동독 공산당의 후신인 민주사회주의당(Partei des Demokratischen Sozialismus, PDS)은 당시 부대표였던 카탸 키핑(Katja Kipping)의 주도로 월 1000유로의 무조건적 기본소득 운동을 시작한다. 당시 총리였던 게르하르트 슈뢰더(Gerhard Schröder) 정부의 요청으로 독일 복지제도에 대한 이른바 '하르츠 개혁'이 준비되고 있었거니와, 기본소득은 이에 대한 대안으로서 제시된 것이었다. 2007년 민주사회주의당은 독일 사회민주당에서 그 옛 지도자 오스카 라퐁텐(Oskar Lafontaine)의 주도로 떨어져나온 좌파 세력과 합쳐서 좌파당이 된다. 그 이후로 기본소득 제안은 당 내에서 상당한 논란을 불러일으키면서도 생생하게 존재를 드러내왔다. 이는 2012년 카탸 키핑이 당의 공동 대표로 선출되면서 다시 한 번 힘을 받게 된다.[84]

이렇게 주마간산처럼 개괄해보아도, 기본소득 제안은 사회주의 정당들의 교의에 있어서 중심적인 것이 못 된다는 것을 알 수 있다. 여기에 놀라서는 안 된다. 베르너 좀바르트(Werner Sombart)는 지금은 고전이 된 그의 저서 『사회주의와 19세기의 사회운동(Socialism and the Social Movement in the 19th Century)』(1896)에서 이렇게 말한 바 있다.

> 모든 사회주의 윤리에 있어서 중심점을 차지하는 것은 노동에 대한 찬미다. (…) 미래의 세계는 노동의 세계가 될 것이며, 거기에서 가장 널리 받아들여질 원리는 "일하지 않는 자여 먹지도 마라"가 될 것이다. 이 점에서만큼은 모든 사회주의자들이 동의하고 있다. 이는 당연한 일이다. 누구라도 가장 하기 싫어할 종류의 일들은 (사회주의자들이 가장 먼저 생각하는 것은 특히 가장 비천한 종류의 육체노동이다) 사회 최하층의 저주받은 사람들에게 떨어지고 있는바, 이러한 사람들이 놀기만 하고 일은 하지 않는 삶이 펼쳐지는 사회를 이상적인 상태라고 꿈꿀 리는 없는 것이다. 인간의 생존에 필요한 것들이 생산되려면 일을 해야만 한다. 사회주의 사상가들이 원하는 것은 단지 일을 좀더 평등하게 분배하여 노동시간을 줄이는 것뿐이다.[85]

이러한 해석을 뒷받침해줄 사회주의 지도자들의 발언은 차고 넘칠 정도로 많다. 한 예로 로사 룩셈부르크가 살해당하기 직전인 1918년 12월에 발표한 '일할 능력이 있는 모든 이들에게 보편적인 노동의 의무를(allgemeine Arbeitspflicht für alle Arbeitsfähigen)'이라는 기사에 등장하는 강력한 주장을 살펴보자. "전체 공공을 위해 몸을 쓰든 머리를 쓰든 무언가 유용한 노동을 수행한 이들만이 자신의 필요를 충족할 수단을 사회로부터 받을 자격이 생긴다. 부유한 착취자들 대부분이 누리는 한가로운 삶은 종말을 고할 것이다. 노동할 능력이 있는 모든 이들(어린 아이들, 노인들, 병자들은 면제된다)에게 보편적으로 노동을 요구하는 것은 사회주의 경제에서 당연한 일이다."[86]

수십 년이 지난 뒤 전혀 다른 맥락에서도 똑같은 생각이 천명되고 있다. 1967년 탄자니아의 1대 대통령이자 사회주의자인 줄리우스 니에레레(Julius Nyerere)도 1967년의 아루샤 선언(Arusha Declaration)에서 비슷한 말을 한다. "진정으로 사회주의적인 국가는 모든 사람이 노동자들인 국가이며 자본주의도 봉건주의도 존재하지 않는 국가다. 그 나라는 두 개의 계급으로, 즉 생계비를 벌기 위해 일하는 하층 계급과 다른 이들의 노동으로 살아가는 상층 계급으로 갈라져 있지 않다."[87]

사회주의의 본질을 이렇게 '노동자주의적'으로 해석하는 것에 반대하는 경우도 있을 수 있다. 진정한 사회주의란 노동자주의와는 반대로, 사회적 잉여를 노동자들에게만 그리고 직접적 간접적으로 그들의 노동에 대한 대가로 분배하는 것이 아니라 모든 사회 성원에게 분배하는 것이라고 주장하는 것이다. 하지만 사회주의 전통 안에서 기본소득을 강력하게 내세우는 입장을 찾을 수 있다면, 이는 사회민주주의 전통도 아니며 제2장에서 우리가 시사한 방식으로 마르크스주의를 확장하지 않는 한 마르크스주의 전통도 아니다. 이는 샤를 푸리에와 같은 이들의 '유토피아 사회주의'(제4장에서 논의했다)로서, 여기에서는 좀더 중심적인 강조점이 자유에 주어진다. 예를 들어 독일 최초의 공산주의자의 한 사람이었던 빌헬름 바이틀링(Wilhelm Weitling, 1808~1871)이 1848년 유럽 혁명이 실패한 후 뉴욕으로 건너갔을 때 출간한 『조화와 자유의 보장(Guarantees of Harmony and Freedom)』을 보면, 그 첫 번째 페이지에 이미 화려한 장식으로 곱게 둘러싸인 다음의 문장을 볼 수 있다. "우리는 하늘의 새들처럼 자유롭고자 한다. 그들처럼 우리도 기쁘게 무리지어 즐겁게 조화를 이루며 인생을 보내기를 원한다."[88] 사회주의적 이상의 핵심을 노동이라고 본 좀바르트("놀기만 하고 일은 안 하는 삶이 이루어지는 세상이 사회주의의 이상은 아니다")와는 달리, 유토피아 사회주의의 전통을 되살린다면 강조점은 노동으로부터의 해방과 노동과 놀이의 점진적인 통합에 있다. 이러한 전통을 되살리는 모습의 한 예를 헤르베르트 마르쿠제(Herbert Marcuse)의 유명한 1967년 강연 〈유토피아의 종말〉의 끝 부분에서 찾을 수 있다.

지금 좌파 인텔리겐차의 전위 집단 내에서 다시 푸리에의 저작이 논의되고 있는 것은 우연이 아닙니다. 마르크스와 엥겔스 본인들도 인정했듯이, 푸리에야말로 자유로운 사회와 자유롭지 못한 사회의 질적 차이를 명확하게 밝힌 유일한 인물이기 때문입니다. 그리고 그는 노동이 놀이가 되는 사회, 심지어 사회적 필요 노동조차도 해방된 인간의 진정한 필요와 조화를 이루며 조직될 수 있는 사회의 가능성을 아무 두려움 없이 이야기했던 인물이었습니다. 마르크스도 그렇게 하지는 못했습니다.[89]

자유주의 정당

기본소득 도입에 대한 자유주의 정당들의 입장은 어떠한가? 이때의 '자유주의적'이란 유럽적 혹은 고전적 의미로, 시장 지향과 국가 지향이 대조되듯이 '사회주의적'이라는 말과 대조되는 의미에서의 '자유주의'를 말한다. 이들 중 많은 정당이 기본소득을 주장한다고 말할 수는 없지만, 이를 주장했던 정당들도 분명히 있으며 일부는 여전히 주장하고 있다. 특히 유럽 의회 내의 유럽을 위한 자유주의 및 민주주의 정당 연맹(Alliance of Liberals and Democrats for Europe)에 속하는 몇몇 정당은 직접적인 기본소득이나 그와 닮은 무언가를 옹호해왔다.

네덜란드에서는 자유주의 정당인 '자유민주주의인민당(Volkspartij voor Vrijheid en Democratie)'에서 좌파가 분리되어 나와 1966년 '민주당66(Democraten 66, 이하 D66)'을 창당했다. D66은 그 다음 10년 동안 상당한 의석수를 차지하면서 정부 내각에도 여러 번 참여했다. 이 정당은 몇 차례에 걸쳐 기본소득 지지의 입장을 표명했다. 1994년 12월, D66 소속의 경제 장관 한스 비예르스(Hans Wijers)는 네덜란드가 "기본소득과 비슷한 개혁 방향으로 나아가는 것은 불가피한 일"이라고 공식적으로 언명하여 노동당-자유당 연립 정부를 당혹스럽게 만들기도 했다.[90] 이 사건의 여파로 D66은 무조건적 기본소득을 주장하는 심층 보고서를 출간하기도 했지만, 1990년대 말이 되면 당 강령에서 이를 제외한다. 하지만 2014년 11월의 당대회에서 다시 기본소득의 진정한 비용을 평가하기 위한 실험을 시작하자는 동의를 채택한다.

이와 비슷한 사례가 오스트리아에도 있다. 오스트리아자유당(Feriheitspartei Österreich)에서 당수 외르크 하이더(Jörg Heider)가 제출한 민족주의적 반이민정책의 방향에 대해서 거부 의사를 분명히한 이들은 1993년에 당을 탈퇴하여 자유주의포럼(Liberales Forum)을 창립한다. 이 작은 정당은 1996년 이후 하이데 슈미트(Heide Schmidt)를 리더로 하여 마이너스 소득세의 도입을 공개적으로 지지했다. 2014년 이 당은 '새로운오스트리아(Das Neue Österreich, NEOS)'에 흡수되었지만 마이너스 소득세는 당 강령에 그대로 유지되어 있다.

영국에서는 노동당 내부의 사회민주주의적 반대 세력이 탈당하여 옛날의 자유당과 합쳐서 1988년 자유민주당(Liberal Democrats)을 창립한다. 1989~1999년 이 당의 지도자였던 패디 애시다운(Paddy Ashdown)은 열성적인 기본소득 주창자였으며 이는 자유민주당이 1989년과 1994년의 총선거 당시 내놓았던 선언문에서 '시민 소득(Citizen's Income)'으로 표현되기도 했지만, 나중에는 철회된다.

아일랜드로 가보자. 1926년 에이먼 데벌레라(Eamon De Valera)가 세운 중도우파 정당인 공화당(Fianna Fáil)은 아일랜드 역사의 대부분의 기간 동안 주요 여당 자리를 차지해온 정당이었지만, 2011년 선거에서 참패를 겪고 난 후 기본소득에 관심을 두기 시작했다. 2015년 7월 사회보장 정책 담당 대변인은 당 차원에서 모든 시민에게 재산에 무관하게 최소한 주 230유로(당시 아일랜드 GDP의 30퍼센트)의 기본소득을 채택하여 이것으로 여러 사회복지 지출을 대체하고자 함을 공식적으로 표명했다.[91]

핀란드의 핀란드중앙당(Suomen Keskusta)은 1906년에 농민동맹(Agrarian League)으로 창립된 정당으로서 유럽 의회 내의 자유주의 그룹의 구성원이기도 하다. 이 정당은 최근 유럽의 기본소득 논의에서 아주 두드러진 위치를 차지하게 됐다. 1980년대 말 이래로 그 당원들 중 일부가 기본소득을 주창해왔고 특히 당의 청년 부문에서 기본소득을 강하게 추진했다. 2015년 4월의 선거가 끝나고 핀란드중앙당은 핀란드의 제1당이 되었으며, 성공한 IT 사업가이자 당 대표인 유하 시필레(Juha Sipilä)는 수상이 됐다. 작은 정당들과의 연합으로 수립된 새 정부는 성립 즉시 기본소득 실험을 시작할 것을 공표하였다(제6장을 보라). 그 실험의 궁극적인 목적은 "사람들이 좀더 참여하는 시스템을 만들고, 노동의 동기부여를 강화하며, 현재의 복잡한 수당 시스템을 국가 재정의 지속가능성을 담보하는 방향으로 간소화하는 것"이었다.[92]

유럽을 넘어서 보면 일본에 또 다른 예가 있다. TV 스타 출신의 정치 지도자로서 2011년에 오사카 시장으로 당선된 하시모토 도루(橋下徹)는 지역 정당인 오사카유신회를 창설했다. 이 정당은 2012년 12월에 있을 총선거를 준비하면서 그 선거 공약 초안에 극단적인 자유주의적 버전의 기본소득을 포함시켰다. 약 600달러(당시 일본 1인당 GDP의 25퍼센트)에 가까운 현금 소득을 주는 대신 그것으로 일본의 사회보험 및 공공부조 프로그램들 다수를 대체한다는 것이다. 하지만 2012년 9월 하시모토가 그의 당을 전국 정당으로 키워 일본유신회를 창당했을 때는 기본소득에 대한 지지가 애매해졌다. 그 이후에 나온 여러 버전의 당 강령은 마이너스 소득세를 언급하지만, 받는 사람의 노동 요건을 새롭게 강조했다.[93]

이러한 정당들 말고도 기본소득이라 할 만한 것을 주창하는 자유주의 싱크탱크가 다수 존재한다. 예를 들어 프랑스의 경우, 철학자 가스파르 쾨니그(Gaspard Koenig)가 이끄는 자유세대(Génération Libre)는 프랑스에 적용할 수 있는 상세한 제안을 담은 책자를 발간하는 등의 노력으로 기본소득 논의가 자유주의 집단들과 그 너머로까지 확산되는 데 중요한 역할을 했다.[94] 한편 루이-마리 바슐로(Louis-Marie

Bachelot)가 의장으로 있는 자유주의적대안(Aternative Libérale)은 국가 이하 단위에서의 기본소득을 주장하고 있다. 그리하여 각 지자체에서 자신들에 맞는 액수의 수준을 선택하여 서로 경쟁할 수 있도록 한다는 것이다.[95] 영국에서는 애덤 스미스 연구소(Adam Smith Institute)가 개인에게 해당되는 마이너스 소득세를 시행하여 이것으로 "주요한 재산 조사 기반의 수당들을 대체해야 한다"고 주장하는 연구 보고서를 내놓았다.[96]

이 모든 경우들에서 주목해야 할 것은 그 각각이 내놓고 있는 제안의 세부 사항들이다. 단순히 기본소득 액수의 수준과 여기에 의무가 따라붙는지의 여부만 볼 것이 아니라 그것으로 무엇을 대체하려고 하는지 그리고 그 재원을 어떻게 조달하도록 되어 있는지도 자세히 살펴야 한다. 똑같은 '자유주의 세력'의 기본소득 제안이라고 해도, 이러한 세부 사항들에 따라서 크게 다르다.

1972년 미국 대통령 선거 당시 민주당의 조지 맥거번 후보가 내세운 후한 수준의 '데모그란트'를 마련한 존 갤브레이스와 제임스 토빈 등 미국적 의미에서의 '리버럴'한 민주주의자들의 것에 가까울 수도 있고, 아니면 1962년에 밀턴 프리드먼이 대중화시킨 마이너스 소득세에 가까울 수도 있고, 심지어 찰스 머레이가 제안한 기본소득에 가까울 수도 있다. 머레이는 2006년에 출간한 저서 『우리의 손에(In Our Hands)』에서 미국에서 시행중인 빈곤가정임시지원(TANF)과 푸드 스탬프만이 아니라 사회보장 연금, 메디케어, 메디케이드, 근로소득 세액공제까지* 포함하는 포괄적인 의미의 모든 연방 복지 프로그램을 제거하고 그렇게 해서 절약한 돈을 단 두 가지 형태로만 분배할 것을 제안했다. 첫째는 21세 이상의 모든 성인들에게 지급하는 연 7000달러(2006년 1인당 GDP의 약 15퍼센트)의 무조건적 기본소득이며,

둘째는 용도가 지정되어 있는 연 3000달러의 의료보험이다.[97] 10년 이 지난 후 스위스에서 기본소득을 놓고 국민투표가 벌어지게 되었을 때 그 일주일 전 머레이는 자신의 제안을 업데이트하여 내놓으면서 명확한 주의사항을 덧붙였다. "보편적 기본소득이 내가 주장하는 좋은 결과들을 낳으려면, 반드시 다른 모든 소득 이전 지급과 그것들을 관장하는 관료 기구를 없애야만 한다."[98] 물론 '월 833달러 지급(그의 업데이트된 제안)으로 모든 현금 이전소득을 대체하자'는 머레이의 주장과, 제1장에서 언급한 것처럼 '전체 소득 분배에 맞춰 비슷한 수준으로 기본소득을 정하고 일부 수당을 재조정하자'는 우리의 주장 사이에는 (정치적인 달성 가능성을 포함해) 엄청난 차이가 있다.

기본소득에 지지를 표명한 재계 지도자들의 경우처럼, 유럽적 의미의 자유주의 정당들 및 조직들이 기본소득에 끌리는 이유 또한 그것이 단순하고 관료적이지 않으며 어떤 함정도 만들지 않고 시장 친화적으로 작동하기 때문에 이전소득을 더욱 후하게 만들면서도 더욱 효율적이고 지속가능하게 한다는 데 있다. 하지만 또한 극단적 자유주의자들이나 신자유주의자들도 있으니, 이들이 기본소득에 끌리는 (마이너스 소득세에 더욱 끌리는 경향이 있다) 이유는 그렇게 하면 후한 분배 시스템을 단계적으로 폐지할 수 있을 것이며 결국에는 기본소득마저도 단계적 폐지로 들어가기 쉬울 것으로 보기 때문이다. 하지만 진정한 자유주의자들(부자들만이 아니라 모든 이들의 실질적 자유를 소중히 여기는 이들)이라면 자신들의 전통에서 무조건적 기본소득을 지지하는

● TANF와 '근로소득 세액공제'에 대해서는 제1장과 제2장을 보라. 메디케어(Medicare)는 사회보장세를 20년 이상 납부한 65세 이상의 노인과 장애인에게 의료비의 50퍼센트를 지급하는 프로그램이며, 메디케이드(Medicaid)는 빈곤선의 65퍼센트 이하의 소득에 해당하는 극빈층에게 의료비 전액을 지급하는 프로그램이다.

강력한 논리의 요소들을 풍부하게 발견할 수 있다. 사회정의에 대한 우리의 자유주의적-평등주의적 버전의 접근법도 그중 한 방법이다. 하지만 존 스튜어트 밀과 심지어 프리드리히 하이에크마저도 또 다른 출발점을 제시해줄 수 있다(제4장을 보라).

녹색 정당들

녹색운동은 1970년대에 시작된 이래로 일관되고도 명확하게 무조건적 기본소득이라는 아이디어에 공감을 보였다.[99] 1970년대 말 새로이 창당한 '영국생태당(British Ecology Party)'은 당 강령에 명시적으로 기본소득을 포함시킨 유럽 최초의 정치 단체였다. 반세기 가까이 지난 지금 이 정당은 잉글랜드-웨일스녹색당이 되었지만, 여전히 당 강령에는 기본소득이 명시되어 있다. "장애 수당과 주거 수당을 제외한 기존의 모든 수당을 대부분 철폐하라. 개인 소득세 수당(allowances)을 철폐하라. 그 대신 영국 전역에서 합법적으로 거주하는 모든 성인과 아동에게 기본적 필요를 충당하는 데 충분한 보장된 비 재산 조사 소득, 즉 기본소득을 지급하라."[100] 2016년 하원에 진출한 유일한 의원인 캐롤라인 루카스(Caroline Lucas)는 영국 정부로 하여금 "다양한 기본소득 모델에 따른 가능성들에 대해 더 많이 연구할 위원회를 결성하고 재원을 공급하도록 요구"하는 동의를 제출했다.[101] 한편 스코틀랜드녹색당 또한 2014년 스코틀랜드 독립 국민투표를 준비하는 과정에서, 스코틀랜드가 독립했을 경우를 가정한 가상의 소득 이전 시스템에서 그 핵심 요소를 기본소득에 두었다. "'시민 소득'을 도입하게 되면 거의 모든 수당과 국가 연금을 합쳐서 아동, 성인, 노인연금 수령자들 모두에게 단순하고도 정기적으로 돈을 지급하는 것으로 대체될 것이다. 이러한 소득은 누구나 기본적 필요를 충족시킬 수 있는 액수여야 한다."[102]

미국에서도 녹색당이 일관되게 그 선거 강령에 기본소득을 포함시켜왔다. 그래서 2004년 6월 밀워키 당대회에서 채택된 경제 강령을 보면 '보편적 기본소득'의 도입이 명확하게 나타나 있다. 이 강령은 한 문단 전체를 기본소득 문제에 할애하고 있고, 이는 2014년 당 강령에서도 바뀌지 않았다. "우리는 (보장소득, 마이너스 소득세, 시민 소득, 시민 배당금 등으로도 불리는) 보편적 기본소득을 요구한다. 이는 건강 상태, 고용 상태, 결혼 상태 등과 무관하게 모든 성인들에게 지급되며 그 목적은 정부의 관료 기구를 최소화하고 사람들 삶에의 간섭도 최소화하는 것이다. 그 지급 액수는 누구든 실업 상태에서도 기본적인 음식과 주거를 감당하게 할 수 있을 만큼 충분해야 한다. 생활비가 높은 지역에서는 주 정부 혹은 그 하위 지방 정부가 그 지역의 세수로부터 액수를 보충하여 지급해야 한다."[103]

엘리자베스 메이(Elizabeth May)가 이끄는 캐나다녹색당 또한 비슷하게 접근하고 있으며, 2007년 밴쿠버에서 열렸던 당대회에서 '모든 캐나다인들을 위한 보장연간소득'을 공식적으로 요구했다. 2011년 메이가 녹색당 의원으로는 최초로 캐나다 하원에 진입하게 되었고, 그 이후로 그녀는 보장연간소득에 대한 자신의 지지를 자주 반복하여 표명했다.[104] 캐나다녹색당의 2015년 선거 강령에서 다음의 문장을 볼 수 있다. "당은 주요한 선도적인 정책 의제를 재검토해야 할 때가 되었다고 믿는다. 마이너스 소득세 혹은 모두를 위한 생활 가능 보장소득(Guaranteed Livable Income)이다. (…) 이 계획의 핵심은 모든 캐나다인들에게 그 필요의 조사 없이 정기적인 급여를 지급하는 것이다. 급여의 수준은 빈곤선 이상으로 지역 사정에 따라 정해지겠지만, 사람들에게 더 추가적인 소득을 벌어들이도록 장려하기 위해 최저 생계비 수준이 될 것이다. 여기에 대해서는 아무런 감시나 사후지도도 필요하지 않다."[105]

미국, 캐나다, 영국의 경우에는 선거 제도가 최다득표자만 당선하는 시스템이라 녹색당은 의미 있는 정치적 의석을 얻어내기 어렵고, 정책 결정에도 직접적인 영향을 미치기 힘들다.[106] 유럽 대륙에서는 비례 대표제가 지배적이므로 대부분의 녹색 정당들이 각자의 지역 및 전국 의회, 나아가 유럽 의회에서도 의석을 가지고 있으며, 그들 중 몇몇은 전국 및 지방의 연립 정권에도 참여하고 있다.[107]

네덜란드에서 최초로 확실하게 녹색 지향성을 보인 첫 번째 정당은 급진당(Politieke Parij Radikalen, PPR)으로서, 가톨릭당의 좌파 반대세력이 1968년에 창당한 정당이다. 1970년대 말 급진당은 무조건적 기본소득 도입을 강력하게 외쳤던 식품산업 노조의 운동에 동참했다. 이를 통해 이 정당은 원내 정당으로서는 처음으로 명시적인 기본소득 지지 입장을 표명한 정당이 됐다. 1989년에는 예전의 공산당을 포함한 다른 세 개의 군소 정당을 통합하여 네덜란드의 주요 녹색 정당인 녹색좌파당(GroenLinks)이 됐다. 그 이후로 녹색좌파당 내에서는 기본소득을 녹색 정당의 정체성에 있어서 중심적 요소로 보는 이들과 노동자에 초점을 두는 이들 사이에 정기적으로 충돌이 벌어져왔다. 1996년 녹색좌파당은 월 600네덜란드휠던(당시 1인당 GDP의 12.5퍼센트)이라는 적은 액수의 마이너스 소득세('발 소득[foot income]')를 공식적으로 지지했지만, 그 이후의 여러 강령에서는 점차 기본소득에 대한 언급이 사라져갔다. 하지만 2012년 새로이 선출된 지도자인 경제학자 브람 판 오이크(Bram van Ojik)는 이미 젊은 시절부터 급진당의 이름으로 기본소득을 지지하는 팸플릿을 몇 권 출간한 바 있는 인물이었다.[108] 그가 지도자가 된 후 2015년 2월, 녹색좌파당의 전국 회의에서는 네덜란드에서의 기본소득 실험을 시작하도록 요구하자는 동의가 채택됐다.

독일에서는 1980년대 중반부터 녹색 집단들 사이에서 기본소득에 대한 관심이 존재해왔다.[109] 독일녹색당(Die Grünnen)의 자매 재단인 하인리히 뵐 재단(Heinrich Böhl Stiftung)은 2000년에 열렸던 기본소득유럽네트워크의 제8차 대회를 주재하였고, 2004년에는 기본소득독일네트워크(Netzwork Gurndeinkommen)의 창립 회의를 주재했다. 하지만 독일에서 기본소득 논의가 본격화된 것은, 적-녹 연립 연방 정부가 복지제도 개혁으로 추진하고 있었던 '하르츠 4단계 개혁'의 노동연계복지적 지향성에 대해 격렬한 반대가 벌어졌던 2005년경이었다. 따라서 녹색당은 이 문제에 대해 심한 분열을 겪을 수밖에 없었다. 2007년 11월 뉘른베르크에서 열렸던 당대회는 하르츠 4단계 개혁에 대해 거리를 두었지만, 무조건적 기본소득을 당 강령의 일부로 만들자는 제안도 대의원들 59퍼센트의 반대로 채택되지 못했다.[110] 이 제안은 당 지도부의 입장에서 볼 때 너무나 급진적이었지만, 이에 아랑곳하지 않고 저명한 당 인사들 중에서 많은 이들이 그것을 지지했다.[111]

다른 유럽 나라들에서도 그림이 크게 다르지 않아서, 일반 당원들은 기본소득 문제를 놓고 의견이 갈라질 때가 많고 지도부는 대단히 조심스러운 입장을 취했다. 벨기에의 경우 두 개의 녹색 정당, 즉 프랑스어를 사용하는 생태당(Ecolo)과 네덜란드어를 사용하는 아갈레브(Agalev, 다른 삶을 시작하라) 모두가 자신들의 1985년 강령에서 기본소득을 중기적 목표로 포함했지만, 단기적인 정책 제안으로 구체화한 적은 한 번도 없다.[112]

프랑스의 녹색 정당인 녹색당(Les Verts, 2010년 이후에는 공식적으로
유럽생태녹색당[Europe Ecologie Les Verts]으로 개명)은 1990년대 말부터
이 문제로 논쟁을 시작했다. 1999년 당은 진정한 '시민 소득'을 향해
한 걸음 나아갔다. 이는 시간제 노동자들과 '자율적' 여러 활동들에
참여하는 사람들을 대상으로 하는 '보장 사회 소득'을 뜻했다. 2013
년에는 그 당원의 70퍼센트가 프랑스에서 기본소득을 도입하는 것을
지지하는 찬성표를 던졌다.[113] 아일랜드녹색당은 2002년 정부가 이
주제에 대한 「녹서(green paper)」*를 출간하고 또 그 사후 작업을 모
니터하는 등의 운동에 적극적으로 참여하기는 했지만, 막상 정권에
참여하는 2007~2011년의 기간 동안에는 아무것도 한 일이 없었다.
2013년 당 지도자 에이먼 라이언(Eamon Ryan)이 아일랜드녹색당은
기본소득 시스템으로 나아가는 방향을 지지한다는 입장을 재확인하
기도 했다.

핀란드에서는 녹색연맹(Vihreä liitto)이 1990년대 이후 오스모 소
이닌바라(Osmo Soininvaara)의 촉구에 따라 기본소득 지지의 입장을
반복하여 천명했다. 그는 2000~2002년 핀란드의 보건사회부 장관을
역임했으며, 2001~2005년 당 지도자이기도 했다. 녹색연맹은 2015
년 총선거의 공약으로 모든 성인에게 560유로(1인당 GDP의 약 16퍼센
트)의 월 기본소득을 공식적으로 내걸었다.[114]

곧 논의하겠지만, 스위스에서는 스위스녹색당이 2016년 국민투표
에서 찬성표를 던질 것을 요구한 유일한 원내 정당이었다. 국민투표
이후에 실시한 한 조사에 따르면 찬성표가 과반수를 넘은 것은 오직
스위스녹색당 지지자들뿐이었다고 한다(56퍼센트가 찬성). 하지만 국

---

* 영국 의회의 정책 심의를 위한 제안 보고서.

민투표 이전에 있었던 의회에서의 투표에서는 스위스녹색당 의원들 사이에서도 거의 동등하게 양쪽으로 분열되는 현상이 벌어졌다.[115]

녹색 정당들은 어째서 정권에 참여하는 동안에도 기본소득의 방향으로 중요한 진전이 이루어지도록 그 권력을 활용하지 않은 것일까? 우선 당 내부에서조차 합의를 이룰 수 없을 때가 많다는 점이 가장 큰 이유지만, 전체 연립정부에서 그저 소수당 파트너에 불과하다는 사실도 무시할 수 없는 이유다. 하지만 이러한 경고에도 불구하고, 기본소득이라는 아이디어가 1970년대 말 정치 무대에 처음으로 등장한 이후 그에 대한 공감과 지지가 가장 많이 또 가장 지속적으로 나왔던 곳이 녹색 정당들이었음은 분명하다.[116] 이에 대해서는 최소한 논리적으로 독립적인 세 가지 이유를 들 수 있다.

첫째, 자연환경의 제약으로 인해 인간 사회는 물질적 생활수준의 상승에 대한 기대치를 줄여야 한다는 것이 녹색당 교의의 핵심이기 때문이다. 이러한 입장을 가장 덜 고통스럽게 선택하고 설파할 수 있는 사람들은 물질적 재화의 소유와 소비에 중요성을 두는 대신 즐길 만한 일과 여가에 더 큰 중요성을 부여하는 이들이다. 따라서 그런 경향을 가진 사람들이 주로 녹색 정당에 모여 있다는 사실은 전혀 놀라운 일이 아니다. 무조건적 기본소득은 비록 수입은 적더라도 더 많은 자유시간과 더 의미 있는 일자리를 더 적은 비용으로 확보하게 해주므로 녹색 정당의 당원들이 그것의 도입을 선호하는 쪽으로 기우는 것 역시 당연한 일이다. 다른 말로 하면, 기본소득은 소비를 줄여도 별로 괴로워하지 않는 이들이 좋아하는 것이며, 그러한 사람들이 바로 녹색 정당들에 끌리는 것이다.

둘째 이유는 녹색주의의 교의에서 또 하나의 핵심 요소와 관련되어 있다. 그것은 바로 자연과 그 자원은 인류의 공통 유산이라는 생각이다. 이러한 관점을 받아들이게 되면 무조건적 기본소득에 대한 가장 오래된 정당화 논리, 즉 지구에 대한 공동의 소유권이라는 생각이 잘 먹혀들어갈 수밖에 없다. 이 점을 감안하면, 땅을 소유하고 원자재를 소비하고 대기를 오염시키는 자들에게 그에 비례하여 돈을 내서 기금을 조성하고 이를 대대로 모든 세대의 사람들에게 나누어줄 것을 요구하는 것은 너무나 당연한 일이 된다. 그러한 기본소득이 얼마나 후한 것이 되어야 하느냐는 논쟁거리가 될 것이다(제6장을 보라). 하지만 일단 이러한 관점을 채택하게 되면, 노동에 초점을 두는 전통적 좌파와 달리, 국민 생산물의 상당 부분은 현재의 생산자들이 자기 것이라고 주장할 수 있는 게 아니라 모두에게 아무 조건 없이 돌려주어야 할 것이 된다.

셋째, 녹색운동은 맹목적인 경제성장의 추구에 반대하지만, 대량 실업이라는 질병을 해결하기를 원하기 때문이다. 무조건적 기본소득은 소득과 생산적 기여의 관계를 끊는 것이기에 경제성장에 대해 시스템 차원에서 제한을 가하는 것으로 볼 수 있다. 고용 중 일정 부분을 자발적인 실업으로 전환시키고 이를 통해 기존의 일자리를 더 많은 사람들에게 나누도록 하기 때문에, 이는 생산성 증가 없이도 비자발적 실업 문제를 해결할 수 있게 해준다(실업 문제를 해결하려다 보면 생산성 증가와 생산 증대가 따라오기 십상이다). 또한 주간 노동시간 단축, 휴일의 연장, 유급 휴가 증가, 직업에서 요구하는 경력의 단축 등 어떤 형태로든 노동시간을 줄이는 것도 실업을 없애는 또 다른 방법이므로, 녹색 정당들은 기본소득과 연계해서든 독립적으로든 이런 것들을 제안할 때가 많다. 하지만 기본소득은 녹색운동 내에서 최소한 국가주의와 노동자주의의 경향보다 자유지상주의의 경향이 더 강한 이들에게 호소력이 더 크다.[117]

그런데 만약 기본소득이 그렇게 공동의 자본에서 나오는 배당금으로서 '녹색의' 생활방식을 촉진하는 도구이며 경제성장을 길들이겠다는 환경주의의 목적과 실업을 줄이겠다는 사회적인 목적을 화해시키는 방법이라면, 어째서 그것에 대한 지지가 만장일치로 더 강력하게 일어나지 않는 것일까?

그 첫 번째 이유는, 만약 더 나은 자연환경을 최상의 목표로 둔다면, 희소한 공공 자원을 그냥 사람들에게 무조건적으로 나누어주는 것 말고도 먼저 해야 할 일이 있다는 것이다. 그 일이란 천연자원의 보유고를 보호하는 것부터 에너지 절약 기술에 투자하는 것까지 무수히 많다. 특히 '암녹색(dark green)'● 경향에 속하는 녹색주의자들은 에너지세, 탄소세, 토지세에서 걷은 수입을 그러한 용도 이외의 다른 목적에 쓰는 것을 염치없는 일이라고 여길 것이다.

두 번째 이유는, 만약 미래 세대의 운명에 신경을 쓴다면 가급적 천연자원을 덜 사용하고 인간 노동을 더 많이 사용하는 생산 방식을 지향해야 한다는 것이다. 이러한 관점에서 보자면 아무 일도 할 의사가 없는 이들에게까지 소득을 배분하는 것은 적절하지 않다. 이러한 갈등의 성격을 좀더 단순하게 표현하자면, 자연의 과도한 착취 문제와 씨름하는 두 가지 대조적 방식을 생각해보는 것이 좋다. 첫째는 생산성 성장이 허락하는 것보다 덜 생산하고 덜 소비함으로써 인적 자원과 천연자원 모두의 사용을 줄이는 것이다. 둘째는 천연자원 사용

● 녹색주의자들을 분류하는 한 방법으로, 가벼운 녹색(light green), 암녹색(dark green), 밝은 녹색(bright green)의 세 범주로 나누기도 한다. 첫째 가벼운 녹색은 환경문제를 그저 우리의 생활 스타일의 문제로 바라보며, 심각한 사회 변화가 있어야 한다고는 보지 않는다. 둘째 암녹색은 생태문제가 현존하는 산업문명 혹은 자본주의의 본질적인 결함에서 나오는 것이므로 근본적인 사회 변혁과 극단적인 조치 등도 불사해야 한다는 입장이다. 셋째 밝은 녹색은 사회의 변혁이 필요하다는 점을 인정하지만, 현존하는 기술의 혁신을 이뤄내려고 노력함으로써 사회가 지속될 수 있다고 보는 입장이다.

의 축소를 인간 노동의 증가로 보충함으로써 생산량과 소비량을 그대로 유지하는 (혹은 생산성의 성장이 허용하는 만큼 늘리는) 것이다. 둘 중 기본소득을 (혹은 좀 더 엄격한 버전의 일자리 나누기를) 지지하는 입장은 첫 번째의 입장뿐이다. 다시 말해서, 지속가능성에 대한 염려 하나만으로는 기본소득의 선택을 정당화하는 논리가 도출되지 않는다. 추가적으로 필요한 것은 '포스트 물질주의적 가치들'—'자발적인 단순성'의 본질적 가치, 물질적인 것에 대해 정신적인 것이 우선하는 가치 등—이나 경제적 진보의 목적이 여러 세대에 걸친 잠재적 소비를 극대화하는 것이 아니라 인간을 해방시키는 것에 있다는 확신 같은 것들이다.

녹색 정당들이 평균적으로 볼 때 사회주의 정당들보다 훨씬 더 기본소득 쪽에 우호적인 궁극적인 이유는, 성장의 물질적 한계를 인식함으로써 이러한 두 가지 유형의 가치(물질에 대한 정신의 우선성, 경제성장의 목적으로서의 인간 해방) 지향성이 강화되었을 뿐만 아니라 또 거꾸로 앞에서 시사했듯이 그러한 가치 지향성이 물질적 성장을 제한하기 때문이라고 볼 수 있다. 그 결과 녹색 정당들은 만인의 완전 고용을 유의미한 사회적 목표로 보는 전통적인 노동자주의에 좀더 자유롭게 도전해왔으며, 따라서 무조건적 기본소득을 옹호하는 일에 대해서도 더욱 개방되어 있는 것이다.[118]

기독교 조직들

유럽의 경우 사회주의 정당, 자유주의 정당, 녹색 정당과 나란히 꼭 주목해야 할 것이 (상당히 세속화된) 기독교 민주주의 정당들이다. 이는 많은 나라에서 여전히 주요 정치 세력일 뿐만 아니라 유럽 의회에서의 주요 정당 연합인 유럽인민당(European People's Party)의 핵심을 형성하고 있다. 기독교 정당들 내에서 기본소득의 주장과 논쟁은 사회주의 정당들과 비슷한 정도로 드물게 나타나지만, 전혀 없는 것은 아니다. 예를 들어 앙겔라 메르켈의 독일 기독교민주주의연합(CDU)의 당원으로서 2003~2009년 옛 동독 지역의 튀링겐(Thuringen) 수상을 역임한 디터 알트하우스(Dieter Althaus)의 경우를 보라. 그는 2006년 '시민 연대 소득(solidarisches bürgergeld)'라는 이름 아래 14세 이상의 모든 시민에게 월 600유로(당시 독일 1인당 GDP의 약 25퍼센트)의 기본소득을 제안하였고, 재원으로는 50퍼센트의 단일 소득세율로 마이너스 소득세의 형태로 조달하자고 했다.

또 다른 예로는 프랑스에서 니콜라스 사르코지의 중도 우파 정권 시절에 2007~2009년 주택부 장관을 역임한 크리스틴 부탱(Christine Boutin)을 들 수 있다. 그녀는 2001년 사회적공화주의자포럼(Forum des Républicains Sociaux)으로 창설되어 2009년 이후 기독교민주당(Parti Chrétien-Démocrate)이라고 불려온 정당의 창립자이자 지도자였다. 부탱은 2003년 당시 수상이었던 장-피에르 라파랭(Jean-Pierre Raffarin)으로부터 '사회적 유대의 취약성'에 대한 보고서를 위탁받아 엄격히 개인에게 지급되는 무조건적인 '보편적 수당'을 강력하게 호소하는 견해를 제출하여 프랑스 여론을 깜짝 놀라게 하기도 했고, 그때 이후로 일관되게 같은 견해를 주장해오고 있다.[119]

그런데 공공의 삶에 적극적으로 참여하는 기독교 조직들 중에는 오히려 기독교 정당들보다 더욱 명시적으로 기본소득을 지지하여 로비 활동을 펼쳐온 단체들이 있다. 그 놀라운 예는 아일랜드 종교회의 정의 위원회(Justice Commission of the Conference of Religious of Ireland)다. 숀 힐리(Seán Healy) 신부와 브리지드 레이놀즈(Brigid

Reynolds) 수녀가 이끄는 이 조직은 1980년대 초부터 정력적으로 무조건적 기본소득을 주창해왔다. 이 조직은 신앙에 기초한 시민사회 조직들이 정치적 의사결정 과정과 정치 의제에 적극적으로 참여하도록 허락하는 정치 시스템을 십분 활용하여, 근거를 잘 갖춘 여러 보고서들을 간행하였고 기본소득을 시행할 수 있는 여러 시나리오들을 짜낸 바 있다. 그리하여 2002년 9월 아일랜드 정부는 정의 위원회의 작업에 부분적으로 영감을 받아 기본소득에 대한 「녹서」를 발간한다.[120] 2009년, 힐리와 레이놀즈는 정의 위원회를 떠나 독립적 싱크탱크인 아일랜드사회정의(Social Justice Ireland)를 출범시킨다. 이는 "평신도와 성직자, 조직과 개인을 불문하고 정의로운 사회를 건설하는 일을 지지하는 이들 모두에게 개방되어 있다"고 천명하였지만, 기독교의 영감과 기본소득의 주장 두 가지는 여전히 두드러진 특징이었다.[121] 마찬가지로 오스트리아에서는 가톨릭교회와 관련된 고등교육 기관인 '가톨릭 사회 아카데미(Katholische Sozialakademie)'에서 1985년 독일어로 쓰인 최초의 기본소득에 대한 모노그래프를 출간하며, 그 이후로 오스트리아에서의 기본소득 논의에서 주도적 역할을 수행해왔다.[122]

이렇게 교회와 연계된 조직들이 명시적으로 기본소득을 지지하고 나서는 것은 가톨릭교회만의 현상이 아니다. 핀란드에서 1982~1998년 루터파 교회 대주교를 역임한 존 빅스트룀(John Vikström)은 1998년 런던에서 행한 연설에서 혼신의 힘을 기울여서 기본소득을 열렬히 호소하기도 했다.[123] 그리고 나미비아에서도 기본소득 도입 운동을 이끌었던 이는 루터파 교회의 주교였던 제파니아 카미타였다. 그는 루터파 선교사인 클라우디아와 더크 하만(Claudia and Dirk Harmann) 부부와 함께 한 나미비아 촌락에서 기본소득 실험을 실시했고 이는 널리 알려지게 된다(제6장을 보라). 이 실험은 기본소득에 대한 다른 나라의 관심을 자극했고 독일의 루터파 교회가 크게 자극을 받아 결국 루터파 교회 세계 연맹의 지지를 얻어내게 된다.[124]

인접한 남아프리카공화국에서는 2002년에 설립된 기본소득 연합 가운데서도 남아프리카 교회 협의회가 가장 적극적인 구성원의 하나였고, 2006년에는 노벨평화상 수상자인 데즈먼드 투투(Desmond Tutu) 대주교 또한 기본소득에 대한 굳은 지지를 표명한다.[125] 좀더 먼 과거로 가보면, 마틴 루터 킹 주니어 목사 또한 기본소득 지지의 뿌리가 그의 기독교 신앙에 있었음은 의문의 여지가 없다.[126]

기독교 전통이 과연 기본소득을 지지하는지는 분명치 않다. 물론 누가복음에서 예수가 군중들에게 던지는 다음의 말은 아주 유명하다. "까마귀들을 생각해보라. 그것들은 씨 뿌리지도 아니하고 거두지도 아니하며 창고나 곳간도 갖고 있지 아니하되 [하나님]께서 그것들을 먹이시나니 하물며 너희는 그 날짐승들보다 얼마나 더 나으냐? (…) 백합들이 어떻게 자라는지 깊이 생각해보라. 그것들은 수고도 아니하고 길쌈도 아니 하느니라. 그러나 내가 너희에게 이르노니, 자기의 모든 영광 중에 있던 솔로몬도 이것들 중 하나와 같이 차려입지 못하였느니라. 그런즉 오늘 들에 있다가 내일 아궁이에 던져질 풀도 [하나님]께서 이렇게 입히시거든, 오 너희 믿음이 적은 자들아, 하물며 너희는 얼마나 더 잘 입히시겠느냐?"[127]

그런데 성경에는 이 구절만 있는 게 아니다. 이 구절만큼 유명하면서 또 기본소득의 비판자들이 자주 동원하는 두 개의 다른 구절들이 있다.[128] 하나는 훨씬 더 오래되고 간명한 것이다. 신은 아담과 이브를 에덴동산에서 쫓아낼 때 이렇게 말했다. "네가 흙으로 돌아갈 때까지 얼굴에 땀을 흘려야 먹을 것을 먹으리니 네가 그것에서 취함을 입었음이라"(창세기 3장 19절).

또 다른 하나는 좀더 명시적인 것으로, 사도 바울의 서신에 나오는 구절이다.

> 형제들아 우리 주 예수 그리스도의 이름으로 너희를 명하노니 게으르게 행하고 우리에게서 받은 전통대로 행하지 아니하는 모든 형제에게서 떠나라. 어떻게 우리를 본받아야 할지를 너희가 스스로 아나니 우리가 너희 가운데서 무질서하게 행하지 아니하며 누구에게서든지 음식을 값없이 먹지 않고 오직 수고하고 애써 주야로 일함은 너희 아무에게도 폐를 끼치지 아니하려 함이니 우리에게 권리가 없는 것이 아니요 오직 스스로 너희에게 본을 보여 우리를 본받게 하려 함이니라. 우리가 너희와 함께 있을 때에도 너희에게 명하기를 "누구든지 일하기 싫어하거든 먹지도 말게 하라 하였더니(…)."
>
> ⊙ 데살로니가후서 3장 6-10절

후안 루이스 비베스가 재산 조사 최저소득 제도를 호소한 이래 이 구절은 공공 당국이 보장하는 소득은 아무 의무도 부과되지 않은 채 주어져서는 안 되며 오직 일할 의사가 있는 자들로만 제한되어야 한다는 요구를 정당화하는 데 계속 인용되었다. 하지만 이 구절을 주의 깊게 읽어보면, 이 문장 자체는 일하지 않는 이들에 대한 생계수단의 권리를 부인하는 내용이 아니다. 오히려 그 반대다. 이 구절은 그런 권리가 없다는 생각을 부인하고 있으며 단지 기독교인들에게 방문자들의 전범을 따라서 그 권리를 남용하지 않도록 권면하고 있을 뿐이다.[129]

이 구절을 어떻게 해석할 것인지와 무관하게, 기독교인들이 무조건적 기본소득의 주장을 자신들의 종교적 전통에서 뿌리를 찾고 싶다면 가난한 이들에 대한 각별한 관심과 염려가 이미 기독교 전통에서 강력하고도 반복적으로 선포된 바 있다는 사실에 호소하면 된다. 우리는 이미 제3장에서 비베스가 선구적으로 공공부조를 호소했을 때 그 영감의 원천이 된 글 중 하나인 성 암브로시우스의 『나봇 이야기(De Nabuthae Historia)』에 나오는 유명한 구절을 인용한 바 있다. 부자가 가난한 이를 돕기를 거부한다면, "너는 그 배고픈 이의 빵을 빼앗아 감추고 있는 것이며, 그 헐벗은 사람의 외투를 빼앗아 두르고 있는 것이며, 네가 땅에 묻어둔 돈은 그 가난한 사람을 볼모로 잡아 자유를 빼앗은 몸값인 것이다."[130] 이 글의 등장은 기원후 4세기로 거슬러 올라가며, 최초의 교회법전인 1150년경의 『그라시아누스 교령집(Decretum Gratiani)』에 통합됐다.[131] 이는 또한 토머스 아퀴나스(1225~1274)의 『신학대전(Summa Theologiae)』에도 나오는바, 가난한 사람이 살아갈 길이 막막한데 부자가 도와주지 않는다면 그 부자의 것을 훔쳐도 정당한 일이라는 충격적인 구절에서도 호의적으로 인용되고 있다.[132]

하지만 지난 몇 세기에 걸친 공공부조의 경험을 보면 빈민에 대한 배려를 시행하는 방식이 그들에게 낙인을 찍고 비하하며 굴욕감을 줌으로써, 결국에는 생산성까지 깎아먹는 일이 되어버렸다는 염려를 낳아온 것이 사실이다. 자선이라고 하는 기독교인의 의무는 가난한 이들을 도울 것을 요청하며, 비베스 이후에는 정부 당국이 그 책임을 맡는 것이 최상이라는 주장이 점점 더 설득력을 얻게 됐다. 하지만 이는 공동체의 모든 성원들이 똑같은 하나님의 자녀로서 평등하게 존중받으며 실로 존엄을 회복할 수 있는 방식으로 이루어져야 한다. 따라서 공무원들이 사람들의 사생활을 침해하고, 사람들로 하여금 스스로를 비천하게 만드는 일자리까지도 억지로 받아들이도록 강제하고, 또 자기들이 끝장나버린 존재임을 스스로 증명하라고 요구하는 것은 결코 옳은 일이 아니다. 이보다는 무조건적 기본소득이 훨씬 더 적합하며, 사도 바울이 말한 "수고하고 애써 주야로 일하여 아무에게도 폐를 끼치지 아니하려 하는" 이들을 본보기로 장려하는 윤리와도 절대로 모순되는 일이 아니다.

조직 없이 조직하다

이렇게 기본소득에 대한 과거 및 현재와 미래의 잠재적 지지에 대해 (또 반대에 대해) 짧게 개괄해보았다. 이를 보면 후한 수준의 기본소득 도입이 임박한 나라는 세계 어디에도 없는 듯하다. 물론 정당을 포함하여 수많은 조직들이 기본소득을 지지하고 있고 그 열성도 아주 높을 때가 많으며 종종 아주 지속적이기도 하다. 하지만 많은 경우 이 조직들이 기본소득을 지지하는 이유는 그것이 이른바 '돈 안 드는 지지(cheap support)', 즉 실현될 가능성이 거의 없는 요구를 지지하는 것이기 때문이다.[133]

예를 들어 녹색 정당들의 경우 그 지지의 강도와 명확성은 정권에 참여할 확률—이는 다시 선거 시스템과 깊은 함수관계를 맺고 있다—과 반비례 관계에 있음을 확인할 수 있다. 또 다른 예는 아마도 '데모그란트'를 주창했던 조지 맥거번일 것이다. 그가 대통령 후보 지명을 따내어 사람들이 그의 집권 가능성을 좀더 진지하게 받아들이게 되자 그는 자신의 야심찬 1000달러짜리 계획을 포기해버린다. 훗날 그는 이렇게 회상한다. "나의 지지자들 중 많은 이들이 지금 돌이켜보면 그 1000달러짜리 계획을 절대 바꾸지 말았어야 했다고 내게 말한다. 그 말도 일리가 있다. 그 계획은 복잡하기는 했어도 기본적으로 탄탄한 구상이었다. 하지만 이는 정치적으로는 재앙이었으며, 선거운동의 한복판에서 그것을 찬찬히 설명한다는 것은 말도 안 되는 어려운 일이었다. 그에 대한 오해와 오인은 우리가 아무리 노력해도 가라앉힐 수 없었다. 결국 나는 사람들을 빈곤에서부터 건져내고 온 나라를 난장판이 되어버린 소득 이전 시스템에서 구출한다는 동일한 목적을 달성해줄 다른 계획을 제안했다."[134]

하지만 정치적 실현 가능성이라는 문제를 꼭 정당이나 노조와 같은 기존 조직들에만 의존해야 하는가라고 물을 수 있다. 오늘날 인터넷 시대에는 아마 그렇지 않을 것이다. '조직 없는 조직화의 힘'은 기본소득 활동가들로 하여금 전통적인 정치 영역 바깥에서 새로운 협동을 통하여 매체의 관심을 끌어내는 데 큰 도움이 되어왔다.[135] 지난 몇십 년간 기본소득 실현의 전망에 진척이 있었다면, 그것은 아마도 정당들의 강령과 공약의 협상보다는 지지자들로 이루어진 네트워크의 발전에 더 힘입은 바가 크다. 아무리 기본소득에 대해 가장 호의적인 정당이라고 해도 당 내에서 심한 분열을 겪고 있기 때문이다. 1986년에 설립된 기본소득유럽네트워크(Basic Income European Network, BIEN)는 2004년 기본소득지구네트워크(Basic Income Earth Network)라는 이름으로 전 세계로 확장되어 그러한 잠재적 가능성을 실현했다. 물적인 지지와 재원을 공급해줄 일정한 기성 조직의 지지 없이도, 이러한 네트워크를 대륙 전체, 심지어 전 지구적 수준에서 운영하는 일이 인터넷 덕분에 가능해진 것이다.

BIEN 자체는 기본소득과 관련된 행사들 및 출판물들에 대해 국경을 넘어서 정보를 공유하고 퍼뜨리는 열성적인 학자들의 네트워크라는 성격이 강하다. 하지만 거기에 연계된 국가적 네트워크들 중 일부는 전국적인 공공 여론 차원에서의 논쟁을 촉발시키고 키워나가는 매개체가 됐다. 그 흥미로운 사례는 독일이다.

독일에서는 본래 1980년대 이전에도 기본소득 아이디어들에 대해 어느 정도의 관심이 있었고, 특히 막 생겨나고 있던 녹색운동 측근들 사이에서 큰 관심을 보이고 있었다. 하지만 베를린 장벽이 무너지고 1990년 10월 독일 통일이 이루어지면서 독일 복지제도에 대해 심각한 문제가 불거졌고, 이에 기본소득과 그와 관련된 논의는 사실상 오랫동안 사라진 상태였다.[136] 그러다가 기본소득 논의가 활발하게 다시 살아난 것은 '하르츠 4단계 개혁'이라고 알려져 있는 이른바 '아젠다 2010', 즉 게르하르트 슈뢰더가 이끄는 사회민주당과 녹색당의 연립정부가 2005년에 완결시킨 복지제도 개혁에 대한 사람들의 반작용이었다. 이 개혁은 오로지 일할 의사가 있는 이들에게만 수당을 주는 제한적인 조치를 더욱 강화시키는 것이었기에, 이를 준비하고 시행하는 과정에서 기존 상태를 고수하고자 하는 조직들의 저항을 촉발시켰을 뿐만 아니라 무조건적 기본소득 운동에 대한 관심도 전례 없이 크게 일어났던 것이다.

예를 들어 2003년 11월 독일의 지하철역에서는 기본소득 지지 포스터 운동이 '완전 고용 대신 자유를(Freiheit statt Vollbeschäftigung)'이라는 구호 아래 시작됐다. 2004년 7월에는 기본소득독일네트워크가 설립됐다. 기본소득에 대한 논쟁은 곧 방송의 토크쇼와 일반 매체들에도 등장하기 시작했고, 독일의 약국 체인 사장이자 화려하게 주목을 끄는 인물인 괴츠 베르너와 좌파당의 젊은 지도자 카탸 키핑은 스타의 자리에 오른다. 그래서 그 전 몇백 년 동안 나온 것보다 훨씬 더 많은 기본소득 관련 서적들이 불과 몇 년 만에 출간되기에 이른다.[137]

그보다 더욱 주목할 만한 사례는 스위스에서 벌어진 일이었다. 2008년 바젤(Basel)에서 활동하던 독일의 영화 제작자 에노 슈미트(Enno Schmidt)와 스위스의 사업가 다니엘 해니(Daniel Häni)는 함께 〈문화적 충동으로서의 기본소득(Grundeinkommen: ein Kulturimpuls)〉이라는 영화를 제작했다. 이는 괴츠 베르너에게서 강력한 영감을 받아 기본소득을 단순하고도 매력적인 것으로 그린 '필름 에세이'였다.[138] 이 영화가 인터넷을 통해 스위스 인구 전체의 70퍼센트 이상을 차지하는 독일어권 스위스 지역에 퍼져나가자, 이를 토대로 2012년 4월에 다음의 내용을 담은 공식적인 국민투표 발의 운동이 시작됐다.

1. 연방 정부는 무조건적 기본소득을 도입한다.
2. 기본소득은 전체 인구가 존엄한 삶을 살면서 공적 생활에 참여하는 것을 가능케 해야 한다.
3. 기본소득의 수준과 재원은 법으로 결정한다.[139]

이 발의 문건 자체에는 정확한 액수를 명기하지 않았지만, 발의를 한 웹사이트 그리고 이후 발의자들이 내놓은 간행물들을 보면 성인 1인당 월 2500스위스프랑(당시 스위스 1인당 GDP의 약 39퍼센트), 그리고 아동 1인당 625스위스프랑을 언급하고 있었다.[140] 스위스의 헌법상 발의안이 18개월 안에 10만 명 이상의 유효한 서명을 얻을 경우 스위스 연방 정부는 3년 안에 전국적 국민투표를 조직하도록 되어 있다. 발의자들이 내놓은 문서 원안대로일 수도 있고 아니면 정부 측에서 역제안하여 발의자들과 합의한 문서일 수도 있다.

2013년 10월 4일, 발의자들은 연방 정부 총리실에 12만6406명의 유효 서명을 제출했다. 이후 2014년 8월 27일, 연방 평의회(Federal

Council)는 (스위스의 중앙 행정부) 서명 명부를 확인하고 발의의 주장을 검토한 다음 역제안 문서를 내놓지 않은 채 이 발의를 거부했다. "무조건적 기본소득은 경제, 사회보장 시스템, 스위스 사회의 응집력 등에 부정적인 결과를 가져올 것이다. 특히 그러한 소득의 재원은 재정 부담을 크게 늘릴 것이다"라는 것이 그 관점이었다. 이 제안은 이후 스위스 의회의 양원에 모두 제출됐다. 2015년 5월 29일, 스위스의 연방 하원에 해당하는 국민 평의회(National Council)의 사회정책 위원회는 19대 1로 (5명 기권) 무조건적 기본소득 제안을 거부하는 제안을 채택한다. 국민 평의회는 전체 회의를 열고 철저한 토론을 거친 뒤 2015년 9월 23일 임시 총회 투표를 진행하여 146대 14로 (12명 기권) 이 부정적인 권고안을 채택한다. 2015년 12월 18일 기본소득 제안은 국민 평의회의 최종 투표에 부쳐져 157대 19로 (16명 기권) 마찬가지의 결과를 얻는다. 같은 날 스위스 여러 주들(cantons)의 대표자들로 이루어진 스위스 상원에 해당하는 주 평의회(Council of States)는 이를 40대 1로 (3명 기권) 기각한다.

이 모든 경우에서 중도파, 우파, 극좌파 정당의 의원들 모두가 이 제안에 반대표를 던졌으며, 찬성표와 기권표는 모두 사회주의 정당과 녹색 정당에서 나왔지만 양쪽 모두 심하게 분열되어 있었다. 결국 지지율은 연방 평의회에서의 0퍼센트, 주 평의회에서의 2퍼센트, 국민 평의회에서의 10퍼센트였던 것이다.[141] 몇 주 후 스위스 시민들은 평소와 마찬가지로 이 제안의 발의자들의 주장과 이에 대해 연방 평의회가 내놓은 거부 권고안의 주장을 모두 담은 소책자를 받게 된다. 2016년 6월 5일에 벌어진 국민투표에서 투표율은 46퍼센트였고 76.9퍼센트는 반대였고 23.1퍼센트가 찬성이었다. 결국 2012년 4월 이 과정이 시작된 이래 2016년 6월과 그 이후까지 기본소득에 대한 공적인 논쟁이 엄청나게 일어났고, 결국 역사상 그 어느 시대, 어느 나라와 비교할 수 없을 정도로 기본소득에 대한 공공의 의식이 크게 깨어나게 됐다.

스위스의 국민투표 발의와 거의 동시에 유럽연합 차원에서도 또 다른 사람들의 발의가 있었다. 이들은 2007년에 체결되어 2012년 4월부터 효력을 가지게 된 리스본 조약에서 새로이 마련한 도구를 활용했다. 그것은 유럽 시민 발의(European Citizens Initiative)라는 제도였다. 시민 발의가 받아들여지기 위해서는 먼저 7개의 서로 다른 유럽연합 가입국에 살고 있는 7명의 시민들이 발의자가 되어야 하며, 그 사안 또한 유럽연합 집행위원회가 입법을 제안할 권한이 있는 영역에 속하는 문제여야만 한다. 또 이것이 성공을 거두기 위해서는 향후 12개월 안에 유럽 의회의 투표권이 있는 100만 명 이상의 서명을 모아야 하며, 최소한 7개 이상의 회원국에서 법으로 정한 적절한 절차에 따라 유효 서명의 임계 숫자를 넘겨야만 한다. 이러한 과정을 모두 거친 발의는 유럽연합 집행위원회의 공식적 답변을 들을 자격을 얻으며, 유럽 의회 차원의 청문회를 얻어낼 자격이 생긴다.

2013년 1월 유럽연합 집행위원회는 한 발의에 대해 진행해도 좋다는 허락을 내린다. 그 발의는 유럽연합에 부여된 사회정책에 대한 권한이 워낙 한정되어 있는 탓에 다음과 같이 미약한 형태일 수밖에 없었다. "회원국들이 보편적 기본소득을 그들 내부의 사회보장 시스템을 개선할 수 있는 도구로 탐구하는 데 협조하도록 집행위원회에 부탁함." 시한인 12월이 지나 2014년 1월에도 서명자 수는 요건인 100만 명에 전혀 미치지 못했다.[142] 그럼에도 불구하고 그 충격은 상당한 것이었다. 대부분의 나라에서 이 발의는 그 전까지 기본소득 아이디어에 별로 영향을 받지 않았던 많은 부분으로까지 논쟁을 확장하는 계기가 되었다. 몇 군데는 아예 기본소득 논쟁이 그전까지 전혀 없었던 곳이었다. 게다가 이는 여러 나라에서 새로운 전국적 네트워크를 창출했을 뿐만 아니라 2015년 2월에는 국제적인 비영리 조직으로 새로운 유럽 차원의 네트워크인 '무조건적 기본소득 유럽(Unconditional Basic Income Europe)'을 창출하기도 했다. 이 조직은 그보다 30년 전에 있었던 기본소득유럽네트워크를 다시 부흥시킨 것이 아니었다. 이제는 유럽연합 자체가 분배 문제에서 대단히 의미있는 중심이 되어야 한다는 깨달음의 결과였으며, 또한 이제는 학자들의 연결만으로는 부족하고 활동가들을 움직여야 할 때가 왔다는 확신의 반영물이기도 했다.[143]

여러 면에서 이 모든 일들은 대단한 성과이기도 했고 또 분명히 전례가 없는 일이기도 했다. 최초로 전국적 규모의 기본소득을 주창했던 조제프 샤를리에가 말년을 보낸 곳은 결사의 거리(rue de l'Association) 54번지의 집이었다. 이곳은 브뤼셀에 있는 길 이름으로 헌법에 보장된 결사의 자유를 기념하는 뜻으로 이렇게 명명했다. 그는 1848년 이후로 이 아이디어를 주창하면서, 어째서 "사회문제에 대한 유일한 합리적 해법인 이 방법(기본소득)에 대해 관심을 기울이는 이들이 그토록 적은지" 의아하게 여겼었다.

참으로 우연이지만, 샤를리에의 제안과 사실상 동일한 제안을 주장하기 위해 유럽 전역의 활동가들이 집결한 단체인 국제적 비영리 결사체 '무조건적 기본소득 유럽'이 창설된 공증인 사무소도 바로 같은 거리에 있었다. 샤를리에의 시대 이후 이 기본소득이라는 생각이 상당한 진보를 이룬 것은 의문의 여지가 없다. 하지만 아직 현실이 되려면 또 앞으로 얼마나 먼 길을 가야 할까? 결국 유럽연합 차원에서의 발의는 요건이 되는 서명자 수를 크게 채우지 못했고, 설령 채웠다고 해도 입법이라는 측면에서 보면 아무런 성과도 거두지 못했을 것이다. 스위스에서는 대단히 후한 액수의 기본소득 제안에 찬성한다고 서명한 이들의 수가 분명히 요구되는 수준을 넘겼고, 만약 그 제안이 국민투표에서 통과되었다면 헌법에 보장된 권리가 되었을 것이다. 하지만 이는 결국 국민투표에서 3대 1로 거부되고 말았다. 그렇다면 좀 더 희망적인 전망을 기대할 다른 곳은 없을까?

참여소득이라는 뒷문

궁극적으로 따져볼 때, 기본소득이 시행되고 또 유지되려면 공공 여론과 정치 지도자들 사이에서 충분히 폭넓은 지지를 확보해야만 한다. 하지만 정치 지도자들은 소득과 생산적 기여를 노골적으로 끊어버리는 제안을 들고 나오면 유권자 대부분을 잃게 될까봐 두려워한다. 이러한 도전의 본질을 생생하게 묘사한 사람이 경제학자 로버트 프랭크(Robert Frank)다. 그는 우리에게 콜로라도의 농촌 공동체에서 기본소득으로 살아가는 10개의 가족 집단을 상상해보라고 한다.

아침에는 느긋하게 커피를 마시고 정치와 예술에 대해 오랜 시간 열띤 토론을 즐긴다. 그러고는 각자 악기 연습에 몰두한다. 소설을 읽기도 하고, 시를 쓰기도 하고, 모래밭에서 거의 벗은 몸으로 배구를 즐기기도 한다. 그러면 최소한 몇 집단은 유급 노동을 완전히 그만두고, 국민의 혈세로 이런 삶을 사는 쪽을 택할 것이라고 상상하는 게 그다지 지나친 일이 아니지 않은가? 이런 집단들이 형성되고 나면 기자들이 분명히 이들을 찾아낼 것이고, 궁금해하는 독자들을 생각하며 신나게 기사를 써대지 않겠는가? 이렇게 신나게 놀며 사는 공동체의 삶이 〈9시 뉴스〉를 타고 전국에 방송되면 대부분의 유권자들은 머리끝까지 열이 받지 않겠는가? 당연히 그럴 것이며, 누가 그들이 열 받는 것에 대해 뭐라고 말할 수 있는가? 인디애나폴리스의 한 치과의사는 매일 아침 6시에 기상하여 하지 정맥류로 아픈 다리를 질질 끌면서 눈이 산더미같이 쌓인 날에도 꽉 막힌 고속도로를 운전하여 병원으로 출근한다. 그래서 하루 종일 고약한 구취가 나는 환자들의 썩은 이빨을 치료해야 하며, 미리 말도 없이 예약을 펑크 낸 고객들에게 수수료를 물렸다가 그들이 언성을 높이며 따지고 드는 것까지 참아야 한다. 그런데 팔다리 멀쩡한 인간들이 자기가 낸 세금으로 그렇게 노닥거리며 사는 모습을 보고서 열받지 않을 도리가 있을까? 요컨대, 도시에 사는 가족을 빈곤에서 끌어낼 만큼의 액수를 소득으로 주는 정책이 장기적으로 정치적 지지를 유지할 수 있다고 생각하는 것은 꿈 중에서도 개꿈이다.[144]

위와 같은 도전에 대한 첫 번째 대응은 제5장에서 명확히 설명한 바 있는 윤리적 논리의 힘을 믿는 것이다. 그 논리는 시행되는 기본소득의 액수가 예측가능한 조세로 유지된다는 것을 전제로 한다. 하지정맥류로 고통받는 치과의사에게도 무조건적 기본소득을 얻어서 농촌으로 내려가 모래밭 배구를 즐기는 삶을 선택할 수 있다고 말해주는 것이 옳다. 하지만 만약 그가 불현듯 자신이 치과의사로 일하기 위해 물질적 자본과 인적 자본에 쏟아부은 매몰 비용과 지금까지 엄청나게 뜯긴 세금까지 떠올리게 되면 이것은 정당한 논리가 될 수 없다. 게다가 모든 경제적 행위자들이 그런 식으로 기본소득을 염두에 두고서 자신의 직업과 일을 정리하고 그런 삶에 적응한 뒤에도 조세 및 소득 이전 시스템이 붕괴하지 않아야만 한다.

두 번째 대응은 단지 첫 단계로서가 아니라 궁극적 목표로서 부분적 기본소득을 주장하는 것이다(제6장을 보라). 이것이 프랭크 자신이 제안하는 바이며, 그는 이를 고용 보장 시스템과 결합시킨다. "이러한 염려에 대한 가장 직접적인 대답은, 도시 거주 가정을 빈곤 상태에서 구해내기에는 크게 부족한 액수의 현금을 교부해주는 동시에, 공공 영역에서 유용한 임무를 수행할 의사가 있는 모든 이들에게 최저임금 이하의 급여를 제공하여, 그 둘을 결합시키는 것이다."[145]

세 번째 대응은 아마도 기본소득을 정치적 의제로 만든다는 관점에서 보면 가장 효과적인 경우일 것이다. 그것은 바로 앤서니 앳킨슨이 제안하고 나중에 정식화한 바 있는 '참여소득'이라는 것이다. "시민 소득이 모든 정당에서 지지자들을 두고 있음에도 불구하고 어째서 아직 도입되지 않았는지를 생각해보아야 한다. 나는 이 질문을 고민해본 결과, 시민 소득이 정치적 지지를 확보하기 위해서는 그 지지자들이 타협할 수 있어야만 한다는 결론에 도달했다. 재산 조사가 없어야 한다는 원리나 개인의 독립성 원리를 타협하자는 게 아니다. 무조건적 지급이라는 원리를 타협하자는 것이다."[146]

기본소득과 마찬가지로 참여소득 또한 개인에게 획일적으로 지급되는 수당이며, 개개인은 여기에 자신이 원하는 대로 다른 소득을 추가로 얻을 수 있다. 하지만 기본소득과 다른 점은 이것이 일정한 사회적 기여를 요구한다는 것에 있다. 앳킨슨이 최후로 정식화한 바에 따르면, 경제활동 연령에 있는 이들에게 이런 조건을 충족시키는 활동은 "전일제 혹은 시간제 유급 고용, 혹은 자유업이거나, 교육 및 훈련 혹은 적극적인 구직활동이거나, 가정에서 아기나 노약자를 돕는 돌봄 활동이거나, 사회적으로 인정된 결사체에 정기적으로 출근하는 자원봉사 활동 등이 모두 포함된다. 질병이나 장애 등의 이유로 참여할 수 없는 이들에 대해서는 수당이 제공될 것이다. (…) 참여의 정의 또한 21세기 노동시장의 특징들을 반영하여, 예를 들어 사람들로 하여금 주당 총 35시간에 해당하는 여러 활동의 포트폴리오를 짜고 일주일에 걸쳐서 짬짬이 그 시간을 채우도록 하는 것이다."[147] 이 점에서 볼 때, 참여의 조건을 추가하는 목적은 수급자들의 수를 줄여서 비용을 줄이려는 게 아니라는 게 분명하다. "현실적으로, 배제되는 사람들의 수는 극소수에 불과할 것이다."[148]

오히려 반대로, 똑같은 액수를 지급하더라도, 참여소득 제도는 사람들을 통제해야 하는 데다 그로 인해 여러 분쟁이 발생하게 될 것이므로 그것을 운영하는 비용이 기본소득 제도보다 훨씬 더 높을 것이다. 앳킨슨이 처음에 '참여'라는 조건을 추가할 것을 제안했을 때 그 목적은 기본소득의 비용을 줄이려는 것이 아니었다. 이는 대처 수상 집권 이후의 영국이라는 사회적 맥락에서 정치적으로 용납될 수 있는 명분을 확보하려는 것이었다. "대처 수상 집권 기간이 남긴 유산의 하나는 수급자들이 복지 의존 상태에 빠질 것에 대한 염려이며, 이는 영국에서만 나타나는 현상이 아니다."[149] 따라서 그는 "그러한 참여소득 제도야말로 막다른 골목에 다다른 재산 조사 공공부조에 비해 시민 소득이 더 나은 미래라고 정부를 설득할 수 있는, 현실적으로 유일한 방안"이라고 주장했다.[150] 이는 어느 정도 지나친 이야기라고 볼 수도 있지만, 앳킨슨이 중요한 점을 지적하고 있다는 것만큼은 부인할 수 없다.[151]

하지만 위르겐 드 비스펠레르(Jurgen De Wispelaere)와 린지 스터튼(Lindsay Stirton)이 강조하였고 또 앳킨슨 자신도 인정한 바 있듯이, 참여소득을 시행하는 데는 수많은 운영상의 문제들이 도사리고 있다.[152] 만약 참여소득이 요구하는 조건이 진지하게 받아들여진다면, 사회적으로 유용한 활동이 충분히 수행되고 있는지를 점검할 메커니즘들을 확립해야 한다. 예를 들어 한 사람이 자영업과 가사 영역의 일과 사회단체의 자원 활동을 결합하여 주당 35시간 활동의 포트폴리오를 짜서 제출하고 그 대가로 참여소득을 받는다고 하면, 과연 그 사람이 그런 활동들을 계획대로 만족스럽게 수행하는지를 점검하기 위해서 끊임없이 그 사람의 사생활에 끼어들어야 한다.

이런 메커니즘은 결국 대단히 복잡하고 번거로운 것이 될 수밖에 없다. 게다가 이렇게 되면 자원봉사 등과 같은 '자발적' 활동을 변질시킬 심각한 위험이 생긴다. 단체들은 참여소득의 대가로 활동 시간을 채우기 위해 온 이들의 활동에 의존하게 될 것이며 결국은 그 '자원봉사자'들의 출근 여부를 체크하는 유쾌하지 못한 경찰 노릇을 하게 될 것이다. 게다가 사회적으로 유용한 것으로 알려진 활동이 무엇인지를 확연히 정의하기도 어려운 일이다. 예술 활동을 예로 들면 사회적으로 유용하다고 여겨지는 진정한 예술 활동과 순전히 자기 혼자 즐기려고 벌이는 멋대로의 활동을 어떻게 구분할지는 실로 어려운 일이다.

그리고 이는 좀더 일반적인 난제 하나를 드러낸다. 현재 시스템에서는 어떤 활동이 유용한지 아닌지를 판단하는 유일한 기준이 민간기업이든 공공 부문이든 고용주가 그 활동에 급여를 줄 의사가 있는지에 있다는 점이다. 그런데 참여소득을 도입하게 되면, 어떤 활동의 사회적 유용성을 판단할 수 있는 다른 기준(들)을 사회적 합의를 통해 마련해야 한다는 실로 어려운 문제를 안게 되는 것이다.[153]

이러한 난제들로 인해 참여소득을 시행하게 되면, 높은 비용을 들이고 사생활을 침해해가며 감시하는 쪽을 선택할 것이냐, 아니면 그

낭 내버려두는 쪽을 선택할 것이냐라는 불편한 딜레마에 곧 봉착하게 된다. 이렇게 되면 고용되어 있거나 고용을 받아들일 의사가 있는 이들로만 수당을 제한하자는 통상적인 조건들을 도입해야 한다는 압력이 다시 생겨나게 되고, 결국 참여소득 제도가 본래 가지고 있었던 해방적인 성격의 영향력은 희생당하게 된다.

하지만 이는 또한 아무 의무도 부과되지 않는 기본소득으로 한 걸음 더 나아가도록 재촉하는 계기가 될 수도 있다. 한 예로 제임스 토빈이 시사했듯이, 수급자가 그냥 자기 시간의 일부를 유용한 활동에 사용하겠다고 선언하는 것만으로도 충분하다고 간주할 수 있는 것이다.[154] 혹 청년들에 대해 사회적으로 특별히 정치적 관심이 집중되어 있다면, 그 참여의 조건을 일정한 연령 집단에게로 국한할 수도 있다. 성인 학생들에게 주어지는 학습 교부금(study grants)은 수급자가 교육 활동을 할 것을 조건으로 삼는 것이 당연하다. 청년들에게 기본소득을 지급한다면, 이는 현재 학교를 다니는 청년들에게만 제한되어 있는 자금 지원을 모든 청년들에게로 보편화하는 것이라고 볼 수 있다. 청년들에게 이 급여를 아주 넓은 의미에서 자신들의 교육에 도움이 되는 활동을 해야 한다는 조건에 연계시키는 것은 누구나 납득할 수 있는 일이다.[155] 아니면 몇 주 혹은 몇 달 동안 지역 사회에 봉사 활동을 하도록 의무화시키는 것도 도입할 수 있으며, 이는 잘만 설계한다면 여러 사회 집단들을 섞이게 만들어 사회 응집력을 강화하고 또 우리의 환경이 어떤 돌봄을 필요로 하는지에 대한 사람들의 의식을 고양시키는 등의 유용한 부산물들도 만들어낼 수 있을 것이다.

이런 식으로 일단 참여소득을 도입하고 일정한 시간이 지난 뒤에는, 방금 말한 여러 경로를 따라 참여라는 조건을 계속 완화시켜나가거나 아예 완전히 철폐하는 것이 차라리 엄격한 조건을 유지하는 것보다 물질적으로 더 이득이다. 이 점을 들어 설명한다면 모든 관계자를 설득하기가 한결 수월해질 것이다. 수급자들이 그 조건을 충족시키고 있는지를 감시하는 것은 수급자 본인들에게나 행정 당국에게나 부담스럽기 짝이 없는 일이며, 납세자들의 돈을 한없이 잡아먹는 일이기 때문이다.

참여소득은 강한 버전이 되었든 온건한 버전이 되었든 참여라는 조건 때문에 분명 자유를 제한하게 된다. 하지만 그렇다고 해서 이것이 참여소득을 반대할 만한 결정적인 논리가 되는 것은 아니다. 순수주의야말로 현실적으로 아무것도 하지 못하게 만드는 최고의 비법이다.[156] 더욱이 제1장에서 주장했듯이, 기본소득을 도입할 때는 형식적인 참여라는 조건을 강제하는 것과 상관없이 반드시 공동체에 대한 기여에 가치를 부여하는 공공 담론과 결합되어야만 한다. 모두에게 든든한 바닥을 제공하는 것은 거기에 누워서 맘대로 즐기라는 것이 아니라, 우리 모두가 그 위에 굳건히 서서 남들에게나 자신에게나 무언가 의미있는 일들을 하도록 하기 위해서다.

우리는 어디서든 어떤 경우에든 거대한 혁명이 성공을 거두어 그 결과로 후한 수준의 무조건적 기본소득이 하루아침에 도입되는 일은 기대하지 않는다. 무조건적 기본소득은 뒷문으로 슬며시 들어오게 될 가능성이 훨씬 높다.[157] 분명히 이는 적은 수준의 액수로 시작할 것이며, 아마도 처음에는 일정한 참여의 조건을 달고서 도입될 것이다. 또한 이는 처음에는 마이너스 소득세라는 우회로를 통하여 현실로 진입할 것이다. 선금으로 지급되는 기본소득은 사람들에게 강력한 두 가지 착각을 심어주어 정치적 실현가능성을 크게 악화시킨다. 제1장과 제2장에서 논의했듯이, 첫 번째 착각은 국가가 시민들에게 부과하는 세금 부담이 막중하게 늘어날 것이라는 것이며, 두 번째 착각은 세금으로 걷은 돈을 부자들에게까지 헛되이 낭비하게 될 것이라는 것이다. 하지만 이렇게 마이너스 소득세를 경유하는 방법을 택하게 되면 그러한 두 가지 오해를 피할 수 있게 되며, 따라서 장기적으로는 기본소득의 정치적 실현가능성 또한 더 늘어나게 된다.[158]

다른 한편, 기본소득 제도가 만약 일단 시행되면 바로 그 보편적 성격 때문에 폭넓은 지지를 얻게 되고, 여러 시련과 도전에도 오뚝이처럼 일어나 정치적으로 스스로를 회복하는 힘을 가지게 될 것이다.[159] 기본소득을 제도화하려 한다면, 앞문을 노리든 아니면 뒷문으로 슬쩍 들어오든 무언가 분명한 비전을 가지고 있어야만 한다. 이는 그냥 백일몽에 불과한 것이 아니라 매력을 가진 사회 모델이어야 하며, 공정성에 있어서나 지속가능성에 있어서나 응당 철저한 검증을 거친 것이어야만 한다. 이러한 모델은 명징한 언어와 뚜렷한 형태로 제시되어야 하며, 우리의 자유민주주의 안에 존재하는 공론장에서 논쟁을 거쳐야만 한다. 더 공정한 사회에 대한 희망이 현실성을 가질 수 있는 것은 오로지 숙의민주주의가 충분히 효과적으로 작동하여 그것으로 현실의 권력 관계들을 길들일 수 있을 때뿐이다. 하지만 자유롭고 평등한 개인들이 받아들일 수 있는 지속가능한 사회 모델의 비전이라는 것만 있다고 그러한 사회가 오는 것은 아니다.

비전을 제시하는 것만으로는 안 된다. 활동을 통해 그것을 실현할 사람들이 있어야 한다. 대상의 범위를 가난한 이들로 좁혀 그들을 더욱 철저히 감시하는 제도, 그러면서 가뜩이나 실질적 자유가 결핍된 이들의 자유를 더욱 빼앗아버리는 제도를 새로운 개혁이라고 떠드는 목소리에 분노하는 이들, 또 지금 존재하는 기성 제도에 분노하는 이들, 이 분노한 이들이 몸을 움직여 현실을 실제로 바꿔야만 하는 것이다. 이렇게 가난한 사람들을 더욱 옥죄는 계획들은 과거에도 미래에도 넘쳐날 만큼 많았고 앞으로도 많을 것이며, 그런 것들 중 몇 가지는 이미 실현됐거나 조만간 그렇게 될 것이다.[160]

이런 제도들을 공격하고 저항하여 패퇴시키기 위해서는 활동가들이 꼭 필요하다. 이들의 싸움이 더욱 큰 힘을 발휘하기 위해서는 그 싸움이 그들의 물적 이익으로 (최소한 그것으로만) 추동되는 것이 아니라 일정한 정의의 명분에서 활력을 얻는 것이어야 하며, 순전히 수세적인 태도에만 머물게 아니라 바람직한 미래에 대한 신뢰할 만한 그림을 길잡이로 제시해야 한다. 또한 단순한 현상유지나 이상화된 과거로의 회귀가 아니라 미래에 대한 일관적이고 체계적인 제안을 내놓을 수 있어야 하며, 현실성 있는 유토피아를 제시할 수 있어야 한다. 이러한 종류의 강한 설득력을 가진 비전이 있을 때에야 비로소 활동가들의 저항과 투쟁도 더 큰 힘을 얻게 될 것이다. 하지만 어떤 비전이든 활동가들이 없다면 결코 실현될 수 없다.

또한 그러한 비전이 현실로 실현되기 위해서 꼭 필요한 세 번째 범주의 행위자들이 있다. 소소한 기술자들(tinkerers), 원칙에 얽매이지 않고 기회를 잘 엿보는 사람들(opportunists), 점진적 공학자들(piecemeal engineers)*, 당장 어느 방향으로 가야 하는지 정도는 충분히 분별할 정도의 비전을 가진 사람들이다. 이러한 사람들은 효과적인 운동의 에너지를 촉발시킬 수 있는 게 무엇인지를 분별할 만큼 사회의 현실에 대해 충분한 감을 가지고 있는 이들이며, 뿐만 아니라 현재의 시스템에 존재하는 여러 문제점들과 모순들을 보는 안목이 있는 이들이다. 또 현재의 시스템이 어떤 위기에 봉착하여 새로운 기회

● 점진적 공학자(piecemeal engineer)란 칼 포퍼가 제시한 개념으로, 플라톤처럼 거대한 유토피아를 제시하고 그것을 구축하는 철학자가 아니라 당장의 현실에서 소소하게 개선할 수 있는 것부터 조금씩 점진적으로 바꿔나가는 태도와 그에 필요한 기술적 지식을 가진 이들을 말한다.

의 가능성을 만들어내게 될지, 또 사람들이 너무나 끔찍하여 (하지만 단기적 응급조치밖에는 답이 없을 만큼 끔찍한 것은 아닌) 사회의 광범위한 변화를 열망하게 되는 국면이 나타날 가능성을 알아보는 이들이다. 훌륭한 기술자들은 어떤 정책이나 제도가 행정적으로 운영 및 관리의 차원에서 가능성이 있는지도 철저하게 따져보지만, 그것이 과연 정치적으로 사람들의 입맛에 맞는지도 날카롭게 의식한다. 이들은 정치 행위자들이 대담하게 시도하려고 하는 게 무엇인지 그리고 그들이 자랑스럽게 여기는 성취가 무엇인지도 정확하게 감지해낸다.

이런 사람들은 보통의 상식을 거스르는 불경스런 동맹의 구상에 대해서도 주춤하는 법이 없다.[161] 이들은 항상 무언가 결실을 낼 수 있는 타협점을 찾으며, 겉으로 보기엔 원점으로 되돌아오는 퇴보처럼 보여도 그것을 다시 도약의 발판으로 삼아 더 큰 진보로 나아갈 방법을 찾는다. 또 일단 한 번 현실화되면 여러 새로운 문제들을 낳게 되고 그 문제들을 해결하려면 원래 희망한 방향으로 더 깊게 나아갈 수밖에 없는 정책들을 찾는다.

어떤 기회들을 잡을 것인가를 결정하는 요소는 각 나라의 조세 및 소득 이전 시스템이 안고 있는 고유한 문제들, 럭비공처럼 어디로 튈지 모르는 그 나라의 정치적 상황들과 공공 담론이 지향하는 대의 등에 의해 좌우된다. 따라서 뒷문으로 슬쩍 기본소득을 도입할 수 있는 최상의 전략, 모든 나라의 사정에 유효한 해법은 있을 수 없다. 하지만 제6장에서 개략적으로 설명한 경제적인 논리들로 볼 때, 우리는 엄격히 개인을 단위로 삼는 부분적인 기본소득을 조심스럽게 도입하면서, 기존의 공공부조 시스템을 거기에 추가하는 조건부 기본소득을 유지하는 것이 정답일 것 같다는 추측을 내놓을 뿐이다. 그리고 이 장에서 설명한 정치적인 논리들로 볼 때, 비록 쇼윈도 장식과 같은 것뿐일지라도 참여소득처럼 모종의 참여 조건을 포함하는 형태로 시작하는 것이 정답이 아닐까 하고 예측해본다.

1 한 예로 Cole(1944: 147-148)은 보편적인 무상의료와 무상교육이 보편적 기본소득으로 가는 자연스런 디딤돌이라고 생각했다. "만약 국가가 모든 시민들이 중등교육까지의 무상교육과 무상의료를 받을 수 있도록 살피는 책임을 맡게 된다면 (…) 산업의 생산물의 몫을 이렇게 무상으로 제공되는 일정한 서비스 형태 말고도 무상으로 쓸 수 있는 돈으로 모든 시민에게 지불되어야 한다고 주장하는 게 사람들에게 공상적이라고 느껴질 이유가 없지 않은가? 물론 이것이 무상의료와 무상교육보다는 한 걸음 더 나아간 것이라는 점은 나도 동의하지만, 이미 그 전에 함께 가기로 하여 상당히 걸어온 길에서 그냥 한 발자국 더 나아가는 것일 뿐이다."

2 최소한 공공 여론에서의 논쟁에 참여하는 이들이라면 마땅히 맡아야 할 임무다. 정부로부터 즉각적인 기본소득 시행에 대해 권고안을 마련할 것을 위촉받은 위원회가 있다면, 공공 여론의 상태에 따라 합법적인 제한선이 크게 달라진다. 한 예로 영국의 세제 개혁에 대한 보고서를 위탁받은 제임스 미드의 위원회(Meade ed. 1978: 279)는 다음과 같이 쓸 수밖에 없었고, 그렇게 쓴 것을 용서받을 수 있었다. "본 위원회의 입장은, 기본세율을 올려서 충분한 사회 배당금을 채택한다는 것은 충분한 정치적 지지를 끌어올 가능성이 없으므로 더 이상 고려할 가치도 없다." 또 프랑스의 '미래 전략국(France Stratégie)'(2014c: 23 - 24)도 프랑스 사회정책의 미래에 대해 다음과 같이 말할 수밖에 없었던 것을 이해해야 한다. "[보편적이며 무조건적인 기본소득]의 제안은 (…) 고용과 아무 연계도 없이 기본소득을 준다는 것에 대한 사회적 용납이 확고하지 않다는 사실과 충돌하게 된다."

3 Piketty(2014: 20).

4 Elster(1986: 709; 719).

5 예를 들어 Miller(1992), Swift et al.(1999), Reeskens and van Oorschot(2013), Taylor-Gooby(2013).

6 이와 관련한 여론조사는 덴마크에서(Goul Andersen, 1996), 스웨덴과 핀란드에서(Anderson and Kangas, 2005), 노르웨이에서(Bay and Pedersen, 2006), 미국에서

(Rasmussen Report, 2011), 브라질에서(Waltenberg, 2013), 일본에서(Itaba, 2014, Takamatsu and Tachibanaki, 2014), 프랑스에서(IFOP, 2015) 이루어진 바 있다.

7 각각의 나라에 대해서는 다음을 보라. 덴마크(Goul Andersen, 1996), 핀란드와 스웨덴 (Andersson and Kangas, 2005), 노르웨이(Bay and Pedersen 2006).

8 각각 다음의 문헌을 참조하라. 2011년 8월 29-30일에 수행된 여론조사 Rasmussen Reports, Government Welfare and Income Grants, survey conducted August 29-30, 2011(http:// www. rasmussenreports. com). 그리고 Trudeau Foundation(2013: 3).

9 IFOP(2015). 기본소득 관련 여론조사는 다른 나라들에서도 수행되었지만, 질문 문구가 너무 애매하여 응답자가 과연 무조건적 기본소득에 대한 의견을 피력하고 있는 것으로 생각하기 힘들 때가 많다. 한 예로 일본에서 실시된 한 조사는 오사카와 도쿄에서 큰 표 본을 취하여 "정부가 사람들의 최저생계 비용을 충당한다는 생각"을 지지하는지를 묻 고 있다(Itaba[2014: 175]). 3분의 1은 지지한다고 했고, 3분의 1은 반대한다고 했고, 3분 의 1은 의견이 없다고 했다. 하지만 최저생계비를 충당하는 데는 기본소득 말고도 다른 방법들이 있음은 말할 것도 없다. 이와는 대조적으로 카탈로니아에서는 질문이 좀더 정 확했다. 2015년 7월 실시된 조사에서는 1800명의 주민들에게, "상위 20퍼센트의 부유 층에게 세금을 걷어 인구의 나머지에게 이전하는 방식으로 재원을 조달하여 650유로의 기본소득을 주는 것에 대해 어떻게 생각하느냐"고 질문했다. 무려 72퍼센트의 사람들 이 찬성한다고 답했다(GESOP[2015: 4]).

10 이 조사의 결과는 2016년 5월 4일 취리히에서 열렸던 '노동의 미래(The Future of Work)' 대회에서 '달리아 리서치(Dalia Research)'가 발표했다. https://daliaresearch. com/.

11 Colombo et al.(2016)의 표 1.2/3.1/3.2/3.4를 보라. 이 문헌은 그 밖에도 흥미로운 데이 터를 많이 담고 있다. 이 책의 출간 이전에 이 보고서를 볼 수 있도록 해준 데 대해 저자 들에게 감사를 표한다.

12 Sloman(2016: 209; 213).

13 Moynihan(1973: 276-277). 미국 노동운동에 대해서는 또한 다음을 보라. Desmond King(1995: 208): "조직 노동은 노조에 가입되지 않은 노동자들에 대해서도 재산 조사에 기초한 선별적 비기여형 수당 프로그램이 확대되는 것을 기꺼이 지지했지만, 보편적인 공공 복지 프로그램을 건설하기 위해 그 정치적 힘을 동원하는 것은 꺼려했다."

14 '캐나다 노조회의(Canadian Labor Congress)'는 1986년 '경제적 통일과 발전 전망 을 위한 맥도널드 왕립 위원회(Macdonald Commission on the Economic Union and

Development Prospects)'가 제안했던 보장연간소득에 대해 "신자유주의의 영감을 받은 것"이라고 비난하고 있다(Haddow[1993; 1994]).

15 Lubbi(1991: 15).

16 van Berkel et al.(1993: 22 - 24).

17 식품산업 노조의 기본소득에 대한 초기 입장 표명은 Voedingsbond(1981)를 보라. 그리고 그것이 수행했던 예외적인 역할에 대한 심도있는 분석은 van Berkel et al.(1993)를 보라. 1987~1997년 '기본소득네덜란드네트워크'의 총본부는 네덜란드 식품산업 노조에 있었다.

18 남아프리카공화국에서의 기본소득 논쟁에 대해서는 Peter(2002), Standing and Samson eds.(2003), COSATU(2010), Seekings and Matisonn(2013).

19 이탈리아에서는 주요한 노조 총연맹인 CGIL(Confederazione Generale Italiana del Lavoro)의 연구 조사국에서 1987년에서 1992년 사이에 기본소득에 대한 일련의 학술회의를 조직하고 또 여러 출간물을 내기도 했지만, 총연맹 전체가 그 생각을 받아들이게 하는 데는 성공하지 못했다(Sacconi[1992]). 콜롬비아에서는 메데진(Medellin)에 자리 잡은 노조 연계 교육 연구소인 '전국 노조 학교(Escuela Nacional Sindical)'에서 자신들의 저널인 「문화와 노동(Cultura y Trabajo)」의 한 호(2002) 전체를 할애해 기본소득 이슈를 다루었고, 이를 창립 25주년 기념호의 주제로 삼았다(Giraldo Ramirez[2003]). 스페인에서는 2002년과 2005년에 '바스크(Basque) 노동조합(Esker Sindikalaren Konbergentzia)'이 그 회지 전체에 걸쳐 기본소득 이슈를 다루었다.

20 아일랜드에서는 '아일랜드 운수 및 일반 노동자 노조(ITGWU, 1990년에 '아일랜드 노동자 총연맹Federated Worker's Union of Ireland'과 합병하여 아일랜드 최대 노조인 SIPTU를 형성한다)'의 지도자 중 한 사람인 로신 캘런더(Rosheen Callender)가 1980년대에 기본소득을 공개적으로 지지하였다(Callender[1985; 1986]). 캐나다에서는 퀘벡의 노조운동의 역사적 인물들 중 하나인 미셸 샤르트랑(Michel Chartrand)이 자기 개인의 역량으로 기본소득을 지지하면서 매체를 가장 많이 탄 인물이 되었다(Bertrand et Chartrand [1999], Wernerus[2004], Vanderborght[2006]). 좀더 최근에는 네덜란드의 작은 노동조합 '노조(Unie)'의 지도자인 레이니르 카스텔린(Reinier Castelein)이 자동화에 대한 대응으로서 시간, 노동, 소득의 더 나은 분배를 달성할 방법으로 기본소득을 지지했다 (Castelein 2016). 또 대규모 조직 '기독교 노조 총연맹(Christelijk Nationaal Vakverbond)'의 전 지도자였던 두클레 테르프스트라(Doekle Terpstra)는 당시 시행되고 있었던 노동자 활성화 정책들의 실패로 인해 필수적으로 나타날 '새로운 사회계약'에 있어서 중요한 역할을 할 요소가 기본소득이라고 주장했다(De Volkskrant[May 31, 2016]). 가장 깊은 인상을 남

긴 인물은 미국의 노동운동 지도자인 앤디 스턴(Andy Stern[2016])이며, 그에 대해서는 곧 논의할 것이다.

21 노조가 기본소득에 대해 보인 아주 명확하면서도 웅변적인 논리의 예는 스위스의 주 평의회에서 스위스의 상원 사회주의자 의원인 파울 레히샤이너(Paul Rechscheiner)가 행한 연설에 잘 드러나 있다. 그는 스위스 최대 노조인 '스위스 노조 총연맹(Schweizerische Gewerkschaftsbund, SGB)'의 의장을 지냈으며, 그 연설은 기본소득 국민투표 발의안을 놓고 의회에서 벌어진 논쟁 중에 이루어진 것이었다. 그는 여전히 완전 고용을 목표로 삼아야 하며, 노동자들을 각종 위험에서 보호해줄 사회보험이 존재하며 그 보장의 수준도 엄격히 최소한을 넘는다고 주장한다. "기본소득은 그것이 필요 없는 상황에서는 지나친 것이며, 그게 필요한 상황에서는 전혀 충분치 못한 것이다." 또 다른 예는 벨기에의 최대 노조 총연맹인 '기독교 노조 연맹(Confédération des Syndicats Chrétiens, CSC)'이다. 1985년 기본소득이 처음으로 벨기에의 공론장에 등장한 직후 이 조직이 간행한 문서를 보면 기본소득이라는 생각은 "어리석고 걱정이나 안겨주는 유토피아로서 (…) 노동조합 운동은 언젠가 여기에 반대하여 투쟁해야 할지도 모른다"고 되어 있다 (CSC[1985]). 여기에서 2002년 1월 전국 회의를 준비하면서 내놓은 보고서에는 다음과 같은 명쾌한 제목이 실려 있다. "기본소득 절대 안 돼(No Basic Income)"(CSC[2002: 42], Vanderborght[2006]). 하지만 좀더 최근에 그 지도자들 중 한 사람이 쓴 글에 보면 "기본소득이 유용한 유토피아라고, 즉 우리가 한 발은 현실에 둔 채로 조심스럽게 다른 한 발을 내디뎌볼 만한 지평선이라고 믿는 이들"에게 소심하게 문호를 개방하고 있다(Van Keirsbilck[2015: 24]).

22 노동운동 지도자 앤디 스턴은 이 점을 분명히 포착하고 있다(Stern[2016: 188]). "보편적 기본소득은 노동자들의 입장에서는 게임의 성격을 완전히 바꾸어놓는 장치다. 기본소득 주창자인 티모시 카터(Timothy Roscoe Carter)가 지적했듯이, '어떤 협상에서든 협상 자리를 박차고 나올 수 있는 쪽이 그럴 수 없는 쪽을 이용하게 되어 있다. 자본가들은 항상 노동자들을 남겨두고 자리를 떠날 수 있다. 자기들의 자본을 투자하지 않고 그걸로 그냥 먹고살면 그만이니까. 노동자 측도 자리를 박차고 나올 수 없다면 노사 협상은 결코 공정한 것이 될 수 없다. 기본소득은 영구적인 파업 기금으로서 최고의 것이다'."

23 이 문제에 대한 더 많은 논의는 Vanderborght(2006)를 보라.

24 King(1995).

25 Jalmain(1999).

26 Keynes(1930b/1981: 14).

27 이는 좌파 측에서 기본소득을 비판하는 이들이 빈번하게 주장하는 바와 정반대되는 것

이다. 예를 들어 다음을 보라. Clerc(2003), Alaluf(2014: 36 - 37).

28 몇몇 나라들에서 노조 지도부가 기본소득에 대해 보인 적개심을 설명하는 데 도움이 될 만한 추가적이고 좀더 우연적인 요소가 있다. 북유럽 나라들과 벨기에는 세계에서 노조 조직률이 가장 높은 곳이며, 이곳 노조들의 수입 중 일부가 실업자들에게 제공하는 서비스의 대가에서 온다. 노조들은 실업 수당에서 자신들이 분배의 책임을 맡은 부분을 배분받으며, 또한 자기들이 관리하도록 되어 있는 실업 기금도 배분받는다(Van Rie et al.[2011]). 만약 실업 수당이 그저 각 가정의 기본소득에다 추가적으로 덧붙는 정도의 액수로 줄어든다면, 그리고 게다가 기본소득 도입으로 기대되는 일자리 나누기와 각종 함정의 소면 덕분에 비자발적 실업률이 줄어든다면, 앞에서 말한 노조의 소득 원천은 어쩔 수 없이 위협을 받게 된다. 그러니 노조로서는 자신들이 유용한 역할을 수행하고 거기에서 정당한 수입을 얻는 덜 왜곡된 방식을 선호하는 것이 당연하다. 이를 감안한다면 노조 지도부가 어째서 기본소득에 대해 그렇게 격렬하게 반응하는지를 이해하는 데 도움이 될 것이다.

29 구체적인 숫자를 보면, 2015년 현재 12.3퍼센트 대 5.8퍼센트이며, 주당 776달러 대 980달러다(Bureau of Labor Statistics[2016]). 노조 조직률과 급여 수준의 상관관계에 있어서 인과율의 방향이 어느 쪽이든, 노조로 조직화된 노동자들이 비교적 특권적 노동자들이라는 우리의 논점은 현실에 유효하다.

30 Keynes(1930b/1981: 130).

31 앤디 스턴(2016: 147)이 말했듯이, "불행하게도 노조를 운영하는 이들은 변화하는 경제의 여러 도전들에 대해 제대로 대응할 수 있는 창의력을 발휘하지 못했다. 우버(Uber)나 에어비엔비(Airbnb) 등의 파격적인 모험 사업체들에 대해 빠르게 대응하지 못했던 것이 그 증거다. 또한 자유업자들을 조직하려는 노력에서 여러 노조들이 부닥쳤던 난제에서도 이 점이 확연히 드러난다."

32 David Graeber(2014b)의 강력한 문장으로 보자면, "내가 생각하는 노동운동은 우리가 지금까지 보았던 것과는 전혀 다른 종류의 것이다. 노동이 그 자체로 가치라는 이데올로기의 모든 잔재를 완전히 내던지고 노동을 다른 이들에 대한 배려와 돌봄으로 바라볼 수 있는 그러한 노동운동이다."

33 Stern(2016: 222).

34 Stern(2016: 200).

35 Stern(2016: 201). 스턴은 미국에서의 기본소득 운동의 전진을 위하여 심지어 "보편적 기본소득을 내용으로 하는 헌법 개정안"을 제안하기도 했다. 또한 그는 "'기본소득 정당'의 후보로 2020년이나 2024년에 대통령 선거에 나갈 독자 후보를 준비하자 (…) 기

본소득의 필요를 명징하게 말할 수 있는 대통령 후보가 있다면 우리의 의제가 비약적으로 확산될 것이며 논쟁 또한 전국적으로 확산될 것"이라고 주장했다(Stern[2016: 219]).

36 http://www.gewerkschafterdialog-grundeinkommen.de/category/home

37 이는 '중서부/공동체(West Midlands/Community)', '노동 청년(Youth Work)', '이윤을 위해서가 아니라(Not for Profit)' 등이 제출한 「동의안 54」였다. 그 텍스트 전체는 다음을 보라. Unite's fourth policy conference, Preliminary Agenda, July 11 – 15, 2016: 36 – 37 (http://www.unitenow.co.uk/index.php/documents/documents/policy – conference – 2016/362 – unite – policy – conference-2016-preliminary-agenda/file). 2016년 9월, 영국의 '노동조합 총연맹(TUC)'은 '전국 통일 노조(Unite the Union)'가 제출한 결의를 다음과 같은 문안으로 통과시켰다. "총연맹은 TUC가 보편적 기본소득을 인정해야 하며, 사람들이 자유롭게 자기 길을 찾아가는 것을 더 쉽게 해줄 진보적인 시스템을 주장해야 한다. 이 기본소득은 개인에게 지급되어야 하며, 종합적인 여러 공공 서비스와 보육 서비스를 보충하는 것이 되어야 한다"(https://www.tuc.org.uk/sites/default/files/Congress_2016_GPC_Report_Digital.pdf).

38 각각의 경우에 대해서 다음을 보라. Sommer(2016: 82), Centre des Jeunes Dirigeants d'Entreprise(2011).

39 Economiesuisse(2012).

40 Duchâtelet(1994).

41 '삶' 정당의 역사에 대해서는 Vanderborght(2002)를 보라.

42 Werner and Hardorp(2005), Werner(2006; 2007), Werner and Presse(2007), Werner and Goehler(2010).

43 기본소득 지지를 표명한 다른 주요한 사업가들로는 프랑스의 패션 디자인 회사 이브 생 로랑의 CEO인 피에르 베르제(Pierre Bergé[1991: chapter 14]), 캐나다 이동통신 회사 텔레시스템의 CEO이자 중도우파 정당인 '퀘벡미래연합(Coalition Avenir Québec)'의 공동 창립자 샤를 시루아(Charles Sirois[1999: 147-149]), 오스트리아의 초콜릿 생산 기업인 조터(Zotter)의 CEO 조지프 조터(Josef Zotter)가 있다(http://derstandard.at/2000019681222/Schelling – Arbeitslosengeld – in – Oesterreich – ist – zu – hoch). 비슷한 범주의 인물로는 벨기에 최대 은행인 BNP Paribas Belgium의 수석 경제학자인 페터 케이저(Peter De Keyzer[2013: chapter 10])가 있다.

44 De Morgen(June 9, 2016). 네덜란드에서는 초기부터 기본소득의 가장 일관된 지지자들 중 하나가 바르트 노터봄(Bart Nooteboom)이었다. 그는 오랫동안 네덜란드의 중소기업 연합체와 연관된 싱크탱크 소장을 역임한 인물이다. Nooteboom(1986), Dekkers and

Nooteboom(1988).

45 이 '프레카리아트(precariat)'라는 용어는 이탈리아 아나키스트 전통에서 나온 말이다. 이는 예를 들어 로베르 카스텔(Robert Castel[2009]) 등 프랑스 사회학에서 널리 사용되었으며, 영어권에서는 가이 스탠딩(Guy Standing[2011: 2014a])을 통해 유명해졌다.

46 Allen(1997), Bond(1977).

47 Kornbluh(2007: 143). 그 본래의 계획은 National Welfare Rights Organization (1969/2003)에서 공식화되었다. NWRO의 계획은 결코 정치적 의제가 되지는 못했지만, 이 기구는 닉슨의 가족부조계획의 논의에 참여하여 이전소득의 지급이 아이들이 딸린 지원 대상 가족들에게만 주어질 것이 아니라 진정으로 보편적인 성격을 띠어야 한다고 주장했다. NWRO에 대해서는 Piven and Cloward(1993: 320-330) 참조.

48 빌 조던(Bill Jordan)의 1973년 에세이는 프레카리아트가 주도했던 이 지역 운동의 열망들, 잠재력, 난제들에 대해 문서적 근거가 잘 갖추어진 통찰력 있는 사례 연구다. 이 조직이 기본소득을 주장했던 것에 관해서는 특히 다음을 보라. Jordan(1973: 27: 70: 72-73), Jordan(1986).

49 1970년대 말(1979) 오스트레일리아의 '실업 노동자 운동(Unemployed Workers Movement)'은 그 내부 규칙에서 스스로의 목표를 "모든 개인에게 충분한 인간적 생활 수준을 제공하는 최저소득 보장제도를 오스트레일리아에 확립하기 위한 운동을 전개" 하는 것이라고 밝히고 있다. 캐나다에서는 1971년 200개 이상의 반(反) 빈곤운동 집단들이 뭉쳐 '전국 반 빈곤 기구(National Anti-Poverty Organization, NAPO)'를 설립했으며 오늘날에는 '빈곤 없는 캐나다(CanadaWithout Poverty)'로 이름을 바꾸었다. 이 기구는 전국적으로 '충분한 보장소득(guranteed adequate income)'을 1980년대 초 이래로 주장 해왔으며, 2007년에는 전국적 운동을 개시했다. 1984년 맥도널드 위원회의 청문회 중에서 '퀘벡 반 빈곤 연맹(Fédération Québécoise Anti-Pauvreté)' 또한 명시적으로 기본소 득을 지지하였다(Tremblay[1984]). 네덜란드에서는 '전국 복지 청구인 평의회(Landelijk Beraad Uitkeringsgerechtigden)'가 1986년 이후로 상당한 액수의 기본소득의 도입을 주 장해왔으며, 1987년에는 기본소득네덜란드네트워크를 창립한 단체들 중 하나가 된다 (Landelijk Beraad Uitkeringsgerechtigden[1986], Hogenboom and Janssen[1986]).

50 Geffroy(2002).

51 Bourdieu(1998).

52 Guilloteau and Revel(1999), Fumagalli and Lazzaratto eds.(1999). 이 소요 사태의 정 도와 지속기간에 큰 영향을 받은 당시 프랑스의 사회당 출신 총리 리오넬 조스팽(Lionel Jospin)은 사회복지부에 '실업자들 운동이 제기한 문제들'에 대해 보고서를 작성하라고

지시한다(Join-Lambert[1998]). 그 보고서의 한 절은 아주 흥미롭고 명시적인 제목을 달고 있었다. "모든 최저 수당(minima)을 하나로 합칠 것인가, 그리고 그것을 넘어서 기본소득으로 갈 것인가?"이 질문에 대해 이 보고서는 애매한 태도를 취하고 있지만, 기본소득과 마이너스 소득세를 명시적으로 논의하면서 사회적 최소한(social minima)의 개혁에 대한 일련의 공식적 연구가 시작되는 계기가 되었다.

53 (좋은) 일자리를 갖고 있다는 것은 (상당한) 자본을 갖고 있다는 것과 마찬가지로 모종의 계급 분리를 낳는 계기로 볼 수 있다. 하지만 방금 개략적으로 설명한 이유에서 이 새로운 계급 갈등의 약한 쪽은 옛날 계급 갈등의 약한 쪽보다도 훨씬 쓸 수 있는 무기가 적다. Van Parijs(1987b)를 보라.

54 예를 들어 미국의 경우 여성들의 총 근로소득 중간값은 남성들의 66.5퍼센트에 불과하다(3만6900달러 대 5만5443달러. 2013년 수치는 다음을 보라. https://www.census.gov/hhes/www/cpstables/032014/perinc/pinc10R_000.htm). 그리고 노동력에 참여하는 비율은 남성의 69.2퍼센트에 비해서 여성은 57퍼센트에 머물고 있다(2014년 수치는 Bureau of Labor Statistics[2015: 9-10]). 이러한 비율을 감안한다면, 연간 근로소득 평균은 (근로소득이 전혀 없는 이들까지 포함해서) 여성의 경우는 약 2만1000달러, 남성은 약 3만9000달러가 된다. 이러한 차이를 좀더 잘 느끼기 위해서 40퍼센트의 정률세율로 부과되는 근로소득세로만 재원을 조달하여 월 1000달러의 기본소득을 준다고 가정해보자. 평균적으로 볼 때 재분배가 없었던 상황과 비교해보면 여성들은 월 120달러를 더 얻게 되지만(17퍼센트 증가), 남성들은 120달러를 잃게 된다(9퍼센트 감소). 특정 국가의 맥락에서 특정한 기본소득 개혁을 도입했을 때 남성에서 여성으로 전개될 추가적인 재분배 정도를 평가하기 위해서는, 그 도입으로 대체되는 것들이 무엇인지 그리고 그것 때문에 남성에서 여성으로 재분배가 이루어진다면 어느 정도일지를 면밀히 살펴야 한다.

55 Woolf(1929/1977: 103).

56 Hannan and Tuma(1990: 1271-1272). 시애틀-덴버의 실험이 이혼율에 영향을 끼쳤다는 이야기는 마이너스 소득세 실험에 관한 학문적 문헌에서 가장 많은 논쟁을 불러온 주제의 하나다. 최초에 이루어진 한 분석인 Hannan et al.(1977: 1186)은 "소득의 유지 덕분에 결혼 해체율이 올라간다"고 결론을 내리고 있다. 그리고 이들의 최종 보고서는 한 걸음 더 나아가고 있다(Hannan et al.[1983: 259]). 실험된 제도가 "'백인' 부부와 흑인 부부 모두에서 결혼 해체율을 급격하게 증가시켰고, 멕시코계 여성들의 결혼율을 감소시켰다." 하지만 이들이 행한 추산은 격렬한 논쟁 대상이 되었다. Cain and Wissoker(1990a: 1237)의 분석은 반대로 이렇게 말하고 있다. "마이너스 소득세는 참여자들의 이혼율에는 아무런 영향도 미치지 않았다." 이에 대한 응답은 Hannan and

Tuma(1990)을 보라. 이에 대한 재비판은 Cain and Wissoker(1990b)을 보라.

57 Pateman(2011: 7).

58 SFederation of Claimants Unions(1985a: 35; 1985b: 44). 또 Yamamori(2014). 2016 년 2월에 개최된 이 조직의 '여성회의(Women's Conference)'에서 공공 서비스 노조 UNISON(영국 최대 노조의 하나이며 여성의 수가 평균 이상으로 많았다)은 "좀더 여성 친화적 인 미래의 복지정책 방향으로서 보편적 기본소득의 잠재성"을 탐구할 것을 요구하였다 (UNISON[2016: 12]). 이 메시지는 그렇게 정확한 것은 아니었지만, 복지 청구인 조합이 아니라 노동조합 내의 여성들의 목소리였기에 더 큰 영향력을 발휘할 가능성이 높다.

59 예를 들어 다음을 보라. Miller(1988), Saraceno(1989), Withorn(1993/2013), Morini(1999), McKay(2001; 2005; 2007), Alstott(2001), Pateman(2006; 2011), Elgarte(2008), Zelleke(2008), Yamashita(2014), Furukubo(2014), Shulevitz(2016).

60 Salam(2014).

61 한 예로 벨기에에서는 1980년대에 남녀를 불문하고 경력 단절 제도를 시행한 적이 있 었다. 민간 영역과 공공 영역 모두에서 누구든 적은 액수의 수당을 총액으로 한 번에 받 도록 하는 제도였다. 민간 부문에서의 제도(2002년에는 '시간 크레딧[time credit]'으로 이름 을 바꾼다)에 관한 한, 2010년 그 수급자의 62퍼센트가 여성이었으며, 그녀들 중 95퍼센 트는 8살 미만의 아이를 최소한 한 명 이상 두고 있었다(Van Hove et al.[2010: Table 61]). 하지만 이 제도를 활용했던 여성의 58퍼센트는 그저 주 5일 노동을 4일로 줄였을 뿐이 며, (일시적으로) 일을 완전히 그만둔 여성은 8퍼센트 미만이었다(Van Hove[2010: Table 62]).

62 Fraser(1997).

63 Miller(1988).

64 여성주의적 관점에서 볼 때, 이로 인해 부분적 기본소득이 최저소득 구간에 할증세를 매기는 완전한 기본소득(제6장을 보라)보다 더 유리해진다. 부분적 기본소득을 채택하게 되면 부부 각자에게 부과되는 세금이 가장 낮은 소득 구간으로부터 누진적 성격을 띨 수 있다. 하지만 할증세를 매기게 되면 정의상 그 구간에서 역진적 세금이 나타나게 되 며 따라서 한 사람에게 고용을 몰아주는 것을 장려하게 된다.

65 Vielle and Van Parijs(2001)가 제안한 '남성의 힘 프리미엄(virility premium)'은 (당시 벨 기에에서 시행되고 있었던) 육아 휴직 수당의 총액 지급을 아버지에게만 두 배로 올려주고 그 재원은 남성의 개인 소득세에만 약간의 세율을 더 올려서 마련하자는 아이디어다. 어떤 나라에서는 이러한 아이디어가 수당을 받는 측면에서나 조세의 측면에서나 헌법 에 명시된 평등의 원리와 갈등하는 것으로 볼 수도 있겠다. 하지만 현존하는 남녀 간의

급여 격차를 생각해볼 때, 근로소득과 연계된 육아 휴직 수당 또한 그와 상당히 비슷한 문제에 해당한다.

66 기본소득에 대한 여성주의적인 관심과 염려에 대해서는 다음을 보라.
Orloff(1990/2013), Parker(1993), Fitzpatrick(1999b/2013), Eydoux and Silvera(2000), Robeyns(2001a; 2001b), Van Parijs(2001; 2015b), Baker(2008), Bergmann(2008), Gheaus(2008), O'Reilly(2008), Danaher(2014), Blaschke et al. eds.(2016).

67 미국 정치에서 기본소득의 아이디어들이 가장 중요하게 나타났던 것은 이미 1960년대 말과 1970년대 초로 거슬러 올라간다. 제4장을 보라.

68 Cole(1929; 1935; 1944), Meade(1935). 밀너의 선구적 노력에 대해서는 제4장을 보라.

69 제임스 미드는 또한 비버리지 계획을 시행했던 클레멘트 애틀리(Clement Atlee)의 노동당 정부 시절(1945~1951) 지도적 경제학자의 한 사람이었고, 훗날 미드가 이끌었던 조세 개혁 준비위원회는 부분적 기본소득 제안이 아니라 그 주된 경쟁자였던 '신 비버리지 계획'을 권고하는 것으로 끝나버렸다(제6장을 보라). 미드는 말년에 들어서 정치적인 활동성은 줄어들었지만 끝까지 기본소득을 강력하게 주장했다(Meade[1989; 1991; 1993; 1995]).

70 Commission for Social Justice(1994: 262 - 263).

71 Reed and Lansley(2016).

72 Guardian(June 6, 2016). 이 '나침반'의 보고서는 25세 이상의 성인들에게 주당 71파운드(1인당 GDP의 약 13퍼센트)의 기본소득에다 조건부의 추가 수당들을 결합시킬 것을 제안했다(Reed and Lansley[2016: 17]). 이와 비슷한 일이 뉴질랜드의 '노동당'에도 일어날 수 있다. 이 당의 '노동의 미래 위원회(Future of Work Commission[2016: 9])'에서 내놓은 '10대 제안' 중에서 작거나 큰 지역 단위에서의 기본소득 실험의 아이디어가 돋보이기 때문이다. 뉴질랜드의 최대 노동조합인 '공업인쇄제조 노동조합(Engineering, Printing, and Manufacturing Union, EPMU)의 지도자를 역임한 앤드루 리틀(Andrew Little) 역시 여러 차례에 걸쳐 기본소득에 대한 자신의 관심을 표명한 바 있다(Rankin[2016: 34]).

73 네덜란드에서의 논쟁에 대해서는 Van Parijs(1988), Groot and van der Veen(2000) 참조.

74 제출된 동의안이 명시적으로 '기본소득'이라는 표현을 사용하고는 있지만, 그 실제 내용은 마이너스 소득세다. 당 지도부는 이에 대한 대응으로 이 동의안을 선거 공약에 고려할 것을 약속하였지만, 그래도 당의 궁극적인 목적은 여전히 완전 고용 달성으로 유지되어야 한다고 주장했다.(http://www.pvda.nl/berichten/2016/06/Moties+politieke+leden raad+4+juni+2016).

75 프랑스는 예외일 수도 있다. 하지만 아직은 그렇게 말하기에 너무 이르다. '사회당(Parti

Socialiste)'의 저명한 인사 몇 명, 즉 수상을 역임한 마뉘엘 발스(Manuel Valls) 그리고 그보다 더 확고한 태도를 지닌 델파니 바토(Delphanie Batho), 에두아르도 리안-쿼펠 (Eduardo Rihan-Cypel), 베누아 아몽(Benoit Hamon) 등이 공개적으로 기본소득 아이디어를 지지하고 나섰던 것이다. 심지어 2017년 '사회당'의 대통령 선거공약 준비 문서에도 기본소득이 들어갔지만, 아직도 그 방식은 대단히 조심스럽다. 기본소득을 호의적으로 다루는 절에서의 언급을 보면, '보편적 생존 소득(universal existence income)'은 그것의 재원 조달, 사람들에게 받아들여질 수 있을지의 여부, 임금 및 여타 사회정책의 영향 등에서 여러 문제들을 야기하고 있다고 지적했으며, 이 문제에 대한 작업 집단을 설립할 것을 약속하면서 끝을 맺었다(Parti Socialiste[2016: 39-40]). 북미 대륙에서는 여기에 가장 가까운 것이 캐나다의 확고한 사회민주주의 정당인 '신민주당(New Democratic Party, NDP)'일 것이다. '신민주당'은 1960년대 말에 이미 기본소득과 마이너스 소득세를 논의한 바 있었다. 하지만 1969년 당대회 때 한 하부위원회에서 마이너스 소득세의 시행을 지지하는 모호한 동의안을 채택한 것 이상으로 나아가지는 못했다(Mulvale and Vanderborght[2012: 185]).

76 '스위스사회민주당(Sozialdemokratische Partei der Schweiz, SP)'은 공식적으로 반대표를 던졌다(http://www.nzz.ch/schweiz/eidgenoessische-abstimmungen-parolenspiegel-fuer-den-5-juni-ld.16727). 그리고 연방 행정부에 입각한 사회민주당 당원들은 이 제안에 대해 강력한 반대를 표명했다. 하지만 최종적인 의회 표결에서 15명의 사회민주당 의원들이 찬성표를 던졌고, 13명이 반대했으며, 13명은 기권했다(https://www.parlament.ch/de/ratsbetrieb/amtliches-bulletin/amtliches-bulletin-die-verhandlungen?SubjectId=36389). 그리고 국민투표 이후에 실시된 여론조사에 따르면 (Colombo et al.[2016: Table 3.1]), 사회민주당 지지자들의 39퍼센트가 찬성을 표시해 전체적인 찬성 비율인 23.1퍼센트보다 훨씬 높았다고 한다.

77 이는 특히 사회민주주의 체제의 전범으로 간주되는 북유럽 나라들에서 분명히 나타나는 일이다. 덴마크에 대해서는 Christensen(2000: 311-314). 그리고 스웨덴에 대해서는 Anderson and Kangas(2005). 벨기에의 경우, 프랑스어를 사용하는 '사회당(Parti Socialiste)'의 2인자이며 발룬(Walloon) 지역의 주지사인 폴 마네트(Paul Magnette)가 한 인터뷰에서 "기본소득이 곧 우리 역사의 미래(dans le sens de l'histoire)"라고 언급한 바 있지만, 곧이어 당 의장이자 연방 수상을 역임한 엘리오 디 루포(Elio di Rupo)는 "기본소득이야말로 벨기에의 복지제도를 해체하려고 가져다놓은 트로이 목마"라고 경고했다(각각 다음을 보라. La Libre Belgique[June 7, 2016] 그리고 Le Soir[July 1, 2016]).

78 L'Espresso(October 15, 1989).

79 이 법의 1조는 다음과 같다. "국내에 거주하는 모든 브라질인들과 5년 이상 거주한 외국인들은 각자의 사회적 경제적 상태와 무관하게 매년 일정한 현금 수당을 받을 권리를 갖는다." 하지만 이 법은 또한 이 조치의 전체 규모는 "단계적으로 달성될 것이며, 행정부의 재량에 따를 것이며, 인구의 가장 빈곤한 부문에 우선권을 부여할 것이다"라고 밝힌다. 일정 기간 동안 이는 '보우사 파밀리아'와 같은 종류의 재산 조사 현금 이전에 해당하는 것이 될 것이다(제3장을 보라). 이 법의 의미와 중요성에 대한 더 많은 논의는 Suplicy(2006, 2011), Lavinas(2013).

80 예를 들어 프랑스 공산당 PCF는, 그 당원인 베르나르 프리오(Bernard Friot [2012])가 모든 노동자들과 모든 비자발적 실업자들에게 각자가 민주주의에 기여한 바를 네 등급으로 나누어 그에 맞도록 지급하는 '평생 임금(salaire a vie)'을 도입하자고 주장한 제안에 좀더 솔깃한 모습이다. Réseau Salariat(2014).

81 Koistinen and Perkiö(2014).

82 '퀘벡 연대'는 2012년과 2014년의 지방 선거에서의 공약으로 재산 조사에 기반을 두지만 아무 의무도 부과되지 않고 개인에게 지급되는 '최저소득 보장제도'를 내걸었다. 2014년 강령에 따르면(Québec Solidaire[2014: 10]), 다른 소득이 없는 개인에게 연간 1만 2600캐나다달러(퀘벡 1인당 GDP의 약 28퍼센트)의 이전소득을 지급할 것이라고 한다.

83 Economist(March 31, 2016). 또한 좀더 명시적인 논의로는 Varoufakis(2016)을 참고하라.

84 키핑이 15년간 펼쳐온 기본소득을 위한 싸움에 대해서는 Kipping(2016a)을, 그리고 그녀가 서울에서 열린 BIEN 16차 대회에서 행했던 핵심 연설은 Kipping(2016b)을 참고하라.

85 Sombart(1896/1905: 25).

86 Luxemburg(1918).

87 Nyerere(1968: 15).

88 Weitling(1845).

89 Marcuse(1967).

90 NRC Handelsblad(December 17, 1994). 위저스 장관은 (우파 자유주의 정당 VVD의) 재무장관 헤릿 잘름이 지지하고 나섰지만, '노동당' 출신의 장관들로부터는 반대에 부닥쳤다. '노동당' 출신의 수상인 빔 콕(Wim Kok)은 "이 아이디어가 장기적으로 어떤 가능성을 가지고 있는지에 대해 조심스런 연구가 필요하다"고 주장함으로써 충돌을 피했다. 하지만 그는 이를 주도적으로 다시 의제로 꺼내는 일은 전혀 하지 않았다.

91 Sunday Times(July 5, 2015). 벨기에에서는 플레미시어를 쓰는 자유주의 정당 '열린 플레미시자유민주당(open VLD, 2007년에 롤랑 뒤샤텔레의 기본소득 중심 정당인 '삶'을 흡수한

다)'과 프랑스어를 쓰는 자유주의 정당 '개혁운동(MR)' 모두가 열정적인 기본소득 지지자들을 성원으로 삼고 있다. 예를 들어 전자의 경우에는 젊은 의원 넬레 리넨(Nele Lijnen)이, 후자의 경우는 조르주-루이 부셰(Georges-Louis Bouchez)가 당원이다. 두 정당은 2015년과 2016년 기본소득에 대한 공공의 논쟁을 주도적으로 조직했다.

92 플레미시어 지역의 논쟁사에 대해서는 Koistinen and Perkiö(2014). 판란드의 기본소득 실험에 대해서는 Kalliomaa-Puha et al.(2016).

93 Kobayashi(2014). 이러한 (고전적 의미의) 자유주의 정치가들의 명단에 캐나다의 '보수당' 연방 상원의원(2005~2014)이자 캐나다에서 가장 소리 높여 기본소득을 지지하고 있는 휴 시걸(Hugh Segal)도 추가할 수 있을 것이다. 2008년 2월 그는 연방 상원에서 "보장연간소득의 실현가능성을 두고 꼼꼼한 연구를 요구하는" 동의안을 제출한 바 있다 (Mulvale and Vanderborght[2012: 185]). 시걸은 이렇게 말한다. "그러한 보장연간소득은 무상교육, 무상의료, 치안 서비스 등과 마찬가지로 (경제적 주류에 대한 공정한 접근이라는) 기회의 중요한 기둥이 될 것이다"(Segal 2012: 10).

94 de Basquiat and Koenig(2014).

95 Bachelot(2011).

96 Story(2015), Andrews(2015).

97 Murray(2006).

98 Murray(2016).

99 심지어 녹색의 관심사들이 정당 창설로 이어질 것이라는 많은 징후가 나타나기 이전에도 그러한 관심사들과 기본소득과의 연관성을 강조한 기본소득 초기 주창자들이 있었다. 한 예로 리오넬 소톨레뤼(Lionel Stoleru[1974a: 308])는 이렇게 말한다. "그러한 완화(자본주의의 여러 모순 중 일부를 해결하는 데 필요한 부자 나라에서의 경제성장 완화)를 어떻게 달성할 것인가를 묻는 가운데, 우리는 이 문제가 근본적으로 모든 시민에게 기본소득 보장을 시행하는 문제와 동일한 것임을 깨닫게 되었다." 그리고 영국에서 스티븐 쿡 (Steven Cook[1979: 6])은 이렇게 말했다. "에너지와 다른 자원들의 부족이 갈수록 절실해지고 또 '풍요'의 경험 속에서 물질적 소비보다는 인간적 충족이 더 크게 강조되는 지금, 우리가 세계 사회에 현실적 변화를 성공적으로 가져올 수 있으려면 사람들이 자발적으로 저소비의 생활방식을 책임있게 탐구해볼 수 있도록 장려할 필요가 있다."

100 Green Party(2015a: 54). 그것의 상세한 제안은 Green Party(2015b)를 보라. 성인들에게 주당 80파운드(약 월 450달러로서, 당시 영국 1인당 GDP의 12퍼센트)의 기본소득을 제안하고 있다.

101 Early day motion 974(January 19, 2016). 이 동의안은 스코틀랜드 의회의 35명 의원

들이 지지하였으며, 주로 '스코틀랜드 국민당(Scottish National Party)' 23명과 '노동당' 8명의 의원들이었다.

102 Scottish Green Party(2014).

103 2004년 강령에 대해서는 http://www.gp.org/platform/2004/economics. html#241660. 2014년 버전에 대해서는 http://www.gp.org/what-we-believe/ our-platform/17-platform/41-iv-economic-justice-and-sustainability.

104 예를 들어 메이가 온라인 플랫폼 '지도자들과 유산들(Leaders and Legacies)'에서 2015년 1월 12일에 행했던 인터뷰를 보라. "We Can't Eliminate Child Poverty if the Parents are Poor: Elizabeth May."

105 http://www.greenparty.ca/en/policy/vision-green/people/poverty. 또한 2015년 7월 '녹색당'이 내놓은 '생활 가능 보장소득(Guaranteed Livable Income)' 계획을 보라.(http://northumberlandview.ca/index.php?module=news&type=user&func=display&sid=35595). 또 다른 예로는 '뉴질랜드 녹색당(Green Party of New Zealand[2014: 2])'이 소득 지지 정책의 일환으로 "모든 뉴질랜드인에게 보편적 기본소득을 시행할 것을 검토하고자 한다"는 선언을 들 수 있다. 또 일본에서도 후쿠시마 원자력 발전소 사태의 여파로 2012년에 작은 녹색 정당이 창당되었고, 이 단체 역시 그 선거 강령에 기본소득을 담고 있다(Vanderborght and Sekine[2014: 29]).

106 만약 기본소득 지지 정당이 지역에 기반을 두고 있을 경우에는 최다득표자만 당선되는 시스템이 오히려 유리할 수도 있다. 이런 일은 실제로 벌어질 가능성이 없어 보이지만 캐나다에서 현실화된 적이 있었다. 1972년 총선거에서 라울 카우엣(Raoul Caouette)의 '사회 신용당(Social Credit Party)'은 많은 비용이 드는 보편적 보장소득 지급을 강령으로 포함하여 앨버타주에만 힘을 집중한 결과 상당히 괜찮은 결과를 얻었던 것이다(Leman[1980: 146]).

107 이것이 전국 수준에서 현실화된 경우는 핀란드(1995-2002, 2007-2015), 프랑스(1997-2002, 2012-2014), 독일(1998-2005), 벨기에(1999-2003), 아일랜드(2007-2011), 체코 공화국(2007-2009) 등이다.

108 Van Ojik(1982; 1983; 1985; 1989), 또 Van Ojik and Teulings(1990). '녹색 좌파' 이외에 그보다 훨씬 작은 녹색 정당인 '녹색당(De Groenen)'이 1983년 창당되었거니와, 이 당은 일관되게 기본소득을 주장하였지만 의회에 전혀 진출한 바가 없었고 1998년에는 전국 선거에 참여하는 것을 중지했다.

109 Offe(1985). 그리고 생태 자유지상주의자인 Thomas Schmid(1984)와 '녹색당'의 회 보좌관인 마이클 오필카(Michael Opielka)가 편집한 글모음을 보라(Opielka and

Vobruba[1986], Opielka and Ostner[1987]).

110 다음을 참조하라. www.stern.de/politik/deutschland/parteitag-gruene-gegen-grundeinkommen-fuer-alle-603477.

111 그중에는 제1차 슈뢰더 내각에서 보건부 장관을 역임(1998-2001)했다가 사임한 안드레아 피셔(Andrea Fischer), 독일 연방 의회의 의원이자 당의 사회정책 담당 대변인인 볼프강 슈트랭만-쿤(Wolfgang Strengmann-Kuhn), 2012년 유럽 의회의 의원으로서 '유럽 시민 기본소득(European Citizen's intitiative on basic Income)'의 출범을 주도했던 게랄트 해프너(Gerald Häfner) 등이 있었다.

112 '생태당(Ecolo)'의 1985년 강령에 대해서는 Lechat(2014)을 보라. '아갈레브(Agalev)'의 1985년 강령은 https://nl.wikipedia.org/wiki/Economisch_programma_van_Mechelen.

113 이 제안을 집필한 상원의원 장 데세사르(Jean Desessard)는 이와 비슷한 동의안을 2016년 2월 프랑스 상원에도 제출한 바 있다. 이는 프랑스 정부로 하여금 "무조건적 기본소득의 시행을 지향하는 데 필수적인 단계들을 밟아나가도록" 요구했다. 상원의 녹색당 소속 의원 10인 모두가 이 동의를 지지하였고, 중도우파 정당인 '공화당(Les Républicains)'에서도 한 명의 의원이 지지를 표했다. 200명의 상원의원들은 반대표를 던졌다(French Senate[scrutin 227, May 19, 2016]).

114 Osmo Soininvaara(2015년 8월 4일에 주고받은 편지). 이 제안은 연소득 5만 유로 이하의 사람들에게는 41퍼센트의 단일세율, 그 이상의 소득자들에게는 49퍼센트의 단일세율을 제안하고 있다. 이는 핀란드 의회에서 제공한 모델로 행한 소규모 시뮬레이션에 기초하여 마련되었다.

115 이 제안에 대해서는 http://www.gruene.ch/gruene/de/kampagnen/abstimmungen/grundeinkommen-.html. 또 국민투표 이후에 행해진 여론조사에 대해서는 Colombo et al.(2016: table 3.1) 참조. 의회에서 벌어진 투표에 대해서는 https://www.parlament.ch/de/ratsbetrieb/amtliches-bulletin/amtliches-bulletin-die-verhandlungen?SubjectId=36389. 국민 평의회에서 벌어졌던 최종 투표에서는 4명의 녹색당 의원이 찬성했고, 5명이 반대했으며, 세 명은 기권했다.

116 유럽 각국에서의 상황 전개에 더하여, 유럽 의회 차원에서도 네덜란드의 알렉산더 드로(Alexander de Roo), 이탈리아의 세프 쿠스타체르(Sepp Kusstatscher), 프랑스의 파스칼 캉팽(Pascal Canfin), 영국의 진 램버트(Jean Lambert), 스웨덴의 칼 쉴리터(Carl Schlyter) 등의 녹색당 의원들이 기본소득의 아이디어를 적극적으로 추진했다. 2013년, 기본소득을 찬성하는 '유럽 시민 행동(Europe Citizen's Inititative)'이 만들어졌을 때 거

기에 서명한 이들을 보면 녹색당 출신의 유럽 의회 의원들이 평균 이상으로 많이 참여했다.

117 기본소득과 건전한 정신의 경제와의 관계에 대해서(제1장) 그리고 경제성장과의 관계에 대해서(제5장) 우리가 주장했던 내용을 참조하라. 기본소득과 녹색운동의 교의와의 관계에 대한 더 많은 논의는 다음을 보라. Fitzpatrick(1999a/2013), Van Parijs(1987a/2013; 2009).

118 몇 나라에서는 좌파 내에서 더욱 자유지상주의를 신봉하는 세력 일부가 최근에 해적당으로 끌리는 일이 벌어졌다. 최초의 해적당은 2006년 스웨덴에서 창당되었다. 이들의 운동은 주로 지적 소유권에 대한 싸움에 초점을 두고 있지만, 그 이후로 여러 시민적 자유, 정부 투명성 등으로 쟁점을 넓혔고 또한 무조건적 기본소득으로도 나아갈 때가 많다. 한 예로 '독일 해적당(Piratenpartei Deutschlandz)'이 2013년 총선거에서 내놓은 선언문에 보면 기본소득이 두드러진 위치를 점하고 있다. 2015년에는 아이슬랜드의 '해적당(Píratar)'이 자국 내에서의 기본소득의 실현가능성을 탐구하기 위한 작업 집단을 설립하자는 동의안을 정부에 제출하였다(http://www.althingi.is/altext/145/s/0454.html). 그리고 스위스의 '해적당Piratenpartei)' 또한 2016년의 기본소득 국민투표에서 찬성표를 요구했던 유일한 스위스 정당이었다.

119 Boutin(2003).

120 Ireland(2002).

121 힐리와 레이놀즈의 여러 저작을 보라. Reynolds and Healy eds.(1995), Healy and Reynolds(2000), Healy et al.(2013). 2008년 '아일랜드 종교회의 정의 위원회'는 기본소득지구네트워크의 12차 총회를 개최한다.

122 Büchele and Wohlgennant(1985). 1996년 '가톨릭 사회 아카데미'는 기본소득지구네트워크의 6차 총회를 개최하며, '기본소득오스트리아네트워크(Netzwerk Grundeinkommen und sozialer Zusammenhalt)'가 2002년 10월 창립된 이후 그 사무실을 제공해왔다.

123 존 빅스트룀은 1998년 런던의 '핀란드 연구소(Finnish Institute)'에서 행한 연설에서 이렇게 말한다. 기본소득만 있다면 "조금만 일하는 것도 가능할 뿐만 아니라 합리적인 일이 될 것입니다. 그러한 시스템은 사람들을 게으름으로 내몰지도 않을 것이며, 시민들을 오늘날처럼 가혹하게 승리자와 패배자로 갈라놓지도 않을 것입니다. 나는 이 문제를 인간 존엄의 관점에서 보고자 합니다. 오늘날 시행되고 있는 수당 시스템은 사람에게 심각한 모욕을 줄 때가 있지만, 만인에게 지급되는 기본소득은 그 정도가 훨씬 덜할 것입니다." (*Basic Income* 29, newsletter of the Basic Income European Network,

Spring 1998).

124 '루터교회 세계 연맹 평의회(Council of the Lutheran World Federation)'는 2007년 3월 스웨덴 룬드(Lund)에서 열린 회의에서 "회원 교회들이 각자의 맥락에서 빈곤 문제와 대면하고자 하는 주도적 노력에 지지를 표하며, 특히 나미비아공화국의 복음주의 루터 교회(Evangelical Lutheran Church)가 나미비아에서 기본소득을 확립하고자 하는 동맹을 형성하는 작업을 인정"한다고 결의했다. Haarmann and Haarmann(2005; 2007; 2012).

125 데즈먼드 투투 주교는 2006년 케이프타운에서 열린 기본소득지구네트워크 총회에 보낸 메시지에서 이렇게 선언했다. "모든 사람들의 존엄과 안녕과 포용을 증진시키고 또 우리를 사회적 공평이라는 우리의 비전에 더욱 가깝게 가도록 설계된 기본소득 운동과 같은 캠페인이 얼마나 중요하고 큰 도움이 되는지 친구들 여러분께 다시 상기시킬 필요는 없을 것입니다." 이 메시지는 '데즈먼드 투투 평화 재단(Desmond Tutu Peace Foundation)'에서 구할 수 있다. https://www.youtube.com/watch?v=oISeAG7nmg8.)

126 "어리석은 근시안적 사고만 벗어던진다면, 모든 미국인 가정에게 연간 최저의 생활 가능한 소득을 보장하는 일이 불가능하지 않습니다. (…) 기존 질서는 이를 원하지 않을 것이니, 우리의 멍든 손을 들어 그 질서를 다시 세워서 마침내 그것을 형제애로 가득한 것으로 바꾸어야만 합니다. 우리를 막을 것은 아무것도 없습니다"(King[1967: 189]). 또한 같은 시대에 감리교회 목사 필립 워거먼(Philip Wogaman[1968: 79])이 기본소득에 대해 내놓은 책 분량의 논의를 보라. "안정된 경제적 발판으로서의 보장소득은 사람들로 하여금 자신들의 자유의지로 하나님께서 원하신 모습으로 변해갈 수 있도록 할 것이다. 이러한 자유를 남용 또는 오용할 이들이 많을 것임은 틀림없는 사실이지만, 이는 애초에 하나님께서 인간을 창조하실 때 이미 스스로 감수하신 위험일 뿐이다."

127 누가복음 12장 24-28절. 또 이와 관련된 성경 구절은 마가복음 2장 23-26절로, 여기에서 예수는 자신의 제자들이 안식일에 밭에서 곡물을 주워 먹을 것을 마련하는 것을 옹호하고 있다. 샤를 푸리에(Charles Fourier[1829: 431])는 이 성경 구절을 인용하여 최저소득에 대한 권리를 정당화하고 있다. "예수께서는 이 말씀을 통하여 누구나 필요한 것을 발견하는 곳에서 취할 권리를 신성시하고 있다. 그리고 이러한 권리에는 필연적으로 국민에게 최소한의 생계수단을 확보해주어야 할 의무가 따르게 된다. 이러한 의무가 인정되지 않는다면, 사회계약이란 있을 수 없다."

128 2000년 브뤼셀의 한 노동 재판소는, 공공부조 수령자가 적극적으로 일자리를 찾아야 할 법적 의무를 논박하면서 무조건적 기본소득에 대한 권리를 요구하는 한 복지 수

급자의 주장을 기각할 때 명시적으로 이 창세기의 명제를 인용하였다(Dumont[2012: 413]).

129 여기에 인용된 바울의 말에 나오는 '권리'라는 말의 그리스어 원어는 ἐξουσία로서, 이는 보통 권리(right), 권력(power), 권능(authority) 등으로 번역된다. 이 중 어떤 말로 번역한다고 해도 그 번역어가 현대어로서 갖는 의미와 2000년 전 사도 바울이 그리스어로 함축한 의미가 똑같을 리 없다는 것은 분명하다. 그 말의 의미가 근대적 용법의 '권리'라는 것에 가까워질수록 이 구절은 아무 의무도 부과되지 않는 소득(제1장에서 설명한 의미)에 대한 권리라는 말과 더욱더 일치하게 된다. 물론 일정한 노동의 윤리와 결합되어 있기는 하지만 말이다.

130 『나봇 이야기』에 나오는 해당 구절을 전부 인용해보겠다(Ambrose[1927]): "하나님께서 삶의 수단을 우리에게 똑같이 나눠주시지 않는다면 실로 부당한 일이 아니겠는가? 그래서 어떤 이는 부족하고 배가 고프며 어떤 이는 풍족하고 배가 부르다면 이것이 합당한 일인가? 베푼 이는 친절의 증거로 왕관을 수여받고 다른 이들은 참을성의 미덕으로 왕관을 수여받아야 하는가? 너의 재산은 하나님으로부터 받은 것인데, 그것을 순전히 너의 목적으로 사용하고 또 수많은 이들을 먹일 수 있는 것을 혼자서 차지하고도 과연 정당하게 행동했다고 스스로 여길 수 있을 것인가? 수많은 사람들이 먹어야 할 식량을 자기가 먹지도 않으면서 향락과 풍요를 위해서 차지하는 것보다 더 탐욕스럽고 욕심 많은 짓이 또 있을까? 너는 잘살고 있어서 얼마든지 가난한 사람을 도울 수 있는데도 만약 그렇게 하기를 거부한다면 이는 남의 재산을 빼앗는 것과 똑같은 범죄다. 너는 그 배고픈 이의 빵을 빼앗아 감추고 있는 것이며, 그 헐벗은 사람의 외투를 빼앗아 두르고 있는 것이며, 네가 땅에 묻어둔 돈은 그 가난한 사람을 볼모로 잡아 자유를 빼앗은 몸값이다"(Dist. xlvii, can. Sicut ii).

131 Gratianus(1140/1990).

132 "따라서 어떤 사람들이 남아돌도록 가지고 있는 것이 있다면 무엇이든 다 자연법에 의하여 가난한 이들을 구조하는 목적에 쓰여야 한다.(…) [만약] 아주 명백하고 급박한 필요가 있다면, 손에 넣을 수 있는 어떤 수단이든 사용하여 당장의 필요를 충족해야만 한다는 것이 명백하며(예를 들어 어떤 사람이 어떤 위험에 임박해 있고 다른 어떤 방도도 없다면), 그렇다면 어떤 사람이 공공연하게든 몰래든 다른 사람의 재산을 수단으로 삼아 스스로의 필요를 충족하는 것 또한 합법이다. 이는 엄밀하게 말해서 절도나 강도 행위가 아니다."(Summa Theologiae, Part II.2, Question 66, Art. 7: 절박하게 필요한 경우 도둑질을 하는 것은 합법인가?)

133 De Wispelaere(2016: 2-3)는 '돈 안 드는 지지'라는 것을 "지속가능한 지지 동맹을 구

축하는 데 필요한 정치적 행동을 책임 있게 약속하지도 않고 또 그럴 역량도 없으면서 지지를 표명하는 것"이라고 묘사한다.

134 McGovern(1974: 137).

135 Shirky(2008).

136 Claus Offe(1992; 1996a; 1996b)와 Fritz Scharpf(1993; 1994; 1995; 2000)는 두드러진 예외다.

137 예를 들자면 사업가 괴츠 베르너(Götz Werner[2007, 2010])가 쓴 베스트셀러들, 좌파 정당에 가까운 이들이 집필한 논문집이나 모노그래프들(Blaschke, Otto, and Schepers[2010; 2012]), 녹색주의자들의 저작들(Jacobi and Strengmann‑ Kuhn[2012]), 프랑스의 아탁(ATTAC) 운동가들의 저작들(Rätz et al.[2005], Rätz and Krampertz[2011]), 기독교 민주당 인사들의 저작들(Althaus and Binkert eds.[2010]), 가톨릭교회 인사들의 저작들(Schulte‑ Basta[2010])이 있다. 또한 광범위한 글모음으로는 Füllsack[2006], Hosang[2008], Franzmann[2010]을 보라. 큰 분량의 참고문헌 목록은 www.grundeinkommen.de/die‑idee/literatur.

138 2008년의 이 영화와 다른 동영상들은 다음에서 내려받을 수 있다. http://grundeinkommen.tv/grundeinkommen‑ein‑kulturimpuls.

139 비재생 에너지에 과세하여 무조건적 기본소득의 재원으로 삼자는 또 하나의 국민 발의가 2010년 5월에 시작되었지만 필요한 수의 서명을 얻지 못하여 실패했다. 2012년 발의를 시작한 이들은 처음에는 부가가치세를 기본소득의 재원으로 삼자고 구체적으로 적시하려고 했지만, 지지가 줄어들지 않게 하기 위하여 곧 그 생각을 버렸다. 다음을 보라. http://de.wikipedia.org/wiki/Initiative_Grundeinkommen.

140 Häni and Kovce(2015: 168) 그리고 Müller and Staub(2016: 56‑65).

141 연방 평의회가 내놓은 공식 발표는 다음을 보라.
www.news.admin.ch/dokumentation/00002/00015/index.html?lang=fr&msg-id=5420. 이 국민 발의를 놓고서 의회에서 벌어진 모든 표결의 결과는 https://www.parlament.ch/de/ratsbetrieb/amtliches‑bulletin/amtliches-bulletin-die-verhandlungen?SubjectId=36389. 스위스 정치의 미묘한 사항들 일부에 대해 우리에게 도움을 준 데 대하여 니나드 스토야노비치(Nenad Stojanovic)에게 깊이 감사드린다.

142 하지만 수집된 서명은 28만5000개를 넘었으며, 여섯 나라(불가리아, 슬로베니아, 크로아티아, 벨기에, 에스토니아, 네덜란드)에서 서명인 숫자의 하한선을 넘겼다. 이렇게 기본소득을 위한 유럽 시민 발의가 유럽 전체에서 모은 서명의 숫자는 30만 명에도 미치지 못했지만, 만약 스위스에서 기본소득을 놓고 벌어졌던 국민 발의에 수집된 서명의 숫

자와 스위스 국민들의 비율만큼 유럽 전체에서 서명을 모을 수 있었다면 그 숫자는 100만 명을 훨씬 넘었을 것이다. 이렇게 큰 격차가 존재하는 이유는 쉽게 설명할 수 있다. 첫째, 스위스 사람들은 모든 수준의 정부에서 오랜 세월 동안 운영되어온 이 국민 발의 제도에 익숙해 있는 상태였지만, 직접 민주주의가 전혀 알려져 있지 않은 유럽연합 회원국들에서 이것이 전혀 그렇지 못한 혁신적 제도였던 것이다. 둘째, 유럽 시민 발의의 경우 더 짧은 시간 안에(스위스의 18개월에 비해 불과 12개월 만에) 서명을 모아야 했고, 등록 시스템과 관련해서도 초창기에 따라오는 여러 문제들이 있었다. 셋째, 이는 유럽연합 집행 위원회의 입법 권한이라는 한계를 지켜야 했으므로, 스위스의 경우보다 제안의 문구 또한 훨씬 약할 수밖에 없었고 그래서 사람들의 관심과 논쟁을 일으키는 힘도 훨씬 약했다. 넷째, 발의에 성공해도 시작할 수 있는 일이 스위스의 경우보다 훨씬 못했다. 유럽연합의 기본법에 대해 구속력 있는 충격을 줄 수 있는 것도 아니었고, 그저 유럽연합 집행 위원회와 당시 유럽 의회의 일정한 위원회가 각국에 서한을 보내는 정도에 불과했다. 마지막으로, 스위스의 경우와는 달리 유럽연합에서는 공식적 언어가 21개나 되었기 때문에 언어 장벽이 효과적인 캠페인에 큰 장애가 되었다.

143 '무조건적 기본소득 유럽'이 목표로 내건 것들은 그 웹사이트에서 확인할 수 있다. http://basic income-europe.org.

144 Frank(2014).

145 Frank(2014).

146 Atkinson(1993b; 1996a: 68).

147 Atkinson(2015: 219).

148 Atkinson(2015: 221).

149 Atkinson(1996b: 67; 1996c: 94).

150 Atkinson(1998: 149).

151 가장 최근에 내놓은 정식화에서, 앳킨슨은 두 번째 합리화의 논리를 추가하고 있다. 참여라는 조건은 "'호혜성(eciprocity)'에 대한 긍정적인 메시지를 담고 있다"는 것이다. 그 메시지는 단지 "정치적 지지를 몰아올 가능성이 큰" 것만이 아니다. 이는 또한 "내적인 정당화의 논리를 담고 있다"는 것이다(Atkinson[2015: 221]). 우리는 이 책 제5장에서 이 내적 정당화의 이슈를 다루었다.

152 De Wispelaere and Stirton(2007), Atkinson(2015: 220-221). 그들의 나중 저작에서 De Wispelaere and Stirton(2011; 2012)은 순수한 기본소득이 만약 모든 기존의 이전소득을 대체하지 못할 경우에는 그것의 상대적인 단순성이라는 장점을 너무 강조해서는 안 된다고 올바르게 지적하고 있다. 이들은 또한 기본소득이 모든 수급자격자들을

등록하고, 그들에게 지급을 행하고, 실수들을 바로잡을 수 있는 신뢰할 만한 방안을 가지고 있어야만 한다고 지적하고 있다. 이는 모두 사실이지만, 참여소득을 만족시켜야 한다는 도전은 그 크기가 전혀 다른 문제다.

153 노동운동 지도자인 앤디 스턴 또한 그렇게 "사회에 진정 도움이 되는" 여러 활동들에 사람들이 지원하고 일하도록 요구하는 '참여소득(participatory income)'을 잠시 고려한다(Stern[2016: 196‐197]). 하지만 그 다음에는 다음과 같은 사실을 상기해낸다. "무조건적 기본소득은 단순하고 순수하여 어떤 요구에도 속박되지 말아야 한다. 무조건적 기본소득을 그렇게 좁디 책임으로 속박된 시민들의 플랫폼으로 변질시켜버린다면, 그것이 너무 복잡하게 여러 층으로 나뉘어서 성공하기 어렵게 될 것이다. 우리 미국인들이 어떤 활동을 가치있는 것으로 보고 또 가치있는 것으로 행동하는지에 대해 끊임없는 논쟁에 휘말리게 될 것이다. 그런 문제는 그냥 사람들에게 마음대로 돈을 쓰게 하여 결정되도록 하는 편이 좀더 효율적이고 자유 선택에 기초한 메커니즘이 되지 않겠는가?"(Stern[2016: 197]).

154 1998년 뉴 헤이븐(New Haven)에서 있었던 제임스 토빈과의 대화를 보라. "하지만 제아무리 경제적 논리와 사회적 논리로 보아 탄탄한 것이라고 해도, 이렇게 모두에게 큰 돈을 무조건적으로 나누어준다는 것은 정치적으로 볼 때 무언가 어려운 점이 있다고 한다. (…) 보편적인 보장소득 시스템에 대한 필요는 그 어느 때보다도 절실하다. 하지만 어느 정도는 청교도적인 걱정과 염려를 해소해줄 수 있는 방식으로 설계할 수 있다는 것이다. 이는 사회 전반에서 문화적으로 용납되는 데도 좋을 뿐만 아니라 그를 통해 정치적 실현가능성도 높일 수 있다고 한다. 또한 이는 그 '기여'라는 조건이 충분히 넓은 의미로 해석되기만 한다면 그 자체로 좋은 것이라고 볼 수 있다고 한다(토빈은 이 점에 있어서 어느 정도의 애매성이 있다고 고백했다). 노동 능력이 있는 성인들이 일을 하지 않는다고 해서 모조리 수급권에서 배제할 것이 아니라, 그 수급자들 스스로가 자신의 최소한의 시간을 사회적으로 유용한 활동(자기 아이들을 돌보는 것과 교회에 자원봉사자로 나가는 것도 유급 노동과 똑같이 간주된다)에 바치겠다고 선언하는 것을 조건으로 부여하는 쪽이 낫다고 한다. 복지만 타먹으며 빈둥거리는 자들이 폭증하지 않을까라는 공포를 달래고 또 새로운 야심적 프로젝트를 다시 가동시키기 위해서는 이런 수정만으로는 부족할 수 있다. 하지만 그것을 다음 세대가 할 일이라는 것이다"(Van Parijs[1998: 7]).

155 영국에서 이러한 제안의 변형된 형태가 나온 적이 있다(Painter and Young[2015: 20]). 이들은 모든 성인들에게 무조건적 기본소득을 주는 것을 옹호하지만, 18~25세의 사람들은 그 지역 공동체와 공개적인 '기여 계약'을 맺어야 한다는 내용이었다. 기본소

득을 청년들에게만 주자는 생각(제6장에서 짧게 다루었다)과는 크게 대조되는 제안으로, 이러한 온건한 형태의 가부장적 온정주의는 제1장에서 암시한 바 있는 '사람들의 공포'를 달래는 데 큰 도움이 될 것이다. 그 공포란 적은 액수라도 무조건적 소득이 생기면 많은 젊은이들은 근시안적인 방식으로 자기들의 삶을 즐기는 쪽을 선택할 것이며, 여럿이 함께 집을 세내어 살면서 숙련이나 기술습득에는 별로 도움이 되지 않는 일을 비공식 영역에서 대충 함으로써 소득을 보충하는 식으로 살아갈 것이라는 두려움이다. 그러다가 나중에 가서야 가족을 이루려면 자신들의 소득 창출 능력을 개선하기 위해 더 많은 노력을 했어야 했다는 후회에 빠지게 될 것이라는 것이다.

156 앤디 스턴 또한 동의할 것이다(Stern[2016: 202-203]). "워싱턴에서 무언가 큰 변화들을 이루어보겠다는 마음으로 25년을 겪으면서 내가 느낀 바가 있다. 대부분의 정치가들은 자기들 스스로가 제일 좋아하는 제안이 지지를 받지 못하면 그 차선책으로 아무것도 하지 않는 것을 선택한다. 이는 정치적인 막다른 골목을 만들어내는 비법이나 마찬가지다. 이러한 막다른 골목을 피해가는 해법은 단 하나뿐이니, 기꺼이 타협하는 것이다." 하지만 그는 또 이렇게 경고한다. "한 걸음씩 점진적으로 나아가자는 접근법은 사람들을 달래거나 눌러앉히기보다는 더 많은 걱정과 저항만 불러일으키고 끝날 수 있다." 따라서 그는 이렇게 조언한다. "일단 보편적 기본소득에 대한 기본 원칙들과 틀 그리고 특히 지불액수와 수급자들의 범주에 대해 분명하게 폭넓은 합의를 이룬 다음에는, 정말 필요하다고 보인다면 단계별로 점진적으로 접근하는 것이 앞으로 전진하는 최상의 방법인 듯하다."

157 Vanderborght(2004a; 2004b). 기본소득의 제안을 뒷문이 아니라 앞문을 박차고 들여오려고 한다면, 기존에 시행되고 있는 조세 및 복지 시스템들의 근저를 이루는 기본 원칙들과 충돌한다는 근거로 강력한 저항에 부닥칠 가능성이 크다. 예를 들어 '영국 국내 세수 위원회(British Board of Inland Revenue)'의 의장은 여러 사회 수당과 세금 수당을 하나로 통합하자는 줄리엘 리스-윌리엄스 여사의 제안(Rhys-Williams[1943])을 검토한 뒤 그것이 전혀 다른 원칙들을 체현하고 있는 다른 시스템들을 뒤섞어놓은 것이라는 이유로 거부한다. "소득세는 세금 부담 능력이라는 개념에 기초하고 있으며 (…) 반면 사회보장은 시민들이 실업, 질병, 노령 등의 결과로 물질적 결핍을 겪지 않도록 설계된 것이다"(Sloman[2016: 209]). 마찬가지로, '프랑스 미래 전략국' 또한 무조건적 기본소득 제안을 다음과 같은 이유에서 거부하고 있다(France Stratégie[2014c: 24]). 즉 기본소득이 "우리의 사회 모델과 그 기반(즉 여러 리스크의 보호와 상호화)의 효율성과 정당성 모두를" 잠식할 것이기 때문이라는 것이었다.

158 이러한 기본소득의 보편성이 정치적으로 큰 장애가 될 것이라는 점은 이미 피구(A. C.

Pigou)가 당시 보편적 연금과 보편적 '출산 및 보육 재산(endowment of motherhood)'을 지지하는 이들이 주장하고 있었던 것을 일반화하여 보편적 기본소득을 제도화할 가능성과 관련하여 주목했던 것이다(Pigou[1920/1932: section IV.X.8]). "어떤 경우에서든, 사람들 개개인의 빈곤을 따지지 않고 넓은 범주의 개인들에게 교부금을 보편화하자는 주장은 정치가들 사이에서는 큰 혐오의 대상이다. 직접 수급자의 빈곤 상태에 기초하여 소득 이전액을 차등화할 필요가 없다고 할 만큼 극단적으로 밀고나가는 것은 현실적으로 가능한 일이 아니다."

159 예를 들어 Korpi and Palme(1998)가 주장한 바 있고 또 알래스카의 배당금 제도(제4장을 보라)가 구체적인 예가 될 수 있을 것이다. 복지와 수당이 보편성을 가지게 되면 후한 수준으로 지급되어도 이를 깎기 쉽지 않고 깎아도 곧 본래의 액수를 회복하는 경향이 있다는 관점에 대한 논의는 Van Lancker and Van Mechelen(2015)을 보라.

160 예를 들어 1998년에서 2014년 사이의 여섯 개의 유럽 복지국가들이 보여주었던 추세에 대해서는 Schroeder et al.(2015)을 보라.

161 예를 들어 Werdemann(2014), De Wispelaere(2016)에서처럼 자주 지적되는 바이지만, 기본소득은 여러 다른 정당에 걸쳐서 지지자들을 가지고 있으며, 그들 모두가 똑같은 버전의 기본소득을 최우선의 과제로 두고 있는 것은 아니다. 이러한 다양성이 있다고 해서 여러 정당 사이에 연합을 맺어 어느 정도의 진전을 보는 것이 꼭 불가능한 것은 아니다. 하지만 이는 그러한 연합 참여 정당들 사이에 일정한 의심을 낳을 수밖에 없을 것이다.

제 8 장

지구화 시대에 가능할 것인가?

다양한 공간적 범위에서의 기본소득

모두를 위한 실질적 자유라는 개념은
곧 무조건적 기본소득이 지속가능한 최대의 액수로
세계적 수준에서 도입되어야 함을 의미한다.

지금까지 우리는 기본소득을 도입하는 합리적인 규모를 하나의 주권 국가로 상정하는 것을 당연시했다. 19세기 중반 조제프 샤를리에 이후 기본소득을 주장하는 대부분의 사람들이 스스로 주권국가를 단위로 채택했다. 실제로 기본소득을 지칭하는 데 일반적으로 쓰이는 표현들 중에는 하나의 국민국가 공동체와 내적인 연관을 시사하고 있는 것들이 있다(국가 상여금, 국민 배당금, 시민 임금, 시민 소득 등).

　게다가 우리는 지금까지 기본소득의 정치적·경제적 실현가능성도 순전히 한 국가 내의 틀에서 논의하는 것을 당연시해왔다. 하지만 이른바 '지구화'로 인하여 이 문제들을 다른 시각에서 보지 않을 수 없게 됐다. 그러지 않으면 우려스럽게도 지금까지 논의한 기본소득의 바람직성과 실현가능성 모두에 치명적 타격을 입게 될 수도 있다.

도둑들 사이에서의 정의

우선 바람직성의 문제를 따져보자. 우리는 제5장에서 사회정의를 실질적 자유의 공정한 분배라고 이해한다면 무조건적 기본소득의 도입이 필연적이라고 주장했다. 하지만 어떤 특정한 사회를 고립시켜 떼어놓고서 사회정의를 생각하는 게 가능한 일일까? 우리가 제시하는 사회정의의 개념을 채택할 것인가와 무관하게, 자원의 공정한 분배가 이루어져야 할 적정한 공동체의 단위는 인류 전체가 아닐까? 우리처럼 자유주의적-평등주의적 사회정의의 개념을 신봉하는 이들은 1990년대 이래로 이 문제를 강도 높게 논의해왔다. 존 롤스를 포함한 일부 논자들은 평등주의적 정의의 요구란 오로지 '민족', 즉 국민국가 내부에서만 적용되는 것이며, 반면 국제적 정의는 공정한 협력과 상호 부조라는 훨씬 미약한 원칙들을 특징으로 한다고 생각했다.[1]

하지만 지구화의 과정으로 전 세계적인 상호의존과 상호소통이 심화되고 있으므로 평등주의적 정의의 개념이 갈수록 한 나라의 국경선에서 멈출 수 없게 되었다고 생각하는 이들도 있다. 또한 이것이 우리의 관점이기도 하다. 평등주의적 사회정의의 개념은 지구적 규모에서 적용되어야 한다.[2]

만약 그렇다면, 모두를 위한 실질적 자유라는 개념은 곧 무조건적 기본소득이 지속가능한 최대의 액수로 세계적 수준에서 도입되어야 한다. 이러한 기본소득은 지구적 규모에서 재원을 조달할 것이며, 오늘날 지구 전체에 걸쳐 지독히 불평등하게 향유되고 있는 여러 선물들과 기회들을 만인에게 좀더 공정하게 분배하는 것이 될 것이다. 여러 연구를 통해 반복적으로 확인되었듯이, 전 세계적으로 개인들 사이의 불평등을 결정하는 가장 강력한 요소는 어느 나라에서 태어나느냐 그래서 그곳의 시민권과 결부된 각종 자격권을 얻어내느냐에 달려 있다.[3] 그렇다면 부자 나라들에서 기본소득을 도입하자는 제안은 어떻게 이해해야 할까? 이 책의 대부분의 내용은 바로 그러한 주장을 담고 있지 않은가? 힐렐 슈타이너(Hillel Steiner)가 말했듯이, 그런 제안이라는 것은 결국 '도둑들 사이에서의 정의'에 해당하는 것이 아닐까?[4] 솔직하게 대답한다면 그 말이 맞다. 하지만 그렇다고 해서 그러한 제안들을 논의하는 것이 무의미하다거나 그것들의 옹호가 정당성이 없다거나 한 것은 아니다.

그 이유는 이렇다. 첫째, 더 넓은 바깥세상이 불의로 가득 차 있다는 것을 구실 삼아 우리 스스로의 결사체와 지역 공동체 내에서 더 많은 정의를 추구할 필요가 없다고 주장하는 것은 이치에 맞지 않기 때문이다. 둘째, 지구적 규모에서 정의를 달성하기 위해 우리에게 필요한 것은 여러 제도이지 개인의 재량에 따라 자의적으로 이루어지는 구호 같은 것이 아니기 때문이다. 따라서 우리가 물어야 할 질문은 국내에서 이전되는 돈을 일부 떼어내서 가난한 나라의 가난한 사람들에게 지불한다면 지구적 정의에 더 큰 기여가 될 수 있을까 하는 것이 아니다. 정작 던져야 할 질문은, 부자 나라에서든 가난한 나라에서든 전 세계적으로 정의로운 질서를 구축하는 데 도움이 될 제대로 된 제도들을 정치적으로 실현가능한 수준에서 어떻게 구현할 것인가다. 셋째, 일국 차원에서의 기본소득 제도를 논의한다고 해서 그런 제도가 초국적 수준에서도 바람직하고 지속가능한가에 대해 생각하지 못할 이유가 없기 때문이다. 이는 곧 논의하게 될 것이지만, 우리는 지구화로 인해 사회정의에 있어서도 지구적 개념을 채택해야 한다고 믿는다. 하지만 방금 말한 세 가지 이유 때문에, 일국적 차원에서 기본소득을 도입하여 그 해당국 주민들부터 좀더 공정하게 실질적 자유를 분배하는 일이 윤리적으로 성립하지 못하는 것은 전혀 아니다.

여기까지는 좋다고 치자. 하지만 지구화 때문에 국가적 차원에서 경제적으로 기본소득을 도입하지 못하게 되는 것은 아닌가? 한 나라에서 무조건적 기본소득을 도입한다는 논의는 시대적으로 볼 때

1920년대 영국에서의 논쟁, 1960년대 말 미국에서의 논쟁, 심지어 1980년대에 시작된 유럽에서의 논쟁에서도 얼마든지 현실성 있는 이야기였다. 하지만 정보, 자본, 재화, 인간이 모두 미증유의 수준으로 국경을 넘나들고 있는 21세기에 이게 과연 어느 정도나 현실성이 있을까? 이러한 새로운 맥락에서 보자면, 일국적 수준에서의 기본소득의 전망 또한 근본적으로 바뀌게 되는 것은 아닐까? 그리고 사실상 완전히 무너져버린 것은 아닐까?[5]

바닥으로의 경쟁

지구화가 무조건적 기본소득의 경제적 지속가능성을 위협하는 것은 왜일까? 그것은 두 가지 메커니즘 때문이다. 첫째는 기본소득의 잠재적 수혜자들을 특정 지역으로 끌어당기는 문제와 관련이 있으며, 둘째는 기본소득의 잠재적 기여자들을 특정 지역에서 밀어내는 것과 관련되어 있다. 보험 원리에 의해 주로 운영되는 복지제도는 어느 쪽 메커니즘도 큰 위협이 되지 않지만, 무조건적 기본소득의 경우에는 둘 다 크게 영향을 미친다.

순수한 사회보험, 즉 각자의 납부금에 기초한 기여제(contributory system)는 진정한 의미의 사전적(ex ante) 재분배를 포함하고 있지 않다. 각자가 소득의 일부에서 납부한 금액이 그대로 소득 연계 노령연금, 비자발적 실업의 보험금, 다른 형태의 리스크 보상과 연동된다. 하지만 전통적인 복지제도는 사전적인 재분배의 여러 측면을 포함하고 있다. 특히 아동수당, 노령연금, 질병수당, 비례적 혹은 누진적 기여금을 재원으로 삼는 실업수당 등은 각자가 낸 납부금과 보험통계표상 일치하는 것이 아니다. 이런 것들은 모두에게 일정한 수준으로 고정되어 있거나, 일정 액수 이하로 떨어지지 않게 되어 있거나, 일정한 상한선을 넘지 않게끔 되어 있다. 이런 의미의 사전적 혹은 진정한 재분배, 즉 모든 보험제도에 내재하는 사후적(ex post) 재분배로 환원될 수 없는 재분배는 결코 경제적 활동 능력이 없는 이들에게 지급되는 급여에만 국한되지 않는다.[6] 또한 사전적 재분배는 일자리가 있는 노동자들에게도 임금 보조금이나 저임금 노동자들을 위한 근로소득 세액공제 등과 같은 형태로 이루어지고 있다. 하지만 이것이 복지제도에서 가장 명확한 모습으로 나타나는 것은 (무조건적이든 아니든 상관없이) 보편적인 최저소득 보장제도다.

지구화가 전 세계적 수준으로든 유럽연합처럼 지역적 수준으로든 국제적 이주를 촉진하고 있다면, 액수나 조건이 좀더 후한 수당 시스템을 갖추고 있는 나라들은 '복지 자석(welfare magnets)'으로 운영될 것이다. 게다가 그 나라의 복지가 꼭 사람들이 조국을 떠나 타국으로 이주하고 싶을 정도로 후한 수준은 아니라고 해도 이런 메커니즘이 작동할 수 있다. 또한 어느 정도의 차이만으로도 이미 이주를 고려하고 있는 이들이 목적지를 어디로 결정할지에 영향을 줄 수 있다.[7] 이렇게 되면 일자리가 있는 사람들에게 주어지는 현금 이전 수당이든, 보조금이 주어지는 건강보험이든, 보조금이 주어지는 교육 제도든, 상당한 실제적 재분배를 포함하고 있는 복지제도는 모두 압력을 받게 될 것이다.[8] 무조건적이며 액수도 후한 제도를 갖추고 있는 나라의 국경이 개방되어 있을수록 이를 받고 싶어하는 이들이 각국에서 몰려들 가능성이 있으므로, 이런 현상을 막기 위해서 복지의 액수를 낮추고 조건을 강화하라는 압력도 더 거세질 것이다.

이러한 하락 압력은 재분배 제도에 대한 순기여자들을 유치하려는 욕망이 불러온 각국의 조세 경쟁으로 더 강화된다. 사람들이 초국가적으로 이주하지 않는 경우라 해도 자본의 초국가적 이동성은 이미 위협이 되고 있으며, 특히 각종 생산물의 초국가적 이동성과 결합되면서 더욱 강화된다. 지구화란 자본이 이 나라에서 저 나라로 자유롭게 이동하며 또 투자를 통해 생산한 재화를 어느 나라로든 수출할 수 있다는 것을 뜻한다. 따라서 이렇게 지구화된 경제에서는 어느 한 나라의 정부가 자본의 이윤에 조세를 부과하기가 어려워진다. 하지만 비금융 자본과 고소득자들에 대해 높은 세율의 조세를 부과하는 것은 여전히 가능하다. 기업이 필요로 하는 고숙련 노동자들의 초국가적 이동성이 매우 높지 않다면 말이다. 따라서 제6장에서 탐구한 바 있는 여러 수단들(자본, 자연, 화폐, 소비 등)로 세금을 매기는 것도 아주 어려운 일은 아니다.

하지만 세후 수익이 더 높은 나라로 이주할 것을 고려하는 고소득 노동자들의 수가 충분히 많아지면, 자본에게서나 고소득자들에게서나 높은 수준의 진정한 재분배를 하는 일이 문제되기 시작한다. 일단 인적 자본이 충분한 이동성을 가지고 있다고 판단되면, 기업들은 주어진 비용으로 더 많은 가처분 소득을 얻게 해주는 나라에 회사를 세우려 할 것이다. 또 이러한 노동자들과 기업들이 실제로 이동하지 않더라도, 이동 가능성에 대한 우려만으로도 각국 정부는 고소득에 대한 세율을 낮추게 될 것이며, 각자가 받는 수당과 각자가 낸 납부금의 관계를 좀더 긴밀히 할 것이다. 이로써 실제적 재분배의 수준은 낮아질 것이며 그 조건은 더 빡빡해질 것이다.

이렇게 한 나라에서 기본소득을 도입하는 데는 지구화에서 기인하는 쌍둥이 위협이 존재한다. 첫째는 복지 혜택을 노리고 몰려드는 순수혜자들의 선택적 유입에서 기인하고, 둘째는 순기여자들의 선택적 유출에서 기인한다. (유출은 가치 있는 노동과 자본이 실제로 떠나지 않는 형태에서도 나타난다. 예를 들어 다국적 기업들이나 아주 큰돈을 버는 인터넷 기반 기업들은 세금을 최소화하기 위해 가상으로 장소를 이동하기도 한다.) 기본소득을 도입하는 규모를 더 늘리면 이 두 가지 위협에 모두 대응할 수 있다. 하지만 이러한 가능성을 탐구해보기 전에, 일국 수준에서 나타하는 기본소득 제도의 취약성을 줄이기 위해 무엇을 할 수 있을지를 먼저 생각해보도록 하자.

선택적 이민자 유입에 대응한다

선택적 이민자 유입의 위협은 19세기에 도시 수준에서 최초로 조건부 최저소득 제도가 도입되었을 때 직면했던 위협과 본질적으로 동일하다. 제3장에서 살펴봤듯이 후안 루이스 비베스가 처음으로 공공부조를 호소했을 때 그는 이러한 위협을 똑똑히 인식했고, 이를 어떻게 다룰지에 대한 자신의 관점을 피력했다. "사지가 멀쩡한 외국인들이 들어와서 구걸을 하고 있다면 이들에게는 (…) 여행에 필요한 물자를 주어 (…) 자기들 본래의 도시나 마을로 돌려보내야 한다." 오로지 "전쟁으로 초토화된 마을이나 소지역"에서 온 이들만, 요즘 말로 하자면 난민(refugee)들만 "동료 시민으로 대접"해야 한다는 것이다.[9] 이프르시의 치안판사들은 비베스가 권고했던 것과 대단히 유사한 제도를 채택했고, 소환당하여 자신들의 제도를 정당화할 것을 요구받았을 때 비슷한 입장을 옹호하기 위해 장황한 논리를 펼쳤다.

> 우리도 누구든 기꺼이 돕고 싶습니다만, 자원이 희소하여 우리의 가난한 이들에게 필요한 도움을 줄 수 있을 만큼의 수단만을 갖고 있을 뿐입니다. (…) 우리 도시에 아이들까지 잔뜩 데리고 와서 살

면서 구호를 받으려 하는 이방인들을 우리는 받아들이지 않습니다. (…) 우리가 줄 수 있는 것 이상을 우리에게 요구해서는 안 된다고 생각합니다. 그러지 않고 아무에게나 마구 퍼주었다가는 일정 기간이 지나고 나면 어리석게도 이방인들은 물론 우리 도시의 빈민들조차 더 이상 도와줄 수 없는 상태에 도달하게 될 테니까요. 이 세상에 모든 빈민들을 다 받아들일 수 있는 곳이란 없습니다. 그들을 모두 부양해줄 수 있는 공동재산이란 어디에도 없습니다.[10]

검열관으로 나선 파리대학의 신학과 교수들은 이러한 제도가 과연 기독교 교리와 일치하는지를 확인해달라고 부탁받았을 때, 이러한 실용적인 논리에 분명히 동의를 표하기는 했다. 하지만 자신들의 불편한 마음을 숨기지 않았다. "이 도시에서 태어난 이들이든 아니면 밖에서 온 이들이든, 이러한 조항 때문에 극단적인 혹은 그에 가까운 빈곤으로 추락해서는 안 된다."[11]

그런데 4세기가 지난 뒤에 나온 A. C. 피구의 후생경제학의 고전적 저작 마지막 문단에는 이러한 불편함이 전혀 보이지 않는다.

효과적인 최저생활 보장이 오직 한 나라에서만 확립된다면, 상대적으로 효율성이 떨어지는 빈민들이 국가 보조에 매력을 느껴 유입되어 들어옴으로써 인구가 상당히 늘어나게 될 가능성이 있다. (…) 따라서 인접국들보다 높은 수준의 최저생활 보장을 확립한 나라라면, 공적 자금의 도움 없이 그러한 최저생활 수준을 누릴 가능성이 없어 보이는 이들의 유입을 금지하는 것이 이익이다. 이러한 목적에 비추어 저능인들, 정신병자들, 병신들, 거지들, 부랑자들, 일정한 연령 이상이나 이하인 자들은 배제되어야 한다. 이들을 부양할 수 있는 친족들이 동반한다거나 이들 스스로가 투자에서 나오는 충분한 소득을 갖고 있는 경우가 아니라면 말이다. 하지만 불행하게도 모든 '바람직한' 이민자들은 배제하지 않으면서 모든 '바람직하지 못한' 이민자들만 효과적으로 배제할 수 있는 장치를 고안하기란 지극히 어려운 일이다.[12]

이런 구절은 세계에서 가장 풍족한 곳에서 살고 있지만 사회정의를 중시하는 사람들이 직면하는 가장 잔인한 딜레마를 보여준다. 이들은 자신들의 '가난한 이웃들'에게 지속가능한 관대한 도움을 주고자 하는 것과 그들의 문을 두드리는 모든 '이방인들'에게 후한 대접을 베풀어야 한다는 두 가지 당위 사이에서 분열을 겪게 된다.[13] 이러한 갈등은 특히 기본소득 지지자들에게 더욱 괴로운 것이다. 그들은 자유와 평등이 모두 소중하기 때문에 기본소득을 소중히 여기는 사람들이다. 그들의 입장에서는 자유로운 이민을 지지하지 않을 수 없다. 분명 스스로 삶의 방식을 선택할 실질적 자유에는 어디에서 삶을 보낼지를 선택하는 자유도 포함되며, 이러한 자유는 운이 좋아 특권적 나라나 지역에서 태어난 자들에게만 주어져서는 안 되는 것이다.

이는 실로 불편한 긴장이지만, 그렇다고 해서 지금은 과거가 되어버린 튼튼한 국경을 가진 국민국가 시대를 그리워하거나, 엄청난 국제적 불평등과 그로 인해 야기되는 막을 수 없는 이민의 압력이 사라진 미래의 세계를 막연히 꿈꾸는 상황에 갇혀서는 안 된다. 실질적 자유를 구성하는 이 두 요소 사이의 갈등을 어떻게든 해결해야 한다. 우리가 생각하는 지구적 정의에 따르면 그 두 가지 중 어떤 것도 절대적 우위를 갖지 않는다. 특히 자유로운 이동이라는 것은 기존의 재분배 시스템을 무너뜨리는 희생을 무릅쓰면서까지 강제되어야 할 기본적 인권 같은 것이 아니다. 국가라는 단위가 진정한 재분배가 제도화될 수 있는 최고의 기준이라면, 재분배 시스템은 선택적 이민자 유입으로부터 보호받아야 마땅하다.

비기여형 복지제도를 보호하는 데 사용되는 기존의 주된 전략은 비베스가 다음과 같이 권고했던 것과 다르지 않다. "다른 곳에서 오는 잠재적인 수급자들을 밀어내라. 그들이 전쟁으로 초토화된 지역에서 온 것이 아닌 한." 하지만 오늘날에는 불법 이민을 피할 길이 없고, 이들은 나중에 결국 구제되어 합법적 지위를 부여받게 마련이어서 이러한 전략의 효과는 크게 약화됐다. 게다가 이민을 제한하는 정책을 시행하다가 필연적으로 생겨나는 철책, 방벽, 난파선, 추방 등은 모두 이러한 딜레마의 추한 모습을 적나라하게 드러내고 있다. (진정한) 국내 재분배의 지속가능성은 이방인들을 친절히 맞아들이는 것에 명확한 한계를 두도록 강제하고 있다. 이는 조건부 최저소득 제도에도 적용되는 이야기이며, 최소한 무조건적 기본소득에도 적용되는 이야기다. 그렇다면 이러한 배제 전략을 완화시킨다면 방법이 있지 않을까? 여기에 최소한 두 가지 가능성이 있다.

첫 번째 가능성은 강제로 대기 기간을 두는 것이다. 이는 애덤 스미스가 논의한 영국 법률에 있는 내용으로, 다른 곳에서 온 빈민들은 40일 동안 '방해 없는 거주(undisturbed residence)' 기간을 거친 다음에야 해당 교구의 지원을 받는 '소속 빈민(own poor)'으로 간주한다는 취지였다.[14] 이와 동일한 맥락에서, 브라질 연방 지구의 크리스토밤 부아르키(Cristovam Buarque) 총독은 1990년대 중반 브라질의 다른 지역에서 온 신규 진입자들에게 먼저 10년간 거주 기간을 가져야만 수당을 청구할 수 있도록 했다.

두 번째 가능성은 수급 자격을 해당 국가의 시민권자들로만 엄격하게 제한하는 것이다. 일본이 1950년에 통과시킨 공공부조 관련법은 명시적으로 오직 일본 시민들만이 최저소득 제도의 수급권을 갖는다고 밝히고 있다. 현실적으로는 일부 외국인 거주자들도 수당을 받을 수는 있지만, 이는 어디까지나 지역 당국의 재량권에 달린 문제다.[15] 이와 비슷한 것으로 중국의 '호구(戶口)' 시스템은 모든 이주 가족들에게 의료보험, 공교육, 기타 사회 서비스들을 본래 그들이 등록되어 있는 지자체에서만 받을 수 있도록 자격을 제한한다. 예를 들어 상하이는 이 제한 때문에 다른 지방에서 밀려들어온 수백만의 이주자들이 있음에도 불구하고 중국에서 가장 높은 수준의 각종 사회복지 공급을 유지하고 있다.[16]

이러한 두 가지의 완화된 버전 모두가 각종 기본소득 제안에서도 나타나고 있다. 첫 번째는 브라질의 2004년 '시민 소득법(citizenship income law)'이었다(제7장의 후주 79번을 보라). 이는 브라질인이 아닌 이들의 기본소득 수급권을 (일단 발생한 경우) 브라질에 최소한 5년 이상 거주한 이들로 제한한다. 또한 최근 미국에서 나온 제안을 보면, 기본소득의 수준을 그 전에 거주한 기간과 연동시키자는 내용을 골자로 한다.[17] 두 번째 버전은 기본소득을 지칭할 때 '시민 소득' 혹은 '시민 임금'과 같은 표현을 선택하는 것에서 나타난다. 이는 조제프 샤를리에가 사용한 '영토 배당금(territorial dividend)'의 제안에서도 명쾌하게 나타난다. 그는 그가 토박이들(indigènes)이라고 불렀던 이들과 귀화한 이민자들(단, 처음 이민자들로부터 세 번째 세대들에게만 귀화가 허락된다)로만 철저하게 제한하자고 주장한다.[18] 비록 규모는 훨씬 크지만, 이는 유럽 시민권을 정의하는 여러 권리들 가운데 하나로 유럽연합 차원에서의 기본소득을 주장하는 장-마르크 페리(Jean-Marc Ferry)의

제안에서도 나타나고 있다.[19]

하지만 배제를 전략적으로 활용하는 이 두 가지 완화된 버전은 강경한 버전이라면 부닥치지 않을지도 모를 두 가지의 난제와 맞닥뜨리게 된다. 첫 번째는 불확실성이다. 더 상위의 수준에서 차별 금지법을 강제하는 식으로 완화된 버전에 개입할 가능성이 있다. 대기 기간이라는 요건과 관련하여 이러한 상위와 하위의 충돌은 알래스카 배당금 제도의 첫 번째 버전에서 잘 드러난 바 있다(제4장을 보라). 처음에는 알래스카에 거주한 기간에 따라 주민들이 받을 수 있는 배당금의 액수가 차등화되어 적시되어 있었다. 그런데 미국 대법원은 이러한 차등화가 미국 헌법의 '평등 보호 조항(Equal Protection Clause)'에 어긋난다고 판결했다.[20] 시민권 요건과 관련해서 보자면, 유럽연합의 경우 사람들이 유럽연합 회원국들 중 어느 나라의 시민이냐에 따라 상이한 사회적 권리를 주도록 하는 법을 통과시킨 회원국은 하나도 없다.[21] 하지만 이는 그저 불확실성의 문제일 뿐이다. 비기여형 수당 제도를 도입하는 단위가 그것을 포괄하는 더 큰 단위의 법적인 틀에 복종해야 하는 경우에만 일어나는 일이다.

하지만 두 번째 난제는 그런 불확실성의 문제가 아니다. 두 전략 모두, 주민들을 모든 사회적 권리를 갖춘 이들과 그렇지 않은 이들이라는 두 개의 범주로 나눈다. 이는 어떤 소득 보장 제도에서도 그다지 매력적일 수 없다. 하지만 특히 기본소득의 경우에는 더욱 문제가 된다. 기본소득은 (마이너스 소득세나 근로소득 세액공제도 마찬가지) 경제적 활동성이 떨어지는 이들을 목적으로 삼는 각종 수당과 달리, 일을 하는 노동자들에게도 혜택을 주도록 되어 있다. 모든 노동자는 직접적으로든 간접적으로든 기본소득 제도의 재원 조달에 필요한 높은 세율로 세금을 내게 되지만, 시민권이나 최소한의 거주 기간 조건 등을 충족시키지 못한 이들은 다른 모든 노동자들이 받는 기본소득을 (혹은 세액공제를) 받지 못하게 되는 것이다. 만약 이 제도가 환급형 세액공제의 형태를 띤다면, 똑같은 일을 수행하는 노동자들이 그 거주 기간이나 시민권 지위에 따라 집에 가져가는 소득이 크게 차이가 나는 이상한 결과가 나올 것이다.[22] 게다가 이 기본소득을 어떤 방식으로 운영하든 노동시장의 아래쪽 끝에서는 심각한 왜곡이 벌어질 것이다. 무조건적 기본소득을 받는 이들은 그 덕에 좋지 않은 일자리를 퇴짜놓을 수 있지만, 그렇지 못한 이들은 협상력이 없으므로 그런 일자리라도 받아들일 수밖에 없게 되기 때문이다. 일단 기본소득이 시행되고 나면, 한 나라에서의 일자리에 대한 권리와 기본소득에 대한 권리는 함께 가야만 한다.

선택적 이민자 유출에 대응한다

선택적 이민자 유입에 대처하기 위한 온건한 버전의 배제 전략을 탐구해본 결과 이런 것들로는 강경한 버전, 즉 들어오고 싶어하는 다수에 대해 문을 아예 닫아버리는 정책에 대한 매력적이고 신뢰할 만한 대안이 되지 못한다는 것을 알게 됐다. 안타까운 일이지만, 만약 지구화 시대에 후한 수준으로 국가적 차원의 (혹은 좀더 일반적으로 표현하자면 지구적 이하 차원의) 기본소득이 지속가능하려면, 모종의 배제 전략이 반드시 있어야만 한다는 것은 의심의 여지가 없다.[23] 하지만 이렇게 한다고 해도 바닥으로의 경쟁을 피하는 데 충분치 않을 수 있다. 순기여자들의 선택적 유출에서 생겨나는 위협에도 대처해야 하기 때문이다.[24] 이 문제는 어떻게 대처할 것인가?

우선은 선택적 이민자 유입을 제한하는 데 적절하다고 여겨지는 전략과 철저히 대칭적인 전략을 생각해볼 수 있다. 순수혜자들을 배제할 수 있다면, 순기여자들을 안에 가둬둔다고 해서 안 될 이유가 있겠는가? 가두면 안 되는 강력한 이유가 하나 있다면, 한 나라를 떠나 다른 나라로 이주하는 것이 기본적인 인권으로 간주되기 때문이라는 것이다.[25] 이러한 비대칭성에는 모종의 위선이 존재하는 게 사실이다. 이주의 권리라고 해봐야 이민 가려고 하는 나라에서 받아줄 생각이 없다면 전혀 무의미한 것이기 때문이다. 그래도 이러한 비대칭성에는 합리적 의미가 있다. 이주의 권리가 없다면 우리는 태어난 나라에 갇혀 있어야 하지만, 우리가 선택한 나라로 들어갈 권리가 없다고 해서 꼭 태어난 나라에 갇혀 있어야 하는 것은 아니기 때문이다.

하지만 사람들에게 이주할 권리를 준다는 것은 그들이 가지고 있는 재산까지 모두 가지고 갈 권리와는 별개의 문제이며, 그들이 가진 인적 자본에 모국이 투자했던 것을 되갚지 않고 이주할 권리와도 별개의 문제다. 게다가 자신들의 자본이나 활동을 최소한 일부라도 다른 곳으로 빼돌림으로써 모국에 대한 납세 의무를 회피할 권리와는 더더욱 별개의 문제다. 방금 말한 종류의 빠져나갈 권리들에 대해 여러 제한을 가한다고 해서 이주라는 개인의 자유를 폐지하는 것이 아니며, 이런 제한들이 효과를 발휘한다면 이는 앞에서 보았던 입국권에 대한 여러 제한들—우리는 내키지는 않지만 이를 인정하고 지지했다—과 마찬가지로 정당한 것이다.

선택적 이민 유출을 막는 방법은 이것 말고도 여러 가지가 있으며, 심지어 주된 방법은 따로 있을 것이다. 후한 액수의 비기여형 제도의 지속가능성에 위협이 생기는 것은, 일부 순기여자가 외국에서 자신의 인적 자본으로 더 높은 수익을 거둘 수 있으리라고 기대하고 떠나기 때문이다. 만약 모종의 애국심과 연대감을 발전시킨다면 이러한 경향을 견제할 수 있을 것이다. 한 장소에 대한 애착, 정치 공동체에 대한 충성심과 그로 인해 생겨나는 연대의식 등이 있다면, 고소득자라고 해도 세후 소득이 제일 괜찮은 나라를 찾아 여기저기 떠돌아다니기보다는 자신의 지역에서 살고 일하고 세금을 내고 또 투자하기를 원하게 만들 수 있다. 만약 그러한 연대적 행태가 충분히 자발적으로 우러나오지 않는다면, 적절한 투명성 제고와 그것에 어긋나게 행동하는 관련자의 이름을 공개해 수치심을 줌으로써 연대적 행태를 조심스럽게 고양시킬 수도 있다.

그런데 이렇게 되면 부자 나라에서 고도의 숙련된 기술을 지니고 살아가는 이들이 가난한 나라로 이주하여 그곳 사람들의 운명을 개선하는 일을 가로막는 짓에 해당하는 게 아닐까?[26] 어떤 경우에는 분명히 그러하다. 하지만 이러한 애국심은 선택적인 동기로 국경을 넘나드는 이동성을 가로막기 위해 생겨난 것이기에, 부자 나라나 가난한 나라, 또 그 양쪽 어디에서도 무차별하게 적용되는 것이다. 특히 이는 가난한 나라에서 부자 나라로의 두뇌 유출을 막으려는 것이지, 가난한 나라 출신으로 외국에 나가서 번 돈을 본국에 송금하는 것조차 막으려는 것은 아니다. 사람들은 자기들이 갖춘 숙련된 기술과 네트워크와 자본과 심지어 유학으로 외국에서 배워온 기술까지도 자기가 본래 태어난 나라가 충분히 혜택을 볼 수 있도록 베풀어야 한다. 그리고 설령 이런 애국심이 사회 전반에 퍼져 선진국의 고숙련 기술자들이 후진국으로 이주하는 것을 후진국 기술자들이 선진국으로 이주하는 것 이상으로 막는다고 해도, 이것이 반드시 지구적 정의를 희생하는 것이라고 할 수는 없다. 지구적 정의란 국가 사이의 분배가 아니라 개인들 사이의 분배 문제이기 때문이다. 그리고 연대를 중심으로 하는 애국주의란 바로 이러한 역할을 한다. 이는 선택적 이민 유출의 위협을 줄임으로써 모든 나라로 하여금 자국 내 주민들 간의 소득 분배에 대한 장악력을 강화시켜준다. 이것이 바로 진정한 재분배 제도를 지속가능하도록 해주는 전제 조건이다.[27]

선택적 이주의 유입과 유출 모두의 위협에 대처하는 것이 쉬울지 어려울지는 현지의 다양한 조건과 상황에 따라 달라질 수 있다. 특히 관련 지역의 언어가 여러 가지인 데다 현지인이 아니면 익히기도 어렵다면 (게다가 그 언어와 관련된 문화도 각기 달라서 동화되기 쉽지 않다면), 각국은 후한 수준의 진정한 재분배 제도를 유지하기가 훨씬 쉬워진다. 잠재적인 순수급자들과 순기여자들 모두가 이주에 따르는 언어 습득과 문화적 적응에 너무나 많은 투자를 해야 하므로 이주를 꺼리게 되기 때문이다. 게다가 각 나라의 문화적 특징은 그 나라의 연대적 애국주의의 발전을 촉진한다고 할 수 있다. 국가 차원에서 기본소득의 실현가능성은 그러한 보호 장치가 있다면 대단히 큰 도움이 된다. 하지만 지구화 과정 자체가 이러한 보조 장치를 침식하는 경향이 있다는 것은 인정해야 한다.

여기에는 두 가지 이유가 있다. 첫째, 잠재적인 순수혜자들이 이주해 들어오는 것을 막아주던 언어 장벽은 이민 공동체가 크게 성장하여 모국어를 그대로 간직하고도 이주한 나라에서 살 수 있게 되면서 크게 무너졌다. 그리고 언어 능력이 없어도 새로 이주해 들어와서 비교적 순탄하게 적응할 수 있는 미시적 환경이 마련됐다. 둘째, 순기여자들의 유출을 막던 언어 장벽 역시 만국 공통어로서 영어가 확산됨에 따라 무너졌다. 이는 가정생활에서나 직업생활에서나 비단 영어 사용 국가들이 아니더라도 이주한 지역에 얼마든지 정착할 수 있도록 해주고 있다. 그럼에도 불구하고, 이러한 언어적 차이와 그와 결부된 문화적 차이는 초국가적 이주에 대한 일정한 제동 장치로 작용할 것이며, 이에 따라 진정한 재분배 제도의 지속가능성에 대한 압력을 줄여줄 것이다. 그리고 최소한 그런 차이들 중 일부는 계속해서 유지될 것이라고 기대할 만한 (비록 자명한 것은 아니지만) 훌륭한 근거들이 있다.[28]

지구적 기본소득?

앞에서 말했듯이, 선택적 이주의 위협 때문에 국가적 차원의 기본소득이 취약성을 띠는 문제는 재분배를 조직하는 규모를 더 넓힘으로써 대응할 수 있다. 첫째, 더 큰 다국적 단위에서 재분배가 이루어진다면 그 안의 여러 나라 사이에 이민이 벌어진다고 해도 문제될 이유가 없다. 둘째, 만약 한 나라를 뛰어넘는 규모에서 일정한 재분배가 이루어진다면, 국가적 차원의 재분배도 선택적 이민의 유입과 유출에 대해 덜 취약해질 것이다.

그 이유는 이렇다. 더 넓은 규모에서의 재분배가 없다면, 순수혜자들이 밀려드는 나라는 그 만큼의 수당을 증액시켜야 하는 부담을 떠안는다. 하지만 더 넓은 규모에서의 재분배가 이루어진다면 이러한 위험이 줄어든다. 순수혜자들이 몰려들기 이전에 이미 그 나라는 더 넓은 규모의 재원으로 마련되는 수당의 분담 몫을 납부금으로 낸 상태이고, 순수혜자들이 그 나라로 밀려든다고 해도 다른 나라들 또한 계속해서 각자가 분담하는 납부금을 내고 있을 것이기 때문이다. 이렇게 되면 선택적 이민자 유입에 대한 타격이 덜하다. 선택적 이민자 유출도 마찬가지다. 더 넓은 규모에서의 재분배가 없다면, 기업이나 납세자가 어느 나라를 떠난다는 것은 곧 그들이 그 나라에 내던 납부금도 함께 떠난다는 것을 뜻한다. 하지만 만약 더 넓은 규모에서의 재분배가 존재한다면, 설령 이민자 유출이 일어난다고 해도 잃게 되는 액수는 부분적일 것이다. 그 결과 더 넓은 규모에서의 재분배 덕분에 수혜자들 및 기여자들이 국경 간 이동성의 압력을 덜 받을 뿐만 아니라, 한 국가의 재분배 제도들에 대한 초국가적 이동성의 압력도 크게 약화된다. 그런 점에서 더 넓은 규모에서의 재분배는 다른 대안들과 큰 차이가 있다. 나아가 좀더 일반적으로 볼 때, 더 넓은 규모에서의 재분배가 있다면 그로 인해 사람들이 다른 나라로 이주하려는 성향 자체가 줄어들게 되며, 이는 앞에서 개략적으로 설명한 국가적 차원에서의 연대와 외국인들을 따뜻하게 받아들이는 것 사이의 잔인한 딜레마를 완화시키는 데도 도움이 된다. 그 지리적 규모가 광범위하고 이전소득액의 양이 충분하다면 국경을 아예 개방한다고 해도 문제되지 않을 수도 있으며, 이로써 그 딜레마도 소멸하게 된다.

이렇게 여러 가지를 고려하는 이들은 어떤 형태로든 초국가적 규모에서 진정한 재분배가 도입되는 것을 지지하게 되어 있다. 특히 무조건적 기본소득은 이 지리적 규모의 문제와 더욱 관련이 깊다. 첫째, 만약 일종의 비기여형 개인 간 소득 이전 시스템이 초국가적 수준에서 나타나게 된다면, 복잡하고 미묘한 구조를 가진 복지제도의 형태를 띨 수는 없을 것이다. 복지제도는 정확히 어떤 요구가 부조를 받을 자격이 있는 것들인지를 구체적으로 명시해야 하며, 또 연대의 정신으로 어떤 조건에서 전액 혹은 일부를 부조해주어야 하는지, 또 전혀 부조하지 말아야 하는지도 구체적으로 명시해야 한다. 초국가적 수준에서 이런 구조를 갖출 수는 없다. 이러한 차원에서 분배되는 수당이란 매우 간단한 조건들 아래에서 동질적인 방식으로 쉽게 법령화할 수 있는 단순한 형태를 띠게 될 것이다. 둘째, 개인 간의 초국가적 소득 이전 시스템이 나타나게 된다면, 이는 관련된 나라들을 의존 함정

(dependency trap), 즉 이전소득이 계속 들어오도록 빈곤을 영구화시키려는 동기가 되지 않도록 설계되는 것이 바람직하다. 따라서 이는 한 번 빠지면 스스로 헤어나오기 힘든 '그물'이 아니라 자기 힘으로 딛고 일어설 수 있는 단단한 '발판'이 되어주어야 한다. 이러한 두 가지 이유에서 기본소득은 더 넓은 지리적 규모에서의 재분배를 위한 유일한 선택까지는 아니어도 특별히 적절한 것이라고 할 수 있다.

더 넓은 지리적 규모의 기본소득을 도입한다면 어느 정도의 규모를 상상할 수 있을까? 선택적 이주의 충격을 피하기 위해서나 모든 나라의 국내 재분배 제도들을 지켜내는 데 있어서나 가장 좋은 규모는 말할 것도 없이 전 세계다. 게다가 이는 사회정의를 지구적 차원의 문제로 보는 우리의 생각에도 가장 잘 들어맞는다. 하지만 너무 꿈같은 이야기라서 진지하게 생각해볼 가치도 없는 게 아닐까? 그렇게 생각하지 않는 이들도 있다. 네덜란드의 예술가인 피터르 코이스트라(Pieter Kooistra, 1922~1998)는, 저장이 불가능한 특별 화폐를 발행함으로써 재원을 조달하여 전 인류 개개인에게 소액의 무조건적 소득을 지급하자는 자신의 제안을 널리 알리기 위해 만민을 위한 국제 연합 소득(UNO Inkomen Voor Alle Mensen)이라는 재단을 설립하기도 했다.[29] 이와 비슷한 제안을 한 이들은 많다. 지구 전체의 부자들에게서 적당한 비용을 걷는다는 단순한 수단을 통해 세계의 빈곤을 실질적으로 경감시키기 위해 베풀고 싶은 욕구를 가진 사람들이나, 자체적 합리성과 정당성을 가진 각종 지구적 과세를 도입하여 여기에서 발생할 (것으로 여겨지는) 큰 규모의 세수를 좋은 데 쓰자는 사람들도 있다.[30]

이러한 방향에서 나온 제안들 중에서 가장 현실에 가까운 것은 아마도 기후변화 논쟁과 관련이 있을 것이다. 지구 대기의 규모가 탄소 배출을 모두 소화할 수 있을 만큼 무한정한 것이 아니므로, 그 한계를 넘으면 인류에 큰 해를 입히게 될 기후 현상들이 나타날 것이라는 주장에 대해서는 폭넓은 합의가 이루어져왔다. 이러한 현상들에는 여러 원인이 있지만 모두 지구적 성격을 띠고 있는 것이니 전 지구적 차원의 집단행동이 필요하며, 그러한 행동이 적절한 속도와 열성을 얻어 내려면 모든 관계자들이 그 행동이 공정한 거래라는 데 인식을 같이 해야 한다.

그런데 공정한 거래란 어떤 의미에서의 공정함을 말하는가? 가장 만족스런 해석은 **협동적**(cooperative) 정의도 아니요(공공재에서 혜택을 보는 이들은 그 공공재를 생산하는 비용을 어떻게 나누어야 하는가?), **회복적**(reparative) 정의도 아니다(어떤 이들이 공공에 해를 끼쳤을 때 그 보상의 비용을 그들 사이에서 어떻게 나눌 것인가?). 그것은 **분배적**(distributive) 정의로 보는 것이 옳다(희소한 자원의 가치는 그것을 받을 자격이 있는 이들 사이에서 어떻게 분배되어야 하는가?). 좀더 구체적으로 말하자면, 대기권이 탄소를 흡수할 수 있는 능력이란 재생 가능하지만 희소한 천연자원이며 현재와 장래의 모든 인간들이 똑같은 청구권을 가지고 있는 것이다.

이렇게 본다면 전 세계적 차원의 '기후 정의'를 실현하기 위한 최상의 방법은 세 가지 단계로 구성된다. 첫째, 지구적인 탄소 배출이 반드시 심각한 손상을 낳게 되는 하한선을 (비록 근사치겠지만) 결정한다. 둘째, 일정한 기간 동안 이 하한선에 해당하는 양의 탄소 배출권을 경매에 붙여서 가장 높은 가격을 부른 이에게 매각한다. 이러한 유형의 경매를 통해 탄소 배출의 균형 가격이 단일하게 결정되며, 전 세계의 모든 재화는 각각 직접적 간접적으로 얼마만큼의 탄소를 내용물로 가지고 있느냐에 비례하여 탄소 배출 가격을 재화의 가격에 반영하게 될 것이다. 그리고 이에 따라 소비와 생산의 여러 패턴(여행과 주거의 습관도 포함)이 영향을 받게 될 것이다. 셋째, 그러한 경매에서 나온 (거액의) 수입을 대기권의 '소화력'을 활용하는 데 동등한 권리를 갖는 사람들, 즉 모든 인간들에게 동등하게 분배한다.[31] 제6장에서 지적하였듯이, 이는 토지에 세금을 매겨서 기본소득의 재원으로 삼자는 아이디어를 지구적 규모에서 시행하는 것과 긴밀히 닿아 있다.

이것이 정당한 거래라면, 전 세계적 기본소득은 아직 가까운 가능성은 아니지만, 그렇다고 마냥 헛된 꿈이라고 치부할 일은 더더욱 아니다. 그 실행 과정에 버티고 있는 일정한 도전들이 있고, 이것들은 물론 분명히 해결해야 할 것들이다. 들어온 수입을 인구 비례에 따라 각국 정부에 분배하는 것도 좋은 방향인 듯하지만, 만약 각국 정부가 관련 데이터를 올바르게 보고하지 않는다거나 분배받은 돈을 국민들에게 나눠주기도 전에 큰 부분을 자의적으로 먹어치운다면 엄청난 반발을 불러올 것이다.

이보다는 정부가 아니라 개인들에게 직접 확실하게 지급되는 초국가적 제도가 훨씬 더 바람직할 것이다. 이를 좀더 관리가능한 것으로 만들기 위해서 먼저 60세나 65세 이상의 개인들로 대상을 제한하는 것도 생각해볼 수 있다. 보장 연금 시스템이 잘 발달된 나라에서는, 이 제도가 정부가 모든 노령 시민들에게 지급하는 수당 가운데서 많지 않은 액수의 '지구적' 구성요소의 형태를 띨 수 있다. 그런 시스템이 없는 나라에서는 새로운 행정 기구가 설치되어야 하겠지만, 남아프리카공화국의 비기여형 연금의 모범 사례가 보여주듯이, 이전소득이 인구의 하위 집단에 집중되어 있다면 (따라서 모든 연령의 사람들에게 고르게 적은 액수를 지급하는 것보다 1인당 지급액을 올릴 수 있다면) 지급되는 수당 액수에 비해 수당의 전달, 안전, 모니터링 등에 적은 비용을 들일 수 있다.

최소한 처음에는 전 세계적인 기본소득을 노인들에게만 국한시키는 것이 더 많은 이점을 가지고 있다. 이는 사람들이 안심하고 노년을 맞이할 수 있도록 함으로써 출산율을 낮추는 데 기여한다고 볼 수 있다. 노년 보장의 방편으로 아이들을 많이 낳고자 하는 동기부여가 구조적으로 약해지기 때문이다. 나아가 노령에 달한 인구수에 따라 한 나라가 수령하는 총수당 액수가 결정되므로, 이러한 전략 때문에 정부는 공공의료, 교육, 그 밖에 장수와 관련된 다른 요소들을 크게 개선하려는 동기를 갖게 될 것이다. 게다가 이는 처음에는 기대수명이 높은 부자 나라들에게 크게 유리한 제도이겠지만, 이를 시행하게 되면 가난한 나라에서도 이 제도가 받아들여질 확률이 높아지고 또 시간이 지나면 노인과 젊은이의 비율이 점차 비슷하게 수렴되면서 부자 나라에서 가난한 나라로의 소득 이전도 유연하게 늘어날 수 있는 길을 닦는 셈이 될 것이다.

하지만 쉽게 구할 수 있는 데이터로 대충 계산해보아도, 하한선 연령의 선택에 매우 신중할 필요가 있음을 알 수 있다(표 8.1을 보라). 만약 탄소세의 수입을 세계 총인구에 비례하여 나눈다면 미국, 중국, 유럽연합은 큰 규모의 순기여자가 될 것이며 아프리카는 큰 규모의 순수혜자가 될 것이다. 만약 65세 이상 인구에 비례하여 나눈다면 아프리카가 거두는 순수당은 크게 줄어들 것이며, 중국의 순기여는 약간 줄어들 것이고, 미국의 순기여는 크게 줄어들 것이며, 유럽연합은 순수당을 받는 쪽으로 바뀔 것이다. 당분간은 어찌 되었든 65세 연령으로 자르자는 제안은 지지할 만한 것이 아니다.

어쨌든 이런 구체적인 제안들은 그저 예시로 내놓은 것일 뿐이다. 지구적 정의에 관해서 보았을 때 탄소 배출이 윤리적으로 특별할 것

표 8.1 미국, 유럽연합, 중국, 아프리카가 세계 인구와 탄소 배출에서 차지하는 비율(2012년 현재)

	미국	유럽연합	중국	아프리카
세계 인구에서 차지하는 비율	4.4	7.0	19.1	15.5
65세 이상의 세계 인구에서 차지하는 비율	7.7	16.2	20.3	6.8
세계 탄소 배출량에서 차지하는 비율	16.3	11.7	25.1	3.7

- 인구의 몫은 (총인구의 경우나 노령인구의 경우나) 각 지역이 이 제도에서 가져갈 총수당금
  의 크기를 결정한다.
- 탄소 배출의 몫은 각 지역이 이 제도에 내야 할 총납부금의 크기를 결정한다.
- 이 총수당금의 크기와 총납부금 크기의 차이가 0보다 크면 순수당금의 크기가 되며 0보다
  작으면 순납부금의 크기가 된다.

[자료 출처] 다음 자료를 근거로 저자들이 계산했다. US Energy Information Administration (http://www.
eia.gov/cfapps/ipdbproject/IEDIndex3.cfm) and (for population figures) United Nations, *World
Population Prospects: The 2015 Revision*.

은 없다. 지구적 정의가 요구하는 것은 세계의 모든 성원들 사이에서
실질적 자유를 공정하고도 지속가능하게 분배하는 것이다. 설령 탄
소 배출권 판매에서 얻은 수입을 공정하게 분배한다고 해도 이는 시
작에 불과할 뿐, 가야 할 길은 아득히 멀다. 하지만 희소한 공동 자원
이 지금 아주 불평등한 방식으로 사용되고 있다는 점 그리고 미래 세
대가 견딜 수 있을 뿐만 아니라 현재의 세대 내부에서도 공정한 해법
을 찾는 일이 시급하다는 점을 기억한다면, 앞으로 나아갈 기회를 마
련하기 위해 힘써야 한다.

소득 이전 연합으로서의 유럽연합

이렇게 지구적 기본소득이 기후 정의로 정당화되고 노인들로만 한정
한다고 해도, 그 아이디어가 너무나 공상적인 것이어서 자세히 연구

해볼 가치가 있을지 의심이 간다. 하지만 지역적(regional) 차원에서의 기본소득, 즉 전 세계 모든 나라가 아니라 그 하부 집단 하나만을 아우르는 다국적 단위의 수준에서 도입되는 기본소득은 어떨까? 북미자유무역협정(NAFTA), 남미공동시장(Mercosur), 동남아시아국가연합(ASEAN) 등을 생각해볼 수 있다.[32] 하지만 여러 초국가적 기구들 중에서도 현재의 모습을 갖게 된 유례없는 과정으로 보나 그 결과로서 직면하게 된 여러 문제들의 성격으로 보나, 기본소득이라는 아이디어가 다른 어떤 곳보다도 자연스럽다고 말할 수 있는 지역은 바로 유럽연합이다.

유럽연합 차원에서 기본소득이라는 제안은 기회와 난제 모든 면에서 폭넓은 함의를 가지고 있으므로 자세히 살펴볼 가치가 충분하다. 물론 유럽 수준에서 재분배를 시행하게 되면 그 정도가 어떻든 지구적 차원의 사회정의라는 관념과의 갈등을 피할 도리가 없다. 폭력 조직의 식구들이 늘어났을 뿐 여전히 깡패들 사이에서의 정의 추구에 불과한 것이기 때문이다. 하지만 유럽 차원에서의 초국가적 재분배 제도들을 발전시키고 이를 지속하는 데 필요한 정치적 제도들을 마련하는 것을 하나의 학습 과정으로 삼는다면 이는 지구적 정의의 추구에 있어서도 큰 의미를 가지게 될 것이다. 이러한 폭넓은 유용성 외에도, 유럽연합 회원국들이 그들 사이의 국경선을 넘어 재분배를 발전시켜야 할 네 가지 중요한 이유들이 있다. 이 네 가지 이유들은 모두 유럽연합을 하나의 **소득 이전 연합**(transfer union)으로 전환시키는 것과 관련되어 있다.

소득 이전 연합이 필요한 첫 번째 이유는 이른바 유럽식 사회 모델의 생존 자체와 관련되어 있다. 유럽연합을 성립시킨 조약들은 자본, 재화, 서비스, 사람이라는 네 요소의 자유로운 이동을 중요한 원칙으로 삼고 있으며, 이 때문에 지역 내에서 선택적 이민 유출과 유입이라는 도전이 각별히 심하게 나타나고 있다. 따라서 이러한 도전에 대응하기 위해서는 소득 이전 연합이 필요할 수밖에 없다. 이러한 유럽 내부의 이동성이라는 압력 때문에 유럽연합 회원국들은 갈수록 자국의 경쟁력 제고를 최우선 과제로 설정하지 않을 수 없게 되며, 따라서 사회정의가 요구하는 진정한 재분배를 국가적 수준에서 조직할 능력 또한 갈수록 떨어지게 된다. 유럽연합 수준에서의 진정한 재분배라고 해도 지구화에서 생겨나는 압력을 피해갈 수는 없지만, 유럽 단일 시장 안에 깊이 파묻혀 있는 회원국들을 짓누르는 압력만큼은 심하지 않을 것이다. 게다가 앞에서 설명했듯이, 좀더 큰 단위에서 진정한 재분배를 일정하게 수행한다면 그 구성단위 내에서도 후한 수준의 재분배를 유지하기가 쉬워지며, 이른바 유럽 사회 모델이 절멸하지 않도록 구해낼 수도 있게 된다.

소득 이전 연합이 필요한 두 번째 이유는 유럽연합 내에서 유럽 시민들이 자유롭게 이동할 수 있는 권리를 일컫는 '셴겐협정 (Schengen Agreement)'의 실현을 보장하기 위해서다. 국경을 넘어서 재분배를 시행하게 되면 선택적 이민 자체가 줄어들 뿐만 아니라, 일반적으로 과도하다고 볼 수 있는 이민 또한 줄어들게 된다. 단순한 경제 분석에서는 자발적 이주가 반드시 경제적 효율성에 기여한다고 생각할 수 있다. 생산 요소들을 가장 생산적으로 쓰일 수 있는 위치로 체계적으로 이동시키기 때문이라는 것이다.

하지만 이러한 분석은 소득 이전 연합으로 인해 생겨날 숱한 부정적 외부성들을 무시하고 있다. 우선 사람들이 빠져나가는 지역 입장에서는 그 지역에서 모험심과 도전정신이 가장 강한 이들을 다수 잃게 되는 셈이며, 사람들이 불어나는 곳에서는 이주민 가정들을 교육과 문화적으로 통합시키는 문제에 대처해야 한다. 그런데 현재 이주의 수준이 경제적 효율성의 관점에서 최적이라고 여겨지든 아니든, 이주의 자유 문제는 심각한 정치적 압력을 발생시키는 것 또한 분명하다. 이는 영국의 브렉시트 국민투표에서 나타났을 뿐만 아니라 다른 나라들의 여론조사 결과에서도 드러나고 있다. 이주의 자유에 대해 적대적인 태도를 보이는 많은 나라는 유럽연합 내부의 국경선을 다시 회복하거나 더 견고하게 만들고 있다.

반면 이주의 자유에 대해 친화적인 방식의 대응도 있다. 예를 들어 루마니아나 불가리아의 가족들처럼 유럽연합 전체 차원에서의 소득 이전 시스템 덕에 자기들 고향에 머무는 경향이 더 늘어나는 사례들이 있다. 심지어 아주 큰 규모의 국민국가처럼 훨씬 동질적인 사회라서 내부 이주가 그리 심각한 문제가 되지 않는 경우라 해도, 전국적 규모의 재분배가 인구학적으로 안전 장치 기능을 한다는 것이 항상 그것을 지지하는 부분적인 이유였다.[33] 만약 '솅겐협정'과 유럽 내 이주의 자유가 정치적으로 존속하려면, 유럽연합을 소득 이전 연합으로 전환시키는 과정이 반드시 필요하다.

소득 이전 연합이 필요한 세 번째 이유는 유로화의 존속을 보장하는 데 반드시 필요하기 때문이다. 많은 유럽 나라가 심사숙고 끝에 별 주저함 없이 1992년 공동 통화를 추진하기로 결정했다.[34] 이에 대해 여러 경고가 있었지만 유럽연합은 주의를 기울이지 않았다. 그리하여 2002년에는 마침내 유로화의 탄생이 이루어졌고, 그로부터 10년도 채 되지 않아 유로존은 급성 위기에 빠져들게 된다. 회원국들이 경쟁력이 떨어진 경제를 회복하기 위해서 자국 화폐를 가치 절하할 수 있는 권한이 없었기 때문이다. 그렇다면 이러한 위기는 어째서 유로존에서만 나타났는가? 미국도 50개의 주로 이루어져 있고 그들 사이의 경쟁력의 차이는 유럽 나라들 사이의 그것에 못지않지만, 단일의 통화로 몇십 년 동안 아무 문제없이 경제를 조직해오고 있지 않은가?

이는 특히 유로화가 태어나기 이전에 또 유로화 위기가 터진 다음에 여러 미국 경제학자들이 지적한 바 있다. 폴 크루그먼의 간명한 정식화를 통해서 보자면, 그 근본적인 이유는 "유럽 나라들은 미국의 주들과 달리 통일된 정부 예산과 공통 언어로 결속된 단일 노동시장을 가진 단일 국민국가로 이루어져 있지 않기 때문"이다.[35] 좀더 명확하게 이야기하자면, 미국은 두 가지의 강력한 안전 장치에 의존할 수 있지만, 유럽연합의 경우에는 이것들이 훨씬 미약하다는 것이다.

첫째, 국가 간의 이주에 대한 안전 장치다. 미국에서 여러 주 사이를 이동하는 미국인들의 비율은 유럽연합 내의 회원국들 사이를 이주하는 유럽인들보다 약 8배가 많다.[36] 이는 유럽의 언어와 문화가 워낙 다양하기 때문에 유럽 각국을 이주하는 것이 미국 각 주를 이동하는 것보다 경제적인 전망이 좋지 않은 데 비해 치러야 할 개인적 비용은 훨씬 크다는 사실을 상당 정도 반영하고 있다. 그리스의 아티카(Attica)에서 독일의 바바리아(Bavaria)로 이주하는 것이 사우스다코타에서 캘리포니아로 이주하는 것만큼 수월한 과정일 것이라고 기대할 수는 없다.[37] 이러한 언어적 차이는 앞으로도 금방 사라질 리 없으므로, 유럽 각국의 복지제도가 완전히 해체되어 노동자들이 언어적·문화적 장벽에도 불구하고 무조건 일자리를 찾아 다른 나라를 헤매고 다녀야 할 정도가 되지 않는 한, 미국과의 이러한 격차가 앞으로 사라질 것이라고 기대할 수는 없다. 그래서 앞에서 주장한 바 있듯이, 언어적 다양성이라는 맥락에서 보자면 대규모 이주는 부정적 외부성들과 훨씬 크게 결부되어 있으므로, 경제적 안전 장치로서의 이주의 잠재력을 더욱 줄이는 한이 있더라도 인구 이동을 안정화시키는 편이 더욱 바람직하다.

둘째, 재분배적 성격을 띠는 조세 및 소득 이전 시스템이라는 안전 장치다. 미국 시스템의 재분배적 성격은 유럽연합의 많은 회원국에 비해 훨씬 떨어지지만, 50개 주 모두를 압도적으로 포괄하여 시행된다는 점에 주목해야 한다. 즉 통화(currency) 지역 전체의 규모에서 시행된다는 것이다. 미국에서는 어느 주의 경제적 상황이 다른 주에 비해 나빠지게 되면 그 주에 있는 가구와 기업에 대한 과세액을 줄여주고 대신 이전소득은 늘려주는 형식으로 일종의 자동적 보상 장치가 작동하게 되어 있다. 초기에 미국 경제학자들이 미국의 달러는 지속가능하지만 유로는 그렇지 못하다는 것을 설명하려고 추산치를 내놓은 바 있다. 미국의 경우 어느 주에서 GDP가 감소하면 항상 그 감소액의 40퍼센트 정도가 다른 주로부터 오는 순이전소득에 의해 (혹은 다른 주에 내야 할 순납부금의 감소에 의해) 상쇄된다고 한다. 하지만 유럽연합의 경우, 전체 차원의 조세 및 복지 시스템에 의해 보상되는 수준은 옛날이나 지금이나 1퍼센트에 미치지 못한다.[38] 미국의 복지제도가 본질적으로 연방 차원에서 시행된다는 사실은 곧 한 주 안에서 실업이 증가하여 그 주 정부 예산의 세수와 지출 모두에 충격이 가해진다고 해도, 이것이 예산 적자, 공공 부채 누적, 신용 등급 악화, 이자율 급등, 적자 심화 등의 악순환 고리를 촉발시킬 위험은 훨씬 적다는 것을 의미한다. 게다가 순이전소득의 증가가 나타나게 되므로 이것이 유효수요의 주입으로 이어져 지역 경제를 떠받치는 데 도움이 된다.

그러나 유로존에서는 이 그림이 완전히 다르다. 유로존의 한 회원국이 어떤 이유에서건(주요 수출품에 대한 외국의 수요 감소에서부터 다른 회원국의 경쟁력 강화 개혁에 이르기까지 다양) 경제적 충격 혹은 장기적인 조건 악화로 타격을 받게 되었을 때, 그 나라 국경선 안에서 작동하는 소득 이전 시스템은 도움이 되지 않는다. 오히려 그 나라가 발전된 복지 제도를 갖추고 있을수록, 그 나라의 낮은 경쟁력으로 인한 실업이 정부 예산에 가져올 충격은 더욱 클 수밖에 없다. 그 양상은 더 많은 세금이나 수당의 감액 혹은 둘 모두로 나타날 수 있거니와, 그와 무관하게 정부 적자의 크기를 일정하게 통제하려고 노력하다보면 국내의 유효수요는 침체를 맞게 된다. 그렇다고 유럽연합의 나머지 지역에서 순이전소득이 들어와 무언가 의미 있는 보상을 해주는 것도 아니다. 첫 번째 안전 장치(국가 간 이주)가 별로 믿을 만한 게 못 된다는 점에서 볼 때, 유로화의 미래는 두 번째의 안전 장치인 유럽연합 차원에서의 체계적인 소득 이전을 발전시키지 않는 한 장담할 수 없다. 여기서 우리는 유럽연합 차원의 소득 이전이 필요한 세 번째 이유를 얻게 된다.

그리고 소득 이전 연합이 필요한 네 번째 이유는 영국의 브렉시트 국민투표 그리고 유럽 전역에 걸친 우익 및 좌익 포퓰리즘의 발호와 관련이 있다. 우리는 그런 일련의 사태를 거치면서 만약 유럽연합이 시민들의 눈으로 볼 때 경쟁력이라는 미명하에 계속해서 사회보호를 줄이려 드는 것으로 인지된다면 정당성을 회복할 길이 없다는 것을 깨닫게 됐다. 다른 말로 하자면 '이주자들'은 소중히 여기면서 '고향에 머무는 이들'을 푸대접하는 것처럼 보여서는 안 된다는 것이다. 유럽연합이 시민들을 진심으로 돌보고 염려한다고 주장하려면 그것을 실제로 보여주어야 한다. 오토 폰 비스마르크는 독일의 통일을 촉진하고 또 막 출현하고 있던 자신의 '제국(Reich)'에 대한 폭넓은 충성심을 확보하기 위해서 최초의 국민적 노령연금 시스템을 만들었다 (제3장을 보라). 그는 1889년 이렇게 말한다. "이 연금은 보통 사람들에게 제국이란 자신들에게 혜택을 주는 제도라는 점을 가르쳐줄 것이다."[39] 유럽연합 전체 차원에서의 소득 이전 시스템 또한 적절하게 설계되기만 한다면 그와 비슷한 기능을 수행할 수 있다. 유럽이 통합되면 지속적 평화의 확보를 통해서든, 생산성 자극에 의해서든, 온갖 종류의 '규모의 경제' 실현을 통해서든 분명히 일정한 물질적 혜택이 생기겠지만, 이는 또한 대단히 불평등하게 분배될 것이다. 유럽연합은 그 물질적 혜택의 일부를 유럽 시민들 모두가 좀더 손으로 만져지는 방식으로 나눠가질 수 있도록 해야 한다. 이것이 유럽연합을 하나의 소득 이전 연합으로 전환시켜야 할 네 번째 강력한 이유다.

하지만 이에 대한 회의주의가 없지 않다.[40] 이러한 소득 이전 연합이라는 게 어떤 형태를 취해야 하며 또 그런 일이 가능할 것인가? 이는 아무런 사전적 재분배도 없이 그저 비대칭적 충격을 완화하기 위해 설계된 회원국들 사이의 순수한 보험제도가 될 수도 있지 않은가? 이러한 제도는 유로화를 안정시키는 데는 도움이 되겠지만, 앞에서 열거한 나머지 세 가지 필요 이유는 제대로 충족시킬 수 없고 또 오히려 더 부유한 나라들이 순수혜자가 되는 결과를 낳게 될 수 있으므로 도저히 용납할 수 없는 일이다.

그렇다면 독일의 여러 주 정부들의 예산 사이에 작동하는 '재정 조정(Finanzausgleich)'•을 유럽연합 수준으로 옮겨보는 것은 어떨까? 이는 영구적인 분란의 씨앗을 심어놓는 일이 될 것이다. 납부금을 내는 회원국들은 수혜를 받는 회원국 정부들이 '자기들' 돈을 어떤 식으로 쓰는지에 대해 계속 개입하려고 들 것이기 때문이다. 가장 가망성이 높은 도구는 따로 있다. 현존하는 여러 연방 국가들을 볼 때, 앞에서 말한 네 가지 기능은 연방 예산을 연방 이하의 단위에 비교적 적은 규모의 소득 이전이 이루어지도록 하는 방식으로 결코 수행된

• 독일에서는 어떤 주 정부든 전체 주 정부 예산 평균의 80퍼센트 이상을 얻을 수 있도록 연방 정부가 예산을 재분배하게 되어 있다.

적이 없다. 이 기능들이 가장 잘 수행되었던 것은, 연방 정부 차원에서 재원을 조달하여 소속 단위들의 경계를 넘나들며 개인들로 직접 연결되는 거대한 소득 이전 시스템을 구축했을 때였다.

그렇다면 유럽에서도 미국과 마찬가지로 전체 연방 차원에서의 복지제도가 있어야 한다는 것일까? 유럽연합 회원국들은 각자 아주 정교한 복지제도 시스템들을 가지고 있으며, 각 제도들의 설계와 재원 조달 역시 서로 크게 다르다. 그것들은 거친 투쟁, 길고 긴 논쟁, 힘겨운 타협에서 나온 경로 의존적 결과물들이다. 이것들을 모두 하나로 합쳐 유럽연합 차원의 획일적 시스템으로 만드는 것을 상상해볼 수는 있지만 과연 바람직한 일일지는 매우 의심스럽다. 또 예측 가능한 미래에 실현될 수 있는 일은 전혀 아니다. 따라서 유럽연합 차원에서의 거대 복지국가를 건설한다는 아이디어는 잊어버리는 것이 좋다. 그 대신 기존의 국가적 차원의 복지제도들의 구조를 본질적으로 건드리지 않으면서 국경을 넘어 개인들 간에 이루어지는 좀더 온건한 형태의 재분배는 무엇이 있을지 탐구해보자.

그중 한 가지 제안은 필립 슈미터(Philippe Schmitter)와 마이클 바우어(Michael Bauer)가 내놓은 것이다. 이들은 가장 가난한 유럽 시민들을 대상으로 유럽연합 차원의 '유럽 급료(Eurostipendium)'를 점진적으로 도입할 것을 주장했다. 이들은 우선 유럽연합 내(그들이 제안을 내놓았을 당시 15개국으로 구성)에서 평균소득의 3분의 1에 미치지 못하는 유럽 시민 개개인에게 월 80유로(당시 유럽연합 1인당 GDP의 약 4퍼센트)를 지급하자는 것이었다.[41] 이러한 제안은 세 가지 주요한 결함을 안고 있다.

첫째, 이는 재산 조사에 기반을 둔 제도이므로 제1장에서 살펴보았던 극단적 형태의 빈곤 함정을 순식간에 만들어내고 말 것이다. (물론 이전소득의 액수가 낮으니 빈곤 함정도 그 정도로 제한될 것이다.) 유럽인 평균소득의 3분의 1에도 못 미치는 소득을 버는 시민들은 월 80유로의 수당을 받지만 그보다 조금이라도 더 버는 이들은 아무것도 받지 못하게 되며, 따라서 결과적으로 소득이 낮은 이들보다 더 못살게 되는 결과가 벌어진다.

둘째, 이는 일국 수준에서의 불평등 함정이라고 묘사할 수 있는 동기부여의 왜곡을 낳는다. 1인당 GDP가 동일한 두 나라를 생각해보자. 소득 분배가 좀더 불평등한 나라에서는 선택된 소득 하한선에 미치지 못하는 인구의 비율이 더 높을 것이다. 재원 조달의 방법이 어떠하든, 그렇게 소득 분배가 더 불평등한 나라 쪽이 평등한 나라보다 이 제도로부터 더 많은 혜택을 보게 될 것이다(혹은 덜 기여하게 될 것이다).

셋째, 이러한 제도를 시행하게 되면 모든 가구의 소득을 비교하기 위해서라도 소득에 대해 모종의 동질적인 정의를 법령화할 필요가 있다. 이러한 소득에 포함될 수 있는 것(집에서 기른 식품, 집 소유권, 동거인의 소득 등)과 배제되어야 할 것(일과 관련된 비용들, 이혼수당, 아이들의 부양 부담 등)을 어떻게 결정할 것인가? 이러한 소득 조사가 개인의 사생활을 간섭하게 될 텐데, 그것이 과연 옳은 일인가? 이런 질문들은 대단히 예민한 이슈들이므로, 초국적 수준에서 획일적인 해법을 통해서 풀 수 있을 것으로 기대하기 어렵다.

유럽 배당금

이러한 여러 난제들을 감안해본다면, 좀더 급진적으로 보이는 제안이 사실 더 현실적이다.[42] 이는 유럽연합 전체(혹은 최소한 유로존)에 걸쳐 진정한 무조건적 기본소득을 도입하는 것으로, 그 액수는 각 회원국의 평균 생활비에 따라 다양하게 정한다. 이미 1975년에 이러한 유럽 연합 전체 차원에서의 기본소득과 닮은 제안이 유럽의 지역 및 농업 정책에 대한 효율적인 대안으로 제안된 바 있다. 유럽 의회에서 보수 세력의 일원으로서 상당히 독특한 인물이었던 브랜든 리스-윌리엄스가 만든 유럽 의회 소속의 경제 및 통화 문제 위원회(Economic and Monetary Affairs Committee)에 제출된 한 보고서에서였다.[43]

좀더 추상적인 수준에서 보면, 이는 철학자 장 마르크 페리가 유럽 시민권의 중심적 구성 요소로서 옹호하기도 했다.[44] 좀더 최근에는 유럽 경제를 침체에서 끌어내는 방법으로서 유럽중앙은행이 모든 유럽인에게 경우에 따라 보편적인 지급을 실시하자는 제한된 형태로 등장한 바 있다(제6장에서 논의함).

우리의 제안은 1인당 월 평균 200유로(2015년 현재 유럽연합의 1인당 GDP의 약 7.5퍼센트에 해당)의 '유럽 배당금(eurodividend)'을 주자는 것이다. 이는 생활비가 더 높은 나라에서는 액수를 높여주고 낮은 나라에서는 액수를 낮추자는 내용을 포함하고 있다. 이러한 제도는 슈미터와 바우어가 제안했던 '유럽 급료' 제안이 안고 있었던 세 가지 결함을 한 방에 해결할 수 있다. 우선 가난한 가정들의 입장에서 소득이 늘어난다고 해도 그것 때문에 수당이 줄어들어 순소득의 감소를 겪을 위험이 없다. 가난한 가정들이 벌어들인 소득은 그냥 유럽 배당금에 추가되어 그대로 순소득이 되기 때문이다. 또한 어느 나라에서도 (평균소득이 변하지 않을 때) 불평등과 빈곤을 줄이는 정책들을 채택했다가 불이익을 당할 위험도 없다. 일정한 소득 하한선에 미치지 못하는 사람들의 수로 초국가적인 소득 이전의 액수가 결정되는 것이 아니기 때문이다. 게다가 소득에 대한 조건이 붙어 있지 않으므로, 수당의 수준을 결정하기 위해 개인 소득에 대한 동질적인 정의와 감시를 적용해야 할 필요도 없다.

그렇다면 이러한 유럽 배당금은 어떻게 재원을 조달할 것인가? 우리는 국가적 수준에서 기본소득의 재원을 조달하기 위한 주요한 선택지들을 제6장에서 자세히 논의했다. 하지만 어떤 수준에서 가장 적절했던 선택지가 다른 수준에서도 반드시 가장 좋은 결과를 낳으리라는 법은 없다. 예를 들어 개인 소득에 대한 과세를 보자. 이는 하나의 국가적 수준에서는 가장 직관적이고 쉬운 선택지다. 그런데 이를 초국가적 규모에서 행하게 되면 과세소득에 대한 획일적인 정의가 있어야 하므로, 앞에서 슈미터-바우어가 제안한 재산 조사 최저소득 제도와 유사한 문제가 다시 나오게 된다. 개인 소득에 관련하여 획일적인 과세 표준을 마련하기 위한 협정을 체결하는 것은 너무나 많은 논쟁과 수고가 따르는 문제이므로, 여기에 의존하려 든다는 것은 대단히 어리석은 짓이다. 몇몇 회원국에서는 각종 사회보장 납부금이 복지제도의 주된 재원으로 쓰이고 있지만, 이 또한 유럽연합 수준에서는 전망이 밝지 않다. 이 돈은 그냥 일국 차원에서의 각종 사회보험 제도의 재원으로 남겨두는 것이 현명할 것이다.

다른 한편 유럽 차원으로 가면 유럽 고유의 새로운 기회들이 나타날 수 있다. 예를 들어 리스-윌리엄스가 지적했던 것처럼, 유럽연합의 예산에서 월등하게 가장 큰 항목을 차지하고 있는 공동 농업 정책에서 일정하게 저축을 마련할 수도 있다. 하지만 이러한 지출의 일부는 재분배 이외의 가치 있는 목적들에 복무하는 것이라고 볼 수 있으며, 설령 그 예산의 많은 부분을 모든 유럽 시민들의 유럽 배당금 재원으로 돌린다고 해도, 그들이 받게 될 액수는 월 10유로(2015년 시점에서 유럽연합의 1인당 GDP의 약 0.5퍼센트)를 넘지 못한다.[45]

따라서 유럽 전체 차원에서 특히 적절한 조세 형태를 찾아보는 것이 불가피해진다. 그중 하나는 유럽중앙은행의 화폐 창출이다. 하지만 제6장에서 설명했듯이, 이는 등락이 심한 추가액이라면 모를까 안정된 수준의 수당을 줄 수 있는 재원이 되지는 못한다. 또 다른 매력적인 선택지는 토빈세라고 알려져 있는 금융 거래세다. 2012년의 유럽연합 현황에 대한 추산치에 기초해볼 때, 유럽 전체에서 세수를 극대화할 수 있는 방식으로 토빈세를 시행한다면 상당히 낙관적인 가정들을 넣는다고 해도 조달할 수 있는 기본소득은 1인당 월 10유로 정도에 불과하다. 게다가 이러한 조세의 세수는 국제 자본의 투기 활동에 따라 크게 등락할 것으로 보인다. 일단 투기꾼들이 여러 세금 구멍들을 찾아내거나 더 수지맞는 장사로 이동하면 과세 표준의 조세 탄력성이 더욱 커지게 되기 때문에, 그러한 세수의 추산치는 실제보다 과대평가되기 십상이다.[46]

그렇다면 탄소세(제6장을 보라)라든가, 유럽연합에 배분된 탄소 쿼터 일부의 사용권으로 수수료를 내게 하는 방법은 어떨까? 현재 '배출권 거래제도(Emission Trading System)'에서 판매되는 탄소 배출권 매출은 2020년에는 연간 210억 유로에 달할 것으로 추산되며, 이는 약 월 3.5유로의 유로 배당금에 해당하는 돈이다. 하지만 대부분의 탄소 배출은 이 거래 제도에 들어가 있지 않다. 만약 모든 탄소 배출권이 이 거래 제도로 들어온다면 거기에서 나오는 돈도 더 많아질 것이다. 합리적인 가정들을 전제로 할 경우, 이것으로 재원을 조달한다면 월 17유로까지의 유럽 배당금이 가능한 셈이다. 결과적으로 따져볼 때, 배출권의 100퍼센트가 경매에 붙여지고 그 수입의 100퍼센트가 유럽 배당금으로 분배된다는 아주 우호적인 가정들을 전제로 한다고 해도, 이러한 방식으로 조달할 수 있는 배당금의 수준이란 아주 적은 것이며, 배출권의 시장 청산 가격에 영향을 주는 각종 변수들의 등락에 좌우될 수밖에 없다. 게다가 이러한 수수료의 존재로 인해 탄소 배출권의 수요량이 장기적으로 감소하게 될 위험에 노출된다.[47]

더 고찰해볼 만한 가능성 하나는 화석 에너지 사용에 대한 세금이다(제6장에서 서술함). 이러한 조세가 만들어진 근거는 탄소 배출뿐만 아니라 지역에 끼치는 여러 외부성과 자원 고갈 등의 부정적 영향까지를 통합하기 위해서다.[48] 물론 기본소득의 필연적 특징은 화석 에너지 소비 수준이 높은 나라에서 낮은 나라로 재분배가 이루어지는 방식으로 재원을 조달해야 한다는 것이다. 만약 에너지 소비의 차이가 본질적으로 부의 차이로 결정된다면(전 세계 여러 지역들 사이에서는 일반적으로 사실이기도 하다), 이는 문제될 것이 없다. 하지만 유럽연합의 회원국들 사이에서는 반드시 그렇지가 않다.

또한 만약 본질적으로 에너지 소비의 차이가 나라에 따라 얼마나 효과적인 에너지 절약 전략을 채택하고 있는지 여부에 달려 있다고 해도 문제될 것이 없다. 이는 에너지 절약의 동기를 이끌어내는 유인책이 적절하게 작동하고 있다는 것을 보여주는 것이기 때문이다. 하지만 한 나라의 에너지 소비 수준은 일부 자연적 특징들에 의해서도 영향을 받는다. 예를 들어 그 나라가 아주 추운 지역에 있을 수도 있다. 북쪽의 추운 나라에 있는 주민들이 거기 살게 된 것은 아득히 먼 조상들이 하필 거기에 정착했고 그후 대대로 거기서 살아왔기 때문이므로 그들에게 그 대가를 지불해야 한다고 주장할 수는 없는 일이다. 따라서 유럽연합 차원에서도 이러한 조세를 시행하는 것을 공정하다고 볼 수 없다.

자본에 대한 과세는 이러한 어려움에 직면하지 않을 뿐만 아니라, 초국가적 이동성 때문에 초국가적 과세에 특히 적절한 대상이다. 자본에 대한 과세의 예 가운데 하나는 유럽연합 전체 차원에서의 누진

적인 부유세다. 토마 피케티의 추산에 따르면, 그러한 조세를 지속가
능한 세율로 매긴다면 유럽연합 GDP의 2퍼센트 정도를 내놓을 수
있을 것이고, 이를 월 기본소득으로 환산하면 약 40유로가 될 것이라
고 한다.[49] 게다가 지금까지 회원국들 중에서 이러한 세금을 도입한
나라들이 아주 적다는 사실도 이를 지지하는 논거가 될 수 있다. 여
러 나라들 안에 이미 이질적인 제도적 장치들이 존재하고 있다면 이
를 조화시키는 데 너무 많은 수고가 들어갈 것이기 때문이다. 하지만
이는 유럽연합 차원에서의 부유세 제도화가 같은 차원에서의 소득세
제도화보다 더욱 어려울 수 있다는 것을 보여주기도 한다. 두 경우 모
두 가장 큰 도전은 모든 나라에서 공통으로 작용할 수 있는 과세 표
준의 정의에 합의하는 문제일 것이다.

따라서 유럽연합 전체 차원에서의 법인세가 좀더 가능성 있는 대
안이 될 수 있다. 이윤에 대한 원천징수율은 유럽연합 회원국들 사이
에 큰 차이가 있다. 에스토니아는 0퍼센트이며 벨기에, 프랑스, 이탈
리아, 독일 등은 약 30퍼센트 혹은 그 이상이다. 반복해서 말하지만,
이러한 세율 차이는 세금 인하 경쟁의 원인이자 결과가 되는 악순환의
고리를 낳으므로 그 차이를 줄여나가자는 제안들이 있었다. 이 제안
들은 유럽연합 회원국들 사이에 법인세율을 조화시키거나 최소한 최
저세율을 강제하고 나아가 법인에 대한 과세를 유럽연합이나 유로존
수준에서 조직하자는 주장까지 포함하고 있다. 지금으로서는 공통으
로 정의된 법인에 대한 과세 표준이 존재하지 않지만, 전체 GDP에서
금융 및 비금융 법인기업들의 몫을 그 상한선으로 볼 수 있다. 이는
2014년의 시점에서 볼 때, 유럽연합이나 유로존 차원에서 대략 16퍼
센트 정도에 해당한다. 만약 유럽연합 전체 차원에서 30퍼센트의 세
율로 정한다면, 이를 통해 월 100유로(2015년 1인당 GDP의 거의 5퍼센

트)의 기본소득을 마련할 수 있다. 하지만 이는 아주 최대로 잡은 추산치다. 과세 표준을 아주 폭넓게 정의하고 세율을 높게 잡았을 뿐만 아니라, 세율 인상이 과세 표준 자체에 가져올 효과를 모두 무시하고 있기 때문이다. 또한 모든 나라가 국내의 최저 세율에 합의하는 협정이 심지어 무산될 수도 있다는 사실까지 생각해보면, 이러한 방법은 가능성이 낮을 수밖에 없다.[50]

우리가 볼 때 가장 유망한 방법은 현존하는 모든 세금들 가운데서도 가장 유럽화되어 있는 세금인 부가가치세다.[•] 이 간접세는 생산물의 모든 생산 단계에서 부가된 가치에 대해 붙는 세금으로, 궁극적으로 최종 소비자가 지불하게 된다. 부가가치세는 간혹 국가적 차원에서 기본소득의 재원으로 제안되기도 하지만(제6장을 보라), 특히 유럽연합 차원에서 기본소득의 재원으로서 고유한 이점들을 가지고 있다. 과세 목적에서의 부가가치에 대한 정의는 개인 소득, 재산, 법인 이윤 등과는 달리 이미 유럽연합 차원에서 동질적인 표준이 마련되어 있다. 그럴 수밖에 없는 것이, 부가가치세는 유럽연합 예산의 일부를 조달하는 재원으로 사용되었기 때문이며, 모든 회원국들의 부가가치세율 결정이 유럽연합의 입법에 의해 제약되는 사항이기 때문이기도 하다. 현재의 관행을 그대로 사용하여 추산해본다면, 모든 회원국들에 (공통 세율 합의로 부가가치세율이 낮아져서 혜택을 보는 나라들도 포함) 공통으로 적용되는 과세 표준에 부가가치세를 매긴다면 1퍼센트 세율이 오를 때마다 대략 600억 유로씩 세수가 늘어나며, 이는 1인당 월 10유로 정도에 해당한다. 유럽연합의 GDP는 공통으로 합의한 부가

[•] 부가가치세는 1955년에 프랑스가 제조세를 부가가치세로 대체함으로써 최초로 시행되었으며, 1967년에 유럽공동체 회원국들이 이를 공통의 조세로서 인정한 것이 전 세계로 확산되는 중요한 계기가 되었다.

가치세 과세 표준의 두 배를 약간 넘으므로, 1퍼센트의 부가가치세에서 나오는 세수는 GDP의 0.5퍼센트에 조금 못 미치는 액수에 해당한다. 따라서 1인당 월 평균 200유로(2016년 기준)의 기본소득을 지급하기 위해서는, 유럽 전체 차원에서의 부가가치세율이 약 19퍼센트가 되어야 한다.[51]

여기에서 우리는 연령이라는 차원에서 이전소득액을 차별화하거나 제한하는 것을 생각해볼 수 있다. 예를 들어 아동에게는 지급 액수를 낮추고 노인들에게는 높일 수 있다. 또한 만인에게 지급되는 기본소득으로 바로 뛰어들려고 하지 말고 몇 개의 단계를 둬서 우선 특정한 연령 집단에서부터 시작할 수도 있다(제6장을 보라). 예를 들어 회원국들이 인구 노령화의 문제를 해결하는 것을 도우려면 모든 부가가치세 수입을 유럽 전체 인구의 12퍼센트에 해당하는 70세 이상의 노인들에게 몰아주는 것으로 시작할 수도 있다. 그렇다면 6퍼센트의 부가가치세로도 노인들에게 월 약 500유로의 무조건적 기초연금을 지급할 수 있게 된다.[52] 하지만 여기서 유럽의 낮은 출산율과 유럽연합이 공공연히 인정한 아동 빈곤의 문제를 감안한다면, 좀더 현실성 있는 안은 유럽 인구의 10퍼센트에 해당하는 10세 미만의 아동들을 대상으로 시작하는 것이 될 것이다. 이 경우 1퍼센트의 부가가치세로도 월 100유로의 아동수당 재원을 충분히 마련할 수 있다.[53] 하지만 유럽연합 회원국들 내부의 연령 구조는 서로 크게 다르기 때문에, 유럽 배당금을 시작할 때 다양한 방식들 중 어떤 것을 선택할 것인지는 국가 간 분배에 중요한 영향을 끼치는 문제이기도 하다.

우리가 제안하는 부가가치세를 재원으로 한 월 200유로의 유럽 배당금이라는 아이디어는, 충분히 심사숙고를 거친 것이거나 세심한 미세 조정을 거쳐서 완성된 방안이 아니다. 초국가적 차원에서 개인간의 소득 이전 제도라는 전대미문의 무엇인가를 조직하는 최상의 방법을 진지하게 생각해보는 하나의 출발선으로 내놓았을 뿐이다.

이 제안에 대해 나올 수 있는 반론들 가운데 세 가지만 생각해보도록 하자. 첫 번째 반론은 이것이다. 어떤 회원국에서는 이미 부가가치세가 20퍼센트를 넘고 있는데 거기에 다시 19퍼센트의 부가가치세를 덧붙이라는 말인가? 그렇지 않다. 우리가 제안하는 것은 기존의 조세와 수당에 새로운 조세나 새로운 수당을 그냥 덧붙이자는 것이 아니다. 수당 쪽을 보면, 이 유럽 배당금은 모든 기존 수당의 저층을 형성하게 될 것이며, 현재 유럽 배당금을 초과하는 액수로 주어지고 있는 수당은 초과하는 액수만큼 조건부로 주어지는 추가액으로 존속하게 될 것이다. 그와 동시에 이 유럽 배당금은 모든 이들의 순소득을 자동적으로 불려주는 것을 의도하지 않는다. 이는 모든 소득세 납부자의 아래쪽 소득 구간에 대해 이루어지는 표준적인 감세를 대체하는 일종의 획일적 세액공제에 해당하는 것으로 볼 수 있다.

따라서 회원국의 정부 예산은 기존에 지급하던 모든 수당에서 그 맨 아래의 200유로에 해당하는 부분은 더 이상 지불하지 않아도 되므로 혜택을 볼 것이며, 또한 그것의 운영에 따르는 세금 지출도 줄일 수 있어서 혜택을 볼 것이다. 회원국들은 따라서 국가적 차원에서의 세금 부담을 줄이는 쪽으로 조정할 수 있게 된다. 가장 직관적인 선택은 국가적 차원에서의 부가가치세를 줄이는 것일 수도 있지만, 회원국마다 조세 및 수당의 구조가 다르므로 선택지마다 다른 매력과 장점을 가질 수 있다.[54]

두 번째 반론은, 유럽 배당금을 정당화하는 것으로 앞에서 언급한 네 가지 기능들 중 최소한 일부는 더 나은 효과를 갖는 다른 정책 수단이 있을 수 있다는 것이다. 한 예로 유로화의 존속을 확보하기 위해 필요한 경제 안정화 기능을 생각해보자. 부가가치세를 재원으로 하는 유럽 배당금이 여기에 어떻게 기여하는지를 이해하려면, 실업률이 계속해서 증가하다가 갑자기 경제적 충격을 받게 된 회원국의 상황을 생각해보면 된다. 현재의 환경에서는 그로 인해 세수의 급격한 감소가 나타날 뿐만 아니라, 일자리를 잃게 된 이들의 소득 대체 비용까지도 모두 그 해당국의 예산이 감당해야만 한다. 자국 주권통화의 평가절하도 불가능하고 노동의 이동성도 높지 않은 상태에서 공공 부채와 적자로 인한 고통에 이러한 충격까지 받게 되면, 나라 전체가 아주 무서운 악순환의 고리에 갇힐 수 있다.

그런데 부가가치세를 재원으로 하는 유럽 배당금은 이러한 충격을 없애지는 못한다 해도 다음의 두 가지 방식으로 그것을 약화시킬 수는 있다. 첫째, 해당 나라의 경제 위기로 그 나라에서 나오는 부가가치세가 줄어들겠지만 그 충격이 유럽연합 전체로 퍼지기 때문에, 그 나라 자체가 받게 되는 충격은 줄어들게 된다. 둘째, 실업으로 충격을 받은 가구 소득의 맨 아랫부분은 유럽연합 차원에서 재원이 조달되는 유럽 배당금의 형태로 지급되므로, 국가적 차원의 정부 예산에서는 거기에 덧붙는 추가 수당만 지급하면 되며 이에 정부 지출도 줄일 수 있게 된다.

이렇게 어떤 나라가 경제 위기를 맞는다고 해도 유럽연합 차원에서 재원을 조달하여 일정한 액수로 지급하는 수당이 존재한다면 이 제도가 일정한 경제 안정화 효과를 가져올 수 있다. 그렇다고 해도, 이 공통의 지갑에서 지급되는 수당의 액수가 경기 순환에 반응하여 변동한다면 그러한 안정화 효과가 기본소득의 경우보다 더 커질 것은 분명하다. 유럽연합 차원에서 재원을 조달하는 실업보험 제도가 바로 이 경우에 해당된다.[55]

하지만 이런 종류의 제도는 유럽 배당금이라면 피해갈 수 있는 몇 가지 난제들을 불러오게 된다. 특히 어떤 것을 비자발적 실업으로 볼지에 대해서 모든 나라에 충분히 획일적으로 적용될 수 있는 정의를 마련해야 한다. 이에 따라 한 국가의 사회정책에서 아주 민감한 영역을 놓고, 위로부터의 간섭과 침해가 벌어질 수밖에 없다. 게다가 실업보험 제도는 일종의 보험 시스템으로 운영되므로 사전적 재분배가 없다. 그 결과 더 가난한 나라들이 더 부자인 나라들에 돈을 대는 황당한 일이 벌어질 가능성도 배제할 수 없다. 무엇보다도 유럽 배당금은 실업보험 제도로는 충족할 수 없는 다른 세 가지 기능[*]이 있다. 그리고 이는 또한 자유로운 사회와 건전한 정신의 경제라는 더 폭넓은 프로젝트에 들어맞는다. 기본소득이 한 국가적 차원에 머물지 않고 하나 이상의 수준에서 시행된다면, 원대한 프로젝트의 실현에서 아주 중요한 역할을 맡게 될 것이다.

세 번째 반론은, 그러한 유럽 배당금과 조금이라도 닮은 것은 무엇이든 정치적 실현가능성이 의심스럽다는 것이다. 유럽연합의 기존 조약들에 따르면, 사회정책은 회원국들의 고유한 정책 영역이므로 침해받지 않아야 한다. 물론 이러한 조약들은 얼마든지 바뀔 수 있다. 그리고 앞에서 말한 네 가지 이유 때문에 유럽연합이 일종의 소득 이전 연합으로 변해가야 한다는 인식이 널리 확산되면서, 그러한 방향으로 조약들을 개정하자는 압력도 높아지고 있다. 하지만 정부 간 협상이라는 장은 결국 각국의 대표들이 자국민을 위해 얼마만큼의 순이득을 챙겨갈 것인가가 관건이 되는 곳이므로, 이런 장에서 유럽 배당금과 같은 것이 순탄히 태어날 것이라고는 상상하기 어렵다. 한 나

---

[*] '유럽 급료' 제안이 안고 있던 세 가지 결함을 해결한 것을 말한다(531~532쪽 참조).

라에서의 복지제도 발전 과정이 그러하듯이, 유럽연합 차원에서도 재분배 제도가 얼마만큼이나 정치적으로 실현가능한가는 관련된 인구 전체를 아우르는 데모스(demos)**가 출현할 것인가에 달려 있다. 그러한 데모스가 존재하려면, 전 유럽의 시각에서 공정하다고 여겨지는 정책을 힘차게 추진하면서 이를 전 유럽의 일반 이익이라고 주장하는 정당들이 유럽 전역에서 움직여야만 한다. 그리고 데모스가 튼튼히 서기 위해서는 범 유럽적 차원의 시민사회가 국경을 넘나드는 활발한 토론과 효과적인 대중 동원 역량을 발휘하여 그것을 뒷받침해야만 한다.[56]

하지만 언어 장벽만 생각해봐도 데모스를 유럽 차원에서 달성하는 것이 한 나라 안에서보다 훨씬 더 힘든 일임을 알 수 있다. 하지만 유럽 차원에서의 데모스는 여러 다양한 방식으로 이미 서서히 출현하고 있다. 2012년 이후 유럽 차원에서 20개 이상의 '시민 발의'가 시도되었고(그중에는 기본소득에 대한 것도 있었다. 제7장을 보라), 그중 세 개는 유럽연합 전체에 걸쳐 100만 명 이상의 서명을 얻어내는 데 성공했다. 그리고 2014년에는 최초로 유럽 집행 위원회의 의장으로 출마한 후보자들이 유럽 의회 선거운동 기간 동안 모든 유럽 시민들 앞에서 자신의 공약을 내놓고 설명해야 했다. 그와 동시에 영어가 유럽 전체의 공용어로 빠르게 확산되어가고 있으며, 브뤼셀에서는 활발한 시민사회가 하루가 다르게 성장하고 있다. 하지만 유럽 차원의 기본소득이 실현되기까지 가야 할 길은 여전히 멀다. 물론 전 세계적 차원의 기본소득만큼 아득히 먼 길은 아니지만, 당분간은 유럽에서도 기본소

** 그리스어로 '다중'이라는 뜻으로, 민주주의(deomcracy)란 바로 이들이 통치 주체가 되는 정치 체제를 일컫는다. 즉, 익명의 다수 대중이 통치와 정치 행위의 주체로 나선 상태를 묘사하는 말로 이해할 수 있다.

득을 직접 도입할 수 있는 가장 유효한 수준은 일국 단위가 될 것이다. 유럽연합 차원에서 국경을 넘는 소득 이전 제도가 일단 시행되면 각국의 기본소득 제도를 유지하는 일을 더 용이하게 만들어줄 테지만, 소득 이전 제도가 이루어지기를 기다린 뒤에야 기본소득 제도로 나아가겠다고 생각해서는 안 된다.

이질적인 인구 속에서의 기본소득

앞에서 우리는 지구화가 국가적 차원에서 이루어지는 기본소득의 경제적 지속가능성에 대해 어떤 이의를 제기하는지, 그리고 국가적 차원에서의 조치와 더 큰 차원에서의 기본소득 도입을 통해 이런 이의 제기에 어떻게 대응할 수 있는지에 대해 고찰해보았다. 하지만 지구화는 국가적 차원에서 이루어지는 기본소득의 경제적 지속가능성에만 영향을 주는 것이 아니다. 이는 정치적 실현가능성에도 영향을 미친다. 특히 지속적인 이주민 유입으로 인구가 갈수록 인종, 종교, 언어 등에서 이질화되어가고 있으며, 이러한 이질성은 다음의 두 가지 별개의 메커니즘을 통해서 후한 수준의 재분배 시스템의 정치적 지속가능성을 약화시키고 있다.

첫째, 이질성의 정도는 소득 이전 시스템의 순기여자들이 스스로를 순수혜자들과 어느 정도나 동일시하는지, 즉 순기여자가 순수혜자를 마땅히 연대해야 할 '우리 사람들'이라고 여기는지 여부에 영향을 준다. 이러한 문제제기가 새로운 것은 아니다. 우리는 이미 옛날 이프르시의 치안판사들이 공공부조 제도를 옹호하면서 자기들은 이방인들까지 돌볼 필요를 느끼지 않는다고 아주 무뚝뚝하게 말했던 것을 기억한다. "우리는 전혀 알지도 못하는 이방인들보다는 우리가 각자의 개성과 행동방식까지 잘 알고 있는 우리 시민들을 더 선호합니다. 우리는 그들을 돌볼 의무가 있습니다. 그들은 우리와 동일한 정치체의 성원들이기 때문입니다."[57] 이 '이방인들'이 지금 우리 곁에 함께 있다. 진정한 재분배 제도가 비례에 맞지 않게 그들에게 지나친 혜택을 주는 것으로 인식되면, 그 돈을 대는 이들은 분개할 것이며, 재분배 제도의 확장 또한 가로막힐 뿐만 아니라 아예 존속가능성까지 위협당하게 될 것이다.[58]

둘째, 비록 연대가 이미 제도화되어 있다고 해도, 이질적인 사회에서는 더욱 약해질 것으로 예상된다. 후한 수준의 재분배 제도에서 가장 큰 이득을 볼 것으로 예상되는 범주의 사람들끼리도 여러 집단적·문화적 차이점들로 인해 원활한 의사소통과 상호 신뢰에 장애가 생길 것이기 때문이다. 이러한 장애물들로 인해 순수혜자들이 서로를 조직하고 협력하여 함께 싸우는 일은 더욱 어려워진다.[59]

이 두 가지 메커니즘이 하나로 엮이게 되면, 다른 조건이 동일하다고 했을 때 후한 수준으로 제도화된 재분배를 달성하기에는 이질적인 사회가 동질적인 사회보다 더 힘들 것이라고 예상할 수 있다.[60] 만약 지구화가 이민자들의 끊임없는 유입을 뜻하는 것이라면, 지구화가 함축하고 있는 세율 인하와 여러 사회적 경쟁이 불러오는 바닥으로의 경쟁 같은 것들까지 언급하지 않아도, 지구화된 세상에서는 후한 수준의 무조건적 기본소득의 전망이 어둡다고 할 수 있다. 만약 집단적 다양성의 증가로 정치적 제약이 심각해진다면, 재분배의 경제적 지속가능성에 위기가 닥치기도 전에 재분배 자체가 중단될 수 있다. 이렇게 본다면, 정치적 실현가능성의 제약 또한 경제적 제약만큼이나 절대적인 구속력을 가진 문제가 된다.

이러한 맥락에서, 아무 의무도 부과되지 않는 기본소득을 도입하게 되면 이민자들은 공식적 노동시장에서 단절된 채 결국 이민 온 나라의 사회에 통합되는 것을 방해받는 셈이니 상황을 더 악화시키는 것이 아닐까?

기본소득으로 그러한 문제가 줄어드는 경향이 있다. 기본소득은 보편적으로 주어지는 것이므로 재산 조사에 기초한 최저소득 제도에서 발생하는 실업 함정을 제거하거나 줄여주며 따라서 경제적 통합을 촉진하기 때문이다(제1장을 보라). 하지만 언어에서 빚어지는 여러 장벽, 주거와 교육에서 겪게 되는 분리(차별), 동일한 기원을 가진 이민자 공동체의 규모 등의 요인이 있기 때문에 기본소득만 가지고는 못사는 지역이 영구적으로 게토화되는 악순환의 고리를 깨는 데 충분하지 않을 가능성이 있다. 만약 그런 일이 벌어진다면, 일정한 참여를 조건으로 내거는 것이 합리적일 수 있다. 예를 들어 이민 온 나라의 공식 언어에 충분히 익숙하지 않은 이들은 의무적으로 언어 교육을 수강해야 한다든가, 제한된 기간이나마 의무적으로 사회봉사 활동을 하도록 하는 규정 등을 둘 수 있다. 만약 설계만 잘 된다면 그러한 조건을 강제하는 것도 얼마든지 합리적일 수 있다. 그것을 통해 사회적 응집력을 강화하고 재분배의 정치적 지속가능성도 강화할 수 있기 때문이다. 이는 또한 이민자들의 실질적 자유에 실체를 부여하기 위해서는 단순히 현금 지급만이 아니라 여러 다른 도구들(특히 언어 능력 등)도 필요하다는 것을 널리 인식시킬 기회가 될 것이다.

경제적 지속가능성에 대한 도전과는 대조적으로, 문화적 이질성에서 야기되는 정치적 실현가능성에 대한 도전은 기본소득 제도를 더 큰 단위로 끌어올린다고 해결되지 않는다. 더 큰 단위로 가면 인구의 이질성은 더 증가하기만 할 것이다. 따라서 반대로 이를 좀더 탈중앙화된 지자체 수준의 규모로 줄이는 것이 도움이 될 때도 있다.[61] 하지만 연대에 기반을 둔 사회보호 모델에 비교해볼 때, 기본소득 모델은 어떤 크기든 문화적으로 다양한 정치적 단위에 특히 잘 들어맞는다. 연대란 무엇을 불행으로 볼 것인가에 대해 한 집단의 고유한 문화적 규정을 필요로 한다(비자발적 실업, 고용불능, 비자발적 임신, 우울증, 중독 등). 그래야 모두가 그런 불행에 빠지게 될 경우 자기도 마찬가지로 도움이 필요할 것이라고 예상하여 다른 사람들로부터 어느 정도까지 일정한 도움을 얻을 자격이 생겨나는 것이다.

하지만 이와는 대조적으로, 기본소득은 공동의 상속물을 공정하게 분배하는 것이므로, 동일한 영토를 공유하고 있는 사람들 모두가 자신과 타인들을 동일한 정치 공동체에 사는 자유롭고 평등한 성원으로 간주할 뿐이다. 기본소득을 다양한 구성의 인구에서 실현하는 일은, 전통적인 복지제도가 전제 조건으로 내세우는 연대감을 보존하는 것보다는 쉬운 일이다. 하지만 기본소득을 실현하려면 여전히 선거 시스템부터 도시 계획을 거쳐 학교 교육 과정에 이르기까지 모든 영역에서의 일상적인 노력과 지혜로운 창의성이 필요하다. 그리고 자기 내부의 다양성을 인정하고 가치를 부여하는 정치 공동체적 정체성의 틀이 필요하다. 이 모든 것은 무조건적 기본소득의 정치적 실현 가능성뿐만 아니라, 공동생활의 질과 관련된 여러 다양한 측면에서도 중대한 문제다. 거기에는 서로가 서로에게 봉사한다는 기풍이 확산되어야 한다는 점도 포함된다.

이 장의 결론은 이제 분명해졌다. 현재의 상황에서 앞으로 나아가기 위해서는 몇 개의 다른 경로를 동시에 밟아나가야 하며 또 이는 충분히 가능하다. 전 세계적 기본소득과 조금이라도 닮은 것이라면 무엇이든, 아무리 보잘것없어 보이는 기회라도 움켜잡아야만 한다. 특히 지구 온난화에 대한 공정한 협정을 얻기 위해 분투하는 이들의 노력은 아주 희망적이다.

또한 비록 지리적으로 제한되어 있더라도 초국가적 수준의 무엇인가와 닮아 보이는 것이 있다면 그것을 얻어내기 위해 모든 기회를 활용해야 한다(가장 가능성 있는 것은 유럽연합이다). 이러한 기본소득은 장래에 지구적 규모에서 달성될 수 있는 것을 미리 선취하는 것인 동시에 그보다 아래 수준인 국가적 규모에서 지금 당장 성취할 수 있는 것의 지속가능성에도 크게 기여하는 일이다.

마지막으로, 국가적 수준에서의 자율성이 충분히 확보될 것으로 믿어도 좋으며, 기존의 복지제도를 개혁하여 그 가운데 최소한 적은 액수라도 무조건적 기본소득을 포함시키는 방식으로 다시 만들어나갈 여지가 아주 많다는 것도 기억해야 한다.

이 세 가지 수준(전 세계적 수준, 초국가적 수준, 국가적 수준)에서의 기본소득은 서로 경쟁자가 아니라 서로의 부족함을 채워주는 것들이다. 지구적 혹은 지역적 발판이 든든할수록 국가 간에 벌어지는 진정한 재분배에 대한 압력도 줄어들게 되며, 일국적 차원에서의 기본소득 또한 더욱 지속가능해질 것이다.

후주

1   Rawls(1999).

2   여기서 이러한 입장의 정당화 논리를 설명할 수는 없다. 이 자세한 주장과 방어 논리
는 다음을 보라. Van Parijs(1995: chapter 6; 2007; 2011: section 1.9), Rawls and Van
Parijs(2003).

3   예를 들어 Shachar(2009), Milanovic(2016).

4   Steiner(2003)

5   스위스에서 실시한 기본소득 국민투표 직후의 설문조사에 따르면, 찬성한 사람들의 36
퍼센트와 반대한 사람들의 65퍼센트가 기본소득의 도입은 국제적 수준에서 결정되어
야 할 문제이며, 스위스 단독으로 결정한다면 타격을 입게 될 것이라고 답했다(Colombo
et al.[2016: Table 3.5]).

6   이처럼 완전한 사후적(혹은 보험 기반) 재분배와 사전적(혹은 진정한) 재분배의 구별은 제
1장에서 나왔던 사전적 혹은 선불의 지급을 내포하는 소득 이전 제도(즉, 수혜자의 소득
과 무관하게 지급이 이루어짐)와 사후적 혹은 재산 조사를 기반으로 지급하는 제도(즉, 수혜
자의 소득에 대한 사전 정보에 따라 선별적으로 지급이 이루어짐)의 차이와 직접적인 대조를 이
룬다. 재산 조사에 기초한 최저소득 제도는 전자의 의미로 볼 때에는 사전적이며, 후자
의 의미로 볼 때는 사후적이지만, 민간연금 제도는 후자의 의미에서는 사전적이지만 전
자의 의미에서는 그렇지 않다.

7   '복지 자석'이라는 주장에 대한 논의로, 미국의 경우는 Peterson and Rom(1990),
Peterson(1995), Borjas(1999)를, 유럽의 경우는 Razin and Wahba(2015)를 참조.

8   이러한 압력에 관해 핵심적인 차이는 '노동 조사 기반 제도냐 아무 의무도 부과되지 않
는 제도냐'라든가 '일자리가 있는 이들이냐' 같은 것이 아니라, '납부금을 냈느냐 내
지 않았느냐'다. 예를 들어, 앳킨슨은 다음과 같은 점에 주목한다(Atkinson[2015: 143 –
144]). 유럽연합 내부의 이동성이 보조금을 받는 일자리의 존속가능성을 위협한다. 따
라서 그러한 일자리는 영국에 등록되어 있으며 사회보장 납부금을 납부한 바 있는 장기
적인 실업자들로 국한할 것을 권고하고 있다. 이와 비슷하게, 제임스 미드 또한 유럽에

서의 기본소득 시행의 다양한 시나리오를 논의하면서 각국 정책의 조화를 강조하고 있다(Meade[1991]). 기본소득이 있는 나라들에 일하지 않는 이들이 집중되는 것을 피하기 위해서가 아니라, 그 나라들에 생산성이 떨어지는 활동들이 집중되는 것을 피하기 위해서다.

9 Vives(1526/2010: 73).

10 City of Ypres(1531/2010: 129).

11 Spicker(2010: 141).

12 Pigou(1920/1932: 766 - 767).

13 이 딜레마에 대해서는 Howard(2006). 이프르시의 치안판사들은 이러한 딜레마에서 자기들이 내린 선택을 변호하는 가운데, 자신들의 문제해결은 이성에 근거한 숙고였다고 한다. "자원이 부족하기 때문에 이방인들과 우리 시민들 모두를 부양할 수 없다고 한다면, 작은 이점(즉, '소수를 배제함으로써 생겨나는 극소수의 해악들'을 피하는 것)을 버리고 더 큰 이점('선한 법이 부서져 없어지는 일'을 피하는 것)을 취하는 쪽이 이성적이라고 우리는 생각했습니다"(City of Ypres[1531/2010: 136]). 설령 재분배 제도들이 없다고 해도 이러한 딜레마가 생겨난다는 사실에 주목하라. 무한정으로 이민이 유입되면 일자리, 주거, 여타 생활시설을 놓고 끊임없이 밀려들어오는 새로운 이민자들과 현지 인구 중 가장 못 사는 지역 및 부문의 인구 사이에 경쟁이 벌어진다는 것을 뜻하기 때문이다. 그리고 이는 재분배 제도가 시행되고 있으며 모든 이민자들이 일하기를 원하고 또 실제로 일한다고 해도 벌어질 일이다. 이러한 딜레마가 재분배 제도와 관련하여 특히 날카로워지는 이유는 그 제도의 존속 자체가 순수혜자들의 유입으로 위협을 받기 때문이며, 이프르시의 치안판사들도 이 점을 지적하려고 애썼던 것이다.

14 Smith(1776/1977: ch.10).

15 2014년 일본의 대법원은 "외국인들은 법률에 기초한 부조 수급권을 가지고 있지 않으며, 오직 행정적 결정에 기초한 현실적 의미에서의 공공부조를 받을 수 있을 뿐이다"라고 확인하였다("Supreme Court Rules Permanent Residents Ineligible for Public Assistance," 「아사히신문」[July 19, 2014]). 이것이 함의하는 것 하나는, 외국인들은 설령 수당을 신청했다가 거부당한다고 해도 이에 대해 항소할 수 없다는 것이다.

16 '호구' 시스템과 그것이 사회적 배제에 가져온 충격에 대해서는 다음을 보라. Nyland et al.(2014).

17 Jesse Spafford(2013)는 어떤 이민자가 받게 될 기본소득의 액수가 그 나라에서 거주하는 햇수가 늘어나면서 함께 늘어나도록 하자고, 예를 들어 매년 2000달러씩 늘어서 1만 8000달러에 도달할 때까지 늘어나도록 하자고 제안하고 있다. 이는 알래스카에서 처음

에 구상했다가 미국 대법원에서 무너뜨린 제도와 유사하다.

18 Charlier(1848: 75).

19 Ferry(1995/2010). 알래스카 배당금 제도는 미국 시민권자들에게만 제한된 게 아니라는 점에 주목하라. 2015년 이 배당금의 청구자들 중 거의 10퍼센트는 '외국'에서 태어난 이들이라고 보고되고 있다. Permanent Fund Dividend Division(2015: 40).

20 자세한 사항은 다음 사건을 참조하라. Zobel v. Williams case(June 14, 1982), http://law2.umkc.edu/faculty/projects/ftrials/conlaw/zobel.html. 자격 조건에 대한 확정적인 설명은 https://pfd.alaska.gov/Eligibility/EligibilityRequirements.

21 엄밀하게 말하자면, 2014년 11월 11일에 있었던 유럽사법재판소의 다노 판결(Dano Ruling)●은 국적과 시민권을 근거로 일정한 간접적인 차별을 분명히 허용하고 있다 (Case[C-333/13], Elisabeta Dano, Florin Dano 대 Jobcenter Leipzig). 판결에 따르면, 각 회원국은 "유럽연합의 시민들 중 경제적으로 활동이 없으며 순전히 다른 회원국의 사회부조를 얻기 위해 이주의 자유에 대한 권리를 행사하지만 거주의 권리를 주장할 충분한 자원은 없는 이들에게 사회적 수당을 교부하기를 거부할 가능성을 가져야만 한다"고 했다(「Court of Justice of the European Union」[press release: 146/14]). 만약 그 경제적 활동이 없는 유럽연합 시민이 자국으로 돌아가는 방식으로 이주의 자유에 대한 권리를 행사하는 것으로는 "순전히 ○○하기 위해"라는 조건이 충족되는 게 아니라고 한다면, 이 판결은 결국 회원국들로 하여금 자국에 살고 있는 다른 회원국 시민들에 비해 자국 시민들에게 더 많은 사회적 권리를 주는 것을 허용하는 것으로 해석할 수 있다.

22 이상한 논리지만 충분히 생각해볼 수 있는 결과다. 개방형 국경선이냐 폐쇄형 국경선이냐 사이의 타협안의 하나로서 Milanovic(2016: 231)는 "더 높은 세금을 낼 수도 있는" 가치가 덜한 "중간 단계 수준의 시민권"을 창출할 것을 제안한다. 또한 일본에서 기본소득을 시민들에게만 제한하자는 선택지에 대한 논의는 Iida(2014) 참조.

23 그렇다면 알래스카의 제도는 어째서 지속가능한 것으로 밝혀졌을까? 그곳에서도 미국 내의 자유로운 이주민의 유입과 유출이 이루어지고 있고 또 이주해 들어오면 거의 즉각적으로 배당금 수급 자격이 주어지지 않는가? 이는 미국 전체의 국경이 개방되어 있는 게 전혀 아니라는 사실과는 거의 상관이 없으며, 그 배당금의 수준이 평균적으로 알래스카의 1인당 GDP의 약 2퍼센트에 불과하다는 사실과 훨씬 더 많은 관계가 있다(제6장

● 루마니아 출신 여성 엘리자베타 다노는 독일로 이주한 후 아들에 대한 양육수당 외에 실업수당을 독일 정부에 청구했다. 하지만 독일 정부는 다노가 구직 노력을 하지 않았기 때문에 실업수당을 줄 수 없다며, 지급을 거부했다. 다노는 이를 제소했고, 유럽연합사법재판소는 독일 정부가 이들에게 수당 지급을 거부한 것은 타당하다고 판결했다.

을 보라).

24 옛날 공공부조가 처음에 시작되었던 도시들에서는 선택적 이민 유출보다는 선택적 이민 유입이 더 큰 걱정거리였다. 하지만 이미 존 로크의 시대에 오면 "모든 도시 법인체에서 빈민세는 각각의 교구에서 걷을 것이 아니라 전체 법인체에 걸쳐서 단일의 동등한 세율로 걷어야 한다"고 권고할 만큼 문제가 되었던 것으로 보인다. Locke(1697).

25 한 예로 존 롤스의 국제적 정의론도 여기에 들어간다. Rawls(1999: 74).

26 '연대적 애국주의'에 대한 비판은 Steiner(2003), 그리고 이에 대한 응답은 Van Parijs(2003b: 209 - 212).

27 기본소득 제도에서는 비단 순기여자들뿐만 아니라 수혜자들의 이민 유출 또한 문제를 낳는다. 만약 어떤 나라의 모든 연금 수령자들이 받는 연금의 아래 부분이 기본소득으로 되어 있을 경우, 그중 일부가 은퇴 후 외국으로 나가기로 선택한다면 어떤 일이 벌어지는가? 그들은 더 이상 그 나라에 거주하지 않으므로 그들 연금에서 기본소득에 해당하는 부분에 대한 권리를 잃게 되는가? 아니면 그것과 상관없이 그 권리 전체를 계속 보유하게 되는가? 그 나라에서 몇 년이나 살았는지에 비례하여 보유하게 되는가? 이처럼 어느 정도 복잡한 문제들은 기존의 비기여형 기초연금 제도에서와 마찬가지로(제6장을 보라) 기본소득 제도하에서 큰 규모의 이주가 벌어질 경우에 불가피하게 나타나게 된다. 알래스카 배당금 제도 또한 이민 유출자들에 대한 조항을 마련해야 했다. 알래스카에 남는 주민들은 계속 자격을 갖게 되지만, 알래스카를 떠나 자리를 비우는 기간에는 항상 자신들이 "무한정으로 알래스카 주민으로 남을 것"이라는 의도를 증명해야만 한다는 것이었다. 수령자들이 알래스카에 없을 때도 배당금 수령 자격을 유지하기 위해 어떤 조건을 충족해야 하는지를 규정하는 엄격한 가이드라인이 있었다. 다음을 보라. https://pfd.alaska.gov/Eligibility/AbsenceGuidelines

28 이러한 언어의 차별화가 비록 그 자체로는 바람직한 것이 아니지만, 그래도 '평가의 등가성(parity of esteem)'으로서의 사회정의가 필요한 이유에 대한 설명으로는 다음을 보라. Van Parijs(2011: chapters 5 and 6).

29 Kooistra(1983: 1994).

30 한 예로 캐나다 경제학자 Myron Frankman(1998: 2004)은 전 지구적 차원의 누진적 소득세를 통해 '전 지구적 시민 소득(planet-wide citizen's income)'의 재원을 마련하자고 호소했다. 벨기에의 저널리스트인 Dirk Barrezs(1999)는 '전 세계적으로 1일 10프랑'의 캠페인을 펼치고 있으며, 프랑스 경제학자 Yoland Bressons(1999)은 토빈세로 재원을 마련한 지구적 기본소득을 제안하고 있다. 독일 철학자 Thomas Pogge(1994: 2001)의 '지구적 자원 배당(global resources dividend)' 또한 지구의 천연자원 사용 혹은 판매

에 과세하여 자원을 마련하자는 내용이므로 위의 논의와 동일한 것으로 추측된다. 그는 이러한 배당금을 시행하기 위한 가장 적절한 방식이 무엇인지는 모호하지만, "'지구적 기본소득(Global Basic Income)'과 같은 무엇인가가 최상의 계획일 것"이라고 말한다 (Pogge[2005: 4]).

31 이러한 방향의 암시는 다음에서 볼 수 있다. Glaeser(2011: 221). 그리고 좀더 발전된 주장은 Busilacchi(2009) 참조.

32 '북미자유무역협정' 차원에서의 기본소득에 대한 아주 흥미로운 논의는 Howard(2007), Howard and Glover(2014).

33 이것이 James Tobin 등(1967: 14)이 미국에서의 연방 마이너스 소득세를 지지하면서 내놓았던 주장의 하나다. "비록 농업과 저소득 농촌 지역으로부터의 이주는 장려되어야 하지만, 사회적으로나 경제적으로나 그러한 이주의 물결이 북부의 몇 안 되는 도심 지역으로 제한되는 경향은 반전시키는 것이 바람직할 것이다. 전국적 차원에서의 마이너스 소득세 프로그램을 확립하려는 목표의 하나는, 미국인들에게 주거지와 상관없이 적절한 최저 수준의 생활을 보장하자는 것이다." 1996년 10월 브라질의 대통령 페르난도 카르도소(Fernando Henrique Cardoso)가 브라질 전역에 걸친 소득 지지 프로그램을 출범시키도록 설득한 논리의 하나도, 브라질의 대도시로 집중되는 인구의 압력을 줄일 수 있을 것이라는 것이었다.

34 이는 실로 대담한 시도였고, 이 책에서 언급한 바 있는 기본소득의 모범적인 벗들 중 일부도 이를 찬성했을 듯싶다. 예를 들어 존 스튜어트 밀은 "정치적 개선의 진보가 이루어지면 모든 나라들이 동일한 통화를 공유하게 될 것"이라고 예측한 바 있다. "하지만 야만주의적 경향은 가장 문명화된 나라들의 거래에서도 여전히 남아 있으며 결국 거의 모든 독립국들은 자신들과 이웃 나라들의 불편함을 무릅쓰고서라도 자기들 고유의 통화를 고수함으로써 스스로의 국민성을 내세우는 쪽을 선택한다"(Mill[1848: Book III, Chapter XX, 372]). 제임스 미드에 대해서 보자면(제4장, 제6장, 제7장을 보라), 비록 원칙적으로는 찬성하지만 큰 주의를 기울일 필요가 있다고 강력하게 촉구하고 있다. 그는 유럽통화동맹(EMU)의 가능성을 최초로 논의한 학술 논문을 쓴 인물이기도 하다. 그는 그 글에서 공동 통화는 "단일의 유럽 정부에 해당하는 것"을 필요로 한다고 강조했다. 이 정부는 광범위한 권력을 가져야 하며, 거기에는 "유럽 내에서 경제가 침체된 지역을 위한 효과적인 특수 지역 정책을 수행할" 권한도 가져야 한다고 주장했다. 또한 통화동맹은 "궁극적으로는 바람직한 것이다. 이것이 궁극적으로 실현가능한 것이 되기를 희망한다. 하지만 최소한 지금으로서는 시작할 일이 아니며, 통화와 재정을 동시에 통합한다는 이러한 이상 때문에 상업적 자유무역 지대를 건설한다는 현재의 현실적 정치적 가능성

들을 희생하는 것은 대단히 수치스러운 일일 것이다"(Meade[1957: 388])라고 주장했다.

35 Krugman(2011). 그리고 Amartya Sen(2012)의 진단 또한 본질적으로 동일하다. "미국처럼 정치적으로 통일된 연방국가에서 통일된 통화가 존속할 수 있는 수단(예를 들어 상당한 인구 이동과 상당한 액수의 소득 이전 같은 수단)은 정치적으로 통일되지 못한 유럽에서는 얻을 수 없다. 조만간 유로화의 장기적 존속가능성이라는 어려운 문제와 씨름해야 할 때가 올 것이다." Martin Feldstein(1992, 1997, 2012)은 유로화 프로젝트가 시작되기 훨씬 이전부터 비슷한 이유에서 반복하여 경고한 바 있다.

36 OECD(2012)에 따르면 이 비율은 2010년에는 미국에서 2.4퍼센트 그리고 유럽연합에서 0.29퍼센트였다고 한다. 이 추산치들에 대한 논의로는 European Commission(2014a: 282-283)를 보라. 이러한 단순한 양적 비교는 구성요소들의 수와 평균 크기의 차이 때문에 (미국의 50개 주 대 유럽연합의 28개 회원국) 일정한 편향을 가지게 된다. 하지만 이러한 편향을 바로잡은 뒤에도 깊은 격차는 남는다. 특히 2004년 유럽연합 확장 이후 동유럽 회원국들로부터 나타난 일시적인 이주의 폭증을 감안한다면 더욱 그러하다. 매년 주거지를 바꾸는(같은 주일 수도 있고 다른 주일 수도 있다) 미국인들의 비율이 그렇게 하는 유럽인들 비율의 세 배 정도라는 사실로도 이는 부분적으로밖에 설명되지 않는다. 또한 다음을 보라. Jauer et al.(2014).

37 이러한 언어적 차원(간단히 말하자면, "공동 언어 없이 공동 통화 없다!")은 앞에서 인용한 크루그먼의 인용문에도 나오지만, 유로화의 실패를 예견했던 다른 이들 역시 강조했던 내용이다. Martin Feldstein(1997: 36)은 "비록 유럽연합 내부의 노동 이동성을 가로막는 법적인 장벽들은 없어졌지만, 언어 및 관습 때문에 일시적 및 장기적인 노동의 이동이 여전히 장애물에 부닥쳐 있다. 유럽인들의 언어가 10개가 넘는 한, 일자리의 기회가 있어도 이에 호응하는 국경선 너머의 이동은 미국의 여러 지역들 사이에서의 이동에 비해 훨씬 적을 것이다." 그리고 Milton Friedman(1998)도 이렇게 말한다. "오스트레일리아와 미국 모두 공동의 통화를 갖기에 유리하게 만드는 특징이 있다면, 그 인구 모두가 동일한 언어 혹은 그에 근접하는 언어를 쓴다는 점이다."

38 이러한 추산에 기초하여 Sala-i-Martin and Sachs(1991: 20)는 이렇게 결론을 내린다. "연방 차원에서의 보험제도가 없는 상태에서 공동 통화를 창출하는 것은 궁극적인 실패로 이어질 가능성이 아주 높다."

39 Ritter(1904/1983: 29)에서 재인용. 또한 De Deken and Rueschemeyer(1992: 102)가 행했던 독일의 사회보험 시스템 탄생에 대한 정치 분석을 보라. "정부는 이러한 사회보험 시스템이 노동자들 내에서 국가에 대해 더 큰 충성심을 느끼는 집단을 키워낼 수 있을 것이라고 충분히 예상했다."

40 예를 들어 Martin Feldstein(2012: 111)은 이렇게 말한다. "유로화는 유럽을 통합시켜내지만 그 안에서 여러 긴장과 갈등을 만들어낸다. 영구적인 재정 연합으로 더 나아갈 경우 이러한 긴장들은 더욱 악화될 뿐이다." 또 Luuk van Middelaar(2013: 262)는 이렇게 주장한다. "여러 다양한 이유 때문에 유럽 수당 지급이라는 개념은 정치가들에게나 유권자들에게나 진지하게 받아들여지지 않는다. 이는 각국 경제에 엄청난 충격을 가져올 것이며, 회원국들과 그 시민들 사이의 관계를 크게 교란시킬 것이다. 일국 차원의 획일적인 지원 시스템에 대한 압력이 많은 나라에서 증가할 것이므로, 단일한 유럽 복지제도란 거의 상상조차 할 수 없는 것이다."

41 Schmitter and Bauer(2001).

42 자세한 주장은 다음을 보라. Van Parijs and Vanderborght(2001).

43 브랜든 리스-윌리엄스는 줄리엣 리스-윌리엄스의 아들이다. 줄리엣은 제2차 세계대전 기간 동안 영국에서 보편 수당을 주장했던 인물이었다(제4장을 보라). 브랜든 리스-윌리엄스가 제안했던 '유럽 사회계약(European Social Contract)'의 핵심 요소 하나는 그 당시 '유럽 경제 공동체(European Economic Community, EEC)' 회원국 각국의 기본적 복지제도들을 조화시키는 것이었다. 그 첫 번째 단계는 EEC 차원에서의 통일된 아동수당 시스템을 구축하고 개별 국가가 그 위에 자유롭게 추가액을 덧붙일 수 있도록 하자는 것이었다. 그 다음 단계는 다음과 같은 형태를 띤 기본소득이 될 것이라고 주장했다. "공동체 조세 시스템의 한 특징으로서 플러스의 개인수당 구조를 포함하는 총체적인 조세 및 세액 공제 시스템." 이러한 유럽연합 전체 차원의 기본소득 제도는 "개인적 수준으로 지역 정책을 수행할 수 있는 기회를 제공할 것이다. 왜냐면 이렇게 되면 (…) 부의 중심으로부터 여러 지역으로 구매력을 퍼뜨리게 되며, 심지어 소득이 평균에도 못 미치는 가정에까지 퍼뜨리게 될 것이기 때문이다." 게다가 "이것은 농산물 가격을 교란시키지 않으면서도 저소득 농가의 소득을 올리는 데 도움이 될 것이다." 따라서 유럽연합 전체 차원의 기본소득 제도는 '공통 농업정책(Common Agricultural Policy, 유럽 농부들을 지원하는 목적의 대규모 프로그램으로, 유럽연합의 전체 예산의 약 40퍼센트에 해당하는 연간 예산을 가지고 있다)'에 대해 부분적이나마 대안을 제시한다는 것이다. 그는 이러한 '유럽 사회 계약'이 "공산주의 사회의 시민들에게 주어지는 경제적 안정과 통일감의 혜택과 재산 소유 민주주의 사회의 최상의 특징인 개인적 자유와 자기 존중을 결합"시켜줄 것이라고 생각했다. 모든 인용문은 Parker(1990).

44 Ferry(1995; 2000; 2014).

45 농업에 대한 유럽연합의 연간 지출은 2015년의 경우 약 600억 유로에 달하며(http://europa.eu/european-union/topics/budget_en) 이를 1인당으로 환산하면 118유로다. 리

스-윌리엄스와는 별개로, Lavagne and Naud(1992) 또한 이러한 재원을 사용하여 유럽 전체 차원의 기본소득을 주자는 제안을 내놓은 바 있다.

46 유럽 집행위원회의 2012년 연구의 추산에 따르면, 이를 유럽연합 전체에 적용할 경우 매년 약 570억 유로의 세수가 나온다고 한다. 이 추산치는 유가증권에 대해서는 0.1퍼센트의 세율을 그리고 파생상품에 대해서는 그 명목 가치의 0.01퍼센트를 매기고 거래 양쪽 모두가 낸다는 전제에 기초하여 이루어진 것이다. 유럽 집행위원회가 2012년 5월 내놓은 '금융 거래세(Financial Transaction Tax)'를 보라(http://ec.europa.eu/taxation_customs/taxation/other_taxes/financial_sector/index_en.htm).

47 이 3.5유로의 추산치는 다음에 기초하고 있다. European Commission(2012: 24, table 7). 이보다 훨씬 높은 17유로의 추산치도 있지만 이는 추측(이에 대해서 우리의 동료 뱅생 반 스탱베르게[Vincent Van Steenberghe]에 빚지고 있다)에 기반을 둔 균형 가격으로서, 상한선을 어떻게 선택하느냐(이는 더 낮을 수도 있다), 또 경제 성장률을 어떻게 잡느냐(이는 항상 등락한다)에 따라 다르게 나타날 수밖에 없다. 40억~50억 톤의 이산화탄소 그리고 톤당 20유로의 가격을 상정했을 경우, 이는 1000억 유로까지 산출할 수 있고, 이를 재원으로 월 17유로에 달하는 유럽 배당금을 줄 수 있다. 이때 전제는 모든 배출권이 경매를 통해 배분된다는 것이다(물론 현실은 그렇지 않다. 지금 유럽연합 차원에서 결정된 바에 따르면 그 비율은 2013년의 20퍼센트에서 2070년의 70퍼센트로 점진적으로 늘어나고 있다.) 독일만 따로 떼어 추산한 경우에는 월 20유로라는 더 높은 수준의 배당금을 낼 수 있다(Schachtschneider[2012]). 이 추산치를 출발점으로 삼은 독일의 현행 쿼터는 역사적으로 주어진 배출 수준에 기초하여 결정되었으며, 또 그렇게 해서 나온 수입의 가치를 오롯이 독일 인구 사이에서만 나누는 것으로 가정하고 있기 때문이다. 이는 또한 어째서 미국을 따로 잡아 추산했을 때 심지어 독일보다 더 높은 숫자가 나오는지도 설명해준다(제6장을 보라).

48 Genet and Van Parijs(1992)는 (당시의) 12개 유럽연합 회원국에서의 에너지 사용에 대한 세금 부담으로 재원을 마련하면 유럽연합 전체 차원에서 약 월 20유로의 기본소득을 줄 수 있을 것이며, 환경에 끼치는 모든 부정적 외부성들을 다 내부화할 수 있을 정도의 조세라면(네덜란드의 델프트에 있는 한 연구소의 평가에 따랐다) 월 100유로(당시 1인당 GDP의 약 7퍼센트)의 기본소득을 줄 수 있을 것으로 추산했다.

49 Piketty(2014: 528-529; 572). 피케티의 제안(표 S 5.1)은 재산이 100만 유로에서 500만 유로 사이에 있는 이들에게는 연 1퍼센트의 재산세를, 500만 유로 이상의 재산을 가진 이들에게는 연 2퍼센트의 재산세를 매기자는 것이다. 이를 내야 할 인구는 전체의 상위 2.5퍼센트에 해당할 것이라고 한다.

50 과세 표준에 대한 추산은 다음을 기초로 했다. http://ec.europa.eu/eurostat/web/ sector-accounts/data/annual-data. 이는 또한 유로존 차원의 법인세로 재원을 마련 하여 유로존 차원에서 실업 수당을 주자고 주장하는 브뤼겔(Bruegel)의 한 싱크탱크의 제안에서도 과세 표준으로 쓰이고 있다(Pisani-Ferry et al.[2013: 9, fn 10]).

51 우리의 목적을 위해서는 대략의 추산만으로도 충분하다. 좀더 세련된 추산치라면 50퍼 센트 상한선 조항(아래에서 설명) 그리고 새로운 세제 도입이 과세 표준에 가져올 충격 (곧 논의할 각국 국내 조세 시스템에서 벌어질 조정을 감안하라)과 관련된 여러 복잡한 사항 들을 고려해야 할 것이다. 또 브렉시트로 야기되는 여러 복잡한 문제들도 물론 고려해 야 한다. 유럽연합의 예산에서 부가가치세로 조달되는 부분은 대략 다음과 같이 설명 할 수 있다. 우선 모든 회원국에서의 부가가치세 수입과 여러 다른 범주의 재화 및 서 비스에 다르게 적용되는 세율의 패턴에서 시작한다. 여기에서 여러 부가가치세율의 가 중 합계(weighted sum)를 구하여 이것으로 부가가치세 수입을 나누면 모든 회원국 각 국에 공통으로 적용되는 부가가치세 과세 표준을 계산하게 된다. 일부 나라에 일시적으 로 적용되는 좀더 낮은 세율은 사상해버리며, 모든 회원국에서 이 과세 표준의 0.3퍼센 트를 유럽연합이 징수하되 그 과세 표준은 각국 GDP의 50퍼센트가 넘지 않도록 되어 있다. (이는 가난한 나라에서 소비 성향이 더 높다는 이유 때문에 부자 나라보다 더 높은 세율로 세 금을 내는 일이 없도록 하기 위해 강제하는 상한선이다.) 이러한 구조에 대한 더 많은 세부 사 항은 European Union(2008: 234) 그리고 액수에 대한 더 많은 세부 사항은 European Union(2011)을 살펴보라.

52 이러한 추산치에 사용된 인구 데이터는 다음에서 가져왔다. http://epp.eurostat. ec.europa.eu/portal/page/portal/population/data/database. 또한 유럽연합 전체 차원의 보편적인 기초연금에 대한 논의로는 Goedemé and Van Lancker(2009)를 보라.

53 유럽연합 차원에서 아동수당으로 시작하자는 제안은 Atkinson(1996d/2015: 222 – 223), Levy et al.(2006)을 살펴보라.

54 유럽 배당금, 유럽연합 차원에서의 부가가치세 인상, 이에 따른 각국 내부의 조세 및 소 득 이전 제도의 재조정 등이 특정하게 결합될 때마다 재분배에 어떤 충격이 나타나는지 는 유럽의 조세 및 수당 시뮬레이션 모델인 EUROMOND를 사용하여 산출해볼 필요 가 있다. 회원국 내부의 소득세 및 현금 수당 시스템을 유럽 차원의 시스템으로 완전히 그리고 부분적으로 대체했을 경우에 대해 시뮬레이션한 Bargain 등(2012)을 참조할 필 요가 있다. 하지만 부가가치세율 변화가 다양한 유형의 가구가 벌어들이는 실질 소득에 가져오는 충격은 소득세율 변화의 충격을 시뮬레이션하는 것보다 더욱 복잡한 일이다.

55 예를 들어 Dullien(2014a/2014b)이 제안하고 있는 유형이 그러하다.

56 이러한 정치적 전제 조건들을 더욱 자세하게 설명하고 논의한 것으로는 Van Parijs(2015a) 가 있다.

57 City of Ypres(1531/2010: 127 – 128).

58 노르웨이에서 수행된 한 여론조사의 경우, 노르웨이 영주권자들 이외의 사람들도 기본 소득을 받게 될 경우를 가정했더니 찬성을 표한 응답자의 수는 급격히 떨어졌다고 한 다. Bay and Pedersen(2006).

59 이런 종류의 이유 때문에 마르크스와 엥겔스는 아일랜드인들이 영국 북부의 산업 도시 들로 이주해오는 것에 적대적이었다. Brown(1992).

60 예를 들어 다음을 보라. Quadagno(1995), Alesina et al.(2003), Desmet et al.(2005), Van Parijs ed.(2003a), Banting and Kymlicka eds.(2006/2016)에 수록되어 있는 글들 을 보라. 이 후자의 에세이들은 아래에 언급하는 두 가지 메커니즘들을 규정하면서 그 메커니즘에 맞설 수 있는 그리고 현실적으로 사람들이 맞서고 있는 방법들—의식적으 로건 아니건—을 탐구하고 있다.

61 오늘날 비록 낮은 액수지만, 진정한 기본소득을 일정 기간 동안 유지해온 단위는 알래 스카(제4장을 보라)와 마카오(제6장을 보라)뿐이거니와, 비록 이유는 서로 다르지만 이 둘 모두 국민국가 이하의 단위라는 점을 주목하라. 2003년 사회주의자들이 집권한 카탈 로니아 정부는 카탈로니아 차원에서의 기본소득의 실현가능성의 연구를 위촉하였고, 2004년 4월에는 연립정부에 참여하고 있는 두 개의 좌파 민족주의 정당인 '카탈로니아 녹색행동(Iniciativa per Catalunya-verdo)'과 '카탈로니아좌파공화당(Esquerra republicana de Catalunya)'은 카탈로니아 의회에 기본소득 법안을 제출하기도 하였다(Arcarons et al.[2005], Casassas et al.[2012]). 2016년 3월 '스코틀랜드국민당(Scottish National Party)' 은 당대회에서 다음과 같은 취지의 동의안을 채택한다. "기본소득 혹은 보편소득은 잠재적으로 빈곤을 근절하고, 노동을 가치있게 하고, 우리 모든 시민들이 존엄한 삶 을 누릴 기초를 제공할 수" 있으며, "이는 독립된 스코틀랜드의 복지제도를 설계함에 있어서 하나의 가능성으로 고려해야 한다"는 것이다 (http://www.independent.co.uk/ news/uk/politics/universal – basic – income – snp – scotland – independent – conference – vote–a6931846.html). 이렇게 기본소득이 국민국가 이하의 수준으로 내려오게 되면 비록 경제적 지속가능성이 희생되겠지만, 정치적 실현가능성은 더 커지게 된다. 비단 그 동 질성 때문만이 아니라, 국민국가 이하의 수준에서 정체성을 강화하려고 하는 (하위) 민 족주의 운동의 입장에서는 기본소득이 잠재적인 매력을 가지고 있기 때문이다.

우리는 지금까지 자유롭고 공정하고 지속가능한 사회의 제도적 틀로서, 재산 조사나 노동할 의사에 대한 조사 없이 개인에게 지급되는 정기적인 현금 소득의 도입을 주장했다. 그와 함께 기본 재산, 마이너스 소득세, 주간 최대 노동시간의 의무적 단축 등과 같은 제안들보다 기본소득을 더 선호할 만한 이유가 무엇인지도 제시했다. 또한 공공부조와 사회보험이라는 두 사회보호 모델의 역사를 개괄하면서 이를 배경으로 기본소득이 오래전부터 서서히 등장하여 최근에 급작스럽게 인기를 얻게 된 역사를 추적했다.

한편 일하지 않기로 선택한 이들이 소득에 대한 권리를 갖는다는 데 이의를 제기하는 윤리적 반론을 고찰하고, 이러한 반론에 원칙 있는 답변을 내놓은 자유주의적-평등주의적 정의 개념을 자세히 설명했다. 그리고 어째서 정의에 대한 다른 개념들이 각각 다른 입장들로 귀결되는지를 살펴보면서 우리와 경쟁관계에 있는 철학적 접근법들이 어떻게 해서 정당화 논리만 다를 뿐 우리와 동일한 입장에 도달하게 되는지도 탐구했다.

우리는 상당한 액수의 기본소득이 과연 감당할 수 있는 것이며 경제적으로 지속가능한 것인가라는 질문을 검토하고, 발전된 복지국가의 맥락에서라면 소득세로 재원을 마련하여 부분적 기본소득을 도입하고 이를 공공부조와 사회보험의 추가액들로 보조하는 것이 최상의 전략이라고 믿는 이유를 설명했다.

또한 조직된 시민사회와 정치적 전통에서 발견되는 기본소득에 대한 여러 태도를 개괄함으로써 어떤 이들은 기본소득에 매력을 느끼고 또 어떤 이들은 기본소득에 반감을 느끼는 이유가 무엇인지를 보여주고 기본소득에 대한 무관심과 적개심을 어떻게 극복할 것인지에 대해서도 여러 제안을 내놓았다.

마지막으로, 지구화라는 것이 기본소득에 대한 필요에 기여하기도 하지만 기본소득이 현실적으로 시행되는 것을 쉽게 만들어주는 것은 전혀 아니라는 점을 인정하고, 따라서 이러한 미증유의 도전에 대처하기 위한 다양한 전략들을 탐구했다.

이 책에서 우리가 내놓은 주장은 과연 유토피아적인 것일까? 분명히 그렇다. 무엇보다 우리가 제안한 것이 현실에 존재하지 않을 뿐만 아니라 유의미한 수준으로 존재한 적이 한 번도 없었으니, 사람들이 그것의 실현 가능성을 의심하는 것은 얼마든지 이해할 수 있는 일이다. 이는 또한 더 나은 세계에 대한 하나의 비전이라는 의미에서도 유토피아적이다. 우리 사회의 제도적 틀이 가진 역사를 돌아보면, 오늘날에는 당연한 것으로 여기는 요소들 중 대부분이 불과 얼마 전까지도 존재하지 않았다는 의미에서, 그리고 더 나은 세계에 대한 비전이라는 의미에서 유토피아적이었다는 것이 분명히 드러난다. 노예제 폐지, 개인 소득에 대한 과세, 보편적 참정권, 무상의 보편 교육, 유럽연합의 존재 등 그 예는 무수히 많다. 기본소득이라는 유토피아가 다른 어떤 유토피아보다 더 두드러진 특징도 있다. 즉, 그것을 시행하게 되면 수많은 다른 유토피아적 변화들이 촉진된다는 점이다. 기본소득은 개인적으로나 집단적으로나, 지역적으로나 지구적으로나, 시장이 강요하는 경쟁력의 압력 아래에 갈수록 쪼그라들고 있는 많은 아이디어들이 실현되는 것을 지지하게 될 것이다.

유토피아적 사유의 힘을 의심하는 이가 있다면, '신자유주의'의 주된 지적 사상의 비조인 한 사람의 말을 잘 들어보는 것이 좋을 것이다. 그는 오늘날 그의 벗들은 물론이요 특히 적들에 의해 승리자가 되었음이 선언된 인물이다. 프리드리히 하이에크는 그러한 승리가 다가올 것을 누구도 예측하기 전인 1949년, 이미 이렇게 말한 바 있다. "사회주의자들의 성공에서 진정한 자유주의자들이 배워야만 하는 주된 교훈은 바로 유토피아주의자가 될 수 있었던 그들의 용기다. 사회주의자들이 지식인들의 지지를 얻어내고 그에 따라 공공 여론에까지 영향을 미쳐서 불과 최근까지도 완전히 머나먼 이야기인 듯했던 것을 일상적으로 가능하게 한 비결은 다름 아닌 용기에 있었다." 하이에크가 사회주의자들로부터 배웠던 교훈을 이제 우리는 그로부터 배워야 한다. "우리는 다시 한 번 자유로운 사회의 건설을 모종의 지적인 모험이라는 용기 있는 행동으로 만들어야만 한다. 우리에게 결핍된 것은 바로 자유주의의 유토피아다."[1]

하이에크 씨, 옳은 말씀이십니다. 하지만 오늘날 우리에게 필요한 자유로운 사회의 유토피아는 당신의 유토피아와는 근본적으로 다른 것입니다. 이는 모든 이들에게 실질적인 자유를 가져다주는 유토피아로서, 우리를 시장의 독재로부터 해방시키고 그를 통해 우

---

[1] Hayek(1949: 194).

리의 지구를 구출해내도록 해주는 유토피아입니다.

말할 것도 없이, 이러한 유토피아를 창출하는 일은 무조건적 기본소득을 제도화하는 것으로만 환원될 수 있는 게 아니다. 그와 똑같이 중요한 것들은 기초적 의료 및 교육, 평생 교육, 인터넷을 통한 질 좋은 정보에 대한 보편적인 접근, 건강한 자연환경, 지혜로운 도시계획 등이다. 이 모든 것들은 우리가 스스로 할 수 있는 것의 가치를 향상시키는 데 절대적일 뿐만 아니라 우리 각자가 주변의 이웃들과 또 먼 곳에 있는 다른 이들과 힘을 합쳐서 이룰 수 있는 것들(여기에는 의미 있는 민주적 참여 방식도 포함된다)의 범위를 넓히는 데도 더욱 중요한 역할을 한다. 하지만 여기에서 열쇠가 되는 것은, 무조건적 기본소득을 통해서 모든 개인들에게 믿고 디딜 수 있는 든든한 발판을 제공해줄 수 있느냐다.

그렇다면 이러한 유토피아에 어떻게 도달할 것인가? 아마도 일련의 움직임들을 정문을 통해서가 아니라 뒷문을 통해 슬며시 들여와 모두가 변화를 인정하지 않을 수 없도록 만드는 것이 될 가능성이 크다. 여기서 마키아벨리적 사유가 두 가지 다른 의미에서 아주 중요한 역할을 해야 할 것이다. 우선 첫 번째로, 마키아벨리가 『논고(Discorsi)』에서 주장한 것처럼, 정치적 제도의 설계가 우리가 제안한 정치적 실현가능성에 어떤 영향을 줄지를 생각해볼 필요가 있다. 그리고 두 번째로, 우리에게 주어진 여러 정치적 기회들을 최대한 이용할 방법을 찾아내는 데 '마키아벨리주의자들'의 방식대로 생각해볼 필요가 있다.

굉장한 규모의 경천동지할 사건이 한 방에 터져서 모든 문제를 풀어줄 것이라고 기대하지 말고, 수천 번의 작은 기회들을 단기적인 목표로 지혜롭게 이용하여 이를 장기적 진보로 쌓아올리는 편이 바람직하다. 무수한 실망과 무수한 퇴보가 있겠지만, 이는 보편적 참정권을 위한 싸움과 노예제 폐지를 위한 싸움에서도 마찬가지였다. 유토피아의 비전은 하루아침에 현실로 바뀌지 않지만, 그러한 노력은 시종일관 우리의 나침반이 되어주고 우리에게 힘을 주면서 앞으로 나아가게 해줄 것이다. 그리고 어느 날 우리 모두가 굳건히 설 수 있는 든든한 경제적 발판을 얻게 되는 날이 올 것이며, 그때가 되면 우리는 이게 왜 그렇게 오래 걸렸을까 하고 의아하게 여기게 될 것이다. 과거 한때 한 줌도 안 되는 몽상가들의 판타지로 여겨졌던 것들이 어느 날엔가 결코 뒤로 물릴 수 없는 너무나 당연한 인류의 성취물로 여겨지게 될 것이다.

감사의 글

이 책은 2005년에 『기본소득(L'allocation universelle)』이라는 제목으로 프랑스어로 출간된 짧은 입문서—이 책은 유럽권의 여러 언어로 번역된 바 있다—를 바탕으로 하고 있다. 우리가 애초에 계획했던 바는 유럽 바깥의 독자들에게 기본소득을 정확히 알리는 데 좀더 적합한 영어판을 준비하는 것이었다. 하지만 여러 다른 할 일 때문에 이 계획에 바로 착수할 수 없었고 몇 년 뒤를 기약해야 했다. 그런데 그 사이에 기본소득이라는 주제와 관련해 세계적으로 상당히 많은 일이 벌어졌을 뿐만 아니라 우리의 생각에도 많은 발전이 있었기에, 처음 생각했던 것과는 아주 다른 그리고 분량도 훨씬 더 많은 책을 써야 한다는 생각이 들었다. 물론 핵심 아이디어들의 일부는 이미 2005년에 출간된 책과, 기본소득 문제를 다룬 우리의 출간물 다수에 나와 있다. 특히 이 책의 첫 번째 장과 마지막 장의 초기 버전은 『경제성장을 넘어선 좋은 삶(Good Life Beyond Growth)』(H. Rosa and C. Henning eds., Palgrave Macmilan)과 『포용적 성장, 발전, 복지 정책(Inclusive Growth, Development and Welfare Policy)』(R. Hasmath ed., Oxford University Press)에 게재된 바 있다.

이 책을 준비하는 데 직접적 간접적으로 오랜 기간이 걸렸으며, 그동안 우리는 BIEN의 평생 동지들로부터 많은 정보와 혜안을 얻었다. 실로 헤아릴 수 없이 큰 도움을 받았다고 할 만하다. 이제 BIEN은 전 세계적인 조직이 되었지만 원래는 1986년에 벨기에 루뱅 라-뇌브에서 설립된 기본소득네트워크로서, 지금까지 16번의 총회를 거치면서 많은 이들을 참여시킨 바 있다. 우리는 특히 이 책의 초고를 읽고 논평해준 존 베이커(John Baker), 수 블랙(Sue Black), 로랑 드 브리(Laurent de Briey), 마이클 하워드(Michael Howard), 조나탕 판 패리스(Jonathan Van Parys) 그리고 두 사람의 익명의 검토자에게 감사드린다. 그리고 2015년 6월 유럽대학연구소(European University Insitute)에서 이 책의 초고를 중심으로 하는, 지극히 유익한 워크숍을 조직해준 줄리아나 비다다너(Juliana Bidadanure)와 로버트 르페니스(Robert Lepenies)에게도 감사의 말을 전한다.

또 우리의 생각에 대해 아주 고무적인 반응, 유용한 정보, 그리고 아주 세세한 문제들―모어의 『유토피아』에 나오는 "삶을 위한 일정한 소득(prventus vitae)"의 가장 정확한 번역이 무엇인가에서 시작해 탄소세에서 거둘 수 있는 최고 세입에 대한 가장 정밀한 추산에 이르기까지―에 대하여 믿을 만한 정보를 제공해준 다음의 사람들에게 감사를 표한다. 랜들 아키(Randall Akee), 카오루 앤도(Kaoru Ando), 리처드 벨러미(Richard Bellamy), 로널드 블라슈케(Ronald Blaschke), 데이비드 캘니스키(David Calnitsky), 발레리 카요유엣-기요토(Valérie Cayouette-Guilloteau), 우고 콜롬비노(Ugo Colombino), 존 컨리프(John Cunliffe), 마크 드 바스키아트(Marc de Basquiat), 알렉산더 드 루(Alexander de Roo), 위르겐 드 비스펠라르(Jurgen De Wispelaere), 앙드레 데코스터(André Decoster), 폴-오귀스탱 데프루스트(Paul-Augustin

Deproost), 귀도 에레이거스(Guido Erreygers), 에블린 포르제(Evelyn Forget), 팀 고데마(Tim Goedemé), 로에크 그루트(Loek Groot), 지르 호에메이커스(Sjir Hoeijmakers), 데릭 훔(Derek Hum), 더크 야코비(Dirk Jacobi), 마르쿠스 카네르바(Markus Kanerva), 이윤경(Yoonkyung Lee), 오토 레흐토(Otto Lehto), 카타리나 리스(Catharina Lis), 타라마크 마송(Télémaque Masson), 필리페 메이스타트(Philippe Maystadt), 리암 맥휴-러셀(Liam McHugh-Russell), 케이틀린 맥린(Caitlin McLean), 클라우스 오페(Claus Offe), 엘레나 프리비트코바(Elena Pribytkova), 마이클 퀸(Michael Quinn), 안드레아 로비그리오(Andrea Robiglio), 필립 슈미터(Philippe Schmitter), 폴 스피커(Paul Spicker), 브라이언 스틴스랜드(Brian Steensland), 케빈 스피리터스(Kevin Spiritus), 힐렐 슈타이너, 네나드 스토야노비치(Nenad Stojanović), 루이스 토렌스 믈리히(Lluis Torrens Mèlich), 조나단 리(Jonathan Rée), 웨인 심프슨(Wayne Simpson), 하미드 타바타바이(Hamid Tabatabai), 피에르-에티엔느 반다메(Pierre-Etienne Vandamme), 브루노 판 데 린덴(Bruno Van der Linden), 툰 판허켈롬(Toon Vanheukelom), 빈센트 판 스틴버그(Vincent Van Steenberghe), 발터 판 트리어(Walter Van Trier), 유리 비에호프(Juri Viehoff), 메흐다드 유세피안(Mehrdad Yousefian), 아리엘 질버맨(Ariel Zylberman) 등 많은 이가 우리의 작업에 큰 보탬이 되어주었다.

마지막으로, 이미 2006년부터 이 책을 쓰도록 우리를 설득했던 마이클 아론손(Michael Aronson)과, 그로부터 이 일을 넘겨받아 완성될 때까지 진행을 맡은 이언 맬컴(Ian Malcolm), 최종 단계에서 우리의 원고를 크게 개선해준 줄리아 커비(Julia Kirby), 그리고 이 책의 제작에 참여해준 하버드대학 출판부의 다른 성원들에게도 감사를 드린다. 그들과 함께 일하는 것은 우리에게 큰 즐거움이었다.

우리는 이 책을 각자의 배우자에게 바치기로 했다. 그들에게 감사해야 할 이유는 헤아릴 수 없이 많다. 그중 가장 중요한 한 가지는 우리가 이 책을 쓰는 데 그토록 많은 시간을 보낸 것에 대해 크게 분노하지 않았다는 점이다. 이들에게 깊은 감사를 보낸다.

참고문헌

기본소득에 관한 문헌이 너무나 방대해지고 있어서, 다음의 참고문헌 목록이 이 주제에 대한 모든 정보를 철저하게 제공한다고 단언할 수는 없다. 기본소득에 대해 영어로 설명하는 책에는 Fitzpatrick(1999c), Blais(2002), Raventos(2007), Sheahen(2012), and Torry(2013, 2015), Widerquist et al.(2013) 등이 있으며, 이 책들은 이 주제와 관련한 현대 연구의 광범위한 결과를 선별해 제시한다. 아울러 Cunliffe and Erreygers eds.(2004)에는 기본소득 아이디어의 선구자들이 기여한 바가 잘 정리되어 있다. 마지막으로 *Basic Income Studies*(http://www.degruyter.com/view/j/bis)는 전적으로 기본소득을 다루는 종합 학술지다.

이 책의 내용과 관련해 더 참고할 만한 유용한 영어 웹사이트는 다음과 같다.

Basic Income Earth Network(BIEN): http://www.basicincome.org

Unconditional Basic Income Europe(UBI-E): http://basicincome-europe.org

United States Basic Income Guarantee Network(USBIG): http://www.usbig.net

Citizen's Income Trust(UK): http://citizensincome.org/

문헌 목록

A

Abe, Aya K. 2014. "Is There a Future for a Universal Cash Benefit in Japan? The Case of Kodomo Teate (Child Benefit)." In Yannick Vanderborght and Toru Yamamori, eds., *Basic Income in Japan: Prospects of a Radical Idea in a Transforming Welfare State*, 49 – 67. New York: Palgrave Macmillan.

Abrahamson, Peter, and Cecilie Wehner. 2003. "Pension Reforms in Denmark." November, Department of Sociology, University of Copenhagen. http://www.lse.ac.uk/european Institute/research/hellenicObservatory/pdf/pensions_ conference/AbrahamsonWehner-Pensions.pdf.

Ackerman, Bruce. 1980. *Social Justice in the Liberal State*. New Haven: Yale University Press.

Ackerman, Bruce, and Anne Alstott. 1999. *The Stakeholder Society*. New Haven: Yale University Press.

_____. 2006. "Why Stakeholding?" In Erik Olin Wright, ed., *Redesigning Distribution*, 43 – 65. New York: Verso.

Ad Hoc Committee on the Triple Revolution. 1964. "The Triple Revolution." *International Socialist Review* 24(3): 85 – 89. https://www.marxists.org/history/etol/newspape/isr/vol25/no03/adhoc.html.

Adler-Karlsson, Gunnar. 1979. "The Unimportance of Full Employment." *IFDA Dossier* 2: 216 – 226.

_____. 1981. "Probleme des Wirtschaftswachstums und der Wirtschaftsgesinnung. Utopie eines besseren Lebens." *Mitteilungsdienst der Verbraucher-Zentrale NRW* 23: 40 – 63.

Adret. 1977. *Travailler deux heures par jour*. Paris: Le Seuil.

Akee, Randall, William E. Copeland, Gordon Keeler, Adrian Angold, and E. Jane Costello. 2010. "Parents' Incomes and Children's Outcomes: A Quasi-Experiment Using Transfer Payments from Casino Profits." *American Economic Journal: Applied Economics* 2(1): 86 – 115.

Akee, Randall, Emilia Simeonova, William E. Copeland, Adrian Angold, and E. Jane Costello. 2013. "Young Adult Obesity and Household Income: Effects of Unconditional Cash Transfers." *American Economic Journal: Applied Economics* 5(2): 1 – 28.

Akerlof, George A. 1982. "Labor Contracts as Partial Gift Exchange." In George A. Ak- erlof, ed., *An Economic Theorist's Book of Tales*, 145 – 174. Cambridge: Cambridge Univer- sity Press, 1984.

Akerlof, George A., and Janet L. Yellen. 1986. "Introduction." In George A. Akerlof and Janet L. Yellen, eds., *Efficiency Wage Models of the Labor Market*, 1 – 22. Cambridge: Cambridge University Press.

Alaluf, Mateo. 2014. *L'allocation universelle. Nouveau label de précarité*. Mons: Couleur Livres.

Albeda, Wim. 1984. *De Crisis van de Werkloosheid en de Verzorgingsstaat. Analyse en Perspectief.* Kampen NL: Kok.

Alesina, Alberto, Arnaud Devleeschauwer, William Easterly, Sergio Kurlat, and Romain Wacziarg. 2003. "Fractionalization." *Journal of Economic Growth* 8: 155–194.

Allen, Mike. 1997. "What Does Basic Income Offer the Long-Term Unemployed?" Dublin: Irish National Organisation of the Unemployed.

Alperovitz, Gar. 1994. "Distributing Our Technological Inheritance." *Technology Review* 97: 31–36.

Alstott, Anne. 2001. "Good for Women." In Philippe Van Parijs et al., *What's Wrong with a Free Lunch?* 75–79. Boston: Beacon Press.

Althaus, Dieter, and Hermann Binkert, eds. 2010. *Solidarisches Bürgergeld: Freiheit nachhaltig und ganzheitlich sichern.* Norderstedt: Books on Demand GmbH.

Ambrose. 1927. *S. Ambrosii De Nabuthae: A commentary*, trans. Martin McGuire. Washington DC: Catholic University of America.

Amenta, Edwin, Kathleen Dunleavy, and Mary Bernstein. 1994. "Stolen Thunder? Huey Long's 'Share Our Wealth,' Political Mediation, and the Second New Deal." *American Sociological Review* 59(5): 678–702.

Anderson, Jan-Otto, and Olli Kangas. 2005. "Popular Support for Basic Income in Sweden and Finland." In Guy Standing, ed., *Promoting Income Security as a Right: Europe and North America*, 289–301. London: Anthem Press.

Andrews, Kate. 2015. "Reform Tax Credits with a Negative Income Tax, Says New Report." Press release, October 26, Adam Smith Institute, London. http://www.adamsmith.org/news/press-release-reform-tax-credits-with-a-negative-income-tax-says-new-report.

Anonymous. 1848/1963. "Project van eene Nieuwe Maetschappelijke Grondwet." In Hubert Wouters, ed., *Documenten betreffende de geschiedenis der arbeidersbeweging*, 963–966. Leuven and Paris: Nauwelaerts.

Arcarons, Jordi, Alex Boso, José Antonio Noguera, and Daniel Raventós. 2005. *Viabilitat i impacte d'una Renda Bàsica de Ciutadania per a Catalunya.* Barcelona: Fundació Bofill.

Arcarons, Jordi, Antoni Domènech, Daniel Raventós, and Lluís Torrens. 2014. "Un modelo de financiación de la Renta Básica para el conjunto del Reino de España: si, se puede y es racional." Sin Permiso, December 7. http://www. sinpermiso.info/sites/default/files/textos/rbuesp.pdf.

Arneson, Richard J. 1989. "Equality and Equal Opportunity for Welfare." *Philosophical Studies* 56(1): 77 –93.

_____. 1991. "A Defense of Equal Opportunity for Welfare." *Philosophical Studies* 62(2): 187 –195.

Arnsperger, Christian. 2011. *L'homme économique et le sens de la vie*. Paris: Textuel.

Arnsperger, Christian, and Warren A. Johnson. 2011. "The Guaranteed Income as an Equal-Opportunity Tool in the Transition toward Sustainability." In Axel Gosseries and Yannick Vanderborght, eds., *Arguing about Justice: Essays for Philippe Van Parijs*, 61 –70. Louvain-la-Neuve: Presses universitaires de Louvain.

Arrizabalaga, Jon. 1999. "Poor Relief in Counter-Reformation Castile: An Overview." In Ole Peter Grell, Andrew Cunningham, and Jon Arrizabalaga, eds., *Health Care and Poor Relief in Counter-Reformation Europe*, 151 – 176. London: Routledge.

Ashby, Peter. 1984. *Social Security after Beveridge—What Next?* London: National Council for Voluntary Organizations.

Atkinson, Anthony B. 1984. "The Cost of Social Dividend and Tax Credit Schemes." Working Paper 63, ESRC Programme on Taxation, Incentives and the Distribution of Income, London.

_____. 1993a. "On Targeting Social Security: Theory and Western Experience with Family Benefits." STICERD Working Paper WSP / 99, London School of Economics, London.

_____. 1993b. "Participation Income." *Citizen's Income Bulletin* 16: 7 –11.

_____. 1993c. "Beveridge, the National Minimum, and Its Future in a European Context." STICERD Working Paper WSP / 85, London School of Economics, London.

_____. 1993d. "Comment." In Anthony Atkinson, ed., *Alternatives to Capitalism: The Economics of Partnership*. London: Macmillan and New York: St Martin's Press.

_____. 1995. *Public Economics in Action: The Basic Income/Flat Tax Proposal*. Oxford: Oxford University Press.

_____. 1996a. *Incomes and the Welfare State*. Oxford: Oxford University Press.

_____. 1996b. "The Case for a Participation Income." *Political Quarterly* 67: 67 – 70.

_____. 1996c. "James Meade's Vision: Full Employment and Social Justice." *National Institute Economic Review*, July, 90 – 96.

_____. 1996d. "The Distribution of Income: Evidence, Theories and Policy." *De Economist* 144(1): 1 – 21.

_____. 1998. *Poverty in Europe*. Oxford: Blackwell.

_____. 2015. *Inequality: What Can Be Done?* Cambridge, MA: Harvard University Press.

Atkinson, Anthony B., and Joseph E. Stiglitz. 1980. "Production in the Firm." In Atkinson and Stiglitz, *Lectures in Public Economics*. New York: McGraw-Hill.

Australian Government Commission of Inquiry into Poverty. 1975. "Poverty in Australia: First Main Report." Canberra: Australian Government Publishing Service.

B

Babeuf, Gracchus. 1796. *Analyse de la doctrine de Babeuf, tribun du peuple, proscrit par le Directoire exéctutif pour avoir dit la vérité*.

Bachelot, Louis-Marie. 2011. "Contre l'Etat nounou, pour l'allocation universelle." Nou- velles de France, May 13. http://www.ndf.fr/la-une/13-05-2011/louis-marie-bachelot-contre-letat-nounou-pour-lallocation-universelle/.

Baker, John. 2008. "All Things Considered, Should Feminists Embrace Basic Income?" *Basic Income Studies* 3(3): 1 – 8.

Baldwin, Peter. 1990. *The Politics of Social Solidarity: Class Bases of the European Welfare State*. Cambridge: Cambridge University Press.

Balkenende, Jan Peter. 1985. " 'Waarborgen voor zekerheid' en de verzorgingsmaatschappij." *Christen Democratische Verkenningen* 10: 473 – 484.

Banting, Keith, and Will Kymlicka, eds. 2006. *Multiculturalism and the Welfare State: Recognition and Redistribution in Contemporary Democracies*. Oxford: Oxford University Press.

_____. 2016. *The Strains of Commitment: The Political Sources of Solidarity*. Oxford: Oxford University Press.

Bardhan, Pranab. 2016. "Could a Basic Income Help Poor Countries?" Project Syndicate, June 22. www.project-syndicate.org/commentary/developing-country-basic-income-by-pranab-bardhan-2016-06.

Bargain, Olivier, Mathias Dolls, Clemens Fuest, Dirk Neumann, Andreas Peichl, Nico Pestel, and Sebastian Siegloch. 2012. "Fiscal Union in Europe? Redistributive and Stabilizing Effects of an EU Tax-Benefit System." Discussion paper series, IZA DP No. 6585, May, Forschungsinstitut zur Zukunft der Arbeit / Institute for the Study of Labor, Bonn. http://ftp.iza.org/dp6585.pdf.

Barnes, Peter. 2014. *With Liberty and Dividends for All: How to Save Our Middle Class When Jobs Don't Pay Enough*. San Francisco: Berrett-Koehler.

Barrez, Dirk. 1999. "Tien frank per dag voor iedereen." *De Morgen* (Brussels), December 22.

Barry, Brian. 1992. "Equality Yes, Basic Income No." In Philippe Van Parijs, ed., *Arguing for Basic Income: Ethical Foundations for a Radical Reform*, 128–140. London: Verso.

_____. 1994. "Justice, Freedom, and Basic Income." In Horst Siebert, ed., *The Ethical Foundations of the Market Economy*, 61–89. Tübingen: J. C. B. Mohr and Ann Arbor: University of Michigan Press.

_____. 1996a. "Real Freedom and Basic Income." *Journal of Political Philosophy* 4(3): 242–276.

_____. 1996b. "Surfers' Saviour." *Citizen's Income Bulletin* 22: 1–4.

_____. 1997. "The Attractions of Basic Income." In Jane Franklin, ed., *Equality*, 157–171. London: Institute for Public Policy Research.

_____. 2000. "Universal Basic Income and the Work Ethic." *Boston Review* 25(5): 14–15.

_____. 2005. *Why Social Justice Matters*. New York: Wiley.

Bauer, Michael W., and Philippe Schmitter. 2001. "Dividend, Birth-Grant or Stipendium?" *Journal of European Social Policy* 11(4): 348–352.

Bauer, Péter Tamás. 1981. *Equality, the Third World and Economic Delusion*. London: Methuen.

Bauwens, Michel, and Rogier De Langhe. 2015. "Basisinkomen is geen vangnet maar een springplank." *De Morgen* (Brussels), June 2.

Bay, Ann-Helén, and Axel W. Pedersen. 2006. "The Limits of Social Solidarity: Basic Income, Immigration and the Legitimacy of the Universal Welfare State." *Acta Sociologica* 49(4): 419–436.

Bell, Edward. 1993. "The Rise of the Lougheed Conservatives and the Demise of Social Credit in Alberta: A Reconsideration." *Canadian Journal of Political Science* 26(3): 455–475.

Bellamy, Edward. 1888/1983. *Looking Backward, 2000–1887.* Harmondsworth: Penguin.

Belorgey, Jean-Michel, ed. 2000. *Minima sociaux, revenus d'activité, précarité.* Paris: La Documentation française.

Bentham, Jeremy. 1796/2001. "Essays on the Subject of the Poor Laws, Essay I and II." In *Writings on the Poor Laws*, ed. Michael Quinn, vol. 1, 3–65. Oxford: Oxford University Press.

Bergé, Pierre. 1991. *Liberté, j'écris ton nom.* Paris: Bernard Grasset.

Bergmann, Barbara R. 2008. "Basic Income Grants or the Welfare State: Which Better Promotes Gender Equality?" *Basic Income Studies* 3(3): 1–7.

Bernard, Michel, and Michel Chartrand. 1999. *Manifeste pour un revenu de citoyenneté.* Montréal: Editions du renouveau québécois.

Berzins, Baiba. 1969. "Douglas Credit and the A.L.P." *Labour History* 17: 148–160.

Bhargava, Saurabh, and Dayanand Manoli. 2015. "Psychological Frictions and the Incomplete Take-Up of Social Benefits: Evidence from an IRS Field Experiment." *American Economic Review* 105(11): 3489–3529.

Bidadanure, Juliana. 2014. "Treating Young People as Equals: Intergenerational Justice in Theory and Practice." PhD diss., University of York.

Birnbaum, Simon. 2012. *Basic Income Reconsidered: Social Justice, Liberalism, and the Demands of Equality.* New York: Palgrave Macmillan.

Blais, François. 1999. "Loisir, travail et réciprocité. Une justification 'rawlsienne' de l'allocation universelle est-elle possible?" *Loisir et société* 22(2): 337–353.

_____. 2002. *Ending Poverty: A Basic Income for All Canadians.* Toronto: Lorimer.

Blaschke, Ronald, Adeline Otto, and Norbert Schepers, eds. 2010. *Grundeinkommen: Geschicht, Modelle, Debatten.* Berlin: Karl Dietz Verlag.

_____. 2012. *Grundeinkommen. Von der Idee zu einer europäischen politischen*

Bewegung. Hamburg: VSA Verlag.

Blaschke, Ronald, Ina Praetorius, and Antje Schrupp, eds. 2016. *Das Bedingungslose Grundeinkommen. Feministische und postpatriarchale Perspektiven*. Sulzbach: Ulrike Helmer Verlag.

Block, Fred, and Margaret Somers. 2003. "In the Shadow of Speenhamland: Social Policy and the Old Poor Law." *Politics & Society* 31(2): 283 – 323.

Boadway, Robin, Katherine Cuff, and Kourtney Koebel. 2016. "Designing a Basic Income Guarantee for Canada." September, Department of Economics, Queen's University.

Bond, Larry. 1997. "The Odds against Basic Income." Dublin: Irish National Organisation of the Unemployed.

Bonnett, Alastair, and Keith Armstrong, eds. 2014. *Thomas Spence: The Poor Man's Revolutionary*. London: Breviary Stuff.

Borjas, George J. 1999. "Immigration and Welfare Magnets." *Journal of Labor Economics* 17(4): 607 – 637.

Bouchet, Muriel. 2015. "Allocation universelle à la Luxembourgeoise: un cadeau empoisonné?" IDEA Foundation blog. http://www.fondation-idea. lu/2015/08/06/allocation-universelle-a-la-luxembourgeoise-un-cadeau-empoisonne/.

Bourdieu, Pierre. 1998. "Le mouvement des chômeurs, un miracle social." In Pierre Bour- dieu, *Contre-Feux* 2, 102 – 104. Paris: Liber.

Boutin, Christine. 2003. *Pour sortir de l'isolement, Un nouveau projet de société*. Paris: Services du Premier Ministre.

Bovenberg, Lans, and Rick van der Ploeg. 1995. "Het basisinkomen is een utopie," *Economisch-Statistische Berichten* 3995: 100 – 104.

Bowles, Samuel. 1985. "The Production Process in a Competitive Economy: Walrasian, Neo-Hobbesian and Marxian Models." *American Economic Review* 75(1): 16 – 36.

Boyce, James K., and Matthew E. Riddle. 2007. "Cap and Dividend: How to Curb Global Warming While Protecting the Incomes of American Families." Working Paper 150, November, Political Economy Research Institute, University of Massachusetts Amherst. http://citeseerx.ist.psu.edu/viewdoc/download?doi=10.1

.1,587.3768&rep=rep1&type=pdf.

_____. 2010. "CLEAR Economics: State Level Impacts of the Carbon Limits and Energy for America's Renewal Act on Family Incomes and Jobs." March, Political Economy Research Institute, University of Massachussets Amherst. http://www. peri.umass.edu/fileadmin/pdf/other_publication_types/green_economics/ CLEAR_Economics.pdf.

Boyer, George R. 1990. *An Economic History of the English Poor Law*, 1750–1850. Cambridge: Cambridge University Press.

Bradshaw, Jonathan. 2012. "The Case for Family Benefits." *Children and Youth Services Review* 34(3): 590–596.

Brady, David, and Amie Bostic. 2015. "Paradoxes of Social Policy: Welfare Transfers, Relative Poverty, and Redistribution Preferences." *American Sociological Review* 80(2): 268–298.

Bregman, Rutger. 2016. *Utopia for Realists. The Case for a Universal Basic Income, Open Borders and a 15-Hour Workweek*. Amsterdam: De Correspondent.

Bresson, Yoland. 1984. *L'Après-salariat. Une nouvelle approche de l'économie*. Paris: Economica.

_____. 1994. *Le Partage du temps et des revenus*. Paris: Economica.

_____. 1999. "Il faut libérer le travail du carcan de l'emploi." *Le Monde* (Paris), 16 mars.

_____. 2000. *Le revenu d'existence ou la métamorphose de l'être social*. Paris: L'esprit frappeur. Brinkley, Alan. 1981. "Huey Long, the Share Our Wealth Movement, and the Limits of Depression Dissidence." *Louisiana History* 22(2): 117–134.

Brittan, Samuel. 1973. *Capitalism and the Permissive Society*. London: Macmillan.

_____. 1983. "Work Sharing: A Flawed, Dangerous Nostrum." *Financial Times*, October 6.

_____. 1988. "The Never-Ending Quest. Postscript to the 1987–8 Edition." In Samuel Brittan, *A Restatement of Economic Liberalism*, 210–315. London: Macmillan.

_____. 2001. "In Praise of Free Lunches." *Times Literary Supplement*, August 24.

Brown, Chris. 1992. "Marxism and the Transnational Migration of People." In Brian Barry and Robert E. Goodin, eds., *Free Movement: Ethical Issues in the*

Transnational Migration of People and of Money, 127 – 144. University Park:
Pennsylvania State University Press.

Brynjolfsson, Erik, and Andrew McAfee. 2014. *The Second Machine Age: Work,
Progress, and Prosperity in a Time of Brilliant Technologies*. New York: W. W.
Norton.

Büchele, Hervig, and Lieselotte Wohlgenannt. 1985. *Grundeinkommen ohne Arbeit.
Auf dem Weg zu einer kommunikativen Gesellschaft*. Vienna: Europaverlag.
Reprinted Vienna: ÖGB Verlag, 2016.

Bureau of Labor Statistics. 2015. "Women in the Labor Force: A Databook."
December, BLS Report 1059.

———. 2016. "Union Members—2015." Economic News Release, January 28. http://
www.bls.gov/news.release/union2.nr0.htm.

Burke, Edmund. 1795. *Thoughts and Details on Scarcity Originally Presented to the
Right Honourable William Pitt*, 250 – 280. First published in 1800. http://oll.
libertyfund.org/title/659/20399.

Burns, Eveline M. 1965. "Social Security in Evolution: Towards What?" *Social Service
Review* 39(2): 129 – 140.

Burtless, Gary. 1986. "The Work Response to a Guaranteed Income: A Survey of
Experimental Evidence." In Alicia H. Munnell, ed., *Lessons from the Income
Maintenance Experiments*, 22 – 52. Boston: Federal Reserve Bank of Boston.

———. 1990. "The Economist's Lament: Public Assistance in America." *Journal of
Economic Perspectives* 4(1): 57 – 78.

Busilacchi, Gianluca. 2009. "Dagli rifiuti puó nascere un fiore: un reddito di base per
salvare il pianeta." In BIN Italia, ed., *Reddito per tutti. Un'utopia concreta per l'era
globale*, 167 – 176. Roma: Manifestolibri.

C

Caillé, Alain, ed. 1987. *Du revenu social: au-delà de l'aide, la citoyenneté?* Special issue
of *Bulletin du MAUSS* (Paris) 23.

———. 1994. *Temps choisi et revenu de citoyenneté. Au-delà du salariat universel*.
Caen: Démosthène.

———, ed. 1996. *Vers un revenu minimum inconditionnel? Revue du MAUSS* 7, Paris:

La Découverte.

Cain, Glen G., and Douglas A. Wissoker. 1990a. "A Reanalysis of Marital Stability in the Seattle-Denver Income-Maintenance Experiment." *American Journal of Sociology* 95(5): 1235 – 1269.

_____. 1990b. "Response to Hannan and Tuma." *American Journal of Sociology* 95(5): 1299 – 1314.

Callender, Rosheen. 1985. "The Economics of Basic Income: Response to Dr. Roberts' Paper." Paper presented at the Conference *Irish Future Societies*, Dublin, January 22.

_____. 1986. "Basic Income in Ireland: The Debate to Date." In Anne G. Miller, ed., *Proceedings of the First International Conference on Basic Income*, 288 – 295. London: BIRG and Antwerp: BIEN.

Calnitsky, David. 2016. " 'More Normal than Welfare': The Mincome Experiment, Stigma, and Community Experience." *Canadian Review of Sociology* 53(1): 26 – 71.

Calnitsky, David, and Jonathan Latner. 2015. "Basic Income in a Small Town: Understanding the Elusive Effects on Work." Paper presented at the conference The Future of Basic Income Research, European University Institute, Florence, June 26 – 27.

Canada. 2016. *Final Report of the House of Commons Standing Committee on Finance Regarding Its Consultations in Advance of the 2016 Budget*, March. Ottawa: House of Commons.

Caputo, Richard K. 2012. "United States of America: GAI Almost in the 1970s but Downhill Thereafter." In Richard K. Caputo, ed., *Basic Income Guarantee and Politics: International Experiences and Perspectives on the Viability of Income Guarantees*, 265 – 281. New York: Palgrave Macmillan.

Carens, Joseph H. 1981. *Equality, Moral Incentives and the Market: An Essay in Utopian Politico-Economic Theory*. Chicago: University of Chicago Press.

Casassas, David. 2007. "Basic Income and the Republican Ideal: Rethinking Material Inde- pendence in Contemporary Societies." *Basic Income Studies* 2(2): 1 – 7.

_____. 2016. "Economic Sovereignty as the Democratization of Work: The Role of Basic Income." *Basic Income Studies* 11(1): 1 – 15.

Casassas, David, and Simon Birnbaum. 2008. "Social Republicanism and Basic
    Income: Building a Citizen Society." In Stuart White and Daniel Leighton, eds.,
    The Emerging Politics of Republican Democracy, 75 –82. London: Lawrence and
    Wishart.

Casassas, David, Daniel Raventós, and Julie Ward. 2012. "East Timor and Catalonia:
    Basic-Income Proposals for North and South." In Matthew C. Murray and Carole
    Pateman, eds., *Basic Income Worldwide: Horizons of Reform*, 105 –127. New
    York: Palgrave Macmillan.

Case, Anne, and Angus Deaton. 1998. "Large Cash Transfers to the Elderly in South
    Africa." *Economic Journal* 108(450): 1330 –1361.

Castel, Robert. 1995. *Les métamorphoses de la question sociale. Une chronique du
    salariat*. Paris: Fayard.

_____. 2009. *La montée des incertitudes. Travail, protection, statut de l'individu*.
    Paris: Le Seuil.

Castelein, Reinier. 2016. *Welzijn is de nieuwe welvaart*. Utrecht: Happy View.

Centre des Jeunes Dirigeants d'Entreprise. 2011. *Objectif Oikos. Changeons d'R. 12
    propositions pour 2012*. Paris: CJD.

Charbonneau, Bernard, and Jacques Ellul. 1935/1999. "Directives pour un manifeste
    personnaliste," ed. Patrick Troude-Chastenet. *Revue Française d'Histoire des
    Idées Politiques* 9 (1999): 159 –177.

Charlier, Joseph. 1848. *Solution du problème social ou constitution humanitaire.
    Basée sur la loi naturelle, et précédé de l'exposé des motifs*. Brussels: Chez tous les
    libraires du Royaume.

_____. 1871. *Catéchisme populaire philosophique, politique et social*. Brussels:
    Vanderauwera.

_____. 1894a. *La Question sociale résolue, précédée du testament philosophique d'un
    penseur*. Brussels: Weissenbruch.

_____. 1894b. *L'Anarchie désarmée par l'équité. Corollaire à la question sociale
    résolue*. Brussels: Weissenbruch.

Christensen, Erik. 2000. *Borgerløn. Fortællinger om en politisk ide*. Højbjerg: Forlaget
    Hovedland.

Christensen, Erik, and Jørn Loftager. 2000. "Ups and Downs of Basic Income in

Den- mark." In Robert-Jan van der Veen and Loek Groot, eds., *Basic Income on the Agenda*, 257 – 267. Amsterdam: Amsterdam University Press.

City of Ypres. 1531/2010. *Forma Subventionis Pauperum*. In Paul Spicker, ed., *The Origins of Modern Welfare*, 101 – 140. Oxford: Peter Lang.

Clavet, Nicholas-James, Jean-Yves Duclos, and Guy Lacroix. 2013. "Fighting Poverty: Assessing the Effect of Guaranteed Minimum-Income Proposals in Québec." Discussion paper series, IZA DP No. 7283, March, Forschungsintitut für Zukunft der Arbeit / Institute for the Study of Labor, Bonn. http://ftp.iza.org/dp7283.pdf.

Clemons, Steven C. 2003. "Sharing, Alaska-Style." *New York Times*, April 9.

Clerc, Denis. 2003. "L'idée d'un revenu d'existence: une idée séduisante et . . . dangereuse." In Jean-Paul Fitoussi and Patrick Savidan, eds., *Comprendre les inégalités*, 201 – 207. Paris: PUF.

Cobbett, William. 1827/1977. *The Poor Man's Friend*. New York: Augustus M. Kelley.

Cohen, Nick. 2014. "Two Days, One Night—A Film That Illuminates the Despair of the Low Paid." *The Observer*, August 30.

Cole, George D. H. 1929. *The Next Ten Years in British Social and Economic Policy*. London: Macmillan.

_____. 1935. *Principles of Economic Planning*. London: Macmillan.

_____. 1944. *Money: Its Present and Future*. London: Cassel.

_____. 1953. *A History of Socialist Thought*. London: Macmillan.

Collectif Charles Fourier. 1985. "L'allocation universelle." *La Revue Nouvelle* 81: 345 – 351. English translation: "The Universal Grant." *IFDA dossier* 48 (July / August): 32 – 37.

Colombino, Ugo. 2015. "Five Crossroads on the Way to Basic Income: An Italian Tour." *Italian Economic Journal* 1(3): 353 – 389.

Colombino, Ugo, Marilena Locatelli, Edlira Narazani, and Cathal O'Donoghue. 2010. "Alternative Basic Income Mechanisms: An Evaluation Exercise with a Microeconometric Model." *Basic Income Studies* 5(1): 1 – 31.

Colombino, Ugo, and Edlira Narazani. 2013. "Designing a Universal Income Support Mechanism for Italy: An Exploratory Tour." *Basic Income Studies* 8(1): 1 – 17.

Colombo, Céline, Thomas De Rocchi, Thomas Kurer, and Thomas Widmer. 2016. "Analyse der eidgenössischen Abstimmung vom 5. Juni 2016." Zürich: VOX.

Colombo, Giulia, Reinhold Schnabel, and Stefanie Schubert. 2008. "Basic Income Reform in Germany: A Microsimulation-Age Analysis." Unpublished ms. http:// www.aiel.it/Old/bacheca/BRESCIA/papers/colombo.pdf.

Commission on Social Justice. 1994. *Social Justice. Strategies for National Renewal.* The Report of the Commission on Social Justice. London: Vintage.

Condorcet, Antoine Caritat Marquis de. 1795/1988. *Esquisse d'un tableau historique des progrès de l'esprit humain.* Paris: Garnier-Flammarion.

Considerant, Victor. 1845. *Exposition abrégée du système Phalanstérien de Fourier.* Paris: Li- brairie sociétaire.

Cook, Stephen L. 1979. "Can a Social Wage Solve Unemployment?" Working Paper 165, University of Aston Management Centre, Birmingham.

Coote, Anna, Jane Franklin, and Andrew Simms. 2010. *21 Hours: Why a Shorter Working Week Can Help Us All to Flourish in the 21st Century.* London: New Economics Foundation.

COSATU. 2010. *A Growth Path towards Full Employment: Policy Perspectives of the Congress of South African Trade Unions?* Johannesburg: COSATU.

Cournot, Antoine Augustin. 1838/1980. *Recherches sur les principes mathématiques de la théorie des richesses.* Paris: Vrin.

Crocker, Geoffrey. 2014. *The Economic Necessity of Basic Income.* Bristol: Technology Market Strategies.

CSC(Confédération des syndicats chrétiens). 2002. "Dans quelle mesure mon revenu est-il juste?" *Syndicaliste CSC* 560, January 25.

Cummine, Angela L. 2011. "Overcoming Dividend Skepticism: Why the World's Sovereign Wealth Funds Are Not Paying Basic Income Dividends." *Basic Income Studies* 6(1): 1-18. Cunha, Jesse M. 2014. "Testing Paternalism: Cash versus In-Kind Transfers." *American Economic Journal: Applied Economics* 6(2): 195-230.

Cunliffe, John, and Guido Erreygers. 2001. "The Enigmatic Legacy of Charles Fourier: Joseph Charlier and Basic Income." *History of Political Economy* 33(3): 459-484.

_____, eds. 2004. *The Origins of Universal Grants: An Anthology of Historical Writings on Basic Capital and Basic Income.* Basingstoke: Palgrave Macmillan.

Currie, Janet, and Firouz Gahvari. 2008. "Transfers in Cash and In-Kind: Theory Meets the Data." *Journal of Economic Literature* 46(2): 333-383.

D

Dalla Costa, Mariarosa, and Selma James. 1975. *The Power of Women and the Subversion of the Community*. Bristol: Falling Wall Press.

Danaher, John. 2014. "Feminism and the Basic Income. Parts I and II." Institute for Ethics and Emerging Technologies, blog post. Part 1, July 17: http://ieet.org/index.php/IEET/more/danaher20140717; Part 2, July 19: http://ieet.org/index.php/IEET/more/danaher 20140719.

Daniels, Norman. 1985. *Just Health Care*. Cambridge: Cambridge University Press.

Davala, Sarath, Renana Jhabvala, Soumya Kapoor Mehta, and Guy Standing. 2015. *Basic Income: A Transformative Policy for India*. London: Bloomsbury.

Davidson, Mark. 1995. "Liberale grondrechten en milieu. Het recht op milieugebruiksruimte als grondslag van een basisinkomen." *Milieu* 5: 246–249.

Davis, Michael. 1987. "Nozick's Argument for the Legitimacy of the Welfare State." *Ethics* 97(3): 576–594.

De Basquiat, Marc, and Gaspard Koenig. 2014. *LIBER, un revenu de liberté pour tous. Une proposition d'impôt négatif en France*. Paris: Génération Libre.

De Deken, Jeroen, and Dietrich Rueschemeyer. 1992. "Social Policy, Democratization and State Structure: Reflections on Late Nineteenth-Century Britain and Germany." In Rolf Torstendahl, ed., *State Theory and State History*, 93–117. London: Sage.

Defeyt, Philippe. 2016. *Un revenu de base pour chacun, une autonomie pour tous*. Namur: Institut pour le développement durable.

Defoe, Daniel. 1697/1999. *An Essay upon Projects*, New York: AMS Press.

_____. 1704. *Giving Alms No Charity and Employing the Poor. A Grievance to the Nation*. London: Printed, and sold by the booksellers of London and Westminster.

De Jager, Nicole E. M., Johan J. Graafland, and George M. M. Gelauff. 1994. *A Negative Income Tax in a Mini Welfare State: A Simulation with MIMIC*. The Hague: Centraal Planbureau.

De Keyser, Napoleon. 1854/2004. *Het Natuer-regt, of de rechtveirdigheid tot nieuw bestuur als order der samenleving volgens de bestemming van den mensch*. Partial English translation as "Natural Law, or Justice as a New Governance for Society

According to the Destiny of Man." In John Cunliffe and Guido Erreygers, eds., *The Origins of Universal Grants*, 56 – 72. Basingstoke: Palgrave Macmillan.

De Keyzer, Peter. 2013. *Growth Makes You Happy: An Optimist's View of Progress and the Free Market*. Tielt: Lannoo.

Dekkers, J. M., and Bart Nooteboom. 1988. *Het gedeeltelijk basisinkomen, de hervorming van de jaren negentig*. The Hague: Stichting Maatschappij en Onderneming.

Delvaux, Bernard, and Riccardo Cappi. 1990. *Les allocataires sociaux confrontés aux pièges financiers: Analyse des situations et des comportements*. Louvain: IRES.

De Paepe, César. 1889. "Des services publics." *La Revue socialiste* 10: 299 – 310. http://archive.org/stream/larevuesocialist10part/larevuesocialist10part_djvu.txt.

Deppe, Ina, and Lena Foerster. 2014. *1989–2014. 125 Jahren Rentenversicherung*. Berlin: August Dreesbach Verlag.

Desmet, Klaus, Ignacio Ortuño-Ortín, and Shlomo Weber. 2005. "Peripheral Linguistic Diversity and Redistribution." CORE Discussion Paper 2005/44, Université catholique de Louvain.

De Wispelaere, Jurgen. 2016. "The Struggle for Strategy: On the Politics of the Basic-Income Proposal." *Politics* 36(2): 131 – 141.

De Wispelaere, Jurgen, and Lindsay Stirton. 2007. "The Public Administration Case against Participation Income." *Social Service Review* 81(3): 523 – 549.

———. 2011. "The Administrative Efficiency of Basic Income." *Policy & Politics* 39(1): 115 – 132.

———. 2012. "A Disarmingly Simple Idea? Practical Bottlenecks in the Implementation of a Universal Basic Income." *International Social Security Review* 65(2): 103 – 121.

Dickens, Charles. 1838. *Oliver Twist, or the Parish Boy's Progress*. London: Richard Bentley.

Dilnot, Andrew, John A. Kay, and C. N. Morris. 1984. *The Reform of Social Security*. London: Institute of Fiscal Studies.

Dore, Ronald. 2001. "Dignity and Deprivation." In Philippe Van Parijs et al., *What's Wrong with a Free Lunch?* 80 – 84. Boston: Beacon Press.

Douglas, Clifford H. 1920. *Economic Democracy*. London: C. Palmer.

_____. 1924. *Social Credit*. London: Eyre and Spottiswoode.

Dowding, Keith, Jurgen De Wispelaere, and Stuart White, eds. 2003. *The Ethics of Stakeholding*. Basingstoke: Palgrave Macmillan.

Duboin, Jacques. 1932. *La Grande Relève des hommes par la machine*. Paris: Fustier.

_____. 1945. *Economie distributive de l'abondance*. Paris: OCIA.

_____. 1998. *Le socialisme distributiste*. Paris: L'Harmattan.

Duboin, Marie-Louise. 1988. "Guaranteed Income as an Inheritance." In Anne G. Miller, ed., *Proceedings of the First International Conference on Basic Income*, 134–145. London: BIRG and Antwerp: BIEN.

Duchâtelet, Roland. 1994. "An Economic Model for Europe Based on Consumption Financing on the Tax Side and the Basic Income Principle on the Redistribution Side." Paper presented at the 5th BIEN Congress, London, September 8–10.

_____. 2004. *De weg naar meer netto binnenlands geluk. Een toekomst voor alle Europeanen*. Leuven: Van Halewyck.

Dullien, Sebastian. 2014a. "The Macroeconomic Stabilisation Impact of a European Basic Unemployment Insurance Scheme." *Intereconomics* 49(4): 189–193.

_____. 2014b. "Why a European Unemployment Insurance Would Help to Make EMU More Sustainable." *Social Europe*, October 3.

Dumont, Daniel. 2012. *La responsabilisation des personnes sans emploi en question*. Brussels: La Charte.

Durkheim, Emile. 1893/2007. *De la division du travail social*. Paris: P.U.F.

Dworkin, Ronald. 1981. "What Is Equality? Part II: Equality of Resources." *Philosophy and Public Affairs* 10/4: 283–345.

_____. 1983. "Why Liberals Should Believe in Equality." *New York Review of Books*, February 3.

_____. 2000. *Sovereign Virtue: The Theory and Practice of Equality*. Cambridge, MA: Har-vard University Press.

_____. 2002. "*Sovereign Virtue* Revisited." *Ethics* 113: 106–243.

_____. 2004. "Ronald Dworkin Replies." In Justine Burley, ed., *Dworkin and His Critics*, 339–395. Oxford: Blackwell.

_____. 2006. *Is Democracy Possible Now? Principles for a New Political Debate*. Princeton: Princeton University Press, 2006.

Dyer, Christopher. 2012. "Poverty and Its Relief in Late Medieval England." *Past and Present* 216(1): 41 –78.

E

Easterlin, Richard A. 1974. "Does Economic Growth Improve the Human Lot? Some Empir- ical Evidence." In Paul A. David and Melvin W. Reder, eds., *Nations and Households in Economic Growth: Essays in Honor of Moses Abramovitz*, 89 –125. New York: Academic Press.

———. 2010. *Happiness, Growth, and the Life Cycle*. Oxford: Oxford University Press.

Economiesuisse. 2012. "Bedingungsloses Grundeinkommen? Leider nein." *Dossiepolitik* 21, October 1.

Edin, Kathryn J., and H. Luke Shaefer. 2015. *$2.00 a Day: Living on Almost Nothing in America*. Boston: Houghton Mifflin Harcourt.

Einstein, Albert. 1955. "Introduction." In Henry H. Wachtel, *Security for All and Free Enterprise: A Summary of the Social Philosophy of Josef Popper-Lynkeus*, vii –viii. New York: Philosophical Library.

Elgarte, Julieta. 2008. "Basic Income and the Gender Division of Labour." *Basic Income Studies* 3(3).

Elster, Jon. 1986. "Comment on Van der Veen and Van Parijs." *Theory and Society* 15(5): 709 –721.

———. 1988. "Is There (or Should There Be) a Right to Work?" In Amy Gutmann, ed., *Democracy and the Welfare State*, 53 –78. Princeton: Princeton University Press.

Engels, Friedrich. 1845/2009. *The Condition of the Working-Class in England in 1844*. New York: Cosimo Classics.

———. 1880/2008. *Socialism: Utopian and Scientific*. New York: Cosimo Classics.

Engels, Wolfram, Joachim Mitschke, and Bernd Starkloff. 1973. *Staatsbürgersteuer. Vorschlag zur Reform der direkten Steuers und persönlichen Subventionen durch ein integriertes Personalsteuer-und Subventionssystem*. Wiesbaden: Karl Bräuer-Institut.

Erreygers, Guido, and John Cunliffe. 2006. "Basic Income in 1848." *Basic Income Studies* 1(2): 1 –12.

Esping-Andersen, Gøsta. 1990. *The Three Worlds of Welfare Capitalism*. Princeton:

Princeton University Press.

European Central Bank. 2013. "The Eurosystem Household Finance and Consumption Survey. Results from the First Wave." Statistics Paper Series no. 2, April.

European Commission. 2012. "Analysis of Options beyond 20% GHG Emission Reductions: Member State Results." Commission Staff Working Paper, Brussels, 1.2.2012, SWD (2012) 5.

_____. 2014a. "Employment and Social Developments in Europe 2013." Luxembourg: Publications Office of the European Union.

_____. 2014b. "National Student Fee and Support Systems in European Higher Education 2014/15." Eurydice–Facts and Figures, European Commission: Education and Training. European Union. 2008. "European Union Public Finance," 4th ed. Luxembourg: Office for Official Publications of the European Communities.

_____. 2011. "General Budget of the European Union for the Financial Year 2012: General Statement of Revenue." Brussels, June 15. http://eur-lex.europa.eu/budget/data/DB2012/EN/SEC00.pdf.

Eydoux, Anne, and Rachel Silvera. 2000. "De l'allocation universelle au salaire maternel: il n'y a qu'un pas . . . à ne pas franchir." In Thomas Coutrot and Christophe Ramaux, eds., Le bel avenir du contrat de travail, 41 – 60. Paris: Syros.

F

Fantazzi, Charles. 2008. "Vives and the Emarginati." In Charles Fantazzi, ed., A Companion to Juan Luis Vives, 65 – 111. Leiden: Brill.

Faye, Michael, and Paul Niehaus. 2016. "What If We Just Gave Poor People a Basic Income for Life? That's What We're About to Test." Slate, April 14.

Federation of Claimants Union. 1985a. On the Dole: A Claimant Union Guide for the Unemployed. London: Federation of Claimants Union.

_____. 1985b. Women and Social Security. London: Federation of Claimants Union.

Feige, Edgar L. 2000. "The Automated Payment Transaction Tax: Proposing a New Tax System for the 21st Century." Economic Policy 31: 473 – 511.

Feldstein, Martin. 1992. "The Case against EMU." The Economist, June 13.

_____. 1997. "The Political Economy of the European Economic and Monetary
Union: Political Sources of an Economic Liability." *Journal of Economic
Perspectives* 11(4): 23 –42.

_____. 2012. "The Failure of the Euro: The Little Currency That Couldn't." *Foreign
Affairs* 91(1): 105 –116.

Fernández-Santamaria, J. A. 1998. *The Theater of Man: J.L. Vives on Society*.
Philadelphia: American Philosophical Society.

Ferrarini, Tommy, Kenneth Nelson, and Helena Höög. 2013. "From Universalism to
Selectivity: Old Wine in New Bottles for Child Benefits in Europe and Other
Countries." In Ive Marx and Kenneth Nelson, eds., *Minimum Income Protection
in Flux*, 137 –160. New York: Palgrave Macmillan.

Ferry, Jean-Marc. 1985. "Robotisation, utilité sociale, justice sociale." Esprit 97:
19 –29.

_____. 1995. *L'Allocation universelle. Pour un revenu de citoyenneté*. Paris: Cerf.

_____. 2000. *La Question de l'Etat européen*. Paris: Gallimard.

_____. 2014. "Pour un socle social européen." *Cahiers philosophiques* 137: 7 –14.

Fichte, Johann Gottlied. 1800/2012. The Closed Commercial State. Translation of Der
geschlossene Handelsstaat. New York: SUNY Press.

Fitzpatrick, Tony. 1999a / 2013. "Ecologism and Basic Income." In Karl Widerquist,
Jose A. Noguera, Yannick Vanderborght, and Jurgen De Wispelaere, eds., *Basic
Income: An Anthology of Contemporary Research*, 263 –268. Chichester: Wiley-
Blackwell.

_____. 1999b / 2013. "A Basic Income for Feminists?" In Karl Widerquist, Jose A.
Noguera, Yannick Vanderborght, and Jurgen De Wispelaere, eds., *Basic Income:
An Anthology of Contemporary Research*, 163 –172. Chichester: Wiley-Blackwell.

_____. 1999c. *Freedom and Security: An Introduction to the Basic Income Debate*.
London: Macmillan.

Flomenhoft, Gary. 2013. "Applying the Alaska Model in a Resource Poor State: The
Example of Vermont." In K. Widerquist and M. Howard, eds., *Exporting the
Alaska Model: Adapting the Permanent Fund Dividend for Reform around the
World*, 85 –107. New York: Palgrave Macmillan.

Flora, Peter, ed. 1986. *Growth to Limits: The Western European Welfare States since*

World War II. New York: De Gruyter.

Forget, Evelyn. 2011. "The Town with No Poverty: The Health Effects of a Canadian Guaranteed Annual Income Field Experiment." *Canadian Public Policy* 37(3): 283 – 305.

Foucault, Michel. 1961/2006. History of Madness. London: Routledge.

_____. 1979/2008. *The Birth of Biopolitics, Lectures at the Collège de France 1978–79*, ed. M. Senellart. Basingstoke: Palgrave Macmillan.

Fourier, Charles. 1803/2004. "Letter to the High Judge." In John Cunliffe and Guido Erreygers, eds., *The Origins of Universal Grants*, 99 – 102. Basingstoke: Palgrave Macmillan.

_____. 1822/1966. *Théorie de l'unité universelle*, vol. 3. Paris: Anthropos.

_____. 1829. *Le nouveau monde industriel ou sociétaire ou invention du procédé d'industrie at-trayante et naturelle distribuée en series passionnées*. Paris: Bossange.

_____. 1836/1967. *La Fausse Industrie, morcelée, répugnante, mensongère, et l'antidote, l'industrie naturelle, combinée, attrayante, véridique, donnant quadruple produit et perfec-tion extrême en toutes qualités*. Paris: Anthropos.

France Stratégie. 2014a. *Quelle France dans Dix Ans. Les chantiers de la décennie*. Paris: Com- missariat général à la stratégie et à la prospective.

_____. 2014b. *Quelle France dans Dix Ans. Repères pour 2025*. Paris: Commissariat général à la stratégie et à la prospective.

_____. 2014c. *Quelle France dans Dix Ans. Réconcilier l'économique et le social*. Paris: Commissariat général à la stratégie et à la prospective.

Frank, Robert H. 2014. "Let's Try a Basic Income and Public Work." Response essay, Cato Unbound, August 11. http://www.cato-unbound.org/2014/08/11/robert-h-frank/lets-try-basic-income-public-work.

Frank, Robert H., and Philip J. Cook. 1995. *The Winner-Take-All Society: Why the Few at the Top Get So Much More Than the Rest of Us*. New York: Free Press.

Frankman, Myron J. 1998. "Planet-Wide Citizen's Income: Antidote to Global Apartheid." *Labour, Capital and Society* 31(1 – 2): 166 – 178.

_____. 2004. *World Democratic Federalism: Peace and Justice Indivisible*. Basingstoke: Palgrave Macmillan. Franzmann, Manuel, ed. 2010. *Bedingungsloses*

Grundeinkommen als Antwort auf die Krise der Arbeitsgesellschaft. Weilerswist: Velbrück Wissenschaft.

Fraser, Nancy. 1997. "After the Family Wage: A Postindustrial Thought Experiment." In Fraser, *Justice Interruptus: Critical Reflections on the "Postsocialist" Condition*, 41 – 66. New York: Routledge.

Frazer, Hugh, and Eric Marlier. 2009. *Minimum-Income Schemes across EU Member States*. Brussels: European Commission and EU Network of National Independent Experts on Social Inclusion.

Frey, Carl Benedikt, and Michael Osborne. 2014. "Technological Change and New Work." Policy Network, May 15. http://www.policy-network.net/pno_detail. aspx?ID=4640&title=Technological-change-and-new-work.

Friedman, Milton. 1947. "Lerner on the Economics of Control." *Journal of Political Economy* 55(5): 405 – 416.

―――. 1962. *Capitalism and Freedom*. Chicago: University of Chicago Press.

―――. 1968. "The Case for the Negative Income Tax: A View from the Right." In John H. Bunzel, ed., *Issues of American Public Policy*, 111 – 120. Englewood Cliffs: Prentice-Hall.

―――. 1972/1975. "Is Welfare a Basic Human Right?" In Milton Friedman, *There's No Such Thing as a Free Lunch*, 205 – 207. La Salle IL: Open Court, 1975.

―――. 1973a / 1975. "Playboy Interview." In Milton Friedman, *There's No Such Thing as a Free Lunch*, 1 – 38. La Salle IL: Open Court, 1975.

―――. 1973b / 1975. "Negative Income Tax." In Milton Friedman, *There's No Such Thing as a Free Lunch*, 198 – 201. La Salle IL: Open Court, 1975.

―――. 1998. "The Government as Manager." Interview with Radio Australia, June 17. http://www.abc.net.au/money/vault/extras/extra5.htm.

―――. 2000. "The Suplicy-Friedman Exchange." BIEN News Flash no. 3, May, 8 – 11. www.basicincome.org/bien/pdf/NewsFlash3.pdf.

Friedman, Yona. 2000. *Utopies réalisables*, 2nd ed. Paris: Editions de l'Eclat.

Friot, Bernard. 2012. *L'enjeu du salaire*. Paris: La Dispute.

Füllsack, Manfred. 2006. *Globale soziale Sicherheit: Grundeinkommen —weltweit?* Berlin: Avinus Verlag.

Fumagalli, Andrea, and Maurizio Lazzarotto, eds. 1999. *Tute bianche. Disoccupazione di massa e reddito di cittadinanza*. Rome: Derive Approdi.

Furukubo, Sakura. 2014. "Basic Income and Unpaid Care Work in Japan." In Yannick Vanderborght and Toru Yamamori, eds., *Basic Income in Japan: Prospects of a Radical Idea in a Transforming Welfare State*, 131 – 139. New York: Palgrave Macmillan.

Future of Work Commission. 2016. "Ten Big Ideas from Our Consultation: Snapshot of Work to Date." March, Labour Party, Wellington, New Zealand. https://d3n8a8pro7vhmx.cloudfront.net/nzlabour/pages/4237/attachments/original/1458691880/Future_of_Work_Ten_Big_Ideas_sm.pdf?1458691880.

G
—

Galbraith, John Kenneth. 1958. *The Affluent Society*. Boston: Houghton Mifflin.

_____. 1966. "The Starvation of the Cities." *The Progressive* 30 (12). Reprinted in J. K. Galbraith, *A View from the Stands: Of People, Politics, Military Power, and the Arts*. Houghton Mifflin, 1986.

_____. 1969. *The Affluent Society*, 2nd ed. London: Hamish Hamilton.

_____. 1972. "The Case for George McGovern." *Saturday Review of the Society*, July 1, 23 – 27.

_____. 1973. *Economics and the Public Purpose*. Boston: Houghton–Mifflin.

_____. 1975. *Money: Whence It Came, Where It Went*. New York: Houghton Mifflin.

_____. 1999a/ 2001. "The Unfinished Business of the Century." Lecture at the London School of Economics, June 1999. Reprinted in J. K. Galbraith, *The Essential Galbraith*, 307 – 314. Boston: Houghton Mifflin, 2001.

_____. 1999b. "The Speculative Bubble Always Comes to an End — And Never in a Pleasant or Peaceful Way." Interview with Elizabeth Mehren, *Los Angeles Times*, December 12. http://latimesblogs.latimes.com/thedailymirror/2008/10/voices — john.html.

Garon, Sheldon M. 1997. *Molding Japanese Minds: The State in Everyday Life*. Princeton: Princeton University Press.

Gauthier, David. 1986. *Morals by Agreement*. Oxford: Oxford University Press.

Geffroy, Laurent. 2002. *Garantir le revenu. Histoire et actualité d'une utopie concrete*. Paris: La Découverte / MAUSS.

Gelders, Bjorn. 2015. "Universal Child Benefits: The Curious Case of Mongolia." Develop- ment Pathways, June 24. http://www.developmentpathways.co.uk/resources/universal-child-benefits-the-curious-case-of-mongolia/.

Genet, Michel, and Philippe Van Parijs. 1992. "Eurogrant." *Basic Income Research Group Bulletin* 15: 4 - 7.

Genschel, Philipp, and Peter Schwartz. 2011. "Tax Competition: A Literature Review." *Socio-Economic Review* 9(2): 339 - 370.

Genschel, Philipp, and Laura Seekopf. 2016. "Winners and Losers of Tax Competition." In Peter Dietsch and Thomas Rixen, eds., *Global Tax Governance: What's Wrong with It and How to Fix It*, 56 - 75. Colchester: ECPR Press.

George, Henry. 1879/1953. *Progress and Poverty*. London: Hogarth Press.

_____. 1881. *The Irish Land Question*. New York: D. Appleton & Company.

_____. 1887/2009. "Address at the Second Public Meeting of the Anti-Poverty Society." Reprinted in Kenneth C. Wenzer, ed., *Henry George, the Transatlantic Irish, and Their Times*, 267 - 282. Bingley: Emerald Group Publishing.

Gerhardt, Klaus Uwe, and Arnd Weber. 1983. "Garantiertes Mindesteinkommen." *Alemantschen* 3: 69 - 99.

GESOP. 2015. *L'Omnibus de GESOP. Informe de resultats Juliol de 2015*. Barcelona: GESOP.

Gheaus, Anca. 2008. "Basic Income, Gender Justice and the Costs of Gender-Symmetrical Lifestyles." *Basic Income Studies* 3(3): 1 - 8.

Gibran, Kahlil. 1923. *The Prophet*. New York: Knopf.

Gilain, Bruno, and Philippe Van Parijs. 1996. "L'allocation universelle: un scénario de court terme et son impact distributive." *Revue belge de Sécurité Sociale* 1996 - 1: 5 - 80.

Giraldo Ramirez, Jorge. 2003. *La renta básica, más allá de la sociedad salarial*. Medellin: Ediciones Escuela Nacional Sindical.

Glaeser, Edward. 2011. The Triumph of the City. New York: Penguin.

Glyn, Andrew, and David Miliband, eds. 1994. *The Cost of Inequality*. London: IPPR.

Godechot, Jacques. 1970. *Les Constitutions de la France depuis 1789*. Paris: Garnier-Flammarion.

Godino, Roger. 1999. "Pour la création d'une allocation compensatrice de revenu."

In Robert Castel, Roger Godino, Michel Jalmain, and Thomas Piketty, eds., *Pour une réforme du RMI, Notes de la Fondation Saint Simon* 104: 7 – 20.

_____. 2002. "Une alternative à la prime pour l'emploi: l'allocation compensatrice de revenu. Entretien avec Nicolas Gravel." *Economie publique* 2002(2): 9 – 14.

Goedemé, Tim. 2013. "Minimum Income Protection for Europe's Elderly: What and How Much Has Been Guaranteed during the 2000s?" In Ive Marx and Kenneth Nelson, eds., *Minimum Income Protection in Flux*, 108 – 133. New York: Palgrave Macmillan.

Goedemé, Tim, and Wim Van Lancker. 2009. "A Universal Basic Pension for Europe's Elderly: Options and Pitfalls." *Basic Income Studies* 4(1): 1 – 26.

Goldsmith, Scott. 2005. "The Alaska Permanent Fund Dividend: An Experiment in Wealth Distribution." In Guy Standing, ed., *Promoting Income Security as a Right: Europe and North America*, 553 – 566. London: Anthem Press.

Goodman, Paul, and Percival Goodman. 1947/1960. *Communitas: Means of Livelihood and Ways of Life*. New York: Random House.

Gorz, André. 1980. *Adieux au Prolétariat. Au-delà du socialisme*. Paris: Le Seuil.

_____. 1983. *Les Chemins du Paradis. L'agonie du capital*. Paris: Galilée.

_____. 1984. "Emploi et revenu: un divorce nécessaire?" Interview with Denis Clerc. *Alternatives Economiques* 23: 15 – 17.

_____. 1985. "L'allocation universelle: version de droite et version de gauche." *La Revue nouvelle* 81(4): 419 – 428.

_____. 1988. *Métamorphoses du Travail. Quête du sens*. Paris: Galilée.

_____. 1992. "On the Difference between Society and Community, and Why Basic Income Cannot by Itself Confer Full Membership of Either." In Philippe Van Parijs, ed., *Arguing for Basic Income: Ethical Foundations for a Radical Reform*, 178 – 184. London: Verso.

_____. 1997. *Misères du présent, Richesse du possible*. Paris: Galilée.

Goul Andersen, Jørgen. 1996. "Marginalization, Citizenship and the Economy: The Capacities of the Universalist Welfare State in Denmark." In E. O. Eriksen and J. Loftager, eds., *The Rationality of the Welfare State*, 155 – 202. Oslo: Scandinavian University Press.

Graeber, David. 2014a. "Why America's Favorite Anarchist Thinks Most American

Workers Are Slaves." PBS News, April 17. http://www.pbs.org/newshour/
making-sense/why-americas-favorite-anarchist-thinks-most-american-
workers-are-slaves/.

_____. 2014b. "Spotlight on the Financial Sector Did Make Apparent Just How
Bizarrely Skewed Our Economy Is in Terms of Who Gets Rewarded." Salon,
June 1. http://www.salon.com/2014 /06/01 /help_us_thomas_piketty_the_1s_
sick_and_twisted_new_scheme/.

Gratianus. 1140/1990. *Decretum*. Munich: Münchener Digitalisierungszentrum.
http:// geschichte.digitale-sammlungen.de/decretum-gratiani.

Greenberg, David H., and Mark Shroder. 2004. *The Digest of Social Experiments*.
Washington DC: Urban Institute.

Green Party. 2015a. *For the Common Good. General Election Manifesto 2015*. London:
The Green Party of England and Wales.

_____. 2015b. *Basic Income: A Detailed Proposal*. London: The Green Party of
England and Wales.

Green Party of New Zealand. 2014. *Income Support Policy*. Wellington: Green Party
of Aote- aroa New Zealand.

Greffe, Xavier. 1978. *L'Impôt des pauvres. Nouvelle stratégie de politique sociale*. Paris:
Dunod.

Griffith, Jeremy. 2015. "Libertarian Perspectives on Basic Income." Unfettered
Equality, January 15.

Groot, Loek, and Robert J. van der Veen. 2000. "Clues and Leads in the Debate on
Basic Income in the Netherlands." In Robert J. van der Veen and Loek Groot,
eds., *Basic Income on the Agenda*, 197 – 223. Amsterdam: Amsterdam University
Press.

Gubian Alain, Stéphane Jugnot, Frédéric Lerais, and Vladimir Passeron. 2004. "Les
effets de la RTT sur l'emploi: des simulations ex ante aux évaluations ex post."
Economie et statistique 376: 25 – 54.

Guilloteau, Laurent, and Jeanne Revel, eds. 1999. "Revenu garanti pour tous."
Vacarme 9: 9 – 22.

Gupta, Uttam. 2014. "Scrap the Food Security Act." May 28. www.
thehindubusinessline.com.

H

Haarmann, Claudia, and Dirk Haarmann, eds., 2005. "The Basic Income Grant in
Namibia. Resource Book." Windhoek: Evangelical Lutheran Church in the
Republic of Namibia. http://base.socioeco.org/docs/big_resource_book.pdf.

———. 2007. "From Survival to Decent Employment: Basic Income Security in
Namibia." *Basic Income Studies* 2(1): 1 –7.

———. 2012. "Piloting Basic Income in Namibia —Critical Reflections on the
Process and Possible Lessons." Paper presented at the 14th Congress of the
Basic Income Earth Network (BIEN), Munich, September 14 – 16.

Hacker, Jacob S. 2002. *The Divided Welfare State: The Battle over Public and Private
Social Benefits in the United States*. Cambridge: Cambridge University Press.

Haddow, Rodney S. 1993. *Poverty Reform in Canada, 1958–1978: State and Class
Influences on Policy Making*. Montréal and Kingston: McGill-Queen's University
Press.

———. 1994. "Canadian Organized Labour and the Guaranteed Annual Income."
In Andrew F. Johnson et al., eds., *Continuities and Discontinuities: The Political
Economy of Social Welfare and Labour Market Policy in Canada*, 350 – 366.
Toronto: University of Toronto Press.

Hammond, Jay. 1994. *Tales of Alaska's Bush Rat Governor*. Alaska: Epicenter Press.

Handler, Joel F. 2004. *Social Citizenship and Workfare in the United States and
Western Europe: The Paradox of Inclusion*. Cambridge: Cambridge University
Press.

Häni, Daniel, and Philip Kovce. 2015. *Was fehlt wenn alles da ist? Warum das
bedingungslose Einkommen die richtigen Fragen stellt*. Zürich: Orell Füssli.

Hanlon, Joseph, Armando Barrientos, and David Hulme. 2010. *Just Give Money to the
Poor: The Development Revolution from the Global South*. Herndon VA: Kumarian
Press.

Hannan, Michael T., and Nancy Brandon Tuma. 1990. "A Reassessment of the
Effect of Income Maintenance on Marital Dissolution in the Seattle-Denver
Experiment." *American Journal of Sociology* 95(5): 1270 – 1298.

Hannan, Michael T., Nancy Brandon Tuma, and Lyle P. Groeneveld. 1977. "Income
and Marital Events: Evidence from an Income-Maintenance Experiment."

American Journal of Sociology 82(6): 1186 – 1211.

———. 1983. "Marital Stability." In Gary Christophersen, ed., *Final Report of the Seattle-Denver Income Maintenance Experiment*, vol. 1, 257 – 387. Washington DC: U.S. Dept. of Health and Human Services.

Hansen, James. 2014. "Too Little, Too Late? Oops?" June 19, Earth Institute, Columbia University. http://www.columbia.edu/~jeh1/mailings/2014/20140619_TooLittle. pdf.

Harrington, Joel F. 1999. "Escape from the Great Confinement: The Genealogy of a German Workhouse." *Journal of Modern History* 71(2): 308 – 345.

Harvey, Philip L. 2006. "Funding a Job Guarantee." *International Journal of Environment, Workplace and Employment* 2(1): 114 – 132.

———. 2011. *Back to Work: A Public Jobs Proposal for Economic Recovery*. New York: Demos.

———. 2012. "More for Less: The Job Guarantee Strategy." *Basic Income Studies* 7(2): 3 – 18.

———. 2014. "Securing the Right to Work and Income Security." In Elise Dermine and Daniel Dumont, eds., *Activation Policies for the Unemployed, the Right to Work and the Duty to Work*, 223 – 254. Brussels: Peter Lang.

Hatzfeld, Henri. 1989. *Du paupérisme à la sécurité sociale 1850–1940. Essai sur les origines de la Sécurité sociale en France*. Nancy: Presses universitaires de Nancy. (First edition Paris: Armand Colin, 1971.)

Hattersley, Charles Marshall. 1922/2004. *The Community's Credit. A Consideration of the Principle and Proposals of the Social Credit Movement*. Excerpt in J. Cunliffe and G. Erreygers, eds., *The Origins of Universal Grants*, 141 – 148. Basingstoke: Palgrave Macmillan.

Haveman, Robert H. 1988. "The Changed Face of Poverty: A Call for New Policies." *Focus* 11(2): 10 – 14.

Hayek, Friedrich A. 1944/1986. *The Road to Serfdom*. London: Routledge and Kegan Paul, ARK ed.

———. 1945. "The Use of Knowledge in Society." *American Economic Review* 35(4): 519 – 530.

———. 1949/1967. "The Intellectuals and Socialism." In Hayek, *Studies in*

Philosophy, Politics and Economics, 178 – 194. London: Routledge.

———. 1979. *Law, Legislation and Liberty*, vol. 3. Chicago: University of Chicago Press.

Healy, Seán, Michelle Murphy, and Brigid Reynolds. 2013. "Basic Income: An Instrument for Transformation in the Twenty-First Century." *Irish Journal of Sociology* 21(2): 116 – 130.

Healy, Seán, Michelle Murphy, Sean Ward, and Brigid Reynolds. 2012. "Basic Income —Why and How in Difficult Times: Financing a BI in Ireland." Paper presented at the BIEN Congress, Munich, September 14.

Healy, Seán, and Brigid Reynolds. 2000. "From Concept to Green Paper: Putting Basic Income on the Agenda in Ireland." In Robert-Jan van der Veen and Loek Groot, eds., *Basic Income on the Agenda*, 238 – 246. Amsterdam: Amsterdam University Press.

Hegel, Georg Wilhelm Friedrich. 1820/1991. *Elements of the Philosophy of Right*. Cambridge: Cambridge University Press.

Heineman, Ben, et al. 1969. *Poverty amid Plenty: The American Paradox. The Report of the President's Commission on Income Maintenance Programs*. Washington, DC: President's Commission on Income Maintenance Programs.

Hesketh, Bob. 1997. *Major Douglas and Alberta Social Credit Party*. Toronto: University of Toronto Press.

Heydorn, Oliver. 2014. *Social Credit Economics*. Ancaster: Createspace independent publishing platform.

Hildebrand, George H. 1967. *Poverty, Income Maintenance, and the Negative Income Tax*. Ithaca NY: New York State School of Industrial and Labor Relations, Cornell University.

Himmelfarb, Gertrude. 1970. "Bentham's Utopia: The National Charity Company." *Journal of British Studies* 10(1): 80 – 125.

———. 1997. "Introduction." In *Alexis de Tocqueville's Memoir on Pauperism*, 1 – 16. London: Civitas.

Hogenboom, Erik, and Raf Janssen. 1986. "Basic Income and the Claimants' Movement in the Netherlands." In Anne G. Miller, ed., *Proceedings of the First International Conference on Basic Income*, 237 – 255. London: BIRG and

Antwerp: BIEN.

Holt, Steve. 2015. *Periodic Payment of the Earned Income Tax Revisited*. Washington DC: Brookings Institution.

Horne, Thomas A. 1988. "Welfare Rights as Property Rights." In J. Donald Moon, ed., *Respon-sibility, Rights and Welfare: The Theory of the Welfare State*, 107 – 132. Boulder: Westview Press.

Horstschräer, Julia, Markus Clauss, and Reinhold Schnabel. 2010. "An Unconditional Basic Income in the Family Context —Labor Supply and Distributional Effects." Discussion Paper No. 10 – 091, Zentrum für europäische Wirtschftforschung, Mannheim.

Hosang, Maik, ed. 2008. *Klimawandel und Grundeinkommen*. Munich: Andreas Mascha.

Howard, Christopher. 1997. *The Hidden Welfare State: Tax Expenditures and Social Policy in the United States*. Princeton: Princeton University Press.

Howard, Michael W. 2005. "Basic Income, Liberal Neutrality, Socialism, and Work." In Karl Widerquist, Michael Anthony Lewis, and Steven Pressman, eds., *The Ethics and Economics of the Basic Income Guarantee*, 122 – 137. New York: Ashgate.

_____. 2006. "Basic Income and Migration Policy: A Moral Dilemma?" *Basic Income Studies* 1(1), article 4.

_____. 2007. "A NAFTA Dividend: A Guaranteed Minimum Income for North America." *Basic Income Studies* 2(1), article 1.

_____. 2012. "A Cap on Carbon and a Basic Income: A Defensible Combination in the United States?" In Karl Widerquist and Michael W. Howard, eds., *Exporting the Alaska Model*, 147 – 162. New York: Palgrave Macmillan.

_____. 2015a. "Size of a Citizens' Dividend from Carbon Fees, Implications for Growth." BIEN News, September 14. www.basic income.org/news/2015/09/size-citizens-dividend-carbon-fees-implications-growth/.

_____. 2015b. "Exploitation, Labor, and Basic Income." *Analyse &Kritik* 37(1/2): 281 – 303.

Howard, Michael W., and Robert Glover. 2014. "A Carrot, Not a Stick: Examining the Potential Role of Basic Income in US Immigration Policy." Paper presented at the 15th Congress of the Basic Income Earth Network (BIEN), Montreal, June.

Howard, Michael W., and Karl Widerquist, eds. 2012. *Alaska's Permanent Fund Dividend: Examining Its Suitability as a Model*. New York: Palgrave Macmillan.

Huber, Joseph. 1998. *Vollgeld. Beschäftigung, Grundsicherung und weniger Staatsquote durch eine modernisierte Geldordnung*. Berlin: Duncker & Humblot.

_____. 1999. "Plain Money: A Proposal for Supplying the Nations with the Necessary Means in a Modern Monetary System." Forschungsberichte des Instituts für Soziologie 99 – 3, Martin-Luther-Universität Halle-Wittenberg.

Huber, Joseph, and James Robertson. 2000. *Creating New Money: A Monetary Reform for the Information Age*. London: New Economics Foundation.

Huet, François. 1853. *Le Règne social du christianisme*. Paris: Firmin Didot and Brussels: Decq.

Huff, Gerald. 2015. "Should We Be Afraid, Very Afraid? A Rebuttal of the Most Common Arguments against a Future of Technological Unemployment." Basic Income blogpost, May 25. https://medium.com/basic-income/should-we-be-afraid-very-afraid-4f7013a5137c.

Hum, Derek, and Wayne Simpson. 1991. *Income Maintenance, Work Effort, and the Canadian Mincome Experiment*. Ottawa: Economic Council of Canada.

_____. 1993. "Economic Response to a Guaranteed Annual Income: Experience from Canada and the United States." *Journal of Labor Economics* 11(1): 263 – 296.

_____. 2001. "A Guaranteed Annual Income? From Mincome to the Millenium." *Policy Options Politiques* 22(1): 78 – 82.

Hyafil, Jean-Eric, and Thibault Laurentjoye. 2016. *Revenu de base. Comment le financer?* Gap: Yves Michel.

I

IFOP. 2015. *Les Français et le libéralisme. Sondage IFOP pour l'Opinion/Génération libre/iTELE*. Paris: IFOP.

Iida, Fumio. 2014. "The Tensions between Multiculturalism and Basic Income in Japan." In Yannick Vanderborght and Toru Yamamori, eds., *Basic Income in Japan: Prospects of a Radical Idea in a Transforming Welfare State*, 157 – 168. New York: Palgrave Macmillan.

Ijdens, Teunis, Daniëlle de Laat-van Amelsfoort, and Marcel Quanjel. 2010. *Evaluatie van de Wet werk en inkomen kunstenaars(Wwik)*. Tilburg: IVA beleidsonderzoek en advies.

Internal Revenue Service (IRS). 2015. "EITC Participation Rate by States." https://www.eitc.irs.gov/EITC-Central/Participation-Rate.

International Monetary Fund. 2011. "IMF Executive Board Concludes 2011 Article IV Consultation with Kuwait." *Public Information Notice*, 11 / 93, July 19.

Ireland. 2002. *Basic Income: A Green Paper*. Dublin: Department of the Taoiseach.

Itaba, Yoshio. 2014. "What Do People Think about Basic Income in Japan?" In Yannick Vanderborght and Toru Yamamori, eds., *Basic Income in Japan: Prospects of a Radical Idea in a Transforming Welfare State*, 171 – 195. New York: Palgrave Macmillan.

J
—

Jackson, William A. 1999. "Basic Income and the Right to Work: A Keynesian Approach." *Journal of Post Keynesian Economics* 21(2): 639 – 662.

Jacobi, Dirk, and Wolfgang Strengmann-Kuhn, eds. 2012. *Wege zum Grundeinkommen*. Berlin: Heinrich Böll Stiftung.

Jauer, J., Thomas Liebig, John P. Martin, and Patrick Puhani. 2014. "Migration as an Ad-justment Mechanism in the Crisis? A Comparison of Europe and the United States." OECD Social, Employment and Migration Working Papers, no. 155, OECD, Paris.

Jenkins, Davis. 2014. "Distribution and Disruption." *Basic Income Studies* 10(2): 257 – 279.

Jessen, Robin, Davud Rostam-Afschar, and Viktor Steiner. 2015. *Getting the Poor to Work: Three Welfare Increasing Reforms for a Busy Germany*. Discussion Paper 2015 / 22, School of Business and Economics, Freie Universität Berlin.

Johnson, Lyndon B. 1968. "Statement by the President upon Signing the Social Security Amendments and upon Appointing a Commission to Study the Nation's Welfare Programs." January 2. Online by Gerhard Peters and John T. Woolley, *The American Presidency Project*. http://www.presidency.ucsb.edu/ws/?pid=28915.

Johnson, Warren A. 1973. "The Guaranteed Income as an Environmental Measure." In Herman E. Daly, ed., *Toward a Steady-State Economy*, 175 – 189. San Francisco: Freeman.

Join-Lambert, Marie-Thérèse. 1998. *Chômage: mesures d'urgence et minima sociaux. Problèmes soulevés par les mouvements de chômeurs en France*. Paris: La Documentation française.

Jongen, Egbert, Henk-Wim de Boer, and Peter Dekker. 2014. *MICSIM—A Behavioural Microsimulation Model for the Analysis of Tax-Benefit Reform in the Netherlands*. Den Haag: Centraal Planbureau.

_____. 2015. *Matwerk loont, Moeders prikkelbaar. De effectiviteit van fiscal participatiebeleid*. Den Haag: Centraal Planbureau.

Jordan, Bill. 1973. *Paupers: The Making of the New Claiming Class*. London: Routledge & Kegan Paul.

_____. 1976. *Freedom and the Welfare State*. London: Routledge and Kegan.

_____. 1986. "Basic Incomes and the Claimants' Movement." In Anne G. Miller, ed., *Proceedings of the First International Conference on Basic Income*, 257 – 268. London: BIRG and Antwerp: BIEN.

_____. 1987. *Rethinking Welfare*. Oxford: Blackwell.

_____. 1992. "Basic Income and the Common Good." In Philippe Van Parijs, ed., *Arguing for Basic Income: Ethical Foundations for a Radical Reform*, 155 – 177. London: Verso.

_____. 1996. *A Theory of Poverty and Social Exclusion*. Cambridge, MA: Polity Press.

_____. 2011. "The Perils of Basic Income: Ambiguous Opportunities for the Implementation of a Utopian Proposal." *Policy & Politics* 39(1): 101 – 114.

Jordan, Bill, Simon James, Helen Kay, and Marcus Redley. 1992. *Trapped in Poverty? Labour-Market Decisions in Low-Income Households*. London: Routledge.

K

Kaldor, Nicholas. 1955. An Expenditure Tax. London: George Allen and Unwin.

Kalliomaa-Puha, Laura, Anna-Kaisa Tuovinen, and Olli Kangas. 2016. "The Basic Income Experiment in Finland." *Journal of Social Security Law* 23(2): 75 – 88.

Kameeta, Zephania. 2009. "Foreword." In *Making the Difference: The BIG in Namibia*, vi – viii. Windhoek: Namibia NGO Forum.

Kangas, Olli, and Ville-Veikko Pulkka, eds. 2016. "Ideasta kokeiluun?—Esiselvitys
perus- tulokokeilun" [From Idea to Experiment—Preliminary Report on a
Universal Basic Income]. Prime Minister's Office, March 30, Helsinki.

Kant, Immanuel. 1797/1996. *Metaphysics of Morals*. Cambridge: Cambridge University
Press.

Kaus, Mickey. 1992. *The End of Equality*. New York: Basic Books.

Kearl, James R. 1977. "Do Entitlements Imply That Taxation Is Theft?" *Philosophy
and Public Affairs* 7(1): 74 – 81.

Kelly, Paul J. 1990. *Utilitarianism and Distributive Justice: Jeremy Bentham and the
Civil Law*. Oxford: Clarendon Press.

Kershaw, David, and Jerilyn Fair. 1976. *The New Jersey Income-Maintenance
Experiment*, vol. 1: Operations, *Surveys, and Administration*. New York:
Academic Press.

Keynes, John Maynard. 1930a / 1972. "Economic Possibilities for Our
Grandchildren." In *Essays in Persuasion, The Collected Writings*, vol. 9: 321 – 332.
London: Macmillan, for the Royal Economic Society.

————. 1930b / 1981. "The Question of High Wages." In *Rethinking Employment
and Unemployment Policies, The Collected Writings*, vol. 20, 2 – 16. London:
Macmillan, for the Royal Economic Society.

King, Desmond. 1995. *Actively Seeking Work? The Politics of Unemployment and
Welfare Policy in the United States and Great Britain*. Chicago: University of
Chicago Press.

King, John E., and John Marangos. 2006. "Two Arguments for Basic Income: Thomas
Paine (1737 – 1809) and Thomas Spence (1750 – 1814)." *History of Economic Ideas*
14(1): 55 – 71.

King, Martin Luther. 1967. *Where Do We Go From Here: Chaos or Community?* New
York: Harper & Row.

Kipping, Katja. 2016a. "Ich streite schon über 15 Jahre für ein Grundeinkommen."
Spreezei- tung, February 8. www.spreezeitung.de/22398/katja-kipping-ich-
streite-schon-ueber-15-jahre-fuer-ein-grundeinkommen.

————. 2016b. "Grundeinkommen als Demokratiepauschale." Keynote speech at

the Six-teenth Congress of the Basic Income Earth Network, Seoul, July. www.
katja-kipping.de/de/article/1112.grundeinkommen-als-demokratiepauschale.
html.

Klein, William A. 1977. "A Proposal for a Universal Personal Capital Account."
Discussion Paper 422-77, Institute for Research on Poverty, University of
Wisconsin-Madison.

Knott, John W. 1986. *Popular Opposition to the 1834 Poor Law*. London: Croom Helm.

Kobayashi, Hayato. 2014. "The Future of the Public Assistance Reform in Japan:
Workfare versus Basic Income?" In Yannick Vanderborght and Toru Yamamori,
eds., *Basic income in Japan: Prospects of a Radical Idea in a Transforming Welfare
State*, 83-99. New York: Palgrave Macmillan.

Koistinen, Pertti, and Johanna Perkiö. 2014. "Good and Bad Times of Social
Innovations: The Case of Universal Basic Income in Finland." Basic Income
Studies 9(1-2): 25-57.

Kooistra, Pieter. 1983. *Voor*. Amsterdam: Stichting UNO-inkomen voor alle mensen.
_____. 1994. *Het ideale eigenbelang, Een UNO-Marshallplan voor alle mensen*.
Kampen: Kok Agora.

Kornbluh, Felicia. 2007. *The Battle for Welfare Rights: Politics and Poverty in Modern
America*. Philadelphia: University of Pennsylvania Press.

Korpi, Walter, and Joakim Palme. 1998. "The Paradox of Redistribution and Strategies
of Equality: Welfare State Institutions, Inequality, and Poverty in the Western
Coun-tries." *American Sociological Review* 63(5): 661-687.

Krätke, Michael. 1985. "Ist das Grundeinkommen für jedermann Weg zur Reform
der sozi-alen Sicherheit?" In Michael Opielka and Georg Vobruba, eds., *Das
Grundeinkommen*. Frankfurt: Campus.

Krause-Junk, Gerold. 1996. "Probleme einer Integration von
Einkommensbesteuerung und steuerfinanzierten Sozialleistungen."
Wirtschaftsdienst 7: 345-349.

Krebs, Angelika, ed. 2000. *Basic Income? A Symposium on Van Parijs*. Special Issue of
Analyse & Kritik 22.
_____. 2000. "Why Mothers Should Be Fed." In Angelika Krebs, ed., *Basic Income?
A Symposium on Van Parijs*. Special Issue of *Analyse & Kritik* 22: 155-178.

Kropotkin, Peter. 1892/1985. *The Conquest of Bread*. London: Elephant Editions.

Krug, Leopold. 1810. *Die Armenassekuranz, das einzige Mittel zur Verbannung der Armuth aus unserer Kommune*. Berlin: Realschulbuchhandlung.

Krugman, Paul. 2011. "Boring Cruel Romantics." *New York Times*, November 20.

Kuiper, Jan Pieter. 1975. "Niet meer werken om den brode." In M. Van Gils, ed., *Werken en niet-werken in een veranderende omgeving*. Amsterdam: Swets & Zeitliger.

_____. 1976. "Arbeid en Inkomen: twee plichten en twee rechten." *Sociaal Maandblad Arbeid* 9: 503 – 512.

_____. 1977. "Samenhang verbreken tussen arbeid en levensonderhoud." *Bouw* 19: 507 – 515.

_____. 1982. "Een samenleving met gegarandeerd inkomen." *Wending*, April, 278 – 283.

Kundig, Bernard. 2010. "Financement mixte d'un revenue de base en Suisse." In BIEN-Suisse, ed., *Le financement d'un revenu de base en Suisse*, 28 – 56. Geneva: Seismo.

L

Lampman, Robert J. 1965. "Approaches to the Reduction of Poverty." *American Economic Review* 55(1/2): 521 – 529.

Landelijk Beraad Uitkeringsgerechtigden. 1986. *Een basisinkomen van FL.1500,-per maand*. Nijmegen: LBU.

Lang, Kevin, and Andrew Weiss. 1990. "Tagging, Stigma, and Basic Income Guarantees." Paper presented at the Conference "Basic Income Guarantees: a New Welfare Strategy?" University of Wisconsin, Madison, April.

Lange, Oskar. 1937. "Mr Lerner's Note on Socialist Economics." *Review of Economic Studies* 4(2): 143 – 144.

Lavagne, Pierre, and Frédéric Naud. 1992. "Revenu d'existence: une solution à la crise agri- cole." In Gilles Gantelet and Jean-Paul Maréchal, eds., *Garantir le revenu: une des solu-tions a l'exclusion*, 95 – 106. Paris: Transversales Science Culture.

Lavinas, Lena. 2013. "Brazil: The Lost Road to Citizen's Income." In Ruben Lo Vuolo, ed. *Citizen's Income and Welfare Regimes in Latin America: From Cash Transfers to Rights*, 29 – 49. New York: Palgrave Macmillan.

Lechat, Benoît. 2014. *Ecolo. La démocratie comme projet 1970–1986*. Brussels: Etopia.

Le Grand, Julian. 2003. *Motivation, Agency and Public Policy*. Oxford: Oxford University Press.

Legum, Margaret. 2004. "An Economy of Our Own." SANE Views 4(8), July. The Hague: Centraal Planbureau.

Leman, Christopher. 1980. *The Collapse of Welfare Reform: Political Institutions, Policy and the Poor in Canada and the United States*. Cambridge, MA: MIT Press.

Lenkowsky, Leslie. 1986. *Politics, Economics, and Welfare Reform: The Failure of the Negative Income Tax in Britain and the United States*. New York: University Press of America.

Lerner, Abba P. 1936. "A Note on Socialist Economics." *Review of Economic Studies* 4(1): 72 – 76.

_____. 1944. *Economics of Control: Principles of Welfare Economics*. New York: Macmillan.

Le Roux, Pieter. 2003. "Why a Universal Income Grant in South Africa Should Be Financed through VAT and Other Indirect Taxes." In Guy Standing and Michael Samson, eds., *A Basic Income Grant for South Africa*, 39 – 55. Cape Town: University of Cape Town Press.

Letlhokwa, George Mpedi. 2013. "Current Approaches to Social Protection in the Republic of South Africa." In James Midgley and David Piachaud, eds., *Social Protection, Economic Growth and Social Change*, 217 – 242. Cheltenham: Edward Elgar.

Levine, Robert A. et al. 2005. "A Retrospective on the Negative Income Tax Experiments: Looking Back at the Most Innovative Field Studies in Social Policy." In Karl Wider- quist, Michael Anthony Lewis, and Steven Pressman, eds., *The Ethics and Economics of the Basic Income Guarantee*, 95 – 106. New York: Ashgate.

Lévi-Strauss, Claude. 1967. *Les Structures élementaires de la parenté*. Paris: Mouton.

Levy, Horacio, Christine Lietz, and Holly Sutherland. 2006. "A Basic Income for Europe's Children?" ISER Working Paper, 2006 – 47, Institute for Social and

Economic Research, University of Essex.

Lewis, Michael. 2012. "Cost, Compensation, Freedom, and the Basic Income — Guaranteed Jobs Debate." *Basic Income Studies* 7(2): 41 – 51.

Locke, John. 1689. *First Treatise on Government*. London: Awnsham Churchill.

_____. 1697. "On the Poor Law and Working Schools." http://la.utexas.edu/users/ hcleaver/330T/350kPEELockePoorEdTable.pdf.

Long, Huey P. 1934. "Share Our Wealth: Every Man a King." In Robert C. Byrd, ed., *The Senate 1789–1989: Classic Speeches 1830–1993*, vol. 3, Bicentennial Edition, 587 – 593. Wash- ington DC: U.S. Senate Historical Office, 1994. Radio address transcript: http://www.senate.gov/artandhistory/history/resources/pdf/ EveryManKing.pdf.

_____. 1935. "Statement of the Share Our Wealth Movement (May 23, 1935)." *Congressional Record*, 74th Congress, first session, vol. 79, 8040 – 43.

Longman, Phillip. 1987. *Born to Pay: The New Politics of Aging in America*. Boston: Houghton Mifflin.

Lubbers, Ruud F. M. 1985. "Standpunt met betrekking tot het WRR rapport 'Waarborgen voor zekerheid.'" The Hague: Kabinet van de Minister–President, 9 oktober.

Lubbi, Greetje. 1991. "Towards a Full Basic Income." *Basic Income Research Group Bulletin* (London) 12 (February 1991): 15 – 16.

Luxemburg, Rosa. 1918. "Die Sozialisierung der Gesellschaft." In *Gesammelte Werke*, Berlin 1970 – 1975, vol. 4, 431 – 434. English translation: "The Socialisation of Society." www.marxists.org/archive/luxemburg/1918/12/20.

M

Machiavelli, Niccoló. 1517/1969. *Discorsi sopra la prima deca di Tito Livio*. Reprinted in N. Machiavelli, Opere, 69 – 342. Milano: Mursia.

Malthus, Thomas Robert. 1798/1976. *An Essay on the Principle of Population*. New York: Norton. Marc, Alexandre. 1972. "Redécouverte du minimum vital garanti." *L'Europe en formation* 143: 19 – 25.

_____. 1988. "Minimum social garanti, faux ou vrai?" *L'Europe en formation* 272: 13 – 21.

Marcuse, Herbert. 1967. *Das Ende der Utopie und das Problem der Gewalt.* Berlin:
Verlag Peter von Maikowski. English translation: Herbert Marcuse Home Page,
May 2005.

Martz, Linda. 1983. *Poverty and Welfare in Habsburg Spain: The Example of Toledo.*
Cambridge: Cambridge University Press.

Marx, Axel, and Hans Peeters. 2004. "Win for Life: An Empirical Exploration of the
Social Consequences of Introducing a Basic Income." COMPASSS working paper
WP2004 – 29.

Marx, Karl. 1867/1962. *Das Kapital*, vol. 1. Berlin: Dietz.

_____. 1875/1962. "Randglossen zum Programm der deutschen Arbeiterpartei." In
Karl Marx and Friedrich Engels, *Werke*, vol. 19, 13 – 32. Berlin: Dietz.

Mason, Paul. 2015. *PostCapitalism: A Guide to Our Future.* London: Allen Lane.

Matoba, Akihiro. 2006. "The Brussels Democratic Association and the Communist
Manifesto." In Hiroshi Uchida, ed., *Marx for the 21st Century*, 165 – 178. London:
Routledge.

Matthews, Dylan. 2014. "Mexico Tried Giving Poor People Cash Instead of Food. It
Worked." Vox, June 26. http://www.vox.com/2014/6/26/5845258/mexico-tried-
giving-poor-people-cash-instead-of-food-it-worked.

McGovern, George. 1974. *An American Journey: The Presidential Speeches of George
McGovern.* New York: Random House.

_____. 1977. *Grassroots: The Autobiography of George McGovern.* New York:
Random House. McGovern, George, and Wassily Leontief. 1972. "George
McGovern: On Taxing and Redistributing Income." *New York Review of Books,*
May 4.

McKay, Ailsa. 2001. "Rethinking Work and Income Maintenance Policy: Promoting
Gender Equality through a Citizens Basic Income." *Feminist Economics* 7:
93 – 114.

_____. 2005. *The Future of Social Security Policy: Women, Work and a Citizen's Basic
Income.* London: Routledge.

_____. 2007. "Why a Citizens' Basic Income? A Question of Gender Equality or
Gender Bias." *Work, Employment & Society* 21: 337 – 348.

McLuhan, Marshall. 1967. "Guaranteed Income in the Electric Age." In Robert

Theobald, ed., *The Guaranteed Income: Next Step in Socioeconomic Evolution?* 194–205. New York: Doubleday.

Meade, James E. 1935/1988. "Outline of an Economic Policy for a Labour Government." In Meade, *The Collected Papers of James Meade*, ed. Susan Howsen, vol. 1: *Employment and Inflation*, ch. 4. London: Unwin Hyman.

_____. 1937. *An Introduction to Economic Analysis and Policy.* Oxford: Oxford University Press.

_____. 1938. *Consumers' Credits and Unemployment.* Oxford: Oxford University Press.

_____. 1948. Planning and the Price Mechanism: *The Liberal-Socialist Solution.* London: Allen and Unwin.

_____. 1957. "The Balance of Payments Problems of a Free Trade Area." *Economic Journal* 67(3): 379–396.

_____. 1971. *The Intelligent Radical's Guide to Economic Policy.* London: Allen and Unwin.

_____. 1989. *Agathotopia: The Economics of Partnership.* Aberdeen: Aberdeen University Press.

_____. 1993. *Liberty, Equality and Efficiency.* London: Macmillan.

_____. 1995. *Full Employment Regained?* Cambridge: Cambridge University Press.

Meade, James E., ed. 1978. *The Structure and Reform of Direct Taxation. Report of a Committee Chaired by James E. Meade.* London: George Allen & Unwin.

_____. 1991. "Basic Income in the New Europe." *BIRG Bulletin* 13: 4–6.

Meyer, Niels I. 1986. "Alternative National Budget for Denmark Including a Basic Income." Paper presented at the First International Conference on Basic Income, Louvain-la-Neuve, September.

Meyer, Niels I., Kristen Helveg Petersen, and Villy Sørensen. 1978. *Oprør fra midten*, Co-penhague: Gyldendal. English translation: *Revolt from the Center.* London: Marion Boyars, 1981.

Milanovic, Branco. 2016. *Global Inequality: A New Approach for the Age of Globalization.* Cambridge, MA: Harvard University Press.

Mill, John Stuart. 1848/1904. *Principles of Political Economy.* London: Longmans, Green & Co.

_____. 1861. *Considerations on Representative Government*. London: Parker, Son, and Bourn.

_____. 1870/1969. *Autobiography*. Oxford: Oxford University Press.

_____. 1879/1987. *On Socialism*. Buffalo NY: Prometheus Books.

Miller, Anne G. 1983. "In Praise of Social Dividends." Working Paper 83.1, Department of Economics, Heriot-Watt University, Edinburgh.

_____. 1988. "Basic Income and Women." In Anne G. Miller, ed., *Proceedings of the First International Conference on Basic Income*, 11 – 23. London: BIRG and Antwerp: BIEN.

Miller, David. 1992. "Distributive Justice: What the People Think." Ethics 102: 555 – 593. Miller, Raymond K. 1987. "Social Credit, an Analysis of New Zealand's Perennial Third Party." PhD diss., University of Auckland.

Milner, Dennis. 1920. *Higher Production by a Bonus on National Output: A Proposal for a Minimum Income for All Varying with National Productivity*. London: George Allen & Unwin.

Milner, Mabel, and Dennis Milner. 1918. *Scheme for a State Bonus*. London: Kent, Simpkin, Marshall & Co.

Mirrlees James A. 1971. "An Exploration in the Theory of Optimum Income Taxation." *Review of Economic Studies* 38(2): 175 – 208.

Mitschke, Joachim. 1985. *Steuer-und Transferordnung aus einem Guß. Entwurf einer Neugestaltung der direkten Steuern und Sozialtransfers in der Bundesrepublik Deutschland*. Baden-Baden: Nomos.

_____. 1997. "Höhere Niedriglöhne durch Sozialhilfe oder Bürgergeld?" *Frankfurter Allgemeine*, September 28.

_____. 2004. *Erneuerung des deutschen Einkommensteuerrechts*. Köln: Otto Schmidt Verlag. Montesquieu, Charles-Louis de Secondat, baron de. 1748. L'Esprit des Lois, vol. 2. Paris: Flammarion.

More, Thomas. 1516/1978. Utopia. Harmondsworth: Penguin.

Morini, Cristina. 1999. "Alla ricerca della libertà: donne e reddito di cittadinanza." In An- drea Fumagalli and Maurizio Lazzarotto, eds., *Tute bianche. Disoccupazione di massa e reddito di cittadinanza*, 45 – 54. Rome: Derive Approdi.

Moynihan, Daniel Patrick. 1973. *The Politics of a Guaranteed Income: The Nixon*

Administration and the Family Assistance Plan. New York: Random House.

Muellbauer, John. 2014. "Quantitative Easing for the People." Project Syndicate blog post, November 5. https://www.project-syndicate.org/commentary/helicopter-drops-eurozone-deflation-by-john-muellbauer-2014-11?barrier=true.

Müller, Christian, and Daniel Straub. 2016. *Die Befreing der Schweiz. Über das bedingungslose Grundeinkommen*. Zürich: Limmat Verlag.

Müller, Tobias. 2004. "Evaluating the Economic Effects of Income Security Reforms in Switzerland: An Integrated Microsimulation—Computable General Equilibrium Ap- proach." June, Department of Econometrics, University of Geneva.

Mulvale, James P., and Yannick Vanderborght. 2012. "Canada: A Guaranteed Income Framework to Address Poverty and Inequality?" In Richard K. Caputo, ed., *Basic Income Guarantee and Politics: International Experiences and Perspectives on the Viability of Income Guarantees*, 177–201. New York: Palgrave Macmillan.

Murphy, Richard, and Howard Reed. 2013. "Financing the Social State: Towards a Full Employment Economy." Policy paper, April, Centre for Labour and Social Studies, London.

Murray, Charles. 2006. *In Our Hands: A Plan to Replace the Welfare State*. Washington, DC: AEI Press.

_____. 2016. "A Guaranteed Income for Every American." *Wall Street Journal*, June 3. http://www.wsj.com/articles/a-guaranteed-income-for-every-american-1464969586.

Musgrave, Richard A. 1974. "Maximin, Uncertainty, and the Leisure Trade-Off." *Quarterly Journal of Economics* 88(4): 625–632.

Mylondo, Baptiste. 2010. *Un revenu pour tous! Précis d'utopie réaliste*. Paris: Utopia.

_____. 2012. "Can a Basic Income Lead to Economic Degrowth?" Paper presented at the 14th Congress of the Basic Income Earth Network (BIEN), Munich, September 14–16.

Myrdal, Alva. 1945. "In Cash or In Kind." In Alva Myrdal, *Nation and Family: The Swedish Experiment in Democratic Family and Population Policy*, 133–153. London: Kegan Paul.

N

National Welfare Rights Organization. 1969/2003. "Proposals for a Guaranteed
   Adequate Income (1969)." In Gwendolyn Mink and Rickie Solinger, eds. *Welfare:
   A Documentary History of US. Policy and Politics*, 320 – 321. New York: New York
   University Press.

Nicholls, George. 1854. *A History of the English Poor Law in Connexion with the
   Legislation and Other Circumstances Affecting the Condition of the People*, vol. 1.
   London: John Murray.

Nichols, Austin, and Jesse Rothstein. 2015. "The Earned Income Tax Credit (EITC)."
   NBER Working Paper 21211, May. http://www.nber.org/papers/w21211.

Nixon, Richard. 1969. "Address to the Nation on Domestic Programs." August 8.
   Online by Gerhard Peters and John T. Woolley, *The American Presidency
   Project*. http://www.presidency.ucsb.edu/ws/?pid=2191.

Nobrega, Francisco. 2015. "Basic Income Alternative Reconsidered." Basic Income
   Earth Network blog post, June 12. http://basicincome.org/news/2015/06/basic-
   income-alternatives-reconsidered/.

Noguchi, Eri. 2012. "The Cost-Efficiency of a Guaranteed Jobs Program: Really? A
   Response to Harvey." *Basic Income Studies* 7(2): 52 – 65.

Nooteboom, Bart. 1986. "Basic Income as a Basis for Small Business." *International
   Small Business Journal* 5(3): 10 – 18.

Nozick, Robert. 1974. *Anarchy, State and Utopia*. Oxford: Blackwell.

———. 1989. *The Examined Life: Philosophical Meditation*. New York: Simon &
   Schuster.

Nyerere, Julius K. 1968. *Ujamaa: Essays on Socialism*. Oxford: Oxford University
   Press.

Nyland, Chris, Mingqiong Zhang, and Cherrie Jiuhua Zhu. 2014. "The Institution
   of Hukou-Based Social Exclusion: A Unique Institution Reshaping the
   Characteristics of Contemporary Urban China." *International Journal of Urban
   and Regional Research* 38(4): 1437 – 1457.

Nystrom, Scott, and Patrick Luckow. 2014. "The Economic, Climate, Fiscal, Power,
   and Demographic Impact of a National Fee-and-Dividend Carbon Tax."
   Prepared by Regional Economic Models, Inc., Washington DC, and Synapse

Energy Economics, Inc., Cambridge, MA, for Citizens' Climate Lobby, Coronado CA. http:// citizensclimatelobby.org/wp-content/uploads/2014 /06/REMI-carbon-tax-report-62141.pdf.

O

Obinger, Julia. 2014. "Beyond the Paradigm of Labor: Everyday Activism and Unconditional Basic Income in Urban Japan." In Yannick Vanderborght and Toru Yamamori, eds., *Basic Income in Japan: Prospects of a Radical Idea in a Transforming Welfare State*, 141 – 155. New York: Palgrave Macmillan.

OECD. 2012. *OECD Economic Surveys: European Union 2012*. Paris: OECD Publishing. Offe, Claus. 1985. "He Who Does Not Work Shall Nevertheless Eat." *Development* 2: 26 – 30.

_____. 1992. "A Non-Productivist Design for Social Policies." In Philippe Van Parijs, ed., *Arguing for Basic Income: Ethical Foundations for a Radical Reform*, 61 – 78. London: Verso.

_____. 1996a. "Full Employment: Asking the Wrong Question?" In Erik O. Eriksen and Jorn Loftager, eds., *The Rationality of the Welfare State*, 121 – 131. Oslo: Scandinavian University Press.

_____. 1996b. "A Basic Income Guaranteed by the State: A Need of the Moment in Social Policy." In Offe, *Modernity and the State: East, West*, 201 – 221. Cambridge, MA: Polity.

Ontario. 2016. *Jobs for Today and Tomorrow. 2016 Ontario Budget: Budget Papers*. Ontario: Queen's Printer for Ontario. http://www.fin.gov.on.ca/en/budget/ontariobudgets/2016/papers_all.pdf.

Opielka, Michael, and Ilona Ostner, eds. 1987. *Umbau des Sozialstaats*. Essen: Klartext.

Opielka, Michael, and Georg Vobruba, eds. 1986. *Das garantierte Grundeinkommen. Entwicklung und Perspektiven einer Forderung*. Frankfurt: Fischer.

O'Reilly, Jacqueline. 2008. "Can a Basic Income Lead to a More Gender Equal Society?" *Basic Income Studies* 3(3): 1 – 7.

Orloff, Ann S. 1990/2013. "Why Basic Income Does Not Promote Gender Equality." In Karl Widerquist et al., eds., *Basic Income: An Anthology of Contemporary*

Research, 149 –152. New York: Wiley–Blackwell.

Ortiz, Isabel. 2015. "Social Protection for Children: Key Policy Trends and Statistics." Social Protection Policy Paper 14, December 6, International Labour Organization, Geneva. http://www.ilo.org/secsoc/information-resources/publications-and-tools/policy-papers/WCMS_366592/lang —en/index.htm.

Osterkamp, Rigmar. 2013a. "Lessons from Failure." Development and Cooperation blog post, March 5. www.dandc.eu/en/article/disappointing-basic-income-grant-project-namibia.

_____. 2013b. "The Basic Income Grant Pilot Project in Namibia: A Critical Assessment." Basic Income Studies 8(1): 71 –91.

Otsuka, Michael. 2003. Libertarianism without Inequality. Oxford: Oxford University Press. Paine, Thomas. 1791/1974. "The Rights of Man." In Philip S. Foner, ed., The Life and Major Writings of Thomas Paine, 241 –458. New York: Citadel Press.

_____. 1796/1974. Agrarian Justice. In Philip S. Foner, ed., The Life and Major Writings of Thomas Paine, 605 –623. New York: Citadel Press.

P
—

Painter, Anthony, and Chris Thoung. 2015. Creative Citizen, Creative State: The Principled and Pragmatic Case for a Universal Basic Income. London: Royal Society for the Encour- agement of Arts.

Parker, Hermione. 1982. "Basic Income Guarantee Scheme: Synopsis." In The Structure of Personal Income Taxation and Income Support (House of Commons, Treasury and Civil Service Committee), 424 –453. London: HMSO.

_____. 1988. "Obituary: Sir Brandon Rhys-Williams." BIRG Bulletin 8: 21 –22.

_____. 1989. Instead of the Dole: An Enquiry into the Integration of the Tax and Benefit Systems. London: Routledge.

_____. 1993. "Citizen's Income and Women." Discussion Paper no. 2, Citizens Income Study Centre, London.

Parti socialiste. 2016. "Entreprendre, travailler, s'accomplir. Les Cahiers de la Présidenti- elle." April, Parti socialiste, Paris. http://www.parti-socialiste.fr/wp-content/uploads/2016/04/CAHIER_n1_entreprendre_DEF2.pdf.

Pateman, Carole. 2004/2013. "Free-Riding and the Household." In Karl Widerquist,

Jose A. Noguera, Yannick Vanderborght, and Jurgen De Wispelaere, eds., *Basic Income: An An-thology of Contemporary Research*, 173 - 177. New York: Wiley-Blackwell.

_____. 2006. "Democratizing Citizenship: Some Advantages of a Basic Income." In Erik Olin Wright, ed., *Redesigning Distribution*, 101 - 119. London: Verso.

_____. 2011. "Securing Women's Citizenship: Indifference and Other Obstacles." *Eurozine*, March 7. http://www.eurozine.com/articles/2011-03-07-pateman-en. html.

Pechman, Joseph A., and P. Michael Timpane, eds. 1975. *Work Incentives and Income Guarantees: The New Jersey Negative Income Tax Experiment*. Washington DC: Brookings Institution.

Peeters, Hans, and Axel Marx. 2006. "Lottery Games as a Tool for Empirical Basic Income Research." *Basic Income Studies* 1(2): 1 - 7.

Pelzer, Helmut. 1996. "Bürgergeld — Vergleich zweier Modelle." *Zeitschrift für Sozialreform* 42: 595 - 613.

Pen, Jan. 1971. *Income Distribution*. London: Alan Lane Penguin Press.

Peny, Christine. 2011. "Les dépôts de mendicité sous l'Ancien Régime et les débuts de l'assistance publique aux malades mentaux (1764 - 1790)." *Revue d'histoire de la protection sociale* 1(4): 9 - 23.

Permanent Fund Dividend Division. 2015. Annual report 2015, State of Alaska, Department of Revenue, Juneau.

Perrin, Guy. 1983. "L'assurance sociale — ses particularités — son rôle dans le passé, le présent et l'avenir." In Peter A. Köhler and Hans Friedrich Zacher, eds., *Beiträge zu Geschichte und aktueller Situation der Sozialversicherung*, 29 - 73. Berlin: Duncker & Humblot.

Petersen, Hans-Georg. 1997. "Pros and Cons of a Negative Income Tax." In Herbert Giersch, ed., *Reforming the Welfare State*, 53 - 82. Berlin: Springer.

Peterson, Paul E. 1995. *The Price of Federalism*. Washington DC: Brookings.

Peterson, Paul E., and Mark C. Rom. 1990. *Welfare Magnets: A New Case for National Standards*. Washington DC: Brookings Institution.

Pettit, Philip. 1999. *Republicanism: A Theory of Freedom and Government*. Oxford: Oxford University Press.

Phelps, Edmund S. 1994. "Low-Wage Employment Subsidies versus the Welfare State."*American Economic Review, Papers and Proceedings* 84(2): 54–58.

_____. 1997. *Rewarding Work*. Cambridge, MA: Harvard University Press.

_____. 2001. "Subsidize Wages." In Philippe Van Parijs et al., *What's Wrong with a Free Lunch?* 51–59. Boston: Beacon Press.

Pickard, Bertram. 1919. *A Reasonable Revolution. Being a Discussion of the State Bonus Scheme—A Proposal for a National Minimum Income*. London: George Allen & Unwin.

Pigou, Arthur Cecil. 1920/1932. *The Economics of Welfare*. London: MacMillan.

Piketty, Thomas. 1994. "Existence of Fair Allocations in Economies with Production." *Journal of Public Economics* 55: 391–405.

_____. 1997. "La redistribution fiscale face au chômage." *Revue française d'économie* 12: 157–201.

_____. 1999. "Allocation compensatrice de revenu ou revenu universel." In R. Godino et al., *Pour une réforme du RMI, Notes de la Fondation Saint Simon* 104, 21–29.

_____. 2014. *Capital in the Twenty-First Century*. Cambridge, MA: Harvard University Press.

_____. 2015a. *The Economics of Inequality*. Cambridge, MA: Harvard University Press.

_____. 2015b. "Capital, Inequality and Justice: Reflections on *Capital in the 21st Century*." *Basic Income Studies* 10(1): 141–156.

Piketty, Thomas, and Emmanuel Saez. 2012. "Optimal Labor Income Taxation." NBER Working Paper 18521, November, NBER, Cambridge, MA.

Pisani-Ferry, Jean, ed. 2000. *Plein emploi*. Paris: Conseil d'Analyse économique—La Documentation Française.

Pisani-Ferry, Jean, Erkki Vihriälä, and Guntram Wolff. 2013. "Options for an Euro-Area Fiscal Capacity." January, Bruegel Policy Contribution, Brussels.

Piven, Frances Fox, and Richard Cloward. 1993. *Regulating the Poor: The Functions of Public Welfare*, updated edition. New York: Vintage Books.

Pogge, Thomas. 1994. "An Egalitarian Law of Peoples." *Philosophy and Public Affairs* 23(3): 195–224.

_____. 2001. "Eradicating Systemic Poverty: Brief for a Global Resources Dividend."
 Journal of Human Development and Capabilities 2(1): 59 –77.

_____. 2005. "Global Justice as Moral Issue: Interview with Alessandro Pinzani."
 Ethic@ 4(1): 1 –6.

Polanyi, Karl. 1944/1957. *The Great Transformation: The Political and Economic
 Origins of Our Time.* Boston: Beacon Press.

Popper, Karl. 1948/1963. "Utopia and Violence." In Popper, *Conjectures and
 Refutations*, 355 –363. London: Routledge.

Popper-Lynkeus, Joseph. 1912. *Die allgemeine Nährpflicht als Lösung der sozialen
 Frage.* Dresden: Carl Reissner Verlag.

Prats, Magali. 1996. "L'allocation universelle à l'épreuve de la Théorie de la justice."
 Documents pour l'enseignement économique et social 106: 71 –110.

Preiss, Joshua. 2015. "Milton Friedman on Freedom and the Negative Income Tax."
 Basic Income Studies 10(2): 169 –191.

Q

Quadagno, Jill. 1995. *The Color of Welfare: How Racism Undermined the War on
 Poverty.* New York: Oxford University Press.

Québec solidaire. 2014. *Plateforme électorale. Elections* 2014. Montréal: Québec
 solidaire.

Quinn, Michael. 1994. "Jeremy Bentham on the Relief of Indigence: An Exercise in
 Applied Philosophy." *Utilitas* 6(1): 81 –96.

R

Raes, Koen. 1985. "Variaties op een thema. Kritiek op de loskoppeling." *Komma* 22:
 21 –32.

_____. 1988/2013. "Basic Income and Social Power." In K. Widerquist Karl, J.
 A. Noguera, Y. Vanderborght, and J. De Wispelaere, eds., *Basic Income: An
 Anthology of Contemporary Research*, 246 –254. New York: Wiley-Blackwell.

Rankin, Keith. 2016. "Basic Income as Public Equity: The New Zealand Case."
 In Jennifer Mays, Greg Marston, and John Tomlinson, eds., *Basic Income in
 Australia and New Zealand: Perspectives from the Neoliberal Frontier*, 29 –51.

New York: Palgrave Macmillan.

Rathke, Wade. 2001. "Falling in Love Again." In Philippe Van Parijs et al., *What's Wrong with a Free Lunch?* 39 – 42. Boston: Beacon Press.

Rätz, Werner, and Hardy Krampertz. 2011. *Bedingungsloses Grundeinkommen: woher, wozu und wohin?* Neu-Ulm: AG Spak.

Rätz, Werner, Dagmar Paternoga, and Werner Steinbach. 2005. *Grundeinkommen: bedingungslos.* Hamburg: VSA Verlag.

Raventos, Daniel. 1999. *El derecho a la existencia*, Barcelona: Ariel.

_____. 2007. *Basic Income: The Material Conditions of Freedom.* London: Pluto Press. Rawls, John. 1967. "Distributive Justice." In Rawls, *Collected Papers*, 130 – 153. Cambridge, MA: Harvard University Press.

_____. 1971. *A Theory of Justice.* Cambridge, MA: Harvard University Press.

_____. 1974. "Reply to Alexander and Musgrave." *Quarterly Journal of Economics* 88: 633 – 655. Reprinted in Rawls, *Collected Papers*, 232 – 253. Cambridge, MA: Harvard University Press.

_____. 1988. "The Priority of Right and Ideas of the Good." *Philosophy and Public Affairs* 17: 251 – 276.

_____. 1993. *Political Liberalism.* New York: Columbia University Press.

_____. 1999. *The Law of Peoples.* Cambridge, MA: Harvard University Press.

_____. 2001. *Justice as Fairness.* Cambridge, MA: Harvard University Press.

Rawls, John, and Philippe Van Parijs. 2003. "Three Letters on the Law of Peoples and the European Union." *Revue de philosophie économique* 8: 7 – 20.

Razin, Assaf, and Jackline Wahba. 2015. "Welfare Magnet Hypothesis, Fiscal Burden, and Immigration Skill Selectivity." *Scandinavian Journal of Economics* 117(2): 369 – 402.

Read, Samuel. 1829. *An Enquiry into the Natural Grounds of Right to Vendible Property or Wealth.* Edinburgh: Oliver and Boyd.

Reed, Howard, and Stewart Lansley. 2016. *Universal Basic Income: An Idea whose Time Has Come?* London: Compass.

Reeskens, Tim, and Wim van Oorschot. 2013. "Equity, Equality, or Need? A Study of Popular Preferences for Welfare Redistribution Principles across 24 European Countries." *Journal of European Public Policy* 20(8): 1174 – 1195.

Reeve, Andrew, and Andrew Williams, eds. 2003. *Real Libertarianism Assessed: Political Theory after Van Parijs*. Basingstoke: Palgrave Macmillan.

Reeves, Richard V. 2016. "Time to Take Basic Income Seriously." Brookings Opinion, February 23. http://www.brookings.edu/research/opinions/2016/02/23-time-to-take-basic-income-seriously-reeves.

Regnard, Albert. 1889. "Du droit à l'assistance." *La Revue socialiste* 10(September): 257 – 275. http://archive.org/stream/larevuesocialist10part/larevuesocialist10part_djvu.txt.

Reich, Robert. 2015. *Saving Capitalism: For the Many, Not the Few*. New York: Knopf.

Réseau Salariat. 2014. *Revenu inconditionnel ou salaire à vie?* Malzeville: Réseau Salariat.

Reynolds, Brigid, and Seán Healy, eds. 1995. *An Adequate Income Guarantee for All*. Dublin: CORI Justice Commission.

Rhys-Williams, Brandon. 1982. "The Reform of Personal Income Taxation and Income Sup- port. Proposals for a Basic Income Guarantee." House of Commons, Sub-Committee on the Structure of Personal Income Taxation and Income Support, 420 – 424. London: HMSO.

Rhys-Williams, Juliet. 1943. *Something to Look Forward To: A Suggestion for a New Social Contract*. London: Macdonald.

Ricardo, David. 1817/1951. Principles of Political Economy and Taxation. In Piero Sraffa, ed., *The Works and Correspondence of David Ricardo*, vol. 1. Cambridge: Cambridge University Press.

Rignano, Eugenio. 1919. "A Plea for Greater Economic Democratization." *Economic Journal* 29: 302 – 308.

Ringen, Stein. 1997. *Citizens, Families and Reform*. Oxford: Oxford University Press.

Ritter, Gerhard A. 1904/1983. *Sozialversicherung in Deutschland und England*. München: Beck.

Roberts, Keith V. 1982. *Automation, Unemployment and the Distribution of Income*. Maastricht: European Centre for Work and Society.

Roberts, Yvonne. 2014. "Low-Paid Britain: 'People Have Had Enough. It's Soul Destroying.'" *The Observer*, August 30. http://www.theguardian.com/society/2014/aug/30/low-pay-britain-fightback-begins.

Robertson, James. 1989. *Future Wealth: A New Economics for the 21st Century*. London: Cassell.

_____. 1994. *Benefits and Taxes: A Radical Strategy*. London: New Economics Foundation.

_____, ed. 1998. *Sharing Our Common Heritage: Resource Taxes and Green Dividends*. Ox- ford: Oxford Centre for the Environment, Ethics and Society.

Robeyns, Ingrid. 2001a. "An Income of One's Own." *Gender and Development* 9: 82 –89.

_____. 2001b. "Will a Basic Income Do Justice to Women?" *Analyse und Kritik* 23: 88 – 105.

Roemer, John E. 1992. "The Morality and Efficiency of Market Socialism." *Ethics* 102: 448 –464. Reprinted in J. E. Roemer, *Egalitarian Perspectives*, 287 – 302. Cambridge: Cambridge University Press, 1994.

_____. 1996. *Equal Shares: Making Market Socialism Work*. London: Verso.

Roland, Gérard. 1988. "Why Socialism Needs Basic Income, Why Basic Income Needs So- cialism." In Anne G. Miller, ed., *Proceedings of the First International Conference on Basic Income*, 94 – 105. London: BIRG.

Rosseels, David. 2009. *Implementation of a Tax on Electronic Transactions*. Université catholique de Louvain: Louvain School of Management.

Rossi, Peter H., and Katharine C. Lyall. 1976. *Reforming Public Welfare: A Critique of the Negative Income Tax Experiment*. New York: Russell Sage Foundation.

Rothbard, Murray N. 1982. The Ethics of Liberty. Atlantic Highlands NJ: Humanities Press.

Rothstein, Bo. 1998. *Just Institutions Matter: The Moral and Political Logic of the Universal Welfare State*. Cambridge: Cambridge University Press.

Rousseau, Jean-Jacques. 1754/1971. *Discours sur l'origine et les fondements de l'inégalité parmi les homes*. Paris: Flammarion.

_____. 1762/2011. *Le Contrat social*. Paris: Le Livre de poche.

_____. 1789/1996. *Les Confessions*, vol. 1. Paris: Pocket.

Russell, Bertrand. 1918/1966. *Roads to Freedom: Socialism, Anarchism and Syndicalism*. London: Unwin Books.

_____. 1932/1976. "In Praise of Idleness." In Bertrand Russell, In Praise of Idleness and Other Essays, 11 – 25. London: Unwin Paperbacks.

S
—

Sala-i-Martin, Xavier, and Jeffrey Sachs. 1991. "Fiscal Federalism and Optimal Currency Areas: Evidence for Europe from the United States." NBER Working Paper no. 3855, October. http://www.nber.org/papers/w3855.

Sala-i-Martin, Xavier, and Arvind Subramanian. 2003. "Addressing the Natural Resource Curse: An Illustration from Nigeria." NBER Working Paper no. 9804, June. http://www.nber.org/papers/w9804.

Salam, Reihan. 2014. "Unconditional Basic Income? You're Kidding." Oregon Live, opinion, June 5. http://www.oregonlive.com/opinion/index.ssf/2014/06/one_great_welfare_mistake_slat.html.

Salehi-Isfahani, Djavad. 2014. "Iran's Subsidy Reform: From Promise to Disappointment." Policy Perspective no. 13, June, Economic Research Forum (ERF). http://erf.org.eg/wp-content/uploads/2015/12/PP13_2014.pdf.

Salverda, Wim. 1984. "Basisinkomen en inkomensverdeling. De financiële uitvoerbaarheid van het basisinkomen." Tijdschrift voor Politieke Ekonomie 8: 9 – 41.

Santens, Scott. 2014. "Why Should We Support the Idea of an Unconditional Basic Income: An Answer to a Growing Question of the 21st Century." Working Life blog, June 2, Medium Corporation. https://medium.com/working-life/why-should-we-support-the-idea-of-an-unconditional-basic-income-8a2680c73dd3.

Saraceno, Chiara. 1989. "Una persona, un reddito." Politica ed Economi 1: 27 – 32.

_____. 2010. "Concepts and Practices of Social Citizenship in Europe: The Case of Poverty and Income Support for the Poor." In Jens Alber and Neil Gilbert, eds., United in Diversity? Comparing Social Models in Europe and America, 162 – 168. Oxford: Oxford University Press.

Sas, Willem, and Kevin Spiritus. 2015. "De Europese Centrale Bank kan de economie aanzwengelen met een beperkt monetair basisinkomen." De Tijd, April 9.

Schachtschneider, Ulrich. 2012. "Ökologisches Grundeinkommen — Ein Einstieg ist möglich." Paper presented at the 14th Congress of the Basic Income Earth

Network (BIEN), Munich, September 14-16.

Scharpf, Fritz. 1993. "Von der Finanzierung der Arbeitslosigkeit zur Subventionierung niedriger Erwerbseinkommen." *Gewerkschaftliche Monatshefte* 7: 433-443.

_____. 1994. "Negative Einkommensteuer—ein Programm gegen Ausgrenzung." *Die Mitbestimmung* 40(3): 27-32.

_____. 1995. "Subventionierte Niedriglohn-Beschäftigung statt bezahlter Arbeitslosigkeit." Zeitschrift für Sozialreform 41(2): 65-82.

_____. 2000. "Basic Income and Social Europe." In Robert J. van der Veen and Loek Groot, eds., *Basic Income on the Agenda*, 154-160. Amsterdam: Amsterdam University Press.

Schmähl, Winfried. 1992. "The Flat-Rate Public Pension in the German Social Policy Debate: From the Early 19th to the Late 20th Century." Arbeitspapier 6/92, Centre for Social Policy Research, Universität Bremen.

Schmid, Thomas, ed. 1984. *Befreiung von falscher Arbeit. Thesen zum garantierten Mindesteinkommen*. Berlin: Wagenbach.

Schmitt, Günther. 1980. "Vor einer Wende in der Agrarpolitik." *Agrarwitschaft* 29: 97-105.

Schmitter, Philippe, and Michael W. Bauer. 2001. "A (Modest) Proposal for Expanding Social Citizenship in the European Union." *Journal of European Social Policy* 11(1): 55-65.

Schor, Juliet B. 1993. *The Overworked American*. New York: Basic Books.

Schotter, Andrew. 1985. *Free Market Economics*. Cambridge: Cambridge University Press.

Schroeder, Wolfgang, Sascha Kristin Futh, and Bastian Jantz. 2015. "Change through Convergence? Reform Measures of European Welfare States in Comparison." Friedricht Ebert Stiftung Study, June.

Schulte-Basta, Dorotheee. 2010. *Ökonomische Nützlichkeit oder leistungsloser Selbstwert? Zur Kompatibilität von bedingungslosem Grundeinkommen und katholischer Soziallehre*. Frei- berg: ZAS Verlag.

Scottish Green Party. 2014. "Citizen's Income." Green Yes, briefing note, August 10.

Scrope, George Julius Poulett. 1833. *Principles of Political Economy, deduced from the natural laws of social welfare, and applied to the present state of Britain*. London:

Longman.

Scutella, Rosanna. 2004. "Moves to a Basic Income-Flat Tax System in Australia:
Implica- tions for the Distribution of Income and Supply of Labour." Melbourne
Institute Working Paper No. 5/04, University of Melbourne.

Seekings, Jeremy, and Heidi Matisonn. 2013. "South Africa: The Continuing Politics
of Basic Income." In Matthew C. Murray and Carole Pateman, eds., *Basic Income
World-wide: Horizons of Reform*, 128 – 150. New York: Palgrave Macmillan.

Segal, Hugh. 2012. "Scrapping Welfare: The Case for Guaranteeing All Canadians an
Income above the Poverty Line." *Literary Review of Canada* 20(10): 8 – 10.

Sen, Amartya. 2009. *The Idea of Justice*. Cambridge, MA: Harvard University Press.

_____. 2012. "What Happened to Europe? Democracy and the Decisions
of Bankers." *The New Republic*, August 2. http://www.tnr.com/article/
magazine/105657/sen-europe-democracy-keynes-social-justice.

Sennett, Richard. 2003. *Respect in a World of Inequality*. New York: Norton.

Shachar, Ayelet. 2009. *The Birthright Lottery: Citizenship and Global Inequality*.
Cambridge, MA: Harvard University Press.

Shapiro, Carl, and Joseph Stiglitz. 1984. "Equilibrium Unemployment as a Worker
Disci- pline Device." *American Economic Review* 74(3): 433 – 444.

Shaviro, Daniel. 1997. "The Minimum Wage, the Earned Income Tax Credit, and
Optimal Subsidy Policy." *The University of Chicago Law Review* 64(2): 405 – 481.

Sheahen, Allan. 2012. *Basic Income Guarantee: Your Right to Economic Security*. New
York: Palgrave Macmillan.

Shipler, David K. 2004. *The Working Poor: Invisible in America*. New York: Vintage
Books.

Shirky, Ckay. 2008. *Here Comes Everybody: The Power of Organizing without
Organizations*. New York: Penguin Books.

Shulevitz, Judith. 2016. "It's Payback Time for Women." *New York Times*, January 8.

Simon, Herbert A. 1998. "Letter to BIEN on the Flat Tax and Our Common
Patrimony." *Basic Income* 29: 8. http://www.basic income.org/bien/pdf/BI29.
pdf.

_____. 2001. "UBI and the Flat Tax." In Philippe Van Parijs et al., *What's Wrong with
a Free Lunch?* 34 – 38. Boston: Beacon Press.

Sirugue, Christophe. 2016. *Repenser les minima sociaux—Vers une couverture socle commune*. Paris: La Documentation française.

Skidelsky, Robert, and Edward Skidelsky. 2011. *How Much Is Enough? Money and the Good Life*. London: Penguin Books.

Skidmore, Felicity. 1975. "Operational Design of the Experiment." In Joseph A. Pechman and P. Michael Timpane, eds., *Work Incentives and Income Guarantees: The New Jersey Negative Income Tax Experiment*, 25–59. Washington DC: Brookings Institution.

Skidmore, Thomas. 1829. *The Rights of Man to Property*. New York: Burt Franklin.

Skocpol, Theda. 1991. "Targeting within Universalism: Politically Viable Policies to Combat Poverty in the United States." In Christopher Jencks and Paul E. Peterson, eds., *The Urban Underclass*, 411–436. Washington DC: The Brookings Institution.

Sloman, Peter. 2016. "Beveridge's Rival: Juliet Rhys-Williams and the Campaign for Basic Income, 1942–55." *Contemporary British History* 30(2): 203–223.

Smith, Adam. 1776/1977. *The Wealth of Nations*, Harmondsworth: Penguin Books.

Smith, Jeff. 2006. "Fund Basic Income Grants Not from Income but from Outgo." *Georgist Journal* 104. www.georgistjournal.org/104-spring-2006/.

Snowden, Edward. 2014. "A Nation Interview." *The Nation*, November 17. www.thenation.com/article/186129/snowden-exile-exclusive-interview.

Soboul, Albert. 1962. *Histoire de la revolution française 1*. De la Bastille à la Gironde. Paris: Gallimard.

Social Justice Ireland. 2010. *Building a Fairer Tax System: The Working Poor and the Cost of Refundable Tax Credits*. Dublin: Social Justice Ireland.

Sombart, Werner. 1896/1905. *Sozialismus und soziale Bewegung*. Jena: Gustav Fischer, 1905. English translation: *Socialism and the Social Movement*. London: Dent & Co. and New York: Dutton & Co., 1990.

Sommer, Maximilian. 2016. *A Feasible Basic-Income Scheme for Germany: Effects on Labor Supply, Poverty, and Income Inequality*. Cham: Springer.

Spafford, Jesse. 2013. "Reconciling Basic Income and Immigration." Metamorphoses and Deformations, blog post, December 8. http://jessespafford.tumblr.com/post/69381354548/reconciling-basic-income-and-immigration.

Spence, Thomas. 1775/1982. *The Real Rights of Man*. In Spence, *The Political Works of Thomas Spence*, ed. H. T. Dickinson. Newcastle Upon Tyne: Avero.

_____. 1782/1982. "A Supplement to the History of Robinson Crusoe." In Spence, *The Political Works of Thomas Spence*, ed. H. T. Dickinson. Newcastle Upon Tyne: Avero.

_____. 1797/2004. "The Rights of Infants." In Spence, *The Origins of Universal Grants*, ed. John Cunliffe and Guido Erreygers, 81–91. Basingstoke: Palgrave Macmillan, 2004. Also available from http://thomas-spence-society.co.uk/4.html.

Spicker, Paul. 2010. *The Origins of Modern Welfare: Juan Luis Vives, De Subventione Pau-perum, and City of Ypres, Forma Subventionis Pauperum*. Oxford: Peter Lang.

Srnicek, Nick, and Alex Williams. 2015. *Inventing the Future: Postcapitalism and a World without Work*. London: Verso.

Standing, Guy, and Michael Samson, eds. 2003. *A Basic Income Grant for South Africa*. Cape Town: University of Cape Town Press.

Standing, Guy. 1986. "Meshing Labour Flexibility with Security: An Answer to Mass Un-employment?" *International Labour Review* 125(1): 87–106.

_____. 1999. *Global Labour Flexibility: Seeking Distributive Justice*. Basingstoke: Macmillan.

_____. 2011. *The Precariat: The New Dangerous Class*. London: Bloomsbury.

_____. 2012. "Why a Basic Income Is Necessary for a Right to Work." *Basic Income Studies* 7(2): 19–40.

_____. 2014a. *A Precariat Charter: From Denizens to Citizens*. London: Bloomsbury.

_____. 2014b. "Cash Transfers Can Work Better than Subsidies." *The Hindu*, December 6. www.thehindu.com/article6666913.ece.

Steensland, Brian. 2008. *The Failed Welfare Revolution: America's Struggle over Guaranteed Income Policy*. Princeton: Princeton University Press.

Steiber, Nadia, and Barbara Haas. 2012. "Advances in Explaining Women's Employment Patterns." *Socioeconomic Review* 10(2): 343–367.

Steiner, Hillel. 1992. "Three Just Taxes." In Philippe Van Parijs, ed., *Arguing for Basic Income: Ethical Foundations for a Radical Reform*, 81–92. London: Verso.

_____. 1994. *An Essay on Rights*. Oxford: Blackwell.

_____. 2003. "Compatriot Solidarity and Justice among Thieves." In Andrew Reeve and Andrew Williams, eds., *Real Libertarianism Assessed: Political Theory after Van Parijs*, 161 – 171. Basingstoke: Palgrave Macmillan.

Stern, Andy. 2016. *Raising the Floor: How a Universal Basic Income Can Renew Our Economy and Rebuild the American Dream*. New York: Public Affairs.

Stigler, George. 1946. "The Economics of Minimum Wage Legislation." *American Economic Review* 36: 358 – 365.

Stiglitz, Joseph. 2012. *The Price of Inequality*. New York: Columbia University Press.

St John, Susan. 2016. "Can Older Citizens Lead the Way to a Universal Basic Income?" In Jen- nifer Mays, Greg Marston, and John Tomlinson, eds., *Basic Income in Australia and New Zealand: Perspectives from the Neoliberal Frontier*, 95 – 114. New York: Palgrave Macmillan.

St John, Susan, and Larry Willmore. 2001. "Two Legs are Better than Three: New Zealand as a Model for Old Age Pensions." *World Development* 29(8): 1291 – 1305.

Stoffaës, Christian. 1974. *Rapport du groupe d'étude de l'impôt négatif*. Paris: Commissariat du Plan.

Stoleru, Lionel. 1973. "Politique sociale et garantie des revenus." *Futuribles* 16: 47 – 68.

_____. 1974a. *Vaincre la Pauvreté dans les pays riches*. Paris: Flammarion.

_____. 1974b. "Coût et efficacité de l'impôt négatif." *Revue Economique* 5: 745 – 761.

Story, Michael. 2015. *Free Market Welfare: The Case for a Negative Income Tax*. London: Adam Smith Institute.

Sturn, Richard, and Dujmovits, Rudi. 2000. "Basic Income in Complex Worlds: Individual Freedom and Social Interdependencies." *Analyse und Kritik* 22(2): 198 – 222.

Summers, Lawrence H. 2016. "The Age of Secular Stagnation." *Foreign Affairs* 95(2): 2 – 9.

Suplicy, Eduardo M. 2006. *Renda de Cidadania. A saída é pela porta*, 4th ed. Sao Paulo: Cortez Editora.

_____. 2011. "Towards an Unconditional Basic Income in Brazil?" In Axel Gosseries and Yannick Vanderborght, eds., *Arguing about Justice: Essays for Philippe Van Parijs*, 337 – 346. Louvain-la-Neuve: Presses Universitaires de Louvain.

Surrender, Rebecca. 2015. "South Africa: A Different Welfare and Development Paradigm?" In Reza Hasmath, ed., *Inclusive Growth, Development and Welfare Policy*: A Critical As- sessment, 161 – 178. Oxford: Oxford University Press.

Sutter, John D. 2015. "The Argument for a Basic Income." CNN online, March 15. http:// edition.cnn.com/2015/03/01/opinion/sutter-basic-income/index.html.

Sykes, Jennifer, Katrin Križ, Kathryn Edin, and Sarah Halpern-Meekin. 2015. "Dignity and Dreams: What the Earned Income Tax Credit (EITC) Means to Low-Income Fami- lies." *American Sociological Review* 80(2): 243 – 267.

T

Tabatabai, Hamid. 2011. "The Basic Income Road to Reforming Iran's Price Subsidies." *Basic Income Studies* 6(1), 1 – 24.

_____. 2012. "From Price Subsidies to Basic Income: The Iran Model and Its Lessons." In Karl Widerquist and Michael Howard, eds., *Exporting the Alaska Model*, 17 – 32. New York: Palgrave Macmillan.

Takamatsu, Rie, and Toshiaki Tachibanaki. 2014. "What Needs to Be Considered When Introducing a New Welfare System: Who Supports Basic Income in Japan?" In Yannick Vanderborght and Toru Yamamori, eds., *Basic Income in Japan: Prospects of a Radical Idea in a Transforming Welfare State*, 197 – 218. New York: Palgrave Macmillan.

Tanghe, Fernand. 1989. *Le Droit au travail entre histoire et utopie*: de la répression de la mendicité à l'allocation universelle. Florence: European University Institute.

_____. 2014. "1848 and the Question of the *droit au travail*: A Historical Retrospective." In Elise Dermine and Daniel Dumont, eds., *Activation Policies for the Unemployed, the Right to Work and the Duty to Work*, 23 – 32. Brussels: Peter Lang.

Taylor-Gooby, Peter. 2013. "Why Do People Stigmatise the Poor at a Time of Rapidly Increasing Inequality, and What Can Be Done about It?" *Political Quarterly* 84(1): 31 – 42.

Theobald, Robert. 1961. *The Challenge of Abundance*. New York: Clarkson N. Potter.

_____. 1963/1965. *Free Men and Free Markets*. New York: Anchor Books.

_____. 1966. "The Guaranteed Income: What and Why." In John H. Bunzel, ed.,
Issues of American Public Policy, 99 – 108. Englewood Cliffs: Prentice-Hall.

_____, ed. 1967. *The Guaranteed Income: Next Step in Socioeconomic Evolution?*
New York: Doubleday. Thornhill, John, and Ralph Atkins. 2016. "Basic Income:
Money for Nothing." Financial Times, May 26. http://www.ft.com/intl/cms/
s/0/7c7ba87e-229f-11e6-9d4d-c11776a5124d.html#axzz49pivjtkE.

Thurow, Lester C. 1974. "Cash versus In-Kind Transfers." *American Economic Review*
64(2): 190 – 195.

_____. 1977. "Government Expenditures: Cash or In-Kind Aid?" In Gerald
Dworkin, Gordon Bermant, and Peter G. Brown, eds., *Markets and Morals*,
85 – 106. New York: Wiley.

Tinbergen, Jan. 1956. *Economic Policy: Principles and Design*. Amsterdam: North
Holland.

Tobin, James, Joseph A. Pechman, and Peter M. Mieszkowski. 1967. "Is a Negative
Income Tax Practical?" *The Yale Law Journal* 77(1): 1 – 27.

Tobin, James. 1965. "On the Economic Status of the Negro." *Daedalus* 94: 878 – 898.

_____. 1966. "The Case for an Income Guarantee." *The Public Interest* 4: 31 – 41.

_____. 1968. "Raising the Incomes of the Poor." In Kermit Gordon, ed., *Agenda for
the Nation*, 77 – 116. Washington DC: The Brookings Institution.

_____. 1978. "A Proposal for International Monetary Reform." *Eastern Economic
Journal* 4: 153 – 159.

_____. 2001. "The Suplicy-Tobin Exchange." BIEN News Flash 11, September.
www.basic income.org/bien/pdf/NewsFlash3.pdf.

Tocqueville, Alexis de. 1833/1967. "Voyage en Angleterre de 1833." In Tocqueville,
Voyages en Angleterre et en Irlande, ed. Jacob Peter Mayer, 3 – 120. Paris:
Gallimard.

_____. 1835/1997. *Memoir on Pauperism*. London: Civitas.

Tomlinson, John. 2012. "Australia: Will Basic Income Have a Second Coming?"
In Richard K. Caputo, ed., *Basic Income Guarantee and Politics: International
Experiences and Perspectives on the Viability of Income Guarantees*, 153 – 175.

New York: Palgrave Macmillan.

Torry, Malcolm. 2012. "The United Kingdom: Only for Children?" In Richard K. Caputo, ed., *Basic Income Guarantee and Politics: International Experiences and Perspectives on the Viability of Income Guarantees*, 235 – 263. New York: Palgrave Macmillan.

_____. 2013. *Money for Everyone: Why We Need a Citizen's Income*. Bristol: Policy Press.

_____. 2015. *101 Reasons for a Citizen's Income: Arguments for Giving Everyone Some Money*. Bristol: Policy Press.

_____. 2016. The Feasibility of Citizen's Income. London: Palgrave Macmillan.

Townsend, Peter B. 1968. "The Difficulties of Negative Income Tax." In Townsend, *Social Services for All?* London: Fabian Society.

Tremblay, Robert. 1984. Lettre à Michel Rochon, Secrétaire de la Commission [Macdonald], Fédération québécoise anti-pauvreté, Québec, August 10.

Trudeau Foundation. 2013. *Backgrounder. Responsible Citizenship: A National Survey of Canadians*. Montreal: Trudeau Foundation.

Turgot, Anne-Robert Jacques. 1757. "Fondation." In *Encyclopédie*, tome 7, 72 – 77.

Unemployed Workers Movement. 1979. "The Guaranteed Minimum Income." Paper presented at the State Conference of UWU, Perth, Australia, July 28 – 29.

U
—

UNISON. 2016. Record of Decisions, 2016 Unison National Women's Conference, March 8, London. https://www.unison.org.uk/content/uploads/2016/03/2016-National-Womens-Conference-Decisions-Booklet.docx.

United Kingdom. 2015. "2010 to 2015 Government Policy: Welfare Reform. Appendix 1: Government Policy on Universal Credit, an Introduction." Policy paper, updated May 2015. Department for Work and Pensions, London. www.dwp.gov.uk/universal-credit.

V
—

Vallentyne, Peter. 2000. "Introduction: Left-Libertarianism —A Primer." In Peter Vallentyne and Hillel Steiner, eds., *Left-Libertarianism and Its Critics*, 1 – 20.

Basingstoke: Palgrave Macmillan.

Vallentyne, Peter, and Hillel Steiner, eds. 2000a. *The Origins of Left-Libertarianism*. Basing- stoke: Palgrave Macmillan.

———, eds. 2000b. *Left-Libertarianism and Its Critics*. Basingstoke: Palgrave Macmillan.

Van Berkel, Rik et al. 1993. *Met z'n allen zwijgen in de woestijn. Een onderzoek naar het ba-sisinkomen binnen de Voedingsbond FNV*. University of Utrecht: Vakgroep Algemene Sociale Wetenschappen.

Vandenbroucke, Frank. 1997. "A propos de l'instauration pragmatique d'une allocation universelle." *La Revue nouvelle* 105: 161 – 166.

Vanden Heuvel, Katrina, and Stephen F. Cohen. 2014. "Edward Snowden: A 'Nation' Interview." *Nation*, October 20.

Vanderborght, Yannick. 2001. "La France sur la voie d'un 'revenu minimum inconditionnel'?" *Mouvements* 15 – 16: 157 – 165.

———. 2002. "Belgique: VIVANT ou l'allocation universelle pour seul programme electoral." *Multitudes* 8: 135 – 145.

———. 2004a. "La faisabilité politique d'un revenu inconditionnel." PhD diss., Université catholique de Louvain.

———. 2004b. "Universal Basic Income in Belgium and the Netherlands: Implementation through the Back Door?" EUI Working Paper SPS No. 2004/4, European University Institute, Florence.

———. 2006. "Why Trade Unions Oppose Basic Income." *Basic Income Studies* 1(1): 1 – 20.

Vanderborght, Yannick, and Yuki Sekine. 2014. "A Comparative Look at the Feasibility of Basic Income in the Japanese Welfare State." In Yannick Vanderborght and Toru Ya- mamori, eds., *Basic Income in Japan: Prospects for a Radical Reform in a Transforming Welfare State*, 15 – 34. New York: Palgrave Macmillan.

Vanderborght, Yannick, and Philippe Van Parijs. 2001. "Assurance participation et revenu de participation. Deux manières d'infléchir l'état social actif." *Reflets et perspectives de la vie économique* 40: 183 – 196.

———. 2005. *L'Allocation universelle*. Paris: La Découverte.

Van der Veen, Robert J., and Philippe Van Parijs. 1986a. "A Capitalist Road to Commu- nism." *Theory and Society* 15: 635 –655.

_____. 1986b. "Universal Grants versus Socialism. Reply to Six Critics." Theory and Society 15: 723 –757.

_____. 2006. "A Capitalist Road to Global Justice. Reply to Another Six Critics." *Basic Income Studies* 1(1): 1 –15.

Van Donselaar, Gijs. 2009. *The Right to Exploit: Parasitism, Scarcity, and Basic Income.* Oxford: Oxford University Press.

_____. 2015. "In Company of the Funny Sunny Surfer off Malibu." *Analyse &Kritik* 2: 305 –317.

Van Hove, Hildegard et al. 2011. *Femmes et hommes en Belgique. Statistiques et indicateurs de genre,* 2e édition. Bruxelles: Institut pour l'égalité des femmes et des hommes.

Van Keirsbilck, Felipe. 2015. "Un horizon peut–être, un chemin sûrement pas." In *Allocation universelle: miroir aux alouettes,* special issue of Ensemble! 89: 23 –24.

Van Lancker, Wim, and Natascha Van Mechelen. 2015. "Universalism under Siege? Ex- ploring the Association between Targeting, Child Benefits and Child Poverty across 26 Countries." *Social Science Research* 5: 60 –75.

Van Male, Patrick. 2003. "A Basic Income Funded by the EU?" BIEN NewsFlash 22, July. Van Mechelen, Natascha, and Jonathan Bradshaw. 2013. "Child Poverty as a Government Priority: Child Benefit Packages for Working Families, 1992 – 2009." In Ive Marx and Kenneth Nelson, eds., *Minimum Income Protection in Flux,* 81 – 105. New York: Palgrave Macmillan.

Van Middelaar, Luuk. 2013. *The Passage to Europe: How a Continent Became a Union.* New Haven: Yale University Press.

Van Ojik, Bram. 1982. *Basisinkomen.* Amsterdam: Politieke Partij Radikalen Studiestichting.

_____. 1983. "Basisinkomen en arbeidstijdverkorting." *Socialisme en Democratie* 10: 25 –30.

_____. 1985. *Basisinkomen. Over arbeidsethos, inkomen en emancipatie.* Amsterdam: PPR Studiestichting.

_____. 1989. *Basisinkomen. Van veenbrand naar gidsland*. Amsterdam: Politieke Partij Radikalen.

Van Ojik, Bram, and Bart Teulings. 1990. *De band tussen arbeid en inkomen: losser of vaster?*. Amsterdam: Wetenschappelijk Bureau GroenLinks.

Van Parijs, Philippe. 1983. "L'allocation universelle." *Ecolo-Infos* (Namur) 16(7 February): 4 –7.

_____. 1985. "Marx, l'écologisme et la transition directe du capitalisme au communism." In Bernard Chavance, ed., *Marx en perspective*, 135 – 155. Paris: Ecole des Hautes Etudes en Sciences Sociales.

_____. 1987a / 2013. "A Green Case for Basic Income?" In K. Widerquist, J. A. Noguera, Y. Vanderborght, and J. De Wispelaere, eds., *Basic Income: An Anthology of Contemporary Research*, 269 – 274. Chichester: Wiley–Blackwell.

_____. 1987b. "A Revolution in Class Theory." *Politics and Society* 15: 453 – 482.

_____. 1988. "Rawls face aux libertariens." In Catherine Audard et al., *Individu et justice sociale. Autour de John Rawls*, 193 – 218. Paris: Le Seuil.

_____. 1990. "The Second Marriage of Justice and Efficiency." *Journal of Social Policy* 19: 1 – 25.

_____. 1991. "Why Surfers Should Be Fed: The Liberal Case for an Unconditional Basic Income." *Philosophy and Public Affairs* 20: 101 – 131.

_____. 1992. "Competing Justifications of Basic Income." In Philippe van Parijs, ed., *Arguing for Basic Income: Ethical Foundations for a Radical Reform*, 3 – 43. London: Verso.

_____. 1995. *Real Freedom for All: What (If Anything) Can Justify Capitalism?*. Oxford: Oxford University Press.

_____. 1997. "Reciprocity and the Justification of an Unconditional Basic Income. Reply to Stuart White." *Political Studies* 45: 327 – 330.

_____. 1998. "James Tobin, the Demogrant and the Future of US Social Policy." *Basic Income* 29: 6 –7. http://www.basic income.org/bien/pdf/BI29.pdf

_____. 2001. "Real Freedom, the Market and the Family. Reply to Seven Critics." *Analyse & Kritik* 23: 106 – 131.

_____. 2002. "Difference Principles." In Samuel Freeman, ed., *The Cambridge Companion to John Rawls*, 200 – 240. Cambridge: Cambridge University Press.

_____, ed. 2003a. *Cultural Diversity versus Economic Solidarity*. Brussels: De Boeck Univer- sité. http://www.uclouvain.be/en-12569.html.

_____. 2003b. "Hybrid Justice, Patriotism and Democracy: A Selective Reply." In Andrew Reeve and Andrew Williams, eds., *Real Libertarianism Assessed: Political Theory after Van Parijs*, 201 – 216. London: Palgrave Macmillan.

_____. 2006. "Basic Income versus Stakeholder Grants: Some Afterthoughts on How Best to Redesign Distribution." In Erik Olin Wright, ed., *Redesigning Distribution: Basic Income and Stakeholder Grants as Cornerstones of a More Egalitarian Capitalism*, 199 – 208. London: Verso.

_____. 2007. "International Distributive Justice." *The Blackwell's Companion to Political Philosophy*, ed. Robert E. Goodin, Philip Pettit, and Thomas Pogge, vol. 2, 638 – 652. Ox- ford: Blackwell.

_____. 2009. "Political Ecology: From Autonomous Sphere to Basic Income." *Basic Income Studies* 4(2): 1 – 9.

_____. 2011. *Linguistic Justice for Europe and for the World*. Oxford: Oxford University Press.

_____. 2015a. "Epilogue: Justifying Europe." In Luuk van Middelaar and Philippe Van Parijs eds., *After the Storm: How to Save Democracy in Europe*, 247 – 261. Tielt: Lannoo.

_____. 2015b. "Real Freedom for All Women (and Men). A Reply." *Law, Ethics and Philosophy* 3: 161 – 175.

Van Parijs, Philippe, Laurence Jacquet, and Claudio Salinas. 2000. "Basic Income and Its Cognates." In Robert J. van der Veen and Loek Groot, eds., *Basic Income on the Agenda*, 53 – 84. Amsterdam: Amsterdam University Press.

Van Parijs, Philippe, and Yannick Vanderborght. 2001. "From Euro-Stipendium to Euro-Dividend." *Journal of European Social Policy* 11(4): 342 – 346.

Van Rie, Tim, Ive Marx, and Jeroen Horemans. 2011. "Ghent Revisited: Unemployment Insurance and Union Membership in Belgium and the Nordic Countries." *European Journal of Industrial Relations* 17(2): 125 – 139.

Van Trier, Walter. 1992. "Het basisinkomen als derde weg?" *Streven* 59(9): 779 – 801.

_____. 1995. "Everyone a King: An Investigation into the Meaning and Significance of the Debate on Basic Incomes." PhD diss., Katholieke Universiteit Leuven.

Varian, Hal. 1975/1979. "Distributive Justice, Welfare Economics and the Theory of Fair- ness." In F. Hahn and M. Hollis, eds., *Philosophy and Economic Theory*, 135 – 164. Oxford: Oxford University Press.

Varoufakis, Yanis. 2016. "The Universal Right to Capital Income." Project Syndicate, October 31. www.project-syndicate.org/commentary/basic-income-funded-by-capital-income-by-yanis-varoufakis-2016-10.

Ventry, Dennis J. 2000. "The Collision of Tax and Welfare Politics: The Political History of the Earned Income Tax Credit, 1969 – 99." *National Tax Journal* 53(4): 983 – 1026.

Vielle, Pascale, and Philippe Van Parijs. 2001. "La prime de virilité." Le Soir, December 1. Vives, Jan Loys. 1533/1943. *Secours van den Aermen*. Brussels: Valero & Fils.

Vives, Johannes Ludovicus. 1526/2010. *De Subventione Pauperum. On the Relief of the Poor, or of Human Needs*. In Paul Spicker, ed., The Origins of Modern Welfare, 1 – 100. Oxford: Peter Lang.

Voedingsbond FNV. 1981. *Met z'n allen roepen in de woestijn. Een tussenrapport over het losser maken van de band tussen arbeid en inkomen*. Utrecht: Voedingsbond FNV.

Von Schmoller, Gustav. 1890. *Zur Social-und Gewerbepolitik der Gegenwart*. Leipzig: Duncker & Humblot.

W

Wachtel, Henry H. 1955. *Security for All and Free Enterprise: A Summary of the Social Philosophy of Josef Popper-Lynkeus*. New York: Philosophical Library.

Wagner, Adolf. 1881. *Der Staat und das Versicherungswesen*. Tübingen: Laupp.

Walker, Mark. 2016. *Free Money for All: A Basic Income Guarantee Solution for the Twenty-First Century*. New York: Palgrave Macmillan.

Waltenberg, Fabio. 2013. "Are Latin Americans —Brazilians in Particular —Willing to Sup- port an Unconditional Citizen's Income?" In Ruben Lo Vuolo, ed., *Citizen's Income and Welfare Regimes in Latin America: From Cash Transfers to Rights*, 141 – 167. New York: Palgrave Macmillan.

Warin, Philippe. 2012. "Non-Demand for Social Rights: A New Challenge for Social

Action in France." *Journal of Poverty and Social Justice* 20(1): 41-55.

Weitling, Wilhelm. 1845. *Garantien der Harmonie und Freiheit*, 2nd ed. Hamburg: Im Ver- lage des Verfassers.

Weitzman, Martin L. 1984. *The Share Economy: Conquering Stagflation*. Cambridge, MA: Harvard University Press.

Wenger, Albert. 2016. "World after Capital." Self-published essay. https://www. gitbook.com/book/worldaftercapital/worldaftercapital/details.

Werner, Götz. 2006. *Ein Grund für die Zukunft. Das Grundeinkommen*. Stuttgart: Verlag freies Geistesleben.

_____. 2007. *Einkommen für alle*. Köln: Kiepenheuer & Witsch.

Werner, Götz, and Adrienne Goehler. 2010. *1000 € für jeden. Freiheit, Gleichheit, Grundeink-ommen*. Berlin: Econ.

Werner, Götz, and Benediktus Hardorp. 2005. "Wir würden gewaltig reich warden." Der Spiegel Online, November 30.

Werner, Götz, and André Presse, eds. 2007. *Grundeinkommen und Konsumsteuer*. Karlsruhe: Universitätsverlag Karlsruhe.

Wernerus, Sabine. 2004. "Les syndicats contre l'allocation universelle? Mise en perspective des points de vue belges et québecois." Master's thesis, Université catholique de Louvain.

White, Stuart. 1996. "Reciprocity Arguments for Basic Income." Paper presented at the 6th Congress of the Basic Income European Network, Vienna, September 12-14.

_____. 1997. "Liberal Equality, Exploitation, and the Case for an Unconditional Basic Income." *Political Studies* 45(2): 312-326.

_____. 2003a. *The Civic Minimum*. Oxford: Clarendon Press.

_____. 2003b. "Fair Reciprocity and Basic Income." In Andrew Reeve and Andrew Wil- liams, eds., *Real Libertarianism Assessed: Political Theory after Van Parijs*, 136-160. London: Palgrave Macmillan.

_____. 2015. "Basic Capital in the Egalitarian Toolkit?" *Journal of Applied Philosophy* 32(4): 417-431.

Widerquist, Karl. 1999. "Reciprocity and the Guaranteed Income." *Politics and Society* 33(3): 386-401.

_____. 2005. "A Failure to Communicate: What (If Anything) Can We Learn from the Negative Income Tax Experiments." *Journal of Socioeconomics* 34(1): 49–81.

_____. 2011. "Why We Demand an Unconditional Basic Income: The ECSO Freedom Case." In Axel Gosseries and Yannick Vanderborght, eds., *Arguing about Justice: Essays for Philippe Van Parijs*, 387–394. Louvain-la-Neuve: Presses Universitaires de Louvain.

_____. 2012. "Citizens' Capital Accounts: A Proposal." In Karl Widerquist and Michael Howard, eds., *Exporting the Alaska Model: Adapting the Permanent Fund Dividend for Reform around the World*, 183–203. New York: Palgrave Macmillan.

_____. 2013. *Independence, Propertylessness and Basic Income: A Theory of Freedom as the Power to Say No*. New York: Palgrave Macmillan.

Widerquist, Karl, and Michael Howard, eds. 2012a. *Alaska's Permanent Fund Dividend: Ex-amining Its Suitability as a Model*. New York: Palgrave Macmillan.

_____. 2012b. *Exporting the Alaska Model: Adapting the Permanent Fund Dividend for Re-form around the World*. New York: Palgrave Macmillan.

Widerquist, Karl, Jose A. Noguera, Yannick Vanderborght, and Jurgen De Wispelaere, eds. 2013. *Basic Income: An Anthology of Contemporary Research*. New York: Wiley-Blackwell. Widerstrom, Klaus. 2010. "Erich Fromm and His Proposal for a Basic Income." Indybay, July 6. http://www.indybay.org/newsitems/2010/07/06/18652754.php.

Wilkinson, Richard G., and Kate Pickett. 2009. *The Spirit Level: Why More Equal Societies Almost Always Do Better*. London: Allen Lane.

Willmore, Larry. 2007. Universal Pensions for Developing Countries. *World Development* 35(1): 24–51.

Withorn, Ann. 1993/2013. "Is One Man's Ceiling Another Woman's Floor?" In Karl Wider- quist et al., eds., *Basic Income: An Anthology of Contemporary Research*, 145–148. New York: Wiley-Blackwell.

Wogaman, P. 1968. *Guaranteed Annual Income: The Moral Issues*. Nashville: Abingdon Press. Wood, Adrian. 1994. *North-South Trade, Employment and Inequality*. Oxford: Oxford University Press.

Woolf, Virginia. 1929/1977. *A Room of One's Own*. St Albans: Panther Books.

Woolley, Frances. 2004. "Why Pay Child Benefits to Mothers?" *Canadian Public*

Policy 30(1): 47 – 69.

Workers Party. 1985. *Social Welfare for All*. Dublin: The Workers Party.

Wright, Erik O. 1986. "Why Something Like Socialism Is Necessary for the Transition to Something Like Communism." *Theory and Society* 15(5): 657 – 672.

_____, ed. 2006. *Redesigning Distribution: Basic Income and Stakeholder Grants as Corner-stones of a More Egalitarian Capitalism*. London: Verso.

_____. 2015. "Eroding Capitalism: A Comment on Stuart White's 'Basic Capital in the Egalitarian Toolkit.'" *Journal of Applied Philosophy* 32(4): 432 – 439.

WRR(Wetenschappelijke Raad voor het Regeringsbeleid). 1985. *Safeguarding Social Security*. The Hague: Netherlands Scientific Council for Government Policy.

Y

Yamamori, Toru. 2014. "A Feminist Way to Unconditional Basic Income: Claimants Unions and Women's Liberation Movements in 1970s Britain." *Basic Income Studies* 9(1 – 2): 1 – 24.

Yamamori, Toru, and Yannick Vanderborght. 2014. "Income Security and the 'Right to Sub- sistence' in Japan." In Yannick Vanderborght and Toru Yamamori, eds., *Basic Income in Japan: Prospects for a Radical Reform in a Transforming Welfare State*, 1 – 11. New York: Palgrave Macmillan.

Yamashita, Junko. 2014. "The Impact of Basic Income on the Gendered Division of Paid Care Work." In Yannick Vanderborght and Toru Yamamori, eds. *Basic Income in Japan: Prospects for a Radical Reform in a Transforming Welfare State*, 117 – 130. New York: Pal- grave Macmillan.

Yunker, James A. 1977. "The Social Dividend under Market Socialism." *Annals of Public and Cooperative Economy* 48(1): 91 – 133.

_____. 2013. "The Basic Income Guarantee: A General Equilibrium Evaluation." Basic Income Studies 8(2): 203 – 233.

Z

Zwolinski, Matt. 2011. "Classical Liberalism and the Basic Income." Basic Income Studies 6(2): 1 – 14.

_____. 2013. "Why Did Hayek Support a Basic Income?" Libertarianism.org,

December 23. http://www.libertarianism.org/columns/why-did-hayek-support-basic-income.

_____. 2014. "The Pragmatic Libertarian Case for a Basic Income Guarantee." Cato Un-bound blog, August 4. http://www.cato-unbound.org/2014/08/04/matt-zwolinski/pragmatic-libertarian-case-basic-income-guarantee.

Zylberman, Ariel. Forthcoming. "Bread as Freedom: Kant on the State's Duties to the Poor." In Dai Heide and Evan Tiffany, eds., *Kantian Freedom*.

자유로운 사회,
합리적인 경제를 향한 거대한 전환

21세기 기본소득

초판 1쇄 발행 2018년 6월 18일
초판 3쇄 발행 2021년 3월 8일

지은이 필리프 판 파레이스·야니크 판데르보호트
옮긴이 홍기빈
펴낸이 유정연

책임편집 장보금 **기획편집** 신성식 조현주 김수진 김경애 백지선 **디자인** 안수진 김소진
마케팅 임충진 임우열 박중혁 **제작** 임정호 **경영지원** 박소영 **교정교열** 정진숙

펴낸곳 흐름출판(주) **출판등록** 제313-2003-199호(2003년 5월 28일)
주소 서울시 마포구 월드컵북로5길 48-9(서교동)
전화 (02)325-4944 **팩스** (02)325-4945 **이메일** book@hbooks.co.kr
홈페이지 http://www.hbooks.co.kr **블로그** blog.naver.com/nextwave7
출력·인쇄·제본 (주)현문 **용지** 월드페이퍼(주) **후가공** (주)이지앤비(특허 제10-1081185호)

ISBN 978-89-6596-258-8 03300

• 흐름출판은 독자 여러분의 투고를 기다리고 있습니다. 원고가 있으신 분은 book@hbooks.co.kr로
  간단한 개요와 취지, 연락처 등을 보내주세요. 머뭇거리지 말고 문을 두드리세요.
• 파손된 책은 구입하신 서점에서 교환해드리며 책값은 뒤표지에 있습니다.